Whole Business Securitisation
als Refinanzierungsmethode und Exit-Alternative

AF861928

Europäische Hochschulschriften
Publications Universitaires Européennes
European University Studies

Reihe II
Rechtswissenschaft

Série II Series II
Droit
Law

Bd./Vol. 4790

PETER LANG
Frankfurt am Main · Berlin · Bern · Bruxelles · New York · Oxford · Wien

Bernhard Lippsmeier

Whole Business Securitisation als Refinanzierungsmethode und Exit-Alternative

PETER LANG
Internationaler Verlag der Wissenschaften

Bibliografische Information der Deutschen Nationalbibliothek
Die Deutsche Nationalbibliothek verzeichnet diese Publikation in der Deutschen Nationalbibliografie; detaillierte bibliografische Daten sind im Internet über <http://www.d-nb.de> abrufbar.

Zugl.: Frankfurt (Main), Univ., Diss., 2008

D 30
ISSN 0531-7312
ISBN 978-3-631-58346-3

© Peter Lang GmbH
Internationaler Verlag der Wissenschaften
Frankfurt am Main 2009
Alle Rechte vorbehalten.

Das Werk einschließlich aller seiner Teile ist urheberrechtlich geschützt. Jede Verwertung außerhalb der engen Grenzen des Urheberrechtsgesetzes ist ohne Zustimmung des Verlages unzulässig und strafbar. Das gilt insbesondere für Vervielfältigungen, Übersetzungen, Mikroverfilmungen und die Einspeicherung und Verarbeitung in elektronischen Systemen.

www.peterlang.de

für meine Eltern und meinen Patenonkel

Vorwort

Die vorliegende Arbeit entstand neben meiner praktischen Tätigkeit während einer Hochphase des grundsätzlich zyklischen Private Equity Marktes und wurde von der juristischen Fakultät der Johann Wolfgang Goethe-Universität Frankfurt am Main im Oktober 2007 als Dissertation angenommen. Rechtsprechung und Literatur sind bis zu diesem Zeitpunkt berücksichtigt. Bei der Erstellung dieser Arbeit habe ich vielfältige Unterstützung erhalten.

An erster Stelle möchte ich mich bei meinem Doktorvater, Herrn Prof. Dr. Helmut Kohl, ganz herzlich bedanken, der mir durch die Annahme als externer Doktorand die Möglichkeit eröffnet hat, mich mit meinem Thema wissenschaftlich auseinanderzusetzen und promoviert zu werden. Zudem danke ich Herrn Prof. Dr. Manfred Wandt, der das Zweitgutachten zu meiner Arbeit übernahm und mich auch bereits während und nach meinem Studium verschiedentlich unterstützt hat. Ebenso bedanke ich mich bei Herrn Prof. Dr. Thomas Zerres für die kurzfristige Übernahme des Prüfungsvorsitzes meiner Disputation.

Weiterhin schulde ich Herrn Rechtsanwalt Dr. Ami de Chapeaurouge, LL.M. ganz besonderen Dank. Er hat mich nicht nur auf das Thema aufmerksam gemacht, sondern stand mir auch mit seiner weitreichenden praktischen Erfahrung auf dem Gebiet Corporate Finance stets als ideenreicher, kompetenter, aber auch kritischer Diskussionspartner zur Seite. Darüber hinaus verstand er es, mir wissenswerte und spannende Einsichten zu den Themen Akquisitionsfinanzierung, -refinanzierung und Private Equity zu geben sowie innovative praktische Strömungen im Grenzbereich zwischen Recht und Betriebswirtschaft aufzuzeigen. Außerdem stellte er mir in großzügiger Weise seine zahlreichen Kontakte zu Banken, Investmentbanken und Private Equity Häusern zur Verfügung. Dank gebührt auch Herrn Rechtsanwalt und Insolvenzverwalter Wilhelm Salim Khan Durani für insolvenzrechtliche Betrachtungen, Herrn Rechtsanwalt Dr. Arne Klüwer, LL.M., für seine Gedanken auf dem Gebiet der strukturierten Finanzierungen und der Bereitschaft, diese mit mir zu diskutieren, Herrn Rechtsanwalt Till Hafner, MBA, LL.M., für steten Gedankenaustausch sowie Herrn Rechtsanwalt Hans-Richard Schmitz für die Durchsicht des Manuskripts.

Meine Familie und Freunde haben mich während des Bearbeitungsprozesses immer wieder bestärkt und unterstützt. An erster Stelle möchte ich meinen Eltern, Renate und Dr. Bernhard Lippsmeier, tief empfundenen Dank aussprechen. Sie haben mich nicht nur ausführlich und präzise bei der Endredaktion der Arbeit unterstützt, sondern standen mir bei meinem bisherigen Lebensweg immer bedingungslos zur Seite und haben mir somit wunderbare Möglichkeiten und Chancen in meinem Leben geebnet. Daneben war mein Patenonkel, Herr Prof. Dr. Manfred Weidenbruch, ein treuer Begleiter des Dissertationsprozesses.

Als Garanten für Motivation und Durchhaltevermögen sind insbesondere meine Freunde Louis Wakatsuki, Dr. Sebastian Wanke, Stephan Schinz und Jonas Vogel zu nennen. Für den sportlichen Ausgleich neben Beruf und Dissertation motivierten mich mit der notwendigen Ausdauer meine Freunde und Mitstreiter beim Ironman Frankfurt 2005 und 2007 Oliver Ibielski und Arnd van der Lake. Schließlich gilt mein Dank meinem Bruder Markus, der stets, auch trotz aktueller großer Entfernung zu Neuseeland, in den wichtigen Abschnitten meines Lebens ein präsenter Ansprechpartner ist, auf den ich mich jederzeit verlassen kann - sowie Lil für ihre unendliche Geduld und bedingungslose Liebe.

Frankfurt am Main im April 2008

Bernhard Lippsmeier

INHALTSVERZEICHNIS

ABBILDUNGSVERZEICHNIS

ABKÜRZUNGSVERZEICHNIS

a.A.	andere Ansicht
a.F.	alte Fassung
ABl.	Amtsblatt
Abs.	Absatz
ABS	Asset Backed Securities
AG	Aktiengesellschaft
AGB	Allgemeine Geschäftsbedingungen
AIM	Alternative Investment Market
AktG	Aktiengesetz
Alt.	Alternative
Anm.	Anmerkung
AO	Abgabenordnung
Art.	Artikel
AssetCo	Asset Company
ATU	Autoteile Unger
Az.	Aktenzeichen
BaFin	Bundesanstalt für Finanzdienstleistungsaufsicht
BAG	Bundesarbeitsgericht
BB	Betriebsberater
Bd.	Band
BDSG	Bundesdatenschutzgesetz
Begr.	Begründer
BGB	Bürgerliches Gesetzbuch
BGBl	Bundesgesetzblatt
BFH	Bundesfinanzhof
BGH	Bundesgerichtshof
BGHSt	Entscheidungen des Bundesgerichtshofs in Strafsachen
BGHZ	Entscheidungen des Bundesgerichtshofs in Zivilsachen
BidCo	Bid Company
BK	Berliner Kommentar
BKR	Zeitschrift für Bank- und Kapitalmarktrecht
BMF	Bundesministerium für Finanzen
BörsG	Börsengesetz
BStBl.	Bundessteuerblatt
BT-Drucks.	Bundestagsdrucksache
BVerfG	Bundesverfassungsgericht
BVK	Bundesverband Deutscher Kapitalbeteiligungsgesellschaften e.V.
bzw.	beziehungsweise
ca.	circa
CAPM	Capital Asset Pricing Model
CDO	Collateralised Debt Obligation

CMBS	Commercial Mortgage Backed Securities
DAX	Deutscher Aktienindex
DB	Der Betrieb
ders.	derselbe
d.h.	das heißt
dies.	dieselbe(n)
DSCR	Debt Service Coverage Ratio
DStR	Deutsches Steuerrecht
DZWIR	Deutsche Zeitschrift für Wirtschafts- und Insolvenzrecht
e.V.	eingetragener Verein
EBIT	Earnings Before Interests and Taxes
EBITDA	Earnings Before Interests, Taxes and Amortisations
EG	Europäische Gemeinschaft
EGBGB	Einführungsgesetz zum BGB
EquityCo	Equity Company
EStG	Einkommensteuergesetz
etc.	et cetera
EU	Europäische Union
EUGH	Europäischer Gerichtshof
EURIBOR	European Interbank Offered Rate
EVA	Economic Value Added
EwiR	Entscheidungen zum Wirtschaftsrecht
EWS	Europäisches Wirtschafts- und Steuerrecht
f.	folgende Seite/folgender Paragraph
ff.	folgende Seiten/folgende Paragraphen
FAZ	Frankfurter Allgemeine Zeitung
FB	Finanzbetrieb
FCDSCR	Free Cash Flow Debt Service Coverage Ratio
FCF	Free Cash Flow
FN	Fußnote
FRN	Floating Rate Note
FS	Festschrift
FSA	Financial Service Authority
FTD	Financial Times Deutschland
gem.	gemäß
GEMA	Gesellschaft für musikalische Aufführungs- und mechanische Vervielfältigungsrechte
GewSt	Gewerbesteuergesetz
GG	Grundgesetz
ggf.	gegebenenfalls
GmbH	Gesellschaft mit beschränkter Haftung
GmbHG	Gesetz betreffend die Gesellschaften mit beschränkter Haftung

GmbHR	GmbH-Rundschau
grds.	grundsätzlich
Grohe	Grohe Water Technology AG & Co. KG
h.M.	herrschende Meinung
HGB	Handelsgesetzbuch
HK	Heidelberger Kommentar
HoldCo	Holding Company
Hrsg.	Herausgeber
Inc.	Incorporation
i.S.d.	im Sinn des
i.S.v.	im Sinn von
i.V.m.	in Verbindung mit
IFL	Institute for Law and Finance
IFLR	International Financial Law Review
InsO	Insolvenzordnung
IPO	Initial Public Offering
IRR	Internal Rate of Return
IstR	Zeitschrift für internationales Steuerecht
JR	Juristische Rundschau
KG	Kommanditgesellschaft
KGaA	Kommanditgesellschaft auf Aktien
KDG	Kabel Deutschland GmbH
KO	Konkursordnung
KKR	Kohlberg Kravis Roberts
KStG	Körperschaftsteuergesetz
KTS	Zeitschrift für Insolvenzrecht – Konkurs, Treuhand, Sanierung
KWG	Kreditwirtschaftsgesetz
LBO	Leveraged Buy Out
LIBOR	London Interbank Offered Rate
LJ	Lord Justice
Ltd	Limited Liability Company
LSTA	Loan Syndications and Trading Association
M&A	Mergers & Acquisitions
MBO	Management Buy Out
MBI	Management Buy In
MBS	Mortgage Backed Securities
Mio.	Millionen
MüKo	Münchener Kommentar
Mrd.	Milliarde(n)
m.w.N.	mit weiteren Nachweisen
NewCo	New Company
NJW	Neue Juristische Wochenschau
NPL	Non Performing Loan
Nr.	Nummer

NZA	Neue Zeitschrift für Arbeitsrecht
NZG	Neue Zeitschrift für Gesellschaftsrecht
NZI	Neue Zeitschrift für Insolvenzrecht
o.V.	ohne Verfasser
OFD	Oberfinanzdirektion
OLG	Oberlandesgericht
OpCo	Operating Company
p.a.	per annum
para.	Paragraph
PIK	Payment In Kind
PLC	Practical Law Company
ProspektVO	Verordnung (EG) Nr. 809/2004
UK	United Kingdom
UmwG	Umwandlungsgesetz
USA	United States of America
UStG	Umsatzsteuergesetz
Recaps	Leveraged Recapitalisations
RGBl	Reichsgesetzblatt
RGZ	Entscheidungen des Reichsgerichts in Zivilsachen
RMBS	Residential Mortgage-Backed Securities
ROA	Return on Assets
ROCE	Return on Equity Employed
ROE	Return on Equity
S.	Seite
SBG III	Sozialgesetzbuch III
SchVG	Gesetz betreffend die Gemeinsamen Rechte der Besitzer von Schuldverschreibungen vom 4.12.1899
SEC	Securities and Exchange Commission
sog.	sogenannte
SOX	Sarbanes-Oxley Act 2002
SPD	Sozial Demokratische Partei Deutschlands
SPE	Special Purpose Entity
SPV	Special Purpose Vehicle
TEFRA	Tax Equity and Fiscal Responsability Act 1982
vs.	versus
VerlagsG	Verlagsgesetz
VerkProspG	Verkaufsprospektgesetz
Vfg.	Verfügung
vgl.	vergleiche
VO	Verordnung
WACC	Weighted Average Cost of Capital
WahrnG	Urheberrechtswahrnehmungsgesetz
WBS	Whole Business Securitisation

WM	Wertpapier-Mitteilungen
WpHG	Wertpapierhandelsgesetz
WpPG	Wertpapierprospektgesetz
z.B.	zum Beispiel
ZBB	Zeitschrift für Bankrecht und Bankwirtschaft
Ziff.	Ziffer
ZinsO	Zeitschrift für das gesamte Insolvenzrecht
ZIP	Zeitschrift für Wirtschaftsrecht und Insolvenzpraxis
ZPO	Zivilprozessordnung

EINLEITUNG

§ 1 Problemstellung

I. Beteiligungsmarkt in Deutschland

Der private Beteiligungsmarkt (auch Private Equity Markt), d.h. die Bereitstellung von außerbörslichem Eigenkapital für Unternehmen, war in Deutschland in seiner Entwicklung von verschiedenen Zyklen geprägt. Nach sehr verhaltenem Beginn in den Anfängen der 1990er Jahren wuchs der Markt anschließend rasant, um dann ab dem Jahr 2000 mit Ende des Börsen- und Internetbooms in eine Phase des Stillstands und der Konsolidierung zu treten. Auf den internationalen Märkten, insbesondere in den USA und England – traditionellerweise weitaus größere und bedeutendere Beteiligungsmärkte – zeigen sich in jüngerer Vergangenheit deutliche Erholungen, die nunmehr auch auf Deutschland durchschlagen.

Der Markt wurde in jüngerer Vergangenheit besonders von der Entflechtung und Portfoliobereinigung des Beteiligungskonglomerats der sog. Deutschland AG mit ihren gegenseitigen Kapital- und Überkreuzbeteiligungen geprägt[1]. Auf Banken, Finanzdienstleistern, Versicherungen sowie Industrieunternehmen lastet strategischer und finanzieller Druck, sich auf ihr Kerngeschäft zu konzentrieren und so die damit zusammenhängenden Desinvestitionen ihrer Beteiligungen durchzuführen. Hintergrund ist dabei sehr häufig das sich in der globalen Wirtschaft als Maßstab des Unternehmenserfolgs durchgesetzte kapitalmarktorientierte Prinzip des sog. Shareholder Value[2], also der Aktionärsrendite[3]. Danach werden die Geschäftsstrategien der Unternehmen nach Maßgabe der ökonomischen Rendite beurteilt, die sie für die Anteilseigner schaffen und die im Falle einer börsennotierten Aktiengesellschaft anhand der Dividendenzahlungen und Kurswertsteigerungen der Aktien gemessen werden. So baut beispielsweise die Deutsche Bank AG seit 2002 kontinuierlich ihre Industriebeteiligungen ab[4].

1 Vgl. Deloitte & Touch, S. 1ff.; bei dieser Studie wurden 28 Interviews mit M&A Verantwortlichen deutscher Konzerne geführt. Eines der wichtigsten Ergebnisse war, dass sich die Entflechtung der Deutschland AG beschleunigt fortsetzen wird.

2 Aufgrund der angelsächsischen Dominanz in der Kapitalmarktpraxis sind Anglizismen in der Sprache der Marktteilnehmer üblich und gebräuchlich. Häufig finden sich sogar keine äquivalenten und passgerechten Übersetzungen in der deutschen Sprache – etwa für Whole Business Securitisation. Demzufolge finden sich auch im Verlauf dieser Arbeit zahlreiche englische Fachbegriffe wieder, wobei grundsätzlich eine deutsche Übersetzung mitgeliefert wird. Auf umständliche und gezwungene, vielleicht sogar sinnentstellende deutsche Übersetzungen wird hingegen verzichtet.

3 Allerdings besteht die Gefahr, dass die kurzfristige Maximierung des Aktienkurses zum Wohl des Anteilsinhabers primäres und vielleicht sogar einziges Ziel der Unternehmenspolitik wird und so das Unternehmen langfristig sogar geschädigt wird.

4 Es wurden dabei u.a. die Beteiligungen an der Motor-Columbus AG und Fresenius AG komplett veräußert, sowie die Anteile an der DaimlerChrysler AG von 11,8% auf 10,4% und an der DEUTZ AG von 10,5% auf 4,5% reduziert, vgl. Deutsche Bank AG, S. 21.

Auch die nunmehr zur Allianz AG gehörende Dresdner Bank AG ist aktiv und trennte sich beispielsweise 2005 von ihrer letzten großen Beteiligung in der Baubranche und veräußerte ihren Anteil von 25% am Baukonzern Bilfinger Berger für rund € 374 Mio.[5]. Jüngstes Beispiel ist der teilweise Rückzug der Allianz AG aus dem Handelskonzern Karstadt-Quelle Anfang 2007, bei der sie ihre Beteiligung von 7,64% auf 2,64% reduzierte[6]. Hieraus resultiert: die Internationalisierung der Aktionärsstrukturen durch den Einstieg ausländischer Investoren und die gesteigerte Möglichkeit feindlicher Übernahmen, da die traditionellen Großaktionäre ihre Rolle immer weniger als Beschützer des angegriffenen Unternehmens sehen. Die Banken sind häufig vielmehr als treibende Kraft der sich aus dieser Entflechtung ergebenden Aktivitäten am Markt für Unternehmenskäufe anzusehen, weil sie in der Rolle der die Übernahmetransaktion durchführenden Investmentbank hohe Gewinne erzielen. Gleichzeitig sehen sich mittelständischen Familienunternehmen zunehmend dem Druck einer Kapitalverknappung aufgrund der Kreditrestriktionen durch Basel II sowie Gesellschaftsstrukturproblemen und notwendigen Nachfolgeregelungen ausgesetzt. Dadurch erodieren allmählich die in der Vergangenheit gepflegten Vorbehalte gegen Eigenkapitalbeteiligungen von außen. Es wächst vielmehr die Gesprächsbereitschaft und Akzeptanz hinsichtlich der außerbörslichen Finanzierung (Kapitalerhöhung und Minderheitsbeteiligung) sowie des Verkaufs an Finanzinvestoren auch unter Beteiligung des Managements (Management Buy Out, MBO)[7].

II. Finanzinvestoren und steigender Wettbewerbsdruck

Großen Anteil an der tatsächlichen Durchsetzbarkeit des Vorgenannten haben Finanzinvestoren, sog. Private Equity Gesellschaften, vornehmlich aus den USA und Großbritannien, die Anlagemöglichkeiten für das ihnen u.a. von Pensions- und Rentenkassen, Versicherungen oder auch sehr vermögenden Privatpersonen zur Verfügung gestellte Kapital suchen[8]. Als Kapitalsammelstellen dienen Fonds mit Laufzeiten zwischen acht und zehn Jahren, wobei sich der Investitionshorizont in den einzelnen Portfoliounternehmen typischerweise zwischen drei und fünf Jahren bewegt[9]. Die bei der Fondsgründung vorgegebene Verzinsungsver-

---

5 o.V., FAZ vom 9.6.2005, S. 16.

6 o.V., Handelsblatt-Online vom 29.1.2007, www.handelsblatt.com.

7 o.V., FAZ, 11.11.2004, S. 25; ca. 15 Transaktionen mit Volumina zwischen € 50 und 250 Mio. werden im Mittelstand jährlich durchgeführt. Geschätzt wird, dass in fünf Jahren knapp 50 Abschlüsse dieser Größenordnung vorgenommen werden, vgl. o.V., Handelsblatt vom 9.12.2004, S. 2.

8 Vgl. o.V., Wirtschaftswoche-Online vom 12.11.2004. Zu den bekanntesten und größten Finanzinvestoren gehören: Kohlberg Kravis Roberts (KKR), The Blackstone Group, The Carlyle Group, Apax Partners (alle USA), Permira (England) und Allianz Capital Partners (Deutschland). Vgl. auch Georgieff/Biagosch, S. 774.

9 Unter dem Eindruck noch kurzfristiger denkender Hedgefonds, die zusätzlich in das deutsche Beteiligungsgeschäft einsteigen, verkürzen sich diese Haltefristen manchmal, wenn auch bisweilen Haltefristen von vier bis sieben Jahren eingehalten werden.

pflichtung (Internal Rate of Return oder Interner Zinsfuss, IRR) des eingesetzten Eigenkapitals gegenüber den eigenen Geldgebern beträgt regelmäßig 20 bis 30% p.a. und kann nur bei aktiver eigener entsprechender Refinanzierung der ursprünglichen Akquisitionsfinanzierung und Desinvestition (sog. Exit-Gestaltung oder auch nur Exit[10]) eingehalten werden[11].

Mit der wachsenden Erholung des außerbörslichen Beteiligungsmarktes hat sich parallel ein stetig wachsender Kapitalüberhang gebildet, der in einer sehr hohen Marktliquidität mündet[12]. Mittlerweile existieren Fonds mit Volumina von zweistelligen Milliarden Euro. So hat die Private Equity Gesellschaft Permira, Europas Marktführer, einen Fonds mit einem Gesamtvolumen von € 11 Mrd. aufgelegt, der mindestens zu 70% in Europa und somit auch in Deutschland investiert wird[13]. Übertroffen wird dieser noch von einem durch Blackstone aufgelegten Fonds mit einem Volumen von US$ 15,6 Mrd.[14]. In diese Dimension ist nun auch kürzlich die Texas Pacific Group mit einem US$ 15 Mrd.-Fonds vorgestoßen[15]. Gleichzeitig finden sich genügend Banken, die als Kreditgeber die entsprechenden Akquisitionsfinanzierungen arrangieren und zeichnen, da sie selbst unter hohem Wettbewerbsdruck um die Provisionen dieses Marktes stehen[16]. Diese Entwicklung führt weltweit zu Übernahmen mit immer größeren Volumen. Jüngeres Beispiel ist hier die Übernahme des größten texanischen Stromversorgers TXU Corporation aus Dallas/USA für US$ 45 Mrd. durch ein Konsortium von Private Equity Firmen[17].
Im Zuge dieser Liquiditätsschwemme drängen immer mehr Finanzinvestoren auf den Markt, insbesondere nach Deutschland[18]. Somit unterliegen sie nicht nur einem zunehmend hohen Investitionsdruck, sondern sehen sich auch einem erheblichen Wettbewerbsdruck mit anderen Finanzinvestoren ausgesetzt. Dieser Druck verstärkt sich noch durch das Hinzutreten von sog. Hedgefonds, die einem erheblich kurzfristigeren Investitionsplan unterliegen und oft auch größere Kapital-

---

10 Aus Sicht des Finanzinvestors werden diese Begriffe in der vorliegenden Arbeit als Synonym benutzt.

11 Vgl. Brealy/Myers, S. 97ff.; siehe Einzelheiten Dritter Teil, § 23.

12 In Deutschland konnten zwischen Januar und September 2006 knapp über € 1,8 Mrd. eingesammelt werden, was eine Steigerung um 20% zum vergleichbaren Zeitraum 2005 bedeutet, vgl. o.V., Pressemitteilung vom 14. November 2006.

13 Vgl. Ernst & Young, Juni 2006, S.4.

14 Vgl. Maier, FTD vom 12.07.2006.

15 o.V., FAZ vom 29.09.2006, S. 23.

16 Banken, die in der Übernahmeberatung tätig sind, verdienen zum einen die Provision für die Übernahmeberatung als auch zum anderen diejenige, die bei der Finanzierung der Transaktion anfällt, vgl. Schulz, FAZ vom 28.09.2006, S. 25.

17 Beteiligt waren hier KKR, Texas Pacific Group und die Beteiligungssparte der Investmentbank Goldman Sachs. Das Volumen dieser Übernahme übertrifft die lange Jahre bestehende Rekordsumme von US$ 25 Mrd. der in der Private Equity Branche bahnbrechenden Übernahme des Tabak- und Nahrungsmittelkonzerns RJR Nabisco im Jahre 1989 durch KKR; vgl. o.V.: FAZ vom 27.02.2007, S. 12.

18 o.V., FAZ vom 26.11.2004, S. 29.

kraft haben[19]. Die in diesem Zusammenhang bis vor kurzem in der breiten Öffentlichkeit geführte „Heuschreckendebatte"[20] scheint zurückgedrängt, da nunmehr die Bundesregierung eindeutig positive Signale für Beteiligungstransaktionen aussendet. Davon zeugen nicht nur diverse Verkäufe von der öffentlichen Hand gehörenden Immobilienportfolios an ausländische Investoren, sondern auch der kürzlich durchgeführte Verkauf von 4,5% bundeseigener Aktien des Telekommunikationskonzerns Deutsche Telekom AG an Blackstone, einem US-Investor[21]. Gleichzeitig werden ähnlich großvolumige Übernahmen wie in den

19 Die Bezeichnung Hedgefonds dient in Ermangelung einer einheitlichen Definition als unscharfer Sammelbegriff für spezielle, privat gemanagte Investmentfonds und -gesellschaften. Es handelt sich dabei um Kapitalsammelstellen, deren Manager grundsätzlich Anlagemärkte, Instrumente und Strategien frei wählen können und weitgehend unabhängig von gesetzlichen Vorgaben Kapital investieren dürfen. Ziel ist die markt-unabhängige Gewinnmaximierung, d.h. eine größtmögliche Rendite bei fallenden als auch steigenden Kursen an den Finanzmärkten zu erzielen (sog. Positive Absolute Return). Die verfolgten Anlagestrategien sind ebenso unterschiedlich wie vielfältig.

20 Angestoßen wurde die Diskussion im Vorfeld der Bundestagswahlen im Herbst 2004 von dem damaligen SPD-Vorsitzenden und derzeitigem Arbeitsminister und Vize-Kanzler Franz Müntefering, der eine Aktualisierung des Parteiprogramms der SPD forderte und seine kapitalismuskritische Position mit einer Heuschreckenschwarm-Metapher illustrierte:
„Wir müssen denjenigen Unternehmern, die die Zukunftsfähigkeit ihrer Unternehmen und die Interessen ihrer Arbeitnehmer im Blick haben, helfen gegen die verantwortungslosen Heuschreckenschwärme, die im Vierteljahrestakt Erfolg messen, Substanz absaugen und Unternehmen kaputtgehen lassen, wenn sie sie abgefressen haben. Kapitalismus ist keine Sache aus dem Museum, sondern brandaktuell". Auszug aus einem Vortrag, gehalten am 22. November 2004 unter dem Titel „Freiheit und Verantwortung" an der Friedrich-Ebert-Stiftung, abgedruckt in: SPD, Programmheft I, Januar 2005, S. 18. Letztendlicher Auslöser der Debatte war allerdings sein Interview in der Zeitung BILD am Sonntag vom 17. April 2005, bei dem er die vorgenannten Gedanken in leicht abgewandelter Wortwahl wiederholte und einer breiten Öffentlichkeit bekannt machte: „Manche Finanzinvestoren verschwenden keinen Gedanken an die Menschen, deren Arbeitsplätze sie vernichten – sie bleiben anonym, haben kein Gesicht, fallen wie Heuschreckenschwärme über Unternehmen her, grasen sie ab und ziehen weiter. Gegen diese Form von Kapitalismus kämpfen wir." In diesem Zusammenhang ist auch der Fall des Wasserarmaturenherstellers Grohe zu beachten, der im westfälischen Hemer liegt, dem Wahlkreis von Franz Müntefering. Grohe Water Technology AG & Co. KG wurde zunächst von einem Finanzinvestor erworben und anschließend an den nächsten im Wege eines Secondary Buy-Outs weitergereicht - mit dem gesteigerten Risiko, dass der Schuldendienst das Unternehmen erdrückt, so dass äußerst rigide Spar- und Effizienzsteigerungsmaßnahmen, wie Verlagerung von Produktionsstätten, Arbeitsplatzabbau, etc. geplant und auch schon umgesetzt worden sind, vgl. Köhn, FAZ vom 27.05.2005, S. 22. Siehe auch zur Kritik an dem Geschäftsgebaren von Finanzinvestoren, Balzli/ Pauly /Rosenbach/Tuma, S. 64ff.

21 Diese Transaktion wurde im April 2006 durchgeführt und hatte ein Transaktionsvolumen von € 2,7 Mrd. Dabei erteilte die Bundesregierung der staatseigenen Kreditanstalt für Wiederaufbau, welche u.a. die bundeseigenen Unternehmensbeteiligungen verwaltet, die Verkaufsgenehmigung. Bahnbrechend war, dass zum ersten Mal in der Geschichte des deutschen Beteiligungsmarktes ein ausländischer Finanzinvestor eine Minderheitsbeteiligung an einem DAX-notierten deutschen Unternehmen erwarb. Dies geschah mit Hilfe der Bundesregierung, obwohl kurze Zeit zuvor in Politikerkreisen ausländische In-

USA hierzulande möglich. Im Fokus der Private Equity Häuser stehen dabei auch Unternehmen aus dem Deutschen Aktienindex (DAX), da diese im weltweiten Vergleich noch als unterbewertet gelten. Beispielsweise wehrte der Autozulieferer Continental AG im Jahre 2006 erfolgreich eine Übernahme ab. Ebenso erfolglos versuchte sich Blackstone an einer Übernahme eines nicht näher genannten DAX-Konzerns mit einem Transaktionsvolumen von US$ 50 Mrd.[22].

III. Auktionsszenarien und riskantere Finanzierungen

Die Finanzinvestoren stehen somit unter sehr hohem Druck, hochrentable Übernahmen durchzuführen, die mit den Renditeerwartungen ihrer Kapitalgeber korrespondieren. Allerdings ist die Anzahl interessanter und lukrativer Unternehmen, d.h. hohe Rendite versprechende Investitionsobjekte, endlich. Hierzu gehören z.B. Konzerntöchter im Zusammenhang der Entflechtung und Portfoliobereinigung bzw. mittelständische Familienunternehmen mit Problemen in der Eigenkapitalversorgung oder Nachfolgeregelung[23]. Demzufolge kommt es mittlerweile auch immer wieder zu Großübernahmen im zweistelligen Milliardenbereich unter Zusammenschluss mehrerer Finanzinvestoren (sog. Club Deals)[24]. Als Ergebnis dieser Entwicklung finden sich die Finanzinvestoren häufig in Auktionsszenarien mit zehn oder mehr Bietern wieder. Um überhaupt den Zuschlag zu erhalten, müssen sie stark überhöhte Preise zahlen. Nur durch die Erhöhung des Fremdkapitalanteils bei der Akquisitionsfinanzierung kann der Finanzinvestor unter diesen Vorzeichen seine Rendite auf das von ihm eingesetzte Eigenkapital maximieren[25]. Dies führt zu immer riskanteren Finanzierungsstrukturen. Heute übersteigen die erstrangigen Schulden den üblichen Verschuldungsmaßstab – das Betriebsergebnis vor Zinsen, Steuern und Abschreibungen (Earnings Before Interests, Taxes and Amortisations, EBITDA) – nicht mehr um das Vierfache, sondern bereits häufig um das Sechsfache. Die Gesamtverschuldung steigt mitunter auf das Acht- bis Neunfache des EBITDA. Gleichzeitig wird den erworbenen Unternehmen aufgegeben, fast den gesamten generierten Überschuss für den Schuldendienst, d.h. die sich aus der Akquisition ergebenden Zins- und Tilgungszahlungen, zur Verfügung zu stellen. Bis vor kurzem musste aus Sicht der finanzierenden Bank der Überschuss noch um 25% über dem Schuldendienst liegen. Mittlerweile sind es oft nur noch 5% oder sogar weniger Prozentpunkte[26].

---

vestoren noch vehement als Heuschrecken bezeichnet wurden. Neben den Aktien erhielt Blackstone auch einen Sitz im Aufsichtsrat der Deutsche Telekom AG.

22 o.V., FAZ vom 28.02.2007, S. 21.

23 Balzli/Pauly/Rosenbach/Tuma, S. 70.

24 So etwa im Jahre 2006 die Übernahme der Pharmasparte von Altana durch Nordic Capital, Credit Suisse Private Equity und Blackstone für € 4,4 Mrd. oder der Verkauf der Gabelstaplersparte Kion vom Industriegashersteller Linde an KKR und Goldman Sachs für € 4 Mrd.

25 Einzelheiten siehe Dritter Teil, § 22 II.

26 Schulz, FAZ vom 28.09.2006, S. 25. Zu der Entwicklung der EBITDA Ratios siehe auch Ernst & Young, S.3.

IV. Refinanzierung der Akquisitionsfinanzierung und erschwerte Exit-Gestaltung

Der Refinanzierung der ursprünglichen Akquisitionsfinanzierung sowie der (möglichst raschen) Exit-Gestaltung durch den Finanzinvestor kommen aufgrund dieser Umstände eine besondere Bedeutung zu. Einerseits muss die aus verschiedenen Kapitalschichten (Bankdarlehen, Mezzanine, etc.) mit unterschiedlich hoher Zinsbelastung bestehende Akquisitionsfinanzierung zügig kostengünstig refinanziert werden[27]. Andererseits gilt es den Exit zu gestalten. Hier ist allerdings seit geraumer Zeit – eingeleitet durch den Stimmungsumbruch an den Kapitalmärkten gegen Ende der 1990er Jahre – eine gewisse Stagnation der traditionellen Exit-Kanäle wie der Börsengang (Initial Public Offering, IPO) oder der Verkauf an einen strategischen Investor (Trade Sale) festzustellen. Die notwendigen Desinvestitionen werden nunmehr vermehrt durch Verkäufe an andere Finanzinvestoren, sog. Verkäufe am Sekundärmarkt (Secondary Buy-Outs), vorgenommen, wobei Weiterreichungen an Dritte oder sogar Vierte (sog. Tertiary bzw. Fortiary Buy Outs) vorkommen können[28]. Meist erfolgen sie wiederum unter Zahlung erhöhter Kaufpreise, was auch in einer solchen Exitgestaltung aggressive Finanzierungsstrukturen notwendig macht. Diese wirken sich in der Regel zu Lasten des operativen Geschäfts des Zielunternehmens aus. Sekundärmarktverkäufe, so expansiv in jüngerer Zeit die erzielten Verkaufspreise auch waren und sich damit günstig auf die Rendite des verkaufenden Finanzinvestors ausgewirkt haben[29], können nicht darüber hinwegtäuschen, dass sich sowohl der Exit über einen Börsengang als auch der Verkauf an einen strategischen Investor erst langsam wieder erholt. Insofern sind die Finanzinvestoren in einem Dilemma: sie zahlen in Auktionen überhöhte Preise, sind aber im Prozess der Desinvestition behindert, denn der Sekundärmarkt konnte für einige Jahre den Wegfall der bevorzugten Optionen IPO und Trade Sale nicht ausgleichen. Sofern Finanzinvestoren ein Unternehmen von einem anderen übernehmen, trifft sie dieses Dilemma noch schwerer, da ihnen auf absehbare Zeit sämtliche Exit-Kanäle verschlos-

---

[27] Näheres unter Dritter Teil, § 22 V.

[28] Vgl. o.V., FAZ vom 24.12.2004, S. 14; von Drygalski, S. 5.

[29] Als Beispiele für überhöhte Kaufpreiszahlungen können folgende Transaktionen dienen, welche zunächst als Börsengänge geplant waren:

1. Tank & Rast: Im November 2004 kaufte der britische Finanzinvestor Terra Firma die Bonner Tank & Rast AG, welche 90 Prozent der deutschen Autobahnraststätten und Tankanlagen betreibt, für ca. 1,1 Mrd. Euro von seinen Altgesellschaftern Lufthansa, Allianz Capital Partners und Apax. Die Altgesellschaftern hatten die Tank & Rast AG 1998 von der Bundesrepublik Deutschland im Zuge einer Privatisierung für 600 Million Euro zuzüglich der Übernahme von Verbindlichkeiten in Höhe von 300 Mio. Euro übernommen, vgl. o.V., FAZ vom 19.11.2004, S. 23;
2. Grohe: Der Sanitärarmaturenhersteller Grohe Water Technology AG & Co. KG wurde 2004 von dem englischen Finanzinvestor BC Partners für € 1,8 Mrd. zuzüglich Schuldenübernahme an die Texas Pacific Group und Credit Suisse First Boston Private Equity verkauft. BC Partners hatten 1999 lediglich die Hälfte bezahlt, vgl. Köhn, FAZ vom 27.05.2005, S. 22.

sen bleiben. Gleichwohl erlauben weder die Bedürfnisse der nachhaltigen Entflechtung der Deutschland AG bei den großen börsennotierten Konzernen und den mittelgroßen, nichtnotierten Unternehmen noch die stockende bzw. verstopfte Exitpipeline den Finanzinvestoren, auf Dauer überhöhte Preise in Auktionen oder am Sekundärmarkt zu zahlen. Mit weiterem Zeitablauf und gleichzeitigem stetigen Anstieg von brachliegenden Portfolioinvestitionen, die einem notwendigen Exit zugeführt werden müssen, steigt der Druck unaufhaltsam an, so dass der Markt Gefahr läuft zu implodieren.

V. Whole Business Securitisation (WBS) als Gegenstand der Untersuchung

Diese Überdrucksituation kann nur mit Hilfe bestimmter Ventile reguliert werden. Die Weiterveräußerung an einen zweiten oder dritten Finanzinvestor hat sich in der Praxis als ein solches herausgeschält, ist jedoch nicht ausreichend, um den Markt zu beruhigen und abzukühlen. Als ein zusätzliches Ventil könnte das Finanzierungsinstrument WBS dienen. Es handelt sich hierbei um eine Finanzinnovation, die vornehmlich in England entwickelt wurde und dort mit Erfolg angewendet wird. Es werden dabei die gesamten oder zumindest die signifikanten Teile der Zahlungsströme (Cash Flows) eines Unternehmens in Wertpapiere umgewandelt und am Kapitalmarkt platziert (auch Forderungsverbriefung oder Securitisation). Dieses Vorgehen erlaubt eine im Vergleich zu herkömmlichen Finanzierungsmaßnahmen höhere Fremdkapitalaufnahme mit gleichzeitig niedrigeren Kapitalkosten. Auch bietet die vergleichsweise lange Laufzeit der Anleihen (bis zu 30 Jahre) Stabilität und Vorhersehbarkeit des Schuldendienstes. Gleichzeitig kommt es zu keinem Kontrollverlust über die Vermögenswerte des Unternehmens, weil Vermögensübertragungen auf Dritte nicht notwendig sind. Folgerichtig bietet WBS Finanzinvestoren: (1) Unterstützung bei der Refinanzierung und Kostenminimierung einer Akquisitionsfinanzierung, um den angestrebten IRR nicht durch einen zu hohen Schuldendienst zu gefährden und/oder (2) die Vorverlegung eines Teil-Exits nach einer Investition innerhalb einer verhältnismäßig kurzen Zeitspanne, nachdem die Anfangsinvestition getätigt und abgeschlossen wurde. Eine solche Refinanzierungsmaßnahme ermöglicht das Ausschütten einer fremd-kapitalgestützten Dividende (auch Dividend Recap genannt) an den Finanzinvestor – vor dem möglichen Zeitpunkt einer regulären Exit-Alternative wie den Börsengang oder Verkauf an einen strategischen Investor.

§ 2 Ziele der Arbeit

Bei der vorliegenden Arbeit handelt es sich nicht um eine klassische Arbeit der Rechtsvergleichung. Vielmehr ist es ein Versuch einer Analyse, wie ein Finanzinstrument aus dem Ausland als „legal transplant“[30] – juristisch und dogmatisch im deutschen Recht abgesichert – im Wege intellektueller Arbitrage an einem anderen Finanzplatz funktionieren könnte. Das Hauptaugenmerk der Arbeit liegt auf der Herausarbeitung der Grundlagen des Finanzierungsinstruments WBS und der Untersuchung der Auswirkungen der vorgegebenen rechtlichen Rahmenbedingungen in Deutschland sowie der Anpassungsfähigkeit des deutschen Rechts an bestimmte Marktgegebenheiten. Es werden die Grenzen, Gefahren und Risiken aufgezeigt, die sich aus der bestehenden rechtlichen Wirklichkeit für die Robustheit, Integrität und Kapitalmarktfähigkeit eines solchen Instruments ergeben. Gleichzeitig werden Vorschläge für die Abmilderung und/oder Überwindung bestehender dogmatischer Unverträglichkeiten und Schwierigkeiten bei der Strukturierung von WBS in Deutschland gemacht. Außerdem wird untersucht, inwiefern WBS eine ernstzunehmende und gangbare Alternative zu bestehenden Refinanzierungsmöglichkeiten der Akquisitionsfinanzierung für Finanzinvestoren ist. Es werden zusätzliche ausgewählte Refinanzierungsinstrumente dargestellt und anhand bestimmter dogmatischer und pragmatischer Parameter mit WBS verglichen. Darüber hinaus wird aufgezeigt, wie WBS dazu beitragen kann, überforderte Exit-Kanäle zu entlasten. Hierzu wird die Exit-Dimension von WBS im Vergleich zu den traditionellen Optionen betrachtet.

§ 3 Gang der Untersuchung

Die Arbeit ist in vier grundlegende Abschnitte unterteilt: 1. Grundlagen für WBS-Transaktionen, 2. WBS in Deutschland, 3. WBS in Abgrenzung zu anderen Refinanzierungsmaßnahmen sowie 4. WBS als mögliche Exit-Alternative. Am Anfang der Arbeit steht die Erläuterung des Konzepts und der Struktur von WBS, einschließlich des zugrundeliegenden rechtlichen als auch finanztechnischen Grundgerüsts sowie die Darstellung seines Ursprungs in Großbritannien. Diese Betrachtungen bereiten die Basis zur anschließenden Untersuchung des Konzepts im Lichte der rechtlichen Vorgaben in Deutschland, die sich über den zeitlichen Zyklus strukturelle Vorüberlegungen, Krise und Insolvenz erstrecken. Vorangestellt ist dabei die Darstellung von Referenztransaktionen, die in Deutschland bereits durchgeführt worden sind und für das Verständnis der Diskussion und folgenden Strukturanalyse unerlässlich sind. Miteingebunden in diese Untersuchung sind Lösungsvorschläge für Strukturoptimierungen, wo sich die deutsche Rechtsordnung als Hindernis oder nicht ausreichend flexibel erweist. Hierbei ist es notwendig, „den Finger in die Wunde“ zu legen und präzise rechtsdogmatische Analysen und Verbesserungsvorschläge zu konkretisieren.

Die Arbeit mündet in der Untersuchung, inwiefern WBS eine Alternative zu bestehenden Refinanzierungsinstrumenten der Akquisitionsfinanzierung sein kann. Dabei werden zunächst aus Verständnisgründen einige Ausführungen zur Akqui-

---

30 Siehe zu dieser Form der Rechtsvergleichung, Watson, S. 1ff.

sitionsfinanzierung im Allgemeinen gemacht, um dann anhand eines eigenen Merkmalekatalogs ausgewählte Refinanzierungsmaßnahmen mit WBS zu vergleichen. Schließlich wird die Eignung von WBS als Desinvestitionsalternative zu den bestehenden Optionen IPO, Trade Sale und Secondary Buy-Out aus dem Blickwinkel von Finanzinvestoren untersucht. Die Exit-Dimension von WBS wird ins Verhältnis zu diesen Exit-Methoden gesetzt und untersucht, ob WBS nicht nur ein taugliches Instrumentarium für die notwendige Refinanzierung der ursprünglichen Akquisitionsfinanzierung darstellt, sondern auch Antworten auf die skizzierte Exit-Problematik gewährt.

ERSTER TEIL: GRUNDLAGEN FÜR WBS-TRANSAKTIONEN

§ 4 Konzept und Ursprung von Verbriefungstechniken im Allgemeinen (Securitisation)

WBS basiert auf dem Konzept und Mechanismus der Verbriefung. In Abgrenzung zur traditionellen ABS-Verbriefung[31], werden dabei nicht nur ein spezifischer Zahlungsstrom, sondern möglichst alle Zahlungsströme (Cash Flows) eines Unternehmens verbrieft, was eine bahnbrechende Entwicklung bedeutet. Bevor das Konzept von WBS und seine Ausgestaltung näher dargestellt und untersucht werden kann, ist es denknotwendig, das Konzept der Verbriefungstechnik (Securitisation) dem Grundsatz nach zu erläutern. Nur so erschließt sich in Folge die Natur und Komplexität von WBS-Strukturen sowie die Bedeutung von WBS im Kontext von Finanzierungen bzw. Refinanzierungen von Unternehmensakquisitionen durch Finanzinvestoren.

Zeugnis erfolgreichen operativen Geschäftsverlaufs und Wachstums eines Unternehmens ist die Finanzierung und Refinanzierung des transaktionsunabhängigen Kapitalbedarfs – also die Optimierung von Kapitalstruktur und Bilanz. Die Bemühung um eine solche kapitalstrukturelle Robustheit und bilanzielle Ausgeglichenheit ist eine der wichtigsten, wenn nicht die wichtigste Aufgabe für die Vitalität und Bestandskraft eines Unternehmens. In der heutigen ökonomischen Wirklichkeit mit ständig wachsender internationaler Konkurrenz kann sich ein Unternehmen nur langfristig und nachhaltig am Markt behaupten, wenn es stets neue Kapitalquellen findet und für sich erschließt. Diese Geldmittel müssen dann in ein ausgewogenes Gleichgewicht zwischen Investitionen und Ausschüttungen an die eigenen Gesellschafter bzw. Investoren gebracht werden. Finanzierungsquellen können dabei internen oder auch externen Ursprungs sein[32]. Verbriefungen oder auch strukturierte Finanzierungen zählen zu Letzteren, d.h. zu den Formen der Fremdkapitalfinanzierung. Es handelt sich grundsätzlich um Mittel externen Ursprungs mit dem Verständnis der Rückzahlung unter bestimmten, zuvor vereinbarten Bedingungen[33]. Der Kapitalnachfrager tritt nämlich bei einer Verbriefung unmittelbar am Kapitalmarkt auf und befriedigt sein Bedürfnis nach Kapital durch die Begebung entsprechender Finanzierungsinstrumente[34]. Deshalb wird so im allgemeinen Sinne auch der Trend weg von der klassischen

---

[31] Hierzu ausführlich z.B. Klüwer, S. 1ff.; Gehring, S. 1ff. sowie Willburger, S. 1ff.

[32] Sog. Mezzanine-Finanzierungen stellen ein Hybrid zwischen Eigenkapital- und Fremdkapitalfinanzierung dar, da sie Aspekte beider Formen auf sich vereinen. Es handelt sich dabei um in der Regel unbesichertes und nachrangiges Fremdkapital, bei dem der Kapitalgeber jedoch bestimmte Rechte erhält, Eigenkapital an der kapitalaufnehmenden Gesellschaft zu erwerben, siehe dazu Dritter Teil, § 22 V 3, 4.

[33] Lajoux/Weston, S. 3.

[34] Achleitner, S. 413.

Form der Unternehmensfinanzierung durch Bankkredite hin zu wertpapiergestützten Finanzierungen bezeichnet[35].

I. Konzept

Unter Verbriefung im Allgemeinen versteht man den Umwandlungsprozess eines Bestands von gleichartigen Vermögenswerten (Pool) zu öffentlich oder privatplatzierten, handelbaren Wertpapieren mit dem Ziel, Liquidität am Kapitalmarkt zu generieren. Diese Wertpapiere werden von den Cash Flows und wirtschaftlichen Werten (Assets), welche sich aus den zugrundeliegenden Vermögenswerten ergeben, gedeckt und bedient. Typischerweise werden diese vermögenswertgestützten Wertpapiere als Asset Backed Securities (ABS) bezeichnet[36]. Das Risiko des Kapitalgebers bzw. Investors in diese Wertpapiere ist hierbei nicht, wie etwa bei herkömmlichen Unternehmensanleihen, an den Unternehmenserfolg des Emittenten, gekoppelt, sondern an einen ausgewählten Bestand an Vermögenswerten. Hierauf konzentriert sich sodann auch die ökonomisch-juristische Analyse der jeweiligen Investitionsentscheidung. Deshalb fällt bei derartigen Transaktionen ein ganz besonderes Augenmerk auf die Auswahl, Isolierung und Konsistenz der zugrundeliegenden Vermögenswerte.

II. Grundlegende Struktur einer Verbriefungstransaktion

Verbriefungstransaktionen sind in der Regel wie folgt strukturiert[37]: Ein Unternehmen (Originator) verkauft an ein neu zu gründendes und von diesem vollkommen unabhängiges Transaktionsvehikel (Special Purpose Vehicle, SPV[38]) einen bestimmten, vorher eingegrenzten Bestand an Vermögenswerten (in der Regel Forderungen), um so eine Trennung vom Insolvenzrisiko des Originators zu erzielen[39]. Dieser Verkauf ist für den Originator bilanzentlastend gestaltet und wird als True Sale bezeichnet. Dabei müssen die bilanzrechtlichen Voraussetzungen für eine Ausbuchung der Forderungen beim Originator erfüllt sein. Nur so kann die Bilanz verkürzt werden, damit die Eigenkapitalquote sowie die Rendite auf das eingesetzte Eigenkapital (Return on Equity, ROE) und die Rendite auf die eingesetzten Vermögensgegenstände (Return on Assets, ROA) steigen.

---

35 Baums, WM 1993, S. 1.

36 Barbour/Hostalier, S. 9. Gleichwohl ABS als Oberbegriff angesehen wird, erfolgt in der Praxis eine grobe Klassifizierung des Verbriefungsmarktes in ABS (Asset Backed Securities), CDOs (Collateralised Debt Obligations) und MBS (Mortgage Backed Securities), welche wiederum in CMBS (Commercial Mortgage Backed Securities) sowie RMBS (Residential Mortgage Backed Securities) zu unterscheiden sind. Siehe grundlegend zu ABS in Deutschland beispielsweise Küppers/Brause, AG 1998, S. 413ff.

37 Deacon, S. 1 und 2; siehe auch die detaillierte Zusammenstellung über interne und externe Formen der Bonitätsverbesserung bei Barbour/Hostalier, S. 17 und 18.

38 Eine solche Gesellschaft wird oft auch als Special Purpose Entity (SPE) benannt.

39 Im Englischen wird dieser Vorgang auch als de-linking of the credit risk bezeichnet.

Je nach anwendbarer Rechtsordnung sind dabei unterschiedliche Voraussetzungen zu erfüllen. Es wird dementsprechend auch von einer Off-Balance-Sheet-Wirkung gesprochen, im Gegensatz zur Bilanzwirksamkeit, der On-Balance-Sheet-Wirkung[40]. Das SPV emittiert sodann die ABS, welche entweder Anteilsscheine an einem abgetrennten Pool von Finanzaktiva oder wertpapiermäßig verbriefte, am Markt handelbare Zahlungsansprüche gegen den verselbständigten Aktivapool darstellen[41]. Mit dem Erlös der Wertpapieremission refinanziert das SPV den Kaufpreis der Forderungen. Die sich aus den emittierten ABS ergebenden Zahlungsverpflichtungen, wie Zins- oder Tilgungszahlungen, werden aus den Zahlungsströmen der Forderungen gespeist. Gleichzeitig dienen die Forderungen auch als Sicherheit für die Investoren, welche die ABS erwerben.

Abbildung 1: Vereinfachte True Sale Verbriefungsstruktur

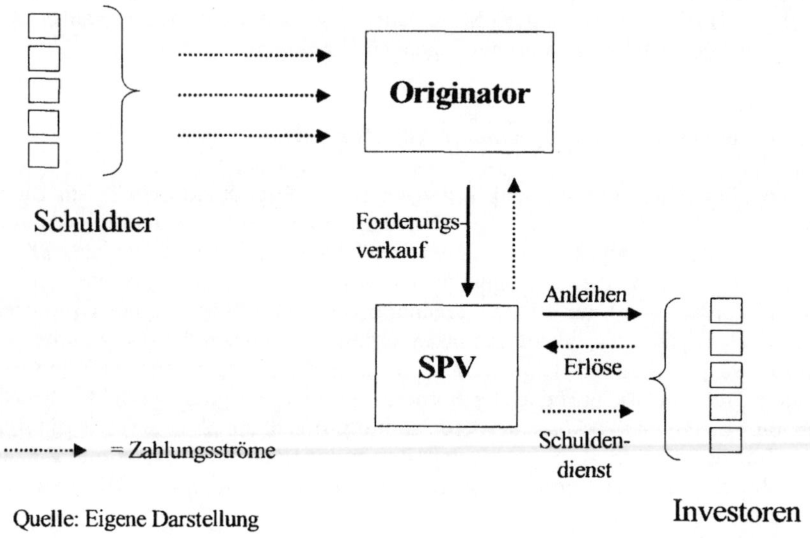

Quelle: Eigene Darstellung

40 Siehe näher zum True Sale-Verkauf und dessen Voraussetzungen nach deutschem Recht, Fahrholz, S. 217ff.

41 Gehring, S. 17.

In der Regel ist der Veräußerungserlös der Forderungen geringer als der von dem SPV bezahlte Kaufpreis bzw. der Wert der emittierten ABS. Daher wird zur Steigerung der Kapitalmarktfähigkeit der ABS ein sog. Credit Enhancement, also eine Verbesserung der Bonität des emittierenden SPV bzw. der Anleihe, durchgeführt. Typischerweise wird eine solche Bonitätsverbesserung anhand der Vermögenswerte selbst generiert. Mittel sind dabei u.a. die Unterteilung der Anleihe in verschiedene Tranchen unterschiedlicher Rangfolge (sog. Senior und Subordinated Notes), wobei die Zahlungsausfälle zunächst von den nachrangigen Wertpapieren aufgefangen werden. Je größer die Zahl der nachrangigen Klassen ist, desto geschützter sind die vorrangigen Wertpapiertranchen. Der Originator erwirbt selbst häufig die nachrangigen Tranchen. Darüber hinaus kann das Mittel der Übersicherung (sog. Overcollaterisation) eingesetzt werden, wobei nicht der gesamte zur Verfügung stehende Forderungspool verbrieft wird und die überschießenden Forderungen der Sicherheit der Investoren dienen. Gegen eine Gebühr bieten aber auch Dritte, wie Banken oder andere Finanzdienstleister, Unterstützung in Form von Sicherungs- bzw. Zahlungszusagen für den Fall von Zahlungsausfällen beim Emissions-SPV (sog. Letter of Credit)[42]. Neben den True Sale-Verbriefungen sind auch sog. synthetische Verbriefungen (Synthetic Securitisation) in der Praxis zu beobachten[43]. Diese Verbriefungsart eignet sich insbesonders in Bezug auf Darlehens-, Kredit- oder Hypothekenforderungen. Hier werden keine Vermögenswerte, sondern lediglich das der Forderung inhärente Kreditrisiko mittels eines Credit Default Swaps (es handelt sich dabei um ein sog. Kreditderivat) auf ein SPV übertragen[44]. Dieses überträgt das Risiko dann weiter an den Kapitalmarkt, indem es Anleihen emittiert (Credit Linked Notes). Folgerichtig bleiben die zugrundeliegenden Forderungen auch weiterhin in der Bilanz des Originators. Somit handelt es sich um eine On-Balance-Sheet-Finanzierung.

III. Anwendungsgründe

Die Nutzung der Verbriefungstechnik ist im Wesentlichen motiviert durch Liquiditätsgewinn, welcher zur Rückführung von Verbindlichkeiten oder zu Investitionen genutzt werden kann sowie durch die Optimierung von Finanzierungs- und Refinanzierungskosten durch indirekten Kapitalmarktzugang. Darüber hinaus spielen Überlegungen zur aktiven Bilanzgestaltung, zur Verbesserung von Bilanzrelationen und zur Diversifikation der Finanzierungsquellen eine wichtige Rolle[45].

---

42 Barbour/Hostalier, S. 18.

43 Siehe Einzelheiten bei Deacon, S. 152ff.

44 Näheres zu Kreditderivate, Dritter Teil, § 22 V 1 sowie FN 981.

45 Schneider/Droste, S. 385; vgl. auch Jergitsch, S. 1148.

IV. Entwicklung des Marktes und die zu verbriefenden Vermögenswerte

Die ersten Transaktionen dieser Art datieren aus den frühen 1970er Jahren, als in den USA Bestände an Hypotheken zusammengeführt und verbrieft worden sind, um so die Finanzierungsmöglichkeiten für den Wohnungsbau durch Förderung eines Sekundärmarktes für Hypothekarkredite auszuweiten[46]. In Europa dagegen findet diese Technik erst seit den frühen 1990er Jahren mit steigender Tendenz Anwendung[47]. Das Gesamtvolumen des Marktes an ABS- Forderungsverbriefungen wuchs zwischen 1999 und 2005 von ca. € 20 Mrd. auf knapp € 105 Mrd., wobei 2006 ein leichter Rückgang auf ca. € 100 Mrd. zu verzeichnen war[48]. Marktführer in Europa ist traditioneller Weise Großbritannien, wobei hier allerdings 2006 der Markt eine empfindliche Delle aufwies und einen Rückgang von ca. 39% auf € 13,8 Mrd. zu verzeichnen hatte. In Deutschland hingegen expandierte der Markt nach Überwindung schwacher wirtschaftlicher und struktureller Rahmenbedingungen zunehmend. So sank das Volumen von 2003 (€ 20,5 Mrd.) auf 2004 (€ 14,5 Mrd.) noch um 29%[49], wuchs aber inzwischen im Jahre 2006 wieder auf € 22 Mrd. an[50]. Für 2007 wird aus paneuropäischer Sicht weiteres Wachstum in diesem Bereich erwartet, insbesondere eine Erholung in Großbritannien. Für Deutschland zeichnet sich hingegen ein leichtes Nachlassen ab, da hier das in den letzten zwei Jahren erreichte hohe Transaktionsvolumen nicht zu halten sein wird.

Seit den Anfängen der Verbriefung von zukünftigen Zahlungen langfristiger Verbraucherverbindlichkeiten, wie z.B. Forderungen aus langjährigen Hypothekenverträgen, ist der Rahmen, der den Verbriefungstransaktionen zugrundeliegenden Vermögenswerten, immer weiter gefasst worden. Heute werden nicht nur langfristige, sondern auch Forderungen mit kürzeren Laufzeiten wie Forderungen aus Kreditkarten oder Autoleasingfinanzierungen verbrieft[51]. Gleichzeitig umfasst der Markt aber auch Forderungen wie etwa Steuerforderungen des Fiskus, Franchising-Gebühren oder auch innovative Formen wie zukünftige Tantiemeneinnahmen, Lizenzgebühren für Musik oder Markenrechte sowie reine Zahlungsströme oder, anstatt speziell vorher ausgewählter, sogar die gesamten operativen vermögenswerten Güter eines Unternehmens, wie es etwa bei WBS der Fall ist[52]. Der Innovation und dem Einfallsreichtum der Marktteilnehmer sind

---

46 Schwarcz, S. 2. Zu weiteren Einzelheiten der Entstehungsgeschichte siehe auch Bhattacharya/Fabozzi,
S. 3ff. und Gehring, S. 13ff.

47 Schneider/Droste, S. 385.

48 Savoey/Bahavani, S. 1. Zu beachten ist, dass in dieser Statistik u.a. CDOs , RMBS und CMBS nicht unter ABS subsumiert werden und so in den Zahlen keinen Niederschlag finden.

49 Seymour, S. 3.

50 Grössler et al., S. 6.

51 Deacon, S. 1.

52 Vgl. die Übersichten bei Barbour/Hostalier, S. 12 und Deacon, S. 1 bis 4, sowie Sherman & Sterling, S. 3.

dabei keine Grenzen gesetzt, solange die zugrundeliegenden Vermögenswerte einen steten, voraussehbaren und planbaren Zahlungsstrom erzeugen. Somit wird deutlich, dass Verbriefung weniger eine strikte, einfach zu kopierende Transaktionsstruktur ist, sondern vielmehr ein konzeptionelles Werkzeug, das an die unterschiedlichen Strömungen und Weiterentwicklungen sowie der ökonomischen Wirklichkeit angepasst werden kann[53].

§ 5 Ursprung und Entwicklung von WBS

I. Zugrundeliegendes Konzept und Begriffsbestimmung

Wie bereits angedeutet, basiert auch WBS auf dem Konzept und Mechanismus der Verbriefung von Vermögenswerten. Allerdings geht WBS erheblich darüber hinaus, da auch Elemente einbezogen werden, die herkömmlichen Verbriefungsmethoden fremd sind. Es wird ein umfassenderer und ganzheitlicher Ansatz verfolgt, da nicht nur die Zahlungsströme speziell ausgesuchter Forderungen verbrieft werden, sondern alle Forderungen des gesamten oder zumindest des überwiegenden Teils des operativen Geschäfts eines Unternehmens. Somit kommen bei WBS neben dem Kredit- bzw. Ausfallrisiko der Cash Flows der der Verbriefung zugrundeliegenden Vermögenswerte die Elemente des Unternehmens- und Managementrisikos hinzu. Dieses Risiko wirkt sich unmittelbar auf die Bedienung der Zins- und Tilgungszahlungen der emittierten Anleihe aus, da die Schuldendienstzahlungen im direkten Verhältnis zum Erfolg des operativen Geschäfts bzw. dem Geschick des Managements stehen – es besteht somit eine unmittelbare Abhängigkeit zwischen den Zahlungsströmen. Derartige Risiken trägt ein Investor regelmäßig bei der Zeichnung von Unternehmensanleihen (Corporate Bonds). Bei herkömmlichen Verbriefungsmethoden wie ABS, bei den die Vermögenswerte besonders ausgesucht und vom Originator durch Verkauf an eine Zweckgesellschaft insolvenzfest isoliert werden (sog. Ring-Fencing the Assets) sind diese Risiken hingegen gezielt ausgeschlossen[54].

---

53 Ein gutes Beispiel aus der jüngsten Vergangenheit ist die Verbriefung von notleidenden Kredite (sog. Non Performing Loans, NPL). U.a. Banken bemühen sich mit dem Blick auf die Einführung der Basel II-Regeln auf diese Weise ihre Bilanzen aufzubessern, in dem sie mittels True Sale-Verbriefungen ihre Bilanzen von diesen Ausfallrisiken entlasten.

54 Deacon, S. 37.

Abbildung 2: WBS Konzept

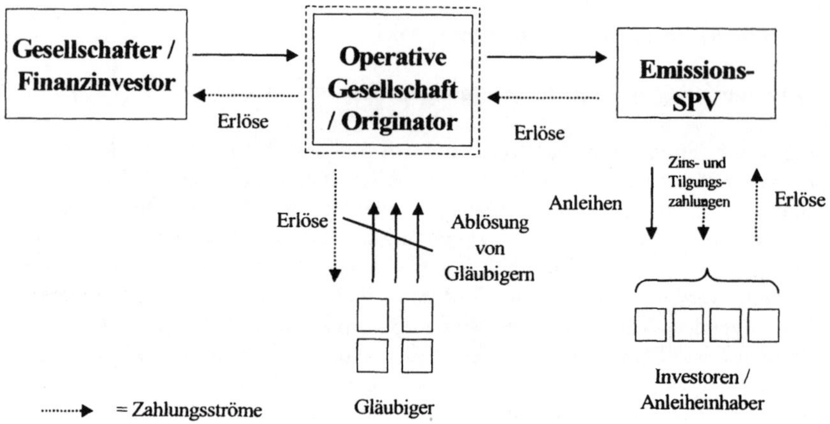

Quelle: Eigene Darstellung

Dem Grunde nach kann WBS als eine Umstrukturierung des Kreditrisikos einer langfristigen Finanzierung mit hohem Verschuldungsgrad (Leverage) eines operativ tätigen Unternehmens in und auf verschiedene am Kapitalmarkt platzierte Wertpapiertranchen verstanden werden[55]. Es findet sozusagen ein beinahe vollständiger Austausch der traditionellen Gläubiger durch die Anleihegläubiger (Bondholder) statt. Hierbei ist es entscheidend, dass die typischerweise von einer konzerneigenen Zweckgesellschaft (Emissions-SPV) emittierten Wertpapiere eine entsprechende Kapitalmarktfähigkeit, d.h. Handelbarkeit und Absetzbarkeit am Kapitalmarkt, besitzen. Die hierfür zu erfüllenden Kriterien werden von Usancen am Kapitalmarkt selbst sowie von den die Transaktionsstruktur und -qualität begutachtenden Ratingagenturen vorgegeben und finden Eingang in die entsprechende Bonitätseinstufung (Rating) der Anleihe[56]. Angestrebt ist ein hö-

---

[55] Ramgarhia/Mumminoglu/Pankratov, S. 329.

[56] Zu näheren Einzelheiten der Rolle von Ratingagenturen im Zusammenhang von WBS, siehe Erster Teil § 8.

heres Rating der Anleihe als die des verbrieften Unternehmens selbst. Nur in einem solchen Fall ist die Anleihe zu einem entsprechend niedrigen Zinskupon am Kapitalmarkt platzierbar. Dieser Umstand ist dann auch Grund für die angestrebten verringerten Finanzierungskosten des verbrieften Unternehmens. Voraussetzung für eine solche Bonitätseinstufung ist ein ausgeprägter Schutz der Anleihegläubiger in Krise und Insolvenz des Originators, der sich in entsprechender Weise in der Transaktionsstruktur wiederfinden muss. Das Emissions-SPV ist zwar Emittent der Anleihe und somit unmittelbarer Schuldner der investierenden Anleihegläubiger. Diese Gesellschaft ist jedoch lediglich zum Zweck der Emission der Anleihe gegründet worden. Darüber hinaus gehende Aktivitäten am Wirtschaftsmarkt wird sie regelmäßig nicht entfalten und besitzt deshalb auch keinerlei werthaltige Vermögenswerte, auf welche die Gruppe der Anleihegläubiger im Insolvenzfall zur Befriedigung ihrer Ansprüche zurückgreifen könnte. Dementsprechend bedarf es zum Erfolg einer WBS-Transaktion immer der Zugriffsmöglichkeit für die Anleihegläubiger auf Cash Flows und Vermögenswerte des Originators. Der sich aus der Anleiheemission ergebende Schuldendienst wird periodisch aus den zukünftigen Zahlungsströmen des operativen Geschäfts des Originators bedient und abgetragen (Self Liquidating). Idealtypischerweise fließen die für den Schuldendienst notwendigen Cash Flows aus dem operativen Geschäftsbetrieb des Originators unabhängig von dessen ökonomischer Entwicklung dem anleiheemittierenden SPV und somit letztlich den Anleihegläubigern zu. Aufgrund des bestehenden operativen Risikos, das sich unmittelbar auf die Bedienung des Schuldendienstes auswirken kann, ist dies nicht in jedem Fall sichergestellt.

Aus diesem Grund kommt der Absicherung der Anleihegläubiger innerhalb der Transaktionsstruktur besondere Wichtigkeit zu. Bei eintretenden finanziellen Schwierigkeiten des Originators und dementsprechenden Zahlungsengpässen des Emissions-SPV (Krise und mögliche Insolvenz) stehen typischerweise zum Schutz der Anleihegläubiger u.a. die Erlöse aus Vermögensgegenständen des Originators wie z.B. Grundstücke und Inventar zur Verfügung. Allerdings sind aus den Erfahrungen der Sanierungs- und Insolvenzpraxis diese Erlöse oftmals nicht ausreichend. Dementsprechend sind Frühwarnsysteme bezüglich Krise und Insolvenz zur deren Verhinderung in die jeweilige Struktur zu implementieren und rechtswirksam auszugestalten. Eine erfolgreiche WBS-Transaktionsstruktur muss somit (i) die Überwachung (Monitoring) und Disziplinierung des Originators anhand von vertraglichen Nebenbestimmungen oder Auflagen (Covenants), und (ii) Krisen- sowie Insolvenzfestigkeit durch Zusatzmaßnahmen und entsprechender Besicherung beinhalten. Im Ergebnis sollte demnach bei der Transaktionsstruktur darauf geachtet werden, dass das anleiheemittierende SPV bzw. die Anleiheinhaber als dessen Gläubiger, Zugriff auf die Cash Flows des operativen Geschäftsbetriebs des Originators oder aber Zugriffsrechte während der Laufzeit der Anleihe auf die Cash Flow-generierenden Vermögenswerte des Originators haben, um in Krise und Insolvenz das operative Geschäft weiterzuführen oder sie als ultima ratio zur eigenen Befriedigung zu verwerten.

Die Erlöse der WBS-Transaktion können dazu genutzt werden, die bestehende heterogene Gläubigerstruktur des Unternehmens, wie z.B. Gläubiger aus Warenlieferungen und Leistungen, Darlehen und Krediten, etc., abzulösen. D.h. es werden die alten Gläubiger radikal umgeschichtet und ersetzt, um so eine homogene, idealerweise nur aus den Anleihegläubigern bestehende Gläubigerstruktur zu schaffen. Darüber hinaus können die Überschüsse als Dividende an den Finanzinvestor ausgeschüttet werden. Diese Verfahrensweise findet sich vor allem in England und zunehmend auch in den USA Anwendung.

Sofern man WBS auf seine einzelnen Komponenten herunterbricht, zeigt sich, dass sich sowohl Elemente aus dem Bereich der Unternehmensfremdkapitalfinanzierung, insbesondere der bankrechtlichen Besicherungskreditpraxis, als auch der Emission von Unternehmensanleihen, d.h. auch von ABS, finden lassen[57]. Gleichzeitig beinhaltet das „Konzept WBS" Ähnlichkeiten mit der Grundstruktur von Cash Flow-orientierten Finanzierungen, wie etwa Projektfinanzierungen. Der Schuldendienst wird bei solchen Finanzierungen ebenso exklusiv aus dem Cash Flow des zukünftigen operativen Geschäftsbetriebs gespeist, so dass dementsprechend dessen ununterbrochene Funktionsweise und Gewährleistung über die Finanzierungsdauer bis zur vollständigen Tilgung des Fremdkapitals sichergestellt werden muss[58]. Trotzdem kann WBS nicht als eine Form der Projektfinanzierung klassifiziert werden. Bei WBS werden bestehende Unternehmen mit verfügbaren historischen Cash Flow-Daten finanziert und nicht Projekte, die erst noch ihr eigenes Entstehen finanzieren müssen und so über keinerlei Muster an Zahlungsströmen verfügen (sog. Greenfield Projects)[59]. WBS ist vielmehr als ein Hybrid der modernen Finanzalchemie zu bezeichnen, das unterschiedlichste Elemente auf sich vereinigt und sich so einer einfachen Klassifizierung bestehender Finanzierungsmethoden entzieht. Kurzum: WBS kann als eine Art Refinanzierung sui generis verstanden werden[60]. Vereinfacht kann es als Verbriefung möglichst vieler, wenn nicht aller operativer Vermögenswerte bezeichnet werden (Operating Asset Securitisation), um auch in der Bilanz womöglich „versteckte" Vermögenswerte zu heben, zu mobilisieren und zu liquidieren[61].

57 Deacon, S. 4 und 173, sowie Pfister, Credit Analysis, S. 373 und Lee, Singapore Law Gazette 2004, S. 19.

58 Ausführlich zu Projektfinanzierungen, siehe Fahrholz, S. 253ff.

59 Lee, Singapore Law Gazette 2004, S. 19. Gleichwohl wurde WBS bereits 1999 in England als integraler Bestandteil einer Projektfinanzierung genutzt (sog. ExCeL Deal), vgl. Gasser, S. 16. Siehe auch weitere Einzelheiten zur Abgrenzung zwischen Projektfinanzierung und WBS bei Hengst, S. 73ff.

60 So auch Hengst, S. 76.

61 Vgl. Lee, Singapore Law Gazette 2004, S. 19.

II. Marktentwicklung und Anwendungsbereiche

Die Ursprünge von WBS finden sich in der Mitte der 1990er Jahre. Die ersten Entwicklungen konnten 1994 in Schweden beobachtet werden[62]. Bei der unter dem Namen St. Erik Securities No. 1 bekannten Transaktion wurden die Zahlungsströme aus Hypothekenforderungen sowie Mietzinszahlungen von städtischen Wohnungen verbrieft. Der Erlös wurde als Darlehen an die von der Stadt Stockholm gehaltenen Immobiliengesellschaften ausgeschüttet. Im Unterschied zu einer herkömmlichen ABS Struktur konnte der Verkauf nicht mittels eines True Sales in ein insolvenzfestes SPV durchgeführt werden, da diesem schwedisches Recht entgegenstand. Zusätzlich benötigten die speziell ausgewählten und verbrieften Vermögenswerte einer besonders aktiven und vergleichbar intensiven Betreuung. Folgerichtig bedurfte das herkömmliche True Sale-Konzept, bei dem Vermögenswerte an eine Zweckgesellschaft verkauft werden, einer Modifikation, die in die Anfänge von WBS und der ihr zugrundeliegenden Struktur eines besicherten Darlehens führte (Secured Loan Structure).

Den Durchbruch schaffte WBS drei Jahre später mit der sog. Welcome Break Transaktion in Großbritannien, dem innovativsten und größten Verbriefungsmarkt in Europa[63]. Diese wurde auch als „flagship deal" bezeichnet[64]. Hierbei erwarb der aus Bahrein stammende Finanzinvestor Investcorp den zweitgrößten britischen Betreiber von Tank- und Raststätten mit angegliedertem Hotel- und Unterhaltungsbetrieb. Die Refinanzierung der Akquisition wurde mittels einer WBS-Struktur mit einem Volumen von € 473 Mio. sichergestellt, bei der das gesamte operative Geschäft von Welcome Break verbrieft wurde[65]. Diese Transaktion war nicht die erste ihrer Art in Großbritannien. Ihr gingen u.a. die Verbriefung der zukünftigen Cash Flows eines Kranken- und Pflegeheims, die sog. Craegmoore-Transaktion, sowie die Angel Train-Transaktionen im Zusammenhang mit der Privatisierung des Eisenbahnsystems voraus. Allerdings war erst mit Welcome Break der Durchbruch in Form einer breiten Marktakzeptanz ge-

62 Sog. St Erick Securities Nr. 1 Transaktion; vgl. o.V., Euroweek, September 1998 und Gasser, S. 4.

63 Nach Angaben von Chase Manhattan (nunmehr JP Morgan Chase), einer der beteiligten Investmentbanken, waren die Anleihen derart begehrt, dass sie doppelt überzeichnet waren. Vgl. o.V., Structured Finance International, Juli/August 2002, S. 16 und 18 sowie Gasser, S. 4.

64 o.V., Structured Finance International, Juli/August 2002, S. 18.

65 Klassische Refinanzierungsmaßnahmen wie etwa durch herkömmliche bankfinanzierte Kredite und zusätzliche Mezzanine-Finanzierungen schieden nach Ansicht der beauftragten Investmentbanker aus, da die strengen Kreditauflagen bestimmte strategische Umstrukturierungen verhindert hätten. Gleichzeitig wurde die Laufzeit von ca. zehn Jahren von hochverzinslichen Risikoanleihen (High Yield Bonds) als zu kurz angesehen. Das Volumen einzelner Forderungsgruppen war nicht ausreichend, um den hohen Kaufpreis abzudecken. Auch sollte es zu keinem Kontrollwechsel über die Aktiva des operativen Unternehmens kommen. Zur Darstellung herkömmlicher Refinanzierungsmaßnahmen und Vergleich mit WBS, vgl. Dritter Teil, § 23.

schafft, in dessen Folge diese Transaktionsstruktur kopiert und zu einem weitverbreiteten Handwerkszeug im Bereich Corporate Finance wurde. Allerdings waren die frühen WBS-Transaktionen, Welcome Break eingeschlossen, oft zu optimistisch kalkuliert und strukturiert. Der Cash Flow des verbrieften Unternehmens, der den Schuldendienst speist, war zu optimistisch prognostiziert, bzw. es mussten zu hohe Investitionen zur Steigerung der Unternehmenserträge getätigt werden. Daraus folgte, dass zur Bedienung der Schuldendienste die Unternehmen oft zu ambitionierte Cash Flow-Steigerungsraten hätten erzielen müssen. Die Geschäftsführung von Welcome Break beispielsweise hätte, nach Einschätzungen von Ratingagenturen, während der Laufzeit der Anleihe eine jährliche Steigerung seines Betriebsergebnisses (EBITDA) zwischen 5,8% und 11,5% erzielen müssen[66]. Im Ergebnis erlitt die Transaktion dementsprechend wiederholt Herabstufungen ihrer Bonität durch die entsprechenden Ratingagenturen und war in Folge von Insolvenz und Restrukturierungsmaßnahmen auf der Ebene der Anleihegläubiger bedroht[67].

Der WBS Markt entwickelte sich trotzdem rasant nach oben: Das Gesamtvolumen stieg von anfänglichen € 616 Mio. im Jahre 1997 auf knapp über € 10 Mrd. im Jahr 2002. Allerdings gab es 2003 einen Rückgang um fast 70% auf ca. € 3 Mrd.. Im Jahr 2004 erfolgte eine leichte Konsolidierung des Marktes auf diesem Stand, 2005 konnte geringes Wachstum verzeichnet werden[68]. Trotz dieses vorübergehenden Rückgangs behauptet sich WBS in Großbritannien im Vergleich zu den übrigen Ländern in Europa auf hohem Niveau. Besondere Aktivitäten waren im Bereich des Gaststätten- und Hotelgewerbes (Pubs, Restaurants und Hotels)[69] sowie der Wasserversorgung[70] zu verzeichnen. Insbesondere im letzteren Fall bestand auch 2006 eine fortgesetzte Aktivität am Markt[71]. Bei den meisten Transaktionen handelte es sich um Refinanzierungen von Akquisitionen mittels hoher Fremdkapitalaufnahme (Leveraged Acquisitions) durch Private Equity Häuser, wobei neben der Abschichtung der ursprünglichen Akquisitionsfinanzierung auch häufig Kapital an die neuen Gesellschafter des Zielunternehmens

---

66 o.V., Structured Finance International, Juli/August 2002, S. 18.

67 Vgl. Herbert Smith, S. 398. Z.B. 2002 als eine Herabstufung von single-A und triple-B auf BBB/BBB und BB-/BB durch die Ratingagenturen Fitch und Standard & Poor's erfolgte, vgl. o.V., Structured Finance International, Juli/August 2002, S. 18. Einzelheiten zur Rolle und Arbeit der Ratingagenturen im Zusammenhang von WBS-Transaktionen, siehe Erster Teil § 8.

68 Vgl. Seymour, S. 7. Zu beachten ist, dass die absolute Zahl an Transaktionen stets gering blieb. So waren es 1997 lediglich zwei Transaktionen und bis heute nie mehr als zehn in einem Jahr. In der letzten Zeit wurde WBS insbesondere auf dem Industriesektor Wasser angewendet: vier von sieben Transaktionen kamen 2002 aus diesem Bereich. Alleine das Volumen der Transaktion Anglian Water betrug bemerkenswerte € 5,6 Mrd.. Vgl. o.V., Moody's International Structured Finance Special Report on UK and Republic of Ireland vom 21. Januar 2003, S. 1 und; Ramgarhia/Muminnoglu/Pankratov, S. 331.

69 Eine Übersicht und Analyse bei Dennis, S. 389ff.

70 Siehe hierzu das Beispiel der Dwr Cymru Transaktion bei Deacon, S. 176 ff.

71 Savoey/Bahavani, S. 7.

hochgereicht bzw. ausgeschüttet wurde. Dies hatte die Auswechslung von Eigen- durch Fremdkapital zum Zweck, so dass WBS auch als wichtige Möglichkeit zu einem wirtschaftlichen Teil-Exit angesehen werden kann[72]. Gleichzeitig zeigte sich WBS im Zusammenhang gesamter Konzernrefinanzierungen aber auch als Alternative zu herkömmlichen Finanzierungsmaßnahmen wie etwa Anleihemissionen oder Kreditaufnahmen[73].

Auf dem europäischen Kontinent wurde das Konzept WBS hingegen lediglich vereinzelt und nicht mit annähernd so hohen Transaktionsvolumina aufgegriffen. In Finnland hat beispielsweise bei der sog. Tornator Finance Transaktion[74] im Jahre 2002 der Zellulosehersteller Stora Enso Oyj die holzwirtschaftlichen Einnahmen über 600.000 Hektar Wald der Tornator Timberland Group verbrieft, um auf diese Weise Akquisitionen zu finanzieren. Als Sicherheiten dienten der genannte Waldbestand und Anteile an der Muttergesellschaft. Das Volumen der Transaktion betrug € 370 Mio. Auch in Frankreich sind bereits einige Transaktionen auf der Basis von WBS durchgeführt worden[75], die man jedoch sehr differenziert betrachten muss, da sie sich sehr voneinander unterscheiden und meist auch nur Anleihen an das WBS Konzept nehmen. Anerkannt als erste WBS-Transaktion ist Saint Louis Sucre-Crystal, welche von der Bayrischen Landesbank Girozentrale in Paris arrangiert wurde. Dabei wurden im Zusammenhang mit der Finanzierung der Übernahme des Zuckerproduzenten Saint Louis Sucre, im Wege eines Leveraged Buy-Outs sämtliche operativ wichtigen Vermögenswerte, wie z.B. sämtliche Zuckerbestände, verbrieft[76]. In Italien wurden insbesondere im Zusammenhang mit der Privatisierung des Flughafenbetreibers Aeroporti di Roma bei der Transaktion Romulus Finance Anleihen an die englische WBS-Struktur genommen[77]. Hierbei wurden zwecks Kapitalkostensenkung zur Refinanzierung der Kapitalstruktur eine Anleihe mit einem Volumen von € 1,2 Mrd. begeben. In Deutschland sind lediglich zwei Referenztransaktionen bekannt, einerseits die Verbriefung von Musikverlagszahlungsströmen und andererseits die Cash Flow-Verbriefung eines Telekommunikationsunternehmens[78].

---

[72] Deacon, S. 175. Zur Funktionsweise von fremdfinanzierten Akquisitionen und deren Refinanzierung siehe unten Dritter Teil, § 22 und 23.

[73] So z.B. die Craegmoore Transaktion, bei der eine zuvor durchgeführte Verbriefung refinanziert wurde oder aber die City Aviation Transaktion, bei der die Fremdkapital dominierte Kapitalstruktur des London City Airport refinanziert und umgeschichtet wurde.

[74] Nähere Informationen zu der Transaktion unter www.tornator.fi/debtprograms. Vgl. auch zu der Transaktion sowie zu den rechtlichen Rahmenbedingungen Westerlund/Himonas, S. 301ff.

[75] U.a. Chargeurs-Wool Finance, Xerox-Copy First und Marne & Champagne Finance.

[76] Vgl. Touraine/Grillo, S. 305ff. Eine grafische Übersicht zur Transaktion Saint Louis Sucre findet sich auf S. 311.

[77] Die Transaktion wird als Whole Company Securitisation bezeichnet, vgl. Einzelheiten der Transaktion bei o.V., Report, Innovative Securitisation Strenghens Rome Airport Financial Structure, abrufbar unter www.ambac.com.au.

[78] Sog. Chrysalis Music Limited bzw. Tenovis Finance Limited - Transaktion; Einzelheiten zu den jeweiligen Transaktion weiter unten, Zweiter Teil, § 14.

In der kürzlich erschienenen Literatur wird hoffnungsvoll auf eine weitere WBS-Transaktion hingewiesen, die (angeblich) im Frühjahr 2004 durchgeführt wurde[79]. Es handelt sich um die Refinanzierung der Akquisition von Kabel Deutschland GmbH (KDG), dem führenden Kabelnetzbetreiber in Deutschland mit ca. 10 Mio. angeschlossenen TV-Haushalten, durch eine Finanzinvestorengruppe aus Providence Equity Partners, Apax Partners und Goldman Sachs Capital Partners. Allerdings kann diese Zuversicht nicht geteilt werden, da WBS in seiner anschließend beschriebenen und untersuchten Form nicht zur Anwendung kam[80]. Es zeigt sich, dass der Bekanntheits- aber auch der Anwendungsgrad von WBS-Strukturen nicht nur in Deutschland, sondern auch in allen übrigen Ländern Kontinentaleuropas derzeit als noch gering einzustufen ist.

Jüngere Entwicklungen in den USA könnten allerdings für einen Marktumschwung sorgen. Hier wurde kürzlich WBS zum ersten Mal eingesetzt, um größtenteils eine Unternehmensakquisition in Form eines Leveraged Buy-Out (LBO) zu finanzieren[81]. Die Besonderheit der Transaktion lag darin, dass vornehmlich

---

79 Vgl. Hengst, S. 18 und 86.

80 Die angesprochene KDG Transaktion bedarf vielmehr einer Klarstellung: Die Übernahme von KDG durch das genannte Investorenkonsortium erfolgt im März 2003. Der Kaufpreis von ca. € 1,8 Mrd. wurde finanziert über eine Mischung aus Eigenkapital, Gesellschafterdarlehen sowie Bankkrediten. Es wurden unmittelbar im Anschluss die überwiegende Zahl der Gesellschaften und Sachanlagen in eine 100%ige Tochter von KDG zusammengeführt. Der größte Teil der Gesellschafterdarlehen wurde bereits wenige Monate später über zusätzliche Bankkredite sowie teilweise auch aus Erlösen des operativen Betriebs abgelöst. Im Frühjahr 2004 scheiterte am Widerstand der Kartellbehörden sowie den zuständigen Medienlandesanstalten die Übernahme der weiteren drei deutschen Netzbetreiber (Ish, Kabel BW und Iesy). Gleichzeitig scheiterte so der im Anschluss geplante Börsengang als Exit-Option. In Zuge dessen wurde ein neuer Kredit in Höhe von € 1,4 Mrd. aufgenommen (wobei der Gesamtkreditrahmen sich auf € 2,6 Mrd. belief und die Kreditlinie vornehmlich für die geplante Akquisition genutzt werden sollte). Außerdem wurde eine Anleihe emittiert. Bei dieser handelte es sich um die Emission einer Hochzinsrisikoanleihe (High Yield Bond) in der Ausformung von sog. Payment in Kind Notes (PIK), d.h. einer vollständig subordinierten und unbesicherten Anleihe, die noch unterhalb herkömmlicher High Yield Bonds anzusehen ist (meist strukturell subordiniert durch Einsetzung einer weiteren Emissionszweckgesellschaft in die gesellschaftsrechtliche Struktur). Wahlweise werden die Zinsen thesauriert und erst bei Endfälligkeit der Anleihe ausgeschüttet oder den Anleihegläubigern eine neue Anleihe im Gegenwert der fälligen Zinsleistungen übereignet. Dadurch erhält dieses Fremdkapital eigenkapitalähnlichen Charakter. Ziel war es den Gesellschaftern von Kabel Deutschland einen zusätzlichen (Teil-) Exit-Kanal zu ermöglichen, um ihr eingesetztes Eigenkapital gegen neues Fremdkapital auszutauschen. Sodann wurden auch die noch ausstehenden Gesellschafterdarlehen abgelöst und die Transaktionskosten bezahlt. Resultat war, dass bereits nach einem Jahr das von den Finanzinvestoren eingesetzte Kapital sich mit ca. 20% verzinst hatte. Anfang 2006 übernahm Providence Equity Partners die Anteile der Konsortiumsmitglieder. Die PIK Anleihen sind mittlerweile durch sog. PIK Darlehen abgelöst worden. WBS, wie es in dieser Arbeit untersucht wurde, kam hingegen nicht zum Einsatz. Vgl. Coyle/Daragh, S. 1ff; Geschäftsbericht Kabel Deutschland 2005/2006, S. 28ff., Faber, S. 33ff.

81 MacFadyen, Investment Dealer's Digest vom 17.01.2007, S.1.

gewerbliche Schutzrechte die verbrieften Cash Flow-generierenden Vermögenswerte ausmachten[82]. Hierbei handelte es sich um die von Lehman Brothers und der US-amerikanischen Rechtsanwaltskanzlei Paul, Weiss, Rifkind, Wharton & Garrison arrangierte Finanzierung der öffentlichen Übernahme von Dunkin' Brands, Inc. durch ein Konsortium der Private Equity Häuser The Carlyle Group, Bain Capital LLC und Thomas H. Lee Partners LLP im Volumen von US$ 2,4 Mrd., wobei ein Anteil in Höhe von US$ 1,6 Mrd. über WBS finanziert wurde. Hintergrund ist, dass Dunkin' Brands, Inc. als Muttergesellschaft sämtliche gewerbliche Schutzrechte ihrer Tochtergesellschaften aus dem Bereich der Systemgastronomie Dunkin' Donuts, Basket-Robbins und Togo Great Sandwiches hält, welche auf Basis eines Franchisesystems zum Teil weltweit vertreten sind. Dementsprechend bestehen die verbrieften Cash Flows der Zielgesellschaft Dunkin' Brands zum größten Teil aus den Gebühren der jeweiligen Franchisenehmer. Grundlegend und entscheidend für die Transaktion war die Identifizierung und Aufteilung der jeweiligen Cash Flow generierenden immateriellen Vermögenswerte und deren Isolierung in insolvenzfeste Zweckgesellschaften, so dass bei einer etwaigen Insolvenz von Dunkin' Brands die Vermögenswerte nicht verloren sind. Insbesondere in Deutschland werden gewerbliche Schutzrechte (Intellectual Property, IP) für Unternehmens- und Akquisitionsfinanzierung bislang kaum gezielt genutzt[83]. IP von Unternehmen wird zwar oft im Rahmen der Finanzierung über allgemeine Kreditlinien berücksichtigt, doch wird es in der Regel lediglich pauschal als Kreditsicherheit verlangt, ohne auf die Werthaltigkeit des Vermögenswertes spezifisch einzugehen oder diesen in die Risikoanalyse miteinzubeziehen. Ein Finanzierungskonzept wie etwa WBS, das methodisch auf die zu erzielenden Cash Flows einzelner Vermögenswerte eines Unternehmens ausgerichtet ist, kann dementsprechend IP gezielt nutzen. Hierbei könnten die sog. „strategischen" gewerblichen Schutzrechte, die vereinzelt im Zusammenhang mit Verbriefungen und strukturierten Finanzierungen sogar als nächste „Goldmine" bezeichnet werden, einen weiteren marktbelebenden Anteil haben[84]. Es handelt sich dabei um Patente und ähnliche Schutzrechte, die lediglich konzernintern genutzt werden, aber keine direkten Cash Flows aufgrund von Nutzungs- und Lizenzvereinbarungen mit Dritten für den Inhaber generieren. Sie ermöglichen dem betreffenden Unternehmen exklusive Fertigungsmethoden einzusetzen und so die operative Konkurrenzfähigkeit am Markt abzusichern. Diese immateriellen Schutzrechte werden nicht in vollem Umfang von der Unternehmensbilanz erfasst und liegen somit brach. Sie stellen regelmäßig einen unschätzbaren Wert für das Unternehmen selbst dar, weil sie für das operative Geschäft und somit für die Marktstellung des Unternehmens sowie für dessen erzielte Profitabilität unerlässlich sind.

---

[82] Vgl. Viswanatha, Online-Ausgabe The American Lawyer vom 01.04.2007, S.1ff.

[83] Nestler/Soop, S. 4.

[84] Vgl. o.V., Wall Street sallivates over IP, Pressemitteilung von Credit Suisse Tremont Index LLC vom 18.03.2007.

§ 6 Gründe für WBS

Um Gründe dafür zu finden, warum der Weg der Refinanzierung über WBS überhaupt eingeschlagen wurde, ist es notwendig auf das Ende der 1990er Jahre zurückzublicken. Es war die Zeit der internet- und technologiegetriebenen Börsen-Hausse, in der Unternehmen mit stabilen und voraussehbaren Cash Flows als sog. Low-Growth (langsam wachsende) Investitionen von den Märkten und ihren Teilnehmern angesehen (und oft verschmäht) wurden. Die meisten Investoren zielten in dieser Phase ausschließlich auf Unternehmen mit großem Wachstumspotential. Aus einer ex post-Betrachtung waren dies jedoch häufig extrem überbewertete und höchst risikobehaftete Investitionen. Unternehmen aus dem Low-Growth Segment konnten hingegen zum Preis einer realistischen Bewertung erworben und die Akquisition mittels WBS günstig refinanziert werden[85].

Heute hingegen zeichnet sich ein etwas anderes Bild: Es konkurrieren im Markt für Unternehmenskäufe eine Vielzahl von Investoren (sowohl Finanzinvestoren als auch Strategen) um relativ wenige attraktive Zielgesellschaften mit der Folge, dass die Investoren in Auktionen gedrängt werden und oft gezwungen sind, überhöhte Preise zu zahlen, um den Zuschlag zu erhalten[86]. Auf diese Weise werden in einem Verkäufermarkt die Preise nach oben getrieben. Im Ergebnis wirkt sich dieser Umstand ungünstig auf die eigenen Renditeerwartungen des Finanzinvestors aus, denn allen Finanzinvestoren ist gemein, dass sie sich auf Dauer gegenüber ihren eigenen Kapitalgebern, aber auch gegenüber den übrigen Marktteilnehmern, an dem realisierten Renditevolumen messen lassen müssen. IRR von 20 bis 30% sind die Regel[87].

Trotz sich langsam erholender Aktienmärkte bleiben Exitoptionen in Form von Börsengang oder Trade Sale für die Investoren die Ausnahme. Dies gilt insbesondere für Investitionen, die noch während eines günstigeren Börsenumfelds getätigt wurden und bei denen die übliche Haltefrist von bis zu sieben Jahren schon abgelaufen ist, bzw. nunmehr ausläuft. Folgerichtig bedarf es Alternativen, die einen Ausweg aus dieser für das IRR misslichen zeitlichen Streckung bieten[88]. Der Gedanke der Refinanzierung über den Fremdkapitalmarkt (Debt Market) ist somit, trotz veränderter Vorzeichen, weiterhin treibende Kraft für WBS. Eine solche Refinanzierung macht allerdings aus der Betrachtungsweise eines Finanzinvestors nur Sinn, sofern sich dadurch sein eigener Renditedruck reduziert. Dies kann mittels der Erhöhung des IRR erfolgen, indem der Leverage Effekt, d.h. die Hebelwirkung des Fremdkapitals auf die Eigenkapitalrendite, maximiert und/oder ein (vorgezogener) Exit durchgeführt wird, bei dem das zusätz-

---

85 Vgl. Lee, Singapore Law Gazette 2004, S. 19 und 20.

86 Vgl. Erster Teil § 1 III.

87 Gegenüber den ersten sind sie aufgrund vertraglicher Vereinbarungen verpflichtet. Im Verhältnis zu den Marktteilnehmern spielt vornehmlich die hinzugewonnene Reputation eine große Rolle.

88 Zur Exit-Dimension von WBS siehe Vierter Teil § 27.

lich aufgenommene Fremdkapital gänzlich oder in Teilen an den Finanzinvestor ausgeschüttet wird.

WBS bietet sich als Option, die diese Ziele ermöglicht und wird auch als solche von führenden Investmentbanken und Anwaltskanzleien in Deutschland intern diskutiert[89]. Die von herkömmlichen Verbriefungen entlehnten strukturellen Bonitätsverbesserungsmaßnahmen (Structural Credit Enhancements) sowie die entsprechenden disziplinierenden vertraglichen Nebenbestimmungen (Covenants) gestatten eine Anleiheemission mit hohem Rating. In der Regel handelt es sich um ein höheres Rating als dasjenige, welches der Originator selbst erhalten würde, sofern er über ein solches überhaupt verfügt[90]. Mittels WBS kann, je nach gewählter Struktur, im Einzelfall ein sehr hohes Bonitätsrating für die emittierte Anleihe erreicht werden. Eine solche Transaktionsstruktur belohnt der Kapitalmarkt dadurch, dass der Zinskupon der Anleihe entsprechend niedriger ausfällt und im Vergleich zu anderen Maßnahmen wie besicherter Darlehen oder anderer üblicher Kapitalmarktmaßnahmen attraktiver ist. Hieraus resultiert, dass WBS-Transaktionen auch die Belastung zusätzlicher und höherer Fremdkapitalanteile besser verkraften können[91].

Das Verhältnis zwischen Eigen- und Fremdkapital kann somit noch stärker zugunsten des Fremdkapitalanteils verschoben werden, wodurch der Leverage Effekt maximiert wird, was simultan zu einer Erhöhung des eigenen IRR führt. Zugleich können die Kapitalkosten gesenkt werden[92]. Die durch diesen zusätzlichen Fremdkapitalanteil erlangte Liquidität kann ganz oder in Teilen als Dividende an den Finanzinvestor ausgeschüttet werden, so dass er eine zusätzliche und gleichzeitige Exit-Möglichkeit erhält, die ihm sonst nicht zur Verfügung steht. Ein besonderer Nebeneffekt dieser WBS Refinanzierungsmethode ist überdies, dass durch die Verbriefung möglichst aller Cash Flows des Zielunternehmens – sofern diese auch die in der Bilanz unterbewerteten oder sogar gar nicht erfassten Vermögenswerte umfasst – der ausschüttbare Betrag sich durch die nun marktgerecht verbesserte Bewertung erhöht. Hierbei spielen auch die bereits zuvor angesprochenen „strategischen“ gewerblichen Schutzrechte eine Rolle. Wirtschaft-

---

89 Vgl. Klüwer/Marschall, S. 1ff.

90 Ramgarhia/ Muminoglu/Pankratov, S. 330. Näheres zur Rolle der Rating Agenturen bei WBS siehe Erster Teil § 8.

91 Ramgarhia/ Muminoglu/Pankratov, S. 331. Bei manchen WBS-Transaktionen soll es nach Schätzungen sogar zu Ratings der Struktur gekommen sein, die zwischen zwei und sechs Punkten über dem Rating des Sponsors gelegen haben. Andere Maßnahmen ohne solche Strukturverstrebungen, wie etwa High Yield Bonds, können solche Ratings nicht erreichen, vgl. Lee/ Robinson, Singapore Law Gazette 2004, S. 20.

92 Ramgarhia/ Muminoglu/Pankratov, S. 331. Beispielsweise konnten so bei der Glas Cymru Transaktion im Zusammenhang mit der Verbriefung der Cash Flows von Welsh Water die nominalen Kapitalkosten um 200 Basispunkte reduziert werden, weitere Informationen unter www.glascymru.com.

lich wirkt sich dieser Vorgang ähnlich aus wie das Heben stiller Reserven[93]. Ein weiteres Resultat dieser Refinanzierungsmethode ist außerdem, dass durch den Strukturierungsprozess und die vorbereitenden Due Diligence Prüfungen zusätzliche Informationen in Bezug auf Cash Flow-optimierende Umstrukturierungen und effizienzsteigernde Teil-Verkäufe von für das operative Geschäft des Portfoliounternehmens unwichtigen Vermögenswerten gesammelt werden. Optimiert werden dementsprechend, sozusagen als Nebeneffekt die Umstrukturierungen, die der Finanzinvestor in der post-akquisitorischen Phase regelmäßig vornehmen muss, um die gesellschaftsrechtliche Struktur an die Finanztransaktion anzupassen[94]. Voraussetzung ist allerdings, dass der Finanzinvestor bereits bei der Akquisitionsplanung verschiedene Refinanzierungsmaßnahmen antizipierend in seine Planungen einbezieht.

Aufgrund der langen Laufzeit der emittierten WBS Anleihen von bis zu 30 Jahre[95] sowie der dadurch resultierenden Stabilität, Vorhersehbarkeit und Verlässlichkeit der Zinsbelastung reduziert sich für die Beteiligten zusätzlich der Druck etwaiger nachfolgender oder zusätzlicher Refinanzierungen[96]. Darüber hinaus erfolgt durch die Nutzung des Kapitalmarkts, ähnlich wie bei herkömmlichen Verbriefungen, eine Diversifizierung der Kapitalgeberquellen. WBS erweist sich folglich als vergleichsweise kostengünstige Fremdkapitalaufnahme[97]. Gleichzeitig ist der Kapitalaufnehmer nicht der starken Kontrolle wie bei einem bankfinanzierten Darlehen unterworfen. Dem Unternehmen verbleibt eine höhere Flexibilität im operativen Geschäftsbetrieb[98]. Im Gegensatz zu herkömmlichen Verbriefungen behalten die Eigentümer der verbrieften Vermögenswerte schließlich ihre Verfügungsgewalt über diese Werte, da sie nicht denknotwendigerweise in ein konzernfremdes SPV ausgegliedert werden. Dementsprechend profitieren sie während des zeitlichen Transaktionszyklus an jedem operativen Erfolg des Unternehmens. Zusätzlich sprechen die Aufrechterhaltung von Verschwiegenheit über operative Einzelheiten und ein hoher Vertraulichkeitsgrad für WBS. Es müssen durch die fehlenden Vermögensübertragungen keine Dritten, wie etwa Kunden oder Lieferanten, informiert werden. Ferner besteht die anleihezeichnende Investorengruppe typischerweise aus einer überschaubaren Zahl institutioneller Anleger im Rahmen einer als vertraulich behandelten Privatplatzierung, welche als ein häufig gewählter Distributionsmechanismus für diese Wertpapiere

93 Bei stillen Reserven handelt es sich um in der Bilanz eines Unternehmens nicht ausgewiesene Rücklagen, die aufgrund der Unterbewertung von Vermögenswerten oder der Überbewertung von Verbindlichkeiten entstehen, vgl. Wöhe/Bilstein, S. 623ff.

94 Einzelheiten zu diesen Maßnahmen, siehe Dritter Teil § 22 IV.

95 Im Vergleich zu herkömmlichen Verbriefungen mit Laufzeiten bis zu zehn Jahren.

96 Lee, Singapore Law Gazette 2004, S. 20.

97 Bei der zuvor erwähnten WBS-Transaktion im Zusammenhang mit der Akquisition von Dunkin' Brands in den USA wurden zwar keine konkreten Angaben zum Zinseinsparungspotenzial gegenüber der Emission einer herkömmlichen Anleihe gemacht. Vermutet ist allerdings ein Einsparungspotenzial von ca. 2,5% per annum, vgl. Viswanatha, Online-Ausgabe The American Lawyer vom 01.04.2007, S.2.

98 Vgl. Geiger, S. 493.

in den Markt hinein dient. Das führt dazu, dass die im Wege der Anleiheemission im Information Memorandum disklosierten Informationen nicht in breiter Öffentlichkeit diskutiert werden. Dieses Memorandum ist nur wenigen Investoren zugänglich, weil nur einige wenige, einzeln nummerierte Exemplare existieren.

§ 7 Rechtliche Struktur von WBS

I. Grundstruktur

Bei dem Konzept von WBS werden, wie zuvor skizziert, nicht nur ein, sondern möglichst alle Vermögenswerte eines operativen Geschäftsbetriebs verbrieft[99]. Es werden somit auch Bilanzposten aktiviert – wie etwa gewerbliche Schutzrechte –, die mit anderen Finanzierungsmethoden nicht gehoben werden könnten. Die grundlegende Struktur einer WBS-Transaktion liegt zwischen herkömmlicher Verbriefung und besicherter Fremdkapitalaufnahme, da sie gleichzeitig Elemente und Bausteine beider Finanzierungsformen aufweist[100]. Die gängigste Analogie des rechtlichen Grundgerüstes bildet dabei die Struktur eines besicherten Darlehens, welches dann durch die Ausgabe von Anleihen über den Kapitalmarkt refinanziert werden soll (Secured Loan Structure)[101]:

Zunächst wird typischerweise vom Darlehensnehmer (oder auch Originator[102]) eine 100%ige Tochtergesellschaft (SPV) gegründet. Aus steuerrechtlichen Gründen hat diese – wie bei einer herkömmlichen ABS Transaktion – meist ihren Sitz im Ausland, wo steuergünstige Regelungen zur Anwendung kommen[103]. Diese Gesellschaft begibt sodann ein Darlehen an den Originator. Aus den Zahlungsströmen des eigenen operativen Geschäfts bestreitet der Originator als Darlehensnehmer periodisch die anfallenden Zins- und Tilgungszahlungen des Darlehens. Besichert wird das Darlehen mit sämtlichen bestehenden und zukünftigen Vermögenswerten des operativen Geschäfts, die materieller (Maschinen, Forderungen, etc.) und immaterieller Art (Markenrechte, etc.) sind. Im Fall der Auslagerung des operativen Geschäfts in ein weiteres SPV können als Sicherungsgut auch Geschäftsanteile des Originators an diesem SPV dienen. Sofern der Originator über weitere Tochtergesellschaften verfügt, können diese auch in die Struktur, bzw. zumindest in das Sicherheitenpaket miteingebunden werden. Jedoch werden durch die WBS-Transaktionsstruktur im Regelfall sämtliche traditionelle

---

99 Ramgarhia/Mumminoglu/Pankratov, S. 329.

100 Siehe Erster Teil, § 5 I.

101 Deacon S. 175; Pfister, S. 2.

102 Beide Begriffe werden nachfolgend in dieser Arbeit als Synonyme verwendet.

103 Als Sitz eines solchen SPV kommen Länder mit steuerfreundlichen Rahmenbedingungen wie die Cayman Islands oder auch den Bahamas (sog. Offshore Financial Centres) in Betracht. Im europäischen Raum bieten sich die Kanalinseln Jersey und Guernsey mit ihrer systematischen und inhaltlichen Nähe zum englischen Recht an. Vgl. die Übersicht bei Deacon, S. 49ff.

Gläubiger, insbesondere Fremdkapitalgeber durch die Anleihegläubiger ersetzt, um Interessenkonflikte bei der Sicherheitenbestellung zu verhindern. Da das SPV über keinerlei eigene Kapitalmittel verfügt, beschafft es sich wie bei einer ABS Transaktion die Ressourcen zur Begebung des Darlehens mittels Emission von Wertpapieren am Kapitalmarkt. Die Zahlungsverpflichtungen, d.h. Zins- und Tilgungszahlungen, gegenüber den Wertpapierinhabern werden aus dem Schuldendienst für das erwähnte Darlehen bestritten[104]. Im Kern kann WBS somit als Emission einer Anleihe verstanden werden, bei der die Zahlungen an die Anleihegläubiger durch Forderungen des Emittenten an einen Drittgläubiger (hier der Originator) gesichert sind[105].

Wesentliches Kriterium ist, dass eine WBS-Transaktion zu keinem Verkauf der Vermögenswerte in Form eines True Sales führt, sondern der Darlehensnehmer jederzeit Kontrolle über den Bestand seiner Vermögenswerte behält. Gleichzeitig ist der Darlehensnehmer mittelbarer Emittent der Wertpapiere, da es sich bei dem SPV um eine 100%ige Tochtergesellschaft handelt. Um Liquiditätsengpässe beim Darlehensnehmer zu verhindern, insbesondere aufgrund saisonaler oder konjunktureller Einflüsse, wird zusätzlich ein Betriebsmittelkredit (Working Capital Facility) eingesetzt. Das wertpapieremittierende SPV erhält zum gleichen Zweck ein Liquiditätsdarlehen (Liquidity Facility). Diese neu hinzutretenden kreditgebenden Banken bedürfen einer absoluten Vorrangigkeit gegenüber den Anleihegläubigern und den anderen noch existierenden Gläubigern des Darlehensnehmers[106]. Ein derartiger Vorrang wird in der Gläubigervereinbarung (Inter Creditor Agreement) festgehalten, die grundsätzlich das Rangverhältnis zwischen den verschiedenen Gläubigern eines Schuldners regelt[107]. Eine solche Subordinationsregelung ist zwingend geboten, da es den Banken grundsätzlich obliegt, eingegangene Kreditrisiken mit Sicherheiten zu unterlegen, um möglichst keine finanziellen Verluste zuungunsten des ihnen anvertrauten Geldes zu erleiden. Darüber hinaus verschärfen sich diese Vorsorgemaßnahmen noch erheblich durch aufsichtsrechtliche Vorgaben im Lichte von Basel II. Danach muss insbesondere in Bezug auf die Mindesteigenkapitalanforderungen neben den Kredit- und Marktrisiken nunmehr auch das operative Risiko mit Eigenkapital unterlegt werden[108]. Folgerichtig müssen die darlehensabhängigen Sicherheitenpakete die notwendigen Anreize für die Banken enthalten, damit diese sich überhaupt bei einer solchen Transaktion engagieren. Als Sicherheit dient das auf das wertpapieremittierende SPV übertragene Sicherheitenpaket für das Darlehen. Regelmäßig nimmt ein Treuhänder die Rechte der Investoren und Wertpapierinhaber wahr. Gleichzeitig hält er das Sicherheitenpaket sowohl zugunsten der Anleihe-

104 Vgl. Dittrich/Kölbl-Vogt, Die Bank 2002, S. 180.

105 Hengst, S. 26.

106 Ramgarhia/Muminoglu/Pankratov, S. 332.

107 Zur den Rangverhältnissen von Gläubigern und der Gläubigervereinbarung siehe Diem, § 39 Rn.1ff.

108 Die Anforderungen an das notwendige Eigenkapital werden sich zukünftig wesentlich stärker am tatsächlichen Risikogehalt der Bankgeschäfte orientieren, vgl. Heinke, S. 4

inhaber, als auch für andere Gläubiger, wie die soeben angesprochenen kreditgebenden Banken[109].

Von überragender Wichtigkeit für eine WBS-Transaktion ist die Aufrechterhaltung der operativen Integrität des verbrieften Geschäftsbetriebs auch und gerade während der Krise und Insolvenz. Durch Isolierung der für das operative Geschäft notwendigen Vermögenswerte, ähnlich dem sog. Ring-fencing the Assets bei ABS, muss sichergestellt werden, dass selbst bei Insolvenz des Darlehensnehmers die Fortführung des verbrieften Geschäftsbetriebs gesichert ist[110]. Grund ist, wie bereits erwähnt, dass die Zins- und Tilgungszahlungen der durch das SPV emittierten Wertpapiere durch die Zahlungsströme, die das operative Geschäft des Darlehensnehmers generieren, bestritten werden. Nur bei uneingeschränkter und sichergestellter Fortführung des Geschäftsbetriebs sind solche Zahlungen und letztlich auch die Transaktionsstruktur selbst aufrecht zu erhalten. Zur Vereinfachung der Fortführung wird die Herauslösung des operativen Geschäftsbetriebs in eine separate Gesellschaft (ein sog. Operating Asset Holding SPV oder auch nur HoldCo) vorgeschlagen[111]. Ist hingegen eine Fortführung nicht möglich, dann sollte die Struktur zumindest so ausgestaltet sein, dass ein entsprechender Schutz der operativ notwendigen Vermögenswerte vor dem Zugriff anderer Gläubiger als dem der Anleiheinhaber selbst vorliegt, d.h. der Vorrang der Bondholder auch in der Rechtswirklichkeit durchgesetzt werden kann[112].

Grundsätzlich ist jede WBS-Transaktion fakten- und industriespezifisch maßgeschneidert und sowohl den Umständen und Bedürfnissen des Darlehensnehmers als auch auf der jeweilig anwendbaren Rechtsordnung angepasst und somit unterschiedlich. Dennoch ergibt sich aus dem Vorhergesagten, ein generisches Gerüst, welches die Idee und das Konzept von WBS wiederspiegelt und sich an den Einzelfall anpassen lässt.

---

109 Ramgarhia/Muminoglu/Pankratov, S. 331 und 332.
110 Dittrich/Kölbl-Vogt, Die Bank 2002, S. 180.
111 Ramgarhia/Muminoglu/Pankratov, S. 334.
112 Deacon, S. 175. Inwiefern der Schutz der Anleihegläubiger als auch die Möglichkeit der Fortführung in Großbritannien ausgestaltet ist, siehe Erster Teil, § 7 II.

Abbildung 3: Generische WBS-Struktur UK

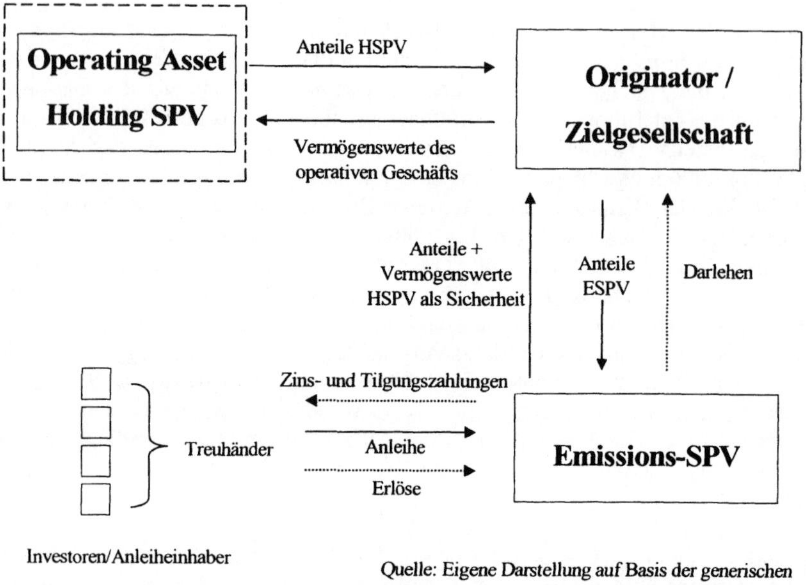

Quelle: Eigene Darstellung auf Basis der generischen Struktur von Ramgarhia /Muminoglu/ Pankratov, S. 335

II. WBS Elemente in Großbritannien ohne deutsche Entsprechung

1. Einzelne spezifische angelsächsische Strukturmerkmale

Wie zuvor dargestellt, fand die intellektuelle Fortentwicklung des Konzepts WBS unter juristischer und dogmatischer Absicherung primär in Großbritannien mit den dort vorrätigen Instrumenten, Mechanismen und Instituten statt. Folgerichtig ist WBS auch als ursprünglich angelsächsisches Finanzierungsinstrument anzusehen. Als maßgebende Basis und analogiefähiger Ausgangspunkt einer rechtlichen Betrachtung für WBS-Transaktionen hat sich die rechtliche Grundstruktur eines besicherten Darlehens (Secured Loan Structure) herauskristallisiert[113]. Die Besicherung des Darlehens erfolgt in der angelsächsischen WBS Praxis in aller Regel anhand der in Deutschland unbekannten Sicherungsinstrumente Fixed Charge und Floating Charge. Hiermit werden alle oder zumindest

[113] Keane et al, S. 3 sowie oben Erster Teil, § 7 I.

der wesentliche Teil der Vermögenswerte des operativen Geschäfts belegt[114]. Wie im weiteren Verlauf der Analyse dargelegt wird, kommt dem Gläubigerschutz und dessen Ausgestaltung nach der anzuwendenden Rechtsordnung eine entscheidende Bedeutung für den Erfolg einer WBS-Struktur zu. Der in Großbritannien gültige rechtliche Rahmen wird in dieser Hinsicht als besonders gläubigerfreundlich eingestuft[115]. Dies offenbart sich insbesondere im dort gültigen Insolvenzrecht, normiert im Insolvency Act 1986[116]. Hier werden nicht, wie in anderen europäischen Rechtsordnungen üblich, grundsätzlich alle Gläubiger gleich behandelt. So ist in Deutschland das Prinzip der Gläubigergleichbehandlung bereits in § 1 Satz 1 der Insolvenzordnung (InsO) festgeschrieben. Danach ist oberste Maxime des Insolvenzverfahrens die gemeinschaftliche Befriedigung der Gläubiger eines Schuldners[117]. Nach dem Insolvency Act 1986 werden dagegen bestimmte besicherte Gläubiger mit weitreichenderen Rechten ausgestattet, die sie gegenüber anderen Gläubigern in der Insolvenz des Schuldners in starkem Maße privilegieren. Diese Bevorzugung ist Konsequenz des rechtlich verankerten Konzepts der sog. Administrative Receivership, wonach z.B. etwaige Zahlungsstundungsvereinbarungen blockiert werden können, die sonst möglicherweise den vereinbarten Schuldendienst für das Darlehen bzw. die Anleihe stören würden[118]. Zentrale Figur ist dabei der Administrative Receiver, welcher die Einhaltung dieser gesetzlich verankerten Bevorzugung überwacht und durchsetzt. Administrative Receivership und Administrative Receiver, welche im deutschen Recht keine Entsprechung finden, korrespondieren unmittelbar mit den Besicherungsinstrumenten Fixed und Floating Charge.

2. Fixed und Floating Charge Besicherung

Fixed und Floating Charge sind spezifisch angelsächsischer Rechtsnatur und dem deutschen Recht in dieser Form unbekannt. In beiden Fällen handelt es sich um Sicherungsrechte oder Belastungen, die den Inhaber grundsätzlich zur Verwertung der Sicherungsgegenstände berechtigen.

Bei der Floating Charge[119] handelt es sich um eine Art unbestimmtes Sicherungsrecht, das zugunsten des Sicherungsnehmers über alle Vermögensgegenstände eines Unternehmens bzw. des Sicherungsgebers bestellt und abhängig von der

---

114 Ramgarhia/Muminoglu/Pankratov, S. 330.

115 Deacon, S. 175.

116 Der vollständige Text ist unter www.hmso.gov.uk abrufbar.

117 § 1 Satz 1 InsO: „Das Insolvenzverfahren dient dazu, die Gläubiger eines Schuldners gemeinschaftlich zu befriedigen [...]".

118 Deacon, S. 175.

119 Eine nach dem englischen Companies Act 1985 bestehende Gesellschaft kann Sicherheiten in Form eines Floating Charge bestellen, das innerhalb von 21 Tagen ab Bestellung in ein sog. Register der Belastungen des Unternehmens (Company Charges Register) eingetragen werden muss. Ein solches wird jeweils von dem Unternehmen selbst als auch beim Gesellschaftsregister geführt. Aus diesem Grund müssen auch zwei Registrierungen vorgenommen werden, Companies Act 1985, Part XII Chapter 1, Section 395 und 396.

zugrundeliegenden Forderung ist[120]. Es ist grundsätzlich weder der Höhe nach bestimmt noch bezieht es sich auf gewisse Vermögensgegenstände, sondern umfasst einen lediglich generisch beschriebenen Bestand – etwa ein Warenlager dessen Zusammensetzung Schwankungen unterliegt. Gleichzeitig verbleibt der Besitz und die Kontrolle über den Sicherungsgegenstand beim Sicherungsgeber[121]. Das Floating Charge schwebt sozusagen bis zu seiner Konkretisierung über den Sicherungsgegenständen und erstarkt erst zu einem Fixed Charge, einem bestimmten Sicherungsrecht, welches dem Sicherungsnehmer das freie Verfügungsrecht über den Sicherungsgegenstand nimmt, mit dem Eintritt bestimmter zukünftiger Tatbestände. Diese als Trigger Events bezeichneten Tatbestände können frei von den Parteien vertraglich vereinbart werden. Sie sind von der Rechtsprechung entwickelt worden. Begrifflich spricht man im angelsächsischen Recht von Crystallisation (Verdichtung). Vorrangig ist dies der Fall, wenn die als Sicherungsgut dienenden Vermögenswerte in Gefahr sind. Dies kann der Fall sein, weil der Sicherungsnehmer entgegen dem Sicherungszweck verfügt oder wenn ein gerichtlicher Liquidationsbeschluss vorliegt oder aber der Sicherungsgeber einen Administrative Receiver einsetzt, um seine Rechte aus der Besicherung zu wahren[122]. Es handelt sich zwar um ein zukunftsorientiertes Sicherungsinstrument, doch besteht es bereits ab dem Zeitpunkt der Bestellung[123]. In Folge der Crystallisation von Floating Charge zu einem Fixed Charge darf der Schuldner nicht mehr ohne Zustimmung des Gläubigers über das Sicherungsgut verfü-

---

[120] Auch als „schwebendes Pfandrecht“, vgl. Dittrich/Kölbl-Vogt, Die Bank 2002, S. 180, oder als „schwebend unwirksame Generalhypothek über das gesamte Gesellschaftsvermögen“ bezeichnet, vgl. von Bernstorff, S. 146. Die weitgreifendere Benutzung des Begriffs Sicherungsrecht oder Belastung ist, um Missdeutungen zu vermeiden, meiner Meinung nach vorzuziehen, da das englische Charge weder unbedingt dem deutschnormierten Pfandrecht nach §§ 1204ff. BGB noch anderen Sicherungsinstrumenten deutschen Rechts wie etwa der Hypothek entspricht. Im letzteren Fall wäre von einer mortgage charge zu sprechen.

[121] In Ermangelung einer gesetzlich verankerten Definition des Floating Charge wird wie üblich im englischen Case Law auf Präzedenzfälle zurückgegriffen. In den meisten Fällen handelt es sich um Abgrenzungen zwischen dem Floating und Fixed Charge; Lord McNagthen in: Governments Stock and Other Securities Investment Co v Manila Railway Co Ltd [1897] AC 81, 86: „[...] A charge expressed to be granted over all assets of a company but with liberty for the company until the occurrence of some specified future event to deal with the assets in the ordinary course of its business would be a classic floating charge. [...]”. So auch in jüngerer Vergangenheit entschieden in dem Fall National Westminster plc v Spectrum Plus Ltd [2005] UKHL 41, [2005] 2 AC 680: „ [...] the essential characteristic of a floating charge was that the asset subject to the charge was not finally appropriated as a security for the payment of the debt until the occurrence of some future event [...]”; vgl. Tolley’s, R4409. Siehe zur Abgrenzung auch Goode, Credit and Security, Kapitel IV.

[122] Nach der Rechtsprechung kommt es in folgenden Fällen dazu: (i) Gerichtsbeschluss der Liquidierung des Unternehmens, (ii) Einstellung des Geschäftsbetriebs des Sicherungsgebers, (iii) der Sicherungsgeber geht gegen Verfügungen des Sicherungsgebers über das Sicherungsgut vor und (iv) Ernennung eines Receiver oder Administrative Receiver durch den Sicherungsnehmer, Tolley’s, Insolvency Law, R4409

[123] Vgl. Buckley LJ in Evans v Rival Granite Quarries Ltd [1910] 2 KB, S. 979ff. (999).

gen. Niedergelegt ist der Umfang der Sicherheiten in einem als Debenture bezeichneten Dokument, so dass dann die Sicherungsnehmer auch als Debenture Holder benannt werden[124]. Zu beachten ist, dass die Besicherung mittels Floating Charge nicht nur gegenüber einer Fixed Charge grundsätzlich nachrangig ist, sondern auch bei der Erlösverteilung aus der Verwertung des Sicherungsguts gegenüber bestimmten Gläubigern (Preferential Creditors) subordiniert ist[125]. Es handelt sich hierbei im Wesentlichen um Arbeitnehmerforderungen[126]. Aus diesem Grund erfolgt die Besicherung bei WBS nicht nur über ein Floating Charge, sondern soweit möglich über Fixed Charges[127].

3. Rechtsinstitut Administrative Receivership

Das Rechtsinstitut Administrative Receivership korrespondiert unmittelbar mit den zuvor beschriebenen Sicherungsinstrumenten, insbesondere mit dem Floating Charge. Es kann dem Grunde nach als ein außergerichtliches Zwangsinstrument zur Sicherheitenvollstreckung zugunsten besicherter Gläubiger verstanden werden.

a. Ursprung und rechtliche Inkorporierung

Historisch geht es auf den sog. Receiver of Income zurück, eine Art Erlösempfänger, der im englischen Hypothekenrecht verbreitet war[128]. Dieser konnte bei Leistungsstörungen des Hypothekenschuldners auf Antrag des Hypothekengläubigers durch das Gericht bestellt werden, um so die Einnahmen und Erlöse aus dem belasteten Grundstück einzuziehen und dem Hypothekenschuldendienst zuzuführen. Später verlagerte sich dieses Bestellungsrecht in der Praxis verstärkt auf den Hypothekengläubiger selbst[129]. Seine erste rechtliche Normierung erfuhr dieses Institut im Law of Property Act 1925[130]. Obwohl es inkorporiert wurde und zum Gesetz erstarkte, war die praktische Ausgestaltung, der englischen Tradition des Case Law folgend, richterrechtlich an Präzedenzfällen ausgerichtet und richterlicher Tätigkeit überlassen. Mit sich verändernden wirtschaftlichen Rahmenbedingungen sowie veränderter Unternehmens-, Investitions- und Besicherungspraxis entwickelte sich das Institut des Receivers weiter. Folglich bedurfte es zu einem ausgewogenen Gläubigerschutz nicht mehr lediglich eines Erlösempfängers (Receiver), sondern einer weiteren Rechtsfigur, dem sog. Manager of the Business oder auch nur Manager. Dieser war berechtigt, weitgehenden

---

124 Aufgrund seines unterschiedlichen Erscheinungsbildes fehlt eine exakte Definition der Debenture im englischen Recht. Somit ist es auch schwierig eine deutsche Entsprechung zu finden; siehe hierzu im Zusammenhang mit WBS, Hengst, S. 37ff.

125 Goode, Corporate Insolvency, S. 297.

126 Zu den bevorzugt zu befriedigenden Verbindlichkeiten im einzelnen, siehe Insolvency Act 1986, Section 386 (i) i.V.m. Schedule 6.

127 Ramgarhia/ Muminglu/ Pankratov, S. 332; Klüwer/Marschall, S. 4.

128 Goode, Corporate Insolvency, S. 247.

129 Wobei der Receiver stets als Bevollmächtigter des Hypothekenschuldners handelte.

130 Law of Property Act 1925, Section 101 (I) (iii).

Einfluss auf die Geschäftsführung des Schuldners zu nehmen, um so die Interessen der Gläubiger besser durchsetzen zu können[131]. Zu einer Zusammenführung beider Rechtsinstitute und gleichzeitiger rechtlicher Inkorporierung unter dem Begriff des sog. Administrative Receiver kam es erst durch den Insolvency Act 1985, der von dem nun gültigen Insolvency Act 1986 abgelöst wurde[132]. Mit dem Enterprise Act 2002 erfuhr der Administrative Receiver weitere signifikante Änderungen[133].

b. Administrative Receiver nach dem Insolvency Act 1986

Der Administrative Receiver nach dem Insolvency Act 1986 kann nur von oder im Namen von einem mittels Floating Charge besicherten Gläubiger (oder auch Debenture Holder) bestellt werden[134]. In der Praxis handelt es sich bei diesen Gläubigern typischerweise um eine einzelne das Unternehmen finanzierende Bank oder um ein ganzes Bankenkonsortium. Zu beachten ist, dass die zu berufende Person natürlich und mit von staatlicher oder berufsverbandlicher Seite anerkannter fachlicher Eignung versehen sein muss (sog. Qualified Insolvency Practitioner)[135]. Die Folgen einer solchen Berufung sind vielfältig und sehr weitreichend[136]. Zum einen kristallisiert sich das Floating Charge zu einem Fixed Charge, zum anderen wird gerichtlichen Beschlüssen insolvenzrechtlicher Art zuvorgekommen und diese dadurch blockiert[137]. Entscheidend ist allerdings, dass dem Administrative Receiver ab seiner Bestellung und Einsetzung die Verfügungs- und Verwaltungsmacht sowohl über die jeweiligen Sicherungsgegenstände als auch in Bezug auf die allgemeine Geschäftsführung des Schuldners zukommt. Dabei ist er befugt, die Sicherungsgegenstände zu verwerten und sogar die Liquidation des Schuldners herbeizuführen; gleichzeitig ist er aber auch befugt, das Unternehmen weiterzuführen[138]. Oftmals wird er jedoch versuchen, das Unternehmen als operative Geschäftseinheit zu verkaufen (sog. Going Concern),

---

131 Goode, Corporate Insolvency, S. 248.

132 Ergänzt durch den Insolvency Act 1994. Zur geschichtlichen Entwicklung des Insolvenzrechts in Großbritannien, siehe Fletcher, S. 6ff.
Legaldefinition des Adminitrative Receiver, siehe Insolvency Act 1986, Section 29 (2):
"(a) receiver or manager of the whole (or substantially the whole) of a company's property appointed by or on behalf of the holders of any debentures of the company secured by a charge which, as created, was a floating charge, or by such a charge and one or more other securities; or
(b) a person who would be such a receiver but for the appointment of some other person as the receiver of part of the company's property."

133 Siehe hierzu Erster Teil § 7 II 4.

134 Siehe Definition des Administrative Receiver, Insolvency Act 1986, Section 29 (2).

135 Insolvency Act 1986, Section 230 (2), sowie Goode, Corporate Insolvency, S. 263.

136 Vgl. Goode, Corporate Insolvency, S. 273ff., siehe auch zu den Einzelheiten der einzelnen Folgen bzw. Rechte des Administrative Receiver unter Insolvency Act 1986, Schedule 1.

137 Z.B. die gerichtliche Bestellung eines offiziellen Verwalters nach Supreme Court Act 1981, Section 37 (1) i.V.m. Insolvency Act 1986, Section 32, der dem deutschen Insolvenzverwalter ähnelt und ebenfalls als Receiver bezeichnet wird.

138 Insolvency Act 1986, Schedule 1, para. 14 und 21.

um so einen höheren Preis als durch den Verkauf der einzelnen Vermögensbestandteile des Unternehmens zu erzielen.
Dem Administrative Receiver kommt eine sehr große Autonomie zu: Er handelt grundsätzlich nach eigenem Ermessen und ohne Weisungsgebundenheit[139]. Er kann weder von dem ihn berufenden Gläubiger noch von dem Schuldner selbst, dessen Bevollmächtigter er rechtlich durch die Einsetzung wird[140], abberufen werden, sondern nur aufgrund gerichtlicher Anordnung[141]. Auch wenn er nicht an die Weisungen des ihn einsetzenden Gläubigers gebunden ist, unterliegt er anerkannterweise der primären Pflicht für dessen Befriedigung zu sorgen[142]. Diese Pflicht muss er gutgläubig und gewissenhaft erfüllen[143]. Zugleich unterliegt er gewissen (aber begrenzten) Verpflichtungen dem Schuldner gegenüber, da er aufgrund seiner Berechtigung zur Geschäftsführung als Bevollmächtigter im Namen des Schuldners auftritt: er kann u.a. Verträge in dessen Namen abschließen, Arbeitnehmer einstellen oder entlassen und letztlich Verbindlichkeiten eingehen[144]. Bei Interessenkonflikten darf er aber die Wünsche des ihn berufenden Gläubigers denen des Schuldners voranstellen, da letztere nachrangig sind[145]. Darüber hinausgehende Interessen, etwa von unbesicherten Gläubigern, muss er nicht in seine Überlegungen einbeziehen. Selbst wenn er in seinen Handlungen die Interessen des Schuldners verletzt, setzt er sich keinerlei Haftung aus, sofern er gutgläubig und mit der Absicht handelt, dem Sicherungsinteresse des ihn einsetzenden Gläubigers zu dienen sowie dahingehend besondere Sorgfalt walten lässt, indem er beim Verkauf der entsprechenden Sicherungsgegenstände den höchsterzielbaren Preis anzustreben versucht[146].

---

139 Goode, Corporate Insolvency, S. 262.
140 Insolvency Act 1986, Section 44 (1) (a).
141 Insolvency Act 1986, Section 45 (1).
142 In Re B Johnson & Co. (Builders) Ltd [1955] 2 All ER 775, S. 779, wurde ausgeführt: „[...] is not managing on the company's behalf but is managing in order to facilitate the exercise by him, for the mortgagees, of the mortgagee's power to enforce the security [...]“.
143 „In good faith“, vgl. Medforth v Blake and others [1999] 3 All ER 97, S. 110.
144 Insolvency Act 1986, Section 48 (1) (a). Es wird so von einer januskopfartigen Rolle des Administrative Receiver gesprochen: „In his legal relationships the administrative receiver, like the Roman God Janus, faces two ways.“, vgl. Goode, Corporate Insolvency, S. 262.
145 Goode, Corporate Insolvency, S.262.
146 Downsview Nominees Ltd v First City Corp Ltd, [1993], AC, S. 295:
"(a) to act in good faith and for the purpose of obtaining repayment for his debenture holder and (b) to take proper care to obtain the best price reasonably obtainable when selling the charged assets".
Diese sehr engen Haftungsregeln wurden einerseits stark in der Literatur kritisiert, so z.B. Lightman/Moss, para. 7-019ff. und Goode, Corporate Insolvency, S. 284, andererseits in der Rechtsprechung kritisiert, vgl. Sir Donald Nicholls in: Palk v Mortgage Services Funding plc [1993], S. 330. Insbesondere die Schutzlosigkeit der übrigen Gläubiger war Auslöser für die teilweise Abschaffung der Figur des Administrative Receiver durch den Enterprise Act 2002. Siehe hierzu auch Erster Teil § 7 II 4.

c. Abgrenzung zum Administrator und Liquidator

Dem englischen Insolvenzrecht ist ein einheitlicher Insolvenzverwalter, wie etwa in Deutschland, fremd. Abzugrenzen ist die Figur des Administrative Receiver deshalb aus Verständnisgründen namentlich vom Administrator und dem Liquidator, die ebenfalls im Insolvency Act 1986 verankert sind.

Der Administrator ist zentrale Figur der durch den Insolvency Act 1986 als neuer Weg zur Erhaltung von Unternehmen eingeführten Administration, einem gerichtlichen verordneten Zwangsverwaltungsverfahren. Er wird vom zuständigen Gericht eingesetzt und übernimmt die Geschäftsführung des insolventen Unternehmens. Er soll es der Sanierung zuführen oder mittels Verkaufs als operative Wirtschaftseinheit zusammenhalten, so dass eine bessere Quote für die Gläubiger entsteht als durch die Zerschlagung[147]. Ein solcher Verwalter wird auf Antrag seitens der Geschäftsführer des insolventen Unternehmens oder der Gläubiger eingesetzt, unterliegt der gerichtlichen Kontrolle und genießt weitgehende Rechte ohne jedoch den Halter eines Floating Charge in oben beschriebener Form zu privilegieren[148]. Er ist vielmehr allen Gläubigern gegenüber verpflichtet[149]. Der Administrator ist deshalb dem Wesen nach dem deutschen Insolvenzverwalter angenähert. Das Institut der Adminstrative Receivership, welches durch die Administration zwar abgeschwächt werden soll, geht dem Verfahren der Administration allerdings immer noch vor[150]. Sofern es notwendig wird das insolvente Unternehmen zu liquidieren, setzt das Gericht einen Liquidator ein, der die Liquidation durchführt[151]. Sofern eine Liquidation einer Administration, also einer Insolvenzverwaltung, nachfolgt, wird häufig der frühere Administrator auch zum Liquidator bestellt.

4. Enterprise Act 2002 – Auswirkungen auf Administrative Receivership und WBS

Am 15. September 2003 traten signifikante Änderungen des Insolveny Act 1986 in Kraft, die auf den Enterprise Act 2002 zurückgehen. Entscheidend ist die starke Einschränkung des außergerichtlichen Verfahrens der Administrative Receivership zugunsten der Administration, der insolvenzrechtlichen Zwangsverwaltung zugunsten aller Gläubiger, die dadurch zum verfahrensrechtlichen Regelfall

---

[147] Insolvency Act 1986, Schedule B1, Section 3 (1).

[148] Insolvency Act 1986, Section 14ff.

[149] Goode, Corporate Insolvency, S. 363.

[150] Bei Antrag eines insolventen Unternehmens auf ein geregeltes Insolvenzverfahren muss der Halter eines Floating Charge informiert werden. Dieser kann sodann intervenieren und entweder einen Administrative Receiver eigener Wahl berufen oder dem genannten Antrag zustimmen. Sofern bereits ein Administrative Receiver berufen worden ist, kann der Weg der Administration nicht mehr beschritten werden und der Antrag wird zurückgewiesen, vgl. Insolvency Act 1986 Section 9 (2) und (3).

[151] Insolvency Act 1986, Section 163ff. sowie Schedule 4.

wird[152]. Hintergrund dieser Veränderung war die Studie einer Kommission des Wirtschafts- und Finanzministeriums, die zu dem Ergebnis gelangte, dass das Rechtsinstitut Adminstrative Receivership zwar ein integraler Bestandteil der Sanierungspraxis in Großbritannien sei, jedoch einzelne Gläubigergruppen zu einseitig gegenüber anderen privilegiere. Insbesondere geschehe dies durch die Blockademöglichkeit des gerichtlich einsetzbaren Administrators, so dass es unnötigerweise zu Unternehmensinsolvenzen kommen könne, weil durch die Bevorzugung bestimmter Gläubiger keine ausreichenden Incentivierungen zur Berücksichtung der anderen Gläubiger und zur Vermehrung der Insolvenzmasse bisher gesetzlich verankert gewesen sei[153]. Demgemäß wurde geregelt, dass dem Halter eines qualifizierenden Floating Charge (Qualifying Floating Charge), d.h. dem Halter eines Pfandrechts an allen oder substanziell allen Vermögensgegenständen eines Unternehmens, nunmehr grundsätzlich untersagt ist, einen Administrative Receiver zu bestellen[154]. Im Ergebnis kommt dies einer faktischen Preisgabe dieses Rechtsinstituts gleich. Ausnahmen sind nur zulässig bei Bestellungen vor dem 15. September 2003 oder sofern einer von acht normierten Ausnahmetatbeständen des Section 72B Insolvency Act 1986 einschlägig ist. Im Zusammenhang von WBS-Transaktionen ist die sog. Kapitalmarktausnahme (Capital Market Exception) zum Schutze von bedeutenden Transaktionen unter Ausnutzung des Kapitalmarktes von Bedeutung. Danach können bestimmte Kapitalmarkttransaktionen (Capital Arrangements) durchgeführt werden, ohne von den neuen insolvenzrechtlichen Regelungen betroffen zu werden. Dies trifft insbesondere auf Transaktionen zu, welche die Emission eines Kapitalmarktanlageprodukts (Capital Market Investment) umfassen und Investoren mittels eines von einem Treuhänder zu ihren Gunsten gehaltenen Sicherheitenpakets abgesichert sind[155]. Voraussetzung ist weiter, dass es sich bei diesem Produkt um ein Fremdkapitalinstrument (Debt Instrument) handelt, das mit einem Rating einer international anerkannten Ratingagentur ausgestattet, offiziell in Großbritannien gelistet ist oder an einem geregelten Markt gehandelt wird oder dazu bestimmt ist, einem Rating unterzogen, gelistet oder gehandelt zu werden[156]. Allerdings fallen Transaktionen mit einem geringeren Volumen als (£ 50 Mio.) nicht unter diese Ausnahme[157]. Im Hinblick auf das hohe Volumen des im Zusammenhang mit einer WBS-Transaktion begebene Darlehen bzw. Anleihe wird eine WBS-Transaktion regelmäßig diese Voraussetzungen erfüllen, so dass auch weiterhin

---

152 Insbesondere die Vereinfachung der außergerichtlichen Ernennung eines Administrators ist Grund für diese Regelfallannahme entweder durch Gläubiger, die mittels Floating Charge besichert sind oder der Geschäftsführung des sich in Schwierigkeiten befindliche Unternehmens; Insolvency Act 1986 Schedule B1, paras 14, 18 (1), 22, 29 (1); siehe Einzelheiten zur Ausgestaltung der Administration, Goode, Corporate Insolvency, S. 311ff.

153 Vgl. Review of Comapany and Business Reconstruction Mechanism, May 2000, para. 49.

154 Insolvency Act 1986, Section 72A (1). Zur Definition des Qualifying Floating Charge: des Insolvency Act 1986, Section 72A (3) i. V. m. para. 14 Schedule B1.

155 Insolvency Act 1986, Section 72B (1) i.V.m. Schedule 2A "Capital Market Arrangement".

156 Insolvency Act 1986, Section 72B (1) i.V.m. Schedule 2A "Capital Market Investment".

157 Insolvency Act 1986, Section 72B (1) i.V.m. Schedule 2A "Debt".

bei deren Strukturierung das Hilfsmittel des Administrative Receivers angewendet werden kann und wird.

5. Ergebnis

Der Erfolg von WBS in Großbritannien beruht auf der Möglichkeit eine Transaktion derart zu gestalten, dass die begebenen Sicherheiten vor der Insolvenz des Originators und gleichzeitigen Sicherungsgebers geschützt sind (Insolvency Ring-Fencing Structure)[158]. Das vorbezeichnete Institut der Administrative Receivership ermöglicht es einem Gläubiger, dessen Forderungen mit einem Floating Charge besichert sind, eine gegenüber den anderen Gläubigern stark privilegierte Stellung einzunehmen. Er kann, ohne andere Gläubigerinteressen berücksichtigen zu müssen, bei der Insolvenz des Sicherungsgebers seine Interessen durchsetzen. Außerdem steht ihm die vollkommene Kontrolle des Verfahrens zu, da er es selber initiiert und steuern kann. Folglich können Wertmaximierung der Sicherheiten und Zeitpunkt der Verwertung frei gewählt werden. Schliesslich unterliegt das Verfahren keinerlei gerichtlicher Kontrolle. Es ist einem gerichtlichen Verfahren sogar vorrangig. Letztlich hängt der Erfolg von WBS-Transaktionen stark von der Anwendung des Instituts der Administrative Receivership oder eines ihm vergleichbaren Rechtsinstituts ab. Sofern andere Jurisdiktionen diese Rechtsfigur nicht kennen oder sich keine Entsprechung finden lässt, besteht die Notwendigkeit, alternative Strukturen zu bilden, die den gleichen oder zumindest einen ähnlichen Effekt haben.

III. Rechtsordnungsübergreifende Strukturelemente

WBS-Transaktionen sind komplexe und maßgeschneiderte Strukturen, gleichwohl gibt es Elemente, die generischer Art das englische und deutsche Recht jeweils transzendieren und auch gänzlich unabhängig von der Einzelfallgestaltung sind. Typischerweise handelt es sich dabei um (1) vertragliche Nebenbestimmungen (Covenants), die sich im Darlehensvertrag sowie in den Anleihebedingungen wiederfinden; (2) Strukturverstrebungen, die bestimmte WBS-inhärente Risiken auffangen bzw. abfedern sollen sowie (3) Regelungen zur Tilgung des Schuldendienstes und Gestaltung der emittierten Anleihen. Diese werden im Folgenden dargestellt und erläutert.

---

[158] Vgl. Deacon, S. 193.

1. Vertragliche Nebenbestimmungen (Covenants) im Darlehensvertrag und in den Anleihebedingungen

a. Schutzinteresse der Investoren

Die Aufrechterhaltung des operativen Geschäftsbetriebs und die Abschottung des Sicherheitenpakets zugunsten der Anleihegläubiger sind im insolvenznahen Bereich und in der Insolvenz des Darlehensnehmers selbst, oberste Priorität, ja Prämisse für den Erfolg einer WBS-Transaktion. Die Kreditgeber des Originators, aber vor allem die Anleihegläubiger, die mit ihrer Investition die Refinanzierung des Darlehens erst ermöglichen, haben aufgrund dieser erhöhten wirtschaftlichen Risiken besonderes Interesse daran, bereits bei ersten Anzeichen einer Krise des Darlehensnehmers die Möglichkeit eines Korrektivs einzusetzen und nicht erst zu einem Zeitpunkt, wenn die Insolvenz unabwendbar ist und ein etwaiger Totalverlust ihrer Investition durch den Zusammenbruch der gesamten WBS-Struktur bevorsteht, intervenieren zu dürfen. Als solche „homöopathische", zusätzliche Verstrebungen zur Sicherung der WBS-Struktur kommen vertragliche Nebenbestimmung, sog. Covenants, zur Anwendung[159].

b. Ursprung von Covenants

Es handelt sich bei Covenants grundsätzlich um ein in der bank- und gesellschaftsrechtlichen Kreditbesicherungspraxis übliches Instrument, das seinen Ursprung in den USA findet und einen liquiditätsorientierten Besicherungsansatz verfolgt[160]. Covenants bilden eine Sammelbezeichnung für Vertragsklauseln verschiedenster Art, die dem Kreditnehmer Nebenpflichten auferlegen, insbesondere Pflichten zur regelmäßigen Information über betriebswirtschaftliche Fakten, und somit ein Früherkennungs- und Warnsystem für Liquiditätskrisen des Kreditnehmers bieten[161]. Gleichzeitig sind sie Mittel zur unmittelbaren Einflussnahme auf die Geschäftsführung des Schuldnerunternehmens[162]. Zum einen können sie bei Verletzung von bestimmten Pflichten (Breach of Covenants)[163] direkte

---

[159] Ramgarhia/Muminoglu/Pankratov, S. 341; siehe ausführlich zu der Thematik: Kästle, S. 1ff.

[160] Schackmann/Behling, FB 2004, S. 789.

[161] Thießen, ZBB 1996, S. 19; Schackmann/Behling, FB 2004, S. 789; Heemann, § 15 Rn. 88; kritisch: Wittig, WM 1996, S. 1386, der bemängelt, dass sich Financial Covenants auf Zahlen des eigenen Rechnungswesen beziehen. Zum einen werden lediglich Aussagen über die Vergangenheit gemacht, zum anderen seien sie meist lückenhaft. Kreditgeber würden so lediglich nach dem Berichtsstichtag von der Nichteinhaltung von Covenants erfahren. Durch eine Erhöhung der Häufigkeit der Berechnung und Mitteilung der Covenants, insbesondere der auf Finanzkennzahlen bezogenen Financial Covenants, (z.B. von einer quartalsmäßigen auf eine monatliche Berechnungs- und Mitteilungspflicht) kann diesem Risiko begegnet werden; vgl. Diem, § 22 Rn. 10 und 31.

[162] Kästle, S. 35.

[163] Die Ereignisse, die zu der Verletzung von Covenants führen und bestimmte Folgen bzw. Handlungsanweisungen auslösen, werden auch als Trigger Events bezeichnet, z.B. wenn die Eigenkapitalquote unter einen bestimmten, im Voraus festgelegten Betrag absinkt. Diese Trigger Events können mehrschichtig, d.h. mit unterschiedlich harten Folgen, ausgestaltet werden, so dass eine Kaskade an Einwirkungsmöglichkeiten des Kreditgebers

Eingriffsrechte in die Geschäftsführung vorsehen. Zum anderen kann über das Druckmittel der Drohung der Kreditkündigung, die als Folge von nicht mehr heilbaren Covenantverletzungen regelmäßig vorgesehen ist, ein durchschlagendes Korrektiv erzielt werden.

Zum Schutz der Anleihegläubiger finden sich üblicherweise Covenants nicht nur in Kreditverträgen, sondern auch in den Anleihebedingungen (Terms of the Bonds oder Indenture), die das Rechtsverhältnis zwischen Emittent und Anleger – in absentia einer unmittelbaren vertraglichen Beziehung – überwiegend regeln und auf der Rückseite der Schuldverschreibungsurkunde abgedruckt sind[164]. Bei einer Anleihe, die deutschem Recht unterliegt, bestimmen die Regelungen der §§ 793ff. Bürgerliches Gesetzbuch (BGB), dass die geschuldete Leistung und die Einwendungen der Parteien sich aus der Urkunde ergeben müssen[165]. Dieses gilt auch, wenn – wie typischerweise üblich –, eine Globalurkunde ausgestellt wird, die an einer Zentralstelle verwahrt und dem einzelnen Anleihegläubiger nicht ausgehändigt wird. Die engen Grenzen der urkundlichen Anforderung (Grundsatz der Skripturrechtlichkeit), die in der Praxis oft zu Schwierigkeiten und übermäßigem Gebrauch von unübersichtlichem Kleingedrucktem führen können, durchbrochen werden, indem ausdrückliche Verweise in der Urkunde der Schuldverschreibung auf für den Erwerber der Schuldverschreibung zugängliche und einsehbare Dokumente gemacht werden[166]. Zur Vermeidung von Unsicherheiten werden in der Praxis die entsprechenden Dokumente auch als Annex zu der entsprechenden Urkunde angehängt. Bei Emissionen im Zusammenhang von WBS-Transaktionen kann für die Ermittlung von Bestand und Inhalt des verbrieften Anleiheverhältnisses somit der Text des Darlehensvertrags zwischen Originator bzw. Darlehensnehmer und anleiheemittierendem SPV bzw. Darlehensgeber dienen sowie der Treuhandvertrag oder aber auch die Anleihebedingungen im Informationsmemorandum bzw. Prospekt gelten[167].

c. Unterscheidung der verschiedenen Ausgestaltungen von Covenants

Eine einheitliche Kategorisierung und Standardisierung der inhaltlichen Ausgestaltung von Covenants ist aufgrund der Besonderheiten des jeweiligen Einzelfalls

---

entstehen, die, je mehr der Originator in eine Krise gerät, dessen Handlungsspielraum mehr und mehr einschränkt.

164 Im Einzellfall können auch der Übernahmevertrag zwischen Emittenten und Konsortialbank das Rechtsverhältnis zu den Anlegern mitbestimmen, Kümpel, Rn. 9.223.

165 §§ 793, 796 BGB.

166 Hartwig-Jacob, S. 198. Siehe denselben Autor auch zur Problematik der sinngemäßen Verweisung sowie der Auslegung von Anleihebedingungen, S. 200ff.

167 Z.B. Verweis bei der Tenovis-Transaktion auf den Treuhändervertrag: „The following text sets out the provision of the Traust Agreement (excluding Schedule I thereto), which will also be attached as Appendix A to the Terms and Conditions of the Notes and will constitute an integral part of the Terms and Conditions of the Notes.", S. 59, Tenovis Information Memorandum. Vgl. auch zur Einbeziehung des Darlehensvertrags bei gleicher Transaktion, S. 78 Tenovis Information Memorandum.

sowie der unterschiedlich gelagerten Interessen der Beteiligten nicht möglich[168]. Demnach unterscheidet sich etwa die inhaltliche Ausgestaltung von Covenants eines Kreditvertrags oder einer privat platzierten Anleihe mit einer begrenzten Investorenanzahl von einer solchen, die eine Vielzahl nicht koordiniert handelnder Gläubiger umfasst. Ebenso divergieren die das Interesse der Anleihegläubiger schützenden Bestimmungen bei einer Anleiheemission durch einen Emittenten mit hohem Bonitätsrating sehr stark von denen einer risikobehafteten Hochzinsanleihe (High Yield Bonds). Gleiches gilt für die unterschiedliche Struktur bei kurz- bzw. langfristigen Verbindlichkeiten. Diese umfassen jeweils unterschiedliche Anreize für den Schuldner und wirken sich dementsprechend auch unterschiedlich auf die Covenants aus. Ferner ist auf den inhaltlichen Unterschied von Covenants bei einer Anleihe mit festen Ansprüchen auf Zinskupon und Tilgung gegenüber solchen zu achten, bei denen die Ansprüche nicht ausreichend definiert sind, sondern den Residualansprüchen von Eigenkapitalgebern ähneln und die Anleihegläubiger gegen andersartige Eingriffe geschützt werden müssen. Schließlich sind Covenants auch international wegen der unterschiedlich geltenden Rechtsordnungen nicht ohne weiteres miteinander vergleichbar. Eine systematische Unterscheidung der verschiedenen Ausgestaltungen von Covenants – wobei die Grenzen in der Praxis mittlerweile fließend sind – soll trotzdem an dieser Stelle versucht werden und erfolgt typischerweise in: (i) grundlegende Mitteilungs- und Offenlegungspflichten des Kreditnehmers an den Kreditgeber (Information Covenants), (ii), konkrete Verhaltenspflichten des Kreditnehmers (Non-financial Covenants) und (iii) dauerhafte und kennzahlenbezogene Verhaltenspflichten des Kreditnehmers (Financial Covenants)[169].
Insbesondere Financial Covenants sind von besonderer Bedeutung für WBS, da sie Aufschluss über eine angemessene Liquidität und Eigenkapitalausstattung des Kreditnehmers geben. Dabei werden regelmäßig bestimmte einzuhaltende Verhältnisse bestimmter Finanzkennzahlen (sog. Bilanzrelationen oder Ratios) festgelegt[170].

d. Lokalisierung der Covenants in der Vertragsdokumentation bei einer WBS-Transaktion

Das Konzept von WBS basiert auf der Kombination eines besicherten Darlehens und der Emission einer dieses Darlehen refinanzierenden Anleihe, bei dem – im Gegensatz zu einer herkömmlichen Anleiheemission – der Emittent nicht mit dem Originator bzw. dem Darlehensnehmer identisch ist. Beide Maßnahmen zur Fremdkapitalaufnahme stehen jedoch in unmittelbarer Korrelation, denn sie bedingen sich gegenseitig. Die Zahlungsverpflichtungen aus den Anleihen werden aus dem Schuldendienst des Darlehens gespeist. Umgekehrt refinanziert sich der darlehensgebende Emittent mit der Ausgabe der Anleihe. Eine Krise des Darlehensnehmers bzw. Originators wirkt sich ebenfalls negativ auf die Situation des Emittenten aus und schlägt unmittelbar auf die Anleihegläubiger durch. Der

168 Vgl. Baums, S. 22f. m.w.N.
169 Schackmann/Behling, FB 2004, S. 789.
170 Diem, § 22 Rn. 12.

schuldendienstbezogene Kapitalfluss kommt ins Stocken oder versiegt sogar ganz. Folgerichtig bedarf es nicht nur der Einführung einer unmittelbaren Absicherung bzw. Kontrolle mittels Covenants im Darlehensvertrag, sondern gleichzeitig aus Anlegerschutzgesichtspunkten auch in den Anleihebedingungen. Dies gilt nicht nur für die Information und Non-financial Covenants, sondern auch für die Financial Covenants. Gerade diese Bestimmungen sind während der sehr langen Laufzeit von bis zu 30 Jahren der WBS-Anleihen relevant. Obwohl WBS-Transaktionen akribisch mit Hilfe von Ratingagenturen vorbereitet und diverse Stressszenarien im Vorfeld in Bezug auf den Cash Flow durchgeprüft werden, wächst mit längerem Anlagezeithorizont gleichzeitig die Planungsunsicherheit. Aufgrund der genannten Korrelation zwischen Darlehen und Anleihe stehen dementsprechend auch die jeweiligen Covenants im Darlehensvertrag und in den Anleihebedingungen in Kongruenz und sollten sich weitestgehend entsprechen. Letztlich ist dies eine Notwendigkeit, um die Kapitalmarktfähigkeit der Transaktionsstruktur sowie die der Anleihe selbst zu erhöhen.

e. Überwachung und Kontrolle der Einhaltung der Covenants

Das System der Covenants kann seinem Zweck als Frühwarn- sowie Disziplinierungssystem nur gerecht werden, wenn es auch eine entsprechend effiziente und zeitnahe Überwachungs- und Kontrollmöglichkeit der Einhaltung der Covenants gibt. Bei einem Darlehensvertrag wird diese Aufgabe unproblematischerweise von dem Darlehensgeber übernommen. Bei einer Anleiheemission gestaltet sich dies allerdings erheblich schwieriger. Aufgrund der relativen Vielzahl der Anleihegläubiger ist die Überwachung durch diese im Einzelnen weder effizient noch praktikabel. Als Gremium steht ihnen lediglich die Gläubigerversammlung nach dem deutschen Schuldverschreibungsgesetz zur Verfügung (Gesetz betreffend die Gemeinsamen Rechte der Besitzer von Schuldverschreibungen vom 4.12.1899[171], SchVG). Die Einberufung einer solchen Versammlung administrativ aufwendig und zeitintensiv ist[172]. Eine zeitnahe Überwachungs- und Kontrollfunktion kann ein solches Gremium nicht leisten, es ist vielmehr ein Willensbildungs- und Entscheidungsorgan. Gleichwohl muss eine bestimmte Kontrollmöglichkeit bestehen. Demzufolge wird regelmäßig ein zugunsten der Anleihegläubiger handelnder Treuhänder eingesetzt, der entsprechende Informationsrechte gegenüber dem Emittenten und Originator zur Einhaltung der Financial Covenants hat. Hauptaugenmerk ist auf Letzteres zu legen. Dem Originator obliegen im Gegenzug Informationspflichten. Doch auch wenn dem Treuhänder diese Informationsrechte erteilt werden, kommt ihm nach herkömmlichen Anleihebedingungen in der Praxis primär keine Kontrollfunktion zu, sondern er übt vielmehr eine eher passive Rolle aus[173]. Allerdings ist zu beachten, dass WBS-

---

[171] RGBl. S. 691 mit Änderungen durch das Gesetz vom 14.05.1914 (RGBl. S. 121), Verordnung vom 24.09.1932 (RGBl. I S. 447), sowie Gesetze vom 20.07.1933 (RGBl. I. S. 523), 08.12.1941 (RGBl. I S. 746), 25.06.1969 (BGBl. I S. 1513) und 02.03.1974 (BGBl. I. S. 469).

[172] Siehe Einzelheiten, Zweiter Teil § 15 I 3.

[173] Vgl. Wood, Rn. 11-15.

Transaktionen im entscheidenden Maße vom Erfolg des operativen Geschäfts abhängig sind und entsprechend kurzfristig eingreifende Kontrollmaßnahmen bedürfen. Kontrollrechte bzgl. der wirtschaftlichen Tätigkeit und Verhältnisse des Emittenten bzw. Originators kommen somit im Fall von WBS verstärkt dem Treuhänder zu[174]. Zur Festigung seiner Kontroll- und Überwachungsstellung können dem Treuhänder Zustimmungsvorbehalte besonders für das Anlegerschutzinteresse gefährdende Maßnahmen eingeräumt werden[175]. Damit er seinen Ermessensspielraum aber nicht zuungunsten einer Partei ausübt, ist ihm ein Maßstab aufzuerlegen, an dem er seine Entscheidung messen lassen muss. Einen solchen objektivierbaren Maßstab kann die Bonitätseinstufung der Anleihe durch eine unabhängige, die Transaktion begleitende Ratingagentur liefern[176]. Nur im Fall, dass eine Maßnahme tatsächlich bonitätsmindernd wirken würde, ist dieser durch den Treuhänder nicht zuzustimmen. Folgerichtig kann bei WBS von einer dualen Überwachung durch den Treuhänder und der die Anleiheemission kontinuierlich beobachtenden Ratingagentur ausgegangen werden.

f. WBS-relevante Covenants

Bei WBS ist (a) die grundsätzliche Erhaltung der Integrität des operativen Geschäfts sowie (b) die Generierung und Aufrechterhaltung von ausreichenden Zahlungsströmen zur Bedienung des Schuldendienstes und darüber hinaus (c) auch gleichzeitig der Behalt ausreichender Liquidität im Unternehmen für künftige Investitionen Garant für den Erfolg einer Transaktion. Zu verhindern sind somit unbedingt solche Handlungen des Darlehensnehmers, die seine Finanzstruktur beeinträchtigen und unmittelbar negativ auf den Schuldendienst gegenüber den Anleiheinhabern durchschlagen könnten. Aus diesem Grund sind solche Covenants von besonderer Bedeutung, die eine frühzeitige Erkennbarkeit der Krise des Darlehensnehmers sichtbar machen (Financial Covenants) sowie Restriktionen der Handlungsfreiheit des Darlehensnehmers zum Inhalt haben (Non-Financial Covenants)[177]. Zu den Letzteren zählen insbesondere Regelungen, die Ausschüttungen des Gesellschaftsvermögens (Cash Take-Out) umfassen, die Führung des operativen Geschäfts selbst betreffen und den Originator zum Schutz des kreditgebenden SPVs und letztlich der Anleihegläubiger in seiner Verhaltensweise disziplinieren[178]. Entscheidend – im Gegensatz zu herkömmlichen Verbriefungen – ist jedoch, dass bei WBS das Hauptaugenmerk auf der Generierung von Cash Flows aus zukünftigem operativen Geschäft liegt. Aus diesem Grund darf die Geschäftsführung nicht unnötig in ihren Handlungen eingeschränkt werden, sondern es muss ihr eine ausreichende substanzielle Flexibilität eingeräumt werden, um den Unwägbarkeiten und den Risiken des täglichen

174 Vgl. Hartwig-Jacob, S. 359.

175 Vgl. o.V., Tenovis Information Memorandum, S. 75.

176 Zur Rolle der Ratingagenturen bei WBS und Wichtigkeit eines entsprechenden Ratings, siehe Erster Teil § 8.

177 Bei Financial Covenants wird davon gesprochen, dass der Schuldner in finanzieller Hinsicht diszipliniert wird, vgl. Peltzer, GmbHR 1995, S. 23.

178 Ramgarhia/Muminoglu/Pankratov, S. 341.

operativen Geschäftsbetriebs gerecht zu werden[179]. Indes darf die zugestandene Freiheit nicht so weit reichen, dass zu ehrgeizige und risikobehaftete Unternehmensstrategien wie komplexe Akquisitionen oder wesentliche Veränderungen der operativen Betrachtungsweise verfolgt und durchgeführt werden dürfen. Folgerichtig stehen so die Covenants im Spannungsverhältnis zwischen notwendiger Disziplinierung der Verantwortlichen, um dem Investorenschutzgedanken zu genügen und ausreichender Managementflexibilität, um überhaupt die notwendige Liquidität für den Schuldendienst zu erwirtschaften[180].

Es darf aber nicht vergessen werden, dass WBS-Strukturen individuell maßgeschneiderte Transaktionen sind, deren Maß den Komplexitätsgrad reiner Kreditpraxis und der Emission von schlichten Unternehmensanleihen (sog. Plain Vanilla Bonds) für sich genommen weit übersteigt. Dementsprechend unterscheiden sich auch die jeweils verwendeten vertraglichen Nebenbestimmungen im Einzellfall, so dass einerseits eine Standardisierung nicht zu erwarten und andererseits eine abschließende Erfassung aller Varianten im Rahmen dieser Arbeit nicht möglich sein wird[181]. Trotzdem sind in Folge die wichtigsten Covenants zu erläutern; zum einen zum Verständnis der Mechanismen von WBS-Strukturen, zum anderen bzgl. möglicher Risiken ihrer Anpassung an und ihrer Verwendung nach und unter deutschem Recht[182].

aa. Financial Covenants

(1) Schuldendeckungsgrad (Debt Service Coverage Ratio)[183]

Ein häufig bei WBS-Transaktionen genutztes und effizientes Hilfsmittel zur frühen Erkennung von Krisen bieten Nebenbestimmungen, die den Schuldendeckungsgrad, sog. Debt Service Coverage Ratio (DSCR), umfassen[184]. Sie gehören systematisch zu den Financial Covenants, da sie Mindestkennzahlen bzgl. der Aufwendungen für den Schuldendienst des Darlehensnehmers festlegen, bei deren Über- oder Unterschreitung bestimmte Handlungen ausgelöst werden[185]. Ziel ist es, Aufschluss darüber zu erhalten, ob es dem Darlehensnehmer möglich ist, die zuvor vereinbarten und während der Darlehenslaufzeit wiederkehrenden Tilgungs- und Zinszahlungen zu erbringen. Nur wenn dieses sichergestellt ist, kann auch die im Zentrum einer jeden WBS-Struktur stehende Anleihe bedient

179 Vgl. Lee, Singapore Law Gazette 2004, S. 19, 20.

180 Im Vergleich zu herkömmlichen Bankdarlehen oder auch Hochzinsanleihen (High Yield Bonds) bieten Covenants bei WBS der Geschäftsführung ein weitaus höheres Maß an Flexibilität, Deacon, S. 174.

181 „Es gibt keine Standard Financial Covenants. Diese werden vielmehr für jedes Unternehmen individuell festgelegt.“, Diem, § 22 Rn. 29. Eine beispielhafte Übersicht zu häufig verwendeten Financial Covenants im Bereich der Fremdfinanzierung findet sich bei Heemann, § 15 Rn. 88ff.

182 Siehe Zweiter Teil § 16 II 4. Für einen detaillierten Überblick der üblichen Covenants bei Bankkreditverträgen, vgl. Diem, § 22 Rn. 4.

183 Wird auch häufig als Zinsdeckungsverhältnis bezeichnet.

184 Pfister, Credit Analysis, S. 377.

185 Wöhe/Bilstein, S. 206.

werden. Sollte ein solcher Schwellenwerte unterlaufen werden, führt ein solcher Verstoß meist zu einer Verletzung des Darlehensvertrags zwischen Darlehensnehmer und SPV sowie der Berechtigung der Sicherheitenverwertung und Bestellung eines Verwalters des Schuldnerunternehmens, sofern keine Heilung erfolgt[186]. Die Kennzahl des DSCR errechnet sich als der Quotient von EBITDA[187] zum zuvor vereinbarten Stichtag und Schuldendienst, der sich aus der Summe der Nettozins- und Regeltilgungszahlungen ergibt (Z_{NZ} bzw. Z_T) [188]:

$DSCR = EBITDA / (Z_{NZ} + Z_T)$

Der vertraglich vereinbarte Mindestwert kann variieren und bestimmt sich nach der Art und insbesondere Risikoträchtigkeit der Transaktion, wobei jedoch in der Regel ein Mindestquotient von 1,25 bis 1,35 nicht unterschritten werden sollte[189].

(2) Free Cash Flow Debt Service Coverage Ratio

Als zusätzliche Absicherung und vertrauensbildende Maßnahme für Investoren wird von den Arrangeuren einer WBS-Transaktion die Kennzahl des sog. Free Cash Flow Debt Service Coverage Ratio (FCDSCR) eingesetzt. Diese Kennzahl ist der Quotient aus dem zur Verfügung stehenden Free Cash Flow (FCF) und Schuldendienst: $FCDSCR = FCF / (Z_{NZ} + Z_T)$

Dieser Wert sollte geringer sein als 1,1 bis 1,2[190]. Vorteil des FCDSCR gegenüber DSCR ist, dass die Aussagekraft zur Schuldendienstdeckungskraft des Unternehmens höher ist[191]. Insbesondere bei erhöhtem Sicherheitsbedürfnis seitens der Ratingagenturen bzw. Investoren ist eine Covenantklausel auf dieser Grundlage wichtig. Folglich kann jeweils zu festgelegten Zeitpunkten, fortlaufend und periodisch, die Fähigkeit des Originators rückwirkend, bzw. zeitlich rückwärtsgerichtet in Bezug auf die bereits erfolgte Bedienung des Schuldendienstes festgestellt werden. Je nach Risikoträchtigkeit der Transaktion bzw. des Sicherungsinteresses der Investoren kann sich der untersuchte Zeitraum strecken (oft 12 Monate) oder aber auch verkürzen (etwa drei oder auch weniger Monate). Regelmäßig findet eine Überprüfung im vierteljährlichen Abstand statt, so dass die Anleiheinhaber stets ausreichend über die Kapitaldienstfähigkeit des Originators informiert sind[192].

---

186 Pfister, Credit Analysis, S. 377 und Ramgarhia/Muminoglu/Pankratov, S. 341. Welche Art von Verwalter eingesetzt werden kann, insbesondere nach englischem Recht, siehe Erster Teil § 7 II 3.

187 Mit dieser Kennzahl wird ermittelt, inwieweit ein Unternehmen aus gewöhnlicher Tätigkeit einen Überschuss erzielt.

188 Ramgarhia/Muminoglu/Pankratov, S. 341; Diem, § 22 Rn. 18.

189 Ramgarhia/Muminoglu/Pankratov, S. 341; Gasser, S.9.

190 Ramgarhia/Muminoglu/Pankratov, S. 341.

191 Als Free Cash Flow wird das für den Schuldendienst gegenüber aller Kapitalgeber, Fremd- oder Eigenkapitalgeber zur Verfügung stehende Kapital angesehen (EBITDA – Maintenance Capex – Steuern). Vgl. zu den unterschiedlichen Cash Flow Begriffen, Betsch/Groh/ Lohmann, S. 213ff.

192 Zum einen wird dieser Test mit historischen Zahlen, zum anderen mit zukunftsorientierten Prognosen durchgeführt. Vgl. Ramgarhia/Muminoglu/Pankratov, S. 341. Möglicherweise könnten diese Überprüfungen auch in einem monatlichen Rhythmus erfolgen, so dass das

(3) Eigenkapitalklausel (Minimum Net Worth)

Eine andere marktübliche vertragliche Nebenbestimmung, die Eigenkapitalklausel (Minimum Net Worth), hat zum Inhalt, dass das Eigenkapital des Darlehensnehmers nicht unter einen bestimmten Mindestbetrag sinken darf, um eine Überschuldung und letztlich die Insolvenz zu vermeiden[193]. Grundsätzlich stellt das in der Bilanz ausgewiesene Eigenkapital den Betrag dar, der dem Darlehensnehmer verbleibt, wenn er seine Aktiva zum Buchwert liquidiert und mit dem Ertrag seine sämtlichen Verbindlichkeiten ablöst. Allerdings bleibt der Liquidationserlös häufig hinter den bilanzierten Buchwerten zurück. Ein Ausgleich, der die Überschuldung vermeidet, erfolgt bestenfalls durch vorhandenes Eigenkapital. Die Höhe der Eigenkapitalausstattung des Darlehensnehmers ist somit ein überaus wichtiges Indiz für die Fähigkeit der Darlehensrückführung. Kurzum: Je größer das Eigenkapital (und damit das Haftungskapital), desto sicherer die Rückzahlung des Darlehenskapitals[194], und im spezifischen Kontext einer WBS-Transaktion erscheint die pünktliche Bedienung der Anleihen umso unproblematischer.

bb. Non-financial Covenants

(1) Überschussverteilung (Free Cash Flow to Equity Ausschüttungen)

Von besonderer Wichtigkeit sind Regelungen zur Verwendung des sog. Free Cash Flow to Equity, welcher den Eigentümern des Darlehensnehmers zusteht[195]. Ausschüttungen, z.B. in Form von Dividenden, oder andere Auszahlungsformen sollten stets, auch wenn jede Transaktion unterschiedlich gestaltet ist, nur zugelassen werden, wenn bestimmte Bedingungen eingehalten werden. Ansonsten könnte diese Praxis zu einem „Ausbluten" des Unternehmens führen, d.h. es würde zuviel Kapital herausgezogen, so dass der Schuldendienst nicht mehr geleistet werden könnte. Gleichfalls würden finanzielle Mittel für Investitionen in Produktion, Forschung und Entwicklung fehlen, so dass der Ausbau des Unternehmens gefährdet wäre. Im schlechtesten Fall würde sogar Kapital für die Aufrechterhaltung des operativen Geschäfts bei Liquiditätsengpässen infolge von Marktschwankungen, Forderungsausfällen, etc. fehlen und die gesamte WBS-Struktur in Gefahr bringen. Auch wenn – nach deutschem Recht – die Zielgesellschaft eine 100%ige Tochter eines Finanzinvestors und mittels eines Beherrschungs- und Gewinnabführungsvertrages weisungsgebunden wäre, hätte deren

Risiko der Nichteinhaltung dieser Financial Covenants kurz nach Überprüfungsstichtag reduziert wird, in dem der zeitliche Abstand zwischen Nichteinhaltung und Entdeckung verringert wird.

193 Sog. Net Worth Requirement, vgl. Gasser, S. 9. Gleichzeitig wird eine solche Nebenbestimmung auch hinsichtlich des anleiheemittierenden SPVs vorgeschlagen, vgl. Ramgarhia/Muminoglu/Pankratov, S. 341. Zum Hintergrund einer solchen Eigenkapitalklausel siehe Wittig, WM 1996, S. 1382.

194 Diem, § 22 Rn. 28; Wittig, WM 1996, S. 1381, 1382.

195 Auch als Flow to Equity bezeichnet. Es handelt sich dabei um den um Zinszahlungen, Tilgungen und Zahlungen an weitere Anspruchsberechtigte ohne Eigentümerstellung bereinigten Free Cash Flow. Vgl. Betsch/Groh/ Lohmann, S. 213.

Geschäftsleitung die Grenzen der Kapitalerhaltungsvorschriften einzuhalten, mit empfindlichen Sanktionen bei Verletzungen. Da unter dem Stichwort „Leveraged Recapitalisation“, bzw. „Dividend Recap“ solche Zahlungen zur Zeit sehr marktgängig sind, ist es wichtig auf diese Grenze hinzuweisen.

Mindestvoraussetzung für Ausschüttungen an die Gesellschafter ist das Vorliegen eines bestimmten Niveaus von DSCR und FCDSCR, außerdem sollten keine Außenstände gegenüber den Liquiditätskapitalgebern bestehen[196]. Zum einen wird auf diesem Weg ausreichend Liquidität im Unternehmen gehalten, zum anderen werden kurzfristig renditeorientierte Gesellschafter gehindert im Übermaß Kapitalausschüttungen zuungunsten der Nachhaltigkeit des Unternehmens und zum Nachteil der Anleiheinhaber zu tätigen. Eine solche Regelung kann auch in Fällen nützlich sein, in denen es sich bei den Gesellschaftern um ein Investorenkonsortium (Club Deals) handelt, das sich für die Akquisition zusammengeschlossen hat, deren einzelne Mitglieder aber bei der Refinanzierung und Desinvestition unterschiedlicher Ansicht sind.

(2) Kapitalausgaben (Capital Expenditure)

Ein ähnliches Spannungsverhältnis zeigt sich ebenfalls bei der Frage, in welchem Umfang Kapital zum Zweck der Investition im Unternehmen belassen werden soll, damit das operative Geschäft aufrechterhalten bzw. erweitert wird: Ein Konflikt, dem mittels sog. Capital Expenditure oder kurz Capex- Nebenbestimmungen begegnet werden kann. Hierbei wird ein Kapitalbetrag festgeschrieben, der während der Laufzeit des Darlehens im Unternehmen verbleiben muss (sog. Maintenance Capex), damit der Zustand und die Qualität der Arbeit und Produkte des Unternehmens gewahrt werden können. Gleiches kann für einen Betrag gelten, der für Entwicklung und Forschung im Bereich des operativen Geschäfts genutzt wird (sog. Development Capex)[197].

(3) Akquisitionen, Verkauf von Vermögenswerten und Emissionen weiterer Schuldtitel

Zu den wichtigen Non-financial Covenants gehören darüber hinaus Regelungen zum Erwerb anderer Unternehmen oder Teilen davon[198]. Grundsätzlich sind in aller Regel weitere Akquisitionen erlaubt, jedoch nur unter bestimmten, einzelfallabhängigen Bedingungen, die an die Transaktion zu stellen sind[199]. Entscheidend ist jedenfalls, dass die oben beschriebenen Kennzahlen und damit auch das

---

[196] Diese Kennzahlen sind naturgemäß höher als die grundlegenden Zahlen der Financial Covenants, die DSCRs und FDSCRs umfassen, da eine Ausschüttung erst ab einer bestimmten Kapitalstruktur vorgenommen werden sollten. Als Beispielskennzahlen für DSCR wird 1,70 und für FCDSCR 1,30 genannt; Ramgarhia/ Muminoglu/ Pankratov, S. 341.

[197] Ramgarhia/Muminoglu/Pankratov, S. 342.

[198] Sog. Acquisitions Covenants.

[199] Als Beispiele werden aufgeführt: Das Vorliegen eines positiven EBITDA des akquirierten Unternehmens, Erfüllung bestimmter Tests bzgl. EBITDA, DSCR und FDSCR, Bestimmung einer maximalen Volumenobergrenze. Vgl. Ramgarhia/Muminoglu/Pankratov, S. 342.

Rating der Anleihen nicht beeinträchtigt werden. Dies gilt ebenfalls für den grundsätzlich nicht untersagten Verkauf von Vermögenswerten oder der Emission weiterer Schuldtitel[200].

(4) Schutz des Sicherheitenpakets

In Anbetracht der überragenden Wichtigkeit des Sicherheitenpakets für die Durchführbarkeit einer WBS-Transaktion sind schließlich Covenants zu vereinbaren, die eine zusätzliche Belastung oder Verschiebung dieser Vermögenswerte verhindert. Im Bereich von Fremdfinanzierungen, denen auch WBS systematisch und thematisch zuzuordnen ist, wird dies üblicherweise durch eine Sicherungserklärung des Kreditnehmers in Form einer Negativerklärung gemacht (Negative Pledge)[201]. Hiermit verpflichtet sich der Kreditnehmer sämtliche Handlungen in Bezug auf Vermögenswerte, die zum Sicherheitenpaket gehören, zu unterlassen. Unter diese Handlungen sind insbesondere Verpfändungen, Verkäufe oder ähnliche Übertragungen schuldrechtlicher oder dinglicher Art zugunsten Dritter zu kategorisieren. Gleichzeitig darf das Sicherheitenpaket auch nicht dem vorrangigen Zugriff anderer Gläubiger ausgesetzt sein. Deshalb hat der Darlehensnehmer mittels einer Gleichstellungsverpflichtung (auch Gleichrang- oder Pari Passu-Klausel) zuzusichern, dass die sich aus der Besicherung ergebenden Forderungen mindestens gleichrangig mit den Forderungen ungesicherter Gläubiger sind, sofern diese nach der anwendbaren Rechtsordnung nicht im Insolvenzfall privilegiert wären[202]. Auch ist es wichtig, dass keine Vermögenswerte aus diesem Paket an Dritte veräußert werden können.

(5) Schutz des operativen Geschäfts

Sofern das operative Geschäft in eine eigenständige Gesellschaft ausgegliedert wurde, sind vertragliche Nebenbestimmungen von besonderer Wichtigkeit, die den Bestand eines solchen ausgelagerten operativen Geschäftsbetriebs gewährleisten[203]. Es sollten daher u.a. Verpfändungen, Verkäufe oder anderweitige

---

200 Ramgarhia/Muminoglu/Pankratov, S. 342 und 343.

201 Ausführlich dazu: Merkel, S. 1ff.; Obermüller, S.128ff.

202 Streng genommen handelt es sich bei dieser Klausel allerdings um eine vertragliche Tatsachenbehauptung (Representation and Warranties), die aber häufig bei den Covenants wiederholt wird. Im Fall der Unrichtigkeit besteht ein Kündigungsgrund (Event of Default). Eine solche Zusicherung kann auch als eigenständiges Garantieversprechen ausgestaltet sein. Allerdings hätte die Gegenpartei dann den Anspruch auf die Herstellung des Zustands, der bestünde, wenn die Zusicherung richtig wäre. Zu solchen Tatsachenerklärungen gehören u.a. Aussagen über die ordnungsgemäße Errichtung des Kreditnehmers und die Berechtigung zum Abschluss des Darlehensvertrages, über Gerichts- und sonstige Verfahren, über die ordnungsgemäße Erstellung der Jahresabschlüsse, über den Eintritt von möglichen wesentlichen Verschlechterungen des Geschäftsbetriebs, der Vermögensverhältnisse, der finanziellen Situation oder der Ertragslage nach Erstellung der jüngsten Jahresabschlüsse, etc.; siehe hierzu Heemann, § 15 Rn. 69f. Ausführlich zu den einzelnen Ausgestaltungen Hartwig-Jacob, S. 469ff.

203 Aufgrund fehlender Privilegierung besicherter Gläubiger wie in England wurde dieser Weg beispielsweise in Deutschland beschritten, um so das operative Geschäft zu isolieren und vom Insolvenzrisiko des Originators zu trennen, vgl. Ramgarhia/Muminoglu/ Pankra-

Übertragungen der Geschäftsanteile des Unternehmens nicht zugelassen werden, die über in den entsprechenden Verträgen der WBS-Transaktion zuvor vereinbarten Fällen hinausgehen[204]. Auch ist es notwendig, dem Originator aufzugeben, diese Tochter stets ausreichend zu kapitalisieren und mit der notwendigen Sorgfalt zu führen.

2. Strukturverstrebungen zur Vermeidung von Liquiditäts- und Zinsrisiken

Sowohl in England als auch in Deutschland oder in anderen Rechtsordnungen hat sich der Erfahrungssatz herausgeschält, dass es bei der Strukturierung einer WBS-Transaktion darauf zu achten gilt, Risiken, die auf der Kapitalmarktfähigkeit der zu emittierenden Anleihe und letztlich auf der WBS-Struktur selbst lasten, zu antizipieren und diese mit entsprechenden Strukturverstrebungen auszuschließen oder zumindest abzufedern. Typischerweise sind hier Liquiditäts- und Zinsrisiken zu nennen.

a. Liquiditätsrisiko

Das Liquiditätsrisiko umschreibt das Risiko, dass der Darlehensnehmer seinen Schuldendienst nicht mehr bedienen kann – einerseits unmittelbar gegenüber dem Darlehensgeber, andererseits mittelbar gegenüber den Anleihegläubigern. Wie bei einer herkömmlichen ABS-Struktur auch, gibt es bei WBS die Möglichkeit sog. Credit Enhancements (Kreditrisikoverbesserungen) einzubauen, die interner oder auch externer Natur sein können, damit das benannte Risiko eingeschränkt werden kann[205]. Die externen Maßnahmen werden in der Regel durch Finanzinstitute gegen Zahlung einer Gebühr, die sich am übernommenen wirtschaftlichen Risiko bemisst, erbracht[206]. Bei WBS-Strukturen wird gewöhnlich auf der Ebene des die Anleihe emittierenden SPVs ein Liquiditätskredit (Liquidity Facility) eingeschaltet, um kurzfristige temporäre Engpässe bei der Bedienung der Anleihe zu beseitigen[207]. Dem Darlehensnehmer wird, um saisonale Marktfluktuationen auszugleichen, ein Betriebsmittelkredit (Working Capital Facility) gewährt[208]. Wichtig ist, dass die Rechte der kreditgebenden Banken gegenüber den übrigen Gläubigern des Darlehennehmers auch den Anleihegläubigern vor-

---

tov, S. 333. Nähere Einzelheiten zu WBS unter Anwendung deutschen Rechts, siehe unten im zweiten Teil dieser Arbeit.

[204] So etwa im Optionsvertrag des Nachfolgeservicer zur Übernahme des ausgegliederten operativen Geschäfts (Call Option Agreement).

[205] Ramgarhia/Muminoglu/Pankratov, S. 343. Für eine ausführliche Darstellung der Maßnahmen zur Bonitätsverbesserung bei einer ABS Struktur, s. Klüwer, S. 26ff.

[206] Klüwer, S. 29.

[207] Meist ist dieses Darlehen als ein über 364 Tage revolvierendes Darlehen strukturiert, das zwischen 12 und 24 Monate den Schuldendienst abdeckt, Ramgarhia/Muminoglu/ Pankratov, S. 344.

[208] Ramgarhia/Muminoglu/Pankratov, S. 344.

rangig sind[209]. Hintergrund ist die den Banken grundsätzlich obliegende Vorsorge, entsprechende Sicherheiten zur Absicherung ihres Kreditengagements zu fordern, um keine finanziellen Verluste des ihnen anvertrauten Geldes zu erleiden. Hinzu kommt, dass seit dem 1. Januar 2007 im Lichte der Basel II Regelungen, insbesondere hinsichtlich der Eigenkapitalanforderungen, Banken zukünftig noch risikobewusster handeln müssen, da sich die Eigenkapitalunterlegung wesentlich stärker am tatsächlichen Risikogehalt der Bankgeschäfte orientiert[210]. Als interne Maßnahme ist, wie bei ABS auch[211], der Aufbau von Liquiditätsreserven durch den Darlehensnehmer üblich, um Zahlungsengpässe im operativen Geschäft oder auch bei Bedienung des Schuldendienstes gegenüber dem darlehensgebenden SPV zu vermeiden[212].

b. Zinsrisiko der emittierten Anleihe

Bei WBS-Transaktionen werden häufig die das Darlehen an den Darlehensnehmer refinanzierende Anleihe als sog. Floating Rate Notes (FRNs) emittiert[213]. Diese Anleiheform unterliegt nicht einem festen, sondern einem sich laufend verändernden Zinssatz[214]. Somit unterliegen die Inhaber dieser Anleihe einem Zinsrisiko[215], da ihre Investition mit Zinsschwankungen behaftet ist. Mit sog. Hedginggeschäften soll dieses Risiko vermieden oder zumindest reduziert werden[216]. In aller Regel werden sog. Swaps eingesetzt, womit die Verlagerung des

---

209 Ramgarhia/Muminoglu/Pankratov, S. 344. Dies wird durch entsprechende Regelungen in der Gläubigervereinbarung geschaffen, so dass man von einer vertraglichen Subordination spricht. Im Gegensatz zu einer strukturellen Subordination, die durch eine gesellschaftsrechtliche Struktur entsteht.

210 Neben den Kredit- und Marktrisiken müssen auch ausdrücklich die operationellen Risiken der Banken mit Eigenkapital unterlegt werden; vgl. Heinke, S. 4.

211 Klüwer, S. 30.

212 Vorgeschlagen wird eine Korrelation mit den Covenant-Kennzahlen, welche die Ausschüttungen an die Gesellschafter bestimmen. Die Reserven werden periodisch bis zu einem bestimmten Grenzwert aufgebaut. Darüber hinaus gehende Beträge können ausgeschüttet werden. Vgl. Ramgarhia/Muminoglu/Pankratov, S. 344.

213 So bei einer der wenigen Referenztransaktionen in Deutschland aus dem Jahre 2001. Siehe o.V., Tenovis Information Memorandum, S. 1 und 50 ff. Einzelheiten siehe hierzu unten, Zweiter Teil § 14 II.

214 Bei diesen FRNs wird die Verzinsung regelmäßig in einem Drei- oder Sechsmonate-Rhythmus an die Entwicklung der Zinsen für kurzfristige Geldgeschäfte angepasst. Als Referenzzinssatz dienen in der Regel die Geldmarktsätze, die im Interbankenhandel für Termineinlagen üblich sind. Vorteil ist die kostengünstigere Finanzierung am Kapitalmarkt als mit Festzinssätzen, solange die Zinsen am Geldmarkt niedriger sind als am Kapitalmarkt.

215 Das möglicherweise ebenfalls auftauchende Währungsrisiko ist durch die Einführung des Euro reduziert. Es käme bei Unternehmen in Frage, die weltweit in unterschiedlichen Währungen fakturieren, allerdings gab es noch keine WBS-Transaktion, die das gesamte globale operative Geschäft umfasst. Aus diesem Grund wird dieses Risiko bei den obigen Ausführungen vernachlässigt. Währungsrisiken werden regelmäßig auch mit Swaps unterschiedlichster Prägung abgesichert.

216 Diese Geschäfte finden ihre rechtliche Grundlage in standardisierten Hedging-Verträgen, die vornehmlich auf Musterverträgen der International Swaps and Derivatives Associati-

Risikos auf andere Marktteilnehmer bezweckt ist[217]. Es handelt sich dabei grundsätzlich um einen derivativen Vertrag zweier Parteien, die Zahlungsverpflichtungen austauschen[218]. Bei Zins-Swaps sind es Zinszahlungsverpflichtungen, die zum einen zinsfix und zum anderen variabel ausgestaltet sind, welche ausgetauscht werden[219]. Bei einer WBS-Transaktion kann mit Hilfe solcher gesondert ausgehandelten Derivate[220] (Over-the-counter, OTC) das Risiko eines zu hohen Zinses und somit einer höheren Schuldendienstbelastung des Darlehennehmers bzw. anleiheemittierenden SPVs abgefedert oder auch gänzlich ausgeschlossen werden.

3. Schuldentilgung / Anleihetranchen

Die von den Vermögenswerten des Darlehensnehmers zukünftig erwirtschafteten Cash Flows werden, wie bereits dargelegt, dazu genutzt, den durch das Darlehen und die Anleiheemission aufgenommenen Schuldendienst zu bedienen und abzutragen. Aus Sicht der Schuldverschreibungsinhaber ist es wünschenswert, wenn WBS-Transaktionen derart strukturiert sind, dass die Schuldenlast des anleiheemitierenden SPVs, welche meist nicht unerheblich ist, relativ zügig innerhalb der Anleihelaufzeit abgebaut wird. Gerade zu Anfang der mehrjährigen Laufzeit der Anleihe ist die Planungssicherheit etwas höher, die vom Darlehensnehmer erwirtschafteten Cash Flows, die letztlich den Schuldendienst der Anleihe speisen, und somit auch leichter und einfacher vorauszusehen. Mittels einer solchen zu Beginn der Laufzeit einsetzenden beschleunigten Schuldenamortisierung würde sich die Abhängigkeit der Investoren von den Vermögenswerten, dem operativen Geschick des Darlehensnehmers und der Volatilität des Industriesektors und somit ihr Investitionsrisiko reduzieren[221]. Doch ist eine solche Regelung nicht nur vorteilhaft, denn gleichzeitig erhöht eine solche Fokussierung auf eine frühe Schuldentilgung die Gefahr von Liquiditätsengpässen und in Extremfällen sogar der Insolvenz des Darlehensnehmers[222]. Der Druck der Schuldentilgung auf das SPV und letztlich auf den operativ tätigen Darlehensnehmer darf deshalb nicht

---

on, Inc. (ISDA, www.isda.org), Emerging Markets Traders Association (EMTA, www.emta.org) und des Foreign Exchange Committee (FXC, www.newyorkfed.org/fxc) basieren.

217 Ramgarhia/Muminoglu/Pankratov, S. 344. Darüber hinaus gibt es noch eine kaum zu überblickende Vielzahl an derivativen Finanzinstrumenten, die ebenfalls eine Risikoallokation zum Gegenstand haben. Eine nähere Darstellung würde aber den Rahmen dieser Arbeit sprengen. Siehe zur grundlegenden Erklärung und Einteilung, Betsch/ Groh/ Lohmann, S. 121 ff. sowie Nordhues/Benzler, WM 1999, S. 461ff.

218 Es gibt unzählige Variationen, die allerdings alle auf die obengenannte Grundstruktur zurückzuführen sind, Flavell, S. 1.

219 Kümpel, Rn. 14.292.

220 Es handelt sich dabei um auf außerbörslichen Märkten gehandelte Derivate, vgl. Nordhues/Benzler, WM 1999, S. 461.

221 Gasser, S. 11.

222 Pfister, Credit Analysis, S. 380.

zu hoch angesetzt werden. Es bedarf vielmehr einer sorgfältigen Austarierung des Gleichgewichts der jeweiligen Interessen. Abhilfe schafft, wie bei herkömmlichen ABS-Transaktionen auch, die Emission verschiedener Anleihetranchen. Meist werden mehrere vor- und nachrangige Anleihetranchen herausgegeben[223]. Die risikoärmeren und deshalb mit niedrigerem Zinskupon belasteten Anleihen der ersten Tranche werden bei Zins- und Tilgungszahlungen vorrangig und schneller bedient. Gleiches würde für deren Inhaber im Fall der Insolvenz und der Verwertung des zur Verfügung stehenden Sicherheitenpakets gelten. Darüber hinaus ist bei entsprechender Transaktionsstruktur und Zeitablauf ein Szenario vorstellbar, in dem die Schulden bzgl. einer solchen vorrangigen Anleihentranche zum Zeitpunkt der Insolvenz bereits abgegolten sind. Folge wäre, dass die Inhaber nachrangiger Anleihen sich aus dem Sicherheitenpaket befriedigen könnten, ohne den vorrangigen Anleiheinhabern den Vortritt lassen zu müssen[224].

§ 8 Übergreifende Bonitäts- und Erfolgserfordernisse von WBS bei der Strukturierung: Die Rolle von Ratingagenturen bei WBS

I. Versuch der Objektivierbarkeit des Investitionsrisikos

Unabhängig davon, ob eine WBS-Transaktion sich in England oder Deutschland abspielt, hat sich erwiesen, dass die Kapitalmarktfähigkeit der Anleihe und somit der Erfolg der gesamten WBS-Transaktion nicht ausschließlich von der zugrundeliegenden Struktur und ihren Verstrebungen abhängt. Diese muss vielmehr in entsprechender Weise transkribiert und aufbereitet werden. Obwohl Anleiheemittenten bestimmten gesetzlich normierten Veröffentlichungspflichten unterliegen, die im Prospekt oder Privatplatzierungsmemorandum (auch Informationsmemorandum genannt) offengelegt werden, haben Investoren in aller Regel nicht in derselben Tiefenschärfe den Zugang zu den der Anleiheemission zugrundeliegenden relevanten Daten und Informationen, um eine ausgewogene Investitionsentscheidung zu treffen. Insbesondere im Bereich der Verbriefung in Form von ABS, wenn ein SPV die Anleihe emittiert, sind Informationen über die zugrundeliegenden Vermögenswerte und den dazugehörigen Cash Flows trotz gewisser Offenlegungspflichten im Prospekt oder im Informationsmemorandum nicht unbeschränkt zugänglich, wirken sich aber entscheidend bei der Einschätzung des Investitionsrisikos aus[225]. Bei Anleiheemissionen im Zusammenhang von WBS-Transaktionen erhöht sich die Wichtigkeit dieser Informationen noch, da hier nicht speziell ausgewählte Vermögenswerte verbrieft werden, sondern der gesamte oder zumindest größte Teil des operativen Geschäftsbetriebs eines

---

223 Sog. Senior und Subordinated Debt bzw. Senior und Junior Debt.

224 Bei einer herkömmlichen Fremdkapitalaufnahme, bei der es vor- und nachrangige Gläubiger gibt, haben beide Gläubigergruppen das gleichgroße Insolvenzrisiko, jedoch unterschiedliche Insolvenzquoten. Vgl. Pfister, Credit Analysis, S. 381.

225 Vgl. von Randow, ZBB 1995, S. 142f.

Unternehmens[226]. Dementsprechend wichtig ist eine für Außenstehende einschätzbare und nachvollziehbare Bewertung der Emission[227]. Eine solche Abrundung über den Prospekt hinaus erfolgt durch externe Dritte, den Ratingagenturen[228], die frühzeitig in die Durchführung der Transaktion eingebunden werden und sich mittels komplexer Analysemethoden um die Objektivierbarkeit des rechtlichen und wirtschaftlichen Risikos bemühen. Seit den Änderungen des englischen Insolvenzrechts im Jahr 2003 durch den Enterprise Act 2002 ist für dortige Anleiheemissionen im Zusammenhang einer WBS-Transaktion ein formales Rating Pflicht. Nur bei Vorliegen der Bonitätseinschätzung einer unabhängigen Ratingagentur kann somit die normierte Kapitalmarktausnahme (Capital Market Exception) greifen, die die Bestellung des für englische WBS-Transaktionen essenziell notwendigen Adminstrative Receivers trotz starker Einschränkungen noch zulässt[229].

Die Einschätzung der Ratingagentur umfasst grundsätzlich das Ausfallrisiko einer Anleihe sowie des Emittenten, d.h. sie macht eine dezidierte Prognose über die Wahrscheinlichkeit pünktlicher Zinszahlungen und Rückführung der geliehenen Gesamtsumme. Dies findet Niederschlag in einer Bonitätsbewertung (Rating), die je nach Agentur etwas unterschiedlich ausgestaltet ist[230]. Bei WBS geht die Analyse noch wesentlich weiter. Aufgrund der Komplexität und Bedeutung der Cash Flows, die der Originator generiert, wird die Gesamtstruktur der Transaktion besonders intensiv untersucht und bewertet. Hierdurch hat sich nicht nur die Effizienz der Informationssammlung erhöht, sondern es hat sich auch eine internationale Standardisierung ergeben. Gleichzeitig nehmen die Ratingagenturen den Investoren teilweise die ihnen obliegenden Pflichten und Arbeiten zur fiduziarischen Sorgfaltsprüfung ihrer Investition ab, zu welcher sie verpflichtet sind, da sie häufig nicht mit eigenem Kapital investieren, sondern mit dem ihrer

---

226 Sprachlich und rechtlich korrekt wäre es für WBS in Deutschland hinsichtlich § 793 Abs. 1 BGB davon auszugehen, dass hier lediglich das Forderungsrecht des Anleihegläubigers gegen das Emissions-SPV auf Rück- sowie Zinszahlung des zur Verfügung gestellten Kapitals verbrieft wird. Allerdings hat sich diese Sprachregelung in der Literatur eingeprägt, vgl. etwa Dittrich/Kölbl-Vogt, Die Bank 2002, S. 180; Sengera, Die Bank 2002, S.242; Hengst, S. 26. In dieser Arbeit wird an diesem Sprachgebrauch ebenso festgehalten.

227 Häufig sind Investoren an die Vorgaben ihrer eigenen internen Investitionsrichtlinien oder ihrer speziellen Investitionsmandate gebunden, die bestimmte Investitionsrisikoklassen ausschließen, Committee on the Global Finance System, S. 2.

228 Die anerkanntesten und somit wichtigsten Ratingagenturen sind: Standard & Poor's (www.standardandpoors.com), Moody's Investors Service (www.moodys.com) und Fitch Ratings (www.fitchratings.com).

229 Vgl. oben Erster Teil § 7 II 4.

230 Gemein gebräuchlich ist die Verwendung von Buchstaben als Bonitätssymbole und die grundsätzliche Unterscheidung in Investment und Sub-Investment Grade. Ein dreifaches A oder triple-A (AAA oder Aaa) bedeutet höchste Bonität, die niedrigste Bewertung, d.h. das höchste Ausfallrisiko oder ein bereits ein eingetretener Ausfall (default) erhält ein D bzw. C. Sub-Investment Grade beginnt ab BB und weniger. Für eine ausführliche Darstellung der unterschiedlichen Symbole und ihrer Bedeutung, s. Deacon, S. 17f.

Anleger und Investoren[231]. Ausschließlichen Charakter haben die Einschätzungen der Ratingagenturen bei der Entscheidungsfindung der Investoren allerdings nicht[232]. Es wäre fahrlässig, wenn Investoren ihr eigenes internes Risikomanagement vernachlässigen oder sogar aufgeben und der Einschätzung der Ratingagenturen den Maßstab der Ausschließlichkeit zu billigen würden. Trotzdem kommt der Bonitätseinstufung durch die Ratingagenturen aus Gesichtspunkten des Anlegerschutzes eine überragende Wichtigkeit zu. Je höher ein Rating, desto höher die Wahrscheinlichkeit, dass mehr Investoren die emittierten Anleihen kaufen werden und desto höher das zu sammelnde Kapitalvolumen zur Refinanzierung des vom SPV an den Originator begebenen Darlehens[233]. Allerdings finden sich schon seit Jahrzehnten auch immer wieder Käufer für risikoreichere dafür aber höherverzinsliche Anleihen als Anlageklasse, so dass Tranchen unterschiedlicher Bonität die Regel sind[234]. Ein ausgewogenes Gleichgewicht der Anleihetranchen unterschiedlicher Bonität vergrößert somit den Kreis der interessierten Investoren und das erzielbare Kapitalvolumen. Gleichzeitig kann somit auch die Höhe des Schuldendienstes des Emittenten gesteuert werden. Je höher der Anteil einer Anleihetranche mit hohem Rating, desto niedriger die Risikoprämie, d.h. die Zinszahlung, die der Emittent an den Anleihegläubiger zu zahlen hat[235].

II. Vorgehensweise und Bewertungskriterien der Ratingagenturen

Die Analyse der Ratingagentur einer Anleihe, die im Zusammenhang einer WBS-Transaktion emittiert wird, ist dem Grunde nach auf die Ausfallwahrscheinlichkeit der jeweiligen Anleihetranche, d.h. der nicht fristgemäßen Bedienung des Schuldendienstes und des Teil- oder Totalverlusts der Anleihe als solcher, fokussiert. Dabei geht die beauftragte Ratingagentur nach einem feingliedrigen und standardisierten Verfahren vor, welches mehrere aufeinander aufbauende Stufen umfasst und zuvor festgelegte Kriterienkataloge abhandelt, die wiederum auf einem weitreichenden Erfahrungsschatz beruhen[236]. In den einzel-

---

231 Deacon, S. 13.

232 Committe on the Global Financial System, S. 22.

233 Bestimmte zu erzielende Rating-Bewertungen können auch Bedingung für die Emission der Anleihe sein mit der Folge, dass im Fall des Nichteintritts der prognostizierten Bewertung die Anleihe überhaupt nicht emittiert wird, so z.B. bei der Tenovis-Transaktion, siehe Tenovis Information Memorandum, S. 1: „It is a condition of the issue of the Notes that they receive these ratings".

234 Deacon, S. 13.

235 Betsch/Groh/Lohmann, S. 30.

236 Eine Auffächerung und umfassende Darstellung der Methodik der Ratingagenturen ist im Rahmen dieser Arbeit nicht möglich. Näheres zur grundsätzlichen Rolle von Ratingagenturen und deren Ratingpraxis in: Achleitner/Everling, S. 1ff.; für die strukturelle Vorgehensweise von FitchRatings bei der Bewertung einer WBS-Struktur siehe, Keane et al, S. 7ff.; siehe für die Vorgehensweise der Ratingagenturen als Beispielsfall die Verbriefung von Pub in England, Dennis, S. 389ff.

nen Verästelungen der Analyse kommt es allerdings zu Unterschieden zwischen den Sichtweisen der jeweiligen Agenturen.

1. Grundsatzbetrachtung und Analyse der Finanzkennzahlen

Zunächst erfolgt eine Grundsatzbetrachtung (Initial Review), ob das jeweilige Unternehmen überhaupt für eine solche Form der Transaktion geeignet ist. Bei dieser vorbereitenden Untersuchung steht die Analyse der Unternehmensstrukturen, des Geschäftsfelds sowie des Industriesektors, in dem die Emittentin (und im Fall einer WBS-Transaktion der Originator, weil das SPV als reine Zweckgesellschaft fungiert) tätig ist, im Vordergrund[237]. Gleichzeitig wird auch das sog. Term Sheet berücksichtigt. Es handelt sich dabei um ein Dokument, das die wesentlichen Bestandteile der Transaktion und Struktur umfasst, von den jeweiligen Rechtsberatern in Zusammenarbeit mit der Investmentbank erstellt wird und die Substanz der Transaktion verkörpert. Hierbei spielt die betroffene Rechtsordnung eine Rolle. Aus dem Vorgesagtem resultiert, dass dabei die Kontrolle der Cash Flows im Generellen und besonders bei Insolvenz des Originators ein Schlüssel zum Erfolg ist. Hierbei ist zu beachten, dass die Anleihe, abhängig von der Struktur der Transaktion sowie den zugrundeliegenden Vermögenswerten und dem Industriesektor, ein höheres Rating als der Originator selbst erzielen kann[238]. Häufig verfügt der jeweilige Kandidat einer WBS-Transaktion bisher noch über kein eigenes Rating, da er selber nicht für den Kapitalmarktzugang geeignet ist und sich diesen erst mittels einer Verbriefungstransaktion, wie sie WBS darstellt, indirekt über ein SPV verschafft.

Sofern die Ratingagentur entscheidet, mit der Analyse und dem Ratingprozess fortzufahren, erfolgt dann in einem zweiten Schritt die Analyse der Finanzkennzahlen des Unternehmens (Analysis of Financial Data), um Rückschlüsse über die erwirtschafteten Cash Flows zu ziehen. Wichtige Elemente sind dabei u.a. die Unternehmenserträge, die Betriebskosten, um festzustellen, welche Cash Flows essenziell für den operativen Geschäftsbetrieb sind und welche lediglich strategisch motiviert sind, das EBITDA oder auch die notwendigen Kapitalaufwendungen. Entscheidend für die Ratingagentur ist die Stabilität des Cash Flows (Long-Term Sustainability), vor allem auch im hypothetischen Insolvenzszenario des Originators. Aus diesem Grund ist es unerlässlich, dass gleichzeitig die zu begutachtende Transaktionsstruktur nach bestimmten Merkmalen untersucht wird, welche die Cash Flows stabilisieren und zu einer Bonitätsverbesserung bei-

---

[237] Zur Auswahl von geeigneten Unternehmen für WBS-Transaktionen, siehe Erster Teil § 10. Bei den dort dargestellten Merkmalen handelt es sich um die wichtigsten ihrer Art, die ein geeignetes Zielunternehmen erfüllen muss und die sämtliche Ratingagenturen bei ihrer Analyse vornehmlich berücksichtigen. In einzelnen Verästelungen mag es je nach angerufener Agentur Unterschiede geben, auf die im Rahmen dieser Arbeit aber nicht eingegangen werden kann.

[238] Pfister, Credit Analysis, S. 374.

tragen können (sog. Credit Enhancement). Hierbei handelt es sich beispielsweise um Verstrebungen in der Transaktionsstruktur, die das grundsätzliche Risiko einer Insolvenz niedrig halten oder sogar ganz vermeiden helfen, die den Wert der zugrundeliegenden Vermögenswerte bewahren, die externe Finanzierungshilfen in Fällen der Liquiditätsschwächen einbinden und welche die Möglichkeit der Fortführung des operativen Geschäfts (durch einen Dritten) bei anhaltender Krise oder Insolvenz zulassen[239]. Eine überaus prominente Rolle spielen dabei die meist kongruent ausgestalteten vertraglichen Nebenbestimmungen sowohl des Darlehensvertrages als auch der Anleihebedingungen. Diese gewähren zum einen Informationsfluss über die finanzielle Lage. Sind aber andererseits auch dazu bestimmt, den Originator zu disziplinieren[240].

2. Cash Flow Analyse und Berechnung des Transaktionsvolumens

Der nächste Analyseschritt durch eine Ratingagentur besteht in der Bewertung der Cash Flows und damit einhergehend in der Berechnung des möglichen Volumens der Anleihe und somit der Transaktion selbst. Die Größe der Emission spielt bei einer WBS-Transaktion eine vorrangige Rolle, denn nur bei einem angemessenen Volumen, d.h. Höhe der aufzunehmenden Verbindlichkeiten und des kommensurablen Schuldendienstes, der dem Originator nicht sämtlichen operativen Handlungsspielraum nimmt, ist eine entsprechend hohe Bonitätsbewertung zu erzielen. Diese Größenberechnung korrespondiert, wie die Bonitätsbewertung selbst, ebenfalls mit dem Cash Flow des Originators. Entscheidende Kennzahl ist das EBITDA des Originators[241]. Allerdings kann die Emissionsgröße nicht einfach als ein Vielfaches des EBITDA berechnet werden[242]. Es bedarf vielmehr einer komplexeren Betrachtung, die üblicherweise u.a. Analysen des Cash Flow, der zugrundeliegenden Vermögenswerte als auch des Eigenkapitalanteils an der Kapitalstruktur des Originators umfasst[243].

Bei der Cash Flow Analyse werden anhand von mathematischen Modellen die unterschiedlichsten Szenarien durchgespielt. Es werden u.a. Risiken wirtschaftlicher Änderungen der Rahmenbedingungen oder Auswirkungen technischer Veränderungen von Erheblichkeit für den Industriesektor des Originators berück-

---

239 Pfister, Credit Analysis, S. 374.

240 Siehe hierzu näher, oben Erster Teil § 7 III 1.

241 Deacon, S. 181. Je nach Methode der jeweiligen Ratingagentur wird dieser Wert aber noch verändert. So bereinigt beispielsweise FitchRatings das EBITDA um einmalige Einkünfte und Kosten und ergänzt es mit wiederkehrenden Ausgaben im Zusammenhang des Sicherheitenpakets, Keane et al, S. 7.

242 Es handelt sich um eine verbreitete fehlerhafte Konzeption, wenn bei der Volumenberechnung einer WBS-Transaktion lediglich ein EBITDA-Vielfaches, das einem bestimmten Industriesektor zugeschrieben wird, auf den Originator übertragen wird, Ramgarhia/ Muminoglu/Pankratov, S. 338.

243 Ramgarhia/Muminoglu/Pankratov, S. 339.

sichtigt[244]. Grundsätzlich werden solche Tests als sog. Margin Squeeze Stress oder sog. Recessionary Stress kategorisiert. Im ersten Fall wird das EBITDA durch bestimmte oder auch alle Ertrags- und Kostenelemente belastet (z.B. sich verändernde Personalkosten). Beim zweiten Stresstest werden die Auswirkungen von plötzlich eintretenden Marktschwächen auf das EBITDA untersucht[245]. Bei der Analyse der zugrundeliegenden Vermögenswerte kommt es auf den Realisierungswert im Krisen- oder Insolvenzfall an, so dass sowohl einer objektiven Bewertung als auch einer Zweitmarktfähigkeit der Vermögenswerte große Bedeutung zukommt[246]. Dieses letzte Merkmal ist ein Indikator für den Anreiz des hinter der Transaktionsstruktur stehenden Finanzinvestors, den Originator auch in Krisenzeiten profitabel und operabel zu halten. Da WBS häufig als Refinanzierungsmaßnahme unmittelbar nach einer Akquisition durchgeführt wird, kann der Kaufpreis abzüglich des Eigenkapitalanteils als Anhaltspunkt und als eine Obergrenze (Cap) des WBS-Transaktionsvolumens bzw. der Verbindlichkeiten, die dem Originator als Portfoliogesellschaft eines Private Equity Fonds aufgebürdet werden können, dienen[247].

3. Weitere Schritte bis zum Abschluss des Ratings

Als Zwischenschritt der Ratinganalyse erfolgt sodann eine vorläufige Einschätzung mit Hinweisen auf das Volumen, Laufzeit und Rating für die geplante Transaktion durch einen besonderen Ausschuss, dem sog. Credit Assessement Committee. Bevor es zu einer endgültigen Bonitätseinstufung kommt, prüft die Ratingagentur sämtliche verbindlichen Dokumente, die zuvor von den Arrangeuren der Transaktion beauftragten Rechtsanwälten und Steuerberatern erstellt wurden. Hierzu gehören insbesondere der Darlehensvertrag (Loan Facility Agreement), die dazugehörigen Sicherungsverträge (Security Agreements), der Treuhändervertrag (Trust Agreement), die Anleihebedingungen, das Informationsmemorandum bei einer Privatplatzierung der Anleihen oder der Verkaufsprospekt bei einer öffentlichen Platzierung sowie besondere Rechts- und Steuergutachten (Legal and Tax Opinions). Eine besondere Prüfung dieser Rechtsgutachten erfolgt zeitnah vor Erteilung der endgültigen Bonitätsnote seitens des Final Committees durch zusätzliche unabhängige Rechts- und Steuerberater. Dieser Prozessabschnitt zeichnet sich durch einen besonderen Durchdringungsgrad und hohe Prüfungsintensität aus. Allerdings endet die Arbeit der Ratingagenturen nicht mit dieser abschließenden Bewertung, sondern sie sind darüber hinaus

244 Keane et al, S. 2.
245 Ramgarhia/Muminoglu/Pankratov, S. 338 und 339.
246 Keane et al, S. 3. Bei den englischen Transaktionen in den Bereichen Gaststätten/Pubs und Altersheime wurde auf diese Analyse besonderer Wert gelegt, da sich die zugrundeliegenden Vermögenswerte vornehmlich aus einem Immobilienportfolio zusammensetzten, Ramgarhia/Muminoglu/Pankratov, S. 339 und 340.
247 Ramgarhia/Muminoglu/Pankratov, S. 340.

im weiteren Verlauf als Überwachungsinstanz tätig und werden in den meisten Fällen zur dauerhaften Beobachtung eingesetzt.

§ 9 Abgrenzungen zu Repackaged Anleihen

WBS ist mit seinem Grundbaustein Secured Loan-Struktur nicht nur von herkömmlichen Verbriefungstechniken wie ABS abzugrenzen, bei denen zunächst nur ein einzelner Cash Flow bereits bekannter, speziell ausgesuchter Forderungen mittels eines bilanzentlastenden True Sale Verkaufs an ein vom Forderungsinhaber vollkommen unabhängigen SPV übertragen wird. Das Augenmerk ist zusätzlich auf die Vielzahl der Anleihekonstruktionen zu richten, die vornehmlich oder sogar ausschließlich mit der Abtretung von Forderungen zugunsten der Anleihegläubiger bzw. deren Treuhänder besichert sind. Bei WBS werden zwar idealerweise sämtliche Vermögenswerte in Form aller künftigen Cash Flows eines Unternehmens verbrieft, jedoch kann der Fall eintreten, dass die Struktur und somit die Besicherung im hohen Maße von Forderungen abhängen, die sich aus Cash Flow-generierenden Vertragsverhältnissen anstelle von Vermögenswerten ergeben, welche sodann zusätzlich als Besicherung der Anleihen herangezogen werden. Dementsprechend sind diese insbesondere von einer Anleihe in der Erscheinungsform der Repackaged Anleihen abzugrenzen.

Dieser Anleiheform liegt eine WBS-ähnliche Konstellation zu Grunde: Eine Tochtergesellschaft begibt zugunsten ihrer übergeordneten Mutter ein Darlehen, welches wiederum aus dem Erlös einer gesonderten Anleihebegebung am Kapitalmarkt refinanziert wird. Die Haupteckpunkte des Darlehens wie Darlehensbetrag, Fälligkeit, Zinssatz, etc. sind mit den Bedingungen der Anleihe konform[248]. Ein fundamentaler Unterschied zeigt sich aber bei der Form der Besicherung der Anleihen. Bei der Repackaged Anleihe wird zur Besicherung der Anleihe sämtliche Rechte aus dem Darlehensverhältnis zwischen Tochter- und Muttergesellschaft, einschließlich der Ansprüche auf Darlehensrückzahlung oder Zinszahlungen, auf den Anleihetreuhänder mittels Abtretungsvertrag übertragen[249]. Bei WBS hingegen werden die Vermögenswerte, die das Darlehen besichern, gleichzeitig zur Besicherung der Anleihe verwendet, in dem sie auf den Anleihetreuhänder übertragen werden. Im Insolvenzfall könnte dieser zugunsten der Anleihegläubiger somit zur unmittelbaren Verwertung solcher Vermögenswerte schreiten. Bei einer Repackaged Anleihe hingegen wäre ein Erlös zugunsten der Anleihegläubiger risikobehaftet und möglicherweise nicht werthaltig, da es sich bei den Sicherheiten in der Regel lediglich um schuldrechtliche Ansprüche gegen die Muttergesellschaft handelt.

---

[248] Siebel, S. 496; Siehe praktische Beispiele bei Hartwig-Jacob, FN 491 und 493, S. 452 und 453.

[249] Hartwig-Jacob, S. 454.

§ 10 Geeignete Industriebranchen und Unternehmen für WBS

Unabhängig davon, ob eine WBS-Transaktion in England oder Deutschland durchgeführt wird, hat sich herausgestellt, dass Vorhersehbarkeit und Stabilität der verschiedenen Cash Flows des operativen Geschäftsbetriebs des Originators vorrangig und von entscheidender Wichtigkeit bei der Strukturierung einer WBS-Transaktion sind. Aufgrund dieser Prämisse wird deutlich, dass viele Unternehmen von vornherein für eine WBS-Struktur ungeeignet sind. Die Fokussierung auf die Kennzahl Cash Flow stellt aber keine absolute Neuerung im modernen Transaktionsgeschäft dar, sondern findet ihre Entsprechung in der Entwicklung des Leveraged Buy Out (LBO) Marktes in den 1980ern und 1990er Jahren[250]. Unter einem LBO versteht man den Erwerb eines Unternehmens (-teils) mit einer Kaufpreisgestaltung, die durch einen überproportionalen Fremdkapitalanteil gekennzeichnet ist und bei der Forderungen der Fremdkapitalgeber nur zu einem Teil durch Aktiva der Zielgesellschaft gesichert werden. Die Fremdkapitalbedienung erfolgt durch den Zugriff auf den Gewinn, den Cash Flow und das Gesellschaftsvermögen. Hierbei erzeugt gerade der hohe Anteil von unbesichertem Fremdkapital bei der Finanzierung eine Hebelwirkung, die, sofern der interne Zinssatz des Investments höher ist als der Fremdkapitalzins, die Eigenkapitalrendite potenziell erhöht[251]. In der Praxis wird der interne Zinssatz regelmäßig mit 20 bis 30% prognostiziert. Der Fremdkapitalzins ist dementsprechend wesentlich niedriger. Der Cash Flow ist folgerichtig die entscheidende Bezugsgröße für die Finanzierung eines LBOs, da mit dessen Hilfe das zur Akquisition notwendig aufgenommene Fremdkapital bedient und zurückgeführt wird. Es verwundert somit nicht, dass nicht nur für WBS-, sondern auch LBO-Transaktionen eine geeignete Zielgesellschaft über einen stabilen und voraussehbaren Cash Flow als oberstes Kriterium verfügen muss. Dementsprechend ist ein Kriterienkatalog entwickelt worden, an dem sich ein geeignetes Zielunternehmen messen lassen muss, damit eine profunde Aussage über den zu erwartende Cash Flow und die sich daraus ableitbare Größenordnung des Schuldendienstes gemacht werden kann. Zu den wesentlichen in diesem Zusammenhang herangezogenen Parametern gehören Konjunkturabhängigkeit, Branchensituation, Marktposition und Prognostizierung der Geschäftsentwicklung inklusive der Zahlungsströme des Zielunternehmens[252].

Die Kriterien, die ein erfolgreicher Kandidat für eine WBS-Transaktion erfüllen muss, basieren auf ähnlichen Grundüberlegungen, gehen jedoch noch über diese hinaus. Hintergrund ist, dass WBS vornehmlich als Refinanzierungsmaßnahme der Akquisitionsfinanzierung und nicht als reines Finanzierungswerkzeug der Erstakquisition selbst betrachtet und eingesetzt wird[253]. Allerdings ist auch dar-

---

250 Kessel, S. 2.

251 Siehe auch Dritter Teil § 22.

252 Vgl. Kessel, S. 32 bis 36.

253 Vornehmlich die Anwendung von WBS in dem Industriesegment Gaststätten/Pubs in England spiegelt dies wider. So wurden bei den Transaktionen Alehouse (Equity Sponsor:

auf zu achten, dass der Katalog nicht zu weit gefasst wird. Die hierdurch erfolgte Reduzierung der in Frage kommenden Gruppe an Zielunternehmen würde im Ergebnis die Anwendung von WBS derart eingeschränkt, dass sie keinerlei praktische Bedeutung mehr hätte oder sogar vollständig ausgeschlossen wäre[254].

I. Merkmalekatalog eines WBS Kandidaten

Wiederum markt- und rechtsordnungsübergreifend gilt das Folgende für den Merkmalekatalog eines WBS Kandidaten: Erstes Indiz für die Stabilität und Vorhersehbarkeit des Cash Flows eines Unternehmens ist die Zugehörigkeit zu einem Industriesektor, der Immunität gegenüber Marktschwankungen aufweist[255]. Speziell in Zeiten des wirtschaftlichen Abschwungs reduziert sich somit die Gefahr, dass der Originator den Zahlungsverpflichtungen aus dem Darlehen bzw. der Anleihe nicht mehr nachkommen kann. Eine solche Stellung erreichen Unternehmen, die in einem Bereich tätig sind, in den ein Eindringen eines Wettbewerbers nur sehr schwer gelingt, d.h. eine geminderte oder gar keine Wettbewerbssituation vorherrscht[256]. In diesem Zusammenhang lassen sich mehrere Kategorien identifizieren: Zum einen kann eine solche Situation vorliegen, wenn der Kandidat eine beherrschende Marktstellung innehat, die schon oligopol- oder monopolähnlichen Charakter aufweist, so dass der Markteintritt eines weiteren Konkurrenten nur unter größten Anstrengungen und mit hohem Risiko möglich wäre[257]. Gleichfalls bieten sich Unternehmen an, die in einem stark regulierten Bereich der Versorgung und/oder Infrastruktur tätig sind[258]. Zu nennen wären beispielsweise der Betrieb von Krankenhäusern oder Seniorenheimen auf dem Gesundheitssektor oder die energiewirtschaftliche Versorgung mit Wasser, Strom oder Gas[259]. Schließlich handelt es sich um Unternehmen, die aufgrund

---

Alchemy Partners), Avebury (Cabot Square Capital), Punch Taverns (Texas Pacific, Colony Capital), Punch Funding (Texas Pacific and Management) und Unique Pub (Nomura) die LBO und/oder MBO Akquisitionsfinanzierungen refinanziert. Gleiches gilt für „die" Referenztransaktion in England auf dem Gebiet von WBS, der Welcome Break Transaktion (Investcorp), bei der das operative Tankstellen- und Raststättengeschäft verbrieft wurde, vgl. Erster Teil § 5.

254 Diese Kriterien finden Einzug in die Gesamtanalyse der Ratingagenturen, welche die WBS-Struktur begutachten und analysieren, um dann die zu emittierenden Anleihen nach ihren jeweils geltenden Richtlinien zu bewerten. Bei den hier dargestellten Merkmalen handelt es sich um die wichtigsten ihrer Art, die sämtliche Ratingagenturen berücksichtigen. In einzelnen Verästelungen mag es, je nach Agentur, Unterschiede geben, auf die im Rahmen dieser Arbeit aber nicht eingegangen werden kann.

255 Deacon, S. 174; Ramgarhia/Muminoglu/Pankratov, S. 336; Keane et al, S. 2; Ganguin/ Koranteng/Wilkins/ Archer, S. 363.

256 Deacon, S. 174; Ramgarhia/Muminoglu/Pankratov, S. 336; Keane et al, S. 2.

257 Ramgarhia/ Muminoglu/ Pankratov, S. 336.

258 Keane et al, S. 2.

259 In England wurde ein großer Teil der WBS-Transaktionen auf dem Gebiet der Wasserversorgung (Dwr Cymru, Anglian, Southern) und des Gesundheitswesen (GHG, UK Hospitals, Craegmoor Funding, Priory Finance) durchgeführt. Eine Beschreibung der sog. Dwr

strenger regulatorischer und/oder geographischer Rahmenbedingungen keiner Konkurrenz ausgesetzt sind bzw. keine Ersetzung fürchten müssen[260].

Weiteres Indiz für die Stabilität der Erträge ist, dass das Unternehmen bereits in der Vergangenheit stabile Cash Flows aufzuweisen hat. Ein entsprechender Zeitraum umfasst mindestens drei, besser jedoch zehn oder gar fünfzehn Jahre. Zu beachten ist allerdings, dass WBS-Transaktionen sich häufig an Unternehmenskauf- und Unternehmensverkaufsaktivitäten anschließen, insbesondere nach dem Kauf eines Unternehmens durch einen Finanzinvestor[261] und so die historischen Werte von der aktuellen Ertragslage abweichen können. Aussagen über erhöhte zukünftige Cash Flows werden deshalb nur dann getroffen, wenn sich solche Verbesserungen auch nachweisen lassen[262]. Denkbar wäre auch der Fall, in dem ein Unternehmen konstante Erträge ausweist, es aber trotzdem nur ungenügend stabile Mittel freisetzen kann, um den Zahlungsverpflichtungen, die sich aus der WBS-Struktur ergeben, ausreichend nachzukommen. Der Grund ist hierfür häufig eine zu starke Kapitalbindung, z.B. in einem unstrukturierten oder nachlässigen und somit Schwankungen unterworfenem Investitionsaufwandprofil (Capex Profile) oder zu niedrigem Betriebskapital. Bei der Auswahl des Zielunternehmens ist somit auf eine stabile und vorhersehbare Finanzplanung des Unternehmens (sog. Cash Management) zu achten, die es erlaubt, ausreichend Kapital freizusetzen[263]. Prognosen über zukünftige Erträge müssen möglich sein. Aufgrund der bis zu 30jährigen Laufzeit einer WBS Anleihe ist dies in aller Regel mit Schwierigkeiten behaftet, so dass die einzelnen Ratingagenturen den Cash Flow des Unternehmens, wie zuvor dargestellt, anhand von Stressszenarien unterschiedlichster Art analysieren, damit eine Einschätzung über dessen zukünftige Entwicklung möglich ist. Da die Ratingagenturen Aussagen über einen solch langen Zeitrahmen formulieren, muss der geeignete Kandidat auch eine dementsprechend langfristige Unternehmensstrategie aufweisen. Sie sollte kein hohes Risiko implizieren und die Kapitalstruktur nicht übermäßig belasten, so dass kapitalintensive Aktivitäten wie die Diversifizierung des operativen Geschäfts, substanzielle Akquisitionen oder ausgeweitete Forschungs- und Entwicklungsak-

---

Cymru Transaktion aus dem Jahre 2001, welche die Wasserversorgungsbranche in Wales betraf, findet sich bei Deacon, S. 176 - 178.

260 Keane et al, S. 2. Zu beachten ist allerdings, dass das Kriterium der Reglementierung nicht unbedingt nachhaltig sein muss. Insbesondere dann nicht, wenn im Wege der Privatisierung der Staat den Wettbewerb öffnet, so dass die Marktstellung des einzelnen Unternehmens letztlich von der Entscheidung des Endverbrauchers abhängt, Ramgarhia/ Muminoglu /Pankratov, S. 336.

261 Dies war der Fall beim Kauf von Tenovis durch KKR in Deutschland, siehe hierzu im Detail Zweiter Teil
§ 14 II.

262 Keane et al, S. 2.

263 Ramgarhia/Muminoglu/Pankratov, S. 336. Siehe zu Einzelheiten über die Bedeutung, Ausgestaltung und Optimierung des Cash Managements, Hill/Sartoris, S. 1ff; Chorafas, S. 163ff.

tivitäten ausgeschlossen sein müssen[264]. Gleichzeitig sollte das Unternehmen nicht auf regelmäßige Kapitalzufuhr angewiesen sein, denn für einen solchen Fall machen die komplizierte Gläubigervereinbarung und Transaktionsstruktur für jeweils neu hinzutretende Darlehensgeber keinen Sinn. Das Unternehmen müsste zusätzliche Finanzierungsquellen mit Dritten finden und weitere Vereinbarungen eingehen, die unberührt von den bereits abgeschlossenen Gläubigervereinbarung bleiben, denn die Altgläubiger (wohl ausschließlich Anleihegläubiger) hätten kaum ein Interesse daran, ihre Positionen zu verändern oder sogar aufzugeben[265].

In Anbetracht der Wichtigkeit des Cash Flow-generierenden operativen Geschäfts für eine WBS-Transaktion sollten auch die Managementstrukturen Stabilität und Konstanz aufweisen. Es darf allerdings nicht so weit gehen, dass das Zielunternehmen von ihren verantwortlich Handelnden vollkommen abhängig ist, wodurch sich das Risiko eines Verlustes des Managements nachteilig auf den Cash Flow auswirkt. Kurzum, das Unternehmen muss über ein gutes, aber nicht unersetzbares Management verfügen[266]. Schließlich kommt es bei dem Zielunternehmen darauf an, ob es isolierbare Vermögenswerte aufweist, im Zweifellsfall kann es sich auch um das gesamte operative Geschäft handeln – die ausreichende Verwertungswerte im Krisen- oder Insolvenzfall des Unternehmens besitzen. Bei solchen zweitmarktfähigen Gütern handelt es sich insbesondere um Immobilien oder für das operative Geschäft sonstige wichtige Vermögenswerte[267].

II. Zusammenfassung

Aus einer generischen Betrachtungsperspektive von unabdingbaren WBS-Strukturelementen, sollte optimalerweise ein geeignetes Zielunternehmen folgende Merkmale kumulativ auf sich vereinigen:

(i) Stabilität und Vorhersehbarkeit der Cash Flows,
(ii) Zugehörigkeit zu nicht marktvolatiler Branche oder Industriesektor,
(iii) Feste Betriebshistorie,
(iv) Stabilität und Vorhersehbarkeit des Cash Managements und der Finanzplanung,

---

264 Aus diesem Grund haben sich Strukturen herausgebildet, bei denen bestimmte, für den operativen Geschäftsbetrieb wichtige Vermögenswerte abgetrennt und isoliert wurden (sog. Ring-fencing the Asstes). Für die übrigen Bereiche konnten somit risikoreichere Unternehmensstrategien verfolgt werden, Keane et al, S. 3.

265 Besonders Unternehmen aus dem Technologiesektor gehören hierzu, da diese dem Risiko der sich verändernden Technik unterliegen und so hohem Kapitalaufwand bedürfen, um ihre Wettbewerbsfähigkeit zu erhalten; Ganguin/Koranteng/Wilkins/Archer, S. 364.

266 Keane et al, S. 3. Ganguin/ Koranteng/Wilkins/Archer, S. 364 und 365.

267 Keane et al, S. 3; Ramgarhia/Muminoglu/Pankratov, S. 337.

(v) Immunität gegenüber regelmäßiger Kapitalzufuhr,
(vi) Ersetzbarkeit des Management und
(vii) Besitz isolierbare und zweitmarktfähige Vermögenswerte.

§ 11 Zwischenergebnis

WBS erweist sich nicht nur in England, sondern darüber hinaus auch in anderen Rechtsordnungen und Märkten als innovatives Produkt der modernen Finanztheorie des sich stets weiterentwickelnden Kapitalmarkts auf der Suche nach neuen Finanzierungs- und Refinanzierungsmaßnahmen. Mit seiner Grundstruktur eines besicherten Darlehens vereinigt diese Finanzinnovation, die auf den spezifisch englischen Rechtsinstituten Floating Charge und Administrative Receivership fußt, unterschiedliche Komponenten aus dem Bereich der Unternehmensfremdkapitalfinanzierung, insbesondere der bankrechtlichen Besicherungskreditpraxis, der Emission von Unternehmensanleihen und der ABS-Verbriefungen. Aufgrund des hybriden Charakters der einzelnen Bausteine, Elemente und Bestandteile erscheint eine vereinfachte Klassifizierung per se in die Gruppe herkömmlicher Finanzierungsmaßnahmen nicht geboten. Vorzugsweise sollte WBS als eine Art sui generis betrachtet werden. Es handelt sich um ein hochkomplexes, einzelfallbezogenes Instrument, welches vornehmlich bei der Refinanzierung von Unternehmenskäufen in Form eines LBO eingesetzt wird, auch wenn es manchmal in Großbritannien zur Refinanzierung in einem nicht transaktionsgetriebenen Kontext verwandt worden ist. Gleichwohl einzelfallbezogen finden sich jedoch einige isolierbare generische Strukturelemente. Wesentliches Merkmal bei der Strukturierung stellt die Austarierung der unterschiedlichen Interessen der Beteiligten dar: das Renditeinteresse des initiierenden Finanzinvestors, das Interesse an einer weiten operativen Freiheit der Geschäftsführung des Originators zur Cash Flow Generierung sowie das Schutzinteresse der Anleihegläubiger. Im Ergebnis gilt es, ein durch Ratingagenturen positiv bewertetes, kapitalmarkt- und wettbewerbsfähiges Produkt zu schaffen.

ZWEITER TEIL: WBS IN DEUTSCHLAND

§ 12 Einführung

Es stellt sich die grundlegende Frage, inwiefern das Konzept von WBS in Deutschland und dem dort gültigen Rechtsrahmen umsetzbar ist. Offensichtlich gibt es bei der Umsetzung von Frühwarn- und Früherkenntnismaßnahmen wie Covenants deutliche Entsprechungen mit der englischen Rechtspraxis. Die bisherigen Erfahrungen mit diesem Refinanzierungskonzept insgesamt haben aber noch nicht abschließend unter Beweis gestellt, ob WBS als eine in Deutschland gangbare Verbriefungstechnik zu realisieren ist. Vielmehr ist der Markt von starker Zurückhaltung geprägt. Lediglich zwei Transaktionen, basierend auf dem englischen WBS Konzept, sind bis zum heutigen Zeitpunkt in Deutschland durchgeführt worden. Die Ursache ist sicherlich nicht in erster Linie die grundsätzliche Innovations- oder gar Risikoaversion der Marktteilnehmer. Vielmehr ist von einer Unsicherheit bei der Übertragbarkeit und gegebenenfalls notwendigen Abänderung und Anpassung des englischen WBS Konzepts aufgrund bestehender deutscher Rechtsnormen auszugehen. Hier geht es um subtile dogmatische Einschätzungen und akkurate Verbesserungsvorschläge. Aus diesem Grund bedarf es einer näheren Untersuchung der rechtlichen Rahmenbedingungen, um festzustellen, ob das Konzept von WBS für den deutschen Markt überhaupt eine gangbare Option und letztlich ein kapitalmarktfähiges Produkt mit ausreichender Marktakzeptanz werden kann.

Im Ergebnis läuft die Diskussion in Deutschland – ähnlich wie in England – auf die Frage hinaus, mit welcher Rechtssicherheit die Investoren bzw. die Anleihegläubiger, ihre Renditeerwartungen realisieren und vor Verlust ihrer Investition, insbesondere im Insolvenzfall des Originators, geschützt werden können. Aus diesem Grund beschreibt dieser Abschnitt zunächst die in dieser Hinsicht bestehenden zum Teil erheblichen Unterschiede zwischen englischem und deutschem Recht. Anschließend werden kurz die zwei einzigen WBS Referenztransaktionen vorgestellt, um dann zur dezidierten Untersuchung des Spannungsverhältnisses zu kommen, in dem sich das Konzept WBS aufgrund bestimmter bisher ungelöster dogmatischer Fragen der rechtlicher Einbettung in Deutschland befindet.

Im Folgenden wird die Analyse systematisch in drei wichtige Abschnitte des Zyklus der Strukturierung einer WBS-Transaktion unterteilt: 1. Strukturelle Vorüberlegungen, 2. Krise und 3. Insolvenz. Auch wenn diese Abschnitte zeitlich aufeinanderfolgen, sind sie bei der Strukturierung einer solchen Transaktion von Anfang mit zu berücksichtigen, um so die sich daraus ergebenden Risiken zu identifizieren, zu benennen, einzuschätzen und gegebenenfalls anhand von Strukturverstrebungen abzufedern oder gar zu überwinden. Der Schwerpunkt liegt dabei auf dem deutschen Insolvenzrecht, da die Insolvenzfestigkeit des zugunsten der Anleihegläubiger bestellten Sicherheitenpakets von überragender Bedeutung für den Erfolg einer jeden WBS-Transaktion ist. Investoren würden die ausgegebenen Schuldverschreibungen nicht zeichnen und Ratingagenturen würden diese nicht attraktiv genug bewerten, solange der Anleihegläubiger nicht hypothetisch in der Krise oder sogar während der Insolvenz ausreichend stark abgesichert erscheint. Zusätzlich werden aber auch andere wichtige Aspekte untersucht, die im Zusammenhang einer erfolgreichen WBS-Transaktion in Deutschland von Bedeutung sind. So gilt es u.a. Fragen präzise aufzufächern, die bei der Anwendung der Secured Loan-Struktur als konzeptionellen Baustein zur Besicherung sowohl des Darlehens als auch der Anleihe und die im Zusammenhang mit der Begebung der das Darlehen refinanzierenden Anleihe auftreten.

§ 13 Grundsätzliche Abgrenzung zum englischen Recht

Der Erfolg von WBS in Großbritannien basiert in erster Linie auf der Innovationsfreude Londoner Kapitalmarktteilnehmer und, aus juristischer Sicht, auf dem dort gültigen Rechtsrahmen. Im deutschen Recht sind jedoch die einschlägigen englischen Rechtsfiguren, wie Floating Charge und des Administrative Receivers, nicht bekannt und finden auch keine konzeptionelle Entsprechung. Nach gängiger Rechtsprechungspraxis ist es zwar auch in Deutschland grundsätzlich möglich, Vermögenswerte zur Besicherung zu nutzen, die einem Unternehmen erst zukünftig zur Verfügung stehen[268]. Es schadet somit nicht, wenn zum Zeitpunkt einer Sicherungsabtretung einer Forderung weder das zugrundeliegende Rechtsverhältnis bzw. die Rechtsgrundlage besteht[269], noch der Schuldner sich dessen gewiss ist[270]. Allerdings setzt die deutsche Judikative mit dem Bestimmtheitsgrundsatz gleichzeitig insofern Grenzen, als dass zukünftig abzutretende Forderungen oder zu übertragende Sachen hinreichend bestimmt oder zumindest bestimmbar sein müssen[271]. Der Bundesgerichtshof (BGH) führt hierzu aus, dass infolge der Wahl einfacher äußerer Abgrenzungskriterien für jeden, der die Parteiabreden in dem für die Eigentumsübertragung vereinbarten Zeitpunkt kennt, ohne weiteres ersichtlich sein muss, welche individuell bestimmten Sachen übereignet worden sind[272]. Eine Bestimmbarkeit bzw. Konkretisierung der als Sicherheiten bestellten Vermögenswerte zu einem zukünftigen Zeitpunkt, ähnlich der Crystallisation in England, verstieße somit gegen diesen ehernen Grundsatz. Eine umfängliche Besicherung mittels aller gegenwärtigen und auch zukünftigen nicht näher bestimmbaren Vermögenswerte, wie es in England aufgrund der rechtlichen Rahmenbedingungen bei der Struktur von WBS-Transaktionen praktiziert wird, ist deshalb in Deutschland undenkbar.

Das deutsche Insolvenzrecht zieht darüber hinaus weitere Grenzen für die automatische und unreflektierte Übertragung des englischen WBS-Konzepts. Die au-

---

268 Palandt/*Heinrichs*, § 398 Rn. 11; BGH-Rechtssprechung seit BGH, NJW 53, S. 21.
269 BGH NJW 65, S. 2197.
270 BAG NJW 67, S. 752.
271 Palandt/*Heinrichs*, § 398 Rn. 14 und § 930 Rn. 2.
272 BGH Urteil v. 31.01.1992, WM 1992, S. 398f.

ßergerichtliche Einsetzung eines Verwalters des insolventen Schuldners durch einen oder mehrere Gläubiger zur gleichzeitigen Privilegierung nur dieser Gläubiger auf Kosten aller anderen, welche gegenüber dem gerichtlich bestellten Insolvenzverwalter Vorrang hat, ist nach der deutschen Insolvenzordnung (InsO)[273] nicht möglich. Vielmehr wird bei einem der InsO unterfallenden Unternehmensinsolvenz nach Eröffnung des Insolvenzverfahrens die Kontrolle über das insolvente Unternehmen an einen gerichtlich bestellten Insolvenzverwalter übertragen. Dieser übt sodann die Verwaltungs- und Verfügungsrechte des insolventen Schuldners über dessen zur Insolvenzmasse gehörenden Vermögen aus[274]. Der Insolvenzverwalter handelt nach der vorherrschenden Amtstheorie als Partei kraft Amtes im eigenen Namen mit Wirkung für und gegen die Insolvenzmasse[275]. Persönlich haftbar auf Schadensersatz ist der Insolvenzverwalter bei seiner Tätigkeit gegenüber allen Beteiligten, wenn er die ihm obliegenden Pflichten verletzt, insbesondere den Gleichbehandlungsgrundsatz, wobei er für die Sorgfalt eines ordentlichen und gewissenhaften Insolvenzverwalters einzustehen hat[276]. Weder Schuldner noch Gläubiger haben die Möglichkeit, dieses Verfahren durch die Benennung eines anderen Verwalters zu durchbrechen.

Gleichzeitig ist eine weitgehende Bevorzugung von einzelnen, auf bestimmte Weise gesicherten Gläubigern wie in England nach der InsO dem Grunde nach nicht vorgesehen[277]. Ein solches Vorgehen widerspräche dem Zweck der InsO und verstieße dem ihr inhärenten Gläubigergleichbehandlungsgrundsatz. Danach soll das Insolvenzverfahren dazu dienen, die Gläubiger eines Schuldners gemeinschaftlich zu befriedigen, in dem das Vermögen des Schuldners verwertet und der Erlös verteilt oder in einem Insolvenzplan eine abweichende Regelung, insbesondere zum Erhalt des Unternehmens getroffen wird. In letzter Konsequenz würde der Insolvenzverwalter sich bei der Ungleichbehandlung von Gläubigern sogar persönlich schadenersatzpflichtig machen. Auch wenn es dem In-

---

273 Insolvenzordnung vom 5. Oktober 1994, BGBl. I, S. 2866.

274 § 80 InsO.

275 Seit RGZ 29, 29; BGHZ 24, 393, 396.

276 § 60 InsO.

277 Wobei es aber durchaus beachtenswerte Ausnahmenregelungen gibt:

1. Aussonderungsberechtigte Gläubiger (§§ 47 - 48 InsO) – Bei der Aussonderung macht der Gläubiger die Nichtzugehörigkeit eines Gegenstandes zur Insolvenzmasse aufgrund eines persönlichen oder dinglichen Rechts geltend, z.B. einen Herausgabeanspruch aus Eigentum nach § 985 BGB.
2. Absonderungsberechtigte Gläubiger (§§ 49 - 52 InsO) – Hier macht der Gläubiger geltend, dass ihm ein Recht auf vorzugswürdige Befriedigung an einem zur Masse gehörenden Gegenstand zusteht, z.B. aufgrund eines Pfandrechts, einer Sicherungsübereignung oder -abtretung.

Streng genommen handelt es sich lediglich im letzten Fall um ein Gläubigervorrecht bei einer Insolvenz, da nur hier eine unmittelbare Bevorzugung gegenüber anderen Gläubigern stattfindet, die per Insolvenzquote befriedigt werden. Aussonderungsberechtigte Gläubiger sind keine Insolvenzgläubiger, die nach den Regeln der InsO zu befriedigen sind. Demzufolge werden sie auch nicht bevorzugt gegenüber anderen Insolvenzgläubigergruppen behandelt.

solvenzverwalter grundsätzlich frei steht, zwischen den prinzipiell gleichwertig nebeneinander stehenden Verfahrenszielen Liquidation und Sanierung zu wählen, bleibt die Haftungsverwirklichung nach § 1 S. 1 InsO zugunsten der Gläubiger das primäre Ziel der InsO[278].
In Konsequenz dieser Rechtswirklichkeit in Deutschland würden Investoren einer WBS-Transaktion, also die Erwerber der emittierten Anleihen, prima facie das vollständige Risiko der Insolvenz des Schuldnerunternehmens tragen[279]. Ein Schutz der Investoren, der ihr Risiko bei der Insolvenz des Schuldners begrenzt und sogar zu weiten Teilen ausschließt, wie bei den englischen WBS-Transaktionen aufgrund des Konzepts des außergerichtlichen Administrative Receivers existiert, besteht in Deutschland somit erst einmal nicht.

Aufgrund dieser Situation wird sehr deutlich, dass jegliche direkte und unüberlegte Übertragung von WBS-Strukturen aus Großbritannien nach Deutschland aufgrund der unterschiedlichen rechtlichen Rahmenbedingungen unzulässig und in weiten Teilen ausgeschlossen ist. Vielmehr sind alternative Strukturen und Techniken zu finden oder zu entwickeln, die auf der einen Seite die Vorteile des WBS Konzepts erreichen und ausnutzen – insbesondere das optimale Ausschöpfen der Werthaltigkeit aller Vermögenswerte aller in der Bilanz versteckten Posten durch die Aktivierung und Verbriefung möglichst aller Cash Flows eines Unternehmens –, welche jedoch auf der anderen Seite die deutschen rechtlichen Rahmenbedingungen berücksichtigen.

§ 14 WBS Präzedenzfälle in Deutschland

Bislang sind lediglich zwei Transaktionen aus dem Jahre 2001 bekannt, bei denen die deutsche Rechtsordnung einschlägig war und Anleihen am Grundsatz der Secured Loan-Struktur nach englischem Vorbild genommen worden sind. Gleichwohl gibt es hier und da Stimmen in der Literatur, die auch weitere Transaktionen als WBS-Strukturen qualifizieren. Selbst wenn große Unterschiede in den beiden Transaktionsstrukturen zu erkennen sind, ist beiden Transaktionen gemein, dass aus erst zukünftigen Cash Flow-Strömen des jeweiligen Unternehmens Zins- und Tilgungsleistungen des besicherten Darlehens als auch der Schuldendienst der das Darlehen refinanzierenden Anleiheemission gespeist werden. Zum einen handelt es sich um die Verbriefung von Cash Flows eines Musikverlages, zum anderen um die Mittelzuflüsse eines Unternehmens des Telekommunikationssektors. In der jüngeren Literatur wird auch eine Transaktion aus dem Jahr 2004 – die Refinanzierung der Akquisition des Kabelnetzbetreibers Kabel Deutschland durch ein Konsortium von Private Equity Häusern – als

[278] Picot/Aleth, Rn. 669.
[279] Dittrich/Kölbl-Vogt, Die Bank 2002, S. 181.

WBS-Transaktion identifiziert, doch hält dies einer Überprüfung nicht stand[280].

I. Chrysalis Music Limited

Bei dieser in der Öffentlichkeit kaum bekannten Transaktion (Chrysalis Transaktion)[281] – es handelte sich um eine nur wenigen Investoren zugängliche Privatplatzierung der Anleihe – wurde der Cash Flow von Chrysalis Group Plc. (nachfolgend Chrysalis Gruppe), einem weltweit führenden Musikverlag mit Sitz in England, über einen Zeitraum von 15 Jahren verbrieft[282]. Der Cash Flow generiert sich aus den Aktivitäten der Chrysalis Gruppe in England (über Chrysalis Music Limited) sowie ihrer anderen Tochterunternehmen in den USA, Schweden, Holland und Deutschland, die aus der Vermarktung und Verwaltung eines Katalogs von über 50.000 Musikurheberrechten bestehen[283]. Es handelt sich um die Verbriefung von Cash Flows, die länder- und währungsübergreifend erwirtschaftet werden. Streng genommen handelt es sich somit nicht um eine rein deutsche Transaktion, sondern vielmehr um eine Unternehmung, die in ihren Teilaspekten auf die Besonderheiten der jeweils betroffenen Rechtsordnungen reagieren musste, u.a. die des deutschen Rechts.
Grundsätzlich wurde nach englischem WBS Vorbild die Struktur eines besicherten Darlehens benutzt: An Chrysalis wurde über Chrysalis Music Limited ein Darlehen in Höhe von £ 60 Mio. (ca. € 87 Mio.) von der eigens in den USA gegründeten MUSIC Finance Corporation ausgekehrt. Länderübergreifend wurden die oben beschriebenen Cash Flows in einem Pool gebündelt, so dass das Darlehen durch die Begebung von Anleihen in den USA in Form von kurzläufigen und unbesicherten Schuldverschreibungen (sog. Commercial Papers)[284] refinan-

---

[280] Vgl. Hengst, S. 18 und 86; Zu Einzelheiten siehe Erster Teil § 5 II und insbesondere FN 80.

[281] Üblicherweise werden die Transaktionen nach dem anleiheemittierenden SPV bezeichnet. Hier wird allerdings auf den Namen der operativen Einheit der Chrysalis Gruppe in England zurückgegriffen.

[282] Siehe zu dieser Transaktion den Chrysalis Jahresbericht 2001, S. 10 und 11; sowie die Presseerklärung der Royal Bank of Scotland vom 1. März 2001, abrufbar unter www.rbs.com; sowie Klüwer/Marschall, S. 8.

[283] Hierzu gehören u.a. die Rechte an der Musik von Blondie, Paul Anka, David Bowie, Billy Idol, Outkast oder auch Skunk Anansie. Hinzukommt, dass Chrysalis eigene Texter und Komponisten beschäftigt, die u.a. Musik für international sehr erfolgreiche Künstler wie Christina Aguilera oder Celine Dion schreiben und komponieren.

[284] Die Laufzeit beträgt nur wenige Tagen bis unter zwei Jahren. Sie werden von großen Unternehmen zur flexiblen Deckung ihres kurzfristigen Kreditbedarfs emittiert. Commercial Papers sind Abzinsungspapiere wie der Wechsel, d.h. der Zins wird vom Nominalwert abgezogen. Die Renditen orientieren sich an repräsentativen Geldmarktsätzen im entsprechenden Laufzeitbereich. In den USA werden sie üblicherweise mit einer Laufzeit bis zu 270 Tagen emittiert, die sich durch den sog. „roll-over" Mechanismus automatisch verlängern, um so zum einen den Ausnahmetatbestand nach Rule 3 (a) 3 von der Registrierungspflicht eines Verkaufsprospekts bei der SEC zu erfüllen, die der Securities Act von 1933 ansonsten grundsätzlich für Anleiheemissionen in den USA vorsieht. Zum anderen ist bei

ziert werden konnte[285]. Besichert und unterlegt (backed) ist die Finanzierung mit den gebündelten Cash Flow-generierenden Musikverlagsrechten der jeweiligen Länder[286].

Für den deutschrechtlichen Teil der Transaktion umfasste das Sicherungsgut lediglich mittelbar die Musikverlagsrechte der beteiligten Gesellschaften. Es kann sogar davon gesprochen werden, dass sie sich einem ABS True Sale annähert. Es liegt allerdings kein Forderungsverkauf vor. In Deutschland sind die Cash Flows eines Musikverlages grundsätzlich über einen Dritten, der Gesellschaft für musikalische Aufführungs- und mechanische Vervielfältigungsrechte (GEMA), gebunden. Sie ist die älteste, wirtschaftlich bedeutendste und bekannteste Treuhänderin und Verwertungsgesellschaft in der Rechtsform eines wirtschaftlichen Vereins, der die Nutzungsrechte von Musikschaffenden wie Komponisten, Textdichtern und Musikverlegern verwaltet[287]. Die wesentlichen Tätigkeits- und Einnahmebereiche sind grundsätzlich das Aufführungsrecht nach § 19 Abs. 2 Urheberrechtgesetz (UrhG[288]) und das Senderecht für Hörfunk und Fernsehen gemäß § 20 UrhG. Hierzu gehört auch die Wahrnehmung von Vergütungsansprüchen der Inhaber von Musikverlagsrechten gegen deren Nutzer, sofern sie Mitglied des Vereins sind[289]. Die der GEMA zur kollektiven Verwertung übertragenen Rechte und Ansprüche sind in der Satzung und in den jeweiligen Berechtigungsverträgen mit dem Rechteinhaber festgelegt. Dieser hat wiederum einen selbständigen Herausgabeanspruch der Erlöse gegen die GEMA, welcher mit Zustimmung der GEMA an Dritte abtretbar ist. In Deutschland dienten somit nicht unmittelbar die Musikverlagsrechte als Sicherheit, sondern die Herausgabeansprüche der Inkassoerlöse gegen die GEMA. Es ist somit möglich, diese Ansprüche auf eine vom Rechteinhaber unabhängige Gesellschaft zu übertragen und somit

---

einer Laufzeit von einem Jahr und weniger die Anleihe von den Vorschriften des Tax Equity and Fiscal Responsability Act 1982 (TEFRA) ausgenommen; bei einer Emission ausschließlich in den USA darf die Laufzeit sogar nicht länger als 183 Tage sein; siehe hierzu näher Fabozzi, S. 190ff. und den TEFRA Vorschriften, Deacon, S. 632ff.

285 Die Begebung der Anleihen erfolgte im Wege eines sogenannten Conduit, einem SPV, dass Commercial Paper emittiert, um so eine Serie von Verbriefungen durchzuführen.

286 Diese umfassen, je nach Vereinbarung, sämtliche Nutzungsrechte des Musikstücks, wie beispielsweise öffentliches Abspielen und Aufführen, CD-Produktion oder auch Nutzungen neuer Vertriebsebenen wie Klingeltöne für Mobiltelefone oder Online-Downloads über das Internet. Die Dauer wird ebenfalls vertraglich festgelegt, § 9 VerlagsG. Die Stabilität und Vorhersehbarkeit hängt dabei vornehmlich von der Popularität des jeweiligen Künstlers ab, die nicht zuletzt durch das Marketing des Musikverlages, aber auch durch den Geschmack und dadurch begründete Nachfrage des Publikums bestimmt wird.

287 Näheres, insbesondere die Satzung, unter www.gema.de. Sie ist Verwertungsgesellschaft i.S.v. § 1 Abs. 1 und 4 Urheberrechtswahrnehmungsgesetz vom 9. September 1956 (WahrnG), BGBl. I S. 1294, zuletzt geändert durch Art. 17 Gesetz v. 13. 12. 2001, BGBl. I S. 3678.

288 Urheberrechtgesetz vom 9. September 1965, BGBl. I S. 1273, zuletzt geändert durch das Gesetz vom 10. November 2006, BGBl. I S. 2587.

289 Rehbinder, Rn. 441. Nähere Einzelheiten siehe auch bei Loewenheim/*Melichor*, § 46 Rn. 1ff.

den Cash Flow vom Fortbestehen des Rechteinhabers zu trennen. Die Transaktionsstruktur des deutschrechtlichen Teils sieht vereinfacht wie folgt aus:

Abbildung 4: Chrysalis Germany - Vereinfachte Darstellung

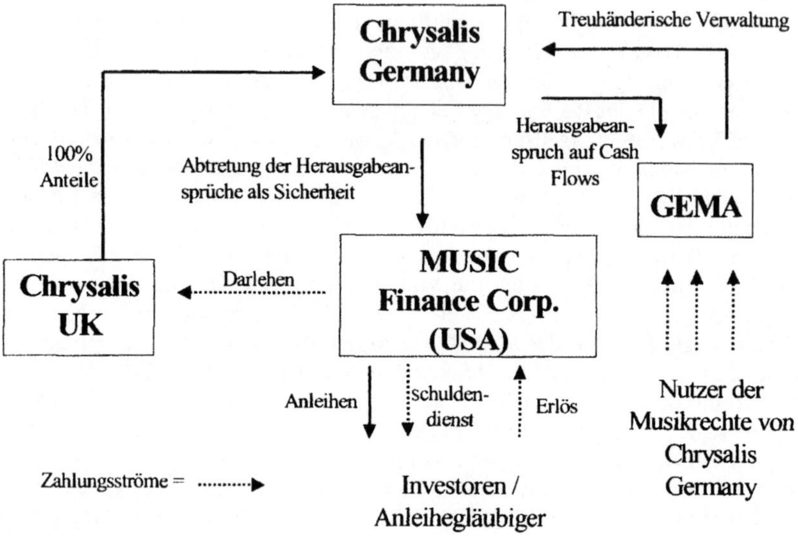

Quelle: Eigene Darstellung

II. Tenovis Finance Limited

Ebenfalls im Jahre 2001 folgte die zweite WBS-Transaktion in Deutschland. Diese wurde in der Öffentlichkeit weit aus stärker wahrgenommen, da eine öffentliche Anleiheplatzierung an der Luxemburger Börse erfolgte. Die Struktur basiert annähernd auf der zuvor beschriebenen englischen WBS-Struktur, wobei allerdings aufgrund der bestehenden unterschiedlichen Rechtsordnungen Veränderungen vorgenommen werden mussten[290]. Die so entwickelte Struktur ermöglicht die Verbriefung des Geschäftsbetriebs der Tenovis GmbH & Co. KG (nachfolgend Tenovis).

---

[290] Vgl. den Emissionsprospekt der Tenovis Finance Limited vom 9. November 2001: Tenovis Information Memorandum, S. 1ff.

Abbildung 5: Tenovis Finance - Vereinfachte Darstellung

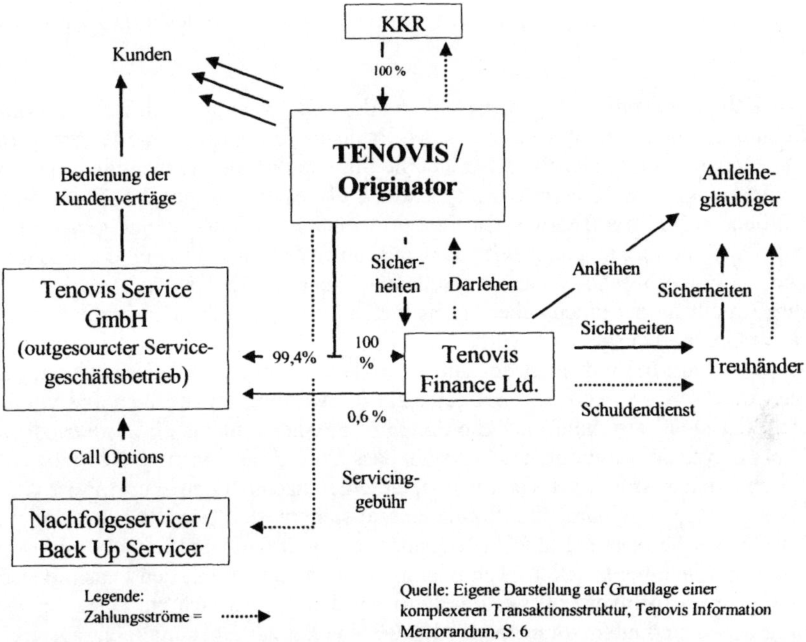

Quelle: Eigene Darstellung auf Grundlage einer komplexeren Transaktionsstruktur, Tenovis Information Memorandum, S. 6

Bei Tenovis handelt es sich um einen führenden Anbieter von maßgeschneiderten Telefonanlagen-Systemen (sog. PABX- Systeme) mit über 100 Jahren Tradition in Deutschland, der im Jahre 2000 von dem US-Finanzinvestor Kohlberg Kravis Roberts & Co. (KKR) übernommen worden war[291]. Diese PABX-Systeme werden an über 200.000 Kunden verleast und durch Tenovis gewartet[292]. Diese Transaktion mit einem Anleihevolumen von € 300 Mio. war nach dem Vorbild englischer WBS-Strukturen als besichertes Darlehen (Secured Loan-Struktur) ausgestaltet, welches mit einer Anleihenemission am Kapitalmarkt refinanziert wurde[293]. Platziert wurde die Emission an der Luxemburger Börse. Der Verwendungszweck des Darlehens an Tenovis als sog. Originator umfasste die Rückführung von bestehenden Verpflichtungen, Gewährung von

---

291 Bis zur Übernahme durch KKR unter Telenorma firmiert.

292 Die Vertragslaufzeiten umfassten zwischen fünf und zehn Jahre. Außerdem enthielten die Verträge Klauseln bezüglich eine vorzeitigen Vertragskündigung, wonach der jeweilige Leasingnehmer bis zu 95% des gegenwärtigen Werts der noch ausstehenden zukünftigen Leasingraten zu zahlen hat.

293 Die Struktur der Tenovis-Transaktion wird auch als eine ABS Transaktion bezeichnet, die sich aufgrund der Art der verbrieften Erträge lediglich einiger Mechanismen des WBS Konzepts bedient; Dittrich/Kölbl-Vogt, Die Bank 2002, S. 182.

Darlehen innerhalb der Tenovis-Unternehmensgruppe sowie die Ablösung von Gesellschafterdarlehen[294]. KKR benutzte somit die gewählte Transaktionsstruktur, um ihre Akquisitionsfinanzierung zu refinanzieren und sich gleichzeitig die Möglichkeit zu einem (Teil)Exit zur Desinvestition ihrer Investition zu verschaffen[295].

Die Zahlungsverpflichtungen sowohl aus dem Darlehen als auch der emittierten Schuldverschreibungen wurden aus den Erträgen der Leasing- und Wartungsverträge gespeist und geleistet. Als Sicherheit dienten jeweils vornehmlich die Forderungen aus eben diesen Verträgen sowie die dazugehörigen PABX-Systeme. Darüber hinaus trat Tenovis alle ihre Ansprüche bezüglich derjenigen Konten, auf denen die Zahlungen aus den Leasing- und Wartungsverträgen eingehen, gegen die kontoführende Bank ab. Außerdem übereignete Tenovis zur Sicherheit ihre Anteile an der unten näher bezeichneten Servicegesellschaft, in die das operative Geschäft ausgelagert wurde[296].
Aufgrund der Individualität der einzelnen Telefonanlagen wurde angenommen, dass die Werthaltigkeit der Sachgüter zur Verwertung im Insolvenzfall voraussichtlich nicht ausreichte, um die Anleihegläubiger hinlänglich zu befriedigen. Die Analyse des Grundgeschäfts ergab, dass alleine das operative Geschäft, also Leasing und Wartung der Telefonanlagen, einen nachhaltigen Wert für die Gläubiger von Tenovis darstellte. Somit musste sichergestellt werden, dass der verbriefte Geschäftsbereich und insbesondere die vertraglichen Service- und Wartungsverpflichtungen seitens Tenovis im Zusammenhang mit den Leasingverträgen auch im Insolvenzfall weitergeführt würden und es nicht zu einer Verwertung der Sicherheiten kommen würde, die ohnehin zur Deckung nicht ausreicht. Um dieses Risiko für die Investoren zu reduzieren, erfolgte zunächst die Ausgliederung des gesamten Geschäftsbetriebs, der die Wartungseinheiten und Serviceeinrichtungen für die PABX-Systeme umfasst, in eine von Tenovis nur rechtlich selbständige Tochtergesellschaft (Tenovis Services GmbH), wobei Tenovis als annähernd 100%ige Anteilsinhaberin vollständige Kontrolle behielt[297]. Gleichzeitig wurde ein Nachfolgeservicer (Back Up Servicer) benannt[298], der

[294] Tenovis Information Memorandum, S. 11 sowie 78: "The Borrower shall apply the amounts disbursed under the Loan for general purposes, including the repayment of certain existing Indebtedness [...], to extend intercomapny loans [...], and to repay shareholder loans."

[295] Kreppel, S. 77. Diese Transaktion wurde in der deutschen Presse im Zusammenhang mit der Geschäftstätigkeit von US-Finanzinvestoren in Deutschland heftig kritisiert, vgl. Klawitter Spiegel-Online Ausgabe vom 14. April 2004.

[296] Zunächst wurden die bezeichneten Forderungen gemäß § 398 BGB sicherungshalber abgetreten, die PABX-Systeme als auch die genannten Anteile wurden nach § 930 BGB zur Sicherung an das anleiheemittierende SPV übereignet und dann an einen zugunsten der Anleihegläubiger handelnder Treuhänder weitergereicht.

[297] Tenovis übernahm 99,4% der GmbH-Anteile, Tenovis Finance hingegen 0,6%.

[298] Hierbei handelte es sich um die deutsche Tochtergesellschaft eines international anerkannten und mit gutem Rating ausgestatteten Outsourcing Unternehmens (Electronic Data Services Corporation).

sich vertraglich verpflichtete, bei Eintritt bestimmter Ereignisse (Trigger Events), wie z.B. dem wiederholten Verstoß gegen Covenants oder im Fall der Insolvenz von Tenovis, sämtliche Service- und Wartungsverpflichtungen nahtlos zu übernehmen[299]. Zur Sicherstellung der ordnungsgemäßen Leistungserbringung gemäß den bestehenden Verträgen wurde dem Nachfolgeservicer ferner in einem eigenständigen Optionsvertrag (Call Option Agreement) ein Vorkaufsrecht (Call Option) an den Geschäftsanteilen der Tenovis Service GmbH zu einem fairen Marktwert eingeräumt. Alternativ, wenn die Übernahme nicht vor Eröffnung des Insolvenzverfahrens über den Originator erfolgt sein sollte, wurde ihm die Möglichkeit eingeräumt, alleiniger Gesellschafter der operativen Tenovis Service GmbH durch Einziehung der Gesellschafteranteile des Originators zu werden. Hierzu wurde dem Emissions-SPV eine Beteiligung von unter 1% gewährt, welche im entsprechenden Fall an den Nachfolgeservicer mit der Auflage verkauft werden sollte, unmittelbar eine Gesellschafterversammlung einzuberufen und die Anteile des Originators gegen Wertausgleich einzuziehen[300]. Das Konstrukt des Nachfolgeservicers wurde von den Arrangeuren der Transaktion als neue Strukturverstrebung gewählt, um so aufgrund der Unterschiede zum englischen Insolvenzrecht auch im deutschen Recht eine gewisse Insolvenzfestigkeit der Struktur zu erzielen[301].

In Anbetracht der starken Position des deutschen Insolvenzverwalters wurde zusätzlich versucht, dessen Handlungsermessen einzuschränken, um so etwaige Verlustrisiken für die Anleihegläubiger zu reduzieren. Der Grundsatz der Gläubigergleichbehandlung bestimmt, dass das Handeln des Insolvenzverwalters im besten Interesse aller Insolvenzgläubiger zu erfolgen und er gleichzeitig dem Grunde nach die wirtschaftlichen Auswirkungen seiner Tätigkeit zu berücksichtigen hat[302]. Sollten sich mehr als eine Handlungsalternative für den Insolvenzverwalter bieten, unterliegen diese seinem Ermessen. Dieser Ermessensspielraum, der bei Verkauf von Sachgütern zum Scheitern der Transaktion geführt hätte, sollte nach dem Willen der Handlungsverantwortlichen von Tenovis da-

---

299 Diese Verpflichtung hatte eine Laufzeit von acht Jahren (entsprechend der erwarteten Laufzeit der Anleihe) und abgesichert durch eine Garantie der Muttergesellschaft.

300 Vgl. Tenovis Information Memorandum, S. 118.

301 Ramgarhia/Muminoglu/Pankratov, S. 334. Ein solcher Nachfolgeservicer findet sich in den englischen WBS-Strukturen aufgrund des gläubigerfreundlichen englischen Insolvenzregimes nicht, sondern ist eine Reaktion der Arrangeure der Tenovis-Transaktion auf die bestehende deutsche Rechtswirklichkeit. Es wird in der englischen Literatur zwar davon gesprochen, dass das Konzept des Nachfolgeservicers , welches bei herkömmlichen Verbriefungen genutzt wird, auch auf WBS übertragen werden kann. Allerdings nur in dem Sinn, dass während des Insolvenzverfahrens ein Administrative Receiver bestellt werden kann, der die Geschäftsführungsaufgaben des Originators wahrnimmt (und somit die bestehende Geschäftsführung ersetzt) und dem gerichtlich bestellten Administrator vorgeht, vgl. Pfister, S. 2 und 3. a.A. Hengst, S. 29, hier findet sich der Nachfolgeservicer deutscher Ausprägung in der Grundstruktur einer angelsächsischen WBS wieder.

302 Vgl. Dittrich/Kölbl-Vogt, Die Bank 2002, S. 182; Kreppel, S. 79 und Ramgarhia/ Muminoglu/Pankratov, S. 334.

hingehend beeinflusst werden, dass der Insolvenzverwalter der Fortführung der Geschäftstätigkeit von Tenovis durch den Nachfolgeservicer nicht widerspricht und eine solche Fortführung der Geschäftstätigkeit der Verwertung und Liquidation vorzieht[303]. Der wirtschaftliche Vorteil für die Gläubiger bei einer Fortführung der Geschäftstätigkeit gegenüber der Liquidation und Verwertung der einzelnen Vermögenswerte sollte im Ergebnis überwiegen. Als zusätzliche Strukturverstrebung bzw. wirtschaftlicher Anreiz wurde darüber hinaus ein zweites Sicherheitenpaket geschnürt, welches ausschließlich aus weiteren PABX-Systemen bestand und dem Insolvenzverwalter zur Verwertung überlassen werden sollte. In Anbetracht des zu erwartenden verhältnismäßig geringen Wiederverkaufswerts der maßgeschneiderten Telefonanlagen wurde die Fortführung der genannten Verträge als auch die Zustimmung zur Vertragsübernahme durch den Nachfolgeservicer seitens des Insolvenzverwalters von Ratingagenturen und Stimmen in der Literatur als sehr wahrscheinlich angesehen[304]. Trotzdem bleibt zu berücksichtigen, dass es in dieser Hinsicht weder eine normierte Vorgabe gab und gibt noch eine grundsätzlich richtungsweisende Gerichtsentscheidung existiert. Folgerichtig besteht das Risiko in der praktischen Wirklichkeit, dass der Insolvenzverwalter selbst in seinem Handeln anders entscheidet oder das zuständige, den Insolvenzverwalter nach § 58 InsO beaufsichtigende Insolvenzgericht eine andere Rechtsposition vertritt und durch einen Verkauf der Telefonanlagen die Struktur der Transaktion zerstört werden wird.

Bis zum heutigen Zeitpunkt hat sich das angesprochene Risiko nicht materialisiert, da es nicht zur Insolvenz von Tenovis gekommen ist.

Nach Spekulationen über einen Börsengang und dem damit einhergehenden vollständigen Exit von KKR im Frühjahr 2004[305] erfolgte im Herbst desselben Jahres der Verkauf an einen strategischen Investor, der Avaya Inc., einem deutlich größeren Konkurrenten aus den USA. Der Käufer zahlte insgesamt US$ 635 Mio., wobei er US$ 370 Mio. in bar zahlte und ca. US$ 265 Mio. Verbindlichkeiten übernahm. Darüber hinaus verbuchte er weitere Verpflichtungen über US$ 90 Mio. nach US-Bilanzierungsregeln als Verbindlichkeiten. Bei der Übernahme von Tenovis von KKR wurde kein Kaufpreis genannt, allerdings „sei man auf verantwortlicher Seite mit dem Erlös sehr zufrieden gewesen und die Rendite entspräche den üblichen Kriterien“[306]. Folgerichtig ist von einer Rendite zwischen 20 und 30% per annum als IRR-Erlös auszugehen.

---

[303] Der Insolvenzverwalter hat grundsätzlich mit Eröffnung des Insolvenzverfahrens nach § 103 InsO ein Wahlrecht, ob er noch nicht vollständig erfüllte gegenseitige Verträge erfüllt oder nicht, siehe Einzelheiten unter Zweiter Teil § 17 II.

[304] Ramgarhia/Muminoglu/Pankratov, S. 334; Dittrich/Kölbl-Vogt, Die Bank 2002, S. 182.

[305] o.V.: FAZ vom 27.05.2004, S. 16.

[306] o.V. vom 6.10.2004, S. 15; sowie o.V.: Tenovis Pressemitteilung. Anfang 2007 wurde Avaya von dem Informationstechnologieunternehmen Ubiquity Software Corporation plc übernommen, nähere Informationen unter www.ubiquitysoftware.com.

§ 15 Notwendige strukturelle Vorüberlegungen einer WBS-Transaktion: Antizipation von Risiken und Schwachstellen

Notwendiger Ausgangspunkt der nun folgenden Überlegungen ist, dass WBS in erster Linie als Konzept zur Refinanzierung einer Unternehmensakquisition durch einen Finanzinvestor anzusehen und erst in zweiter Linie als Exit-Strategie eines Finanzinvestors zu charakterisieren ist. Durch Auktionen in zu hohe Kaufpreiszahlungen getrieben und in Ermangelung geeigneter Exit-Kanäle, besteht großer Handlungsdruck auf Finanzinvestoren, die Haltefristen eines Portfoliounternehmens möglichst zu verkürzen und die eigene Renditeprognose, verkörpert durch einen IRR von ca. 20 bis 30% p.a., zu realisieren. Im Rahmen dieser Arbeit wird angenommen, dass der Erwerber des Unternehmens bereits die erforderlichen post-akquisitorischen Umstrukturierungen durchgeführt hat, um die Rechtsform den Transaktionsgegebenheiten anzupassen[307]. D.h. ein etwaiges zwischengeschaltetes Akquisitionsvehikel ist nicht mehr vorhanden, bzw. dieses und das Zielunternehmen wurden zusammengeführt und der Käufer hält unmittelbar das Zielunternehmen (Originator). Bereits in diesem frühen zeitlichen Zusammenhang, besser noch bereits bei der Akquisition des Zielunternehmens selbst bzw. während der Planung derselben, muss sich der Investor generell Gedanken über die Refinanzierbarkeit machen. Bei WBS im Speziellen bedarf es der Antizipation von Risiken und Schwachstellen der geplanten zugrundeliegenden Transaktionsstruktur, die sich aufgrund der bestehenden Rechtswirklichkeit in Deutschland ergeben. Hierbei gibt es durchaus verallgemeinbare Tendenzen und Vorüberlegungen, obschon im Endeffekt keine WBS-Transaktion wie die andere ist, sondern diese stets maßgeschneidert werden muss. Im Folgenden werden hierzu bestimmte, sich typischerweise in jeder Transaktionsplanung wiederfindende ausgewählte Bausteine und Aspekte angesprochen. Diese sind dem Krisen- und Insolvenzszenario vorgelagert und müssen dementsprechend vom Anfang an zwingend in die Überlegungen von WBS-Arrangeuren miteinfließen.

I. Interessenschutz der Anleihegläubiger

Allgemein ist festzustellen, dass bei WBS, als einer Fortentwicklung und Alternative zum umkämpften Refinanzierungsmarkt durch Finanzintermediäre, anhand der Struktur eines besicherten Darlehens das Kreditrisiko durch die Anleihenemission an andere Teilnehmer des Kapitalmarkts weitergereicht wird. Gleichzeitig wird WBS aber auch durch eine solche Anleiheemission überhaupt erst möglich. Folgerichtig steht grundsätzlich bei der Planung einer WBS-Transaktion die Kapitalmarktfähigkeit der Struktur und der in diesem Zusammenhang emittierten Anleihe im Vordergrund. Maßgeblichen Einfluss hat dabei das Rating, welche – um eine optimale Platzierung am Kapitalmarkt zu ermögli-

[307] Siehe Einzelheiten hierzu bei Diem, § 3 Rn. 3ff., sowie Dritter Teil § 22 IV.

chen – höher als die des Originators selbst sein sollte[308]. Entscheidende Kriterien für die Bewertung sind die Mechanismen zum Schutz der Anlegerinteressen[309]. Im Zentrum der Überlegungen steht ganz besonders die Art und Weise der Besicherung der Anleihegläubiger, insbesondere die protegierenden Strukturverstrebungen in Krise und Insolvenz des Originators, wie etwa die die Besicherung flankierenden und den Originator disziplinierenden Covenants in den Anleihebedingungen und im Darlehensvertrag, welche bereits generisch angeschnitten worden sind[310] und später vertieft diskutiert werden[311]. Gewichtig ist aber ebenso, inwiefern die Möglichkeit der Wahrnehmung der Gläubigerrechte ausgeprägt ist, etwa durch Einrichtung eines Vertretungsorgans, das die Interessen der Anleihegläubiger bündelt und effizient wahrnimmt.

1. Besicherung nach deutschem Recht

a. Besicherungsstrategie bei WBS

Die vorangegangene Analyse und Betrachtung hat die unabdingbare Notwendigkeit einer umfassenden Besicherung der Anleihegläubiger als grundsätzliches Strukturelement einer jeden WBS Finanzierung gezeigt. Nur über eine umfassende Besicherbarkeit nach deutschem Recht wird eine derartige Emission erst kapitalmarktfähig. Zu beachten ist jedoch, dass es sich bei Anwendung der üblichen WBS-Struktur in Form der Secured Loan-Struktur um die Kombination der Besicherung eines Darlehens und gleichzeitig der Anleiheemission, die dieses Darlehen refinanziert, handelt. Die Bedienung der Schuldendienste aus Darlehen sowie Anleihe ist unmittelbar abhängig von der Erwirtschaftung ausreichender Cash Flows aus den für das operative Geschäft notwendigen Vermögenswerten und Verträgen. Infolgedessen kann nicht ausschließlich von einer isolierten Betrachtung der Besicherung der Rechte von Anleihegläubigern ausgegangen werden[312]. Ebenso können hinsichtlich der Darlehensvergabe herkömmliche Sicherungsstrategien, welche kreditgebende Banken verfolgen und die von vornherein auf optimale Anspruchssicherung im Insolvenzfall gerichtet sind, nicht ohne Weiteres auf eine WBS-Struktur abgebildet werden. Auch darf nicht vergessen werden, dass das Sicherungsgut, welches das Darlehen absichert, nicht beim Darlehensnehmer bzw. dem anleiheemittierenden SPV verbleibt, sondern an den Treuhänder zugunsten der Anleihegläubiger weitergereicht wird. Auch ist daran zu erinnern, dass die Verwertungserlöse des Sicherungspakets bei einer WBS-Transaktion oftmals nicht ausreichen werden, um die Anleihegläubiger vollstän-

---

[308] Es kann allerdings aufgrund seiner Struktur und Größe auch vorkommen, dass der Originator vor der WBS-Transaktion noch über keinen Kapitalmarktzugang verfügt – diesen vielmehr als Diverzifizierung seiner Finanzierungsquellen sucht – und somit auch kein allgemein aussagefähiges Rating besitzt.

[309] Siehe Einzelheiten zu den Kriterien der Ratingagenturen Erster Teil § 8.

[310] Siehe Erster Teil § 7 III.

[311] Siehe Zweiter Teil § 16 II 4.

[312] Hierzu ausführlich Hartwig-Jacob, S. 361ff.

dig zu befriedigen. Die Strategie der Besicherung bei WBS zielt somit einerseits auf die Absicherung der Darlehensforderung zwischen SPV und Originator, andererseits aber auch – und das in ganz besonderem Maße, weil es sich um eine Finanzierungsmaßnahme auf der Grundlage von Cash Flow-Planungen handelt – auf die Aufrechterhaltung des den Schuldendienst bedienenden Cash Flows des operativen Geschäftsbetriebs in Krise und Insolvenz und gegebenenfalls Zugriffsmöglichkeiten der Anleihegläubiger auf dieselbigen[313]. Aus vorherigen Aussagen wird deutlich, dass aufgrund der Unterschiedlichkeit der Rechtsordnungen in Großbritannien und Deutschland die Umsetzung dieser Besicherungsstrategie in Deutschland nach dem erfolgreichen englischen Vorbild nicht möglich ist. Das umfassende Sicherungsmittel Floating Charge und die Figur des außergerichtlichen Zwangsverwalters, des Administrative Receiver, sind im deutschen Recht unbekannt und finden auch keine annähernden Entsprechungen. Demzufolge bedarf es bei WBS-Transaktionen, die der Anwendung deutschen Rechts unterliegen, zwar keiner Abweichung der Besicherungsstrategie, aber doch eines differenzierenden Ansatzes zur Sicherung der Anleihegläubiger.

b. Verfügbare Sicherungsinstrumente

Mit Sicht auf das Vorgesagten ist als zwingend weiterer Planungsschritt für die Arrangeure einer WBS-Transaktion notwendig, diejenigen Sicherungsinstrumente zu identifizieren, welche den Anleihegläubigen konform zu der skizzierten Besicherungsstrategie den besten und effizientesten Schutz bieten. Hierbei unterscheidet man grundsätzlich Personal- und Realsicherheiten.

aa. Personalsicherheiten

Im Zusammenhang mit einer Anleiheemission ist die Personalsicherheit ein übliches und weitverbreitetes Sicherungsinstrument. Sie wird gebildet, wenn für den kapitalinvestierenden Anleihegläubiger durch Rechtsgeschäft ein gegen einen Dritten gerichteter zusätzlicher schuldrechtlicher Anspruch begründet wird, der neben die zu sichernde Forderung tritt[314]. Inhaltlich ausgestaltet sind sie typischerweise als Garantieverträge oder garantieähnliche Vereinbarungen wie Patronatserklärungen oder sog. Comfort Letters[315]. Personalsicherheiten berechtigen den Anleihegläubiger nicht zu einem Zugriff auf Vermögenswerte des Originators oder etwa dessen Cash Flows. Demgemäß scheinen Personalsicherheiten für die Besicherung im Gefüge einer WBS-Transaktion nicht geeignet. Der besondere Vorteil einer Personalsicherheit liegt dessen ungeachtet darin, das sie unabhängig von zugrundeliegenden Vermögenswerten des Originators ist, in welche die Anleihegläubiger im Fall der Insolvenz des Originators vollstrecken können. Vielmehr steht den Anleihegläubigern ein Dritter mit seinem gesamten Vermögen zur Befriedigung ihrer Ansprüche zur Verfügung. Folgerichtig könnten bei

---

[313] Vgl. Hengst, S. 100.

[314] Schimansky/Bunte/Lwowski/*Ganter*, § 90 Rn. 20.

[315] Zu den Personalsicherheiten im Zusammenhang mit einer Anleihenbesicherung, Hartwig-Jacob, S. 368ff.; siehe auch Einzelheiten zur Personalsicherheit in Verbindung mit Akquisitionsfinanzierungen bei Heemann, S. 716ff.

einer WBS-Transaktion das Risiko für die Anleihegläubiger verringert werden, im Insolvenzfall bei Verwertung der zu seinen Gunsten bestellten Sicherungswerte nicht ausreichend befriedigt zu werden. Das Ergebnis wäre aufgrund der besseren Absicherung der Anleihegläubiger eine erhöhte Kapitalmarktfähigkeit der Anleihe, ein dementsprechend höheres Rating und aufgrund des damit verbundenen geringeren Zinskupons auch niedrigere Kapitalkosten. Gleichwohl diese Vorteile bestehen, kann dieses Sicherungsinstrument kein fester Bestandteil der Besicherungsstruktur einer WBS-Transaktion sein. Hauptgegenargument ist, dass sich typischerweise keine Dritten finden lassen, die sich zu einer solchen zusätzlichen Sicherung der Anleihegläubiger verpflichten lassen. Der Originator wird in der Regel aufgrund seiner nicht ausreichenden Kreditwürdigkeit (Credit Standing) nicht in der Lage sein, für das Risiko des Anleihenausfalls einzustehen und den Anleihegläubigern einen zusätzlich schuldrechtlichen Anspruch zu gewähren. Ebenso wenig wird der Finanzinvestor, der den Originator zuvor erworben hat, eine solche Zusage leisten wollen. Er verspricht sich von seiner Finanzplanung her mit der Akquisition des Originators und der Refinanzierung der ursprünglichen Akquisitionsfinanzierung im Wege einer WBS-Transaktion einen finanziellen Vorteil und keine zusätzliche risikobehaftete Verpflichtung. Weitere Dritte, wie etwa Banken, kämen zwar als mögliche Garanten in Frage, doch sprechen die dabei zu entrichtenden Prämien, die die Transaktionskosten erheblich erhöhen würden, gegen eine solche Beteiligung.

bb. Realsicherheiten

Eine zunehmend wichtigere Rolle bei WBS nimmt die Gruppe der Realsicherheiten ein[316]. Eine Realsicherheit liegt vor, wenn dem Sicherungsnehmer ein dingliches Recht an einem Vermögensgegenstand des Schuldners gewährt wird. Der Gläubiger erhält somit neben dem Vermögen des Schuldners zu seiner Befriedigung noch zusätzlich einen bestimmten Vermögensgegenstand.

(1) Verfügbare Vermögenswerte

Vor Auswahl und Beurteilung der einzelnen Sicherungsmittel besteht für die Arrangeure einer WBS-Transaktion die Notwendigkeit, die für die Absicherung der Darlehensforderung und der Interessen der Anleihegläubiger zur Verfügung stehenden Vermögenswerte zu identifizieren. Der oben beschriebenen Besicherungsstrategie folgend, ist es für eine WBS-Transaktion entscheidend, dass die für den operativen Geschäftsbetrieb des Originators und somit für die Generierung des Cash Flows unerlässlichen Vermögenswerte als Absicherung für das Darlehen sowie für die Ansprüche der Anleihegläubiger dienen. In der Regel hält ein Unternehmen ein Konglomerat von Vermögenswerten, welches sich aus Immobilien, Mobilien, wie etwa Maschinen oder Warenlager, Forderungen, gewerblichen Schutzrechten und Aktien sowie Rechten an Geschäftsanteilen anderer Unternehmen zusammensetzt. In erster Line liegt das Augenmerk auf den

---

316 Bei internationalen Anleihen hingegen stellen die Realsicherheiten bei der Besicherung der Rechte der Anleihegläubiger eine Ausnahme dar, Hartwig-Jacob, S. 435. Zur Realsicherheit im Zusammenhang der Akquisitionsfinanzierung siehe Heemann, § 15 Rn. 169ff.

wesentlichen, für die Cash Flow-Generierung unverzichtbaren und am Markt nicht kurzfristig und kostengünstig beschaffbaren Vermögenswerten (Replacement Value)[317]. Allerdings darf eine solche Reduktion auf den fiktiven Wiederbeschaffungswert nur als Mindestgröße für das Sicherheitenpaket der Vermögenswerte bei einer WBS-Transaktion verstanden werden. Häufig handelt es sich bei operativ wichtigen Vermögenswerten zwar um objektiv austauschbare und ersetzbare Werte, doch die hier vorausgesetzten fiktiven Marktpreise für etwaige Wiederbeschaffung sind aufgrund der speziellen Positionierung des Originators, beispielsweise durch seine marktbeherrschende Stellung oder seiner besonderen und langjährigen Geschäftsbeziehungen mit Zulieferern, die sich in bevorzugter Lieferzeit und/oder Preisgestaltung niederschlagen, in einer anderen Konstellation gar nicht erzielbar. Andere Vermögenswerte des Originators, wie etwa gewerbliche Schutzrechte, können das Sicherheitenpaket erweitern und zu einer breiteren Absicherung der Anleihegläubigerinteressen und zusätzlich zu einer Erhöhung der Kapitalmarktfähigkeit der Anleihe führen. Bei WBS handelt es sich um eine Finanzierungsmaßnahme für Unternehmen, die, um erfolgreich und nachhaltig angewendet zu werden, bestimmte Kriterien erfüllen muss[318]. Gleichzeitig ist die Anwendung von WBS nicht auf eine Branche oder einen bestimmten Industriesektor beschränkt. Dementsprechend muss die Identifikation der Vermögenswerte anhand einer branchen- bzw. industriespezifischen Analyse des Originators vorgenommen werden. Abweichungen des Einsatzes und Nutzung der entsprechenden Vermögenswerte zwischen den Unternehmen bestehen allerdings auch innerhalb desselben Branchen- bzw. Industriesektors – regelmäßig manifestiert im unterschiedlichen wirtschaftlichen Erfolg –, so dass folgerichtig der Vorgang der Identifikation der Vermögenswerte letztlich einzelfallabhängig ist und nur am konkreten Beispiel diskutiert werden kann. Generelle, verallgemeinernde Aussagen sind somit an dieser Stelle nicht möglich.

(2) Geeignete Realsicherheiten

Im Kontext der ursprünglichen Akquisitionsfinanzierung besteht das typischerweise verhandelte Sicherungspaket herkömmlicherweise aus den Sicherungsinstrumenten nicht-akzessorische Grundschuld[319], Pfandrecht[320], Sicherungsübereignung[321] und Sicherungsabtretung[322]. WBS wird vornehmlich zur Refinanzie-

---

[317] Vgl. Hengst, S. 102.

[318] Einzelheiten zu dem Kriterienkatalog geeigneter Unternehmen für WBS, Erster Teil § 10.

[319] § 1191 BGB.

[320] §§ 1204ff. BGB.

[321] §§ 929ff. BGB.

[322] §§ 398ff. BGB.

Finanzinvestoren besichern regelmäßig ihre Akquisition wie folgt:

1. Zielgesellschaft und evtl. von ihren Tochtergesellschaften: Grundschulden; Sicherungsübereignung des mobilen Anlage- und Vorratsvermögens; Globalzession aller Lieferungs- und Leistungsforderungen; Sicherungsabtretung von Forderungen auf Auszahlung von Bankguthaben; Sicherungsabtretung der gewerblichen Schutzrechte; Verpfändung der Gesellschaftsanteile der wichtigsten Tochtergesellschaften,

rung der Akquisitionsfinanzierung eingesetzt. Es liegt aus der Perspektive der Optimierung des Sicherheitenpakets deshalb systematisch nahe, auch bei WBS diese Instrumente für das Sicherungspaket in Betracht zu ziehen. Die Ausführungen zur WBS-spezifischen Besicherungsstrategie haben gezeigt, dass die Sicherungsmittel mehreren Ansprüchen genügen müssen. Sie haben nicht nur Sicherungsinstrumente im klassischen Sinn zu sein, sondern sie müssen vornehmlich auch zur Übertragung auf den Anleihetreuhänder geeignet sein. Als weiterer wichtiger Erfolgsaspekt für eine WBS-Transaktion kommt die Zugriffsmöglichkeit durch das SPV bzw. den Treuhänder zugunsten der Anleihegläubiger auf die Vermögenswerte, inklusive der werthaltigen Geschäftseinrichtungen und Verträge, und deren Cash Flows in Krise und Insolvenz des Originators hinzu.

(a) Zugriff auf Vermögenswerte und Cash Flows durch Realsicherheiten

Die Zugriffsmöglichkeit auf die Vermögenswerte eines operativen Geschäftsbetriebs und deren generierter Erträge in Krise und Insolvenz des Originators haben herausragende Bedeutung für ein entsprechend hohes Rating der emittierten Anleihe und den Erfolg der WBS-Transaktion. Der Schwerpunkt der Analyse der Ratingagenturen liegt auf dem Insolvenzszenario, dem ungünstigsten anzunehmenden Fall (Worst Case Szenario), um Aussagen über die Robustheit und Überlebensfähigkeit einer WBS-Struktur zu treffen. Dieser soll an dieser Stelle im Vordergrund stehen, ohne jedoch den später folgenden Ausführungen zu den Auswirkungen des deutschen Insolvenzrechts auf WBS-Strukturen vorzugreifen[323]:

Bei Eintritt der Insolvenz wird nach geltendem deutschen Recht das Unternehmen zum Schutz seiner Gläubiger in ein formales und gerichtlich kontrolliertes Verfahren übergeleitet. Mit Eröffnung des Insolvenzverfahrens verliert nach § 80 InsO das insolvente Unternehmen das Verwaltungs- und Verfügungsrecht an seinem zur Insolvenzmasse gehörenden Vermögen an den gerichtlich bestellten Insolvenzverwalter. Dieser nimmt zum Schutz vor Beeinträchtigungen zuungunsten der Gläubiger gemäß § 148 Abs. 1 InsO zunächst das tatsächlich vorhandene Vermögen (Istmasse) in Besitz – den sog. Insolvenzbeschlag[324]. Ihm kommt grundsätzlich auch das Verwertungsrecht der Vermögensgegenstände zugunsten der Gläubiger zu[325]. Allerdings entspricht die Istmasse nicht unmittelbar den Vermögenswerten, die nach § 35 InsO die Insolvenzmasse und somit die Haftungsmasse für die Gläubigerforderungen bilden (Sollmasse). Die für WBS-

---

2. Erwerbergesellschaft: Hierbei handelt es sich um ein SPV ohne eigene werthaltige Vermögenswerte. Lediglich nach dem Erwerb der Zielgesellschaft (Closing) kann wirksam die vorgenannte Sicherheitenbestellung vorgenommen werden. Bis zu diesem Zeitpunkt beschränkt sich die Sicherheitenbestellung auf: Verpfändung der Gesellschaftsanteile an der Zielgesellschaft sowie Sicherungsabtretung der Ansprüche gegen den Verkäufer aus dem Unternehmenskaufvertrag.

[323] Nähere Einzelheiten siehe Zweiter Teil § 17.

[324] Gottwald/*Gottwald*, § 39 Rn. 1.

[325] Braun/*Gerbers*, § 148 Rn. 1.

Transaktionen anvisierte Zugriffsmöglichkeit auf die Cash Flow-generierenden Vermögenswerte des Originators auch in seinem formalen Insolvenzverfahren ist nur gewährleistet, wenn das gewählte Sicherungsinstrument dem SPV bzw. Treuhänder das Recht gewährt, die operativ wichtigen Vermögensgegenstände aus der Istmasse des Originators herauszuverlangen (auszusondern). Hierzu bedarf es eines Anspruchs auf Aussonderung gemäß § 47 Satz 2 InsO, wonach der Gläubiger geltend machen kann, dass der betreffende Vermögensgegenstand nicht zur haftenden Sollmasse gehört und dessen Herausgabe nach Normen, die außerhalb des Insolvenzverfahrens gelten, zu beurteilen ist. Ein zur Aussonderung Berechtigter ist dementsprechend kein Insolvenzgläubiger. Einen solchen Aussonderungsanspruch begründet allerdings nur ein bestimmter, gesetzlich festgelegter Katalog an Rechten. Gemäß § 47 Satz 1 InsO müssen dingliche oder persönliche Rechte an dem entsprechenden Vermögenswert bestehen. Solche Rechte sind etwa das Eigentum[326], das Recht zum Besitz[327], bestimmte Erbschaftsansprüche[328] oder beschränkt dingliche Rechte wie etwa Niessbrauch[329], Grunddienstbarkeiten[330], beschränkte persönliche Dienstbarkeiten[331], Erbbaurechte[332] und das Wohnungsrecht[333]. Für die bei WBS zur Besicherung in Frage kommenden Sicherungsinstrumente Grundschuld, Pfandrecht, Sicherungsübereignung und Sicherungsabtretung sieht der Gesetzgeber eine solche Aussonderungsfähigkeit hingegen nicht vor. Die für den optimalen Schutz der Anleihegläubiger notwendige konkurrenzlose Zugriffsmöglichkeit auf die Vermögenswerte und Cash Flows im Insolvenzverfahren des Originators ist dementsprechend mit den genannten Sicherungsinstrumenten nicht möglich.

(b) Nießbrauch als Alternative zum Einsatz von Realsicherheiten

In der jüngeren Literatur wird in Anbetracht dieser Problematik angeregt, bei einer WBS-Transaktion die Vermögenswerte mittels einer Nießbrauchbestellung gegen Entgelt zu besichern[334]. Hierbei bestellt der Originator zugunsten des SPV ein Nießbrauchrecht an den entsprechenden Vermögenswerten seines operativen

326 § 985 BGB.

327 Das Recht zum Besitz wird wie ein dingliches Recht behandelt, so dass der frühere Besitzer in der Insolvenz Wiedereinräumung des Besitzes (§ 861 BGB) bzw. Herausgabe (§ 1007 BGB) sowie Unterlassung und Beseitigung einer Besitzstörung (§ 862 BGB) verlangen kann, vgl. Gottwald/*Gottwald*, § 40 Rn. 15.

328 §§ 2018, 2019 BGB; außerdem besteht ein Aussonderungsrecht im Fall des Nacherbfalls für den Nacherben bei Insolvenz des Vorerben nach §§ 2130, 2111 BGB.

329 §§ 1030ff. BGB.

330 §§ 1018ff. BGB.

331 §§ 1090ff. BGB.

332 Ein Erbbaurecht ist das veräußerliche und vererbliche dingliche Recht, auf oder unter der Oberfläche eines Grundstücks ein Bauwerk (insbesondere Gebäude) zu haben (§1 Erbbaurechtsverordnung, ErbbRVO). Es entsteht durch Einigung (Vertrag) zwischen Grundstückseigentümer und künftigem Erbbauberechtigen und Eintragung in das Grundbuch des zu belastenden Grundstücks; Rösler/Mackenthun/Pohl, S. 943f.

333 § 1093 BGB.

334 Vgl. Hengst, S. 121ff., 136f.

Geschäftsbetriebs[335], d.h. das SPV wird entsprechend berechtigt, die Nutzungen bzw. Cash Flows aus dem belasteten Vermögenswert nach § 1030 Abs. 1 BGB zu ziehen. Im Gegenzug zahlt hierfür das SPV einen Teil des Anleiheemissionserlöses als Entgelt. Allerdings muss sichergestellt werden, dass der Nießbrauch in der Verbriefungsstruktur keinen primären Sicherungscharakter hat. Ansonsten wäre der Nießbrauch nicht als aussonderungsfähig zu qualifizieren, sondern gemäß § 51 Nr. 1 InsO nur als absonderungsfähig. Konsequenz wäre, dass die Vermögenswerte Teil der haftenden Insolvenzmasse würden und unter der Verwaltung des Insolvenzverwalters stünden. Allerdings hätten die Anleihegläubiger unter Durchbrechung des Prinzips der Gläubigergleichbehandlung das Recht auf vorrangige Befriedigung aus dem Verwertungserlös[336]. Der konkurrenzlose Zugriff auf die durch die Vermögenswerte generierten Cash Flows wäre jedoch nicht eingeräumt. Um den Sicherungscharakter des Nießbrauchs gegen Entgelt auszuschließen, darf die sich in der Praxis bewährte Struktur des besicherten Darlehens als Grundkonzept und Baustein einer WBS-Transaktion nicht angewendet werden. Der Zahlungsstrom zwischen SPV und Originator muss statt in Form einer Darlehensgewährung ausschließlich in der eines Entgeltes für die Nießbrauchsbestellung erfolgen[337]. Dieser Lösungsvorschlag ist, obwohl dogmatisch konsequent in der Analyse von herkömmlichen Sicherungsmitteln im Lichte der Anforderungen an eine WBS Besicherungsstrategie, nicht wegweisend für die Praxis von WBS-Transaktionen. Zunächst ist festzuhalten, dass es sich bei der Bestellung eines Nießbrauchs gegen Entgelt nicht um ein geläufiges Sicherungsmittel handelt – weder in der Praxis der Darlehensbesicherung noch im Zusammenhang mit der Emission von Anleihen oder der Akquisitionsfinanzierung. Es stellt als Dienstbarkeit vielmehr einen systematischen Bruch mit den in der Praxis zur Anwendung kommenden herkömmlichen Sicherungsinstrumenten dar. Doch selbst wenn Nießbrauch als Sicherungsmittel eingesetzt wird, liegt der Anwendungsbereich weit entfernt von bank- und kapitalmarktrechtlichen Gepflogenheiten. Regelmäßig werden etwa auf diese Weise im Zusammenhang von Vermögensübertragungen zu Lebzeiten mit dem Ziel der Vorwegnahme der Erbfolge bestimmte Versorgungsleistungen abgesichert. Die Akzeptanz seitens der Anleihegläubiger für ein solches unübliches Instrument wäre höchst zweifelhaft. Hinzu kommt außerdem, dass der Nießbrauch gegen Entgelt zwar ein aussonderungsfähiges Recht nach § 47 Satz 1 InsO im Insolvenzverfahren ist, jedoch nur das dingliche Recht selbst und nicht die belastete Sache oder das belastete Recht[338]. Auch wenn bei der WBS Besicherungsstrategie der Zugriff auf die Cash Flows im Vordergrund steht, ist es nicht möglich, im Fall der Liquidation des Originators auf dessen Vermögenswerte zugunsten der Anleihegläubiger zuzugreifen – selbst wenn der Verwertungserlös hinter den Investitionen der Gläubiger zurückbleibt. Auch ist die Struktur einer Unternehmensakquisition und ihre

---

335 Dies können Sachen aller Art (§§ 1030ff. BGB) oder auch Rechte (§§ 1068ff. BGB) sein.
336 Gottwald/*Gottwald*, § 39 Rn. 3.
337 Hengst, S. 137.
338 Gottwald/*Gottwald*, § 40 Rn. 17 m.w.N.

Refinanzierbarkeit stets im Lichte der Steueroptimierung zu sehen[339]. In Bezug auf alternative Refinanzierungsmaßnahmen ist dieser Aspekt häufig ein gewichtiges, wenn nicht sogar ausschlaggebendes Argument bei der Auswahl der einzelnen Maßnahmen. Die WBS Grundstruktur des besicherten Darlehens hat positive steuerliche Auswirkungen auf den Originator. Dieser kann als Darlehensnehmer durch die Zinsen als abzugsfähige Betriebsausgaben seine Einkommens- und Körperschaftsteuerbelastung mindern[340]. Bei Aufgabe dieser Struktur zugunsten des Nießbrauchsmodells würde dieser steuerrechtliche Vorteil wegfallen. Die Entgeltzahlungen für die Einräumung des Nießbrauchs würden vielmehr steuerpflichtige und somit die Steuerlast erhöhende Einkünfte für den Originator darstellen.

(c) Strukturalternative der deutschen WBS Praxis

In der (noch) überschaubaren deutschen WBS Praxis ist zur Überwindung der Unzulänglichkeiten der Sicherungsinstrumente in Bezug auf den Cash Flow Zugriff im Insolvenzverfahren die Strukturalternative der Auslagerung des operativen Geschäftsbetriebs vom Originator auf eine Tochtergesellschaft entwickelt worden[341]. Zugleich haben Praktiker dafür geworben, dass es eines externen Nachfolgeservicers aus der gleichen Branche bedarf. Diesem sind entsprechende Rechte zum Erwerb der Anteile dieser Tochtergesellschaft oder aber auch bestimmter, für das operative Geschäft notwendiger Vermögenswerte einzuräumen, damit eine WBS-Struktur in Deutschland überlebensfähig ist. Im Folgenden sind deshalb Ausführungen zu gesellschafts- und arbeitsrechtlichen Aspekten sowie zu den Auswirkungen auf die Beständigkeit dieser Struktur im Insolvenzverfahren zu finden[342].

(d) Katalog der Realsicherheiten bei WBS

Obwohl die deutsche WBS Praxis mit dem Nachfolgeservicer eine bereits bei der Darstellung der Tenovis-Transaktion skizzierte Strukturalternative entwickelt hat, bedarf es zum Schutz der Anleihegläubiger weiterhin des Einsatzes von Realsicherheiten im Sinne klassischer Sicherungsmittel. Allerdings gilt es bei deren Einsatz auch WBS-spezifische Aspekte zu berücksichtigen, denn nicht alle Realsicherheiten aus dem Katalog Grundschuld, Pfandrecht, Sicherungsübereignung und Sicherungsabtretung sind gleichwertig für eine WBS-Transaktion geeignet.

(aa) Pfandrecht

Das Pfandrecht ist ein klassisches Sicherungsmittel für mobile Vermögenswerte sowie Forderungen, aber auch für Aktien und Geschäftsanteile. Bei genauerer Betrachtung wird deutlich, dass es für die Sicherung der Interessen der Anleihe-

339 Ausgewählte steuerrechtliche Aspekte im Zusammenhang mit WBS, siehe Zweiter Teil § 15 VI.

340 Vgl. Rösler/Mackenthun/Pohl, S. 806.

341 Vgl. Zweiter Teil § 14 II, insbesondere die Strukturübersicht der Tenovis-Transaktion.

342 Zweiter Teil § 15 V und § 17 II .

gläubiger im Zusammenhang einer WBS-Transaktion nicht geeignet ist. Das Pfandrecht ist ein akzessorisches Sicherheiteninstrument und ist somit zwingend in ihrem Bestand und Umfang von der gesicherten Forderung abhängig und steht nur dem Gläubiger der jeweiligen Forderung zu[343]. Bei einer WBS-Transaktion wäre dies das anleiheemittierende SPV als Darlehensgeber. Eine Weiterreichung an den Anleihetreuhänder, wie es bei einer WBS-Struktur zum Schutz der Anleihegläubiger nötig ist, wäre jedoch ausgeschlossen. Außerdem setzen die Vorschriften der §§ 1205 Abs. 1 S. 1, 1204 Abs. 1 BGB zur Bestellung eines Pfandrechts an beweglichen Vermögenswerten neben der Einigung zwischen dem Eigentümer und dem Gläubiger nach dem sog. Offenkundigkeitsprinzip grundsätzlich auch die Übergabe der Pfandsache voraus. Dem Originator als Sicherungsgeber würde die Pfandsache sodann nicht mehr für seine Cash Flow-generierende operative Tätigkeit zur Verfügung stehen. Es genügt zwar statt der Übergabe auch ein Übergabesurrogat in Form der Einräumung qualifizierten Mitbesitzes nach § 1206 BGB oder die Abtretung des Herausgabeanspruches, sofern sich die Sache im Besitz eines Dritten (Pfandhalter) gemäß § 1205 Abs. 2 BGB befindet. Jedoch sind beide Wege bei einer WBS-Transaktion keine Lösung, da im ersten Fall gesamthänderischer Mitbesitz die alleinige Nutzung der Vermögenswerte durch die operativ tätige Tochtergesellschaft des Originators verhindert. Auch die zweite Variante wird praktisch kaum gangbar sein, denn hier müsste ein Pfandhalter in Form einer zusätzlichen Zweckgesellschaft in die Transaktionsstruktur eingebaut werden, welcher die verpfändeten Gegenstände unmittelbar besitzt und diese auch nur gemeinsam an Pfandgläubiger und Eigentümer herausgibt. Auch würde somit eine betriebsnotwendig alleinige Nutzung durch den Eigentümer (die operative Gesellschaft) verhindert. Sofern Pfandrechte an Forderungen des Originators nach § 1273ff. BGB bestellt werden, kommt eine weitere Schwachstelle dieses Instruments zum Vorschein. Nach § 1280 BGB ist die Pfandrechtsbestellung nur wirksam, wenn der Gläubiger sie dem Schuldner anzeigt. Es handelt sich zwar lediglich um eine formfreie empfangsbedürftige Willenserklärung des Verpfänders, die schlüssig oder durch Stillschweigen erklärbar ist[344]. Die Offenlegung der Sicherheitenstellung ist jedoch üblicherweise nicht im Interesse des Originators, da eine solche Mitteilung dem Kunden Liquiditätsengpässe und wirtschaftliche Schwierigkeiten des Unternehmens suggeriert. Gerade wenn die Cash Flows sich vornehmlich aus Kundenforderungen generieren, wie etwa im Dienstleistungssektor, sollten alle negativen Einflüsse und Beeinträchtigungen im Verhältnis zu den Kunden vermieden werden, damit die prognostizierten Cash Flows nicht zu hohe Ausfälle erleiden, indem die Kunden möglicherweise ihre Zusammenarbeit aufkündigen und zu Mitbewerbern abwandern.

(bb) Sicherungsabtretung, Sicherungsübereignung und Grundschuld

Folgerichtig reduziert sich der Katalog der Sicherheiten bei einer WBS-Transaktion auf solche, die nicht-akzessorischer Art sind. Am geeignetesten sind

---

343 Palandt/*Bassenge*, § 1204 Rn. 1.

344 Palandt/*Bassenge*, § 1280 Rn. 1.

für Forderungen die Sicherungsabtretung (oder Sicherungszession), für bewegliche Vermögenswerte in erster Linie die Sicherungsübereignung und für Immobilien hauptsächlich die Grundschuld. Im ersten Fall können so per Vertrag sämtliche Rechte oder Forderungen aus dem operativen Geschäftsbetrieb des Originators im Wege der stillen Zession ohne erforderliche Mitwirkung der Drittschuldner auf den Darlehensgeber übertragen und anschließend auch zugunsten der Anleihegläubiger auf den Treuhänder weitergereicht werden[345]. In Form der Globalzession können dementsprechend sämtliche und künftige Forderungen gegen eine Vielzahl von Drittschuldnern abgetreten werden. Aufgrund des Prioritätsgrundsatzes können nach Vertragsschluss künftige Forderungen auch nicht mehr erneut abgetreten werden, so dass die Anleihegläubiger eventuell zu einem späteren Zeitpunkt beeinträchtigt werden könnten[346]. Entscheidend ist lediglich, dass dies in den Grenzen der Bestimmbarkeit erfolgt, wobei die betroffenen Forderungen und Rechte im Abtretungsvertrag ausreichend beschrieben werden müssen, damit sie sich unzweifelhaft feststellen lassen[347]. Die Rechtsprechung bejaht so die Abtretung von Forderungsmehrheiten, sofern sie einem bestimmten Geschäftsbetrieb zuzuordnen sind oder wenn sie auf einer bestimmten Art von Rechtsgeschäft basieren[348]. Zu beachten ist auch, dass die im Zusammenhang von WBS erheblichen gewerbliche Schutzrechte wie Patente, Marken und Gebrauchsmuster ebenfalls Gegenstand einer Sicherungsabtretung sein können[349]. Gerade diese Rechte bilden bei Unternehmen hohe, nicht bilanzierte Vermögenswerte, die durch WBS „aktiviert“ werden können. Im Sicherungsvertrag (Security Agreement)[350] sollte allerdings geregelt werden, in welchem Umfang

---

345 § 398ff. BGB. Zu beachten sind die den Schuldner jeweils schützenden §§ 406 bis 408 BGB. Entscheidend ist bei der langjährigen Laufzeit der Anleihen, dass die Forderungen ebenso langfristig ausgestaltet sind.

346 Kümpel, Rn. 6.462.

347 Vgl. MüKo-*Roth,* BGB Bd.2, § 398 Rn. 67ff.

348 Palandt/*Heinrichs*, § 398 Rn. 15.

349 Heemann, § 15 Rn. 208ff.

350 Exkurs Sicherungsvertrag:
Dieser Vertrag dokumentiert die Besicherung und bildet neben dem Bank- und Kreditvertrag die schuldrechtliche Grundlage für die dingliche Bestellung der Sicherheiten. Der Bankvertrag regelt grundsätzlich den Anspruch auf Bestellung bankmäßiger Sicherheiten (Nr. 13 Abs. 1 AGB), ohne dass bestimmte Sicherheiten festgelegt sind – bis auf das AGB-Pfandrecht. Im Kreditvertrag werden die zu bestellenden Sicherheiten konkret in Form einer bestimmten Personal- und Sachsicherheit vereinbart. Der Sicherungsvertrag enthält als wichtigstes Element die schuldrechtliche Grundlage für die dingliche Bestellung der konkreten Sachsicherheit (so etwa bei der Sicherungsübereignung die Einigung nach § 929 BGB und der Übergabeersatz gemäß §§ 930, 931 BGB). Bei Personalsicherheiten wird Bezug auf den jeweiligen Vertragsabschluss genommen. Ebenso wichtig ist die Vereinbarung über den Sicherungszweck, welche die Verbindung zwischen den abstrakt bestellten Sicherheiten und der zu sichernden Forderung herstellt. Dies gilt vornehmlich für nicht-akzessorische Sicherheiten, da sie im Außenverhältnis vom Sicherungsgeber zu vollem Recht übertragen werden. Es muss somit vereinbart werden, welche Forderungen der Sicherungsgeber mit seinen Sicherheiten besichert. Der Sicherungsvertrag dient der Besicherung des vorrangigen (regelmäßig von Bankenseite begebenen) Akquisitionsfinanzierungskredits (und manchmal bezweckt er auch die Bestellung nachran-

der Originator als Sicherungsgeber das jeweilige gewerbliche Schutzrecht weiter benutzen darf.

Mit der Sicherungsübereignung können bewegliche Sachen, wie beispielsweise das Inventar eines ganzen operativen Geschäftsbetriebs, als Sicherheit begeben werden, ohne deren Nutzungsmöglichkeit zu verlieren (im Gegensatz zum Pfandrecht). Dieses Sicherungsmittel kann sich seit längerer Zeit auf ein von den beteiligten Verkehrskreisen mit Rechtsgeltungswillen ausgeübtes Gewohnheitsrecht stützen. Der Sicherungsgeber überträgt gemäß § 930 BGB i.V.m. § 868 BGB das Eigentum im Wege der dinglichen Einigung und der Vereinbarung eines Besitzmittlungsverhältnisses mit dem Sicherungsnehmer[351]. Entscheidender Vorteil dieser Sicherheit ist, dass der Sicherungsgeber unmittelbarer Besitzer bleibt und ihm für den ordentlichen Verlauf seiner operativen Aktivitäten die Verfügungs- und auch meist die Veräußerungsbefugnis verbleibt[352]. Grenzen für die Sicherungsübereignung setzt auch hier der sachenrechtliche Bestimmtheitsgrundsatz[353]. Dementsprechend bedarf es einfacher äußerer Abgrenzungskriterien, wonach jeder Kenner der Parteiabreden zum Zeitpunkt des Eigentumsübergangs die übereignete Sache unschwer von anderen unterscheiden kann[354].

Bei der Grundschuld handelt es sich nach § 1191 Abs. 1 BGB um ein beschränkt dingliches Grundstücksrecht, aufgrund dessen eine Geldsumme an denjenigen fließt, zu dessen Gunsten die Belastung erfolgt ist. Grundsätzlich finden auf die Grundschuld gemäß § 1192 Abs. 1 BGB die Vorschriften über die Hypothek Anwendung, soweit sich nicht daraus ein anderes ergibt, dass die Grundschuld

---

giger Sicherheiten von mezzaninen Fremdkapitalschichten)Die Inanspruchnahme von Sicherheiten außerhalb dieser (Re)Finanzierung wäre dann Rechtsmissbrauch (§ 242 BGB) oder sittenwidrig (§ 138 BGB). Der Sicherungszweck im Zusammenhang einer Akquisitionsfinanzierung ist eher eng gestaltet - im Unterschied zum oft weit gefassten Sicherungszweck eines herkömmlichen Bankkredits. Bei der Beteiligung von US-amerikanischen und angelsächsischen Investoren ist typischerweise der Kreditvertrag nach New Yorker oder englischem Recht ausgestaltet, der Sicherungsvertrag hingegen nach deutschem Recht. Insbesondere wegen des grundsätzlich in England und in den USA unbekannten Unterschieds zwischen deutschem Sachen- und Schuldrecht kommt dem Sicherungsvertrag besondere Bedeutung zu. Ein Sicherungsvertrag enthält somit typischerweise folgende Elemente: (1) Schuldrechtliches Element (schuldrechtliche Grundlage für dingliche Bestellung der Sachsicherheiten sowie Verweis auf den eigentlichen Kreditvertrag); (2) Dingliches Element (die konkrete dingliche Bestellung der Sachsicherheiten); (3) Sicherungszweck (Verbindung zwischen Sicherheiten und besicherter Forderung); (4) Nebenabreden; vgl. Rösler/Mackenthun/Pohl, S. 795ff.

351 Das Besitzmittlungsverhältnis, das in konkreter Form zwischen Sicherungsgeber und -nehmer vereinbart werden muss, ist üblicherweise im Sicherungsvertrag enthalten.

352 Näheres regelt der Sicherungsvertrag, wobei es bei einer WBS-Transaktion in der Natur der Sache liegt, dass dem Sicherungsgeber diese beiden Rechte verbleiben müssen. Gewisse Grenzen der Handlungsfreiheit zum Schutz des Sicherungsnehmers werden jedoch üblicherweise in den vertraglichen Nebenbestimmungen festgehalten werden.

353 BGH WM 1996, S. 1256f.

354 Palandt/*Bassenge*, § 930 Rn. 2; BGH WM 1991, S. 1273.

nicht eine Forderung voraussetzt. Sie kann entweder durch Einigung und Eintragung ins Grundbuch[355] oder durch Ausstellung und Übergabe eines Grundschuldbriefes[356] bestellt werden. Im Zusammenhang mit WBS findet die Grundschuld in ihrer Ausformung als Sicherungsgrundschuld Eingang in den Katalog der anzuwendenden Sicherungsinstrumente. Diese Form ist gesetzlich nicht geregelt und entspricht mangels Akzessorität nicht der Sicherungshypothek nach § 1184 BGB[357]. Die mangelnde Akzessorität zwischen Forderung und Sicherungsgrundschuld bietet den Vorteil, dass die Sicherungsgrundschuld ohne die Forderung und die Forderung ohne die Sicherungsgrundschuld übertragen werden können. Die Verbindung zwischen beiden stellt ein formfreier Sicherungsvertrag her, in dem geregelt wird, zu welchem Sicherungszweck der Sicherungsgeber dem Sicherungsnehmer die Grundschuld bestellt, übertragen oder belassen hat[358] Die Abtretung der Grundschuld erfolgt nach §§ 1154, 1192 BGB und setzt einen dinglichen Abtretungsvertrag und, sofern es sich um eine in das Grundbuch eingetragene Grundschuld handelt, gemäß § 1192 Abs. 2 BGB auch die Eintragung in dasselbige voraus[359]. Um dem Aufwand der Grundbucheintragung zu entgehen und dementsprechend die WBS-Struktur weniger aufwendig, administrativ komplex und öffentlich zu gestalten, kann die Sicherungsgrundschuld auch in der Ausformung einer Briefgrundschuld bestellt werden. Dementsprechend genügt zur Übertragung auf den Anleihetreuhänder statt der Eintragung in das Grundbuch eine privatschriftliche Abtretungserklärung und die Übergabe des Briefes[360].

2. Übersicherungsgefahr

Wie bei der herkömmlichen Kreditvertragspraxis zeigt sich auch im Zusammenhang der Besicherung des Kredits bei einer WBS Secured Loan-Struktur als Kernelement nach dem Bausteinprinzip das Risiko der Übersicherung[361]. Unter bestimmten Umständen kann sie zur Unwirksamkeit des Sicherungsvertrags nach § 138 BGB führen. Eine fatale Folge für eine WBS-Transaktion, denn dann fiele eine essenzielle Verstrebung der Struktur weg. Die Veränderung des Sicherheitenpakets, welches das Darlehen und die Anleihen absichert, ginge mit einer negativen Korrektur des Ratings der Anleihe einher, was unmittelbar Auswirkungen auf die zu zahlenden Zinsen und die Platzierbarkeit der Anteile insgesamt hätte. Eine Übersicherung liegt zugunsten des Kreditnehmers grundsätzlich

355 § 873 BGB.
356 §§ 1117, 1163 Abs. 2, 1192 BGB.
357 Palandt/*Bassenge*, § 1191 Rn. 14.
358 Rösler/Mackenthun/Pohl, S. 945.
359 Die Eintragung in das Grundbuch erfolgt gemäß § 873 BGB.
360 § 1154 Abs. 1 BGB.
361 Diese Problematik bleibt auf nicht-akzessorische Sicherheiten in Form der Sicherungsübereignung, Sicherungszession und Sicherungsgrundschuld beschränkt. Akzessorische Sicherheiten wie Pfandrecht und Bürgschaft richten sich stets nach dem jeweiligen Umfang der gesicherten Forderung, so dass es zu keiner Übersicherung kommen kann.

immer dann vor, wenn der Wert der bestellten Sicherheiten den gesicherten Kredit übersteigt und dadurch gleichzeitig die wirtschaftliche Bewegungsfreiheit des Sicherungsnehmers in einem unerträglichen Maß eingeschränkt wird[362]. Sie kann entweder in Form der ursprünglichen (auch anfänglichen) oder nachträglichen Übersicherung, d.h. bei Auseinanderfallen der Beträge der Sicherheiten und des Kredits nach der Sicherheitenbestellung, vorkommen[363].

a. Ursprüngliche Übersicherung

Die ursprüngliche Übersicherung stellt ein besonderes Risiko für eine WBS-Transaktion dar, da sie im Fall einer sittenwidrigen Qualifizierung mit der Rechtsfolge der Nichtigkeit des Sicherungsvertrages nach § 138 BGB belastet wäre[364]. Diesen Weg haben in den letzten Jahren verstärkt Insolvenzverwalter beschritten, um Kreditsicherheiten anzugreifen und der Insolvenzmasse zuzuschlagen, aus deren Verwertungserlös alle Gläubiger befriedigt werden[365]. Eine solche Übersicherung liegt nach Ansicht der Rechtssprechung vor, wenn bereits bei Abschluss des Sicherheitenvertrages klar ist, dass in einem eventuellen zukünftigen Verwertungsfall ein auffälliges Missverhältnis zwischen dem realisierbaren Wert der Sicherheiten und dem der gesicherten Forderung besteht[366]. Für die Bestimmung der Deckungsgrenze ist somit an den realisierbaren Wert der Sicherheiten zum Zeitpunkt der Verwertung anzuknüpfen. Allerdings ist dieser Wert nur sehr schwierig festzustellen, denn er unterliegt keinen klaren und eindeutigen Parametern, sondern vielmehr ungewissen zukünftigen Marktverhältnissen im Falle der Insolvenz des Schuldnerunternehmens. Erfahrungsgemäß werden Sicherheiten nur unter Wert und mit Abschlag veräußert. Außerdem entstehen der Sicherheitenverwertung stets zusätzliche Kosten[367]. Aus diesem Grund ist es im Interesse des Sicherheitennehmers, ein gewisses Übermaß an Sicherheitsleistungen gegenüber dem Wert des abgesicherten Kredits durchzusetzen. In diesem Sinne hat die Rechtsprechung einen pauschalen Aufschlag von 10% auf die Deckungssumme als billig festgelegt[368]. Somit wird zwar den zusätzlichen Kosten Rechnung getragen, aber nicht der grundsätzlichen Schwierigkeit der Bewertung der Sicherheiten im Verwertungsfall. In der gleichen Entscheidung hat der BGH deshalb geurteilt, dass eine Übersicherung widerlegbar vermutet wird, wenn der Nennwert bei Forderungen oder der Schätzwert bei Sachen mehr als 150% der gesicherten Forderungen beträgt[369]. Auf subjektiver Sei-

---

[362] BGH v. 27.11.1997, WM 1998, S. 227ff.

[363] Heemann, § 15 Rn. 140.

[364] Palandt/*Heinrichs*, § 138 Rn. 97. Es wird auch von einer sittenwidrigen Übersicherung gesprochen.

[365] Vgl. Tetzlaff, DZWIR 2003, S. 453ff..

[366] BGH WM 1998, S. 856 (857).

[367] Es handelt sich dabei um Kosten zur Wertfeststellung durch Sachverständige, Verwertungskosten oder auch Rechtsverfolgungskosten.

[368] BGH WM 1998, S. 227 (232).

[369] Abgeleitet wird diese Vermutung aus den §§ 232ff. BGB. Bestimmend ist der Rechtsgedanke des § 237 BGB, wonach ein Abschlag von einem Drittel vom Schätzwert der siche-

te wäre erforderlich, dass der Sicherungsnehmer mit verwerflicher Gesinnung gehandelt hat[370]. Davon kann ausgegangen werden, wenn dieser aus eigensüchtigen Gründen ein rücksichtsloses Verhalten gegenüber den berechtigten Belangen des Sicherungsgebers exhibiert, welches nach sittlichen Maßstäben unerträglich ist[371]. Konsequenterweise ist in einer Gesamtschau der Gemengelage von Motiven wie Inhalt, Beweggrund und Zweck des Geschäfts zu entscheiden, ob ein Verstoß gegen sittliche Maßstäbe vorliegt[372]. In Anbetracht der Eigenart einer WBS-Transaktion nach dem Structured Loan Prinzip als Grundbaustein der Gesamtstruktur wird es in der Regel an der geforderten subjektiven Komponente mangeln. Ein Eigennutz der weisungsgebundenen SPV Tochter als Sicherungsnehmer gegenüber der eigenen Muttergesellschaft als Sicherungsgeber wird nur schwer festzustellen sein. Anders könnte das Ergebnis nur sein, wenn den Anleihegläubigern über ihren Treuhänder weitgehende Einflussnahmerechte zugebilligt würden, um ihre Interessen zu behaupten und auf Kosten des Sicherungsgebers durchzusetzen. Jedoch ist gerade eine solche starke Stellung des Treuhänders zu vermeiden. Dem Darlehensnehmer wird zwar eine Pflicht zur Information des Treuhänders bzgl. der Einhaltung der vertraglichen Nebenabreden und dem Eintreten etwaiger Trigger Events auferlegt. Jedoch werden zugunsten des Treuhänders keine einseitigen, unmittelbaren Handlungsvollmachten ohne Korrektiv, wie etwa die Auswirkung auf das Rating der Anleihen, eingeräumt. Letztlich ist nur die Ausbalancierung der Interessen der Beteiligten einer WBS-Transaktion Garant für den Erfolg. Eine aggressive Übersicherung in Form sog. Overcollaterisation, wie in der englischen Praxis häufig festzustellen, ist im deutschen Recht grundsätzlich nicht möglich. Die vorerwähnte deutsche Rechtsprechung setzt entsprechende Grenzen.

b. Nachträgliche Übersicherung

Die nachträgliche Übersicherung hingegen begründet nicht die Unwirksamkeit des Sicherheitenvertrages, sondern einen Anspruch des Sicherungsgebers auf Freigabe der überschießenden Sicherheiten[373]. Dadurch würde bei Vorliegen einer solchen Übersicherung zwar nicht eine ganze Verstrebung aus der WBS-Struktur herausbrechen, doch gingen den Anleihegläubigern im Insolvenzfall Sicherheiten verlustig, aus denen sie befriedigt werden können[374]. Für die De-

---

rungsübereigneten Waren dem Sicherungsinteresse des Gläubigers ausreichend Rechnung trägt.

370 BGH WM 1966, S. 13 (15).

371 BGH WM 1998, S. 856 (857).

372 BGH WM 1994, S. 856 (857).

373 Vgl. BGH, WM 1998, S. 227. Der BGH entschied, dass nur im Fall der nachträglichen Übersicherung der einer fiduziarischer Sicherheit immanente Freigabeanspruch des Sicherungsgebers eine Übersicherung verhindert.

374 Die Sicherheiten des Darlehens werden von dem Sicherungsnehmer dem Treuhänder übertragen bzw. übereignet, der sie treuhänderisch für die Anleihegläubiger verwaltet und unter Umständen auch verwertet. Würden Sicherheiten aus dem Paket herausbrechen, so müssten sich die Anleihegläubiger aus dem Erlös der übriggebliebenen Sicherheiten be-

ckungsgrenze gelten die vorgenannten Ausführungen zur anfänglichen Übersicherung gleichermaßen, so dass hier die Grenze für das Entstehen des Freigabeanspruchs bei 150% des Schätzwerts des Sicherungsguts bzw. des Nennwerts der abgetretenen Forderungen liegt. Diese Deckungsgrenze ist somit als unerlässlicher Maßstab bei der Strukturierung einer WBS-Transaktion im Auge zu behalten. Allerdings kann das Risiko einer nachträglichen Übersicherung nicht gänzlich ausgeschlossen werden, da aufgrund von unsicheren Marktverhältnissen bei der Wertbestimmung der Sicherheiten im Falle der Verwertung keine absoluten Aussagen über das Eintreten einer nachträglichen Übersicherung getroffen werden können. Es handelt sich um eine Bewertung, die anhand der Besonderheiten der jeweiligen Umstände in tatrichterlicher Verantwortung unter Zuhilfenahme von Sachverständigen vorgenommen werden muss[375].

3. Interessenwahrnehmung der Anleihegläubiger

a. Gläubigerversammlung

Die Wahrnehmung und Bündelung der Interessen aller Anleihegläubiger gestaltet sich bei einer öffentlichen Platzierung, bei der sich die Anleihegläubiger untereinander, aber auch häufig dem Emittenten selbst gegenüber, unbekannt sind als schwierig. Aber auch bei einer relativ geringeren Anzahl von Schuldverschreibungsinhabern im Rahmen einer Privatplatzierung ist eine effiziente Interessenwahrnehmung gegenüber dem Emittenten nicht frei von Schwierigkeiten[376]. Eklatant wird dies in den Fällen, bei denen wegen veränderter wirtschaftlicher Rahmenbedingungen, die unmittelbar auf den Emittenten negativ durchschlagen, die Anleihebedingungen abzuändern sind[377]. Hierzu muss ein Gremium existieren, das zu Mehrheitsentscheidungen legitimiert ist. Das ist die Gläubigerversammlung.

aa. Schuldverschreibungsgesetz (SchVG)

Eine deutsche gesetzliche Regelung findet sich im SchVG, welche einen rechtlichen Rahmen für die Organisation einer Interessenvertretung im Innen-, aber auch im Außenverhältnis aufstellt. Allerdings findet dieses Gesetz nur in einem sehr begrenzten Geltungsbereich Anwendung. Es gilt lediglich für Schuldverschreibungen, deren Emittent seinen Sitz oder eine Niederlassung in Deutschland hat[378]. Deshalb fallen die meisten Emissionen durch das Raster, denn die in der Praxis am häufigsten vorkommenden Emissionen von Euro-Auslandsanleihen durch im Ausland ansässige Finanzierungstöchter deutscher Unternehmen sind

---

friedigen und darüber hinaus sich an das anleiheemittierende SPV halten. Dieses hat jedoch in der Regel keine nachhaltigen Vermögenswerte.

375 BGH WM 1998, S. 856 (857).

376 Bei einer Privatplatzierung mit einem sehr stark beschränkten Investorenkreis mag dies anders sein. Zur Platzierungsart der Anleihe, siehe Zweiter Teil §15 VII.

377 Vgl. Siebel, S. 676.

378 § 1 Abs. 1 SchVG.

vom unmittelbaren Anwendungsbereich ausgenommen[379]. Erschwerend kommt hinzu, dass notwendige Anpassungs- und Sanierungsmaßnahmen aufgrund sich verändernder wirtschaftlicher Bedingungen durch die Gläubigerversammlung nur in sehr beschränktem Maße und unter engen Voraussetzungen zulässig sind. Daher kann etwa die Gläubigerversammlung nicht über in Krisensituationen praktisch übliche Veränderungen bezüglich der Hauptforderungen, wie z.B. in Form der Streckung der Anleihedauer, einer kurzfristigen Kupon-Ermäßigung (Reduktion der Zinszahlung), eines Kapitalverzichts, eines Umtauschs der Schuldverschreibungen in günstigere Titel (längere Laufzeit, niedriger Kupon) oder in Aktien (Debt Equity Swap), einer dauerhafte Zinssatzermäßigung oder Rangrücktrittsvereinbarungen beschließen, sondern lediglich über temporäre, auf maximal drei Jahre angelegte Änderungen der Zinsmodalitäten und -fälligkeiten bestimmen[380]. Die Beschlussfassung setzt eine qualifizierte Mehrheit von 75% der abgegebenen Stimmen voraus und ist auch nur zur Abwendung der Zahlungseinstellung oder des Insolvenzverfahrens über das Vermögen des Emittenten zulässig[381]. Aufgrund seines entsprechend beschränkten und den praktischen Bedürfnissen nicht gerecht werdenden Anwendungsbereichs hat das SchVG keine große praktische Bedeutung erlangt[382]. Vereinzelt wird auch von „glücklosem Recht“[383] oder sogar „totem Recht“[384] gesprochen. In Anerkennung dieser Mängel und aufgrund anhaltender Kritik der Fachöffentlichkeit legte das Justizministerium 2003 einen Gesetzentwurf zur Änderung des Schuldverschreibungsrechts zur Diskussion vor[385]. Allerdings ebbte der Reformwille abrupt wieder ab, so dass keine Veränderung der Rechtswirklichkeit unter dem SchVG erfolgt ist[386].

---

379 Auch bei einer bewussten Unterstellung des deutschen Rechts findet eine analoge Anwendung des SchVG in der herrschenden Literaturmeinung keine Zustimmung, da keine Gesetzeslücke vorliegt, sondern der Gesetzgeber bewusst diese Beschränkung vorgenommen hat, vgl. Hartwig-Jacob, S. 551ff. m.w.N.

380 § 11 Abs. 1 SchVG.

381 § 11 Abs. 2 SchVG.

382 Vgl. Schneider, S. 6.

383 Vogel, S. 4.

384 Schneider, S. 10.

385 Dieser Entwurf wurde bei einer eigens zu diesem Thema einberufenen Tagung am Institute for Law and Finance in Frankfurt am 5. Februar 2004 kontrovers unter den führenden Experten auf diesem Gebiet diskutiert, vgl. auch die Publikation zu dieser Tagung, Baums/Cahn.

386 Bei der vorerwähnten Tagung kam es zu der erstaunlichen Situation, dass – auf Wunsch des Bundesjustizministeriums – der Gesetzentwurf den Tagungsteilnehmern nicht ausgehändigt wurde und so den Referenten vorbehalten blieb. Auf Anfrage des Verfassers dieser Arbeit bei verantwortlicher Stelle des Ministeriums wurde ihm mitgeteilt, dass der bei der Tagung in Frankfurt diskutierte Entwurf vollkommen überholt sei und es keinen Sinn mache, diesen in irgendeiner Form, sei es wissenschaftlicher oder mehr praktisch orientierter Art, zu diskutieren oder analysieren. Auch sei nicht abzusehen oder zu prognostizieren zu welchem Zeitpunkt ein neuer Entwurf veröffentlicht wird. Aus ähnlichen Gründen wurde einem um Professor Theodor Baums und Professor Rüdiger von Rosen gruppierten Zirkel führender Frankfurter Kapitalmarktrechtler in Frankfurt noch im November 2006 die Einsicht in den jüngsten Entwurf verweigert und das Thema einfach abgesetzt.

bb. Vertragliche Regelung in den Anleihebedingungen

In Anbetracht dieser Umstände muss durch die Gestaltung der Anleihebedingungen Vorsorge getroffen werden, diese gesetzlichen Schwächen von vornherein zu antizipieren und aufzufangen. Zu beachten ist aber, dass es trotz dieser sachlich gebotenen Regelung, nicht allgemein üblich ist, in der Praxis der deutschem Recht unterliegenden Euro-Auslandsanleihen (ein kleiner Ausschnitt des in London und Luxemburg ansässigen Euromarktes) Regelungen über die Organisation und Kompetenz einer Gläubigerversammlung zu vereinbaren[387]. Es ist rechtlich risikobehaftet, für ausländische Emittenten vertraglich eine der Gläubigerversammlung ähnliche Gläubigerorganisation zu schaffen[388]. Des Weiteren scheint ein wichtiger Grund zu sein, dass das Kündigungsrecht üblicherweise als individuelles, dem einzelnen Anleihegläubiger zustehendes Recht ausgestaltet ist[389]. Auch werden viele Entscheidungen, die früher in den Anleihebedingungen als Domäne der Gläubigerversammlung vorgesehen waren, heute gemäß den Bestimmungen der Anleihebedingungen und Treuhandverträgen entweder dem Emittenten oder dem Anleihetreuhänder alleine oder kumulativ übertragen[390]. Änderungen des Leistungsversprechens aus der Anleihe ohne eine zuvor vereinbarte, vertragliche Regelung bedürfen der Zustimmung aller Anleihegläubiger – ein Ergebnis, das in der Praxis nur schwerlich zu erzielen ist und Anpassungen erschwert, weil es Minderheiten ein zu hohes Gewicht einräumt[391].

b. Bedeutung des Anleihetreuhänders

Im Mittelpunkt einer WBS-Transaktion stehen die Vermögenswerte, die den notwendigen Cash Flow generieren, um die Zahlungsverpflichtungen aus dem besicherten Darlehen und der zur Refinanzierung dieses Darlehens begebenen Anleihe zu erfüllen. Diese gilt es in Krise und auch in der Insolvenz zugunsten der Anleihegläubiger zu erhalten. Aus diesem Grund ist bereits bei der Strukturierung der Transaktion zu bedenken, wie angesichts der Schwäche des SchVG die Rolle des Anleihetreuhänders ausgestaltet sein soll. Dabei stehen insbesondere ihm eingeräumte Kontroll- und Interventionsrechte im Vordergrund. Es handelt sich dabei um eine Aufgabe, die wie zuvor aufgezeigt, die Gläubigerversammlung alleine nicht effizient zu leisten vermag. Eine starke Position des Anleihetreuhänders erzeugt Disziplinierungsdruck auf den Emittenten und Originator, die zu ökonomisch sinnvollem Handeln angehalten werden und gleichzeitig die Interessen der Anleihegläubiger ernst nehmen müssen[392].

---

387 Siebel, S. 684; Hartwig-Jacob, S. 555.

388 Hauptargumente sind (i) die Gefahr eines unzulässigen Vertrags zu Lasten Dritter durch die Einschränkung von Gläubigerrechten mittels Mehrheitsentscheidungen und (ii) Unwirksamkeit wegen Unvereinbarkeit mit Maßstäben des AGB-Rechts, d.h. Quali-fizierung als überraschende Klausel i.S.v. § 305c Abs. 1 BGB oder als unangemessene Benachteiligung nach § 307 BGB, vgl. Hutter, S. 425 m.w.N.

389 Hartwig-Jacob, S. 356.

390 Hartwig-Jacob, S. 555.

391 Vgl. Hutter, S. 453, Hartwig-Jacob, S. 559 m.w.N.

392 Deacon, S. 178.

aa. Anleihetreuhänder angelsächsischer Prägung

Der Anleihetreuhänder angelsächsischer Prägung (Bond Trustee) einer WBS-Struktur ist nicht ohne Weiteres in den deutschen Rechtsrahmen übertragbar[393]. Diesem wird in aller Regel aufgrund der möglichen Teilung des Eigentumsrechts im angelsächsischen Rechtskreis neben den Anleihegläubigern auch eine Gläubigerposition am Eigentum zugewiesen, vor allem am Sicherungsgut[394]. Daneben kommen ihm Gläubigerrechte bzgl. Zins-, Tilgungs- oder etwaiger Kapitalrückzahlungsforderungen zu, sowie weitgehende Rechte für bestimmte Situationen, insbesondere das außerordentliche Kündigungsrecht im Krisenfall und die Geltendmachung der Ansprüche der Anleihegläubiger im Insolvenzfall[395]. In bestimmten Fällen muss er die Entscheidung der Gläubigerversammlung einholen und sein Handeln danach ausrichten, wobei allerdings den Anleihegläubigern regelmäßig Eingriffsmöglichkeiten im Fall von Pflichtverletzungen seitens des Bond Trustees eingeräumt sind[396]. Die Besonderheit des Trustrechts nach englischem Common Law besteht demnach in einer Art „Gesamtgläubigerschaft" von Anleihetreuhänder und Anleihegläubigern gegenüber dem Emittenten mit in dem sog. Trust Deed oder Indenture eindeutig geregelten Zuständigkeiten[397]. Eine so umfassende Treuhänderstellung, die starke Disziplinierungskraft hat und auf der Aufteilbarkeit des Eigentums fußt, widerspricht jedoch der Absolutheit des deutschen Eigentumsbegriffs und den sich daraus ergebenden Prinzipien des deutschen Sachenrechts: dem Typenzwang oder auch Numerus Clausus der dinglichen Rechte und dem Publizitätsprinzip[398].

---

393 Hintergrund ist das für den angelsächsischen Rechtskreis charakteristische Rechtsinstitut des Trustrechts (Trust), welches flexibel und universell anwendbar ist. Hierbei werden einer Person, dem Trustee, in einem weitgehend beliebig bestimmbaren Umfang Rechte (Trust Property) zur Ausübung zu Gunsten der Berechtigten (Beneficiaries) übertragen, vgl. Vogel, S. 7. Rechtliche Grundlagen sind der Trustee Act 2000, der den Investment Act von 1961 ersetzt hat, sowie der Companies Act von 1948, der im Companies Act von 1985, 1989 und 2000, dem Business Act von 1985 und dem Companies Securities Act von 1985 aufgefangen wurde.

394 Hartwig-Jacob, S. 602, m.w.N. Siehe diesen Autor auch für Einzelheiten zum Anleihetreuhänder angelsächsischer und deutscher Prägung, S. 581ff. Zum Bond Trustee, siehe auch Wood, Rn 10-1ff. Das Eigentum ist grundsätzlich in zeitlicher und sachlicher Hinsicht in die sog. legal ownership und equitable ownership aufteilbar.

395 Hellner/Steuer/*Bosch*, Rn. 10/200.

396 Vogel, S. 8.

397 Vogel, S. 8.

398 Aufgrund der Absolutheit des Eigentums, das gegen jedermann wirkt, lässt das Gesetz nur eine begrenzte Zahl von Sachenrechten in Form des Eigentums und der beschränkten dinglichen Rechte zu, so dass neue dingliche Rechte von den Parteien nicht geschaffen werden können. Dies ist dem Gesetzgeber vorbehalten. Nach dem sachenrechtlichen Numerus Clausus können so mehrere Personen nur in der Form des Miteigentums oder des Gesamteigentums zur gleichen Zeit das Eigentum an einer Sache haben. Gleichzeitig muss das Bestehen konkreter dinglicher Rechte auch für jedermann erkennbar sein. Wolf, Rn. 22, 24; vgl. auch Vogel, S. 9.

bb. Anleihetreuhänder deutscher Prägung

Aus diesem Grund ist bei der Strukturierung einer WBS-Transaktion nach deutschem Recht auch auf den Anleihetreuhänder deutscher Prägung zurückzugreifen. Dennoch ist grundsätzlich die Bestellung eines Treuhänders bei internationalen Anleihen, die deutschem Recht unterliegen, selten anzutreffen[399]. Eine ausdrückliche gesetzliche Vorschrift des Anleihetreuhänders findet sich im deutschen Recht nicht[400]. Deswegen werden die Rechte und Pflichten des Treuhänders zwischen diesem und dem Emittenten als Sicherheitengeber autonom per Treuhandvertrag zugunsten der Anleihegläubiger als Dritte geregelt[401]. In der Regel wird dieser Vertrag dann auch in die Anleihebedingungen aufgenommen[402].

(1) Doppelseitige Anleihetreuhand

Grundsätzlich wird im deutschen Recht zwischen eigennütziger Sicherheitentreuhand und fremdnütziger Verwaltungstreuhand unterschieden[403]. Anerkannt ist aber auch eine doppelseitige, also fremd- sowie eigennützige Treuhand[404]. Fremdnützig ist sie, weil der Treuhänder das Treugut aufgrund des Treuhändervertrages für den Emittenten als Treugeber verwaltet; eigennützig ist sie, weil der Treuhänder das Treugut zugunsten der Anleihegläubiger aufgrund des Treuhandvertrages als Vertrag zugunsten Dritter für diese verwendet[405]. Der Treuhänder einer Anleiheemission im Zusammenhang einer WBS-Transaktion hat sowohl eigennützige als auch fremdnützige Zwecke zu erfüllen: Aus Sicht der Anleihegläubiger handelt er im Verhältnis zum Emittenten eigennützig, jedoch fremdnützig aus der Perspektive des Treuhänders im Verhältnis zu den Anleihe-

399 Hartwig-Jacob, S. 583.

400 Obwohl das SchVG ein Vertretungsmodell in Form eines Wahlvertreters nach §§ 14ff. SchVG, der von der Gläubigerversammlung berufen werden kann, und eines Vertragsvertreters gemäß § 16 SchVG vorhält, ist auf dieses Modell an dieser Stelle aufgrund der mangelnden praktischen Anwendung des SchVG nicht näher einzugehen.

401 Üblicherweise handelt es sich um einen entgeltlichen Geschäftsbesorgungsvertrag nach §§ 675, 611 BGB; so z.B. BGH NJW 1987, S. 2071; Palandt/*Heinrichs*, vor § 164 BGB Rn. 7; Staudinger/*Martinek*, § 164 Rn. A52 und A56. Dieser wirkt über § 328 BGB als unechter Vertrag zugunsten Dritter auch für die Anleihegläubiger. D.h. sie sind nicht unmittelbare Vertragspartner des Treuhandvertrages, werden aber durch den Erwerb von Anleihen Vertragspartei, so dass sie dann unmittelbar Rechte gegenüber dem Treuhänder auf Erfüllung dessen fiduziarischer Pflichten haben; ausführlich dazu: Hartwig-Jacob, S. 612, 613; Hellner/Steuer/*Bosch*, Rn. 10/199.

402 Es erfolgt aufgrund von Kapazitätsbeschränkungen der Anleihebedingungen die Aufnahme durch Verweis; vgl. auch Vogel, S. 9.

403 MüKo/*Schramm*, BGB Bd. 1, vor § 164 Rn. 28; Palandt/*Bassenge*, § 903 Rn. 35; Hartwig-Jacob, S. 613. Auch wenn häufig in der Literatur lediglich nur auf den Sicherheitentreuhänder als Treuhänder deutscher Prägung abgestellt wird, so z.B. Hutter S. 453; Seibel, S. 531.

404 Eine solche Treuhand zeigt sich insbesondere bei der Bestellung von nicht-akzessorischen Sicherungsrechten, Hellner/Steuer/*Bosch*, Rn. 10/196. Eine ausschließliche rechtliche Qualifizierung in entweder Sicherheitentreuhand oder Verwaltungstreuhand wie sie Hartwig-Jacob, S. 613 vornimmt, ist somit nicht zwingend notwendig.

405 Palandt/*Bassenge*, § 903 Rn. 35.

gläubigern. Hierzu gehört zum einen, dass der Anleihetreuhänder aus Anlegerschutzgesichtspunkten die neutrale Instanz ist, welche für die Anleihegläubiger, denen im einzelnen diese Möglichkeit verwehrt ist, die Verpflichtungen des Emittenten aus den Anleihen sowie das ihm zugunsten der Anleihegläubiger übertragene Sicherungsgut kontrolliert und überwacht[406]. Aus den bereits angesprochenen Gründen und im Unterschied des Treuhänders nach angloamerikanischer Prägung beschränkt sich das auf den Treuhänder als ausschließlich materiell Berechtigtem übertragbare Sicherungsgut auf nicht-akzessorische Sicherheiten. Durch Verweis auf den Treuhandvertrag in den Anleihebedingungen wird sichergestellt, dass die Treuhandabrede für und gegen jeden Erwerber einer Teilschuldverschreibung der Emission wirkt[407]. Einer Informationspflicht gegenüber den Anleihegläubigern im Zuge seiner Tätigkeit unterliegt er allerdings grundsätzlich nicht; auch sind in dem deutschen Recht unterliegenden Treuhandverträgen und Anleihebedienungen üblicherweise keine derartigen Pflichten vorgesehen[408]. Unter bestimmten Umständen, insbesondere bei Gefahr eines Verzuges des Emittenten bzgl. der Erfüllung seiner Vertragspflichten, ist jener jedoch verpflichtet, die Anleihegläubiger zu informieren[409]. Bei einer WBS-Anleihe sind jedoch weitergehende Vereinbarungen notwendig. Aus Transparenzgründen, aus Gründen der Disziplinierung des Treuhänders, des Schutzinteresses gegenüber den Anleihegläubigern und aus Gründen der Platzierbarkeit der Anleihe am Markt, sind bestimmte Ereignisse im Treuhandvertrag festzuschreiben, bei deren

---

406 Dabei wird der Anleihentreuhänder zum Sicherungsnehmer zugunsten der Anleihegläubiger und der Emittent zum Sicherungsgeber. Bei dem Sicherungsgut handelt es sich um das Sicherheitenpaket, welches das Darlehen des Emittenten an den Originator absichert. In der Regel sind das nicht-akzessorische Sicherheitsformen, wie beispielsweise die Sicherungsabtretung von Forderungen, die Sicherungsübereignung von anderen Vermögenswerten, die für das operative Geschäft des Originators wichtig sind, sowie Geschäftsanteile an dem SPV, in welches eventuell das operative Geschäft hin ausgelagert wurde. Akzessorische Sicherheiten, wie Pfandrechte oder Hypotheken, eignen sich nicht, da sie nicht nur in ihrem Bestand und Umfang von der gesicherten Forderung abhängen, sondern auch nur dem Forderungsgläubiger und nicht einem Dritten zustehen können. Aus Effizienzgründen wird er auch gleichzeitig für mögliche andere Kreditgeber wie die Revolving Credit Facility des Originators und die Liquidity Facility Provider des Emittenten, die vorrangig zu bedienen sind, handeln.

407 Die Übertragung anderer Sicherungsgüter ist entweder nicht praktikabel oder gesetzlich nicht möglich: Grundschuld und Sicherungszessionen müssten durch dinglichen Vertrag mit jedem einzelnen Gläubiger einzeln nachträglich vereinbart werden. Akzessorische Sicherheiten wie Bürgschaften, Pfandrecht oder Hypothek sind von der Hauptschuld nach Bestand und Umfang abhängig und stehen nur dem Gläubiger selbst, aber nicht einem Dritten (Treuhänder) zu, vgl. Vogel, S. 9. Siehe hierzu auch Zweiter Teil § 15 I b bb.

408 Hartwig-Jacob, S. 635.

409 Begründet wird diese Pflicht in der Literatur auf unterschiedliche Weise. Zum einen wird auf die Informationspflicht des Treuhänders als Beauftragter nach §§ 675 i.V.m. 666 BGB verwiesen. Die h.M. andererseits rekurriert auf das vertragsähnliche Verhältnis zwischen Treuhänder und Anleihegläubiger, das auf § 328 BGB fußt und auf welches § 242 BGB anwendbar ist. Danach muss der Schuldner alles tun, damit die Leistung an den Gläubiger verwirklicht wird. Dazu gehört auch die Pflicht zur Auskunftserteilung; siehe hierzu ausführlich, Hartwig-Jacob, S. 637.

Eintritt der Treuhänder die Anleihegläubiger zu informieren hat. Hierzu muss der Informationsfluss in der Kette Originator-Emittent-Treuhänder als Voraussetzung ebenfalls verpflichtend sein[410]. Dabei handelt es sich ausdrücklich: um Gefährdungen des Treuguts, Krisen auf der Ebene des Originators, die auf den Emittenten durchschlagen können oder drohende Vertragsverletzungen des Emittenten (Events of Defaults), die etwa die Anleihegläubiger dazu berechtigen, die Anleihe vorzeitig zu kündigen[411].

Ähnliches gilt hinsichtlich der finanziellen Lage des Emittenten, aber auch des Originators. Im Prinzip kommt dem Treuhänder zwar keine Überwachungspflicht zu, denn er ist gerade kein stiller Garant für die Bonität des Emittenten oder des Erfolgs der Transaktion[412]. Die Anleiheemission ist jedoch in die Gesamtstruktur WBS derart eingebettet, dass die Zahlungsverpflichtungen aus dem Darlehen und der Anleihe miteinander unmittelbar korrelieren. Aus diesem Grund sowie aus Anlegerschutzgesichtspunkten und zur Sicherstellung der erfolgreichen Anleiheplatzierung ist ein Informationsfluss über die wirtschaftliche Situation beider notwendig (insbesondere über die Einhaltung der Covenants des Darlehensvertrages zwischen Originator und Emittent). Ansonsten könnten in einer Krise oder gar Insolvenz des Originators dessen Zahlungsverpflichtungen aus dem Darlehensvertrag versiegen und unmittelbar auf die Anleihegläubigern durchschlagen, weil die sich aus den Zins- und Tilgungszahlungen des Darlehens speisenden Zahlungsverpflichtungen des Emittenten aus den Anleihen gleichfalls zum Erliegen kämen[413]. Bei diesen Daten handelt es sich um detailliertere Informationen als diejenigen, die den Anleihegläubigern öffentlich zugänglich sind[414]. Aus diesen Gründen sind Informationspflichten des Emittenten gegenüber dem Treuhänder zu vereinbaren, die insbesondere über die Einhaltung der Covenants aus dem Darlehensvertrag mit dem Originator Aufschluss geben müssen. Außerdem können zur Disziplinierung des Emittenten auch Zustimmungsvorbehalte

---

410 Dies sollte ungeachtet der Tatsache geschehen, dass ein erfahrener Treuhänder in der Praxis, schon aus eigenen Haftungsgesichtpunkten, sich bei bestimmten Umständen an die Anleihegläubiger wendet. Auch wird dadurch die Diskussion vermieden, ob die Auskünfte nur auf Verlangen der Anleihegläubiger oder aus eigenem Antrieb erfolgen muss. So wird beispielsweise vertreten, dass der Treuhänder nur auf Verlangen und unter besonderen Umständen Auskünfte erteilen muss; vgl. Hartwig-Jacob, S. 637. Dabei bleibt allerdings unberücksichtigt, dass vor allem bei nicht börsennotierten Anleihen, dem Anleihegläubiger keine oder nur begrenzt andere Informationsmöglichkeiten offen stehen.

411 Beispiel Tenovis-Transaktion: „[...] The Trustee shall promptly, upon becoming aware of an Issuer Event of Default, give notice thereof to the Noteholders [...]"; Tenovis Information Memorandum, S. 64.

412 Eine solche Pflicht wird in Bezug auf den Emittenten der gängigen Praxis ausgeschlossen, Hartwig-Jacob, S. 639 und 640.

413 Ausgestaltet wird dies als Informationspflicht der Vertragsparteien des Darlehensvertrags zugunsten des Treuhänders.

414 Sofern es sich bei dem Originator um eine nicht börsennotierte Gesellschaft handelt, sind diese Informationen nicht einmal zu veröffentlichen und würden den Anleihegläubigern verborgen bleiben. Im Zusammenhang mit der Refinanzierung von Unternehmensakquisitionsfinanzierungen ist dieser Fall regelmäßig zutreffend.

des Treuhänders für bestimmte Handlungen in den Treuhandvertrag aufgenommen werden[415].

Dem Treuhänder muss aus Gründen der Effizienz und Praktikabilität erlaubt sein, unter gewissen Umständen für die Anleihegläubiger zu handeln, ohne zuvor langwierige und zeitaufwendige Rücksprache gehalten zu haben. Andernfalls entstünde eine Situation, ähnlich wie bei der zur Entscheidungsfindung notwendigen Gläubigerversammlung, die nicht praxisgerecht wäre. Ihm ist dementsprechend ein Handlungsermessen zuzubilligen, das er stets im Interesse der Anleihegläubiger in zuvor vertraglich festgelegten bestimmten Situationen, insbesondere Krisensituationen, zum Schutz des Sicherungsguts ausüben muss. Der privatautonomen Gestaltungsfreiheit in Bezug auf die Zentralisierung von Befugnissen auf den Anleihetreuhänder – so wünschenswert und sinnvoll sie in der Praxis ist – sind ausdrückliche Grenzen gesetzt, wenn dem Treuhänder die exklusive Wahrnehmung von Rechten aus der Hauptforderung der Inhaberschuldverschreibung unter Ausschluss des Anleihegläubigers gewährt werden soll. Einerseits kennt das Vollmachtsrecht keine verdrängende, insbesondere keine unwiderrufliche, mit dinglicher Wirkung, verdrängende Vollmacht; andererseits ist es mit dem Wesen der Inhaberschuldverschreibung nicht vereinbar, dass anstelle des Inhabers der Urkunde einem Dritten das darin verbriefte Forderungsrecht zusteht[416].

Schließlich ist die Funktion des Anleihetreuhänders auch aus Sicht des Emittenten wichtig, denn nur so kann er die Kommunikation zu den einzelnen Anleihegläubigern kanalisieren und effizienter gestalten, insbesondere wenn sich eine Krise abzeichnet und eventuell eine Änderung der Anleihebedingungen vorgenommen werden muss[417]. Gleichzeitig kann dem Emittenten ein gewisser Schutz vor einzelnen Anleihegläubigern verschafft werden, indem der Anleihetreuhänder zugunsten aller Beteiligten der Transaktion auf diesen einwirken kann[418].

---

415 Beispiel Tenovis-Transaktion: "So long as the notes remain outstanding, the issuer shall not be entitled, wihtout the Trustee's prior written aproval (which approval shall not be given unless the Rating Agencies have confirmed that such action would not result in downgrading or withdrawal of the rating in respect of any Note) [...]"; Tenovis Informations Memorandum, S. 39.

416 Vgl. Vogel, S. 12, 13. Siehe diesen Autor auch zu Änderungsvorschlägen des deutschen Treuhänderrechts zur Überwindung der genannten Schwierigkeiten, vgl. S. 30.

417 Dem Emittenten sind Anleihegläubiger bei einer öffentlichen Platzierung nicht bekannt, da internationale Anleihen in aller Regel als Inhaber- und nicht als Namenspapiere ausgegeben werden. Er steht so einer anonymen Masse gegenüber, die Gläubiger einer Gesamthandschuld sind und ein gemeinsames Renditeinteresse und -ziel haben, jedoch unter unterschiedlichsten Gesichtspunkten diese Investition getätigt haben.

418 Sog. Mad Bondholder, die beim ersten Anzeichen einer Krise unbedingt auf Zahlung drängen, sich Restrukturierungen absolut verschließen und so den Emittenten in die Insolvenz stürzen können; Wood, Rn. 10-5.

(2) Haftung

Bei der Erfüllung seiner Aufgaben während der Laufzeit dieser Anleihe kann sich der Treuhänder gegenüber dem Emittenten oder den Anleihegläubigern haftbar machen und Schadensersatzansprüchen ausgesetzt sehen[419]. Es kommen besonders Fälle in Betracht, bei denen der Treuhänder entgegen eines Verbotes Dienste auf Dritte überträgt oder, sofern die Übertragung gestattet ist, nicht die erforderliche Sorgfalt walten lässt[420]. Die Haftungsfrage gegenüber den Anleihegläubigern stellt sich im Zweifelsfall erst, wenn die Anleihe notleidend wird und die Tätigkeit auf Pflichtverletzungen hin überprüft wird[421]. Naheliegend sind etwaige Verstöße gegen seine Auskunftspflicht, die Art und Weise der Sicherheitenverwertung oder andere Vertragspflichten. Die Verpflichtung zum Schadensersatz ergibt sich jeweils aus § 276 BGB i.V.m. § 675 BGB, für einen eingesetzten Dritten als Erfüllungsgehilfen aus § 664 BGB bzw. § 278 BGB[422]. Als Mindesthaftungsmaßstab wird im Treuhandvertrag und den Anleihebedingungen auf die Sorgfalt eines ordentlichen Kaufmanns rekurriert[423]. Auch wenn die Fälle einer möglichen Haftung überschaubar bleiben, so ist es in der Praxis üblich, den Anleihetreuhänder weitreichend von der Haftung freizustellen[424]. Es besteht kein Grund, bei einer Anleiheemission im Zusammenhang einer WBS-Transaktion davon abzuweichen. Es zeichnet folglich der Emittent den Treuhänder von allen Verbindlichkeiten, Ansprüchen, Forderungen oder Klagen Dritter frei, welche dem Treuhänder bei seiner Aufgabenerfüllung angetragen werden, sofern er den Mindestmaßstab der Sorgfalt eines ordentlichen Geschäftsmannes an den Tag gelegt hat[425]. Normierte Grenze für die Haftungsfreizeichnung ist § 276 Abs. 2 BGB, wonach die Vorsatzhaftung nicht ausgeschlossen werden kann.

---

419 Gegenüber Dritten ist dies grundsätzlich auch möglich, soll bei dieser Betrachtung jedoch außer Acht gelassen werden.

420 Hartwig-Jacob, S. 667.

421 Hutter, S. 455; Hartwig-Jacob, S. 667.

422 Im Bezug auf den Emittenten aus unmittelbarer Vertragsbeziehung, hinsichtlich der Anleihegläubiger aus der Ausgestaltung des Treuhandvertrages als Vertrag zugunsten Dritter nach § 328 BGB.

423 So bei der Tenovis-Transaktion: „The Trustee shall be liable for any breach of its obligations under this Trust Agreement only if and to the extent that it fails to meet the standard of care of a prudent merchant."; Tenovis Information Memorandum, S. 71. Hintergrund ist, dass in aller Regel Banken, deren Tochtergesellschaften oder Wirtschaftsprüfungsgesell-schaften die Aufgabe des Treuhänders übernehmen und die Treuhand als Bankiergeschäft i.S.v. § 1 Abs. 2 Ziff. 4 HGB bzw. als Handelsgewerbe i.S.v. § 2 HGB betreiben und so dem Haftungsmaßstab eines ordentlichen Kaufmanns nach § 347 HGB unterliegen.

424 Zu beachten ist auch, dass üblicherweise die Vergütung nicht in einem angemessenen Verhältnis zur Haftung steht, Wood, Rn. 11-1.

425 Bei der Tenovis-Transaktion wurde z.B. folgender grundsätzlicher Sorgfaltsmaßstab aufgestellt: „The Trustee shall be liable for any breach of its obligations under this Trust Agreement only if and to the extent that it fails to meet the standard of care of a prudent merchant.", Tenovis Information Memorandum, S. 71. Hinzukamen detaillierte Haftungsfreizeichnungen für bestimmte Einzelfälle, vgl. Tenovis Information Memorandum, S. 71 bis 74.

II. Datenschutzrecht

Ebenso wie beim herkömmlichen Kreditgeschäft sind im Zusammenhang mit der Darstellung des Sicherheitenpakets des Kredits und seiner Bestellung bei einer WBS-Struktur datenschutzrechtliche Regeln zu beachten[426]. Auch wenn bei WBS das Sicherheitenpaket aus mehreren Schichten besteht und die zur Verfügung stehenden Vermögenswerte je nach Industriebereich des Originators unterschiedlich sein können, bilden Forderungen meist einen Hauptanteil der Sicherheiten[427]. Bei der Abtretung dieser Forderungen zur Sicherheit an den Sicherungsnehmer sind diesem nach § 402 BGB diejenigen Daten zu übermitteln, die er benötigt, um seine Rechte im Sicherungsfall gegenüber dem Schuldner durchzusetzen[428]. Obwohl der Zessionar per Gesetz dieser Auskunftspflicht unterliegt, steht er gleichzeitig im Spannungsverhältnis zu den zwingenden Regelungen des Bundesdatenschutzgesetzes (BDSG)[429].

Im Zusammenhang mit Forderungsabtretungen ist die Übermittlung von Schuldnerdaten als Datenübermittlung i.S.d. BDSG zu qualifizieren[430]. Bei einem Verstoß gegen das BDSG dürfen die erlangten Daten nicht verwendet und müssen ggf. gelöscht werden[431]. Außerdem besteht für den Schuldner unter Umständen ein Anspruch auf Schadenersatz, sofern die verantwortliche Seite sich nicht mit der Anwendung der notwendigen Sorgfalt nachweislich exkulpieren kann[432]. Die

---

426 Abzugrenzen ist hier die Datenübermittlung durch eine Bank; s. hierzu das Urteil des OLG Frankfurt vom 25. Mai 2004 in WM 2004, S. 1386; sowie ausführlich Cahn, WM 2004, S. 2041. Zu beachten ist hier das jüngste, (noch) unveröffentlichte BGH Urteil vom 27.02.2007 – XI ZR 195/05, wonach das Bankgeheimnis und das Bundesdatenschutzgesetz die wirksame Abtretung von Darlehensforderungen nicht hindern. Es kann wegen Verstoß gegen die Verschwiegenheitspflicht bzw. datenschutzrechtliche Bestimmungen zu einem Schadensersatzanspruch gegen die übertragende Bank kommen, doch wird dadurch die Wirksamkeit der Forderungsabtretung nicht berührt.

427 Hier zeigt sich ein weiterer Unterschied zu Verbriefungstechniken, wie z.B. ABS, bei denen ausschließlich auf Forderungen zurückgegriffen wird. Zur Thematik des Datenschutzes bei ABS Transaktionen siehe ausführlich Klüwer, S. 194ff.

428 Diese Auskunftspflicht bezieht sich auf alle Umstände, die für die Forderung und deren Durchsetzung erheblich sind; Palandt/*Heinrichs*, § 402 Rn. 2.

429 Bundesdatenschutzgesetz in der Fassung der Bekanntmachung vom 14. Januar 2003 (BGBl. I S. 66), zuletzt geändert durch Artikel 1 des Gesetzes vom 22. August 2006 (BGBl. I S. 1970).

430 S. § 1 Abs. 2 Nr. 3 und § 3 Abs. 1 - 5 BDSG; vgl. Klüwer, S. 195.

431 § 35 BDSG.

432 § 7 S. 1 BDSG, sowie herzuleiten aus den allgemeinen deliktsrechtlichen Regelungen des Zivilrechts (§§ 823 Abs. 2 BGB i.V.m. § 28 BDSG oder § 826 BGB); subsidiär auch aus dem verfassungsrechtlich verbürgten Recht der informationellen Selbstbestimmung (Persönlichkeitsrecht) gemäß Art. 1 Abs. 1 GG i.V.m. Art. 2 Abs. 1 GG, vgl. Kusserow/Dittrich, WM 1997, S. 1786ff. Es kann dahinstehen, inwiefern diese Sanktionen WBS Beteiligte bei der Datenübermittlung disziplinieren, denn hinsichtlich der gebotenen Risikodisklusierung im Zuge der Platzierung der Anleihen ist es notwendig, jedes sich auftuende rechtliche Risiko einer WBS-Struktur zu untersuchen. Dieses wurde im Zusammenhang von ABS aufgrund

Nichtigkeit der Forderungsabtretung wegen Verstoßes gegen ein gesetzliches Verbot nach § 134 BGB tritt hingegen nicht ein[433]. Das BDSG lässt die Datenübermittlung nur unter bestimmten Voraussetzungen zu. So, wenn der Schuldner gemäß § 4 Abs. 1 BDSG eingewilligt hat oder die Übermittlung durch das BDSG oder anderer Rechtsvorschriften ausdrücklich erlaubt wird[434]. Diese Einwilligung muss auf einer freien Entscheidung des Betroffenen beruhen und ist grundsätzlich schriftlich abzugeben (§ 4a Abs. 1 S. 3 BDSG). Als risikoärmster Weg wäre demnach die Zustimmung aller Schuldner einzuholen. Aufgrund des Schriftformerfordernisses ist dieser Weg aber praktisch bei WBS- Transaktionsvolumina von mehreren 100 Mio. Euro, die zu besichern sind, kaum durchführbar[435]. Die normierte Auskunftsverpflichtung des § 402 BGB selbst ist aber grundsätzlich Rechtfertigung i.S.v. §§ 4 Abs. 1 BDSG. In diesem Zusammenhang ist zu beachten, dass das Verfassungsrecht über den Grundsatz von Treu und Glaube nach § 242 BGB auch auf das Zivilrecht ausstrahlt[436]. § 402 BGB, der Gehalt und die Weite der Datenübermittlung sind deshalb im Lichte des verfassungsrechtlich verbürgten Rechts auf informelle Selbstbestimmung des Schuldners nach Art. 1 Abs. 1 GG i.V.m. Art. 2 Abs. 1 GG[437] zu interpretieren. Dabei hat eine Abwägung zwischen den Interessen des Darlehensnehmers, d.h. seines Unternehmensfinanzierungsinteresses, das über die allgemeine Handlungsfreiheit geschützt ist[438], und den jeweiligen Interessen der Schuldner zu erfolgen[439]. In Anbetracht der mittlerweile überragend wichtigen Rolle von Forderungsabtretungen im alltäglichen Rechtsverkehr (gerade im Zusammenhang mit notleidenden Krediten) würde es zu nicht tragbaren Ergebnissen kommen, wenn ein Zedent nicht wenigstens die zur Forderungszession notwendigen Kundengrunddaten übermitteln dürfte[440]. Eine darüber hinaus gehende Datenübermittlung ist bei einer WBS-Transaktion nicht notwendig. Als weitere gesetzliche Grundlage für ein Recht zur Weitergabe von Daten, die unter den Anwendungs-

---

der hohen Volumina und der fehlenden Möglichkeit der Rechtsprechung Schadenersatz mit Strafcharakter zu verhängen (sog. Punitive Damages), bezweifelt; vgl. Klüwer, S. 208.

433 Vgl. Cahn, S. 27f.; Klüwer, S. 208; Rinze/Heda WM 2004, S. 1557 (1563). In der jüngeren Rechtssprechung wird allerdings angenommen, dass die Vorschriften des BDSG keine Verbotsgesetze i.S.v. § 134 BGB sind, OLG Celle WM 2004, S. 1384 (1385).

434 Vgl. Simits BDSG, § 4 Rn. 2.

435 Bei der Tenovis-Transaktion wurden die Cash Flows aus Verträgen mit ca. 140.000 Kunden verbrieft, vgl. Tenovis Information Memorandum, S. 146.

436 MüKo/*Roth*, BGB Bd. 2, § 242 Rn. 52.

437 BVerfG Urteil v. 15.12.1983, BVerfGE 65, S. 1ff.

438 Art. 2 Abs. 1 GG.

439 Ausführlich diskutiert in Klüwer, S. 197ff.

440 Vgl. Simitis, BDSG § 24 Rn. 35. Das Zivilrecht bietet mit § 399 BGB die Möglichkeit, privatautonom ein Abtretungsverbot zu vereinbaren. Sollte das Verfassungsrecht § 402 BGB derart einschränken, dass es zu keinerlei Datenübertragung kommen dürfte, so wäre auch diese Klausel ausgehebelt und das Abtretungsverbot würde zur Regel werden. Auch macht es wenig Sinn von einem der Datenübermittlung entgegenstehenden Willen des Schuldners und einer möglichen Rechtsverletzung auszugehen, wenn dieser von der bestehenden Möglichkeit der Vereinbarung eines Abtretungsverbots nicht Gebrauch macht, vgl. Klüwer, S. 200.

bereich des BDSG fallen, ist neben § 402 BGB auch § 28 Abs. 1 Nr. 2 BDSG zu nennen. Hiernach ist das Erheben, Speichern, Verändern oder Übermitteln personenbezogener Daten oder ihre Nutzung für die Erfüllung eigener Geschäftszwecke zulässig, soweit es zur Wahrung berechtigter Interessen der verantwortlichen Stelle, d.h. des Darlehensnehmers, erforderlich ist und kein Grund zur Annahme besteht, dass das schutzwürdige Interesse des Betroffenen, d.h. des Schuldners, an dem Ausschluss der Verarbeitung oder Nutzung überwiegt. Für diese Abwägung kommt es auf dieselben Gesichtspunkte an wie bei der Diskussion um die Begrenzung des § 402 BGB, so dass es auch zu demselben Ergebnis führt.

Sollte jedoch der Darlehensnehmer, d.h. das anleiheemittierende SPV, aber auch der Treuhänder, ihren jeweiligen Sitz im Ausland haben, so stellt dies bei der Datenübermittlung kein Hindernis oder Risiko dar. Zunächst sorgt das deutsche Internationale Privatrecht nach Art. 33 Abs. 2 Einführungsgesetz zum BGB (EGBGB) dafür, dass auf die Forderungsabtretung auch als Forderungsstatut deutsches Recht Anwendung findet und sich die Beteiligten nicht einer fremden Rechtsordnung gegenübersehen. Ebenso stellt das BDSG klar, wann Datenübermittlungen ins Ausland, die nicht in Erfüllung öffentlicher Aufgaben erfolgen, wirksam sind. Nach § 4b Abs. 2 BDSG muss, damit kein schutzwürdiges Interesse des Betroffenen entgegensteht, in dem jeweiligen Drittstaat ein angemessenes Datenschutzniveau gewährleistet sein. Dabei werden alle Umstände, wie z.B. geltende Rechtsnormen, Standesregeln oder auch getroffene Sicherheitsmaßnahmen des Empfängers berücksichtigt[441]. Aufgrund des vereinheitlichten Rechtsrahmens innerhalb der Europäischen Union ist von einem angemessenen Schutzniveau im europäischen Ausland auszugehen[442]. Sofern der Treuhänder, auf den es letztlich bei dieser Betrachtung ankommt, nicht schon in Deutschland seinen Sitz hat, wird es naheliegend sein, ihn in einem der wichtigen europäischen Bankenzentren anzusiedeln, wie z.B. London.

---

441 § 4b Abs. 3 BDSG.

442 Ein einheitlicher Rechtsrahmen wurde geschaffen durch die Europäische Datenschutzrichtlinie: Richtlinie 95/46/EG des Europäischen Parlaments und des Rates vom 24. Oktober 1995 zum Schutz natürlicher Personen bei der Verarbeitung personenbezogener Daten und zum freien Datenverkehr (23. November 1995, ABl. EG Nr. L 281 S. 31 bis 50) und die diese Richtlinie ergänzende und 2002 erlassene Datenschutzrichtlinie für elektronische Kommunikation, Richtlinie 2002/58/EG des Europäischen Parlaments und des Rates vom 12. Juli 2002 über die Verarbeitung personenbezogener Daten und den Schutz der Privatsphäre in der elektronischen Kommunikation (31. Juli 2002, ABl. EG Nr. L 201 S. 37 bis 47). Letztere soll (i) die Grundrechte und die Privatsphäre der Einwohner der Europäischen Union schützen und (ii) den freien Daten- und Warenverkehr zwischen den EU-Mitgliedsstaaten gewährleisten.

III. Isolierung der Vermögenswerte des Originators (Ring - Fencing the Assets)

Bei Verbriefungen wird regelmäßig angestrebt, insolvenzfeste Strukturen zu implementieren, um die Kapitalmarktfähigkeit der emittierten Anleihen sicherzustellen. Bei ABS-Transaktionen werden besonders ausgewählte Vermögenswerte derart isoliert (sog. Ring-Fencing the Assets), dass sie vom Originator auf ein von diesem unabhängiges SPV übertragen werden und dadurch jegliches die Transaktion gefährdende inhärente Insolvenzrisiko des Originators ausgeschlossen werden kann (Insolvency Remoteness)[443]. Bei WBS-Transaktionen ist das SPV, im Unterschied zu ABS, grundsätzlich integraler Teil der gesellschaftsrechtlichen Struktur. Es kann daher das Insolvenzrisiko nicht vollkommen ausgeschlossen werden. Dies hat zur Folge, dass im Kontext von WBS im Gegensatz zu ABS von einer perfekten Insolvenzfestigkeit nicht gesprochen werden kann, sondern vielmehr von einer strukturellen Insolvenzrobustheit (Insolvency Robustness), die das angesprochene Risiko zumindest stark reduziert. Wie bereits aufgezeigt, wird dieses Ziel in Großbritannien mittels der Rechtsinstitute des Floating Charge und Administrative Receivership erreicht. Diese ermöglichen eine weitgehende Kontrolle des insolventen Originators zugunsten der Anleihegläubiger. In anderen Rechtsordnungen, wie etwa der deutschen, denen diese Vorschriften unbekannt sind, müssen kompliziertere risikodämmende Lösungen entwickelt werden. Ein erster entsprechender und weiterführender Schritt zur Insolvenzrobustheit ist eine Isolierung der Vermögenswerte, indem sie auf eine neu zu gründenden Tochtergesellschaft ausgelagert und übertragen werden[444]. Ein solcher Vorgang hat verschiedene rechtliche Implikationen, die im Folgenden näher beleuchtet werden sollen.

1. Gesellschaftsrechtliche Aspekte

Die Übertragung der Vermögenswerte des Originators auf eine andere Gesellschaft ist rechtlich unterschiedlich gestaltbar. Es bieten sich dabei in der Folge mit der Ausgliederung nach dem Umwandlungsgesetz (UmwG), einem Verkauf oder der Einlage gegen Gewährung von Unternehmensanteilen drei Varianten an.

a. Ausgliederung

Bei der Ausgliederung des entsprechenden operativen Geschäftsbetriebs handelt es sich um eine Unterform der unternehmerischen Umwandlung in Form der Spaltung nach § 123 Abs. 3 UmwG. Bei der freien Wahl, welche Vermögenswerte aus dem Unternehmen ausgegliedert werden sollen, stehen zwei Varianten zur Verfügung: die Ausgliederung zur Aufnahme durch ein bestehendes Unternehmen gem. § 123 Abs. 3 Nr. 1 UmwG oder zur Ausgliederung auf einen neu

---

443 Vgl. Erster Teil § 4 II.

444 So zum ersten Mal in Deutschland bei der Tenovis-Transaktion entwickelt, siehe oben Zweiter Teil § 14 II.

zu gründenden Rechtsträger (Ausgründung) nach § 123 Abs. 3 Nr. 2 UmwG. Bei WBS kommt letzterer Fall in Frage. Kernstück ist der Spaltungsplan, der von den Vertretungsorganen des übertragenden Rechtsträgers aufgestellt wird und notarieller Beurkundung bedarf[445]. Wirksamkeit erlangt er durch die entsprechenden Zustimmungsbeschlüsse der jeweiligen Gesellschafterversammlungen[446]. Die Ausgliederung selbst wird erst durch Eintragung in das Handelsregister wirksam[447]. Der Vorteil der Ausgliederung ist, dass keine Vermögensübertragung mit Einzelrechtsnachfolge nach den allgemeinen Vorschriften stattfindet und so auch keine etwaigen Zustimmungen nach §§ 414ff. BGB von betroffenen Gläubigern eingeholt werden müssen[448]. Entscheidend ist, dass der notwendige Spaltungs- und Übernahmevertrag bzw. Spaltungsplan als Gegenleistung die Gewährung von Anteilen oder Mitgliedschaften an der neugegründeten Gesellschaft vorsieht[449]. Sollte dies nicht der Fall sein, beispielsweise durch Vereinbarung einer reinen Barzahlung, so liegt eine Vermögensübertragung nach § 174 UmwG vor. Die Konsequenz wäre, dass die intendierte Ausgliederung als nicht in das Handelsregister eintragungsfähig qualifiziert wird und somit eine Vermögensübertragung durch partielle Universalsukzession nicht möglich ist[450]. Negativ ist allerdings, dass gemäß § 133 Abs. 1 Satz 1 und Abs. 3 UmwG ein fünfjähriger Haftungsverbund des neuen Rechtsträgers mit dem Rechtsübertragenden in Form der Gesamtschuld für die übergehenden Verbindlichkeiten besteht. Hierzu gehört dann auch, dass für diese Zeit der neue Rechtsträger das Insolvenzrisiko des Rechtsübertragenden mitträgt. Eine solche Haftungsübernahme widerspricht gerade der Maxime, eine insolvenzrobuste Struktur herzustellen. Auch wäre nach § 133 Abs. 1 Satz 2 UmwG i.V.m. § 22 UmwG ein Anspruch der Gläubiger auf Sicherheitsleistung bei Gefährdung ihrer Forderungen zu beachten.

b. Verkauf

Demzufolge richtet sich das Augenmerk bei der Übertragung der Cash Flow-generierenden Vermögenswerte auf einen Verkauf an das SPV oder eine Einlage gegen Gewährung von Unternehmensanteilen (Sacheinlage). Der Verkauf wird in Form einer Singularsukzession zu gestalten sein, bei der die zu übertragenden Unternehmensteile und Vermögensgegenstände einzeln identifiziert und übertragen werden müssen (Asset Deal). Somit bedarf es bereits bei der Erstellung des

---

445 Dieser tritt bei einer Neugründung an die Stelle des Spaltungs- und Übernahmevertrags, § 136 UmwG. Dieser muss u.a. inhaltlich folgende Punkte enthalten: Zeitpunkt der Spaltung, Umtauschverhältnisse der Anteile, die genaue Bezeichnung der abzuspaltenden Teile bzw. die Aufteilung der Gegenstände des Aktiv- und Passivvermögens, die übertragen werden sollen und die zu übernehmenden Mitarbeiter, § 136 UmwG i.V.m. § 126 UmwG.

446 § 125 UmwG i.V.m. § 43 UmwG; bei Personengesellschaften bedarf es der Einstimmigkeit, mindestens aber einer ¾ Mehrheit, wenn der Gesellschaftsvertrag eine entsprechende Regelung enthält. Bei Kapitalgesellschaften bedarf es stets einer ¾ Mehrheit, es sei die Satzung sieht eine größere Mehrheit vor.

447 §§ 130, 131 UmwG.

448 Kallmeyer, § 123 Rn. 3.

449 Kallmeyer, § 123 Rn. 2 und § 1 Rn. 3; Lutter/*Priester*, § 126 Rn. 22.

450 Vgl. Schöne, S. 117.

Kaufvertrages besonderer Sorgfalt, da alle Sachen und Rechte nach den jeweils für sie geltenden Vorschriften übertragen werden[451]. Auch sind die zuvor bereits angesprochenen etwaigen Zustimmungserfordernisse von betroffenen Gläubigern zu beachten.

c. Sacheinlage

Bei einer Sacheinlage wird die Leistung auf die Stammeinlage wenigstens eines Gesellschafters nicht durch Barzahlung, sondern durch Sachwerte bewirkt[452]. Das GmbHG regelt nicht ausdrücklich welche nicht in Geld bestehenden Gegenstände sich als Sacheinlage eignen. Demzufolge kann grundsätzlich jeder übertragbare vermögenswerte Gegenstand geeignet sein, so z.B. Sachen, Forderungen, sonstige Rechte oder auch Sachgesamtheiten[453]. Entscheidend ist, dass ein dem feststehenden Stammkapital entsprechendes Gesellschaftsvermögen aufgebracht wird. Die Besonderheit einer Sacheinlage liegt allerdings in der Schwierigkeit ihrer Bewertung[454]. Hier besteht stets die Gefahr einer Über- oder auch Unterbewertung. Aus diesem Grund sieht das Gesetz besondere Vorschriften vor, die von den Beteiligten einzuhalten sind. Der Einlagegegenstand und der Betrag der Stammeinlage, auf die sie geleistet werden soll, müssen folglich im Gesellschaftsvertrag oder in einer dazugehörigen Anlage klar und eindeutig festgesetzt werden[455]. Gleichzeitig muss eine Sacheinlagevereinbarung, d.h. die Verpflichtung zur Einbringung einer Einlage, im Gesellschaftsvertrag enthalten sein[456]. Weiter haben die Gesellschafter einen Sachgründungsbericht zu erstellen, in dem die für die angemessene Bewertung wesentlichen Umstände darzulegen sind[457]. Für die Entscheidung zwischen diesen beiden Optionen ist die angesprochene Maxime der Insolvenzrobustheit einer WBS-Transaktion maßgebend. Unter Berücksichtigung dieses Maßstabs unterliegt die Ausgliederung im Wege der Sacheinlage nach den Vorschriften der InsO einem höheren Anfechtungsrisiko als ein Verkauf[458].

2. Arbeitsrechtliche Aspekte

Die konzeptionelle Komplexität von WBS als Gemengelage einer Vielzahl von Rechtsfragen und Rechtsgebieten verlangt es, auch Aspekte des Arbeitsrechts mit in die Überlegungen bezüglich der Struktur einer solchen Transaktion einzubeziehen. Zu betrachten sind insbesondere die Vorgänge rund um die Isolierung

[451] BGH, BB 2002, S. 428 (429).
[452] Raiser, S. 423.
[453] Scholz/*Winter*, § 5 Rn. 42ff.
[454] Raiser, S. 425.
[455] § 5 Abs. 4 Satz 1 GmbHG.
[456] Scholz/*Winter*, § 5 Rn. 40.
[457] § 5 Abs. 4 Satz 2 GmbHG. Zum Inhalt kann ergänzend als Anhaltspunkt auch § 32 Abs. 2 AktG herangezogen werden.
[458] Einzelheiten zu Risiken der Anfechtung in Krise und Insolvenz bei WBS, siehe Zweiter Teil § 17.

der Cash Flow-generierenden Vermögenswerte des Originators. Dabei wird – wie zuvor schon mehrfach betont – das operative Geschäft oder Teile davon vom Originator auf eine Zweckgesellschaft ausgegliedert. Im Spannungsverhältnis stehen sich demnach zwei Interessen gegenüber: zum einen die der WBS Initiatoren, welche die Isolierung der Cash Flow-generierenden Vermögenswerte des operativen Geschäftsbetriebs des Originators als unverzichtbare Säule einer WBS-Transaktion benötigen; zum anderen die Interessen der davon betroffenen Arbeitnehmer, da die angesprochene Isolierung nur im Wege einer rechtlichen Separierung vom Originator mit anschließender Übertragung auf eine neue Einheit erfolgsversprechend sein kann.

a. Betriebsübergang nach § 613a BGB

Bei der Tenovis-Transaktion wurden alle für das Leasinggeschäft wichtigen Service- und Wartungseinheiten inklusive der Vermögenswerte in eine GmbH (der sog. Service GmbH) ausgegliedert. Gegen Zahlung einer monatlichen Gebühr verrichtete diese Zweckgesellschaft sodann als Subunternehmerin bzw. Beauftragte des Originators dessen Dienstleistungen und Betreuung der bei ihm verbleibenden Kundenverträge[459]. Zum Schutz der Interessen der betroffenen Arbeitnehmer greift bei einem solchen Betriebsübergang die gesetzliche Regelung des § 613a BGB. Infolgedessen geht eine die Identität des Betriebs wahrende wirtschaftliche Einheit über. Der Begriff Einheit bezieht sich auf eine organisierte Gesamtheit von Personen und Sachen zur Ausübung einer wirtschaftlichen Tätigkeit mit eigener Zielsetzung[460]. Bei der Prüfung, ob eine solche Einheit übergegangen ist, müssen sämtliche den betreffenden Vorgang kennzeichnende Tatsachen in einer Gesamtwürdigung berücksichtigt werden. Dazu gehören u.a. die Art des betreffenden Unternehmens oder Betriebs, der etwaige Übergang der materiellen Betriebsmittel wie Gebäude und bewegliche Güter, der Wert der immateriellen Aktiva im Zeitpunkt des Übergangs, die etwaige Übernahme von Hauptbelegschaft, der Kundschaft sowie der Grad der Ähnlichkeit zwischen den vor und nach dem Übergang verrichteten Tätigkeiten und die Dauer einer eventuellen Unterbrechung dieser Tätigkeit[461]. Zweck ist es, die Funktion und den Fortbestand des Betriebs sicherzustellen sowie die jeweiligen Arbeitnehmer vor Nachteilen eines Betriebsübergangs zu schützen[462]. Diese Vorschrift ist nach allgemeiner Meinung zwingend und vertraglich nicht abdingbar[463]. Seine einschneidende Wirkung ist, dass auf den neuen Betriebsinhaber die Rechte und Pflichten aller der aus den zum Zeitpunkt des Betriebsübergangs bestehenden

459 Vgl. Tenovis Information Memorandum, S. 154 und Zweiter Teil § 14 II.

460 Vgl. BAG NJW 1998, S. 2994; BAG NZA 2004, S. 845. Zu den Einzelheiten der Tatbestandsmerkmale des
§ 613a BGB siehe Holzapfel/Pöllath, Rn. 681ff.

461 MüHandB-Arbeitsrecht Bd 2-*Wank*, § 124 Rn. 39.

462 MüKo/*Schaub*, BGB Bd. 3, § 613a Rn. 6.

463 Palandt/*Weidenkaff*, § 613a Rn. 3; BAG 50, 62, ZIP 1986, S. 1001; BAG 55, 229, ZIP 1988, S. 120.

und diesem Betrieb zuzuordnenden Arbeitsverhältnisse übergehen[464]. Dazu zählen nach ständiger Rechtsprechung auch die bestehenden Versorgungsanwartschaften[465]. Außerdem erklärt § 613a Abs. 4 BGB Kündigungen entweder durch den bisherigen oder den neuen Betriebsinhaber wegen des Betriebsübergangs für unwirksam. In der Folge müsste die Zweckgesellschaft alle Arbeitnehmer übernehmen, die im Zusammenhang mit den Cash Flow-generierenden operativen Geschäftstätigkeiten stehen. Ausserdem müsste eine Übernahme des Risikos der Haftung für rückständige, laufende und zukünftige Lohn- und Gehaltsforderungen sowie der damit zusammenhängenden Rentenanwartschaften berücksichtigt werden. Dies würde eine um ein Vielfaches höhere Kapitalausstattung des SPV nach sich ziehen als jene, die notwendig wäre, um lediglich die reinen Substanzerhaltungs- und Unterhaltskosten für die übertragenen Vermögenswerte zu bestreiten. Hierzu müssten zusätzliche Bankdarlehen aufgenommen werden oder aber Reserven aus der Anleiheemission umgeleitet werden. Diese stellen aber Private Equity Fonds-Mittel dar, die wiederum bei der Ablösung der Akquisitionsfinanzierung und der Ausschüttung an die Gesellschafter fehlen würden. Dadurch entstehen überdies neue Gläubigergruppen, die möglicherweise nur zur Teilnahme bereit sind, wenn ihnen Vorrang gegenüber den Anleihegläubigern eingeräumt wird. Die Transaktionskomplexität wächst somit erheblich. Auch können Schwierigkeiten bei der möglichen späteren Übernahme durch den Nachfolgeservicer entstehen[466]. Darüber hinaus ist nicht gesichert, dass sämtliche Arbeitnehmer, insbesondere jene, die über besonderes Know-how verfügen und eine entscheidende Rolle für das operative Geschäft spielen – den Betriebsübergang mittragen. § 613a Abs. 6 BGB eröffnet den betroffenen Arbeitnehmern ein Widerspruchsrecht, wonach bei rechtzeitiger und wirksamer Geltendmachung das Arbeitsverhältnis mit dem bisherigen Arbeitgeber bestehen bleibt[467]. Auf diese Weise würden die Initiatoren einer WBS-Transaktion riskieren, dass widersprechende Arbeitnehmer vom Originator weiterbeschäftigt werden müssen. Zudem besteht das Risiko der Nichtübernahme von gewünschten Arbeitnehmern durch das SPV. Selbst wenn dieses Problem durch ausreichende Information über den Betriebsübergang und rechtzeitige Erwirkung der Arbeitnehmereinverständnisse gelöst wird, bleiben doch das Haftungsrisiko und die erhöhte Transaktionskomplexität.

---

464 BAG NJW 1987, S. 3031.

465 BAG NZA 2002, 1393. Bei kollektivrechtlicher Grundlage, d.h. aufgrund von Tarifvertrag oder Betriebsvereinbarung, besteht trotz etwaiger Günstigkeitsüberlegungen ein Vorrang der kollektivrechtlichen Regelung des Betriebserwerbers, § 613a Abs. 1 Satz 3 BGB. Allerdings bleiben bereits erworbene Anwartschaften bestehen. Die Änderungen wirken sich nur für die Zukunft aus.

466 Sofern die Übernahme als Share Deal, d.h. als Kauf der Geschäftsanteile oder Mitgliedschaftsrechte strukturiert ist, findet § 613a BGB keine Anwendung – auch nicht analog, vgl. BAG NJW 1991, S. 247. Näheres zum Share Deal, siehe Beisel/Klump, S. 66ff.

467 Zu den einzelnen Voraussetzungen des Widerspruchsrechts siehe Henssler/*Müller-Bonanai*, § 613a Rn. 345ff.

b. Sale-and-Lease-Back-Geschäft: eine mögliche Lösung

In Anbetracht dieser Risiken, welche der Tenovis-Transaktion als wesentlichen Präzedenzfall für künftige WBS-Transaktionen in Deutschland anhaften, ist es sinnvoll, über Alternativen nachzudenken und im Ergebnis die Anwendung des § 613a BGB zu vermeiden. Da der vertragliche Ausschluss nicht möglich ist, müssen die Überlegungen am Tatbestandmerkmal des Betriebsübergangs selbst ansetzen und dieser gemieden werden. Der Übergang der Vermögenswerte muss so gestaltet werden, dass der Erwerber gerade die ursprüngliche Identität des Betriebs des Veräußerers nicht weiter wahrnimmt. Ob er dies tut oder nicht, bewertet sich, wie bereits angesprochen, nach den Gesamtumständen, wobei zahlreiche Kriterien, wie z.B. die Art des Betriebs, Übergang der materiellen und immateriellen Betriebsmittel, der Organisation oder auch der Lieferantenbeziehung zu berücksichtigten sind. Zu denken wäre somit an den Fall, dass das SPV zwar das Eigentum an den Betriebsmitteln wegen der Isolierungswirkung vom Originator erhält, diesem sie aber weiter zur Verfügung stehen, damit er seine Identität als operativer Betrieb weiter fortführen kann. Ermöglicht wird eine solche Struktur mit Hilfe eines sog. Sale-and-Lease-Back-Geschäfts[468]. Hierbei ist der Leasingnehmer Eigentümer des Investitionsobjekts, das Gegenstand des Leasingvertrages sein wird. Er übergibt dem Leasinggeber das Eigentum an dem Objekt und verschafft sich die Nutzungsrechte, die einen Verkauf des Objekts an einen Dritten praktisch ausschließen, durch Abschluss eines Leasingvertrages. Der Leasinggeber vergütet dem Leasingnehmer den vereinbarten Kaufpreis und der Leasingnehmer zahlt an den Leasinggeber für das Nutzungsrecht eine ausgehandelte Leasingrate. Demzufolge verkauft der Originator die für das Cash Flow-generierende operative Geschäft notwendigen Vermögenswerte an die Zweckgesellschaft, least sie aber im selben Augenblick gegen die Zahlung einer Leasinggebühr zurück. Grundsätzlich kann ein solches Geschäft als Finanzierungs-Leasing (Finance Leasing) oder als Operating-Leasing ausgestaltet sein[469]. Diese Unterscheidung hat für den Verpflichtungscharakter des Vertrages Bedeutung, insbesondere aber für die bilanzielle Betrachtung[470]. In Bezug auf die arbeitsrechtlichen Folgen bleibt diese Unterscheidung jedoch irrelevant. Im Fall des Operate- sowie des Finanzierungsleasing geht das Eigentum jeweils aus Isolierungszwecken auf das SPV als Leasinggeber vom Originator als Leasingnehmer über und könnte im Insolvenzfall des Originators von einem Dritten (dem Nachfolgeservicer) übernommen werden, weiterhin werden die Vermögenswerte aber vom Originator zur Bedienung seiner Verträge genutzt. Gleichzeitig kommt es so aber nicht zu den Auswirkungen des § 613a BGB und die Arbeitnehmer müssen keinen Betriebsübergang fürchten.

---

468 Vgl. Zweiter Teil § 19.

469 Einzelheiten zur Unterscheidung dieser zwei grundsätzlichen Typen von Leasing-Verträgen, vgl. Wöhe/Bilstein, S. 281; siehe auch Drukarczyk, S. 459.

470 Siehe hierzu näher Zweiter Teil § 18.

IV. Steuerrechtliche Aspekte

In der Transaktionspraxis sind die steuerrechtlichen Implikationen von herausragender Bedeutung. Dies gilt nicht nur für die Strukturierung der Akquisition, sondern auch speziell für deren Refinanzierung. Häufig macht überhaupt erst die Steueroptimierung der Struktur den Unterschied zu anderen Alternativen aus. Eine allumfassende Aussage über steuerrechtliche Implikationen kann im Rahmen dieser Arbeit nicht gegeben werden, da aufgrund der Maßschneiderung der jeweiligen Transaktion sie einer einzelfallabhängigen Betrachtung unterliegt. Allerdings bestehen einige Fragestellungen, die sich aus dem Steuerrecht ergeben und grundsätzlich auf WBS-Strukturen abstrahlen.

1. Implikationen des § 8a Körperschaftsteuergesetz (KStG)

In Bezug auf die bei WBS eingesetzte Secured Loan-Struktur gilt es die Auswirkungen der verschärften Restriktionen im Bereich der Gesellschafter-Fremdfinanzierung (§ 8a KStG) zu betrachten[471]. Bislang galt Folgendes: Im Fall der Aufnahme von Fremdkapital durch eine Kapitalgesellschaft verlagerte sich die Steuerlast in aller Regel von der Ebene der kapitalaufnehmenden Gesellschaft hin zu deren Gesellschaftern. Die aufgewendeten Zinsen für das Fremdkapital waren grundsätzlich für Zwecke der Körperschaftssteuer voll abzugsfähig, unabhängig davon, ob sie an einen Dritten, wie z.B. ein Finanzinstitut, oder an einen Gesellschafter gezahlt wurden. In Bezug auf die Bemessungsgrundlage der Gewerbesteuer erfolgte eine hälftige Minderung. Gleichzeitig wurden die Zinserträge bei den Fremdkapitalgebern zu steuerpflichtigen Kapitalerträgen. Eine Einschränkung dieser Abzugsfähigkeit erfolgte mit der Einführung des § 8a KStG a.F.[472], der aber kurz darauf wegen seiner alleinigen Geltung bzgl. ausländischer Fremdkapitalgeber als europarechtswidrig beurteilt und abgeändert wurde[473]. Mit

---

[471] Die Neufassung des § 8a KStG sorgte für eine breite und auch kontroverse fachliche Diskussion und hat so in kürzester Zeit unzählige Beiträge in der Literatur nach sich gezogen, die hier nicht alle Erwähnung finden können. Gleichzeitig sind in diesem Zusammenhang auch noch nicht alle Streitfragen geklärt, so dass noch weitere Diskussionsbeiträge unschwer zu erwarten sind; vgl dazu Schreiben des Bundesministerium der Finanzen (BMF) vom 15.07.2004, BStBl. I 2004, S. 593; abgedruckt in DB 2004, S. 1692; oder aber auch Rödder/Schumacher, DStR 2004, S. 1449ff.; Schulte/Behnes, GmbHR 2004, S. 1045ff.; Wassermeyer, DStR 2004, S. 749ff.; Gosch, § 8a KStG Rn. 1ff.; Blumenberg/Lechner, S. 1765ff.; Thomas/Meissner, BB 2004, S. 1988ff.

[472] Diese Norm wurde durch das Standortsicherungsgesetz von 1992 eingeführt. Ein Abzug nach der alten Fassung der Norm sah vor, dass eine Abzugsfähigkeit der Zinsaufwendungen nicht möglich war, wenn die deutsche Kapitalgesellschaft von einem ausländischen Gesellschafter, der mehr als 25% der Anteile hält, Fremdkapital erhalten hatte und ein bestimmtes Verhältnis zwischen Eigen- und Fremdkapital überschritten wurde.

[473] Der EuGH hatte in seinem Urteil vom 12.12.2002 entschieden, dass eine Regelung wie der alte § 8a KStG, die dazu führt, dass Zinszahlungen an Nichtansässige in Deutschland schlechter behandelt werden könnten als ansonsten vergleichbare Zinszahlungen an An-

der neuen Fassung des § 8a KStG wurde der Anwendungsbereich auch auf inländische Gesellschafter ausgedehnt. Danach sind nunmehr unter bestimmten Voraussetzungen Zinsaufwendungen für Fremdkapital nicht mehr steuerlich abzugsfähig, sondern als verdeckte Gewinnausschüttungen zu qualifizieren[474]. Zweierlei Folgen knüpfen sich daran an: Zum einen ist auf der Ebene des Fremdkapitalempfangenden eine Reduzierung des zu versteuernden Gewinns durch die Nichtabzugsfähigkeit der Zinsen ausgeschlossen; andererseits wird seinem Anteilseigner die Zinszahlung als steuerbelastende verdeckte Gewinnausschüttung angerechnet und ist so als Einkünfte i.S.v. § 20 Abs. 1 Nr. 1 Satz 2 Einkommensteuergesetz (EStG) zu qualifizieren[475].

Bei der Secured Loan-Struktur ist es gerade nicht so, dass ein Fall einer unmittelbaren Gesellschafter-Fremdfinanzierung vorliegt. Denn hier stellt nicht ein Gesellschafter einer Kapitalgesellschaft Fremdkapital zu Verfügung, sondern dies erfolgt (wie bei Tenovis) durch eine 100%ige SPV Tochtergesellschaft, die eigens zum Zweck der Darlehensvergabe und deren Refinanzierung durch Anleiheemission gegründet wird. Allerdings ist dies für die grundsätzliche Anwendung des § 8a KStG unschädlich, denn der Anwendungsbereich ist entsprechend auch auf sog. nahe stehende Personen des Anteilseigners der darlehensnehmenden Kapitalgesellschaft i.S.d. § 1 Abs. 2 Außensteuergesetz anzuwenden, d.h. wenn der Zinsvorteil ihm somit lediglich mittelbar zufließt (§ 8a Abs. 1 Satz 2 Alt. 1 KStG). Insbesondere sind sog. Dreieckbeziehungen betroffen, d.h. bei de-

---

sässige nicht mit der Niederlassungsfreiheit vereinbar sind. Entscheidend war dabei, dass eine Zinszahlung, die eine deutsche GmbH in einer ansonsten identischen Situation an eine deutsche Muttergesellschaft gezahlt hätte, nicht als verdeckte Gewinnausschüttung qualifiziert worden wäre und den Gewinn der GmbH gemindert hätte, vgl. EuGH Urteil vom 12.12.2002 - Rs. C-324/00, sog. „Lankhorst-Hohorst"-Entscheidung; GmbHR 2003, S. 44; siehe auch Tipke/Lang, § 11 Rn. 82 m.w.N.

474 Zinsen sind nach § 8a KStG dann nicht mehr abzugsfähig, wenn sie Vergütungen für Fremdkapital darstellen, das eine Kapitalgesellschaft nicht nur kurzfristig von einem Anteilseigner, der zu einem Zeitpunkt im Wirtschaftsjahr wesentlich beteiligt war, also mehr als 25% der Anteile mittelbar oder unmittelbar hält, oder von einer einem wesentlich beteiligten Anteilseigner nahestehenden Person, oder von Dritten (z.B. Banken) mit Rückgriffsmöglichkeit auf wesentlich beteiligte Anteilseigner oder diesen nahestehende Personen erhalten hat, und die Vergütungen insgesamt mehr als € 250.000 betrug und wenn eine nicht in einem Bruchteil des überlassenen Fremdkapitals bemessene Vergütung vereinbart ist (zum Beispiel eine gewinnabhängige Vergütung) oder in einem Bruchteil des überlassenen Fremdkapitals bemessene Vergütung vereinbart ist („normale" Zinszahlung), soweit das Fremdkapital zu einem Zeitpunkt des Wirtschaftsjahres das 1,5-fache des anteiligen Eigenkapitals (sog. Safe Haven) übersteigt. Letzterer Fall wird aber im Ergänzungsschreiben des BMF zum BMF Schreiben vom 15.07.2004 dahingehend eingeschränkt, indem er nur auf bestimmte Sachverhalte anzuwenden ist, vgl. BMF-Schreiben vom 22.07.2005, BStBl. I 2005, S. 829.

475 Welche dann dem Halbeinkünfteverfahren unterliegen, § 3 Nr. 40 EStG, § 8b Abs. 1 KStG.

nen beispielsweise das Darlehen zwischen zwei Gesellschaften einer gemeinsamen Mutter vergeben werden[476].

Bei der Tenovis-Transaktion erfolgte eine sog. Up Stream-Finanzierung, d.h. das Darlehen wurde von einer 100%igen Tochter unmittelbar an die Muttergesellschaft, dem Originator, ausgeschüttet[477]. Im Entwurf des BMF-Schreibens vom 15.07.2004[478] war noch vorgesehen, dass auch für diesen Fall § 8a KStG einschlägig ist und neben einer verdeckten Einlage eine verdeckte Gewinnausschüttung angenommen wird, die beim wesentlichen Anteilseigner zu Einkünften aus § 20 Abs. 1 S. 1 Nr. 1 S. 2 EstG führt[479]. Entlastungen und Klarstellungen hat das nachgebesserte BMF-Schreiben vom 15.07.2004 gebracht. Dabei wurde zwar von der generellen Erfassung von Up Stream-Finanzierungen aus dem Problembereich Finanzierungen durch eine Tochtergesellschaft nicht abgesehen, doch erfolgte eine systematisch klarere Erfassung und im Resultat eine Entlastung des Anteilseigners, denn auf seiner Ebene sollen sich die Rechtsfolgen einer solchen Finanzierung nicht auswirken. Im Fall einer Up Stream-Finanzierung kommt es somit weiterhin zur Anwendung des § 8a KStrG und zu einer entsprechenden Einkommenserhöhung aufgrund des Wegfalls des Zinsabzugs bei der finanzierten Muttergesellschaft mit korrespondierenden verdeckten Einlagen der darlehensnehmenden Muttergesellschaft in die darlehensgewährende Tochter. Ausgeschlossen bleiben hingegen eine verdeckte Gewinnausschüttung der Mutter an ihren wesentlichen Anteilseigner sowie seine korrespondierenden verdeckten Einlagen in die Mutter- und Tochtergesellschaft[480]. Im Ergebnis bleibt somit bei einer Up Stream-Finanzierung nur der Anteilseigner des Originators, d.h. des Finanzinvestors, von einer nachteiligen Steuerbelastung ausgenommen. Originator und darlehengewährendes SPV fallen hingegen unter die steuerbelastenden Rechtsfolgen des § 8a KStG. Ein Umstand, der schwer wiegt in Bezug auf eine steueroptimierte Transaktionsstruktur. Es gilt aber zu beachten, dass die Tenovis-Transaktion zeitlich vor der Einführung des § 8a KStG aufgelegt und strukturiert wurde und so auch die Beteiligten nur die zu diesem Zeitpunkt geltende steuerrechtliche Wirklichkeit berücksichtigen konnten.

Aus diesen Gründen ist es somit umso wichtiger eine Struktur zu finden, welche die Anwendung des § 8a KStG mit seinen steuerbelastenden Rechtsfolgen vermeidet. Ansatzpunkt muss die Rechtsform der an der Finanzierung Beteiligten sein, denn im Mittelpunkt des Anwendungsbereichs von § 8a KStG stehen Kapi-

---

476 BMF-Schreiben vom 15.07.2004 Rn. 12f.; siehe auch Erle/Sauter/*Schulte*, KStG, § 8 Rn. 205ff.; Schulte/Behnes, DB 2004, S. 1525ff.

477 Vgl. Näheres zur Tenovis-Transaktionsstruktur, Zweiter Teil § 14 II.

478 Entwurf eines BMF-Schreibens - BMF, Schreiben vom 12.5.2004 - IV A 2 - S2 742a - 20/04, abrufbar unter www.gmbhr.de/volltext.htm.

479 Siehe zur Kritik an der systematischen Einbettung, Schulte/Behnes, GmbHR 2004, S. 1050.

480 Vgl. Interview mit Peter Wochinger, Ministerialrat im Finanzministerium Baden- Württemberg, in: Finance 2004, S. 76.

talgesellschaften und deren Körperschaftsteuerbelastung. Allerdings hilft es nicht, wenn die Form der Personengesellschaft (naheliegend ist die GmbH & Co. KG) auf der Ebene des Fremdkapitalempfängers gewählt wird. Nach § 8a Abs. 5 KStG sind jedoch die Regeln der Gesellschafter-Fremdfinanzierung in einem solchen Fall entsprechend anzuwenden. Dementsprechend ist die Wahl der Rechtsform auf der Ebene des Anteilseigners am Fremdkapitalempfänger entscheidend. Hier kann die Wahl einer Personengesellschaft, wie z.B. einer GmbH & Co. KG, helfen. Die erzielten Gewinne sind den Gesellschaftern zuzurechnen, bei denen sie dann entweder einkommensteuer- oder körperschaftsteuerrechtlich erfasst werden, § 15 Abs. 1 Satz 1 Nr. 2 EStG[481]. Die Belastung durch die Körperschaftsteuer wird somit auf die Komplementär-GmbH sowie, sofern die Kommanditisten Kapitalgesellschaften sind, auf die Kommanditisten abgewälzt. Die Folge ist, dass § 8a KStG auf der Ebene des Anteileigners nicht zur Anwendung kommt und letztlich auch keine Steuerbelastung erfolgt. Eine weitaus radikalere Lösung ist – in Abkehr zu der zuvor skizzierten allgemeinen WBS-Struktur[482] als auch der deutsch-spezifischen Tenovis-Transaktion[483] – das darlehengebende SPV nicht als 100%ige Tochter des Originators auszuformen, sondern als eigenständige Gesellschaft. Dies würde die Problematik der Gesellschafter-Fremdfinanzierung nach § 8a KStG vollkommen eliminieren.

2. Besteuerung des darlehengebenden und anleiheemittierenden SPV

Im Lichte der Steueroptimierung ist auch die Steuerlast des darlehengebenden und anleiheemittierenden SPV zu betrachten. Die Steuerlast hängt von der gewählten Rechtsform ab.

a. Körperschaftsteuer

Wie bereits aufgezeigt, verschiebt sich die Gewinnbesteuerung bei der Wahl der Personengesellschaft (z.B. in Form der KG oder GmbH & Co. KG) in Bezug auf die Körperschaftsteuer auf die Anteilseigner und es entsteht auf SPV-Ebene Steuerneutralität. Sofern ein solches SPV als GmbH gegründet wird, unterliegt es als Kapitalgesellschaft automatisch und unbeschränkt nach § 1 KStG der Körperschaftsteuer. Nach § 7 Abs. 2 i.V.m. § 8 Abs. 1 KStG bildet das zu versteuernde Einkommen der Gesellschaft für das Steuerjahr vor Verteilung an die Gesellschafter die entsprechende Bemessungsgrundlage[484]. Die Ermittlung des Einkommens bestimmt sich vornehmlich nach den Regeln des EStG (insbesondere § 2 EStG), als auch nach den Regeln des KStG (§§ 8ff. KStG), wobei ein einheitlicher Steuersatz von 25% gilt[485]. Zur Gewinnermittlung verweist § 2 Abs. 2 Nr. 1 EStG auf die §§ 4 bis 7 EStG, wobei jedoch § 4 Abs. 1 S. 1 EStG

[481] Tipke/Lang, § 9 Rn. 21.
[482] Siehe Erster Teil § 7 I; Abbildung 3.
[483] Siehe Zweiter Teil § 14 II.
[484] Streck/*Schwedhelm*, § 7 Rn. 3.
[485] Vgl. Raiser, § 42 Rn. 8.

die zentrale Vorschrift ist. Danach ist Gewinn die Vermögensdifferenz nach Vergleich des Betriebsvermögens zwischen der aktuellen Schlussbilanz und der Vorjahresbilanz (sog. Betriebsvermögensvergleich)[486]. Betriebsvermögen in diesem Zusammenhang meint das Betriebsreinvermögen (oder auch Eigenkapital), die nach Abzug der Passiva und Aktiva verbleibende Größe[487]. Erfolgswirksam sind in diesem Zusammenhang aber nur Vermögenszugänge und -abgänge, wenn sie realisiert und betrieblich veranlasst sind (d.h. Betriebseinnahmen oder -ausgaben) und sich somit in der Bilanz des Unternehmens niederschlagen[488]. Das SPV erzielt sein Einkommen aus den Zinszahlungen des Darlehensnehmers. Gleichzeitig sind aber auch Betriebsausgaben aufgrund des Anleiheschuldendienstes zu berücksichtigen. Je nach Transaktionsgestaltung kann Steuerneutralität entstehen, weil das SPV keinen Gewinn verbuchen kann.

b. Gewerbesteuer

In Bezug auf die Steuerbelastung durch Gewerbesteuer stellt sich die Situation etwas anders dar. Steuerobjekt ist hierbei nach § 2 Abs. 1 GewStG jeder stehende, im Inland betriebene Gewerbetrieb. Kapitalgesellschaften fallen per se in die Kategorie des Gewerbebetriebs (§ 2 Abs. 2 GewStG). Bei Personengesellschaften hängt dies von der Art ihrer Tätigkeit ab[489]. Eine GmbH & Co. KG gilt hingegen nach § 15 Abs. 3 Nr. 2 EStG i.V.m. 2 Abs. 1 S. 1 GewStG als Gewerbebetrieb und somit als gewerbesteuerpflichtig. Die Besteuerungsgrundlage nach § 6 GewStG ist der Gewerbeertrag. Dessen Ausgangsgröße ist nach § 7 GewStG wiederum der Gewinn aus dem Gewerbebetrieb, der sich nach dem EStG und KStG – unter Ergänzungen der Hinzurechungen und Kürzungen nach §§ 8ff. GewStG – ergibt. U.a. ist gemäß § 8 Nr. 1 GewStG dem körperschaftlichen Gewinn die Hälfte der Dauerschuldzinsen anzurechnen, d.h. Entgelte für Schulden, die im wirtschaftlichen Zusammenhang mit der Gründung oder dem Erwerb des Betriebs zusammenhängen[490]. Dauerschuldzinsen sind dabei solche Entgelte für Verbindlichkeiten, die eine Laufzeit von mehr als 12 Monaten haben[491]. Im Ergebnis kann es somit dazu kommen, dass zwar kein Gewinn erzielt wird, sich durch Hinzurechnung von Dauerschuldzinsen aber ein positiver (zu versteuernder) Gewerbeertrag ergibt[492].

Das SPV nimmt in Form der Anleiheemission Fremdkapital auf, um so das begebene Darlehen zu refinanzieren und die eigene Gründung zu legitimieren. Die-

---

486 Mit dem Betriebsvermögen ist das Betriebsreinvermögen (auch Eigenkapital) gemeint, d.h. die Differenz zwischen der Summe der Aktiva und der Summer der Passiva (sofern sie nicht Eigenkapital darstellen), vgl. Arndt, S. 78f.

487 Tipke/Lang, § 17 Rn. 11.

488 Dies., § 17 Rn. 14.

489 Entscheidend ist, ob die Gesellschaft ein gewerbliches Unternehmen i.S.v. §§ 15 Abs. 1 Nr. 1 und Abs. 2 GewStG betreibt.

490 Glanegger/Güroff, § 8 GewStG Rn. 4.

491 Dies., § 8 GewStG Rn. 4; siehe auch die einzelnen Fallbeispiele („ABC der Dauerschulden") bei Rn. 36ff.

492 Arndt, S. 113.

se Fremdkapitalaufnahme, die an einen Schuldendienst geknüpft ist, ist in der Bilanz des SPV als Schuld auszuweisen. Aufgrund des mehrjährigen Lebenszyklus einer WBS-Transaktion und der damit im Zusammenhang stehenden langen Laufzeit der Anleihe sind die sich daraus ergebenden Schulden auch als Dauerschulden anzusehen[493]. Trotz der Korrelanz zwischen Zinseinnahmen aus dem Darlehen und gleichzeitigen Zinsbelastungen, die sich aus der Anleiheemission ergeben, kann es zu einer Differenz und somit zu einer gewerbesteuerlichen Belastung kommen.

c. Zweckgesellschaft im Ausland

Das Vorgesagte zeigt deutlich auf, dass das darlehensgebende und anleihenemittierende SPV bei einer WBS-Transaktion, insbesondere wenn es als GmbH firmiert, hoher Steuerlast ausgesetzt ist und folglich dem Bestreben einer steueroptimierten Struktur entgegenläuft. Aus diesem Grund liegt es nahe, den Sitz des SPV im Ausland, in sog. Tax Havens oder Offshore Centres, zu begründen[494]. Aus europäischer Sicht erfreut sich in dieser Hinsicht die Ärmelkanalinsel Jersey großer Beliebtheit. Dies liegt zum einen an der räumlichen Nähe, aber auch zugleich an dem bestehenden Recht, das auf den Common Law-Prinzipen gründet und vornehmlich dem Englischen Recht folgt[495]. Die Arrangeure der Tenovis-Transaktion wählten z.B. Jersey als Sitz für das anleiheemittierende SPV, die Tenovis Finance Limited[496]. Bei dieser Wahl gilt es aber die im folgenden Abschnitt beschriebenen Aspekte zu berücksichtigen.

aa. Steuerrechtlicher Durchgriff nach § 42 AO auf inländische Gesellschafter

Die Ansiedlung im Ausland darf im Lichte von § 42 AO nicht als Missbrauch zivilrechtlicher Gestaltungsmöglichkeiten zur Vermeidung der im Inland anfallenden Steuerlast angesehen werden. Denn in einem solchen Fall können Gewinn und Vermögen des SPV inländisch Beteiligten angerechnet werden[497]. In Bezug auf WBS stellt diese Situation ein erhebliches Risiko für eine steueroptimierte Strukturierung dar, sofern das SPV als eine 100%ige Tochter des inländischen Originators geformt ist[498]. Ein entsprechender Rechtsmissbrauch ist dann gegeben, wenn die Errichtung der Gesellschaft nicht durch wirtschaftliche oder sonst

---

493 Die Anleihen der Tenovis-Transaktion haben beispielsweise eine Laufzeit von 12 Jahren, vgl. Tenovis Information Memorandum, S. 1 und 50.

494 In der ABS-Praxis ist dies üblich. Siehe zur Besteuerung von SPVs im Zusammenhang mit ABS Transaktionen, Gehring, S. 183ff. m.w.N. Eine Übersicht über solche Offshore Zentren findet sich bei Deacon,
S. 46ff.

495 Deacon, S. 51.

496 Tenovis Information Memorandum, S. 143.

497 Häuselmann/Hechler, IStR 1999, S. 34. BFH v. 29.1.1975, BStBl II 1975, S. 553; BFH v. 28.1.1992, BStBl II 1993, S. 84; BFH v. 10.6.1992, BStBl II 1992, S. 1029.

498 Aus diesem Grund spielt das Risiko dieses steuerlichen Durchgriffs bei ABS-Finanzierungen keine große Rolle, denn in diesem Zusammenhang handelt es sich bei dem SPV um eine vom Originator unabhängige Gesellschaft.

zu beachtende nichtsteuerliche Gründe zu rechtfertigen ist, folglich keine eigene Teilnahme am allgemeinen wirtschaftlichen Verkehr entfaltet und lediglich der Steuervermeidung in Deutschland dient[499]. Entscheidend ist somit, dass das SPV im Ausland mit entsprechender wirtschaftlicher Substanz und genügend Aufgaben ausgestattet wird und dementsprechend über den Status einer „Briefkastenfirma“ hinauswächst[500]. Inwieweit diese Ausstattung zu gehen hat, bleibt wohl, in Absenz einer höchstrichterlichen Entscheidung, einzelfallabhängig. Sie sollte jedoch bei entsprechender rechtlicher sowie tatsächlicher Einbettung in die Transaktion und gebührender Interaktion mit den Beteiligten ausreichend sein und in der Praxis vor den deutschen Finanzgerichten Bestand haben. In Bezug auf ABS-Finanzierungen wird die Errichtung einer Zweckgesellschaft zur Begebung von Anleihen zur Finanzierung des Forderungskaufs als genügend wirtschaftliche Tätigkeit angesehen[501]. Da das SPV einer WBS-Transaktion ebenfalls mit der Begebung einer Anleihe am Kapitalmarkt teilnimmt und darüber hinaus ein Darlehen vergibt, kann für ein solches nichts anderes gelten. Wenn man sich von der Vorgabe der Tenovis-Transaktion löst und das Emissions-SPV nicht als eine Gesellschaft mit inländischen Beteiligten ausgestaltet, dann kann auch kein Durchgriff nach § 42 AO stattfinden.

bb. Besteuerung in Deutschland trotz Auslandssitz durch Beteiligung inländischer Gesellschafter

Durch die Beteiligung von Inländern an der Auslandszweckgesellschaft kann allerdings das Risiko einer unbeschränkten Steuerpflicht des SPV entstehen. Dies ist insbesondere dann der Fall, wenn die Geschäftsführung durch die in Deutschland ansässigen Gesellschafter bzw. deren Geschäftsführer wahrgenommen wird. Sobald der Ort der Geschäftsleitung einer Gesellschaft, d.h. der Mittelpunkt der geschäftlichen Oberleitung, nach § 10 AO im Inland liegt, besteht unbeschränkte Steuerpflicht nach § 1 KStG. Die Rechtsprechung sieht diesen Ort dort, wo der für die Geschäftsführung maßgebliche Wille gebildet wird. Entscheidend ist somit, wo die laufende Geschäftsführung, d.h. das Tagesgeschäft, abgewickelt wird. Dies ist generell dort, wo die zur Vertretung der Gesellschaft Berechtigten ihre Geschäftsführertätigkeiten entfalten[502]. Folgerichtig ist es notwendig, dass das SPV eine von den inländischen Gesellschaftern unabhängige Geschäftsführung hat und auch deren Tätigkeiten nicht auf inländische Dritte, z.B. in Form

[499] Vgl. z. B. BFH-Urteile vom 19.12.1995 (IX R 85/93) BStBl. 1997 II S. 52; vom 19. Juni 1991 IX R 134/86, BFHE 164, 498, BStBl II 1991, 904, und vom 3. Dezember 1991 IX R 142/90, BFHE 166, 276, BStBl II 1992, 397. An diesem Maßstab ändert auch die kürzlich ergangene Entscheidung des EuGH nichts, denn hier wurde festgestellt, dass es einen auf Gemeinschaftsrecht beruhenden allgemeinen Rechtsgrundsatz des Missbrauchs- und Umgehungsverbots nicht gibt. Somit sind die entsprechenden nationalen Vorschriften, wie in Deutschland § 42 AO, anzuwenden, vgl. EuGH Große Kammer, Urteil vom 21.02.2006 C-255/02, „Halifax“.

[500] Vgl. Klüwer, S. 166.

[501] Vgl. Willburger, S. 140ff. m.w.N.; Klüwer, S. 166.

[502] Z.B. BFH v. 3.7.1997, BStBl II 1998, S. 86.

eines Managementvertrages, überträgt. Letztendlich ist es aber sicherer, das SPV vollständig ohne inländische Beteiligte zu gestalten.

cc. Beschränkte Steuerpflicht gem. § 49 EStG

Bei der Strukturierung einer WBS-Transaktion muss ebenso dafür gesorgt werden, dass das SPV – trotz Auslandssitz und rechtlicher Eigenständigkeit – nicht nach § 49 EStG einer beschränkten Steuerpflicht in Deutschland unterworfen ist. Sofern die Tätigkeit des Auslands-SPVs als gewerblich i. S.v. § 15 EStG einzustufen ist, kann sich nämlich durch eine im Inland befindliche Betriebsstätte nach § 12 AO oder einem ständigen inländischen Vertreter nach § 13 AO ein Annex zur Besteuerung nach § 49 Abs. 1 Nr. 2 a EStG im Inland ergeben. Die Qualifizierung der Tätigkeit als gewerblich setzt nach § 15 Abs. 2 EStG eine selbständige und nachhaltige Tätigkeit mit Gewinnerzielungsabsicht voraus, die eine Beteiligung am allgemeinen wirtschaftlichen Verkehr darstellt. Auch wenn bei WBS diese Frage einzelfallabhängig beantwortet werden sollte, so ist es doch wahrscheinlich, dass – ähnlich wie bei dem SPV eines ABS Single-Conduit-Programms[503] – auch bei dem WBS-Auslands-SPV die Gewerblichkeit der Tätigkeit zu verneinen ist[504]. Zu diesem Ergebnis kommt man jedenfalls, wenn lediglich die Darlehensvergabe an einen einzigen inländischen Darlehensempfänger als Tätigkeit mit Inlandsannex gesehen wird. Denn so wird das geforderte Merkmal der Beteiligung am allgemeinen wirtschaftlichen Verkehr, welches die Rechtsprechung bei einer Tätigkeit sieht, die sich an den allgemeinen Markt richtet[505], nicht vorliegen. Zu einem anderen Ergebnis kommt man aber wahrscheinlich, wenn die Emission der Anleihe, die das Darlehen refinanziert, in Form einer öffentlichen Platzierung über einen deutschen Börsenstandort (in der Regel wohl Frankfurt) erfolgt. Sofern eine Privatplatzierung mit einem beschränkten Investorenkreis, der auch inländische Investoren umfasst, vorgenommen wird, kann wohl nicht von der geforderten Teilnahme des SPV am wirtschaftlichen Verkehr ausgegangen werden.

Letztlich entscheidet der Einzellfall, ob Gewerblichkeit vorliegt oder nicht. Um sicher zu gehen, dass es zu keiner beschränkten Steuerpflicht nach § 49 Abs. 1 Nr. 2 a EStG kommt, ist es von entscheidender Bedeutung, das Bestehen einer im Inland befindlichen Betriebsstätte nach § 12 Abs. 1 S. 1 AO sowie das Vorhandensein eines ständigen inländischen Vertreters nach § 13 AO zu vermeiden. Für den ersten Fall darf es weder zu einer festen Geschäftseinrichtung, noch zu einer Anlage, die der Tätigkeit des Unternehmens dient, kommen[506]. Die Grenze zwischen Geschäftseinrichtung und Anlage ist fließend, letztlich aber ohne praktische Bedeutung[507]. An die vorhandene Geschäftseinrichtung sind keine besonders hohen Anforderungen gestellt. Sie selbst kann einfachster und sogar beweg-

---

503 Hier erfolgt der Forderungsaufkauf nur von einem Originator. Bei sog. Multiseller-Programmen werden Forderungen verschiedener Originatoren aufgekauft.

504 Vgl. Zur Diskussion zum ABS-SPV Häuselmann/Hechler, IstR 1999, S. 36.

505 BFH-Urteil v. 7.3.1996, BStBl II 1996, S. 369, 372.

506 Klein/*Gersch*, § 12 Rn. 2.

507 Schwarz/*Frotscher*, § 12 Rn. 8.

licher Art sein, muss aber einen festen Bezug, d.h. von gewisser Dauer, zu einem Teil des Erdbodens haben[508]. Es muss lediglich die unmittelbare Förderung des Unternehmenszwecks sichergestellt sein[509]. Für Geschäftszwecke genutzte Gebäude oder Räumlichkeiten erfüllen regelmäßig diese Voraussetzungen[510]. Ebenso ist es schon ausreichend für das Vorliegen einer inländischen Betriebsstätte, wenn Server, die im Eigentum des Unternehmens mit Auslandssitz stehen, im Inland aufgestellt und zu Unternehmenszwecken genutzt werden[511]. Es ist dementsprechend von den Arrangeuren der WBS-Transaktion darauf zu achten, es zu keiner fest eingerichteten physischen Präsenz kommen zu lassen, auch nicht in Form von Servern, Computern oder anderen IT-Anlagen[512]. Im zweiten Fall darf für das Auslands-SPV weder eine natürliche oder juristische Person in Sachweisungsgebundenheit nachhaltig deren Geschäfte im Inland besorgen. Die Beauftragung einer inländischen Bank zur Unterstützung bei der Emission und Platzierung der Anleihe bleibt in der Regel unschädlich, da sie diese Dienstleistungen nicht nur für das Auslands-SPV erbringt, sondern im Rahmen ihrer allgemeinen Geschäftstätigkeit auch für Dritte[513].

V. Detailfragen zur Anleiheemission

Die Anleiheemission refinanziert das Darlehen der SPV Tochter an die Muttergesellschaft und bildet deshalb eine denknotwendige Komponente jeder WBS-Struktur. Ohne eine erfolgreiche Anleiheplatzierung am Kapitalmarkt würde es dem hinter der Transaktion stehenden Private Equity Sponsor nicht gelingen, eine Dividenden-Rekapitalisierung an sich selbst ausschütten zu lassen. Die Struktur würde in sich zusammenbrechen. Nicht nur die Emission an sich wirft einige Fragen auf, die zu klären sind, sondern ihr notwendiger Erfolg ist von bestimmten Parametern abhängig. Herausgegriffen sind nur Themen, die im Zuge des bestehenden Rechtsrahmens in Deutschland besonderer Beachtung bedürfen und die sich die Arrangeure einer WBS-Transaktion und deren Berater bereits bei der Planung der Struktur vor Augen halten sollten.

1. Vorüberlegungen zur Platzierungsart der Anleiheemission

Bereits während der Planungsphase der Struktur einer WBS-Transaktion ist die Frage, mit welchem Distributionsmechanismus die das Darlehen refinanzierende Anleiheemission versehen werden soll, von nicht zu unterschätzender Bedeutung. Es besteht grundsätzlich die Möglichkeit die Anleihe in Form einer öffent-

---

508 Schwarz/*Frotscher*, § 12 Rn. 3.
509 BFH, BStBl. 66, S. 548; 88 S. 653.
510 Klein/Gersch, § 12 Rn. 2.
511 Schwarz/*Frotscher*, § 12 Rn. 14.
512 Vgl. Klein/*Gersch*, § 12 Rn. 19.
513 Häuselmann/Hechler, IstR 1999, S. 37.

lichen Platzierung (Public Offering) oder einer Privatplatzierung (Private Placement) zu emittieren[514]. Aus dem jeweils gewählten Weg ergeben sich verschiedene Konsequenzen für die WBS-Struktur. Diese sind insbesondere unter den Gesichtspunkten des sich daraus ergebenden Komplexitätsgrades der Struktur sowie der Haftung gegeneinander abzuwägen.

Das generelle Wachstum der Märkte für Schuldverschreibungen in Europa hat die Wahlmöglichkeiten der Platzierungsmethoden der das Darlehen refinanzierenden Anleihe im Kontext einer WBS-Transaktion vertieft und verbreitert. Wie in allen Emissionsentscheidungen im Corporate Finance Geschäft gibt es auch hier Gründe für und wider eines öffentlichen Angebots versus einer Privatplatzierung der Wertpapiere. Als Faustregel gilt seit langem, dass eine Emittentin von der Erwägung geleitet werden sollte, die unkomplizierteste Methode der Kapitalaufnahme mit den geringsten Kosten zu wählen. Dabei haben die Entscheidungsträger zu berücksichtigen, dass mit einem öffentlichen Angebot im Regelfall ein höheres Volumen eingeworben werden kann. Darüber hinaus können die Wertpapiere zu günstigeren Konditionen emittiert werden, die dem Unternehmen geringere Zinszahlungen/ Kupons einbringen, aber höhere Auflagen und auch Folgekosten im Zusammenhang mit periodisch wiederkehrenden Berichtspflichten auferlegen. Bei Privatplatzierungen fällt das zu erzielende Volumen normalerweise weit kleiner aus; zusätzlich gilt für den zu entrichtenden, halbjährlich fälligen Zinssatz der Anleihe: Er fällt bei einer Privatplatzierung höher aus. Darüber hinaus erreicht man mit einer öffentlichen Anleihe eine größere Anzahl von privaten und institutionellen Investoren; Privatplatzierungen sind in erster Linie eine Domäne von institutionellen Investoren. Aber auch hier gilt, dass in den Investitionsbedingungen vieler möglicher institutioneller Anleger häufig eine Notierung an einer Börse wie London oder zumindest Luxemburg verlangt wird, damit z.B. bestimmte Pensionskassen oder Versicherungsgesellschaften überhaupt in ein Papier investieren dürfen. Das mit einer Privatplatzierung zu erzielende Emissionsvolumen hat sich inzwischen auch in Europa erhöht (wie in den USA der sog. 144A Markt). Jedoch ist bei einer Privatplatzierung insbesondere darauf zu achten, dass die angesprochenen institutionellen Investoren über die notwendigen Anlagevoraussetzungen verfügen, um überhaupt Bonds erwerben und an der Privatplatzierung teilnehmen zu dürfen. Hierzu gehören etwa Mindestgröße und Fähigkeiten, auch mit den Risiken der Anleihe leben zu können, etc. Auch gilt der allgemeine Erfahrungssatz, dass der Sekundärmarkt für Anleihen, die öffentlich platziert wurden, tiefer gestaffelt ist und nicht von den gleichen Weiterverkaufsverboten gehindert wird, welche einer Privatplatzierung von Schuldverschreibungen oft anhaften. Im Gegenzug darf angemerkt werden, dass in einem öffentlichen Angebot die Offenlegungs-vorschriften stringenter ausfallen als bei einer Privatplatzierung, da im Informationsmemorandum durchaus zukunftsgerichtete Prognosen abgegeben werden würfen, welche im Kontext eines öffentlichen Angebots äußerst restriktiv zu handhaben sind. Durch ein öf-

514 Hartwig-Jacob, S. 60.

fentliches Angebot entstehen periodische Folgepflichten, ganz ähnlich wie sie auch nach einem IPO verlangt werden. Diese binden erhebliche Managementressourcen und ziehen das Risiko von Offenlegungspflichtverletzungen nach sich. Ein öffentliches Angebot ist im Regelfall für das Unternehmen mit höheren Kosten und Folgekosten verbunden. Zum zeitlichen Aufwand ist festzustellen, dass eine Privatplatzierung in sehr viel kürzerer Zeit rechtstechnisch erstellt und vermarktet werden kann, da es keiner Genehmigung des Prospekts durch die Bundesanstalt für Finanzdienstleistungsaufsicht (BaFin)[515] bedarf. Statt 12 bis 16 Wochen fallen nur 4 bis 8 Wochen Zeitaufwand an. Privatplatzierungen können von der begleitenden Investmentbank durchaus auch einmal auf der Basis eines Best-Efforts-Ansatzes[516] vermarktet werden, der das Risiko des Unternehmens erhöht, die Schuldverschreibungen nicht vermarktbar zu bekommen. Bei einem öffentlichen Angebot ist indes das sog. Firm Commitment die Regel, welches die Investmentbank in die Pflicht nimmt, die gesamte Emission und das Platzierungsrisiko in toto zu übernehmen. Dies mindert zwar das Risiko des Unternehmens, ist aber mit höheren Kosten für die Emittentin verbunden. Was die Notwendigkeit anbetrifft, ein externes Rating einzuholen und die Covenants der Anleihebedingungen umfassend auszugestalten, haben sich in den letzten Jahren die Anforderungen an sowohl öffentliche Angebote als auch Privatplatzierungen angenähert. Insbesondere bei einer Emission zur Stützung einer WBS Transaktionsstruktur sind hier die Grenzen fließend. Das Vorgenannte sind die wichtigsten Kriterien eines weitaus umfassenderen Katalogs, den die Emittentin mit ihren Beratern in der Vorbereitung einer WBS-Transaktion systematisch abzuarbeiten hat[517].

Bei einer öffentlichen Platzierung wird die Emittentin einem gesetzlichen Regime unterworfen, das sie zwingt, bestimmte Informationen einem weiten Publikum preiszugeben. An diese Informationsveröffentlichung ist zugleich eine Haftung geknüpft, sofern diese Angaben unvollständig, nicht aktuell oder sonst wie fehlerhaft sind. Der Hintergrund einer solchen Regulierung ist der notwendige Schutz der Investoren[518]: Nur, wer vollständig über die Risiken und Vorzüge einer Emission aufgeklärt wird, vermag eine rationale Investitionsentscheidung zu

---

515 www.bafin.de

516 D.h. die Bank verpflichtet sich lediglich zu einer kommissionsweisen Platzierung der Anleihe. Dabei garantiert die Bank nicht die dauerhafte Unterbringung der Wertpapiere, sondern ist lediglich gehalten, sich darum zu bemühen.

517 Vgl. Weitere Einzelheiten, insbesondere mit Blick auf die USA, bei Antin/Haas, S. 507ff.

518 Vgl. Wood, Rn. 14-3. Dieses Ansinnen wird ebenfalls in den Erläuterungen zur EU-Prospektrichtlinie (Richtlinie 2003/71/EG) ausdrücklich betont. Dort wird unter Erwägungsgrund 16 ausgeführt: „Ein Ziel dieser Richtlinie ist der Anlegerschutz. Deshalb ist es angebracht, den unterschiedlichen Schutzanforderungen für die verschiedenen Anlegerkategorien und ihrem jeweiligen Sachverstand Rechnung zu tragen. Die Angaben gemäß dem Prospekt werden für Angebote, die sich ausschließlich an qualifizierte Anleger richten, nicht gefordert. Dagegen ist bei Weiterveräußerung an das Publikum oder öffentlichem Handel mittels der Zulassung zum Handel an einem geregelten Markt die Veröffentlichung eines Prospekts erforderlich.“

treffen. Zudem müssen grundsätzlich der Regierung Eingriffsmöglichkeiten an die Hand gegeben werden, wenn diesen Wahrheits-, Vollständigkeits-, und Aktualitätspflichten nicht nachgekommen wird, um Aktivitäten, denen ein hohes Missbrauchsrisiko inhärent ist, zu kontrollieren und eventuell zu sanktionieren. Ein solches Risiko trägt insbesondere der Wertpapiermarkt, da es sich hier nicht um leicht zu erfassendes, sichtbares oder dingliches Eigentum handelt, dessen Wert einfach oder zumindest mit objektiven Parametern zu bestimmen ist. Vor allem bedarf der einzelne und unerfahrene Investor, aber auch die Öffentlichkeit an sich, die auf einen funktionierenden Kapitalmarkt vertraut, Schutz vor Missbrauch und Willkür. Einschneidendes historisches Ereignis mit dramatischer globaler Wirkung, wirtschaftlich wie politisch, war der Börsencrash an der Wall Street im Jahre 1929[519]. Im Zuge dieser Erfahrungen entstanden die richtungsweisenden und heute noch auf andere Rechtsordnungen abstrahlenden Wertpapiergesetze der USA, der Securities Act of 1933, welcher die öffentliche Emission von Wertpapieren reguliert, und der Securities Exchange Act of 1934, der den Verkehr mit Wertpapieren regelt. Beide Gesetze sind dem Anlegerschutz und dem Offenlegungsprinzip verschrieben. Außerdem wurde 1934 eine staatliche Aufsichtsbehörde, die Securities Exchange Commission (SEC), gegründet, um eine offizielle Aufsicht über die bis dato unkontrolliert ablaufenden Wertpapiergeschäfte zu schaffen[520].

2. Geltender deutscher Rechtsrahmen

Zur Vereinheitlichung der Regelungen der Kapitalmärkte und deren Zugang in der Europäischen Union wurde im Wege des Aktionsplans für Finanzdienstleistungen vom 11.05.1999 (dem sog. Financial Services Action Plan[521]) u.a. die EU-Prospektrichtlinie (Richtlinie 2003/71/EG) erlassen[522]. Danach sollten Standards für die Prospekterstellung vereinheitlicht und die europaweite Geltung zugelassener Wertpapierprospekte vereinfacht werden[523]. Der deutsche Gesetzge-

---

519 Vgl. hierzu im Detail: Bierman, Harold, The great myths of 1929 and the lessons to be learned, New York, 1991, S. 1ff.

520 Für nähere Einzelheiten der historischen Entwicklung der Regulierung des Wertpapiergeschäfts, siehe Wood, Rn. 14-11ff. Für eine Übersicht des US-amerikanischen Wertpapierrechts, Werlen, S. 912ff.

521 Abrufbar unter www.europa.eu.int/comm/internal_market/de/finances/mobil/prospectus_de.htm.

522 Richtlinie 2003/71/EG des Europäischen Parlaments und des Rates vom 4.11.2003 betreffend den Prospekt, der beim öffentlichen Angebot von Wertpapieren oder bei deren Zulassung zum Handel zu veröffentlichen ist, und zur Änderung der Richtlinie 2001/34/EG, ABl. EG Nr. L 345 vom 31.12.2003, S. 64.

523 Es handelt sich dabei vornehmlich um die Einführung eines sog. Europa-Passes für Wertpapierprospekte, d.h. es erfolgt eine vereinfachte Anerkennung des Prospekts in den anderen Ländern der Europäischen Union, wenn der Prospekt bereits im Herkunftsland des Emittenten gebilligt worden ist, siehe hierzu: Sandberg, EWS 2004, S. 297ff.

ber erließ in diesem Zusammenhang das Prospektrichtlinie-Umsetzungsgesetz[524], dessen Herzstück das Wertpapierprospektgesetz (WpPG) ist[525]. Das seit dem 1. Juli 2005 geltende WpPG führt die bislang unterschiedlich geregelten Prospektpflichten für öffentliche Wertpapierangebote und die Zulassungen von Wertpapieren an einem organisierten Markt in einem einheitlichen Regelungssystem zusammen[526]. § 1 WpPG regelt den Anwendungsbereich nach einer Fiktion der generellen Prospektpflicht für öffentlich angebotene Wertpapiere mit abschließenden Ausnahmetatbeständen[527]. Somit ist die Anleiheemission im Zuge einer WBS-Transaktion grundsätzlich dem Regime des WpPG unterworfen, es sei denn, dass Ausnahmetatbestände greifen[528].

3. Öffentliches Angebot und Prospektpflicht

Die Frage, ob ein prospektpflichtiges öffentliches Angebot oder eine Privatplatzierung vorliegt, war zuvor anhaltend von der Unsicherheit einer fehlenden exakten Definition des Begriffs der Öffentlichkeit belastet. Übereinstimmend wurde in der Literatur stets das angesprochene Zielpublikum, also die Nachfrageseite, als Abgrenzungskriterium herangezogen. D.h. das Zeichnungsangebot an einen weiten und unbestimmten Anlegerkreis sollte ein prospektpflichtiges öf-

---

524 Gesetz zur Umsetzung Richtlinie 2003/71/EG des Europäischen Parlaments und des Rates vom 4.11.2003 betreffend den Prospekt, der beim öffentlichen Angebot von Wertpapieren oder bei deren Zulassung zum Handel zu veröffentlichen ist, und zur Änderung der Richtlinie 2001/34/EG vom 22. Juni 2005, BGBl. I, Nr. 36, S. 1698ff.

525 Gesetz über die Erstellung, Billigung und Veröffentlichung des Prospekts, der beim öffentlichen Angebot von Wertpapieren oder bei der Zulassung von Wertpapieren zum Handel an einem organisierten Markt zu veröffentlichen ist. Verkündet als Art. 1 des Prospektrichtlinien-Umsetzungsgesetz vom 22.6.2005, BGBl. I, Nr. 36, S. 1698ff. Dieses Gesetz sieht eine Vereinheitlichung der Prospektpflicht für öffentliche Angebote und Börsenzulassungen vor, so dass teilweise die bisherigen Prospektregelungen für öffentliche Angebote in Verkaufsprospektgesetz/ -verordnung und für Zulassungen zum organisierten Markt in Börsengesetz/ -zulassungsverordnung aufgehoben sind.

526 Diese Unterscheidung war im europäischen Kontext eine deutsche Eigenart, die nunmehr überwunden ist. Das Prospektrichtlinien-Umsetzungsgesetz umfasst neben der Einführung das WpPG auch Änderungen bisher geltender Normen des Verkaufsprospektgesetzes (regelte zuvor die Prospektpflicht für öffentliche Angebote von Wertpapieren), des Börsengesetzes und der Börsenzulassungsverordnung (regelten Börsenzulassungen). Daneben ist zu beachten, dass die Going Public Grundsätze der Deutschen Börse mit Inkrafttreten des WpPG entfallen.

527 § 1 Abs. 2 Nr. 1 - 5 WpPG nimmt bestimmte Wertpapiere von dem Anwendungsbereich des WpPG aus. Nach § 1 Abs. 3 WpPG bleibt es aber unbenommen, trotzdem einen Prospekt im Sinne des WpPG zu erstellen. Die angesprochenen Ausnahmetatbestände des Anwendungsbereichs bestehen nach Art. 3 Abs. 2 sowie Art. 4 WpPG, nach Art des Angebots bzw. nach Art des Wertpapiers.

528 Eine umfassende Darstellung und Analyse des neuen Regimes ist an diesem Ort nicht möglich, da sonst der Rahmen dieser Arbeit gesprengt werden würde. Deswegen wird auf die Darstellungen bei Kullman/Sester, WM 2005, S. 1068ff; Holzborn/Israel, ZIP 2005, S. 1668ff sowie zur neuen und alten Rechtslage Meyer, S. 705ff. verwiesen.

fentliches Angebot darstellen; ein Angebot an ein kleines und geschlossenes Publikum hingegen eine Privatplatzierung. Allerdings war die Abgrenzung im Einzelfall stets mit Schwierigkeiten verbunden, da in letzter Konsequenz keine Einigkeit darüber bestand, ob nun der Personenkreis rein zahlenmäßig aufgrund seiner speziellen Beziehung zum Emittenten oder gar aufgrund des Gehalts seiner Informationsbasis zu interpretieren ist[529]. Geregelt ist nunmehr erstmalig eine gesetzliche Definition des öffentlichen Angebots. Nach § 2 Nr. 4 WpPG ist ein prospektpflichtiges Angebot gegeben, wenn „eine Mitteilung an das Publikum in jedweder Form und auf jedwede Art und Weise vorliegt, die ausreichend Informationen über die Angebotsbedingungen und die anzubietenden Wertpapiere enthält, um einen Anleger in die Lage zu versetzen, über den Kauf oder die Zeichnung dieser Wertpapiere zu entscheiden“[530]. In Erweiterung des Anwendungsbereichs ist nunmehr entscheidendes Kriterium die zur Verfügung gestellte Information[531]. Auf die tatsächliche Möglichkeit eines Erwerbs des Wertpapiers kommt es nicht mehr an[532].

4. Ausnahmen der Prospektpflicht

Die Ausnahmen zur grundsätzlich bestehenden Prospektpflicht regeln § 3 Abs. 2 und § 4 WpPG. Danach sind zum einen die Art des Angebots und zum anderen die Art des Wertpapiers bestimmend[533]. Besondere Relevanz im Zusammenhang einer WBS-Transaktion erfahren folgende Ausnahmetatbestände nach Art des Angebots: (i) Das Angebot ist an sog. qualifizierte Anleger gerichtet, d.h. an Anleger, die wegen ihrer besonderen ökonomischen Macht oder ausreichendem Sachverstand, Erfahrung und Risikobewusstsein nicht einem besonderen Aufklärungs- und Schutzbedürfnis unterfallen[534]. Darunter sind insbesondere Banken, Versicherungen, Kapitalanlagegesellschaften und Pensionsfonds zu verstehen[535]. Aber auch andere juristische Personen können qualifizierte Anleger sein, sofern

---

529 Zur Schwierigkeit der Abgrenzung nach alter Rechtslage, siehe Hartwig-Jacob, S. 61, mit weiteren Nachweisen, sowie Lenz/Kopp-Colombo, S. 33ff. und auch Kullman/Sester, WM 2005, S. 1069, insbesondere für Schuldverschreibungen, Seitz, AG 2005, S. 678ff.

530 Es handelt sich aber nicht nur um eine gesetzliche Definition auf deutscher Ebene, sondern auch um eine pan-europäische Definition, da sie in der EG-Prospektrichtlinie verankert ist: „[...] a communication to persons in any form and by any means, presenting sufficient information on the terms of the offer and the securities to be offered, so as to enable an investor to decide to purchase or subscribe to these securities“, Art. 2 Abs. 1 Buchstabe d der EG-Prospektrichtlinie.

531 Holzborn/Israel, ZIP 2005, S. 1668; Meyer, § 24 Rn. 45.

532 So aber das Bundesaufsichtsamt für den Wertpapierhandel unter Ziffer I. 2. c seiner Bekanntmachung zum Wertpapierprospektgesetz und Verkaufsprospektverordnung vom 6. April 1999. Hierzu Lenz/Kopp-Colomb, S. 32; Kunold/Schlitt, BB 2004, S. 503.

533 Siehe hierzu Meyer, S. 731; Holzborn/Israel, ZIP 2005, S. 1669.

534 § 3 Abs. 2 Nr. 1 WpPG. Das WpPG umfasst erstmals eine gesetzliche Definition des qualifizierten Anlegers, § 2 Nr. 6 WpPG.

535 Siehe hierzu die Liste der qualifizierten Anleger nach § 2 Nr. 6 WpPG.

sie nicht als kleine oder mittlere Unternehmen einzustufen sind[536]. (ii) Das Angebot ist an weniger als 100 nicht-qualifizierte Anleger pro Staat des Europäischen Wirtschaftsraums (EWR-Staat[537]) gerichtet[538]. (iii) Die emittierten Anleihen weisen eine Mindeststückelung von € 50.000 auf oder können nur ab einem Mindestbetrag von € 50.000 je Anleger erworben werden[539]. Sofern die Prospektpflicht nach dem WpPG vermieden und die Anleihe in Form einer Privatplatzierung gestaltet werden soll, ist bei der Strukturierung der Anleihe zwingend einer dieser Tatbestände einzuhalten.

5. Prospektinhalt einer öffentlichen Platzierung

Sofern kein Ausnahmetatbestand in Anspruch genommen werden kann, ist ein Prospekt nach ganz bestimmten Vorgaben zu erstellen und zu veröffentlichen. Zur Ausgestaltung des Prospektinhalts hält das WpPG jedoch nur allgemeine Anforderungen vor. Zusätzliche Anforderungen ergeben sich aus den Grundsätzen der Rechtsprechung[540]. Nach dem WpPG muss der Prospekt wie bisher sämtliche Angaben zum Emittenten und zu den angebotenen oder zuzulassenden Wertpapieren enthalten die notwendig sind, um dem Publikum ein zutreffendes Urteil über die Anlage in die Wertpapiere zu ermöglichen, wobei ihm die Risi-

---

536 Nach § 2 Nr. 7 WpPG ist entscheidend, ob das Unternehmen zwei der drei Kriterien erfüllt: eine durchschnittliche Beschäftigungszahl von weniger als 250 im letzten Geschäftsjahr, eine Gesamtbilanzsumme von maximal € 43 Mio. und ein Jahresnettoumsatz von höchstens € 50 Mio. Sollten diese Kriterien erfüllt sein oder handelt es sich bei dem Anleger um eine natürliche Person, so kann bei Erfüllung bestimmter Voraussetzungen der Eintrag in ein bei der BaFin geführtes inländisches oder einem in einem Mitgliedsstaat geführtes äquivalentes Verzeichnis eine Ausnahmemöglichkeit zu § 3 Abs. 2 Nr. 1 WpPG ermöglichen,
§ 27 WpPG.

537 Es handelt sich dabei um die Mitgliedstaaten der Europäischen Union und die anderen Vertragsstaaten des Abkommens über den Europäischen Wirtschaftsraum, § 2 Nr. 15 WpPG. Z.Z. sind das: Belgien, Dänemark, Deutschland, Estland, Frankreich, Finnland, Griechenland, Großbritannien, Irland, Italien, Niederlande, Luxemburg, Lettland, Litauen, Malta, Österreich, Polen, Portugal, Schweden, Slowakei, Slowenien, Spanien, Tschechische Republik, Ungarn, Zypern (griechischer Teil), Rumänien und Bulgarien sowie die EFTA-Staaten Liechtenstein, Island und Norwegen.

538 § 3 Abs. 2 Nr. 2. Es handelt sich hier um eine Ausnahme, die auch ähnlich unter dem alten Regime galt. Danach bestand eine Ausnahme zur Prospektpflicht nach § 2 Nr. 2 VerkProspG bei einem Angebot an einen „begrenzten Personenkreis". Nicht klar war allerdings, wie dieser Begriff zu definieren ist. Teilweise wurde dies quantitativ getan, teilweise aber auch mit Hilfe anderer Parameter, siehe hierzu Lenz/Kopp-Colombo, S. 33. Nunmehr wird lediglich auf ein rein quantitatives Element abgestellt, was somit eine Neuerung gegenüber dem VerkProspG darstellt, vgl. Werner, Private Placement, S. 120.

539 § 3 Abs. 2 Nr. 3 und 4 WpPG. Allerdings stellt sich die Frage - insbesondere aufgrund der Tatsache, dass die SEC den Kreis um einiges enger abgrenzt - , ob der Gesetzgeber den Kreis mit 100 Anlegern nicht zu weit gezogen hat und so unnötig praktische Probleme heraufbeschwört.

540 Werner, Private Placement, S. 121.

ken aus einer Beteiligung klar und unmissverständlich aufgezeigt werden[541]. Diese Angaben müssen richtig, vollständig, leicht analysierbar und verständlich, sowie am Schluss nochmals zusammengefasst sein[542]. Hieraus ergibt sich ein allgemeiner zwingender Aufbau des Prospekts: (i) Angaben zum Emittenten, (ii) Angaben zum Wertpapier, (iii) Zusammenfassung.

Der Prospekt kann wie nach alter Rechtslage in einem Dokument gefasst oder aber nunmehr auch in drei separate Dokumente aufgeteilt werden[543]. Im letzteren Fall sind die Emittenteninformationen im sog. Registrierungsformular und die Angaben zum Wertpapier in der Wertpapierbeschreibung enthalten[544]. Hinzu kommt eine Zusammenfassung, die kurz und allgemein verständlich die wesentlichen Merkmale und Risiken umfasst, die auf den Emittenten, aber auch auf jeden Garantiegeber sowie die Wertpapiere selbst zutreffen[545].
Hinsichtlich der konkreten Anforderungen an den Mindestinhalt eines Prospekts wird mit § 7 WpPG auf die unmittelbar national geltende europäischen Umsetzungsverordnung der Kommission zur Prospektrichtlinie (Verordnung (EG) Nr. 809/2004, nachfolgend ProspektVO) verwiesen[546]. Hiernach werden strenge Regularien mit hohem Detailgrad aufgestellt, die sich überwiegend an den geltenden Regeln orientieren, aber in Quantität und Detaillierung diese übertreffen[547]. Der notwendige Veröffentlichungsmaßstab wird in einer Art „Baukastenprinzip“[548] mit den in den zahlreichen Anhängen der ProspektVO enthaltenen Sche-

---

541 Werner, Private Placement, S. 122.

542 § 5 Abs. 1 und 2 WpPG.

543 12 Abs. 1 Satz 1 WpPG. Die einzelnen Dokumente werden dann als jeweils gültiger Prospekt angesehen,
§ 9 Abs. 4 Satz 2 WpPG.

544 § 12 WpPG und Art. 25 ProspektVO. So können regelmäßige Emittenten beispielsweise die notwendige Emittentenbeschreibung separat von der zuständigen Stelle billigen lassen, um sie dort zu hinterlegen. Dazu kann ein sog. Basisprospekt erstellt werden, sofern es sich bei der Emission um Nichtdividendenwerte oder Optionsscheine handelt, die im Rahmen eines Angebotsprogramms ausgegeben werden. Die Angebotsbedingung-en werden hingegen erst später veröffentlicht, § 6 WpPG und Art. 22 ff. EG-ProspektVO.

545 § 5 Abs. 2 WpPG. Sie soll in der Regel nicht mehr als 2500 Wörter umfassen. Dies wird in der Literatur aufgrund der Komplexität bestimmter Wertpapiere als zu knapp angesehen, Kullmann/Sester, WM 2005, S. 1073; Meyer, S. 735; Kunold/Schlitt, BB 2004, S. 505. Sie ist entbehrlich, wenn der Prospekt die Zulassung von Nichtdividendenwerten mit einer Mindeststückelung von € 50.000 betrifft, § 5 Abs. 2 Satz 4 WpPG).

546 Verordnung (EG) Nr. 809/2004 der Kommission vom 29. April 2004 zur Umsetzung der Richtlinie 2003/71/EG des Europäischen Parlaments und des Rates betreffend die in Prospekten enthaltenen Informationen, sowie das Format, die Aufnahme von Informationen mittels Verweis und die Veröffentlichung solcher Prospekte und die Verbreitung von Werbung, ABl. EG Nr. L 149/1 v. 30.04.2004. Abgedruckt unter ZBB 2005, S. 226ff. Siehe ausführlich dazu auch Kullmann/Sester, ZBB 2005, S. 209ff.

547 Holzborn/Israel, ZIP 2005, S. 1671; Wienecke, NZG 2005, S. 110; Schlitt/Schäfer, AG 2005, S. 502.

548 Holzborn/Israel, ZIP 2005, S. 1671 und auch Schlitt/Schäfer AG 2005, S. 502.

mata[549] und Module[550], die Listen für Mindestangaben bezüglich der einzelnen Wertpapiere und Emittenten umfassen, europaweit standardisiert[551].

Bei Anleiheemissionen in Verbindung einer WBS-Struktur ist aufgrund der Nähe zu ABS das Registrierungsformularschema und das Modul zur Wertpapierbeschreibung für ABS für die Prospekterstellung heranzuziehen[552]. Mit hohem Detailgrad müssen Angaben zum Emittenten selbst[553] und zur Anleihe, insbesonde-

---

549 Unter einem solchen „Schema" ist eine Liste von Mindestangaben, die auf die spezifische Natur der unterschiedlichen Arten von Emittenten und/oder die verschiedenen involvierten Wertpapiere abgestimmt sind, zu verstehen, Art. 2 Nr. 1 ProspektVO.

550 „Modul" bezeichnet eine Liste zusätzlicher Angaben, die nicht in den Schemata enthalten sind und einem oder mehreren dieser Schemata anzufügen sind, je nachdem, um welches Instrument und/oder um welche Transaktion es sich handelt, für die ein Prospekt oder Basisprospekt erstellt wird, Art. 2 Nr. 2 ProspektVO.

551 Anhänge I - XVII der ProspektVO. Welches Schema oder Modul für die Prospekterstellung herangezogen werden muss, ergibt sich aus Art. 4 - 20 ProspektVO, welche je nach Art des Wertpapiers oder Emittenten auf den jeweiligen Anhang verweisen, siehe hierzu die Übersicht bei Kullmann/Sester, ZBB 2005, S. 213. Sofern es sich um völlig neue Wertpapiertypen handelt, die nicht einem Schema oder Modul zuzuordnen sind, so kann nach Erwägungsgrund 23 der ProspektVO der Emittent auf Grundlage der existierenden Schemata und Module in Absprache mit der zuständigen Behörde Veröffentlichungsvorgaben diskutieren und entwickeln. Grundsätzlich sind nach Art. 21 ProspektVO, der auf den Anhang XVIII verweist, auch Kombinations-möglichkeiten der Schemata und Module zulässig. Auch kann nach Art. 21 Abs. 2 ProspektVO stets das umfangreichste und strengste Schemata für ein Registrierungs-formular für Wertpapiere verwendet werden, auch wenn ein weniger umfassendes und strenges Registrierungsformularschema vorgesehen ist. Das Schema mit dem höchsten Disklusierungsgrad ist für eine Aktienemission vorgesehen.

552 Unter „ABS" sind durch „Forderungen unterlegte Wertpapiere" zu verstehen, die (a) ein Interesse an Vermögenswerten darstellen (einschließlich der Rechte, mit denen eine Bedienung der Wertpapiere, deren Eingang oder die Pünktlichkeit des Eingangs seitensder Inhaber der Vermögenswerte sichergestellt werden soll, wenn es um die in diesem Rahmen zahlbaren Beträge geht; (b) durch Vermögenswerte und Konditionen besichert sind, mit denen die Zahlungen gewährleistet werden, wobei sie sich auf Zahlungen oder angemessenen Zahlungsprognosen beziehen, die unter Bezugnahme auf identifizierte oder identifizierbare Vermögenswerte berechnet werden, Art. 2 Nr. 5 ProspektVO.

553 Schema Registrierungsformular für ABS, Art. 10 i.V.m. Anhang VII ProspektVO: Hier sind neben grundlegenden Informationen über die für den Prospektinhalt verantwortlichen Personen (1) auch die Abschlussprüfer zu nennen (2). Gleichfalls sind Risikofaktoren offen zu legen, die für den Emittenten oder dessen Branche spezifisch sind (3). Allerdings sind dabei nur solche Risiken umfasst, die erheblich die Anlageentscheidung beeinflussen (Art. 2 Nr. 3 ProspektVO definiert diesen Begriff wie folgt: „Risikofaktoren" bezeichnet eine Liste von Risiken, die für die jeweilige Situation des Emittenten und/oder der Wertpapiere spezifisch sind und die Anlageentscheidung erheblich beeinflussen). Daneben gilt es Informationen über den Emittenten offen zu legen (4). So müssen neben Angaben über Rechtsform, Firma, Name und Sitz, auch erklärt werden, ob es sich lediglich um eine reine Zweckgesellschaft oder als ein Unternehmen mit dem Zweck der ABS-Emission handelt. Daneben gilt es Angaben über das Geschäft des Emittenten (5) und dessen Verwaltungsorgane (6) sowie Hauptaktionäre (7) zu machen. Die Rubrik über die finanziellen Informationen erfordert eine detaillierte Darlegung der Vermögens-, Finanz-

re zu den den Wertpapieren unterliegenden Vermögenswerten und den damit verbundenen Cash Flows gemacht werden[554]. Im Ergebnis muss der Emittent somit sämtliche Transaktionsmerkmale, deren Beteiligte und auch die dazugehörigen Risiken offen legen. In Bezug auf den Erfolg von WBS kommt es in diesem Zusammenhang insbesondere entscheidend auf die Beschreibung des Grundgeschäfts des Originators als auch die Offenlegung der mit der Transaktion möglicherweise zusammenhängenden Risiken an (sog. Risikofaktoren). Nur durch eine umfangreiche Darstellung der genannten Punkte kann sich ein potentieller Investor ein genaues Bild über die Transaktion machen und diese Informationen in seine Risiko- und Investitionsanalyse einfließen lassen.

---

und Ertragslage des Emittenten, die auch geprüfte historische Finanzinformationen der letzten zwei Jahre umfasst sowie etwaiger anhängiger Gerichtsverfahren und nachträgliche bedeutende Veränderungen der Finanzlage (8). Diese Finanzinformationen sind gemäß den Standards, für Jahresabschlüsse nach der Verordnung (EG) Nr. 1606/2002 bzw. für den Fall, dass diese Verordnung nicht anwendbar ist, gemäß den nationalen Rechnungslegungsstandards eines Mitgliedstaates der Europäischen Union zu erstellen, sofern der Emittent aus der Gemeinschaft stammt. Im letzteren Fall müssen sie mindestens eine Bilanz, die Gewinn- und Verlustrechnung und die Rechnungslegungsstrategien sowie erläuternde Vermerke enthalten. Schließlich ist eine Erklärung darüber abzugeben, dass während der 12monatigen Gültigkeitsdauer des Registrierungsformulars die Satzung und die Statuten des Emittenten sowie sämtliche Dokumente, sofern sie Eingang in das Registrierungsformular gefunden haben, und die historischen Finanzinformationen entweder in Papierform oder auf elektronischem Wege einsehbar sind. Gleichzeitig sind auch Angaben zum Ort der Einsichtnahme zu machen (10).
Trotz des geforderten Detailgrads der offenzulegenden Informationen wird bei einer WBS-Transaktion dieser Abschnitt kurz und knapp abzuhandeln sein. In aller Regel handelt es sich bei einer WBS um eine maßgeschneiderte einmalige Transaktion, zu deren Durchführung eine anleihenemittierende Einzweckgesellschaft gegründet wird. Somit entfallen insbesondere große Teile der finanziellen Informationen unter Punkt 8 des Registrierungsformulars, da das SPV lediglich mit einem Mindestkapital (eventuell in Kombination eines Liquiditätskredits einer Bank, um finanziellen Engpässen auszugleichen) ausgestattet wird.

[554] Modul zur Wertpapierbeschreibung für ABS, Art. 11 i.V.m. Anhang VIII: Die Mindestangaben zur Art des emittierten Wertpapiers sind allerdings nach dem Modul für ABS um ein Vielfaches umfangreicher und geben zugunsten des verfolgten Anlegerschutzes weite Einblicke in die Transaktionsstruktur. So werden zunächst grundlegende Angaben zum Wertpapier selbst gefordert (Mindeststückelung, etc.) (1). Im Lichte des Anlegerschutzes sind weitreichende Informationen zu den sog. Basisvermögenswerten, d.h. zu den verbrieften, den Wertpapieren unterliegenden Vermögenswerten, zu machen (2). Zu bestätigen ist beispielsweise, ob die den Wertpapieren unterliegenden Vermögenswerten Merkmale aufweisen, nach denen sie in der Lage sind, ausreichenden Cash Flow zur Bedienung der sich aus den Wertpapieren ergebenden Zahlungsverpflichtungen zu erwirtschaften. Auch sind die Aktiva näher zu beschreiben (Rechtsnatur, Fälligkeiten, Betrag, etc.). Darüber hinaus ist die Transaktionsstruktur selbst detailliert zu beschreiben und Angaben bezüglich des Cash Flows zu machen (3). Dazu gehören beispielsweise Mitteilungen über die an der Emission beteiligten Unternehmen, Angaben zu möglichen Liquiditätsdefiziten und deren Abhilfe, Zinsrisiken bzw. Hauptausfallrisiken, Rangordnungen der Zahlungsverpflichtungen.

6. Billigungsverfahren

Das Herkunftsstaatsprinzip ist maßgebend für die Frage, welche Behörde – in Deutschland die BaFin oder eine entsprechende ausländische Behörde – für die Billigung des Prospekts zuständig ist[555]. Nach der im WpPG verankerten Definition des Herkunftsstaats ist dies grundsätzlich der Sitz des Emittenten[556]. Allerdings kann auch unter bestimmten Bedingungen von dieser Regel abgewichen werden[557]. Geprüft wird der Prospekt auf Vollständigkeit sowie Kohärenz und Verständlichkeit der Angaben[558]. Eine solche Billigung hat nunmehr gemeinschaftsweite Geltung (sog. europäischer Pass für Emittenten) und ersetzt das bisherige Konzept der gegenseitigen förmlichen Anerkennungsverfahren[559]. Es bedarf nur noch einer förmlichen Unterrichtung der zuständigen Behörde des Aufnahmestaates über die Billigung des Prospekts seitens der Behörde des Herkunftsstaates oder des gewählten Staates[560]. Mittels dieser Regelung kann bei einer WBS-Transaktion in einem gewissen Maße die für die Prospektbilligung zuständige Behörde gewählt werden. Trotz der Harmonisierung und Standardisierung der vorgenannten Regelungen werden sich aufgrund der Natur der Sache (Auslegung von einem kürzlich eingeführten neuen Regime durch eine Vielzahl von europäischen Behörden unterschiedlichster Ausstattung) spezifische nationale Ausgestaltungen herauskristallisieren[561]. Ob es allerdings zu einem „Forumshopping" , d.h. einem Wettbewerb um die entsprechend günstigere Rechtsordnung kommen wird, bleibt abzuwarten.

---

555 §§ 2 Nr. 13 i.V.m. 13 WpPG.

556 §§ 2 Nr. 13 i.V.m. 13a WpPG. Dieser wurde in neuerer EuGH Rechtssprechung zur gemeinschaftsweiten Niederlassungsfreiheit als statutarischer Gesellschaftssitz qualifiziert. Siehe hierzu die EuGH Grundsatzentscheidungen „Überseering" vom 5. November 2002, NJW 2003, S. 1461, und „Inspire Art" vom 30. September 2003, NJW 2003, S. 3331ff.

557 Insbesondere ist dies möglich bei der Emission einer Schuldverschreibung mit einer Mindeststückelung von € 1.000. In diesem Fall kann der Emittent (Eine Person oder Gesellschaft, die Wertpapiere begibt oder zu begeben beabsichtigt, § 2 Nr. 9 WpPG.), der Anbieter (Eine Person oder Gesellschaft, die Wertpapiere öffentlich anbietet, § 2 Nr. 10 WpPG.) oder der Zulassungsantragsteller (Die Personen, welche die Zulassung zum Handel an einem organisierten Markt beantragen, § 2 Nr. 11 WpPG.) als Herkunftsstaat entweder (i) den Sitzstaat des Emittenten oder (ii) den EWR Staat wählen, in dem die Schuldverschreibungen zum Börsenhandel zugelassen sind oder zugelassen werden sollen, oder (iii) den EWR Staat, in dem die Wertpapiere öffentlich angeboten werden. Alle anderen Drittstaatenemittenten können eine Wahl nach dem EWR Staat vornehmen, (i) in dem die Wertpapiere öffentlich angeboten werden sollen oder (ii) in dem der erste Antrag auf Zulassung zum Handel an einem organisierten Markt gestellt ist, § 2 Nr. 13 b/c WpPG.

558 Für die Befugnisse der BaFin siehe § 21 WpPG.

559 § 17 WpPG. Näheres zu dem Konzept des europäischen Passes, Sandberger, EWS 2004, S. 297ff.

560 § 17 und § 18 WpPG.

561 So wird bereits jetzt von nationalen Unterschieden in der Praxis berichtet, die in unterschiedlichen Zulassungszahlen münden, z.B. wurden bei der BaFin (ca. 50 Mitarbeiter für alle Prospekte) in den ersten Wochen der Geltung des neuen Regimes weniger als 50 Prospekte eingereicht, in Luxemburg (ca. fünf Mitarbeiter) hingegen im gleichen Zeitraum über 500; Holzborn/Israel, ZIP 2005, S. 1675.

7. Sprachenregelung

Das WpPG hält für die Frage, in welcher Sprache der Prospekt einer öffentlichen Platzierung abgefasst werden muss, eine nach verschiedenen Fallgestaltungen differenzierende Regelung vor[562]. Vornehmliches Kriterium ist der Ort, an dem die Wertpapiere öffentlich angeboten werden bzw. deren Börsenzulassung beantragt wird[563]. Hier stellt sich die Frage, ob kostenintensive Übersetzungen des Prospekts vorgenommen werden müssen. In aller Regel wird der Anleihenemittent einer WBS-Struktur aus steuerrechtlichen Gründen seinen Sitz nicht in Deutschland haben und Deutschland auch nicht als seinen Herkunftsstaat wählen[564]. Vielmehr wird das Regime des Emittenten in einem anderen Staat liegen, vorzugsweise in einem sog. Tax Haven. Außerdem wird sich der Zielmarkt der Anleihen nicht auf Deutschland beschränken, sondern grenzüberschreitend sein. Somit kann der Prospekt in einer von der BaFin anerkannten Sprache (d.h. Deutsch) oder in einer in internationalen Finanzkreisen gebräuchlichen Sprache abgefasst werden (d.h. Englisch)[565]. Im letzteren Fall müsste die Zusammenfassung jedoch auch in deutscher Sprache vorliegen[566].

8. Prospekthaftung

Die Veröffentlichung eines Prospekts[567] schließt das Risiko der Prospekthaftung ein. Europarechtlich vereinheitlicht und im WpPG national geregelt ist, dass die verantwortliche Personen für die Zusammenfassung und gegebenenfalls für deren Übersetzung haftet, falls sie irreführend, unrichtig oder widersprüchlich ist[568]. Darüber hinausgehende spezifische und vereinheitlichte Prospekthaftungsregelungen existieren nicht. Weder die EU-Prospektrichtlinie noch die Umsetzungs-VO oder das WpPG enthalten solche Regelungen. Aus diesem Grund richtet sich in Deutschland weiterhin die Haftung für fehlende oder unrichtige bzw. unvollständige Prospekte nach den nationalen Vorschriften: nach den Normen

---

562 § 19 WpPG.

563 Zu den einzelnen Möglichkeiten siehe Kullmann/Sester, WM 2005, S. 1070 und 1071.

564 Siehe Zweiter Teil § 15 VI 2 c.

565 § 17 Abs. 4 Satz 1 WpPG.

566 § 17 Abs. 4 Satz 2 WpPG. Auszulegen ist diese Vorschrift europarechtskonform als „Muss"-Norm und nicht als „Kann"-Vorschrift, da die umzusetzende Norm des Art. 19 Abs. 3 ProspektVO als Norm der ersteren Kategorie konzipiert ist. Somit muss im Fall der Billigung eines Prospekts durch eine ausländische Behörde und Anerkennung desselben (via europäischen Pass) in Deutschland dieser Prospekt entweder in Deutsch oder in Englisch mit einer Zusammenfassung in deutscher Sprache abgefasst sein, vgl. Kullmann/Sester, WM 2005, S. 1071.

567 Die Art und Weise der Veröffentlichung richtet sich nach § 14 WpPG und sieht neben der Veröffentlichung in der Zeitung und der sog. Schalterpublizität auch alternativ die Veröffentlichung im Internet vor.

568 Allerdings wird nur davon gesprochen, dass die jeweiligen verantwortlichen Personen „haftbar gemacht werden können", wie diese Haftung aussieht, wird allerdings verschwiegen, vgl. § 5 Abs. 2 Nr. 4 WpPG.

des Börsengesetzes (BörsG) und Verkaufsprospektgesetzes (VerkProspG)[569]. Allerdings werden nunmehr bei Auslegung dieser Normen die Wertungen des WpPG, aber auch der europäischen Normen der Prospektrichtlinie, der Umsetzungs-VO als auch der allgemeinen Grundsätze des Europäischen Gerichtshofs zu beachten sein.

9. Öffentliche Platzierung vs. Privatplatzierung im spezifischen Kontext einer WBS-Transaktionsstruktur

Vor der Entscheidung, ob die Anleihe im Wege einer öffentlichen und prospektpflichtigen Emission platziert wird oder eine Privatplatzierung vorgenommen wird, haben die Arrangeure einer WBS-Transaktion (in der Regel die Gesellschafter des Originators, sprich der Finanzinvestor, zusammen mit einer Investmentbank[570]) gemeinsam mit ihren Beratern eine Vielzahl von Faktoren zu evaluieren. Die vorherigen Ausführungen zeigen deutlich, dass eine Privatplatzierung lediglich in den engen Grenzen der Ausnahmetatbestände der EU-Prospektrichtlinie bzw. des WpPG zulässig ist. Gleichwohl sprechen gute Gründe für eine Anleihestruktur, welche die Fiktion der allumfassenden Prospektpflicht durchbricht. Ein Vorteil ist die geringere Kostenbelastung im Vorfeld der Emission sowie im Nachgang während der Laufzeit der Anleihe[571]. Bei einer prospektpflichtigen Anleihe fallen erhebliche Kosten für die Prospekterstellung, Veröffentlichung, beauftragte Berater und andere administrative Tätigkeiten (wie z.B. etwaiger Bewerbung der Anleihen im Zuge von Roadshows, nachhaltiger Investorenansprache und -pflege) an. Dieser Kostenvorteil wird auch nicht von den standardisierten Veröffentlichungsvorgaben und Erleichterungen hinsichtlich Sprachenregel (häufig genügt ein Prospekt in englischer Sprache) und Veröffentlichungsmöglichkeiten (z.B. im Internet) nach dem neuen Regime vermindert. Vielmehr entstehen in der Regel weitere Kosten durch einen meist zeitgleich durchgeführten Börsenzulassungsantrag. Hintergrund ist zum einen, dass in Folge einer Börsennotierung die Anleihe zu einer amtlichen Kursnotierung und damit zu einer echten Marktfähigkeit samt Zweitmarktfähigkeit gelangt[572]. Zum anderen ist Investoren aufgrund eigener interner Richtlinien häufig die Investition in nicht notierte Wertpapiere verwehrt[573]. Diese größere Handelbarkeit und dadurch höhere Erreichbarkeit breiterer Investorengruppen wird jedoch, neben der angesprochenen Kostenbelastung, auch mit stark ausgeprägten kapitalmarkt-

---

569 § 13 VerkProspG verweist auf die für die Börsenzulassung einschlägigen Haftungsnormen §§ 44ff. BörsG, siehe zu den Einzelheiten der Prospekthaftung, Holzborn/Foelsch, NJW 2003, S. 932ff.

570 Bei der Tenovis-Transaktion waren das beispielsweise Morgan Stanley und Salomon Brothers.

571 Perez, S. 79.

572 Wood, Rn. 8-24.

573 Wood, Rn. 8-24. Häufig wird dann die Notierung an der Börse in Luxemburg gewählt, vgl. zu den Voraussetzungen der Prospektpflicht und Börsenzulassung in Luxemburg, Kremer, § 29 Rn. 1ff. Die Anleihe der Tenovis-Transaktion war ebenda gelistet.

rechtlichen Börsennotierungsfolgepflichten (wie z.B. regelmäßigen Veröffentlichungs- und Mitteilungspflichten) „erkauft“ [574]. Gleichzeitig kann aber auch somit die Emission ein sehr hohes Volumen umfassen[575]. Im Gegensatz dazu ist eine privat platzierte Anleihe aufgrund der eingeschränkten Handelbarkeit mit höheren Kapitalkosten belastet, da sich Investoren diese Beschränktheit durch eine höhere Rendite abgelten lassen. Der Emittent wird folglich einer höheren Zinsbelastung ausgesetzt[576]. Es wird in diesem Zusammenhang von einem besseren „pricing“ gesprochen[577] Allerdings ist eine Privatplatzierung, bei der die potentiellen Investoren ausgewählt und unmittelbar kontaktiert werden, nicht vollkommen losgelöst von der Maßgabe, Informationen für die auf diese Weise angesprochenen Kapitalgeber aufzubereiten[578]. Auch wenn sie nicht dem aufgezeigten strengen Korsett eines Prospekts nach dem WpPG oder eines anderen einschlägigen regulierenden Gesetzes unterliegen, ist doch ein die Transaktion dokumentierendes Informationsmemorandum (Information Memorandum) anzufertigen, das grundsätzlich auf dem für eine öffentliche Anleiheplatzierung zu erstellenden Prospekt basiert[579]. Der Schwerpunkt liegt für die Arrangeure einer WBS-Transaktion, ebenso wie bei dem Börsenprospekt einer öffentlichen Platzierung, neben der Beschreibung des operativen Grundgeschäfts auf einer umfangreichen Feststellung möglicher Risiken (sog. Risikofaktoren). Dabei müssen die Faktoren berücksichtigt werden, die bereits im Vorfeld der Strukturierung der Transaktion auftreten sowie in der zeitlichen Abfolge des Transaktionszyklus wie Krise und Insolvenz des Originators von Bedeutung sind.

Dennoch zeichnet sich eine Privatplatzierung durch ein höheres Maß an Flexibilität aus[580]. So ist sie nicht an gesetzliche Fristen wie bestimmte Veröffentlichungs- oder Zeichnungsfristen gebunden. Vielmehr besteht bis zum Verkauf der Anleihe Platz für die Diskussion von individuellen Vereinbarungen und lässt insbesondere kurzfristige Anpassungen an ein geändertes Marktumfeld oder Investoreninteresse zu[581]. Aus diesem Grund bietet sich eine Privatplatzierung für komplexe und sehr individuell zugeschnittene Finanzierungstransaktionen an[582].

---

574 Wood, Rn. 8-25. Siehe zu den Folgepflichten, Klawitter, S. 739ff.

575 Antin/Haas, S. 528.

576 Clarke, S. 41.

577 Antin/Haas, S. 526.

578 Wobei nach den Vorgaben des WpPG zwingend darauf zu achten ist, dass es sich um qualifizierte Anleger im Sinne des Gesetzes handelt oder die Zahl der Angesprochenen 100 nicht übersteigt.

579 Hartwig-Jacob, S. 64.

580 Hartwig-Jacob, S. 65.

581 Bei öffentlichen Platzierungen zeigt sich im Zusammenhang der Roadshows, in deren Verlauf potentielle Kapitalgeber angesprochen werden, die Unflexibilität dieser Platzierungsart. Bei diesen Veranstaltungen oder auch in noch kleineren Kreisen kommen Änderungswünsche auf, die allerdings nicht mehr berücksichtigt werden können. Ihre Berücksichtigung wäre auch nicht mehr zulässig, da der Prospektinhalt bereits von der zuständigen Stelle gebilligt worden ist.

582 Clarke, S. 40.

Zu dieser Gruppe gehört auch WBS. Hinzukommt, dass eine geringere Publizität besteht[583]. Das Informationsmemorandum ist zwar vom Umfang und Detailgrad der Offenlegung an den Prospekt angenähert, muss sich aber nicht zwingend an den qualitativ und quantitativ strengen Regeln der ProspektVO bzw. des WpPG messen lassen. Aus diesem Grund müssen z.B. nicht detailliert die Transaktionsstruktur und die Beteiligten offengelegt werden[584]. Ein Umstand, der einem Finanzinvestor, der WBS als Refinanzierungsform und/oder vorgezogenen (Teil)Exit nutzt, entgegenkommt. Auf der einen Seite kann so eine etwaige negative mediale Berichterstattung, die zur Beeinträchtigung von Namen, Reputation und Standing führen kann, vermieden werden. In jüngerer Vergangenheit wurde über die Tenovis-Transaktion sehr negativ in den Medien berichtet und folglich das Thema WBS in großer Breite gebrandmarkt[585]. Andererseits kann die Privatplatzierung auch ein Mittel sein, eine strukturelle Innovation (z.B. als vorgezogener (Teil)Exit) vor Konkurrenten und anderen Marktteilnehmern geheim zu halten. Auch wird das mögliche Misslingen der Transaktion nicht öffentlich und vermeidet somit eine Rufbeschädigung der Beteiligten[586]. Aufgrund der geringeren Zahl der Investoren kann im Fall der Krise bzw. Insolvenz des Emittenten die Restrukturierung der Anleihe einfacher durchsetzbar sein als bei einer öffentlichen Platzierung, bei der im Fall der konsensualen, außergerichtlichen Einigung eine Vielzahl unterschiedlicher Interessen gebündelt werden müssen. Des Weiteren gilt es bei der Wahl der Platzierungsart zu bedenken, dass es sich bei der Anleihenemission im Zusammenhang einer WBS-Transaktion typischerweise um relativ hohe Mindestzeichnungsbeträge der emittierten Anleihe – diese umfasste z.B. bei der Tenovis-Transaktion € 100.000[587] – handelt. Die Gruppe der Anleihegläubiger wird sich dementsprechend regelmäßig aus institutionellen Investoren zusammensetzen. Ihr Investitionshorizont wird sich wohl auch über die gesamte Laufzeit der Anleihe erstrecken müssen, da nicht gesichert ist, ob sich ein ausreichend liquider Zweitmarkt, selbst bei Börsenzulassung, für eine solche Anleiheform bildet. Insofern kommt die Anleihe nur für einen kleinen und ausgesuchten Investorenkreis in Frage, der typischerweise individuell und diskret angesprochen werden kann.

Zur Erhöhung der Realisierbarkeit der Anleihe ist die Platzierung einer gesonderten Tranche als internationale Anleihe am US-amerikanischen Kapitalmarkt mittels einer 144A Private Resale-Struktur überdenkenswert[588]. Allerdings geht mit einer solchen Platzierung ein höherer Offenlegungsgrad und Kostenaufwand als

---

583 Clarke, S. 42.

584 So aber nach dem Modul zur Wertpapierbeschreibung für ABS, Art. 11 i.V.m. Anhang VIII, ProspektVO.

585 Klawitter, Wie KKR ein Unternehmen skelettiert, Spiegel Online vom 14. April 2004.

586 Vgl. Horn, S. 96.

587 Tenovis Information Memorandum, S.2.

588 Er ist einer der wichtigsten Märkte für internationale Anleihen. Dort werden die Anleihen nach der Rule 144A zum Securities Act 1933 ausgegeben und ausschließlich an institutionelle Anleger (sog. Qualified Institutional Buyers, QIBs) veräußert, Hartwig-Jacob, S. 65. Vgl . auch Dritter Teil § 22 V 4a.

bei einer deutschen Privatplatzierung einher[589]. Zudem unterwirft sich der Emittent wegen der Nähe des 144A Private Resales zur Privatplatzierung den strengen Aufsichts- und Haftungsregeln der dortigen Aufsichtsbehörde, der SEC (z.B. der Sarbanes-Oxley Act, SOX). Dennoch bedarf es einer genauen Überlegung, ob die Nachteile zusätzlicher Komplikationen die Vorteile einer möglichen höheren Liquidität übersteigen oder nicht[590].

§ 16 Anleihegläubigerschutz in der Krise

Wie bereits aufgezeigt, nimmt bei einer WBS-Transaktion die Aufrechterhaltung des Cash Flow generierenden operativen Geschäfts auch bei Insolvenz des Originators einen zentralen Stellenwert ein. Allerdings dürfen dabei im Vorfeld Krisensymptome, die sich noch nicht zu einer Insolvenz begründenden Situation verdichtet haben, nicht außer Acht gelassen werden. Auch wenn nicht jede Unternehmenskrise automatisch in die Insolvenz oder gar zur Liquidation und Zerschlagung des Unternehmens führen muss, ist gleichwohl der Zeitpunkt der Entdeckung entscheidend für die Behebung der Krise. Je weiter eine Krise vorangeschritten ist, desto schwieriger wird es, geeignete Maßnahmen einzuleiten, um sie zu bewältigen oder zumindest entsprechend abzufedern, so dass die Insolvenz vermieden werden kann. Häufig sind dann nur noch drastische Kursänderungen (sog. Turnaround-Maßnahmen) möglich, die weitgehende Eingriffe in die Struktur des Unternehmens umfassen und eine Restrukturierung desselbigen zum Ziel haben[591]. Für eine WBS-Transaktion sind jedoch alle Schritte, die den für den Schuldendienst benötigten Cash Flow des operativen Geschäftsbetriebs beeinträchtigen, sehr risikoreich, wenn nicht gar fatal. Oberste Priorität kommt somit der rechtzeitigen Krisenerkennung zu, um rechtzeitig effektive Gegenmaßnahmen zu ergreifen, welche die Abwendung der Krise und eine mögliche Insolvenz des Originators zum Ziel haben. Entscheidend sind folglich Verstrebungen, die eine Insolvenz bereits im Vorfeld unmöglich, oder sehr unwahrscheinlich machen.

---

589 Antin/Haas, S. 530.

590 Siehe zu den Regularien, insbesondere den Registrierungspflichten, auch: Tresnowski/Nowak, Gerald T., S. 57ff. Die Registrierung, der Verkauf und Handel in den USA wurde bei der Tenovis-Transaktion ausdrücklich ausgeschlossen: „The notes have not been and will not be registered under the U.S. Securities Act of 1933, as amended (The „Securities Act") and include notes in bearer form that are subject to U.S. Tax Law requirements. Subject to certain exceptions, the notes may not be offered, sold or delivered, directly or indirectly, within the United States or to U.S. persons (as defined in Regulation S of the Securities Act.", Tenovis Information Memorandum, S. 1.

591 Oft sind dies Maßnahmen, die drastischen Personalabbau oder auch den Verkauf von unrentablen Unternehmenssparten umfassen.

I. Definition des Begriffs Krise

Bevor Maßnahmen zur Überwindung einer möglichen Krise entwickelt werden können und somit die Struktur einer WBS-Transaktion verstärkt werden kann, um eine solche Krise abzufangen und zu meistern, gilt es, den Begriff der Krise im Zusammenhang von WBS dem Grunde nach zu bestimmen. Ein umfassender und disziplinübergreifender Begriff der Krise besteht allerdings weder in der Literatur noch in der Praxis. Es sind vielmehr unterschiedliche Ansatzpunkte aus betriebswirtschaftlicher und rechtlicher, insbesondere insolvenzrechtlicher Sicht zu berücksichtigen.

1. Betriebswirtschaftliche Krise

Es ist nicht unproblematisch abzuschätzen, zu welchem Zeitpunkt ein Unternehmen sich überhaupt in einer Krise befindet, die eine Gegensteuerung notwendig macht. In der Regel werden Unternehmenskrisen nicht durch plötzlich auftretende externe Notsituationen wie Attentate, kriegerische Auseinandersetzungen, Rohstoffknappheit, Konjunkturschwankungen oder Wertewandel bedingt[592]. Vielmehr sind es interne, schleichende Prozesse, die auf struktureller und organisatorischer Mängellage fußen und daher in eine finanzielle Krise münden. Aus diesem Grund ist es wichtig, im Rahmen einer betriebswirtschaftlichen Betrachtung des Unternehmens zu jedem Zeitpunkt mögliche Krisenursachen im Auge zu behalten. Allerdings hält die Betriebswirtschaftslehre keine einheitliche Definition einer Krise vor[593]. Vielmehr werden die Grenzen in Abhängigkeit der jeweiligen Betrachtungsweise gezogen. Beispielsweise wird als Krise bezeichnet, wenn das Unternehmen einen Zustand erreicht hat, der seine Lebensfähigkeit in Frage stellt, d.h. seine Existenz bedroht[594]. Andererseits wird aber auch schon in einem zeitlich vorgelagerten Zustand von einer Krise gesprochen: Nämlich schon dann, wenn es der Unternehmensleitung nicht mehr gelingt, durch geeignete Entscheidungen im Investitions- und Finanzbereich den Unternehmensgesamtwert zu steigern oder ihn auf dem einmal erreichten Niveau zu halten[595].

2. Rechtliche Krise

Abzugrenzen von der Krise im betriebswirtschaftlichen Sinn ist die rechtliche Krise. Diese muss nicht eine bloße Folge einer betriebswirtschaftlichen Krise sein. Sie ist aber in aller Regel zeitlich nachgelagert, da sie von der Kapitalaus-

---

592 Gleichwohl solche Ereignisse das Potenzial dazu haben, wie beispielsweise die negativen Folgen der unerwarteten terroristischen Anschläge des 11. Septembers 2001 in den USA auf die globale Flugindustrie deutlich gezeigt haben.

593 Schneider/Waschk, S. 29.

594 K. Schmidt/Uhlenbruck/*Maus*, Rn. 26.

595 Gottwald/*Drukarczyk/Brüchner*, § 2 Rn. 2.

stattung des Unternehmens abhängt, welche wiederum durch betriebswirtschaftliche Parameter bestimmt wird. In der Regel sind es zwei Tatbestände, die im rechtlichen Sinn alternativ eine Krise bei einer juristischen Person auslösen: (i) materielle Unterkapitalisierung und (ii) formelle bzw. nominelle Unterkapitalisierung. Im ersten Fall hängt der Eintritt des Krisentatbestands von der Eigenkapitalausstattung des Unternehmens ab. Sofern das Eigenkapital nicht mehr ausreicht, um den nach Art und Umfang der Geschäftstätigkeit bestehenden und nicht durch Kredite Dritter zu deckenden mittel- oder langfristigen Finanzbedarf zu befriedigen, tritt eine rechtliche Krise ein. Als Rechtsfolge kommt eine Durchgriffshaftung der Gesellschafter über deren Einlage auf das Privatvermögen durch die Gläubiger in Betracht[596]. Bei der sog. formellen oder nominellen Unterkapitalisierung als weiteren Eintrittstatbestand einer rechtlichen Krise ist das Unternehmen kreditunwürdig. D.h. es kann aufgrund nicht ausreichender eigener Vermögenslage kein Darlehen zu marktüblichen Konditionen von dritter Seite erlangen, sondern allenfalls noch von einem Gesellschafter[597]. In einem solchen Fall der eigenkapitalersetzenden Gesellschafterleistung würde in einem nachfolgenden Insolvenzverfahren das Darlehen als Stammkapital und der Gesellschafter mit seiner Forderung als nachrangiger Insolvenzgläubiger behandelt[598]. An den Zustand der rechtlichen Krise knüpfen bestimmte rechtliche Pflichten an, welche die verantwortlich Handelnden zum Schutz der Gesellschaft aber auch deren Gläubiger disziplinieren sollen[599].

3. Insolvenzrechtliche Krise

Schließlich gibt es einen weiteren, beiden zuvor skizzierten Krisensituationen zeitlich nachgelagerten Unternehmenszustand, der wiederum spezifische Handlungspflichten der Geschäftsführung des betroffenen Unternehmens bedingt. Es handelt sich dabei um die sog. insolvenzrechtlichen Krise. Eine solche setzt ein,

---

596 Siehe hierzu, Philipp/Weber, DB 2006, S. 142ff.

597 Picot/Aleth, Rn. 6; Gottwald/*Haas*, § 92 Rn. 202; K. Schmidt/Uhlenbruck/*Maus*, Rn. 27.

598 § 32 a GmbHG.

599 Hierzu gehören u.a. für den Geschäftsführer einer GmbH:

1. nach der von Lehre und Praxis entwickeltem Prinzip der Finanzierungsverantwortung bei erkennbarer materieller Unterkapitalisierung vor Einsetzen der Insolvenzantragspflichten nach § 64 Abs. 1 GmbHG die generelle Pflicht zur ständigen Selbstüberprüfung, ob ein Insolvenzantragsgrund vorliegt; darüber hinaus besteht sogar unter bestimmten Umständen die Pflicht eine Vermögensübersicht zu erstellen, BGH GmbHR 1994, S. 539 (545);
2. erhöhte Sorgfaltspflichten mit dem Umgang des Gesellschaftsvermögens nach § 43 GmbHG;
3. Ausschüttungsverbot nach § 30 GmbHG;
4. Verbot der Kreditgewährung aus dem Gesellschaftsvermögen, das zur Erhaltung des Stammkapitals notwendig ist, § 43a GmbHG;
5. verschärfte Informationspflicht gegenüber den Gesellschaftern, wenn sich aus der Jahresbilanz oder aus einer im Laufe des Geschäftsjahres aufgestellten Bilanz der Verlust der Hälfte des Stammkapitals ergibt, § 49 Abs. 3 GmbHG.

wenn ein Insolvenzgrund in Form der drohenden Zahlungsunfähigkeit (§ 18 InsO) bzw. der Zahlungsunfähigkeit (§ 17 InsO) oder der Überschuldung (§ 19 InsO) vorliegt. Die Besonderheit des ersten Falls liegt darin, dass dem Geschäftsführer des Unternehmens keine gesetzlich normierte Antragspflicht obliegt, sondern sie in seinem eigenen Ermessen steht[600]. In den beiden anderen Fällen besteht allerdings eine solche Pflicht. Ein solcher Antrag muss ohne schuldhaftes Zögern, spätestens aber drei Wochen nach Eintritt der Zahlungsunfähigkeit oder Überschuldung von den Geschäftsführern des Unternehmens gestellt werden[601].

4. Krise bei einer WBS-Transaktion

Für die Beurteilung einer Krise im Zusammenhang einer WBS-Transaktion und der Schuldenbedienung und Tilgung aller mit der Emission der Anleihe periodisch anfallenden Zahlungen setzen alle drei genannten Krisenbegriffe indes zeitlich zu spät ein. Die notwendigen Maßnahmen, selbst wenn diese im Vorfeld präzise und wohl durchdacht im Vorfeld der Transaktionsvorbereitung von den Arrangeuren und ihren Beratern antizipiert worden wären, würden die Krise und ein etwaiges sich anschließendes Insolvenzszenario nicht mehr abwenden können. Aus diesem Grund sind bei der Untersuchung zu welchem Zeitpunkt und unter welchen Umständen eine Krise im Zusammenhang von WBS entstehen kann, zwar die angesprochenen Krisenbegriffe zu berücksichtigen, jedoch primär die WBS-spezifischen Eigenheiten zu bedenken. Entscheidend für eine WBS-Transaktion ist der Cash Flow, den das operative Geschäft generiert. Nur ein solcher kontinuierlicher, stabiler und vorhersehbarer Cash Flow garantiert die vereinbarungsgemäße Bedienung des dem Originator aufgebürdeten Schuldendienstes[602]. Folglich tritt eine Krisensituation bei einer WBS-Transaktion möglicherweise schon viel früher auf, nämlich dann, wenn der Cash Flow derart beeinträchtigt ist, dass er nicht mehr ausreicht, um den Zins- und Tilgungszahlungen aus Darlehen bzw. Anleihen nachzukommen. Die insolvenzrechtliche Krise hingegen ist begrifflich und pragmatisch zeitlich derart nach hinten verlagert, dass der grundsätzliche Erfolg von Sanierungsmaßnahmen in Frage gestellt ist. Denn wenn erst einmal der Zwang zur Insolvenzantragsstellung besteht, lässt die sehr kurze Frist von drei Wochen eine wirtschaftlich sinnvolle außergerichtliche Einigung aller Gläubiger und damit eine Sanierung kaum noch zu[603]. Gleichfalls gilt es zu berücksichtigen, dass in diesem insolvenznahen Bereich alle gestaltenden Rechtshandlungen zur Abwendung der Insolvenz unter dem Damoklesschwert der rückwirkenden Anfechtungsrechte des Insolvenzverwalters des formalen Insolvenzverfahrens kritisch zu hinterfragen sind[604]. In extremen Fällen wird die Handlung vom Insolvenzverwalter angefochten und das Geschäft rück-

---

600 § 18 Abs. 1 InsO.

601 § 64 GmbHG, § 92 AktG, § 130a HGB.

602 Vgl. zu den Kriterien eines geeigneten WBS Kandidaten Erster Teil §10.

603 Vgl. Picot/Aleth, Rn. 9.

604 Die Anfechtungsrechte sind geregelt unter: §§ 129 ff. InsO.

abgewickelt[605]. Die rechtliche Krise ist ebenfalls zeitlich nachrangig, da in einem solchen Fall die Kapitalausstattung derart verknappt ist, dass es zu einer Gefährdung der Existenz des Originators selbst kommt und nicht lediglich des ihm aufgebürdeten Schuldendienstes. Ähnlich verhält es sich mit der Krise im betriebswirtschaftlichen Sinn, insbesondere wenn man auf die Situation der Existenzbedrohung abstellt. Im zeitlich vorgelagerten Fall der Stagnation oder des Absinkens des Unternehmensgesamtwerts könnte zwar eine gewisse Nähe zum Krisenbegriff im Zusammenhang mit WBS gesehen werden, doch hat das Ausbleiben rechtzeitiger Zahlungen des Schuldendienstes und ein erstes Verfehlen des Zahlungsziels nicht unbedingt sofortige Auswirkungen auf den Unternehmenswert des Originators. Eine solche Leistungsstörung muss aber umgehend tiefschürfende Konsequenzen innerhalb einer WBS-Struktur auslösen und dient so als Krisenindikator.

II. Krisenfrühwarnsysteme und Schutzmaßnahmen

Trotz fehlender begrifflicher Kongruenz zur betriebswirtschaftlichen Krise ist für die Krisenerkennung im Zusammenhang einer WBS-Transaktion das Einbeziehen der Analyse betriebswirtschaftlicher Einflussgrößen unabdingbar. Durch die Vielzahl der Gründe, die zu einer Krise führen, ist es der Betriebswirtschaftslehre allerdings noch nicht gelungen, eine verlässliche Methode der Krisenfrüherkennung zu erarbeiten. Vielmehr kommt eine Fülle von Parametern zur Anwendung, die Informationen über den Zustand des Unternehmens liefern. Diese Informationen liefern die Datenbasis für Krisenfrühwarnsysteme, die grundsätzlich in operative und strategische Frühwarnsysteme kategorisiert werden[606].

1. Operative Krisenfrühwarnsysteme

Operative Krisenfrühwarnsysteme basieren auf betriebswirtschaftlichen Daten, die regelmäßig durch eine Bilanzanalyse ermittelt werden[607]. Hierbei werden retrospektiv unterschiedliche Unternehmenskennzahlen ermittelt, die sich aus verschiedenen Größen wie Umlaufvermögen, Gesamtaktiva, Umsatz, Gewinn, Rücklagen, Fremdkapital, Eigenkapitalwert und Cash Flow zusammensetzen und bei Erreichen eines bestimmten mathematisch-statistisch ermittelten Schwellenwerts eine Krise indizieren[608]. Ein allgemeingültiger Katalog weniger Kennzah-

---

605 § 143 InsO.

606 Picot/Aleth, Rn. 159.

607 Hierzu ausführlich, Krystek, S. 147ff.

608 Diese sog. moderne Bilanzanalyse ist von der herkömmlichen Bilanzanalyse zu unterscheiden. Letztere zielt vorrangig auf die Einhaltung klassischer Finanzierungsregeln ab, die das Risiko einer Unternehmenskrise eindämmen sollen. Einzuhalten sind danach: (1) niedriger Verschuldungsgrad (Verschuldungsgrad = Fremdkapital : Gesamtkapital x 100); (2) Verhältnis von Umlaufvermögen zu kurzfristigem Fremdkapital von 2:1 (3) Finanzierung des Vermögens unter Beachtung der Fristenkongruenz, Gottwald/*Maus*, § 2 Rn. 28 und 29.

len, der über den Zustand bzw. die Krisenanfälligkeit eines Unternehmens eine verlässliche Aussage macht, gibt es aber nicht[609]. Weit verbreitet ist die sog. Diskriminanzanalyse zur Gewinnung einer signifikanten Kennzahl, die auf der Basis von Bilanzanalysen eine Unterscheidung in gesunde und kranke Unternehmen ermöglichen soll[610]. Jedoch wird für die Durchführung ein großer Datenpool benötigt, so dass diese Methode vornehmlich bei der Bonitätsanalyse durch Kreditinstitute angewendet wird[611].

2. Strategische Krisenfrühwarnsysteme

Zukunftsorientiert sind hingegen die sog. strategischen Krisenfrühwarnsysteme, denn sie zielen auf die Früherkennung von Risiken ab, die das langfristige Überleben des Unternehmens gefährden können. Entscheidend ist, ob sog. Schwächesignale (Weak Signals), d.h. Informationen im Umfeld des Unternehmens, die auf strategische Diskontinuität hinweisen, erkannt werden[612]. Hierzu gehören u.a. Risiken des politischen Umfelds, finanzielle Risiken in Form von Zins- oder Währungsrisiken oder auch Bedrohungen durch neue Marktkonkurrenten[613]. Wichtig ist immer zu bedenken, dass diese Risiken für jedes Unternehmen individuell zu betrachten sind und sich viele Einzelrisiken gegenseitig beeinflussen können. So etwa bei einer neuen Gesetzgebung, die es ermöglicht Mitbewerbern den Markteintritt zu erleichtern. Das hat wiederum Auswirkungen auf etablierte Marktteilnehmer wie das Unternehmen selbst. Hierzu gehören etwa Öffnungen von Märkten ehemaliger staatlicher Monopolmärkte für privatwirtschaftliche Konkurrenz. Ein Beispiel jüngster Vergangenheit ist die Diskussion um die geplante Abschaffung des Briefmonopols der Deutschen Post AG für Briefe unter 50 Gramm zum 1. Januar 2008[614].

---

609 Schneider/Waschk, S. 33. Für einen Versuch, einen aussagekräftigen Kennzahlenkatalog zu entwickeln, dessen Ziel es ist, durch Zerlegung des in der Gewinn- und Verlustrechnung ausgewiesenen Unternehmenserfolg in Teilklassen (Betriebserfolg/ Finanz- und Verbunderfolg/ Liquidations- und außerordentliche Erträge/ Bewertungserfolge) die frühzeitige Erkennung von Krisensituationen zu ermöglichen und deren Ursachen präzise zu lokalisieren, siehe auch Hauschildt/Grenz/Gemünden, S. 41ff.

610 Hierbei wird mit Hilfe mathematisch-statistischer Verfahren für eine Mehrzahl von Unternehmen, die insolvent geworden sind, aus den Jahresabschlüssen vor dem Insolvenzfall eine Reihe von Kennzahlen entwickelt. Dasselbe geschieht mit solventen Unternehmen. Diejenige Kennzahl wird dann isoliert, welche die bestmögliche Aussagekraft über eine Insolvenzgefährdung des Unternehmens hat, Picot/Ahle, Rn. 162.

611 Schneider/Waschk, S. 34.

612 Gottwald/*Maus*, § 2 Rn. 11.

613 Picot/Aleth, Rn. 173.

614 Doemens/Stratmann, Online-Ausgabe Handelsblatt vom 24.04.2007.

3. Krisenfrühwarnsysteme und Schutzmaßnahmen bei WBS

a. Überprüfung durch Ratingagentur

Bei einer WBS-Transaktion wird bereits im Vorfeld einer Strukturanalyse durch die beauftragte Ratingagentur versucht, Risiken und Krisenursachen auszumachen und zu identifizieren[615]. In Konzentration auf den Cash Flow des Originators werden die zuvor skizzierten Krisenfrühwarnsysteme zusammengeführt, um die Struktur in einzelnen hypothetischen Szenarien mit unterschiedlichen internen und externen Parametern auf die Ausfallwahrscheinlichkeit der Anleihe, welche unmittelbar von dem Cash Flow des Originators abhängig ist, zu testen. Während der Laufzeit der Anleihe erfolgt eine dauerhafte Überprüfung der zu Beginn vergebenen Ratingeinschätzung. Dementsprechend spiegeln sich bei Herabstufungen Krisen wieder, die sodann Reaktionen des Marktes, insbesondere der Anleihegläubiger, hervorrufen. Ein solches sog. Downgrading kann verheerende Auswirkungen auf die gesamte Transaktion haben. Folglich ist ein solcher Vorgang als ein besonders hoher Risikofaktor für eine WBS-Transaktion anzusehen. Prominentes Beispiel im Bereich von WBS ist die zuvor genannte Welcome Break Transaktion in Großbritannien, die aufgrund von Krisenanzeichen und der Befürchtung der Einsetzung eines Administrative Receivers aufgrund von Zahlungsengpässen eine Ratingherabstufung erfuhr[616]. Zum Ausdruck kommt auch, dass die Überprüfung durch eine Ratingagentur nicht als alleinige Krisenerkennungsmaßnahme ausreicht. Die durch eine etwaige Bonitätsherabstufung hervorgerufenen unmittelbaren Folgen am Kapitalmarkt spiegeln eine länger andauernde Krise wieder, die zeitlich nach der zuvor beschriebenen Krisensituation einer WBS-Transaktion liegt. Für interne Maßnahmen, die idealerweise der Öffentlichkeit verborgen bleiben sollten, wäre nach Veröffentlichung des geänderten Ratings kein Platz bzw. keine Zeit mehr.

b. Crescendo an Schutzmaßnahmen

Notwendig ist vielmehr eine vorgelagerte Form der Krisenfrüherkennung. Diese findet sich insbesondere in den Covenants des Darlehenvertrages und der Anleihebedingungen[617]. Mit diesen werden bestimmte betriebswirtschaftliche Kennzahlen festgeschrieben, die im Zuge der Laufzeit der Anleihe nicht unterschritten werden dürfen[618]. Gleichzeitig können bestimmte Ereignisse beschrieben und definiert werden (sog. Trigger Events), die den Verantwortlichen bestimmte Hand-

---

[615] Siehe Näheres zur Rolle von Ratingagenturen bei WBS, Erster Teil § 8.

[616] Hintergrund war, dass die Transaktion derart strukturiert war, dass sie vom Ertragswachstum abhing. Trotz hoher Investitionen in die Infrastruktur des Unternehmens, insbesondere der einzelnen Rastplätze, fehlte das zuvor kalkulierte und notwendige Wachstum. So hätte Welcome Break im Zuge des vereinbarten Schulden-dienstes zum Zeitpunkt der tatsächlichen Tilgung jährlich das EBITDA zwischen 5,8% und 11,5% steigern müssen, vgl. o.V., Structured Finance International, Juli/August 2002, S. 18 sowie FitchRatings Special Report, 21. Januar 2005, S. 18. Allerdings haben sich nach Angaben des genannten Reports die Befürchtungen nicht konkretisiert, vgl. auch Erster Teil § 5 II.

[617] Vgl. Erster Teil § 7 III.

[618] Vgl. Erster Teil § 7 III 1f.

lungen vorschreiben und sie somit in einer gewissen Weise disziplinieren. Im WBS Kontext sind dies generell Kreditereignisse, die darauf hindeuten, dass es zu finanziellen Schieflagen beim Originator kommt[619]. Folglich können bereits bei ersten Krisenanzeichen, die in einer Beeinträchtigung des Cash Flows und möglicherweise auch des vereinbarten Schuldendienst münden, richtungsändernden Maßnahmen vorgeschrieben werden. Allerdings darf das unternehmerische Ermessen der Geschäftsführung nicht zu sehr eingeschränkt werden[620]. So muss zum Zweck des Erfolgs einer WBS-Transaktion grundsätzlich das operative Handeln so weit wie möglich unbeeinflusst bleiben. Ein zu starkes Einschränken des Handlungsspielraums der Verantwortlichen würde zusätzlich nachteilige rechtliche Folgen haben. Aus diesem Grund ist eine Art Crescendo von Schutzmechanismen ratsam, die, je weiter die Krise voranschreitet, dementsprechend einschneidendere Handlungsanweisungen enthalten, aber auch Heilungsmöglichkeiten vorsehen sollten.

aa. Erste Stufe

Auf der ersten Stufe sollte es sich um einen Mechanismus zur Sicherstellung der Zahlungsverpflichtungen des Originators aus dem Darlehensvertrag und zur Absicherung der Anleihegläubiger bei ersten sich abzeichnenden finanziellen Schwächen handeln[621]. Dieser setzt am zuvor beschriebenen Krisenbegriff an. Angeknüpft wird an eine Liquiditätsschwäche, die durch das Absinken der Schuldendienstquote des Originators (Debt Service Cover Ratio) auf ein bestimmtes, unteres Niveau gekennzeichnet ist, das je nach Transaktion individuell bestimmbar ist. In der Folge wird der Originator zu einer monatlichen durch einen Höchstbetrag begrenzten Ausgleichszahlung an das darlehensgebende SPV verpflichtet. Die eingezahlten Beträge werden treuhänderisch verwaltet und bei Wiedererreichen eines bestimmten Niveaus der Schuldendienstquote, d.h. Heilung des Krisenszenarios, an den Darlehensnehmer wieder ausgeschüttet.

bb. Zweite Stufe

Bei der zweiten Stufe ist die Krise schon weiter vorangeschritten, insbesondere durch verfehlte Heilung der Nichtbedienung des Schuldendienstes und dadurch weiterer Liquiditätsverschlechterung im Vergleich zur ersten Stufe. Allerdings sollten sich die Eintrittstatbestände nicht ausschließlich auf einzelne Symptome verjüngen, sondern auch andere Kennzahlen oder Ereignisse umfassen[622]. Ein wichtiger Krisenindikator ist z.B. das Absinken der Eigenkapitalquote (Net

---

619 Vgl. zu Trigger Events im allgemeinen Zusammenhang mit Verbriefungen, Standard & Poor's, Glossary of Securitization Terms, S. 30. Zur Definition der Trigger Events bei der Tenovis-Transaktion, siehe Tenovis Information Memorandum, S. 79.

620 Sonst kommt es zu den zuvor untersuchten Risiken der Sittenwidrigkeit oder faktischen Geschäftsführung, siehe Zweiter Teil §16 II 4.

621 Bei der Tenovis-Transaktion als „Contingency Account Trigger Event" bezeichnet, Tenovis Information Memorandum, S. 100.

622 Bei der Tenovis-Transaktion als sog. Level 1 Trigger Events bezeichnet, Tenovis Information Memorandum, S. 101ff..

Worth) auf einen bestimmten Wert[623]. Des Weiteren sind auf dieser Ebene Ereignisse aus dem Umfeld des Originators zu sanktionieren, die als Risiko für den Erfolg der Transaktion und für die Investitionen der Anleihegläubiger zu qualifizieren sind (Events of Default). Eine solche Qualifizierung hängt grundsätzlich von den Umständen einer jeweiligen Transaktion ab. Als wichtige zu sanktionierende Ereignisse sind u.a. zu nennen: nichtgeheilte Verstöße gegen bestimmte Zahlungsverpflichtungen (Non Payment Events), vertragliche Falschdarstellungen des Originators (Misrepresentations) und Überschuldung von Tochterunternehmen, die auf den Originator Auswirkungen haben (Cross Default)[624]. Die Folgen sind eine Vielzahl gesteigerter konkreter Handlungsanweisungen zur Disziplinierung der Verantwortlichen des Originators, die weiteren Kapitalabfluss und das anschwellende Insolvenzrisiko abwenden sollen. Folgende Handlungen sind u.a. dementsprechend zu verbieten: Dividendenausschüttungen, Bedienung von Gesellschafterdarlehen oder Verschmelzung, Verkauf, Übertragung oder Verpfändung des Anlagevermögens.
Die Heilung der Ereignisse, die insbesondere auf Liquiditätsschwäche zurückgehen, sollte jedoch durch die Zufuhr von Kapital in einer bestimmten Frist möglich sein, um so die Eigenkapitalquote des Originators zu verbessern[625]. Gleichzeitig ist zur Aufrechterhaltung der Integrität des operativen Geschäfts der Verkauf und die Übertragung der Geschäftsanteile an den Nachfolgeservicer vorzubereiten, der ab einem bestimmten Zeitpunkt in die Serviceverträge des Darlehensnehmers eintreten soll. Gleichzeitig ist dem Nachfolgeservicer das Recht einer Due Diligence einzuräumen, so dass ohne Zeitverlust bei einer Verschlimmerung der Krise die vollständige Trennung des operativen Geschäfts vom Originator ermöglicht wird.

cc. Dritte Stufe

Die dritte Stufe des Systems muss als eine Notbremse oder ultima ratio-Maßnahme in der Krise des Originators angesehen werden, um so unmittelbar den verbrieften operativen Geschäftsbetrieb vor dem Zusammenbruch zu schützen[626]. Heilungsmöglichkeiten für den Originator wie bei den vorherigen Stufen können somit nicht mehr bestehen. Als Eintrittstatbestände sind Ereignisse zu qualifizieren, die massive Schwierigkeiten bei der Bedienung des Schuldendienstes offenbaren. Dies sind insbesondere nichtgeheilte Ereignisse der zweiten Stufe, aber auch andere schwerwiegende Zahlungsverfehlungen oder aber auch Verstöße gegen die Handlungsanweisungen dieser Stufen. Vornehmlich kommen dabei Handlungen in Betracht, die das operative Geschäft betreffen, wie z.B. der

---

623 Bei der Tenovis-Transaktion betrug der Wert € 10 Mio., Tenovis Information Memorandum, S. 101.

624 Vgl. Tenovis Information Memorandum, S. 101 und 102.

625 Bei Tenovis wurde beispielsweise eine Frist von 20 Tagen vereinbart, Tenovis Information Memorandum, S. 103. Siehe zum Strukturvorschlag Rainy Day Fund, Dritter Teil § 19 III.

626 Bei Tenovis als Level 2 Trigger Events bezeichnet, vgl. S. 104ff. Tenovis Information Memorandum.

Verstoß gegen das Verbot, Anteile an dem verbrieften Geschäftsbetrieb zu veräußern oder in sonstiger Weise an Dritte zu übertragen. Auch kann das Vorliegen eines Insolvenzgrundes oder Sanierungsverhandlungen mit anderen Gläubigern als den Anleihegläubigern ein Tatbestand sein. Die sich anknüpfenden Folgen müssen auf den Schutz des operativen Geschäfts zielen. Somit sind mit sofortiger Wirkung Vorbereitungen zur Übernahme der vertraglichen Verpflichtungen der bestehenden Cash Flow-generierenden Verträge durch den Nachfolgeservicer zu treffen. Unverzüglich sind dann auch sämtliche Verbindungen zwischen Originator und ausgelagertem operativen Geschäftsbetrieb (Asset Holding SPV) wie z.B. etwaige Gewinnabführungsverträge oder Cash Pooling Verträge zu lösen.

4. Covenants als Rechtsrahmen solcher Schutzmaßnahmen

Grundlage für die rechtliche Verankerung dieses Frühwarnsystems in Form des vorerwähnten Crescendo der Schutzmaßnahmen im Zusammenhang von WBS-Transaktionen ist die Verwendung von Covenants. Es gilt im Folgenden die rechtliche Dimension und implizierten Risiken für eine WBS-Struktur in Deutschland bei der Verwendung von solchen Covenants zu untersuchen. Aus Verständnisgründen muss allerdings eine vertiefte Analyse der Funktionsweise von Covenants als wesentliche Grundlage eines solchen Frühwarnsystems vorangestellt werden.

a. Einordnung der Covenants

Wie bereits aufgezeigt, handelt es sich bei WBS um eine Cash Flow-gestützte Finanzierung. Bei Cash Flow-zentrierten Transaktionen werden die klassischen Sicherungsinstrumente um zusätzliche Sicherungsmaßnahmen ergänzt, die häufig als Ersatzsicherheiten bezeichnet werden[627]. Allerdings kann nur von einer ergänzenden Funktion gesprochen werden, da sie üblicherweise in ihrem Wert einer klassischen Sicherheit nachstehen. Covenants können aber als Kreditsicherungen im weiteren Sinne bezeichnet werden[628], deren Vereinbarung im Zusammenhang einer WBS-Transaktion eine wichtige, insbesondere den Darlehensnehmer disziplinierende Rolle zukommt. Es sollen durch ihren Einsatz primär die Interessen des Kapitalgebers geschützt werden[629]. Bei einer WBS-

---

627 Heemann, § 15 Rn. 225. Die Bezeichnung als „Ersatzsicherheit" oder „nicht-bankmäßige Kreditsicherungsinstrumente" wie sie in der Literatur vorkommt, gehen m.E. nach zu weit, da diese Maßnahmen zwar der Besicherung dienen sollen, aber aufgrund ihrer Ausgestaltung und Wirkung nicht mehr als eine Disziplinierungsmaßnahme des Schuldners aufgrund schuldrechtlicher Verpflichtung sein kann, siehe zur Bezeichnung und den einzelnen Ausgestaltungen; kritisch zum Wert als Kreditsicherheit: Obermüller, Ersatzsicherheiten, Rn. 1ff.; Schimansky/*Merkel*, § 98 Rn.1ff.

628 Sofern unter dem Sicherheitenbegriff alle Maßnahmen verstanden werden, die ein Ausfallrisiko reduzieren, vgl. Thießen, ZBB 1996, 19, 29ff.

629 Näher aufgefächert heißt dies: (i) Schutz des Gläubigers gegen eine Verschlechterung der Verwertungspriorität, (ii) Solvenz- und Liquiditätserhaltung beim Schuldner, (iii) Erhal-

Transaktion ist es das vordergründig darlehensgebende SPV, in Wahrheit sind es aber die anleihezeichnenden Investoren, die das Darlehen über den Kapitalmarkt refinanzieren und somit überhaupt erst möglich machen. Aufgrund dieser wechselseitigen Bedingung strahlen die jeweils gewählten Covenants im Darlehensvertrag und in den Anleihebedingungen aufeinander ab bzw. entsprechen sich sogar weitestgehend, d.h. es ist eine hohe Kongruenz festzustellen. Gleichwohl können sich durchaus unterschiedliche rechtliche Beurteilungen ergeben. Die Nichteinhaltung von Covenants hat in der Regel ein Kündigungsrecht des Kapitalgebers zur Folge, führt aber nicht soweit, dass dieser einen eigenen Erfüllungsanspruch auf Einhaltung der vereinbarten Nebenabreden/Parameter hat und die Einhaltung auch per Gerichtsweg geltend machen könnte[630]. Covenants kommt so kein eigenständiger Zweck zu, sondern sie sichern die Hauptleistungspflicht ergänzend im Sinne von Leistungstreuepflichten ab[631]. Sie sind somit Ausgestaltung dessen, wozu der Schuldner nach dem Grundsatz von Treu und Glauben gem. § 242 BGB in Bezug auf die Erhaltung der eigenen Leistungspflicht als auch der Sicherung des vertraglichen Leistungserfolgs verpflichtet ist[632]. Demzufolge sind sie juristisch auch nicht als vertragliche Haupt- oder Nebenleistungspflichten oder gar als Obliegenheiten, d.h. Verpflichtungen im eigenen Interesse, einzustufen. Sie sind vielmehr als zusätzlich bestehende, dem Schuldverhältnis inhärente einfache Nebenpflichten anzusehen[633]. Covenants müssen mit großer Sorgfalt ausgewählt und formuliert werden.

Aus einer exzessiven Verwendung, resultierend aus der inhaltlichen Ausgestaltung, können sich rechtliche Risiken für die Beteiligten der WBS-Transaktion und darüber hinaus sogar für deren Gesamterfolg ergeben. Aus dem Zivilrecht sind hierzu Verstöße gegen die Regelungen der §§ 305ff. BGB über Allgemeine Geschäftsbedingungen (AGB), § 138 BGB wegen sittenwidrige Knebelung des Kreditnehmers oder die Gefährdung anderer Gläubiger sowie die schadensersatzrechtliche Haftung nach § 826 BGB zu nennen. Auf der Ebene des Gesellschaftsrechts sind es die haftungsrechtlichen Folgen der faktischen Geschäftsführung und des Eigenkapitalersatzes nach § 32a GmbHG.

b. AGB

(1) Covenants im Kreditvertrag

In der Regel sind Covenants in Kreditverträgen als AGB zu qualifizieren, die einer Inhaltskontrolle nach den §§ 305 bis 310 BGB[634] unterliegen[635]. Jedoch han-

---

tung der Identität des Schuldnerunternehmens, (iv) Informations- und Rechnungsauslegungspflichten des Schuldners, vgl. Fleischer, ZIP 1998, S. 314.

630 Kusserow/Dittrich, WM 2000, S. 751.

631 Vgl. Palandt/*Heinrichs*, § 242, Rn. 27.

632 Vgl. Palandt/*ders.*, § 242 Rn. 27.

633 Kusserow/Dittrich, WM 2000, S. 751, Schackmann/Behling, FB 2004, S. 789.

634 Die Vorschriften des früher gültigen AGB-Gesetzes sind unter §§ 305 bis 310 BGB in das BGB übernommen worden.

635 Covenants sind regelmäßig vorformuliert und werden lediglich durch individuelle Berechnungsgrößen oder Formeln modifiziert, vgl. Schackmann/Behling, FB 2004, S. 795. Eine solche Anpassung entspricht nicht den hohen Anforderungen der Rechtsprechung an den

delt es sich bei einer WBS-Struktur um ein auf das jeweilige Unternehmen maßgeschneiderte Produkt sui generis mit verschiedenen Elementen klassischer Fremdkapitalgenerierung. Insbesondere wird die Konstellation eines klassischen Kreditvertrages durchbrochen, indem der Kreditgeber und gleichzeitige Verwender der Covenants regelmäßig eine weisungsabhängige oder zumindest indirekt abhängige Tochter des Kreditnehmers ist, die eigens von ihm zu diesem Zweck gegründet wird. Aus diesem Grund werden die Covenants auch nicht vom Kreditgeber bestimmt, sondern vom Kreditnehmer bzw. dessen Gesellschafter und gleichzeitigem Arrangeur von WBS, welcher bemüht ist, eine tragfähige und erfolgreiche WBS-Struktur für sich zu gestalten[636]. Für ein eingreifendes Korrektiv, das ein ausreichendes Maß an Vertragsgerechtigkeit sicherstellt, ist kein Platz[637]. Somit bedarf er auch nicht des besonderen Schutzes der §§ 305 bis 310 BGB. Hinzukommt, dass aufgrund des Charakters des Unikats der Transaktion die entsprechenden Covenants nicht automatisch auf andere Transaktionen und korrelierende Darlehensverträge übertragen werden können. Diese Besonderheiten und außerordentlichen Vielfalt erklären auch, warum bei einer Vielzahl von Verträgen der sachliche Anwendungsbereich nach § 305 Abs. 1 BGB nicht gegeben ist[638]. Sofern sich allerdings in der Praxis bei WBS ein bestimmter Grad an Institutionalisierung und Standardisierung durchsetzen wird, rückt die rechtliche Kontrolle anhand der §§ 305ff. BGB wieder in den Fokus der Betrachtung. Insbesondere ist dann aufgrund der erwähnten strukturellen Konstellation Augenmerk auf das Umgehungsverbot nach § 306a BGB zu legen[639]. Die Inhaltskontrolle würde sich aber nach § 310 BGB aufgrund der Struktur der Transaktion – Darlehensgeber und -nehmer sind keine natürlichen Personen, sondern

Begriff des „Aushandelns". Diese fordert ein „wirkliches Aushandeln", in Form einer Situation der realen Dispositionsfreiheit beider Parteien über die jeweiligen gesetzesfremden Bestimmungen, vgl. BGH, NJW 92, S. 1107. Bei größeren Krediten ist dies allerdings anders zu beurteilen, da sie regelmäßig zwischen den Parteien ausgehandelt werden. Im Besonderen sind Financial Covenants, die aufgrund eingehender Analyse der bilanziellen und sonstigen wirtschaftlichen Situation des Kreditnehmers, oft Gegenstand intensiver Verhandlungen, vgl. Kästle, S. 63 und 100. Die Verhandlungsposition der Beteiligten ist auch immer abhängig von den allgemeinen wirtschaftlichen Gegebenheiten. Im Bereich der syndizierten Kredite haben zur Zeit in England die Kreditnehmer aufgrund des Preisverfalls für Kredite die Oberhand in den Verhandlungen. Zu viele Banken buhlen um wenige Mandate, so dass in Folge diese häufig die Covenants bestimmen und nicht umgekehrt, vgl. Griffiths, The Lawyer vom 27. Juni 2005.

636 Genau genommen sind die Gesellschafter des Kreditnehmers, d.h. die Private Equity Investoren, die Initiatoren, die aus Gründen der Refinanzierung ihrer Akquisitionsfinanzierung und/oder eines vorgezogenen Exits die WBS-Transaktion durchführen. So bestimmen sie letztlich die Richtung der Covenants.

637 Genau dieses ist aber Sinn und Zweck der Regelungen der §§ 305 bis 310 BGB, vgl. Palandt/*Heinrichs*,
Überblick vor § 305 BGB Rn. 7.

638 Der Verwender muss die Absicht haben, die Klausel für mindestens drei Verträge zu verwenden, vgl. PWW/*KP Berger*, § 305, Rn. 6.

639 Hier bedarf es einer wirtschaftlichen Betrachtung unter Abwägung des Interesses der Parteien in der Wahl der Gestaltung und dem Schutzzweck der AGB-rechtlichen Normen; PWW/*KP Berger*, § 306a, Rn. 1.

Unternehmen – auf unangemessene Benachteiligungen gemäß § 307 BGB reduzieren.

(2) Covenants in den Anleihebedingungen

Die Ausgestaltung des Anleiheschuldverhältnisses durch Anleihebedingungen und somit auch die darin enthaltenen Covenants sind nach vorherrschender Meinung grundsätzlich als AGB i.S.v. § 305 Abs. 1 BGB zu qualifizieren[640]. Trotz dieser grundsätzlichen Qualifikation als AGB bestand und besteht im Schrifttum seit geraumer Zeit ebenso weite Übereinstimmung, dass Anleihebedingungen nicht in den Anwendungsbereich nach Maßgabe des § 305 Abs. 2 BGB (zuvor § 2 Abs. 1 AGBG) fallen und somit auch nicht der AGB-rechtlichen Kontrolle unterworfen sind[641]. Dieser Ansicht hat sich in jüngerer Vergangenheit mit entsprechend hoher praktischer Implikation für den Anleihemarkt in Deutschland auch die höchstrichterliche Rechtsprechung angeschlossen[642]. Mit Rücksicht auf den Willen des Gesetzgebers, den Rechtsverkehr nicht unnötig durch die Anwendung von § 305 Abs. 2 BGB (§ 2 Abs. 1 AGBG) zu behindern und Teilschuldverschreibungen nach § 793 Abs. 1 Satz 1 und § 796 BGB als fungible Wertpapiere auszugestalten, bedarf es nach Ansicht des Gerichts einer funktionalen Reduktion von § 305 Abs. 2 BGB[643].

Bei einer Anleiheemission im Zusammenhang mit einer WBS-Transaktion sind weniger Privatanleger anvisierte Investoren, sondern solche institutioneller Art. Regelmäßig wird es sich bei der Anleihebegebung um eine Fremdemission handeln, bei der die Anleihe zunächst von einer Konsortialbank vom Emittenten übernommen und anschließend an die jeweiligen Investoren weiterverkauft wird[644]. Die Anleihebedingungen werden dabei Bestandteil des Übernahmevertrages zwischen Emittenten und Konsortialbank. Dementsprechend müssen sie in die Verträge der Konsortialbank mit den einzelnen Investoren nicht noch einmal einbezogen werden[645].

§ 305 Abs. 2 BGB findet gemäß § 310 Abs. 1 BGB i.V.m. § 14 Abs. 1 BGB im Verhältnis zwischen Emittenten und Konsortialbank wegen der Unternehmereigenschaft der letzteren keine Anwendung. Selbst wenn bei einer WBS-Transaktion die Arrangeure eine Eigenemission, gegenüber institutionellen Anlegern vornehmen würden, d.h. die Platzierung der Anleihe wird ohne Mitwirkung eines Kreditinstituts durchgeführt, unterlägen auch in diesem Fall die

---

640 Vgl. bereits die ausdrückliche Absicht des Gesetzgebers, Emissionsbedingungen in den Anwendungsbereich des AGBG einzubeziehen, Begründung des Regierungsentwurfs zum AGBG, BT-Drucksache 7/3919, S. 18.

641 Siehe beispielsweise von Randow, S. 52 und Kümpel, Rn. 9.203ff.

642 BGH vom 28. Juni 2005, XI ZR 363/04, S. 1ff. (6), abgedruckt unter BGHZ 163, S. 311ff. Hier finden sich auch umfassende Nachweise auf die Literatur.

643 BGH vom 28. Juni 2005, XI ZR 363/04, S. 8.

644 Zur Fremdemission siehe näher Kümpel, Rn. 9.18ff.

645 Hellner/Steuer/*Bosch*, Rn. 10/166.

Emissionsbedingungen wegen der Unternehmereigenschaft i.S.d. § 14 Abs. 1 BGB der Investoren per Gesetz nicht einer AGB-rechtlichen Prüfung. Demzufolge bedürfte es grundsätzlich nicht der angesprochenen Normreduktion bei einer Anleihemission im Kontext einer WBS-Transaktion. Insbesondere ist sie nicht notwendig, wenn es sich um eine Privatplatzierung an wenige bestimmte und ausgewählte institutionelle Anleger handelt. Dennoch ist die Zeichnung durch Privatanleger nicht vollkommen ausgeschlossen, insbesondere, wenn die Emission als öffentliche Platzierung über die Börse geplant sein sollte[646]. Auch in diesem Fall müsste die AGB-rechtliche Überprüfung ausgeschlossen sein. Die angesprochene Rechtsprechung des BGH ist folglich auch im Zusammenhang von WBS-Transaktionen von hoher Bedeutung. Sollte es nämlich zu keiner funktionalen Reduktion des Anwendungsbereichs von § 305 Abs. 2 BGB kommen, würde dies zu inhaltlich unterschiedlich ausgestalteten Wertpapieren derselben Emission führen, die im Handel nicht hinreichend unterscheidbar wären[647]. Gerade den praktischen Bedürfnissen eines funktionierenden Kapitalmarkts nach einem standardisierten Inhalt der gehandelten Wertpapiere als Voraussetzung für eine einheitliche Preisfindung widerspräche es, wenn Papiere derselben Emission unterschiedlichen Anforderungen an die Einbeziehung der Emissionsbedingungen unterlägen und infolgedessen unterschiedliche Wertigkeit besäßen[648]. Die Schutzfunktion des § 305 Abs. 2 BGB steht der funktionalen Reduktion der Norm nicht entgegen, denn ihr Anwendungsbereich wirkt bei Schuldverschreibungen ohnehin nur zugunsten des Ersterwerbers, aber nicht mehr gegenüber dem Erwerber am Sekundärmarkt[649]. Ein entsprechender Anlegerschutz, d.h. die Offenlegung der Emissionsbedingungen gegenüber den Anlegern, wird vielmehr effizient durch entsprechende kapitalmarktrechtliche Publizitätspflichten erreicht – insbesondere nach dem WpPG[650] sowie gemäß § 39 Abs. 1 Nr. 2, Abs. 2 BörsG i.V.m. den entsprechenden Vorschriften der Börsenzulassungsverordnung[651]. Gleichzeitig wird dem Zweck des AGB-Einbeziehungsgebots gedient, den Verwender dazu anzuhalten, Kunden Informationsmöglichkeiten und damit Gelegenheit zu eröffnen, einen Vertrag mit unerwünschten Bedingungen abzulehnen[652].

c. § 138 BGB

Die allgemeinen zivilrechtlichen Vorschriften bieten mit § 138 BGB einen zusätzlichen Maßstab für die inhaltliche Kontrolle von Covenants, sei es bei der Verwendung im Darlehensvertrag oder in den Anleihebedingungen. Voraussetzung ist, dass Handlungen rechtsgeschäftlicher oder rechtsgeschäftsähnlicher Na-

---

646 Siehe zu den verschiedenen Platzierungsarten weitere Einzelheiten, Zweiter Teil §15 VII.
647 BGH vom 28. Juni 2005, XI ZR 363/04, S. 10.
648 Vgl. von Randow, S.18, 49.
649 BGH vom 28. Juni 2005, XI ZR 363/04, S. 11.
650 Vgl. Einzelheiten Zweiter Teil § 15 VII 5.
651 Vgl. BGH vom 28. Juni 2005, XI ZR 363/04, S. 12; Kümpel, Rn. 9.216.
652 von Randow, S.23.

tur vorliegen[653]. Ansatzpunkt für eine Sittenwidrigkeitsprüfung ist somit die Maßnahme, die sich auf den Inhalt der jeweiligen Nebenabrede stützt. Bei Bejahung der Sittenwidrigkeit sind diese Rechtsgeschäfte in der Folge von Anfang an mit ex tunc-Wirkung nichtig[654].
Typischer Fokus für eine etwaige Sittenwidrigkeit ist eine durch Covenants verursachte übermäßige Einschränkung der wirtschaftlichen Handlungsfreiheit des Kreditnehmers bzw. Originators[655]. Schwierigkeiten bereitet die Abgrenzung zwischen erlaubtem Einfluss und sittenwidriger Knebelung. Die Rechtsprechung hält keine klare Grenzziehung vor, sondern lässt stets die Umstände des Einzelfalls maßgeblich sein, wobei gleichzeitig Inhalt, Beweggründe und Zweck des Geschäfts miteinzubeziehen sind[656]. In Anbetracht dieser Schwierigkeiten ist es notwendig zu fragen, inwiefern eine Nichtigkeitsanordnung gemäß § 138 Abs. 1 BGB überhaupt ein ernstzunehmendes Risiko für eine WBS-Struktur und deren Beteiligte ist[657]. Wie bereits dargelegt, wird die WBS-Struktur im Sinne des Darlehensnehmers bzw. seiner Gesellschafter geformt. Die Modalitäten müssen so gestaltet werden, dass die Struktur krisenfest ist und Risiken abgemildert oder ausgeschlossen werden. Im Mittelpunkt steht neben dem operativen Cash Flow-generierenden Geschäft des Darlehensnehmers die Kapitalmarktfähigkeit der Anleihen, die das Darlehen des SPV an den Kreditnehmer refinanzieren. Die Covenants sind somit immer im Lichte des Spannungsfelds Schutz der Anleihegläubiger und damit einhergehenden Überwachungs- und Disziplinierungsmöglichkeiten des Darlehensnehmers auf der einen Seite sowie unternehmerischer Freiheit des Darlehensnehmers auf der anderen Seite zu formulieren. Aus diesem Grund muss versucht werden, einen optimalen Ausgleich der Interessen zu finden, der sich in einem hohen Rating und somit günstiger Kapitalmarktfähigkeit niederschlägt. Eine einseitige Belastung, die der Sittenwidrigkeitsüberprüfung nicht standhalten könnte, schadet nur der Struktur und letztlich dem Darlehensnehmer bzw. den übrigen Initiatoren (d.h. dem Finanzinvestor). Hinzukommt, dass der Anspruch nach § 138 Abs. 1 BGB lediglich dem Darlehensnehmer selber zusteht und nicht etwa Dritten. Er könnte diesen zwar u.U. geltend machen, um sich von zu stark beeinträchtigenden Covenants zu lösen. Allerdings würde er sich dann dem Vorwurf des widersprüchlichen Verhaltens (venire contra factum proprium) gemäß § 242 BGB aussetzen, denn bei den Covenants handelt es

---

653 Vgl. Einzelheiten zum Anwendungsbereich des § 138 BGB, PWW/*Ahrens*, § 138 Rn. 13ff.

654 BGH, NJW 1989, S. 26.

655 Sofern Maßnahmen des Kreditgebers die Handlungsfreiheit des Kreditnehmers wesentlich lähmen und ihn zu einem Strohmann degradieren, ist Sittenwidrigkeit anzunehmen, vgl. die grundlegende Entscheidung des Reichsgerichts, in welcher der Tatbestand der stillen Geschäftsinhaberschaft als besondere Ausprägung der Knebelung des Kreditnehmers beschrieben wurde, RGZ 136, S. 247 (253, 254).

656 So z.B. BGH NJW 1970, S. 657 (658); BGH NJW 1990, S. 704.

657 Darüber hinaus würde eine dezidierte Auseinandersetzung mit diesem Thema, die letztlich auf eine rein akademische und nicht zielorientierte Problemdarstellung hinaus laufen würde, den Umfang dieser Arbeit sprengen. Ausführlich zu dem Thema der Sittenwidrigkeit von Covenants in Kreditverträgen gemäß § 138 BGB, siehe Kästle, S. 100ff.

sich um Bestimmungen, die er selber als treibende Kraft gestaltet und zu verantworten hat[658]. Eine Beanspruchung des § 138 BGB durch den Kreditnehmer bzw. Originator macht somit weder rechtlich noch tatsächlich Sinn. Eine dezidierte Diskussion kann somit an dieser Stelle unterbleiben[659].

d. § 826 BGB

Bei dem Anspruch auf Schadenersatz wegen sittenwidriger Schädigung nach § 826 BGB verhält es sich hingegen anders. Diesen Anspruch können auch Dritte, d.h. insbesondere dritte Gläubiger geltend machen, wenn sie aufgrund der Covenant-gestützten Handlungen des Kreditgebers bzw. der Anleihegläubiger vom Kreditnehmer nicht ausreichend befriedigt werden können. Bei einer WBS-Transaktion werden regelmäßig die ursprünglichen Bank- und Trade-Gläubiger (Lieferanten, etc.) durch die Anleihegläubiger ersetzt. Interessenskonflikte unterschiedlicher Gläubigergruppen werden auf diesem Weg vermieden. In Krisenzeiten und letztlich in der Insolvenz können allerdings zu den Anleihegläubigern wieder weitere Gläubiger wie Lieferanten, Kunden, der Pensionssicherungsverein (PSV), usw. hinzutreten.

Eine vollständige Klärung der tatbestandlichen Haftungsvoraussetzungen durch Rechtsprechung und/oder Literatur ist noch nicht erfolgt[660]. Der BGH geht bei der Feststellung der Sittenwidrigkeit von einer umfassenden Gesamtwürdigung aller Umstände des konkreten Einzelfalls aus[661]. Im Kontext von Covenants ist festzuhalten, dass der Darlehensgeber sich bei erheblicher Einflussnahme auf die Geschäftsführung des Schuldnerunternehmens, sofern er die Schädigung anderer Gläubiger in Kauf nimmt und dies in Folge zur Insolvenz des Schuldners führt, gegenüber diesen anderen Gläubigern wegen sittenwidriger vorsätzlicher Schädigung nach § 826 BGB schadensersatzpflichtig macht[662]. Eine solche Einflussnahme erfolgt u.a. dadurch, dass der Darlehensgeber bzw. die Anleihegläubiger soweit in die Geschäftsführung des Originators eingreift bzw. eingreifen, dass dieser in praktischer Konsequenz faktisch entmachtet wird[663]. Grundsätzlich zumutbar ist allerdings eine gewisse Kontrolle der Geschäftsführung, sofern dem Kreditnehmer ein für die operative Tätigkeit genügender wirtschaftlicher Bewegungsspielraum verbleibt[664]. Haftungsbegründend ist letztlich die Durchsetzung

---

658 Inwiefern eine mögliche Druckausübung seitens der Gesellschafter des Darlehensnehmers, z.B. Finanzinvestoren, die auf die Durchführung von WBS bestehen und die Gestaltung der Covenants beeinflussen, eine Rolle spielt, muss an dieser Stelle unbeantwortet bleiben.

659 Siehe ausführlich zur Sittenwidrigkeit nach § 138 Abs. 1 BGB von Covenants bei Kreditverträgen, Kästle, S. 124ff. m.w.N.

660 In Anbetracht des eingeschränkten Rahmens dieser Arbeit wird auf die ausführliche Darstellung zu der Covenant-gestützten Einflussnahme des Kreditgebers und § 826 BGB bei Kästle, S. 133ff. m.w.N. verwiesen.

661 Vgl. BGH NJW 1970, S. 657 (658).

662 Palandt/*Thomas*, § 826 Rn. 37.

663 BGH WM 2001, S. 1460.

664 BGH WM 1955, S. 915; BGH WM 1981, S. 186; Obermüller, Insolvenzrecht in der Bankpraxis, Rn. 5.29.

eines eigenen geschäftsführerischen Ermessens durch den Darlehensgeber bzw. die Anleihegläubiger[665].

Aufgrund der dezidierten Vereinbarung von kennzahlenbezogenen vertraglichen Nebenabreden wie DSCR, FCDSCR oder den Capex Covenants kann es eigentlich bei einer WBS-Transaktion nicht zu derartig erheblichen Eingriffen in die Geschäftsführung und zu einer Schadensersatzpflicht kommen. Dem Originator werden zwar Leitlinien für seine Geschäftsführung vorgegeben, die während der gesamten Laufzeit des Kredits und der Anleihe eingehalten werden müssen. Jedoch werden ihm dadurch keine einseitigen Beschränkungen auferlegt, die dazu führen, in das Ermessen der Geschäftsführung einzugreifen oder sie sogar zu ersetzen. Der Originator bleibt weiterhin, obwohl begrenzt durch zuvor vereinbarte Kennzahlen, in seinem unternehmerischen Handeln frei. Ihm sind beispielsweise weiterhin Unternehmensakquisitionen oder Änderungen intern vorgegebener Wachstumsziele grundsätzlich erlaubt. Diese müssen sich jedoch im kennzahlenbezogenen Rahmen bewegen.

Bei Covenants, die unmittelbar eine Verhaltenspflicht auferlegen (z.B., dass Handlungen, die das Sicherheitenpaket gefährden könnten, zu unterlassen sind), könnte anders zu urteilen sein. Gerade hier kommt es zwangsläufig zu einem unmittelbaren Einfluss auf die Geschäftsführung des Originators. Sollte auch noch die Benachteiligung anderer Gläubiger als Folge einer solchen Maßnahme zu registrieren sein, ist besondere Vorsicht geboten. Hierbei ist zu berücksichtigen, dass die sich aus den Covenants ergebenden Verhaltenspflichten nicht nach Vertragsschluss einseitig veränderbar sind und auch grundsätzlich keine Ermächtigung zur Ersetzung des unternehmerischen Ermessens der Geschäftsführung des Darlehennehmers in einem konkreten Einzelfall implizieren[666]. Zudem ist zu berücksichtigen, dass die Arrangeure einer WBS-Transaktion aufgrund der Natur des Transaktionskonzepts versuchen werden, eine möglichst weite unternehmerische Bewegungsfreiheit des Originators vertraglich durchzusetzen[667]. Die Cash Flow-Generierung durch das operative Geschäft des Originators soll ohne nennenswerte Hindernisse möglich sein, denn nur diese Zahlungsströme sind Garant für den Erfolg der Transaktion und für die Refinanzierbarkeit der ursprünglichen Akquisitionsfinanzierung inklusive eines (Teil-)Exits. Diese weite, durch ein gewisses Sicherheitsbedürfnis der Ratingagenturen und der Investoren geprägte, unternehmerische Freiheit bleibt typischerweise erhalten. Jedoch bestehen bestimmte Grenzen. Diese werden anhand von zuvor vereinbarten Finanzkennzahlen definiert[668].

---

665 Diem, § 22 Rn. 75.

666 Diem, § 22 Rn. 76.

667 Vgl. auch Hengst, S. 97.

668 Beispielsweise bei der Tenovis-Transaktion: „Prior to a Level 1 Trigger Event, the Transaction Agreements allow the Borrower a wide entrepreneurial freedom to enter into such business transactions and to manage its assets as it thinks appropriate [...]", Tenovis Information Memorandum, S. 44. Die sog. Level 1 Trigger Events definieren bestimmte

Folgerichtig ist bei der Vereinbarung handlungsanweisender Covenants, die nach Nichterreichung der Finanzkennzahlen zum Eingriff berechtigen, gewisse Vorsicht geboten, um nicht unnötig ein Haftungsrisiko nach § 826 BGB einzugehen. Insbesondere ist dies der Fall, wenn solche Covenants in besonders umfangreicher Weise die Geschäftsführung reglementieren, so dass sie diese bei einer Gesamtschau förmlich entmachten. Die moderate Kopplung an einzuhaltende Kennzahlen (wie z.B. Acquisition Covenants) oder aber Verhaltensanweisungen im Falle eines Verstoßes gegen kennzahlenbezogene Covenants, womit von vornherein klar wird, in welchem Rahmen sich die Geschäftsführung des Schuldners bewegen darf, mildern dieses Risiko erheblich ab.

Bei Covenants, die einen Zustimmungsvorbehalt des Kreditgebers bzw. des für die Anleihegläubiger handelnden Treuhänders, beinhalten, liegt die Wahrscheinlichkeit einer Haftungsbegründung nach § 826 BGB jedoch nahe[669]. Gerade in einem solchen Fall ist eine freie Ermessensentscheidung ausgeschlossen und es kommt zu einer faktischen Entmachtung. Sollte auch noch der Nachweis der absichtlichen Übervorteilung gegenüber anderen Gläubigern gelingen, dann ist eine Haftung wegen sittenwidriger Schädigung sehr wahrscheinlich. Dieses grundsätzlich hohe Haftungsrisiko ist unbedingt zu vermeiden, so dass bei einer WBS-Struktur vollständig auf solche Nebenabreden verzichtet werden sollte[670]. Als Korrektiv und Maßnahme zur Risikoabfederung kann die Zustimmung allerdings daran gekoppelt werden, dass die durchzuführende Maßnahme keine negativen Auswirkungen auf das Bonitätsranking der Anleihe hat. Gleichzeitig können Ausnahmetatbestände vereinbart werden, um hinreichende Bewegungsfreiheit für das Management des Originators zu erzielen, wie z.B. zusätzlich definierte Verschuldungsmöglichkeiten[671].

Ein Haftungsrisiko ist ebenso gegeben, wenn vertragliche Nebenabreden nicht eingehalten werden und sich als Folge ein Kündigungsrecht des Darlehensgebers bzw. der Anleihegläubiger anschließt (sog. Breach of Covenants). Gerade die Drohung mit einer solchen Kündigung, um einzelne Geschäftsführungsmaßnahmen zu beeinflussen oder zu erzwingen, wird teilweise in der Literatur als Indiz für einen haftungsauslösenden Eingriff nach § 826 BGB angesehen[672]. Bei dieser

---

Handlungsanweisungen aufgrund des Erreichens und Unheilbarkeit von Verstößen gegen Finanzkennzahlen.

669 Diem, § 22 Rn. 78

670 In der Praxis kommen Nebenbestimmungen mit Zustimmungsvorbehalten und anderen Mitbestimmungsrechten der Banken häufig in Kreditverträgen vor, die englischem oder New Yorker Recht unterliegen. Zur Ausschließung etwaiger Haftungsrisiken wird der Bezug auf beteiligte deutsche Gesellschaften vermieden; vgl. Diem, § 51 Rn. 95 und 96 mit Lösungsvorschlag bzgl. der Vermeidung der Haftung der Bank als atypischer Pfandgläubiger.

671 Etwa bei der Tenovis-Transaktion bezüglich der weiteren Verschuldungsmöglichkeiten, Tenovis Information Memorandum, S. 108.

672 Wittig, WM 1996, S. 1390.

Ansicht bleibt jedoch unberücksichtigt, dass die Androhung einer berechtigten Kündigung, weil Covenant-induziert, stets das mildere Mittel als die Kündigung selbst darstellt. Folgerichtig kann ihr auch keine Induzierung der Sittenwidrigkeit anhaften[673]. Der Fokus muss sich vielmehr auf die Maßnahme richten, die durch den Kündigungsberechtigten erzwungen werden soll. Für den Fall, dass der Originator zu einer solchen Alternativen der Kündigung zustimmt, wie etwa Kuponerhöhung oder Laufzeitstreckung, dann wird er dies nur tun, wenn er diese Maßnahme als weniger einschneidend als die Kündigung selbst beurteilt. Eine solche Beurteilung wird er nur vornehmen, wenn er sie für berechtigt sowie im Einklang mit den sittlichen Maßstäben stehend einschätzt. Folgerichtig kann den zugestimmten Maßnahmen nicht die Sittlichkeit abgesprochen werden, selbst wenn sie Gläubiger beeinträchtigen sollten. Das Risiko eines schadensersatzbewehrten Anspruchs nach § 826 BGB wegen Covenant-gestützter Knebelung des Originators ist im Ergebnis bei einer WBS-Transaktion als gering einzustufen.

e. Faktische Geschäftsführung

Unternehmen in Form der GmbH sind aufgrund ihrer rechtlichen Struktur besonders attraktive Zielgesellschaften für Private Equity Investoren (sog. Targets) und somit mögliche Kandidaten für die Anwendung von WBS. Die Vereinbarung von Covenants und die damit einhergehende Einflussnahmemöglichkeit auf den Originator durch das darlehensgebende SPV oder auch den die Anleihegläubiger vertretenden Treuhänder könnten daraufhindeuten, dass eine faktische Geschäftsführung übernommen wird.

Der Geschäftsführer einer GmbH[674] muss nicht ausschließlich durch den rechtlich vorgeschriebenen förmlichen Bestellungsakt bestimmt werden, sondern kann auch lediglich mit stillschweigendem Einverständnis der Gesellschafter diese Stellung einnehmen[675]. Es handelt sich dann um einen sog. faktischen Geschäftsführer, dem die gleichen Rechte aber auch Pflichten wie die eines ordnungsgemäß bestellten Geschäftsführers obliegen. Bedrohlich für eine WBS-Struktur sind Haftungsrisiken, wie etwa im Falle von Verzögerung oder Unterlassung der Insolvenzantragsstellung nach § 64 Abs. 1 i. V. m. § 84 Abs. 1 Nr. 2 GmbHG[676] oder die Haftung nach § 69 AO für nicht abgeführte Steuern. Da es sich nach dem Vorbild der Secured Loan-Struktur bei dem Darlehensgeber oftmals um eine Tochtergesellschaft des Originators handelt, besteht aufgrund dieser möglichen Haftung ein erhöhtes Insolvenzrisiko, da sie lediglich zum Zweck der Finanzierung des Darlehens gegründet wird und somit im Haftungsfall über keine ausreichende Kapitalausstattung verfügt. Sollte der Darlehensgeber insolvent werden, hätte dies darüber hinaus unmittelbar Einfluss auf die Anleihegläubiger, da gleichzeitig der Anleiheemittent betroffen wäre. Bei der faktischen Geschäftsführung handelt es sich um ein Rechtsinstitut, für welches keine festen und einheitlichen Bewertungskriterien vorliegen. Grundsätzlich hängt die Be-

---

673 Vgl. Kästle, S. 131, mit Nachweisen der Rechtslage aus anderen Bereichen.
674 Im Sinne von §§ 84 Abs. 1 Nr. 2, 64 GmbHG.
675 BGHSt 31, S. 118.
676 Mit Freiheitsstrafe bis zu drei Jahren oder Geldstrafe bewehrt.

wertung von den tatsächlichen Umständen ab[677]. Das Vorliegen einer solchen wird aber vermutet, wenn das Handeln unverkennbare Elemente einer Geschäftsführung, wie u.a. die Bestimmung der Unternehmenspolitik oder -organisation, umfasst[678]. Sofern ein ordnungsgemäß bestellter Geschäftsführer ebenfalls für das Unternehmen handelt, müsste der faktische Geschäftsführer jedoch ein Übergewicht gegenüber diesem haben und seiner Geschäftsführung eine überragende Stellung zukommen[679]. Entscheidend sind somit Art und Umfang des Einflusses.

Insoweit ist ähnlich wie im vorgelagerten Fall der Haftung nach § 826 BGB zwischen den inhaltlichen Ausgestaltungen der Covenants zu unterscheiden. Prinzipiell ist somit gegen die Vereinbarung von Covenants, insbesondere von kennzahlenbezogenen Covenants, nichts einzuwenden. Diese Einschätzung ändert sich immer dann ändert, wenn vertragliche Nebenbestimmungen vereinbart werden, die den Darlehensnehmer in seinem unternehmerischen Handeln in überaus weitem Maß einschränken und er dadurch faktisch nicht mehr die Geschäfte führt. Doch auch an dieser Stelle ist festzuhalten, dass es im besonderen Interesse der Arrangeure einer WBS-Transaktion liegt, eine ausreichende wirtschaftliche und unternehmerische Bewegungsfreiheit der Geschäftsführung des Originators sicherzustellen. Bei der Einflussnahme durch den Darlehensgeber auf den Darlehensnehmer bei Nichteinhaltung von Covenants kann auf die Argumentation zur Haftung nach § 826 BGB verwiesen werden, so dass ebenfalls das Haftungsrisiko im Zusammenhang einer faktischen Geschäftsführung als gering einzustufen ist.

f. Kapitalerhaltungsregeln gemäß § 32a GmbHG

Eine der faktischen Geschäftsführung ähnliche Fragestellung und im Zusammenhang von Bankkrediten ausführlich diskutiert, stellt sich bei Verwendung von Covenants für das darlehensgebende SPV hinsichtlich einer faktischen Gesellschafterstellung. Infolge dessen könnten die Regeln des Eigenkapitalersatzrechts eingreifen, wonach Fremdkapitalmittel unter bestimmten Voraussetzungen haftungsrechtlich dem Eigenkapital gleichgestellt werden und mit Nachrang im Insolvenzfall zu behandeln sind[680].

Ein Gesellschafterdarlehen ist grundsätzlich nach § 32a Abs. 1 Satz 1 GmbHG eigenkapitalersetzend, wenn es in der Krise der Gesellschaft, d.h. zu einem Zeitpunkt, in dem ein ordentlicher Kaufmann Eigenkapital zugeführt hätte, gewährt

677 Schackmann/Behling, FB 2004, S. 796.

678 BGH, NJW 1988, S. 1789.

679 BGH NJW 1983, S. 240.

680 K. Schmidt/Uhlenbruck/*K. Schmidt*, Rn. 384. Es handelt sich dabei nicht nur um ein Spezialproblem der GmbH, sondern kommt auch bei der GmbH & Co. KG (§172a HGB), der oHG (§129a HGB) und der Aktiengesellschaft (Für die AG hat der BGH die analoge Anwendbarkeit seiner für die GmbH entwickelten Grundsätze bejaht) vor.

wurde[681]. Der Rückzahlungsanspruch des darlehensgebenden Gesellschafters gegen die Gesellschaft ist dann nicht mehr durchsetzbar, wenn eine solche Rückzahlung zur Verletzung, Unterbilanz oder Überschuldung der Gesellschaft führen würde. Der Geschäftsführer darf aus dem zur Erhaltung des Stammkapitals erforderlichen Vermögen keine Auszahlungen vornehmen[682]. Dies würde sodann als Eigenkapitalausschüttung zu qualifizieren sein, die gegen den Kapitalerhaltungsgrundsatz nach § 30 Abs. 1 GmbHG verstößt. Sollte eine Auszahlung bereits vorgenommen worden sein, ist diese an die Gesellschaft gemäß § 31 Abs. 1 GmbHG zurückzuerstatten. Der Gesellschafter würde mit seiner Forderung im Insolvenzfall der Gesellschaft als Eigenkapitalgeber behandelt und als nachrangiger Insolvenzgläubiger i. S. v. § 39 Abs. 1 Nr. 5 GmbHG als letzter im Insolvenzverfahren befriedigt werden, wobei er in aller Regel leer ausgeht. Der Anwendungsbereich ist aber nicht auf Gesellschafter beschränkt, sondern bezieht sich auch nach § 32a Abs. 3 Satz 1 GmbHG auf bestimmte Dritte, deren Kreditgewährung der eines Gesellschafters gleichzustellen ist.

Aufgrund dieser Parameter wäre es denkbar, dass bei einer WBS-Transaktion in Deutschland das darlehensgebende SPV allein schon aufgrund der Vereinbarung von Covenants in dem Darlehensvertrag und den Anleihebedingungen und der damit einhergehenden Einflussmöglichkeiten zu einer faktischen Gesellschafterstellung an dem Darlehensnehmer gelangt. Folge wäre eine Verantwortung für die Finanzierung des Originators mit dem Risiko des Totalverlustes seiner Darlehensforderung im Insolvenzfall. Für eine WBS-Struktur wäre dies eine weitreichende und letztlich fatale Konsequenz, denn dann würden die Anleihegläubiger gleichfalls ihrer Investitionen verlustig gehen, da der Zins- und Tilgungszahlungsstrom zum Erliegen käme; ein Risiko, welches die Festigkeit der WBS-Struktur selbst beeinträchtigen, aber auch die Marktfähigkeit der Anleihen negativ beeinflussen würde.
Mit dieser Frage hat sich die Rechtsprechung noch nicht in richtungsweisender Art beschäftigt. So ist auch die konkrete Ausgestaltung der Kreditgewährung Dritter ebenfalls noch nicht einheitlich geklärt[683]. Allerdings hat der BGH vornehmlich in seiner Entscheidung zum sog. atypischen Pfandgläubiger eines GmbH-Geschäftsanteils wichtige Fragen für den Anwendungsbereich des Eigenkapitalersatzrechts beantwortet[684], woraus Leitlinien für die Vereinbarung von

681 Ausnahmen gelten nur für Gesellschafter, die weder geschäftsführend, noch mehr als 10% am Stammkapital der GmbH halten oder für Sanierungsdarlehen i.S.v. § 32a Abs. 3 Satz 3 GmbHG.

682 Analoge Anwendung der §§ 30ff. GmbHG.

683 Vgl. Kästle, S. 154.

684 BGH vom 13.07.1992, BGHZ 119, S. 191ff.; siehe auch in: ZIP 1992, S. 1300ff. Diese Entscheidung setzt die Fallgruppenbildung der Rechtsprechung fort, die den Normadressatenkreis des § 32 a GmbHG über den Gesellschafter hinaus erweitert. Eine detaillierte Diskussion dieser Entscheidung findet sich in: Diem, §51 Rn. 67ff. Eine Erweiterung nach Umständen des Einzelfalls erfolgte u.a. auf nahe Angehörige von Gesellschaftern; vgl. BGH ZIP 1991, S. 366; verbundene Unternehmen i.S.v. §§ 15ff. AktG; BGH ZIP 1990, S. 1593; oder atypisch stille Gesellschafter; BGHZ 106, S. 7. In Letzterer wurden dem stillen

Covenants bei einer WBS-Transaktion abgeleitet werden können. Der BGH entschied, dass eine kreditgebende Bank, die, obwohl nicht Gesellschafterin des Kreditnehmers, sich aber dessen Gesellschaftsanteile zur Sicherheit verpfänden ließ, unter bestimmten Voraussetzungen nach § 32a Abs. 3 Satz 1 GmbHG einem Gesellschafter des Kreditnehmers gleichzustellen ist. Die Bank hatte sich als Kreditsicherheit nicht nur Pfandrechte an den Gesellschaftsanteilen sämtlicher Gesellschafter des Kreditnehmers einräumen lassen, sondern darüber hinaus weitergehende Nebenabreden vereinbart, die sich auch auf deren Mitgliedschafts- und Gewinnbezugsrechte erstreckten[685]. So wurde u.a. nicht nur ein Zustimmungsvorbehalt zugunsten der Bank für wichtige Entscheidungen und Vereinbarungen in Bezug auf die Gesellschaft vereinbart, sondern auch ein Pfandrecht an Gewinnbezugsrechten und eine Sicherungsabtretung bestimmter bestehender und zukünftiger Zahlungsansprüche, wie Gewinnauszahlungen und -entnahmen, eingeräumt[686]. Der BGH kam nach einer „gebotenen Gesamtbetrachtung" des Falles zu dem Ergebnis, dass die Position der Bank nicht nur weit über die Stellung eines gewöhnlichen Pfandgläubigers hinausging, sondern sie auch die Geschäftsführung des Schuldnerunternehmens faktisch zu ihren Gunsten entmachtet hat. Deswegen ist die Bank ausnahmsweise, obwohl nicht Gesellschafter des Darlehensnehmers, Normadressat des § 32a GmbHG und das Darlehen als eigenkapitalersetzend zu qualifizieren[687]. Grundlegendes Resultat ist demnach, dass für eine Gleichstellung eines Dritten mit einem Gesellschafter i.S.d. § 32a Abs. 3 S. 1 GmbHG neben einer Vermögensbeteiligung an der Gesellschaft auch Einfluss auf dieselbe vorliegen muss. Große Teile des Schrifttums unterstützen diese Position[688].

Vereinzelte Stimmen in der Literatur fordern eine weitergehende Ausweitung des Adressatenkreises auf sog. Quasi-Gesellschafter[689]. Hierunter werden Dritte verstanden, die weder unmittelbar noch mittelbar am Vermögen der Gesellschaft beteiligt sind, aber aufgrund ihrer Einflussmöglichkeit auf Schuldnerunternehmen oder deren Gesellschafter wie solche handeln[690]. Entscheidendes Kriterium

---

Gesellschafter in Abweichung vom gesetzlichen Leitbild weitgehende schuldrechtlich vereinbarte Mitspracherechte eingeräumt, so dass er gesellschafterähnlich auf die Unternehmenspolitik Einfluss nehmen konnte und am Vermögen sowie Ertrag beteiligt war. Die Leitlinien dieser Entscheidung hat der BGH sodann auf den „atypischen Pfandgläubiger" übertragen.

685 Grundsätzlich erstreckt sich das Pfandrecht gemäß §§ 1205ff. BGB nicht auf Mitgliedschafts- und Gewinnbezugsrechte. Sie verbleiben vielmehr nach §§ 1273ff. BGB beim Gesellschafter.

686 BGH, BGHZ 119, S. 191 (192).

687 BGH, BGHZ 119, S. 191 (201).

688 Scholz/*K. Schmidt*, §§ 32a, 32b, Rn. 139; Altmeppen, ZIP 1993, S. 1684; Dreher, ZIP 1990, S. 80; Kästle, S. 162 m.w.N.

689 Hierzu Schackmann/Behling, FB 2004, S. 798 (797f.); Fleischer, ZIP 1998, S. 842 (843); im Ergebnis wohl auch Diem, §51 Rn. 79ff.

690 Vgl. Priester, Eigenkapitalersetzende Finanzierung durch Quasigesellschafter, FS für Helmrich, S. 721 (725).

soll in Anlehnung an die Rechtsprechung zum atypischen Pfandgläubiger die erhebliche Einflussnahme auf die Geschäftsführung des Schuldnerunternehmens sein[691].

Hier lässt sich der Bogen zu den Covenants des Darlehensvertrages einer WBS-Struktur schlagen. Diese können Auflagen enthalten, die dem Darlehensgeber gesellschafterähnliche Verwaltungs- und Mitgliedsrechte einräumen und jedenfalls im Ergebnis zu einer faktischen Gesellschafterstellung mit vorgenanntem Ergebnis führen. Zu denken ist dabei u.a. an Auflagen bzgl. der Gewinnausschüttung und Dividendenzahlungen[692]. In der Regel sind bei einer WBS-Struktur die Geschäftsanteile des Originators nicht Teil des Sicherheitenpakets, sondern lediglich die Vermögenswerte seines operativen Geschäfts; auch werden keine Verträge bzw. Nebenabreden zwischen dem darlehensgebenden SPV und den Gesellschaftern geschlossen. Allerdings soll es für die Frage des Eigenkapitalersatzes lediglich darauf ankommen, ob der Kreditgeber die ihm eingeräumten gesellschafterähnlichen Rechte gegenüber dem Schuldnerunternehmen durchsetzen kann; unschädlich ist, welcher Vertrag die Nebenabreden enthält[693]. Nicht vollständig geklärt ist, wie die Einflussnahme konkret ausgestaltet sein muss, damit eine Gleichstellung zwischen Nichtgesellschafter und Gesellschafter i.S.d. § 32a Abs. 3 S.1 GmbHG erfolgt[694]. Gerade an diesem Punkt zeigt sich die Problematik dieser Literaturmeinungen. Aufgrund der Einzelfallabhängigkeit treten ganz besondere tatsächliche Abgrenzungsschwierigkeiten auf, die letztlich in erhöhter Rechtsunsicherheit münden[695]. Auch wäre die nicht ausreichende Berücksichtigung des eigentlichen Normzwecks der Eigenkapitalersatzregeln zu erwähnen, denn gerade dieser ist (mit)bestimmend für die Typisierung und Bestimmung eines Normadressatenkreises[696]. Auch wenn der Normzweck nicht einheitlich gesehen wird, kann er doch im Allgemeinen mit dem Begriff der Finanzierungs(folgen)verantwortung des Gesellschafters umschrieben werden[697]. Diese Verantwortung des Kreditgebers fußt auf der Tatsache, dass eine Finanzierungsleistung freiwillig erbracht worden ist, die jedoch nicht dem normalen Marktmechanismus entspricht[698]. Einen Anreiz für die Übernahme einer solchen Verantwortung verspürt aber in der Regel nicht ein Dritter, sondern nur derjenige, der

---

691 Fleischer, ZIP 1988, S. 321.

692 Die Feststellung des Jahresabschlusses und die Verwendung des Ergebnisses gehört zum Aufgabenkreis der Gesellschafter einer GmbH, § 46 Nr. 1 GmbHG.

693 Diem, § 51 Rn. 81; im Ergebnis ebenfalls so: Schackmann/Behling, FB 2004, S. 798.

694 Man ist bemüht, mit vornehmlich betriebswirtschaftlichen Kriterien einen Katalog an Covenants zu entwickeln, wobei auch mehrere für sich unschädliche Klauseln in der Gesamtschau die Anwendung der Eigenkapitalersatzregeln zur Folge haben können; vgl. Fleischer, ZIP 1998, S. 320f.; gleichfalls bemüht sich Diem, § 51 Rn. 83ff. um einen Konkretisierung. Beide orientieren sich am Rahmen einer Sittenwidrigkeitskontrolle.

695 Vgl. Kästle, S. 169, 170.

696 Vgl. Larenz/Canaris, S. 294.

697 Fleischer, ZIP 1998, S. 317; Kästle, S. 174 m.w.N.

698 Kästle, S. 177. Die Finanzierungsleistung wird zu einem Zeitpunkt erbracht, zu dem kein Dritter mehr zu marktüblichen Konditionen Kredit gewährt.

auch am Haftkapital der Gesellschaft beteiligt ist und sich so dem Unternehmen verpflichtet fühlt[699]. Bereits nach teleologischen Gesichtspunkten ist folglich die Anwendung der Eigenkapitalersatzregeln bei bloßer Vereinbarung von Covenants ohne eine darüber hinausgehende Vermögensbeteiligung nicht zuzulassen. Die fehlende Vermögensbeteiligung lässt sich auch nicht durch erhöhte Einflussmöglichkeiten ausgleichen. Der Hinweis auf die nachvollziehbare Ausdehnung des Normadressatenkreises durch die BGH Rechtsprechung auch auf gesellschaftergleiche Dritte vermag nicht zu überzeugen[700]. Weder bei der BGH Rechtsprechung zur atypischen stillen Beteiligung[701] noch zum atypischen Pfandgläubiger[702] finden sich Ansätze für eine ausreichende Kompensation der fehlenden Vermögensbeteiligung. Vielmehr fordern im Ergebnis beide Entscheidungen das gleichzeitige Vorliegen von Vermögensbeteiligung und Einflussnahme[703]. Die in der Literatur vorgetragene Begründung einer gesellschafterähnlichen Stellung ohne Vermögensbeteiligung kann auch nicht durch das Argument aufgefangen werden, dass Kreditgeber, die sich wie Unternehmer verhalten, auch wie solche behandelt werden müssen, da das Zusammenfallen von Finanzierung und Einflussnahme auf die Geschäftsführung des Schuldnerunternehmens unter ökonomischen Gesichtspunkten nichts anderes als eine eigenkapitalfinanzierte Unternehmung sei[704]. Diese Überlegung ist dem Grunde nach einleuchtend, aber der Schluss wegen seines allgemeinen und zu unbestimmten Grundsatzes nicht zwingend richtig. Das Ausmaß wäre eine kaum überwindbare Abgrenzungsschwierigkeit der einzelnen Tatbestände[705]. Darüber hinaus wäre es eine unangemessene Ausweitung der Sanktionsmöglichkeiten des Eigenkapitalersatzrechts auf Fälle, für die das Zivilrecht mit den §§ 138 und 826 BGB bereits ausreichende Regeln vorhält[706]. Vor allem würde auf diese Weise eine verschuldensunabhängige Haftung bei Covenant-gestützter Kreditvergabe zuungunsten des Kre-

---

699 Kästle, S. 178.

700 Vgl. Schackmann/Behling FB 2004, S. 798.

701 BGHZ 106, S. 7ff.

702 BGHZ 119, S. 191ff.

703 Bei der Entscheidung zum „atypischen Pfandgläubiger“ waren u.a. Pfandrechte an den Geschäftsanteilen der Gesellschafter des Schuldnerunternehmens bestellt. Nach dem Sachverhalt der Entscheidung zum „atypischen stillen Gesellschafter“ war der Gesellschafter zwar im Innenverhältnis nicht am Verlust der Gesellschaft beteiligt. Im Anlageprospekt wurde aber die Beteiligung ausdrücklich als „Eigenkapital“ bezeichnet und somit als Teil der Unternehmensfinanzierung ausgewiesen. Mit einer solchen Beteiligung wird der stille Gesellschafter im Rechtsverkehr einem Kommanditisten gleichgestellt, so dass seine Einlage zu gebundenem Haftungskapital wird, vgl. Schön, ZGR 1990, S. 235.

704 Vgl. Fleischer, ZIP 1998, S. 317. Es wird auch vom Postulat eines allgemeinen „Gleichlaufs von Herrschaft und Haftung“ gesprochen.

705 Bereits die Einbeziehung des atypischen Pfandgläubigers in den Normadressatenkreis des § 32 a Abs. 3 GmbHG wird als „nicht unbedenkliche Ausweitung des Gesellschafterbegriffs“ und als Gefahr weiterer Ausdehnungen, wie z.B. auf „Quasi-Gesellschafter“ gesehen; Früh, GmbHR 1999, S. 843.

706 Vgl. K. Schmidt, ZIP 1990, S. 73f. Seiner Ansicht nach, darf § 32a GmbHG nicht als Allheilmittel missverstanden werden.

ditgebers geschaffen[707]. Aus praktischer Sicht hätte das wenig erfreuliche Konsequenzen. In großem Umfang wären strukturierte, insbesondere Cash Flow orientierte, Finanzierungen faktisch verhindert[708]. Strukturen, die mit einem solchen Risiko belastet sind, schrecken die finanzierenden Banken und die Investoren ab. Insbesondere würde eine solche Sichtweise WBS-Strukturen beeinträchtigen, da hier die Risikobeurteilung und deshalb auch der Erfolg der Transaktion allein auf dem zu erwirtschaftenden Cash Flow beruht. Aus diesem Grund müssen vertragliche Nebenvereinbarungen möglich sein, die dem Sicherungsinteresse der Investoren genügen und ausreichende Korrektivmöglichkeiten bei Planabweichungen beinhalten[709].

Doch selbst, wenn man den vereinzelten Stimmen in der Literatur folgen würde, die den Anwendungsbereich der Kapitalersatzvorschriften auch auf Quasi-Gesellschafter ausweiten möchten, erfolgt daraus kein Risiko durch die regelmäßig verwendeten Covenants für die Struktur einer WBS Transaktion. Eine derart intensive und weitgehende Einflussnahme auf den Originator, wie in der Literatur gefordert, ist regelmäßig nicht gegeben. Vielmehr bestehen die Arrangeure vertraglich auf einer bestimmten Freiheit der Tätigkeit des Originators im unternehmerischen Alltag – zumindest bis zur Grenze der Verletzung bestimmter Finanzkennzahlen. Zusammenfassend kann gesagt werden, dass die Verwendung von Covenants bei der Darlehensgewährung im Zusammenhang einer WBS-Struktur somit nicht vom Subordinationsrisiko der Eigenkapitalersatzregeln gefährdet ist.

§ 17 Anleihegläubigerschutz bei Insolvenz des Originators

Oberste Priorität bei intelligenter Strukturierung einer WBS-Transaktion kommt der Vermeidung des Worst Case-Szenarios zu: der Insolvenz des Originators. Dieses Risiko völlig auszuschließen, gelingt nur unter dem englischen Rechtssystem. Im deutschen Recht und mit dem Handwerkzeug der deutschen Dogmatik lässt sich dies wegen des WBS-inhärenten Managementrisikos des operativen Geschäfts nur approximativ einlösen und muss somit zwingend in die Überlegungen bei der Strukturierung einer WBS-Transaktion miteinbezogen werden. Nicht nur die Insolvenz des Originators als größtes Risiko im Kontext einer WBS-Struktur muss betrachtet werden, sondern es ist zusätzlich ein kurzer Blick auf die mögliche Insolvenz der übrigen Beteiligten der Transaktionsstruktur (SPV I: Operating Asset Holding SPV und SPV II: Emissions-SPV) zu wer-

[707] Die §§ 138 und 826 BGB würden sogar ausgehöhlt, da im Eigenkapitalersatzrecht lediglich die objektive Ausgestaltung des Innenverhältnisses zwischen Kreditnehmer und Kreditgeber dann für die Haftungsverantwortung maßgeblich wäre und subjektive Komponenten der Sittenwidrigkeit nicht mehr festgestellt werden müssten.

[708] Früh, GmbHR 1999, S. 843.

[709] Z.B. zur Absicherung des Sicherheitenpakets.

fen[710]. Allerdings wäre die Insolvenz einer der beiden Zweckgesellschaften eher theoretischer Natur. Insbesondere SPV II nimmt nicht über den Zweck der Darlehensvergabe und dessen Refinanzierungen hinaus am wirtschaftlichen Leben teil. Dementsprechend ist der Kostenaufwand ein leicht zu prognostizierendes Maß beschränkt. Im Fall des SPV I kann es im Einzelfall jedoch möglich sein, je nachdem, welche Vermögenswerte vom Originator übertragen wurden, dass Kosten für die Substanzerhaltung und den Unterhalt der Vermögenswerte entstehen. Möglicherweise sind sogar darüber hinaus weitere Betriebskosten anzusetzen. Entscheidend ist somit, dass beide Gesellschaften mit entsprechenden Kapitalreserven ausgestattet werden, die alle Liquiditätsengpässe auffangen und jedwedes Insolvenzrisiko im Keim ersticken. Hier bietet sich Fremdkapitalaufnahme in Form eines Liquiditäts- bzw. eines Betriebsmittelkredits an. Im Idealfall sind diese nachrangig ausgestaltet. In der Praxis wird von Bankenseite aber wohl regelmäßig Vorrangigkeit vor den Anleihegläubigern gefordert werden.

Dessen ungeachtet sind entscheidende Erfolgsfaktoren einer jeden WBS-Transaktionsstruktur nach deutschem Recht, der Schutz und die Sicherung des verbrieften, operativen Geschäftsbetriebs sogar noch während der Insolvenz des Originators zu schützen, da dieser essenziell für die Bedienung des Schuldendienstes bzw. der von dem SPV emittierten Anleihen ist. Es stellt sich inzident die Frage nach dem Schicksal der zugunsten der Anleihegläubiger bestellten Sicherheiten. Nur wenn diese in der Insolvenz des Originators werthaltig sind und die Anleihegläubiger Zugriff auf sie haben, wird die Kapitalmarkfähigkeit der Anleihen ausreichend gesichert sein. Wie bereits festgestellt, zeigt das deutsche Recht fundamentale Abweichungen zum englischen Recht was die Grundlagen für einen Erfolg von WBS-Transaktionen anbetrifft – insbesondere durch die starke Stellung des vom Gericht eingesetzten Insolvenzverwalters, der grundsätzlich alle Gläubigerinteressen gleichermaßen zu bedienen hat. Somit bedarf es besonderer Umsicht, die relevanten Besonderheiten des deutschen Insolvenzrechts aufzuzeigen, welche die Risiken für eine WBS-Struktur beinhalten. Zugleich sind Strukturvorschläge angebracht, die diese Risiken abfedern, damit zum einen Ratingagenturen bei ihrer Bonitätsbewertung und zum anderen die Investoren bei ihrer Investitionsanalyse und Investitionsentscheidung positiv beeinflusst werden. Hierbei ist aufgrund der zeitlichen Abfolge und der unterschiedlichen Auswirkungen auf die WBS-Struktur zwischen dem vorläufigen und sich dem anschließenden formellen Insolvenzverfahren zu unterscheiden.

I. Auswirkungen des vorläufigen Insolvenzverfahrens auf eine WBS-Finanzierung

Das Insolvenzverfahren wird grundsätzlich nur nach Eigenantrag, d.h. auf Antrag des Schuldners selbst oder auf Fremdantrag eröffnet, d.h. auf Antrag eines Gläu-

[710] Vgl. hierzu die Strukturübersicht, Zweiter Teil § 21.

bigers, der ein rechtliches Interesse nachweisen und seine Forderung sowie den Eröffnungsgrund glaubhaft machen kann (Fremdantrag)[711]. Bei den per Gesetz geregelten Eröffnungsgründen handelt es sich um drohende Zahlungsunfähigkeit (§18 InsO), tatsächlich bestehende Zahlungsunfähigkeit (§ 17 InsO) sowie, zusätzlich für juristische Personen, Überschuldung (§ 19 InsO). Wie bereits zuvor beschrieben, besteht für die verantwortlich Handelnden von juristischen Personen und für Personengesellschaften, deren Gesellschafter keine natürliche Person ist, innerhalb von drei Wochen die Verpflichtung zur Antragsstellung. In der Regel wird es sich im Zusammenhang mit einer WBS-Transaktion um einen Eigenantrag handeln, da es sich bei dem Originator notwendigerweise um ein Unternehmen handelt, das ein bestimmtes Cash Flow Volumen erzeugt und so eine dementsprechende Größe, möglicherweise sogar konzernrechtliche Strukturen aufweist[712]. Solche Unternehmen erkennen, im Gegensatz z.B. zu neugegründeten Unternehmen (sog. Start-Ups), in der Regel die notwendigen Insolvenzparameter aufgrund ihrer Erfahrung, ihres professionellen Umfelds sowie ihrer externen Berater und sind sich der notwendigen Schritte bewusst. Das am Sitz des Originators als Schuldner zuständige Insolvenzgericht entscheidet in aller Regel in 8 bis 12 Wochen über den Antrag auf Eröffnung des Insolvenzverfahrens[713]. Der Geschäftsführung des insolventen Unternehmens steht der genannte Zeitraum allerdings nicht als zusätzliche Frist für etwaige, völlig frei gestaltbare Sanierungsmaßnahmen zur Verfügung. Doch können welche für in dieser Phase noch besondere, konstruierte vertragliche Vereinbarungen innerhalb gewisser Vorgaben zur Wirkung gelangen. Mit dem Eröffnungsantrag setzt das vorläufige Insolvenzverfahren ein, an das sich zwingend einzuhaltende gesetzliche Regeln knüpfen.

1. Sicherungsmaßnahmen des Insolvenzgerichts

Während der Zeit bis zur Entscheidung über die Eröffnung des Insolvenzverfahrens muss das zuständige Gericht erforderliche Maßnahmen zur Vermeidung von Gläubigerbenachteiligungen und der Sicherung der Insolvenzmasse treffen. Sie richten sich konkret nach Maßgabe des § 21 Abs. 2 InsO und können beispielsweise umfassen: Einsetzung eines vorläufigen Insolvenzverwalters, was der Regelfall ist[714]; Erlass eines allgemeinen Verfügungsverbotes des Schuldners oder die Auflage, dass Verfügungen nur noch mit Zustimmung des vorläufigen Insolvenzverwalters wirksam sind[715]; Untersagung bzw. Einstellung von Maßnahmen der Zwangsvollstreckung[716] oder auch den Erlass einer vorläufigen Postsperre[717].

---

711 §§ 13 und 14 InsO. Die Glaubhaftmachung richtet sich gemäß § 4 InsO i.V.m. § 294 ZPO.

712 Vgl. zu den Kriterien eines geeigneten Unternehmens für eine WBS-Transaktion, Erster Teil § 10.

713 Die Zuständigkeit richtet sich nach §§ 2, 3 InsO und § 4 InsO i.V.m. §§ 13ff. ZPO.

714 § 21 Abs. 2 Nr. 1 InsO, § 22 I InsO.

715 § 21 Abs. 2 Nr. 2 InsO.

716 § 21 Abs. 2 Nr. 3 InsO.

Allerdings werden nach § 21 Abs. 2 InsO nur die wichtigsten Sicherungsmaßnahmen aufgezeigt. Die Generalbevollmächtigung nach § 21 Abs. 1 InsO versetzt das zuständige Gericht jedoch in die Lage, grundsätzlich jede erforderlich erscheinende Maßnahme anzuordnen. Hierbei wird offensichtlich, dass bereits in dieser Phase des Insolvenzverfahrens der operative Handlungsspielraum der Geschäftsführung des Originators eingeschränkt wird. Inwieweit solche Einschränkungen zur Geltung kommen, hängt davon ab, welche Maßnahmen das Gericht anordnet und insbesondere, ob es einen sog. schwachen oder starken vorläufigen Insolvenzverwalter einsetzt.

2. Schwacher oder starker vorläufiger Insolvenzverwalter

Sofern das Gericht einen vorläufigen Insolvenzverwalter bestellt und dem Schuldner ein allgemeines Verfügungsverbot auferlegt, wird die Geschäftsführung bereits zu diesem Zeitpunkt völlig entmachtet. In einem solchen Fall geht die Verwaltungs- und Verfügungsbefugnis über das Vermögen des Schuldners auf den vorläufigen Insolvenzverwalter über[718]. Es wird dann von einem „starken" vorläufigen Insolvenzverwalter gesprochen. Er hat zwar weitgehende Unabhängigkeit bei der Führung der operativen Geschäfte der insolventen Gesellschaft, unterliegt aber der Pflicht der einstweiligen Fortführung des Unternehmens bis zur Eröffnung des Insolvenzverfahrens[719]. Wenn aber erhebliche Verluste zu erwarten sind ohne Aussicht auf nachhaltige Sanierung, muss er, als Ausnahme von der Fortführungspflicht, mit Zustimmung des zuständigen Gerichts das Unternehmen stilllegen[720]. Etwaige Verbindlichkeiten, die von dem vorläufigen Insolvenzverwalter begründet werden, gelten nach Eröffnung des Insolvenzverfahrens als Masseverbindlichkeiten und werden vorweg berichtigt[721]. Allerdings wird er schon im Hinblick auf seine Vergütung solche Verbindlichkeiten gering halten, denn diese bemisst sich nach dem Wert der Insolvenzmasse zum Zeitpunkt der Beendigung des Insolvenzverfahrens und appelliert an sein Eigeninteresse[722].

Bei einem sog. „schwachen" vorläufigen Insolvenzverwalter erfolgt eine solche radikale Verdrängung der Geschäftsführung noch nicht. Es wird seitens des Gerichts angeordnet, dass bestimmte Verfügungen des Schuldners nur mit Zustimmung des vorläufigen Insolvenzverwalters wirksam sind[723]. Die Anordnung einer

---

717 § 21 Abs. 2 Nr. 4 InsO.

718 § 21 Abs. 2 Nr. 2, 1. Alt. InsO i.V.m. § 22 Abs. 1, 1. Satz InsO. So werden die nach § 80 Abs. 1 InsO mit der Eröffnung des Insolvenzverfahrens eintretenden Wirkungen bereits in das vorläufige Insolvenzverfahren vorverlagert.

719 § 22 Abs. 2 Nr. 2 InsO.

720 § 22 Abs. 2 Nr. 2, 2. Halbsatz InsO.

721 § 55 Abs. 2 InsO i.V.m. § 53 InsO.

722 § 63 Abs. 1 InsO.

723 § 21 Abs. 2 Nr. 2, 2. Alt. InsO. In einem solchen Fall richtet sich die Rechtsstellung des Insolvenzverwalters nach § 22 Abs. 2 InsO, (arg. e contrario aus § 21 Abs. 1 Nr. 2 1. Alt.

solchen Zustimmungserfordernis ist heute in der Praxis der Regelfall[724]. Doch vom Ansatz her bleibt die Geschäftsführung noch beim insolventen Unternehmen. Dem schwachen vorläufigen Insolvenzverwalter kommt vornehmlich die Aufgabe der Vermögenssicherung und -erhaltung durch Überwachung des Schuldners zu. In Wirklichkeit kommt dies aber einer praktischen Entmachtung der Geschäftsführung gleich. Zum einen könnte das Gericht den Katalog an Zustimmungsvorbehalten sehr eng fassen[725], zum anderen wird der Schuldner die Nähe und den Rat des insolvenzerfahrenen Verwalters suchen, so dass sein Handeln unter insolvenzrechtlichem Mantel kanalisiert und legitimiert wird. Die rechtliche Verantwortung verbleibt dessen ungeachtet stets beim insolventen Unternehmen. In der Regel wird in der deutschen Insolvenzpraxis vom zuständigen Insolvenzgericht ein schwacher vorläufiger Insolvenzverwalter eingesetzt[726]. Aus Gründen der Haftungsbeschränkung entspricht dies den Interessen der Insolvenzverwalter. Grundsätzlich haften Insolvenzverwalter nämlich nach § 60 InsO allen Beteiligten des Insolvenzverfahrens persönlich bei schuldhaften Pflichtverletzungen auf Schadensersatz.

3. Risiken für die WBS-Struktur

Bei einer öffentlichen Platzierung der im Zusammenhang mit einer WBS-Transaktion emittierten Anleihe sind stets weitgehende Informationen in dem Börsenprospekt zu veröffentlichen, welche die Risikofaktoren und die Besonderheiten des operativen Geschäfts sorgfältig gegenüberstellen und abwägen. Insbesondere gehören nach der ProspektVO der Transaktion inhärente Risikofaktoren dazu, die wesentlich sind für die Entscheidung des jeweiligen Investors[727]. Gleiches gilt allerdings nach gängiger Praxis ebenso für das eine Privatplatzierung dokumentierende Informationsmemorandum.

Das Vorgesagte hat aufgezeigt, dass bereits im vorläufigen Insolvenzverfahren die Geschäftsführung des insolventen Originators entmachtet würde – rechtlich im Fall des starken vorläufigen Insolvenzverwalters und auch faktisch bei Einsetzung eines schwachen vorläufigen Insolvenzverwalters. Dies muss natürlich gesondert hervorgehoben werden und in der Prospekt-, bzw. Memorandumsdokumentation deutlich zur Sprache kommen. Aufgrund der einstweiligen Unter-

---

und § 22 Abs. 1 InsO). Sofern bestimmt wird, dass der vorläufige Insolvenzverwalter in bestimmter Hinsicht, z.B. beim Forderungseinzug des Schuldners, mit rechtlicher Wirkung für den Schuldner handeln darf, wird auch von einem „halbstarken" vorläufigen Insolvenzverwalter gesprochen, vgl. Förster, ZInsO, 2001, S. 790ff.

[724] Runkel/*Pink*, § 10 Rn. 19.

[725] § 21 Abs. 2 Nr. 2, 2. Alt. i.V.m. § 22 Abs. 2 InsO. Wobei stets aber die Sicherung des Schuldnervermögens und die Unternehmensfortführung im Vordergrund beachtet werden müssen. In aller Regel gehen sie über die lediglichen Nachforschungs- und Informationsansprüche des § 22 Abs. 3 InsO hinaus.

[726] Vgl. Schneider/Waschk, S. 108.

[727] Art. 10 i.V.m. Anhang VII ProspektVO. Vgl. auch den Abschnitt zu den Fragen zur Anleiheemission, Zweiter Teil § 15 VII.

nehmensfortführungspflicht des vorläufigen Insolvenzverwalters bis zur Eröffnung des Insolvenzverfahrens relativeren sich die Risiken für WBS-Transaktionen, die möglicherweise durch die Sicherungsanordnungen des Gerichts entstehen könnten: Sie schwächen sich ab. Dem operativen Geschäft des Originators und somit den Anleihegläubigern kommt gleichsam ein Schutz durch die Sicherungs- und Vermögenserhaltungsmaxime im vorläufigen Insolvenzverfahren zu Gute, da nun das Verhalten der Geschäftsführung in bestimmte Bahnen gelenkt werden kann. Dessen ungeachtet bestehen aber konkrete Risiken für WBS-Transaktionen auch bereits zu diesem Zeitpunkt des Verfahrens. Hierbei handelt es sich namentlich um das Anfechtungsrisiko und das Risiko der Umsatzsteuerproblematik.

a. Anfechtungsrisiko

Sollte ein schwacher vorläufiger Insolvenzverwalter eingesetzt werden, bleibt vom Prinzip her für jede Rechtshandlungen weiterhin die Geschäftsführung des Originators verantwortlich. Aus diesem Grund sind alle Vermögensverfügungen des Originators, insbesondere alle Rechtshandlungen vor und nach Antragsstellung, die mit der Übertragung des operativen Geschäfts an einen möglichen Nachfolgeservicer in Verbindung stehen, im Lichte der Anfechtungsrechte des Insolvenzverwalters nach §§ 129ff. InsO zu betrachten[728]. Hier besteht ein großes Risiko der Gläubigerbenachteiligung, insbesondere der Gläubiger, die nicht zu den Anleihegläubigern gehören und die erfahrungsgemäß in Krise und Insolvenz hinzutreten wie Kunden, Lieferanten, Steuerfiskus und Pensionssicherungsverein. Dieses Risiko materialisiert sich allerdings erst beim Übergang in das formelle Insolvenzverfahren, da dann in aller Regel die Anfechtungsrechte geltend gemacht werden.

b. Umsatzsteuerproblematik

Zugleich ist das Augenmerk auf ein weiteres spezifisches Risiko für eine WBS-Transaktion zu lenken, das aus dem Bereich des Steuerrechts stammt und unter dem Stichwort Umsatzsteuerproblematik zu qualifizieren ist und sich letztlich nur anhand der Praxis der Insolvenzverwalter erschließt. Während des vorläufigen Insolvenzverfahrens ist das insolvente Unternehmen als Steuerobjekt nach § 13 Abs. 2 Nr. 1 Umsatzsteuergesetz (UStG) weiterhin umsatzsteuerpflichtig, denn auch in dieser Phase wird der Geschäftsbetrieb fortgeführt bzw. steht sogar unter der Fortführungsmaxime der InsO[729]. Deshalb entstehen zwangsläufig umsatzsteuerrechtlich relevante Tatbestände. Sofern ein starker vorläufiger Insolvenzverwalter berufen wird, verliert der Schuldner allerdings die Verwaltungs-

---

[728] Zum Risiko der Anfechtung von Rechtshandlungen, vgl. Zweiter Teil § 17 II 4.

[729] Vgl. Runkel/*Pink*, § 10 Rn. 13. Der Steuergegenstand der Umsatzsteuer ist der steuerbare Umsatz, § 1 UStG. Ein solcher liegt insbesondere vor, wenn ein Unternehmer Lieferungen oder sonstige Leistungen gegen Entgelt im Inland im Rahmen seiner Geschäftstätigkeit ausführt, § 1 Abs. 1 Nr. 1 UStG. Der Ausdruck der Mehrwertsteuer wird in diesem Zusammenhang als Synonym verwendet. Zu den weiteren Einzelheiten in Bezug der Umsatzsteuer siehe Arndt, S. 117ff.

und Verfügungsbefugnis über sein Vermögen, so dass in Folge dem Verwalter dann die steuerrechtliche Stellung eines Vermögensverwalters im Sinne von § 34 Abs. 3 AO und eines Verfügungsberechtigten i.S.v. § 35 AO mit allen sich ergebenden Pflichten aus § 34 Abs. 1 AO zukommt[730]. Somit hat er auch die steuerrechtlichen Pflichten des Schuldners bezüglich des von ihm verwalteten Vermögens zu erfüllen, einschließlich der Pflichten zur Abgabe einer Steuererklärung, zur Buchführung und grundsätzlich zur Steuerabgabe[731]. Inwiefern er verpflichtet ist, die Umsatzsteuer abzuführen, ist allerdings in der Literatur umstritten.

Die Gegner der Abführungspflicht argumentieren hauptsächlich auf der Basis eines Urteils des Bundesfinanzhofes (BFH) vom 29. April 1986[732]. In diesem Urteil hatte der BFH noch auf Grundlage der damals geltenden Konkursordnung (KO) für den Sequester eine Pflicht zur Umsatzsteuervorauszahlung verneint, weil es darin keine zur Aufrechterhaltung des Betriebs unabweisbar erforderliche Notmaßnahme sah[733]. Dieser Sequester war durch gerichtliche Anordnung zur Aufrechterhaltung des Geschäftsbetriebs berechtigt und verpflichtet, beschränkt aber auf Maßnahmen, die der Feststellung der Masse, ihrer Sicherung als auch der Aufrechterhaltung des Betriebs zufielen. Hieraus leitete der BFH ab, dass Handlungen ausgeschlossen sind, die durch den Konkursverwalter nach § 30 KO angefochten werden könnten, es sei denn, sie wären zur Betriebsaufrechterhaltung unabänderlich erforderlich. Hierzu sollte, nach Ansicht des Gerichts, die Entrichtung der Umsatzsteuer aber nicht zählen. Das Fehlen einer Umsatzsteuerabgabepflicht hätte weitreichende Folgen für eine WBS-Struktur. Für den Fall, dass eine Pflicht besteht, aber keine Umsatzsteuer abgeführt wird, erwächst dem Originator eine Steuerschuld. Das zuständige Finanzamt könnte dann Rückgriff auf Tochtergesellschaften nehmen, sofern sie mit dem Originator eine steuerrechtliche Organschaft bilden. Eine solche Organschaft verlangt, dass die Beherrschungsmöglichkeit des Organträgers über die finanzielle Eingliederung sich durch die organisatorische Eingliederung auf die Geschäftsführung der Organgesellschaft auswirkt. Eine solche organisatorische Eingliederung ist gegeben, wenn die Organgesellschaft aufgrund eines eigenständigen Vertrages oder des Gesellschaftsvertrages in der Geschäftsführung dem Willen des Organträgers tatsächlich unterworfen ist[734]. Der Originator und das darlehensgebende und anleiheemittierende SPV bilden aufgrund der strukturnotwendigen Weisungsgebundenheit eine derart beschriebene Organschaft. Allerdings ist dieses SPV in aller Regel nicht mit der notwendigen Kapitaldecke ausgestattet, um eine solche Steu-

---

730 Vgl. Kübler/Prütting/Pape, InsO, § 22 Rn. 24, Tipke/Kruse, § 34 Rn. 14a.

731 Ampferl, Rn. 731; vgl. OFD Koblenz, Vfg. vom 30.6.1999 – S 0550 A/S 0130 A – St 52 3/ST 53 1, ZinsO 1999, S. 566; Runkel/*Pink*, § 10 Rn. 20.

732 So insbesondere Onusseit, ZinsO, S. 363ff; Pohlmann, Rn. 383; sowie Runkel/*Pink*, § 10 Rn. 24.

733 BFH, ZIP 1986, S. 849ff.

734 Vgl. Blümich, § 14 KStG Rn. 58 und 69 ff., insbesondere 72.

erschuld zu begleichen. Die Folge wäre, dass das SPV so ebenfalls der Insolvenzgefahr ausgesetzt wird.

Die Fürsprecher der Umsatzsteuerpflicht sehen aber in dem angeführten BFH Urteil keine ausreichende Grundlage für die Ablehnung der Umsatzsteuerabgabepflicht, vielmehr sei die Übertragung dieses Urteils nicht auf den starken vorläufigen Insolvenzverwalter der InsO anwendbar[735]. Die Ausgangssituation mag zwar identisch sein, doch ist die Entrichtung der Umsatzsteuer im Eröffnungsverfahren durch den vorläufigen Insolvenzverwalter gerade nicht durch den späteren Insolvenzverwalter des formellen Insolvenzverfahrens anfechtbar[736]. Bereits hier zeigt sich, dass es sich dieser Meinung anzuschließen gilt. Hinzu kommt, dass auch die gesetzlichen Vorgaben für die Abführungspflicht der Umsatzsteuer stehen. Die Rechte und Pflichten des starken vorläufigen Insolvenzverwalters bemessen sich nach § 22 Abs. 1 InsO auch in Bezug des Umfangs seiner steuerrechtlichen Pflichten[737]. Im Rahmen einer ordnungsgemäßen Verwaltung müssen auch die laufenden Steuern inklusive Umsatzsteuer entrichtet werden[738]. Folglich kommt es bei der Einsetzung eines vorläufigen starken Insolvenzverwalters gar nicht erst zur Insolvenzgefahr des anleiheemittierenden SPVs durch aufgelaufene Umsatzsteuerzahlungen.

Anders verhält es sich jedoch im Fall der Einsetzung eines schwachen vorläufigen Insolvenzverwalters. Dieser ist zwar mit einem allgemeinen Zustimmungsvorbehalt ausgestattet und führt meist tatsächlich die Geschäfte des insolventen Originators, verdrängt jedoch rechtlich den Schuldner nicht aus seiner Geschäftsführungsposition. Demzufolge ist der Verwalter auch nicht rechtlich verpflichtet die Umsatzsteuer abzuführen. Er nimmt nicht die Stellung eines Vermögensverwalters im Sinne des § 34 Abs. 3 AO oder eines Verfügungsberechtigen i.S.v. § 35 AO ein[739]. Allerdings kommt es in der Praxis bei einer solchen Konstellation oftmals vor, dass der Schuldner seine Steuern nicht mehr abführt. Es käme mithin zum zuvor beschriebenen Auflaufen einer Steuerschuld und einer Insolvenzgefährdung des anleiheemittierenden SPVs.

Zur Umgehung dieses Risikos wäre zu überlegen, ob nicht bestimmte Liquiditätsreserven des Originators auch für einen solchen Fall ausgeschüttet werden könnten[740]. Problematisch ist hier jedoch, dass sämtliche Kapitalquellen sehr wahrscheinlich bereits aufgrund der vorgelagerten Kapitalengpässe des Originators aufgebraucht sind und nicht mehr zur Verfügung stehen. Sofern dies noch

---

[735] Vgl. Ampferl, Rn. 734ff.; Maus, ZIP 2000, S. 339ff.; Feuerborn, KTS 1997, S. 171ff.
[736] Ampferl, Rn. 748.
[737] § 34 Abs. 3 AO normiert, dass der Insolvenzverwalter als Vermögensverwalter seine steuerrechtlichen Pflichten im Umfang seiner Verwaltung erfüllen muss. Diese richtet sich nun mal nach § 22 Abs. 1 InsO; vgl. Ampferl, Rn. 750.
[738] Ders., Rn. 750.
[739] Kunkel/*Pink*, § 10 Rn. 26.
[740] Wie etwa der vorgeschlagene Rainy Day Fund, siehe Dritter Teil § 19 III.

nicht geschehen sein sollte, besteht im Ausschüttungsfall jedoch die Gefahr, dass dieser Vorgang als Bevorzugung des Fiskus im formellen Insolvenzverfahren wegen Gläubigerbenachteiligung aller anderen Gläubiger angefochten werden könnte. Deshalb ist an Dritte einspringende, neue Kapitalgeber zu denken. In einer solchen insolvenznahen Phase wird es aber schwer, wenn nicht gar unmöglich sein, diese zu einem solchen Debtor-in-Possession-Darlehen[741] zur Überwindung der vorhandenen Liquiditätsengpässe zu bewegen.

4. Arbeitsrechtliche Aspekte während des vorläufigen Insolvenzverfahrens

Eine Grundvoraussetzung und Maxime von WBS ist die Aufrechterhaltung des operativen Geschäfts des Originators in Krise und Insolvenz. Somit ist auch während der Phase eines vorläufigen Insolvenzverfahrens die Situation der im operativen Geschäft beschäftigten Arbeitnehmer und deren Interessen nachhaltig zu berücksichtigen. Gerade in einer derartigen wirtschaftlich schwierigen Situation des eigenen Arbeitgebers sind die Auswirkungen auf den einzelnen Arbeitnehmer aus soziologischer und psychologischer Sicht nicht zu unterschätzen. Grundsätzlich greift der Schutz, dass nach § 183 Sozialgesetzbuch III (SBG III) die Lohnfortzahlung während des vorläufigen Insolvenzverfahrens gesichert ist. Es besteht für eine Zeit von drei Monaten bis zur Eröffnung des formellen Insolvenzverfahrens ein Anspruch gegen die Bundesagentur für Arbeit auf Insolvenzgeld. Dennoch besteht das Risiko der Abwanderung von hochqualifizierten Know-how-Trägern[742]. Ein zu starker Exodus an qualifizierten Arbeitnehmern könnte möglicherweise die Fortführung des operativen Geschäfts gefährden. Aus diesem Grund sollte bereits zu diesem Zeitpunkt ein enger Dialog zu den entscheidenden Mitarbeitern gesucht und ihnen Perspektiven bei der Zweckgesellschaft, bzw. dem die Aktivitäten übernehmenden Nachfolgeservicer, aufgezeigt werden. Möglicherweise ist es sogar ratsam, ihnen zu diesem Zeitpunkt hierzu

741 Bei einem Debtor-in-Possession handelt es sich um einen Schuldner, der sich nach US-amerikanischem Insolvenzrecht das Chapter 11-Verfahren zu eigen macht und auf diese Weise sein Unternehmen zeitweilig fortführen kann, aber gleichzeitig vor den Zugriffen seiner Gläubiger geschützt ist. Entscheidend für den erfolgreichen Abschluss des Verfahrens und Vermeidung eines formalen Insolvenzverfahrens sind Vereinbarungen mit den Gläubigern sowie zusätzliche Darlehen zur Überwindung der vorhandenen Liquiditätsengpässe. Ein solches Verfahren kann sich über mehrere Jahre erstrecken. In Anlehnung an diese, einem formalen Insolvenzverfahren vorgelagerte Situation, können auch in Deutschland Darlehen während dieser Zeitphase – trotz nicht existierendem Äquivalent eines Chapter 11-Verfahrens – als „Debtor-in-Possession-Darlehen“ bezeich-net werden.

742 Nach Eröffnung des Insolvenzverfahrens bietet sich nämlich folgendes Szenario: Lohnzahlungsansprüche sind gemäß §§ 108 Abs. 1, 55 Abs. 1 Nr. 2 InsO aus der Insolvenzmasse zu befriedigen. Ob diese im Einzelfall stets ausreicht ist fraglich. Allerdings erhält der Arbeitnehmer dann Arbeitslosengeld nach § 143 Abs. 3 SGB III. Der Arbeitsentgeltanspruch gegen die Masse geht dann auf die Bundesagentur für Arbeit über (§ 115 SGB X). Gleichzeitig kann der Insolvenzverwalter Arbeitsverhältnisse mit einer dreimonatigen Frist – soweit nicht kürzere Fristen vertraglich gelten – nach § 113 InsO kündigen. Dieses Recht steht dem jeweiligen Arbeitnehmer auch zu.

ein entsprechendes Angebot zu unterbreiten. Es würde für Planungssicherheit bei den betroffenen Arbeitnehmern sorgen und auch die übrigen Beteiligten der WBS-Transaktion befrieden. Außerdem wird die Verunsicherung der Belegschaft gemindert und verhindert Abwanderungsgedanken.

II. Formelles Insolvenzverfahren

Das formelle Insolvenzverfahren knüpft zeitlich an das vorläufige Insolvenzverfahren an. Es wird mit dem Eröffnungsbeschluss des zuständigen Insolvenzgerichts eröffnet, mit dem gleichzeitig auch der ab diesem Zeitpunkt verantwortliche Insolvenzverwalter ernannt wird[743]. Meistens handelt es sich um die gleiche Person wie im vorläufigen Verfahren. Die Risiken für die WBS-Transaktion und die Anleihegläubiger erhöhen sich ab diesem Moment merklich, insbesondere durch die dominante Rolle des Insolvenzverwalters, dem nun zahlreiche Rechte und Ermessensspielräume in Bezug auf den insolventen Originator und dessen Vermögen zustehen. Der gravierendste Einschnitt ist die vollständige Übertragung der Verwaltungs- und Verfügungsbefugnis per Gesetz nach § 80 Abs. 1 InsO. Sämtliche Verfügungen über Gegenstände der Insolvenzmasse des Originators sind nach diesem Zeitpunkt unwirksam[744]. In der Folge werden deshalb die wichtigsten insolvenzrechtlichen Fragestellungen im Zusammenhang mit einer WBS-Transaktion bearbeitet, insbesondere solche, denen Risiken und Gefahren für die Strukturfestigkeit, Robustheit und Kapitalmarktfähigkeit einer WBS-Transaktion im Zusammenhang mit der Tätigkeit des Insolvenzverwalters in der formalen Insolvenz inhärent sind und die sich deshalb in der Disklosierung und Erstellung des Informationsmemorandums bzw. Börsenprospekts wiederfinden und abbilden müssen.

1. Wahl und Abwahl des Insolvenzverwalters

a. Wahl des Insolvenzverwalters

Aus der Zentralität der Position und Bedeutung des Insolvenzverwalters ab Eröffnung des formellen Insolvenzverfahrens heraus ist es aus Sicht der Arrangeure der WBS-Transaktion sowie der Anleihegläubiger überaus wichtig, zu erfahren, welche Person in Zukunft die Geschicke des insolventen Originators leitet und letztlich somit das Schicksal der Investitionen der Anleihegläubiger in den Händen hält. Die Bestellungspraxis für Insolvenzverwalter durch die zuständigen Insolvenzgerichte war bis in jüngerer Vergangenheit stets breiter Kritik ausgesetzt. Die InsO normiert lediglich in § 56 Abs. 1 InsO, dass es sich bei dem Insolvenzverwalter um eine geschäftskundige, unabhängige natürliche Person

---

[743] § 27 Abs. 1 InsO. Der Beschluss enthält nach § 27 Abs. 2 InsO die Bezeichnung des Insolvenzschuldners, des ernannten Insolvenzverwalters sowie die Angabe der Stunde der Verfahrenseröffnung.

[744] § 81 Abs. 1 InsO.

handeln muss. Der Amtsrichter hat bei der Auswahl jedoch einen äußerst weiten Ermessensspielraum. Dies hat dazu geführt, dass die Gerichte Listen mit bewährten und erfahrenen Insolvenzverwaltern führten und nach diesen ihre Auswahl trafen. Die Folge war, dass das Metier der Insolvenzverwaltung – trotz der Dominanz der Anwaltslandschaft in Deutschland durch angloamerikanische Großkanzleien[745] – von wenigen Persönlichkeiten und zu meist von regional aufgestellten Büros beherrscht wurde[746]. Obwohl der Amtsrichter bei seiner Auswahl gesetzlich verpflichtet ist, auf die Unabhängigkeit des Insolvenzverwalters Wert zu legen und nicht etwa einseitig auf dessen Akzeptanz durch bestimmte Gläubiger abzustellen – im Gegenteil, er würde sich der Amtshaftung aussetzen, wenn er bei der Auswahl und Überwachung des Insolvenzverwalters nicht die Grundsätze der Unabhängigkeit des Insolvenzverwalters und der Gläubigergleichbehandlung beachten würde – wurde stets, und dies auch zu Recht, die fehlende Transparenz und Nachvollziehbarkeit des Verfahrens kritisiert[747]. Im August 2004 entschied das Bundesverfassungsgericht, dass bei der gerichtlichen Vorauswahl eines Insolvenzverwalters ein „geeignetes Verfahren im Rahmen der individuellen Eignung des Bewerbers“ gewährleistet sein muss[748]. Die Folge ist nunmehr, dass die Gerichte versuchen, Verfahren zur Formalisierung der Voraussetzungen einzuführen. Viele folgen dabei dem Insolvenzgericht Dresden, welches als erstes Antragsformulare entwickelt hat, um die Kenntnisse der Bewerber und die Präsenz am Ort abzufragen[749]. Trotzdem bleibt abzuwarten, welche Gesichtspunkte für die Bestellung ausschlaggebend sein werden und wie sich die Praxis entwickelt[750]. Gleichwohl der Insolvenzverwalter die entscheidende Person im Verfahren ist, bestehen zur Zeit noch keine oder nur äußerst geringe Möglichkeiten der Gläubiger auf die Ernennung des Insolvenzverwalters durch das zuständige Gericht Einfluss zu nehmen.

b. Abwahl des Insolvenzverwalters

In der Praxis kommt es vor, dass der Insolvenzverwalter in einer Konfliktsituation mit den einzelnen Gläubigern operieren muss. Somit ist ein geeignetes Aus-

---

745 Wie z.B. Clifford Chance, Linklaters oder Freshfields.

746 Namhafte Insolvenzverwalter, denen auch meist aufgrund ihrer Erfahrung und Bekanntheit die bedeutenden Unternehmensinsolvenzen übertragen werden sind z.B. Dr. Volker Grub (Grub Brugger & Partner), Ottmar Hermann (Hermann Rechtsanwälte), Dr. Michael Jaffé (Jaffé), Dr. Bruno Kübler (Kübler), Dr. Eberhard Braun (Schultze & Braun) oder auch Peter Depré (Depré Rechtsanwälte).

747 Beispielsweise wurde kritisiert, dass das Auswahlverfahren in einer „rechtlichen Grauzone“ stattfindet, vgl. Holzer/Kleine-Cosack/Prütting in Zusammenarbeit mit dem Gravenbrucher Kreis, 16.05.01, S. 2. Auch wurden drastischere Bezeichnungen wie „Auswahlanarchie“ oder „hierarchischer Beleihungsvorgang“ von den Kritikern in die Diskussion eingeführt, vgl. Eickmann in HK InsO, § 56 Rn. 10; Mönning in Kölner Schrift zur Insolvenzordnung, S. 285.

748 Entscheidung des BVerfG vom 03.08.2004, ZIP 2004, S. 1649.

749 Merkblatt und Antragsformular sind abgedruckt in ZIP 2004, S. 2299ff.

750 Siehe z.B. die Übersicht der Qualitätskriterien zur Auswahl des Insolvenzverwalters im internationalen Vergleich sowie der Formulierung eines eigenen Katalogs an Qualitätskriterien bei Köhler-Ma, DZWIR 2006, S. 228ff.

tauschprozedere notwendig, z.B. durch Abwahl. Auch in Anbetracht der Höhe der Gläubigerforderungen im Zusammenhang einer WBS-Transaktion ist es von Belang, ob und wie ein Insolvenzverwalter abgewählt werden kann. Nur wenn der Verwalter das Vertrauen der Gläubigermehrheit (der Anleihegläubiger oder auch Bondholder) genießt, kann eine reibungslose und effiziente Zusammenarbeit stattfinden. Die von dem Gedanken der Gläubigerselbstverwaltung geprägte InsO bietet mit § 57 Satz 1 die grundsätzliche Möglichkeit hierzu[751]. Auch wenn eine solche Ersetzung in der Praxis selten vorkommt, können die Gläubiger ohne Begründung in der ersten Gläubigerversammlung (dem sog. Berichtstermin)[752], die auf die Bestellung des Insolvenzverwalters folgt, an dessen Stelle eine andere Person wählen. Es bedarf dazu nicht nur einer Mehrheit der Forderungssumme der abstimmenden Gläubiger nach § 76 Abs. 2 InsO, sondern auch der Kopfmehrheit der Abstimmenden gemäß § 57 S. 2 InsO. Diese letzte Voraussetzung ist erst im Jahre 2001 im Zuge der Novelle der Insolvenzordnung von 1998 eingeführt worden, um so die Unparteilichkeit des Insolvenzverwalters zu stärken und zu verhindern, dass eine geringe Zahl von Gläubigern großer Forderungen beherrschenden Einfluss auf die Auswahl des Verwalters nehmen[753]. Dies schließt aber nicht aus, dass sich Gläubiger organisieren, z.B. die Anleihegläubiger durch den Treuhänder, an den die Darlehensforderungen zwischen Originator und anleiheemittierendem SPV zuvor abgetreten wurden, und folglich einen vermeintlich genehmeren Verwalter wählen. Das Insolvenzgericht ist an den Gläubigerwillen gebunden und kann die Bestellung des Gewählten nur verweigern, wenn er die Kriterien des § 56 InsO nicht erfüllt[754]. Der Insolvenzverwalter selbst hat keinen Rechtsschutz gegen seine Abwahl in der ersten Gläubigerversammlung[755]. Doch es kann in diesem Zusammenhang nicht davon gesprochen werden, dass Großgläubiger auf den neuen, ihnen genehmeren Insolvenzverwalter ihre ausschließlichen Interessen übertragen können, insbesondere ihn darauf zu verpflichten, die Cash Flows zu schützen, damit die Anleihen weiterhin bedient werden. Denn auch der neue Insolvenzverwalter ist grundsätzlich nach dem Zweck der InsO allen Gläubigern gleichmäßig verpflichtet[756]. Auch ist zu be-

---

751 Braun/*Kind*, § 57 Rn. 1.

752 Vgl. Köhler-Ma, DZWIR 2006, S. 228. In dem Berichtstermin hat der Verwalter einen Gesamtüberblick über die wirtschaftliche Situation des Schuldners zu geben (§ 156 InsO). Auf dieser Basis beschließt sodann die Gläubigerversammlung über den Fortgang des Verfahrens (§ 157 InsO), wobei Stilllegung oder Fortführung in Betracht kommen.

753 Vgl. Begründung des Regierungsentwurfs in: Kübler/Pütting, Text und Materialien, S. 38.

754 §57 S. 3 InsO.

755 Siehe hierzu den Beschluss des BVerfG vom 09.02.2005 – 1BvR 2719/04 mit Anmerkung von Lüke, ZIP 2005, S. 538ff. Vgl. auch Braun/*Kind*, § 57 Rn. 11, der pragmatisch vorschlägt, dass der Insolvenzverwalter bei sich abzeichnender Abwahl, die mangels Teilnahme an der Gläubigerversammlung sog. „schweigende Mehrheit" anspricht, um deren Bewusstsein für die bestehende Situation und Problematik zu schärfen und eine höhere Beteiligung an der Gläubigerversammlung zu erreichen. Für geeignet hält Kind sog. Berufsgläubiger wie Sozialversicherungsträger, die Finanz-behörde, den Pensionssicherungsverein oder auch die Arbeitsverwaltung.

756 § 1 InsO.

rücksichtigen, dass der Verwalter der Aufsicht durch das zuständige Insolvenzgericht unterliegt[757]. Natürlich ist eine gewisse Einflussnahme seitens der Gläubiger nicht auszuschließen, doch von Planungssicherheit in Bezug auf das Insolvenzverfahren zu sprechen, wäre auch bei dieser gesetzlich normierten Einflussmöglichkeit zu weit gefasst. Bei einer WBS-Transaktion verfügen die Anleihegläubiger in der ersten Gläubigerversammlung aufgrund der vorgenommenen Gläubigerauswechslung über die notwendige Mehrheit, so dass es grundsätzlich möglich ist, den zunächst vom Gericht eingesetzten und von der Mehrheit der Anleihegläubiger abgelehnten Insolvenzverwalter abzuwählen. Planungssicherheit für die Einsetzung eines überwiegend zugunsten der Anleihegläubiger handelnden Insolvenzverwalters besteht allerdings nicht. Vor allem haben die Arrangeure der Transaktion keine unmittelbare Kontrolle über die Einsetzung oder Abwahl des Insolvenzverwalters.
Zu beachten ist außerdem, dass das Recht zur Abwahl des Insolvenzverwalters den Gläubigern nur in der ersten Gläubigerversammlung zusteht[758]. Das Auswechseln des Insolvenzverwalters zu einem späteren Zeitpunkt ist mit höheren Hürden verbunden und somit ungleich schwieriger: Die Gläubigerversammlung oder der Gläubigerausschuss sind zwar berechtigt, einen Entlassungsantrag bei dem zuständigen Insolvenzgericht zu stellen, doch obliegt die Entscheidung dem angerufenen Gericht und nicht mehr den Gläubigern[759]. Auch bedarf es eines wichtigen Grundes, also etwa schwerwiegender Pflichtverletzungen seitens des Verwalters, um ihn abzulösen.

2. Wirkung der Insolvenzverfahrenseröffnung

a. Einstweilige Unternehmensfortführung

Der Insolvenzverwalter unterliegt auch nach der Eröffnung des formellen Insolvenzverfahrens dem Grunde nach weiterhin der Pflicht zur Fortführung des insolventen Unternehmens. Eine solche Verpflichtung ist zwar nicht gesetzlich normiert wie für den vorläufigen Insolvenzverwalter in § 22 Abs. 1 Nr. 2 InsO, doch lässt sie sich vornehmlich aus Kontinuitätsgründen sowie der Kompetenzverteilung der Gläubigerversammlung herleiten[760]. § 157 S. 1 InsO spricht im Lichte der das Insolvenzverfahren durchdringenden Gläubigerautonomie der Gläubigerversammlung die Kompetenz zu, im sog. Berichtstermin, der in der Regel ca. 90 Tage nach Verfahrenseröffnung stattfindet, letztgültig über den Fortgang des Verfahrens zu entscheiden und somit zwischen der Stilllegung und einhergehender Liquidation oder vorläufigen Fortführung des Unternehmens zu wählen. Notwendig ist, dass bis zur Entscheidung der Gläubigerversammlung der Insolvenzverwalter alle im Unternehmen verkörperten Vermögenswerte möglichst erhalten soll, damit der Gläubigerversammlung bei ihrer Entscheidung

---

757 § 58 InsO.
758 Braun/*Braun*, § 57 Rn. 10.
759 § 59 InsO.
760 Gottwald/*Klopp/Kuth*, § 22 Rn. 45.

alle Wege offen bleiben[761]. Der Insolvenzverwalter kann zwar diese Fortführungspflicht bis zur Grundsatzentscheidung der Gläubigerversammlung durchbrechen, doch unterliegt solch abweichendes Handeln sehr engen Grenzen und einem für den Insolvenzverwalter hohen Haftungsrisiko bei sachwidriger Stilllegung[762]. Daher wird das Risiko für eine WBS-Transaktion auch als gering einzuschätzen sein, dass bereits in dieser Phase des Verfahrens der insolvente Originator einer vorzeitigen Stilllegung und Liquidation unterworfen wäre und so die gesamte Struktur zusammenbrechen würde.

b. Wahlrecht des Insolvenzverwalters nach § 103 InsO
aa. Anwendungsbereich

Aus der Sicht des Insolvenzverwalters stellt die Fortführung des insolventen Unternehmens bis zur Entscheidung der Gläubigerversammlung eine heikle Aufgabe dar, die für ihn stets unter dem Damoklesschwert der Haftung nach § 60 InsO steht. Hiernach haftet er den Verfahrensbeteiligten, sofern er schuldhaft seine Pflichten als ordentlicher und sorgfältiger Insolvenzverwalter verletzt[763]. Mit der hohen Verantwortungsaufgabe – es treffen ihn zum einen nunmehr alle Arbeitgeberpflichten, die zuvor dem Schuldner oblagen, zum anderen entstehen durch die Fortführung der Geschäftstätigkeit zwangsläufig hohe Masseverbindlichkeiten[764] – steigt auch das Haftungsrisiko deutlich an. In diesem Zusammenhang wird ihm mit Eröffnung des Insolvenzverfahrens mit dem in § 103 InsO normiertem sog. Wahlrecht ein Recht an die Hand gegeben, das große Risiken für eine WBS-Transaktion bedeutet. Der Verwalter kann nach eigenem Ermessen wählen, ob er anstelle des Schuldners gegenseitige, zum Zeitpunkt der Eröffnung des Insolvenzverfahrens noch nicht vollständig erfüllte Verträge bedient oder nicht.

In ständiger Rechtssprechung und mit überwiegender Zustimmung in der Literatur vertritt der BGH die Auffassung, dass bei Insolvenzverfahrenseröffnung die Erfüllungsansprüche aus beiderseits noch nicht erfüllten gegenseitigen Verträgen

---

[761] Gottwald/*Klopp/Kuth*, § 22 Rn. 46.

[762] Nach § 158 Abs. 1 InsO bedarf der vorzeitigen Stilllegung des insolventen Unternehmens der vorherigen Zustimmung des Gläubigerausschusses. Dieses zentrale Organ der Gläubigerselbstverwaltung wird üblicherweise nach § 67 Abs. 1 InsO vor der ersten Gläubigerversammlung vom Insolvenzgericht nach freiem Ermessen eingesetzt. Zu beachten ist allerdings die Vorschrift zur Besetzung nach § 67 Abs. 2 InsO, wonach eine möglichst repräsentative Besetzung erzielt werden soll. D.h. dieser soll bestehen aus mindestens einem Mitglied der absonderungsberechtigten Gläubiger, d.h. regelmäßig der Banken und Vorbehaltslieferanten, einem Vertreter der Insolvenzgläubiger mit den höchsten Forderungen, einem Vertreter der Kleingläubiger sowie einem Vertreter der Arbeitnehmer, wenn diese als Insolvenzgläubiger - also ohne Berücksichtigung der durch Insolvenzgeld abgedeckten Forderungen - mit nicht unerheblichen Forderungen beteiligt sind. Es soll aber auch darauf geachtet werden, dass aus Effizienzgründen es stets zu einem kleinen Ausschuss kommt.

[763] MüKo/*Brander*, InsO Bd. 1, §§ 60, 61 Rn. 89.

[764] Vgl. §§ 54, 55 InsO.

automatisch erlöschen (sog. Erlöschenstheorie)[765]. Dies bedeutet letztlich aber nicht – und das entschied der BGH klarstellend[766] –, dass die gegenseitigen Ansprüche zu diesem Zeitpunkt unwiederbringlich untergehen und somit die Verträge durch die Verfahrenseröffnung eine materiell-rechtliche Umgestaltung erleiden. Vielmehr sagte er aus, dass die jeweiligen synallagmatischen Ansprüche nicht automatisch zu Masseforderungen oder -verbindlichkeiten werden. Erklärt der Insolvenzverwalter somit, die vertragliche Leistung nicht erfüllen zu wollen, bleibt es bei der normalen insolvenzrechtlichen Abwicklung des Vertrages. Kurzum: der Vertrag bleibt in der Schwebelage bestehen, in der er sich bei Eröffnung des Insolvenzverfahrens befand. Etwaige durch die Nichterfüllung entstehende Schadensersatzansprüche der anderen Partei sind demnach als einfache Insolvenzforderungen gegen die Masse geltend zu machen (vgl. §§ 103 Abs. 2 S. 1, 38 InsO). Die Wahl der Vertragserfüllung seitens des Insolvenzverwalters bewirkt hingegen eine Änderung der Rechtsqualität der wechselseitigen Ansprüche, da nun die Erfüllungsansprüche für und gegen die Insolvenzmasse gelten und man deshalb sagen kann, die Primäransprüche werden nun neu, d.h. originär, begründet.

Festzuhalten gilt, dass in diesem Zusammenhang der Begriff gegenseitiger Vertrag in demselben Sinn wie bei den §§ 320ff. BGB verwendet wird. So müssen die jeweiligen vertragsparteilichen Verpflichtungen synallagmatisch verknüpft sein, d.h. sie stehen in einem gegenseitigen Abhängigkeitsverhältnis, in dem die eine Leistungspflicht nur um der Gegenleistung Willen erbracht wird[767]. Da bei einer WBS-Transaktion die Cash Flow-generierenden Verträge eines gesamten Geschäftsbetriebs verbrieft werden, ist es wichtig zu wissen, welche Verträge vom Anwendungsbereich des § 103 InsO erfasst werden und welche nicht. Ausgeschlossen sind Verträge, für die die InsO gesonderte Regelungen vorsieht, wie beispielsweise Miet- und Pachtverhältnisse über unbewegliche Sachen sowie aber auch zweiseitige Verträge, die aber nur eine Seite verpflichten wie z.B. Auftrag oder Leihe[768]. In aller Regel stehen hingegen bei WBS-Transaktionen Verträge im Mittelpunkt, die im Zusammenhang mit der operativen Tätigkeit des

---

[765] BGH ZIP 1988, 322 = NJW 1988, 1790; BGH ZIP 1989, 171 = NJW 1989, 1282. BGHZ 116, S. 156ff, ZIP 1992, S. 48; BGHZ 103, S. 250, 254; ZIP 1993, S. 601ff.; BGHZ 135, S. 25ff; wobei zu beachten ist, dass diese Rechtsprechung, die auf dem Gedanken der Gläubigergleichbehandlung in Form eines verstärkten Masseschutzes fußt, zu § 17 der alten Konkursordnung (KO) entwickelt worden ist. Allerdings ist sie auch für die Auslegung von § 103 InsO zu übernehmen, da § 103 InsO grundsätzlich dem § 17 KO entspricht, vgl. z.B. Tintelnot, ZIP 1995, S. 618; Kreft, S. 395. Für die die BGH Rechtssprechung unterstützende Literaturmeinung siehe z.B. Braun/*Kroth*, § 103 Rn. 4 ff.; Wimmer/*Wagner*, S. 502; BK-InsR-*Goetsch*, § 103 Rn. 17ff.; etwas differenzierender, aber im Ergebnis übereinstimmend: MüKo/*Kreft*, InsO Bd. 2, § 103 Rn. 13. Gegen eine solche Übernahme: Gerhardt, S. 117ff; Häsemeyer, JR 1992, S. 423ff.; Marotzke, JR 1990, S. 331.

[766] BGH Urteil v. 25.4.2002 – IX ZR 313/99; BGH ZIP 2002, S. 1093ff.

[767] MüKo/*Huber*, InsO Bd. 2, § 103 Rn. 55, Bd. 2.

[768] Speziellere Regelungen finden sich in §§ 104, 109, 112 bis 116ff. InsO. Z.B. Energielieferungsverträge (§ 105 InsO) oder Finanztermingeschäft (§ 104 InsO).

Unternehmens stehen und letztlich diese konstitutiv in ihrer Gesamtheit ausmachen. Bei der Tenovis-Transaktion waren es beispielsweise Leasing- und Pachtverträge für Telefonanlagen in ihrer Gesamtheit[769]. Diese fallen grundsätzlich unter den Anwendungsbereich des § 103 InsO, da sie mietähnlichen Charakter haben und sich auf bewegliche Gegenstände beziehen[770]. Ein weiterer essenzieller Vertrag ist der Darlehensvertrag zwischen Originator und darlehensgebendem SPV. Da das SPV das Darlehen nicht zinslos begibt – gerade dieser Zahlungsstrom bedient die Zahlungsverpflichtungen aus den Anleihen, deren Emission die gesamte WBS-Transaktion erst vitalisiert und ermöglicht –, handelt es sich auch hier um einen gegenseitigen Vertrag im Sinne von § 103 InsO.

bb. Risiken für WBS-Transaktionen

Für die Lebensfähigkeit von WBS-Transaktionen in Deutschland bzw. dem besicherten Darlehensgeber und implizit den Anleihegläubigern gegenüber entsteht durch das Wahlrecht nach § 103 InsO folgendes unwägbares Risiko: Nach Eröffnung des Insolvenzverfahrens hängt die Weiterführung aller für die WBS-Transaktion wesentlicher Verträge alleine vom Ermessen des Insolvenzverwalters ab[771]. Im ungünstigsten Fall könnte er sogar die Erfüllung des Darlehensvertrages verweigern und somit das gesamte Konstrukt einstürzen lassen, denn einerseits würde das Darlehen nicht mehr bedient und andererseits wäre das darlehensgebende SPV außerstande, die Anleihe pünktlich zu bedienen. Da die Cash Flow Ströme bei einer WBS-Transaktion in unmittelbarer gegenseitiger Abhängigkeit stehen, könnte er auch schon auf einer unteren Strukturebene ansetzen und die Erfüllung einzelner der Cash Flow-generierenden Verträge verweigern, so dass ebenfalls das Darlehen und, davon abhängig, die Anleihe nicht mehr bedient werden. Insbesondere der letzte Fall zeigt deutlich auf, wie die bereits dominante Rolle des Insolvenzverwalters im Hauptverfahren weiter erstarkt und sich in ein bedrohendes Transaktionsrisiko verwandelt. Die Kontrolle über die Cash Flows des operativen Geschäfts, ein angestrebter Zustand bei Strukturierung der Transaktion[772], üben nun nicht mehr die Transaktionsbeteiligen aus, sondern ein Dritter, der Insolvenzverwalter, der sich per Gesetz im schroffen Gegensatz zur englischen Praxis in Deutschland gerade nicht die Interessen einzelner Gläubiger zu eigen machen darf. Es stellen sich im Folgenden die wichti-

---

769 Siehe Zweiter Teil §14 II.

770 Vgl. Tintelnot in: Kübler/Prütting, § 103 InsO Rn. 18. Anderes würde nur gelten, wenn es in diesem Zusammenhang um sonstige Gegenstände, also bewegliche Gegenstände und Rechte ginge und die Vertragsgegenstände im Rahmen der Finanzierung der Anschaffung durch einen Dritten an diesen zur Sicherheit übertragen worden sind, § 108 Abs. 1 S. 2 InsO.

771 § 103 setzt die Eröffnung des Insolvenzverfahrens voraus, einem vorläufigen Insolvenzverwalter steht somit dieses Wahlrecht nicht zu, unabhängig davon, ob auf ihn bereits die Verwaltungs- und Verfügungsbefugnis gemäß § 22 Abs. 1 InsO übergegangen ist. Während des Insolvenzeröffnungsverfahrens realisiert sich dieses Risiko also noch nicht.

772 Vgl. die Chrysalis Transaktion, Zweiter Teil § 14 I sowie auch Klüwer/Marschall, S. 14.

gen Fragen, wie weit der eingeräumte Ermessensspielraum reicht und gegebenenfalls welche Grenzen bestehen oder aufgestellt werden können.

cc. Ermessensspielraum des Insolvenzverwalters

Auch wenn der Insolvenzverwalter bei der Ausübung des Wahlrechts grundsätzlich frei ist, handelt er nicht in einem rechtsfreien Raum. Die Transaktionsbeteiligten müssen somit kein vollkommen willkürhaftes Vorgehen fürchten. Grenzen werden dem Insolvenzverwalter durch die Treu und Glauben Regelung des § 242 BGB gesetzt[773]. Eine Ausgestaltung erfährt diese Norm in einem in der InsO verankerten Maßstab. Aufgrund seiner Verpflichtung, für eine möglichst optimale und gleichmäßige Befriedigung aller Gläubiger zu sorgen, kann der Insolvenzverwalter seine Wahl ausschließlich danach treffen, welche Vorgehensweise für die Masse, aus welcher dann die Gläubiger befriedigt werden, günstiger ist[774]. Somit gilt es für ihn abzuwägen, ob die Erfüllung des Vertrages, also der Zufluss der Gegenleistung, mehr bringt als die anderweitige Verwertung der zur Erfüllung benötigten Wirtschaftsgüter. Sollte es zu einem Überschuss kommen, wird der Vertrag durchzuführen sein, anderenfalls müsste dessen Erfüllung abzulehnen sein[775]. Eine solche wirtschaftliche Analyse kann im Zusammenhang mit einer WBS-Transaktion nur dann zu Gunsten der Vertragserfüllung und damit der Überlebensfähigkeit der Struktur ausfallen, wenn der Nutzungswert der Sicherheiten für das Unternehmens als Ganzes höher ist als deren Verwertungswert und dementsprechend positiv auf das operative Geschäft durchschlägt. Mit anderen Worten: Trotz der Darlehensbedienung auf der Ebene des operativen Geschäfts des insolventen Unternehmens durch die Wirkungsmacht der die Cash Flow-generierenden Verträge, die essenziell mit den Sicherheiten verknüpft sind, müsste ein Überschuss erwirtschaftet werden, der die Insolvenzmasse vermehrt und den Insolvenzgläubigern zu Gute kommt. Allerdings kann auch ein solches Regulativ nicht darüber hinweg täuschen, dass eine solche Abwägung nicht einfach vorzunehmen ist und von vielen zusätzlichen Umständen abhängt. Insbesondere spielen aufgrund der Überlebenswichtigkeit der Cash Flow-generierenden Verträge für den Fortbestand des Unternehmens sowie der zumindest bis zum Berichtstermin bestehenden Fortführungspflicht Überlegungen eine Rolle, die mehr als nur die Verträge selbst und deren Ertrag für die Masse im Blickfeld haben, sondern sich auf Kriterien wie die Wirtschaftlichkeitsanalyse der Unternehmensfortführung beziehen. Zu denken ist z.B. daran, ob nicht Konsolidierungsmaßnahmen innerhalb des operativen Geschäftsbetriebs durchzuführen sind, wie den Verkauf von bestimmten Vermögenswerten, die nicht unbedingt notwendig für den Erhalt des operativen Betriebs und der Cash Flows sind oder etwa auch Stellenabbau bei der Belegschaft zur Kostenreduzierung. Solche Überlegungen und letztlich die abwägende Entscheidung des Insolvenzverwalters sind stets im Lichte des zuvor bezeichneten Haftungsmaßstabs gemäß § 60 InsO zu beurteilen.

---

773 BK-InsR-*Goetsch*, § 103 Rn. 69.
774 Vgl. Braun/*Kroth*, § 103 Rn. 80.
775 Vgl. Gottwald/*Huber*, § 22 Rn. 17.

Es stellt sich mithin die Frage, ob die Analyse und Entscheidung des Insolvenzverwalters durch bewusst gesetzte Strukturverstrebungen in der Transaktion antizipierbar oder gar steuerbar sind, um somit Unsicherheiten und Risiken für die WBS-Transaktion zu reduzieren bzw. abzufedern, um folglich keine wesentlichen Nachteile bei der Bewertung der Struktur durch Ratingagenturen befürchten zu müssen.
Bevor im Folgenden Aussagen zu möglicherweise das Ermessen des Insolvenzverwalters kanalisierenden Strukturvorschlägen gemacht werden, muss auf das in diesem Zusammenhang relevante Schicksal der zugunsten der Anleihegläubiger bestellten Sicherheiten eingegangen werden.

c. Schicksal der Sicherheiten nach Eröffnung des Insolvenzverfahrens und Ermessensausübung des Insolvenzverwalters

Die Besicherungsstrategie bei WBS unterscheidet sich grundsätzlich von derjenigen einer herkömmlichen Darlehensbesicherung und einfachen (Plain Vanilla) Anleihenbesicherung. Sie zielt auf die Kontrolle und den Zugriff auf die als Sicherheit gegebenen Vermögenswerte bzw. deren Substanz im Insolvenzfall des Originators. Allerdings hat das Vorgesagte deutlich gezeigt, dass dieses Ziel mit den nach deutschem Recht zur Verfügung stehenden Sicherungsinstrumenten nur annähernd erreichbar scheint. Umso wichtiger ist es für die Praxistauglichkeit, Marktakzeptanz und den Erfolg von WBS abzuklären, welche Auswirkungen die Eröffnung des Insolvenzverfahrens und die Ermessensausübung beim Wahlrecht des Insolvenzverwalters auf die Bestandskraft der Besicherung des Darlehens und die der Anleihe hat.

aa. Eröffnung des Insolvenzverfahrens

Hauptziel und maßgeblicher Zweck des Insolvenzverfahrens ist die gemeinschaftliche, gleichmäßige Befriedigung der Gläubiger eines Schuldners, der nicht mehr in der Lage ist, seine Verbindlichkeiten in vollem Umfang zu erfüllen. Demzufolge kommen mit der Verfahrenseröffnung regulative Normen zur Anwendung, die eine Disziplinierung der Verfahrensbeteiligen verfolgen, um eine geordnetes Verfahren zu ermöglichen. § 87 InsO bestimmt beispielsweise, dass Insolvenzgläubiger ihre Forderungen nur nach den Vorschriften über das Insolvenzverfahren verfolgen können. Es soll damit sichergestellt werden, dass ein Schuldner während eines Insolvenzverfahrens möglichst umfassend nur nach den Vorschriften der Insolvenzordnung in Anspruch genommen werden kann, um dadurch eine Konzentration der Gläubiger im Verfahren herbeizuführen und den das Insolvenzrecht prägenden Gedanken der Gesamtvollstreckung stärker zu betonen[776]. Die Folge ist, dass die InsO in den §§ 88ff. eine Vielzahl von Vollstreckungsverboten vorhält, so dass Zwangsvollstreckungen für einzelne Insolvenzgläubiger während der Dauer des Insolvenzverfahrens weder in die Insolvenz-

---

[776] BK-InsR-*von Olshausen*, § 87 Rn. 1.

masse noch in das sonstige Vermögen des Schuldners zulässig sind[777]. Vielmehr müssen sich die einzelnen Gläubiger mit ihren Forderungen dem Feststellungsverfahren unterwerfen, das im fünften Teil der InsO geregelt ist (§§ 174ff. InsO), wonach Betrag, Rang und Absonderungsfähigkeit, d.h. bevorzugte Befriedigung für den entsprechend besicherten Gläubiger aus dem Erlös der Sicherheitenverwertung unter Führung des Insolvenzverwalters ermittelt werden. Daraus ergibt sich aus Sicht von WBS-Arrangeuren eine gewisse Planungssicherheit.

Bei den Sicherungsmitteln im Zusammenhang mit einer WBS-Transaktion handelt es sich in bestmöglicher Weise um nicht-akzessorische Sicherheiten in Form von Sicherungsübereignung und -abtretung sowie Sicherungsgrundschuld[778]. Die als Sicherheiten dienenden Vermögenswerte reichen von Forderungen, beweglichen Sachen und Immobilien bis zu gewerblichen Schutzrechten, die den operativen Geschäftsbetrieb ausmachen, bzw. für diesen wichtig sind. Gemäß §§ 35, 36 InsO fallen sie nach Eröffnung des Insolvenzverfahrens der Insolvenzmasse zu, welche der Insolvenzverwalter in Besitz nimmt[779] und über die er dann auch die Verfügungs- und Verwaltungsmacht bekommt[780]. Auszunehmen sind nur Vermögenswerte, die mit aussonderungsfähigen Rechten nach § 47 InsO belegt sind. Das Vorgesagte hat gezeigt, dass die herkömmlichen und für WBS in Frage kommenden Sicherungsinstrumente das darlehensgebende SPV und implizit die Anleihegläubiger als absonderungsberechtigte Gläubiger nach § 49ff. InsO qualifizieren, die nicht über entsprechende aussonderungsfähige Rechte verfügen, um die zu ihren Gunsten besicherten Vermögenswerte von der Insolvenzmasse und aus dem Insolvenzverfahren zu isolieren. Allerdings sind sie innerhalb des formalen Insolvenzverfahrens gegenüber den übrigen Insolvenzgläubigern insofern bevorrechtigt, da sie zur vorrangigen Befriedigung aus der entsprechenden Sicherheit berechtigt sind[781]. Die Anleihegläubiger werden auf diese Weise nicht auf die in aller Regel unzureichende Insolvenzquote verwiesen. Doch können sie bzw. der Anleihetreuhänder in ihrem Namen, jedoch nicht eigenständig gegen den insolventen Originator vorgehen. Der Insolvenzverwalter führt vielmehr nach den §§ 166, 167 InsO grundsätzlich die Vollstreckung auf Eigeninitiative durch. Ausnahme bei Immobilien ist die Zwangvollstreckung, die auf Antrag eines Grundpfandgläubigers erfolgt[782]. Bei beweglichen Vermögenswerten kann der Insolvenzverwalter auch die Verwertung dem Gläubiger selbst nach § 170 Abs. 2 InsO überlassen. Die Gläubiger sind in allen Fällen berechtigt, sich um den Erwerb des Vermögensgegenstandes zu bemühen und in den Wettbewerb

---

777 § 89 Abs. 1 InsO.

778 Vgl. Zweiter Teil § 15 I 1b.

779 § 148 InsO.

780 § 80 InsO.

781 § 50 InsO i.V.m. § 51 Nr.1 InsO. Abzugrenzen sind aussonderungsberechtigte Gläubiger nach § 47 InsO, die bei ihrer Vollstreckung an die Gesetze außerhalb der InsO gebunden sind. Aufgrund ihrer dinglichen oder persönlichen Sicherheit sind sie keine Insolvenzgläubiger und werden deswegen auch nicht von den Regeln der InsO erfasst.

782 Vgl. Kübler/Prütting/*Kemper*, § 165 InsO Rn. 22ff.

mit anderen Kaufinteressenten zu treten. Bei der Verwertung von beweglichen Sachen ist der Insolvenzverwalter sogar verpflichtet, den Gläubiger nach § 168 Abs. 1 Satz 1 InsO über seine Verwertungsabsicht und die Verwertungsweise zu informieren. Somit soll dem Gläubiger die Möglichkeit gegeben werden, eine für ihn günstigere, d.h. eine seinen Erlöserwartungen eher realisierende Verwertungsoption zu nennen[783]. Eine solche Verwertungsoption umfasst nach § 168 Abs. 3 Satz 1 InsO auch die Übernahme durch den Gläubiger selbst. Hat jedoch die Verwertung besondere Bedeutung für das Insolvenzverfahren, ist der Verwalter verpflichtet, zuvor die Zustimmung des Gläubigerausschusses bzw., wenn keiner bestellt wurde, der Gläubigerversammlung nach § 160 Abs. 1 InsO einzuholen. Im Zusammenhang mit einer WBS-Transaktion, anlässlich derer möglichst alle Cash Flows eines Unternehmens verbrieft werden, ist insbesondere der Fall wichtig, bei dem der Verwalter beabsichtigt das gesamte insolvente Unternehmen, einen Geschäftsbetrieb oder das Warenlager im ganzen zu veräußern[784]. In einem solchen Fall müsste der nach der Durchführung einer WBS-Transaktion von den Anleihegläubigern ausschließlich besetze oder zumindest dominierte Gläubigerausschuss bzw. die Gläubigerversammlung die Zustimmung erteilen. Den Anleihegläubigern unliebsame Veräußerungen, etwa an bestimmte Mitbewerber des insolventen Originators, könnten auf diese Weise verhindert oder wenigstens erschwert werden[785]. Der Verwertungserlös wird allerdings nicht vollständig an die absonderungsfähigen Anleihegläubiger ausgekehrt. Zugunsten des Insolvenzverwalters sind gemäß §§ 170, 171 InsO stets pauschal 4% des Verwertungserlöses als Feststellungskosten und 5% der Feststellungskosten als Verwertungskosten in Abzug zu bringen.

Es zeigt sich somit deutlich, dass die Eröffnung des Insolvenzverfahrens und der Übergang in ein von den Regelungen der InsO gesteuertes formales Verfahren einschneidende Auswirkungen auf die Besicherung einer WBS-Struktur haben. Die Kontrolle der Anleihegläubiger über das Sicherheitenpakt am Vermögen des Originators wird aufgebrochen. Es wird den Anleihegläubigern bzw. dem zu ihren Gunsten handelnden Treuhänder das Recht aus der Hand genommen, im Sicherungsfall eigenständig in das Vermögen des Originators zu vollstrecken. Er muss grundsätzlich hinnehmen, dass der Insolvenzverwalter dies selber gegen Kostenabzug vornimmt. Die Anleihegläubiger haben zwar das Recht, sich bei der Verwertung als Kaufinteressenten zu beteiligen, doch treten sie in Konkurrenz mit anderen Interessenten, die möglicherweise höhere Preise bieten. Im Ergebnis besteht somit das Risiko, dass Dritte zum Nachteil der Intensität einer WBS-Struktur operativ wichtige Vermögenswerte erwerben. Doch ist nicht außer Acht zu lassen, dass die Anleihegläubiger bei der Verwertung von mobilen Sicherheiten den Sicherungsgegenstand unmittelbar übernehmen können, ohne in eine Konkurrenzsituation mit anderen Kaufinteressenten, etwa im Wege einer

783 § 168 Abs. 2 InsO.

784 § 160 Abs. 2 Nr. 1 InsO.

785 Vgl. zur Bedeutung, Bildung und Zusammensetzung der Gläubigerversammlung als Organ der Willensbildung für die Anleihegläubiger, Zweiter Teil § 15 I 1.

öffentlichen Zwangsversteigerung, treten zu müssen. Allerdings ist in einem solchen Fall derjenige Kaufpreis zu entrichten, den der Verwalter bei einer Verwertung mit mehreren Interessenten in Konkurrenz erzielt hätte. Eine bevorzugte Behandlung dürften die Anleihegläubiger nicht erwarten.

bb. Auswirkungen der Wahlrechtsausübung durch den Insolvenzverwalter

Entscheidend ist aber nun, inwieweit sich das Ermessen in der Ausübung des Wahlrechts des Insolvenzverwalters auf die Sicherung der Gläubiger auswirkt. Besichert ist bei einer WBS-Transaktion das Darlehen zwischen Originator und anleiheemittierendem SPV. Diese Sicherheiten werden dann zur Absicherung der Anleihegläubiger weitergereicht und auch diesen zur Verfügung gestellt. Vorrangig ist es aber der Darlehensvertrag, welcher in den Fokus des Interesses rückt.

(1) Erfüllungswahl des Darlehensvertrages

Sofern der Insolvenzverwalter seinen Ermessenspielraum zugunsten der Erfüllung des Darlehenvertrages wählt, könnte es im Lichte der Erlöschenstheorie des BGH nahe liegen, dass mit dem Untergang der gegenseitigen Ansprüche auch gleichzeitig die dazugehörigen Sicherheiten untergehen. § 91 Abs. 1 InsO verbietet ziemlich apodiktisch jeglichen Rechtserwerb an Gegenständen der Insolvenzmasse nach Eröffnung des Insolvenzverfahrens. Für die WBS-Transaktion wäre dies fatal, denn dann wären in letzter Konsequenz die Anleihegläubiger schutzlos und die zuvor gegebene Absicherung ihrer Investitionen Makulatur. Wie ausgeführt, lässt allerdings die Eröffnung des Insolvenzverfahrens den gegenseitigen Vertrag materiell-rechtlich grundsätzlich unberührt. Generell sind somit die vor Eröffnung des Insolvenzverfahrens bestellten Sicherheiten von § 91 Abs. 1 InsO nicht betroffen. Daher müsste eine Situation eintreten, die mit dem Neuabschluss eines Vertrages identisch ist. Denkbar wäre dies im Zusammenhang mit § 103 InsO nur, wenn der Insolvenzverwalter die Erfüllung wählt und bei dem entsprechenden gegenseitigen Vertrag noch keine Leistungen erbracht worden sind. Nur dann hat die Erfüllungswahl die gleiche Wirkung wie ein zwischen dem Insolvenzverwalter und dem Vertragspartner neu abgeschlossener Vertrag mit identischem Inhalt, was wiederum die Wirkung des § 91 Abs. InsO nach sich zieht[786].

Im Fall des angesprochenen Darlehensvertrages liegt aber eine solche Situation gerade nicht vor. In aller Regel haben beide Vertragsparteien bereits Leistungen vor der Eröffnung des Insolvenzverfahrens erbracht: das SPV Darlehensauszahlung und der Originator Zinszahlungen und – je nach Vereinbarung – auch Tilgungsleistungen. Die Erfüllungswahl hat demnach keine nachteiligen Auswirkungen auf die zuvor bestellten Sicherheiten.

---

[786] Vgl. MüKo/*Kreft*, InsO Bd. 2, § 103 Rn. 41.

(2) Nichterfüllungswahl des Darlehensvertrages

Bei Eröffnung des Insolvenzverfahrens stellt sich somit die Situation dar, dass beide Vertragsparteien zum Zeitpunkt der Eröffnung des Insolvenzverfahrens Leistungen erbracht haben, der eine (das darlehensgebende SPV) jedoch zu einem überschießenden Teil mehr. Sofern der Insolvenzverwalter die Erfüllung des Darlehensvertrags ablehnt – und das ist hier die für WBS stark risikobehaftet Situation –, stellt sich die Frage, was mit den bestellten Sicherheiten bezüglich des überschießenden Teils der vertraglichen Forderung geschieht[787]. Je später der Insolvenzfall des Originators während der Laufzeit der Anleihe eintritt, desto geringer wird dieser überschießende Teil ausfallen und damit einhergehend die entsprechenden Sicherheiten. Die beschriebene Situation deckt sich mit den Fällen, in denen der eine Vertragspartner Leistungen erbracht hat und der andere nicht. Grundsätzlich steht dem leistenden Vertragspartner ein seiner Teil-Leistung entsprechender Erfüllungsanspruch als Insolvenzforderung zu[788]. Die ihm für diesen Fall bestellten Sicherheiten kann er in dieser Höhe dann auch in Anspruch nehmen[789]. Daran ändert auch die in Bezug auf die frühere BGH Rechtsprechung geäußerten Bedenken nichts, denn der BGH stellte klar, dass der Bestand des Vertrages mit Eröffnung des Insolvenzverfahrens gerade nicht berührt wird[790]. Konsequenterweise bleiben auch in dieser Situation den Gläubigern die Sicherheiten erhalten. Eine Einschränkung erleidet, wie bereits zuvor beschrieben, die Freiheit der Vollstreckung und Verwertung der Sicherheiten.

3. Lösungsvorschläge zur Optimierung der WBS-Struktur

Obwohl die Sicherheiten an sich unberührt bleiben, besteht weiterhin das Risiko, dass der Insolvenzverwalter durch die Ausübung seines Ermessens im Zusammenhang seiner Rechtswahl nach § 103 InsO transaktionswichtige Verträge nicht mehr erfüllen möchte, was unnötige Auswirkungen auf jede WBS-Struktur hätte.

---

787 Für die bereits geleisteten beiderseitigen Leistungen und die hierzu vereinbarten Sicherheiten hat es sein Bewenden, da die Eröffnung des Insolvenzverfahrens und die Erfüllungsablehnung keine grundsätzlichen materiellen Auswirkungen auf den Vertrag haben, vgl. Zweiter Teil § 17 II 2 b.

788 BGHZ 135, 25, 27.

789 Vgl. MüKo/*Kreft*, InsO Bd. 2, § 103 Rn. 30.

790 Besorgte Literaturstimmen: Marotzke EwiR 1992, S. 71 (72); Bork FS Zeuner, S. 297; Kreppel, S. 79. Auch in dem Prospekt der Tenovis-Transaktion wurde die Gefahr untergehender Sicherheiten als großes Risiko für die Transaktion angesehen: „[...] Such court precedents further establish that upon the election by the insolvency administrator to continue any contract previously terminated, such contract would re-enter into existence, however, free of any encumbrance or security interest of any third party. [...]“, S. 39 des Prospekts. Hintergrund war sicherlich die gewählte Formulierung des BGH zur Erlöschenstheorie. Allerdings ist zu beachten, dass diese Besorgnis zeitlich vor dem klarstellenden Urteil des BGH vom 25.4.2002 -- IX ZR 313/99, geäußert worden ist, so dass sich manche Meinung sicherlich relativiert.

Im Folgenden werden hierzu zusätzliche Strukturverstrebungen diskutiert, die versuchen dieses Risiko abzufedern.

a. Anreizstruktur (sog. Incentive Model) als Lösungsmöglichkeit

aa. Modellbetrachtung

Es wird nun ein Strukturvorschlag diskutiert, der versucht, das Risiko der Beendigung essenzieller Verträge einer WBS-Transaktion durch den Insolvenzverwalter gemäß § 103 InsO einzudämmen und umgehend die Robustheit und Kapitalmarktfähigkeit von WBS-Strukturen zu erhöhen. Sie kann als Anreizstruktur oder auch Incentive Model bezeichnet werden, da sie derart gestaltet ist, dass in Bezug auf die Ermessensausübung des Insolvenzverwalters die Transaktionsstruktur diese Situation antizipiert und versucht, wirtschaftliche Anreize für den Insolvenzverwalter zu setzen, damit eine Vertragsfortführung auch in der Insolvenz des Originators gewährleistet werden kann[791]. Entwickelt wurde dieser Gedanke für die Tenovis-Transaktion[792].

Hintergrund dieses Strukturmodells ist die wirtschaftliche Annahme, dass die als Sicherheit begebenen Vermögenswerte, die vornehmlich aus auf Kunden maßgeschneiderte Telefonanlagen bestehen, im Verwertungsfall nicht ausreichen, um die Forderungen der Gläubiger hinreichend zu befriedigen. Dies ist selbst dann anzunehmen, wenn es zu einer bevorzugten Befriedigung der Gläubiger aufgrund ihrer Aussonderungsrechte kommt. Daraus wird geschlossen, dass das operative Geschäft als Ganzes (insbesondere das Leasinggeschäft und die dazugehörige Wartung der Telefonanlagen), d.h. inklusive der als Sicherheiten begebenen Telefonanlagen den Wert für die Gläubiger ausmacht. Somit sind die Cash Flow-generierenden Verträge auf jeden Fall weiterzuführen, damit den aus dem Darlehen und der Anleihe resultierenden Schuldendiensten nachgekommen werden kann. Für Tenovis bedeutet dies, dass die für Kunden maßgeschneiderten und als Sicherheit übereigneten Telefonanlagen für die Anleihegläubiger keine ausreichende Werthaltigkeit im Verwertungsfall besitzen würden, da sie für Dritte nur eingeschränkt nutzbar sind. Der Verwertungswert kann somit als niedrig bezeichnet werden. Es ist vielmehr das langfristige Leasing- und Wartungsgeschäft, welches den nachhaltigen Wert für die Gläubiger ausmacht, so dass vor allen Dingen die dazugehörigen Verträge durch den Insolvenzverwalter fortgeführt werden müssen. Um das Ermessen des Insolvenzverwalters in diese Richtung zu beeinflussen und zu kanalisieren, wurde ein wirtschaftlicher Anreiz ge-

---

[791] Vgl. Klüwer/Marschall, S. 11.

[792] Vgl. Zweiter Teil § 14 II. Zu berücksichtigen gilt es aber auch, dass diese Anreizstruktur vor Ergehen der klarstellenden Entscheidung des BGH zur Erlöschenstheorie vom 25. April 2002 entwickelt worden ist und so versucht wurde das Risiko des Verlustes der Sicherheiten ab Eröffnung des Insolvenzverfahrens abzufedern. Es steht jedoch das Bemühen im Vordergrund, das Ermessen des Insolventverwalters bzgl. seines Wahlrechts nach § 103 InsO zu reduzieren, in dem ein wirtschaftlicher Anreiz geschaffen wird und als Ergebnis die Fortführung des Cash Flow-generierenden Verträge steht.

schaffen, dem der Verwalter – so das Ansinnen der Arrangeure und ihrer Berater – sich nicht haftungsfrei hätte widersetzen können.
Hierzu wurden zwei voneinander getrennte Sicherheitenpakete bestellt[793]: Ein Paket bestand aus einer bestimmten Anzahl von zur Sicherheit abgetretenen Forderungen der Cash Flow-generierenden Leasing- und Wartungsverträge der Telefonanlagen sowie der dazugehörigen Telefonanlagen selbst in Form eines Nutzungspfands, sprich: Das geschnürte Paket wurde per Sicherungsübereignung an den Sicherungsnehmer übertragen (Paket I). Das zweite Paket bestand hingegen aus davon ausdrücklich abgegrenzten, sicherungsübereigneten, neuen Telefonanlagen, welche noch nicht auf die speziellen Kundenwünsche zugeschnitten und umgestellt waren und so einen höheren Verwertungswert besitzen, da sie in dieser Form von größerem Interesse für Dritte sind, als im ersten Fall (Paket II). Im Insolvenzfall des Originators sollte das Paket II vom Treuhänder zur Verwertung durch den Insolvenzverwalter freigegeben werden, wodurch dieser unbelastete Vermögenswerte erhält, die frei von Rechten Dritter sind, die zur Aus- oder Absonderung berechtigt wären. Diese könnte er sodann zugunsten der Insolvenzmasse verwerten oder aber auch dazu benutzen, um neue Wartungs- und Leasingverträge abzuschließen, um so weiteren Cash Flow zu generieren und Gläubigerforderungen zu befriedigen[794]. Dieser Verkauf würde nicht in die Funktionsweise der bereits operierenden Anlagen eingreifen.

Flankiert wurde diese Maßnahme mit Strukturverstrebungen, die sicherstellen sollten, dass die Cash Flow-generierenden Verträge, d.h. die Wartungs- und Kundenserviceverträge, auch bei Insolvenz des Originators ungehindert ausgeführt werden können. Dementsprechend erfolgte die Ausgliederung des operativen Geschäftsbetriebs des Originators, d.h. des Kundenservices, in eine Service GmbH. Zwischen Originator und dieser GmbH wurde zusätzlich ein sog. Servicingvertrag geschlossen, mit dem sich die Service GmbH verpflichtete, die entsprechenden Wartungsarbeiten durchzuführen. Außerdem wurde ein IT-Outsourcing Unternehmen als Nachfolgeservicer (oder auch Back Up Servicer, Ersatzservicer oder Auffangbetreiber) eingebunden, der sich verpflichtete, gegen Zahlung einer Gebühr (Servicing Fee) im Fall der Insolvenz des Originators die Wartungsverträge zu übernehmen[795]. Außerdem erhielt er eine Kaufoption auf die Geschäftsanteile der Service GmbH, die als insolvenzfestes Bargeschäft konzipiert war und wirksam werden sollte zum Zeitpunkt der Insolvenz des Originators.

bb. Stellungnahme

Die Bildung eines solchen Sicherheitenpools birgt auf den ersten Blick die Gefahr, das vorgezeichnete Ansinnen in das Gegenteil umzukehren. Im Lichte der Optimierung der Insolvenzmasse für die anschließende gemeinschaftliche Gläubigerbefriedigung nach § 1 InsO wäre nämlich denkbar, dass bei dem Insolvenz-

[793] Vgl. Tenovis Information Memorandum, S. 119 und 120.
[794] Vgl. Tenovis Information Memorandum, S. 40 und 120.
[795] Eine solche Situation macht die Möglichkeit des Vertragseintritts notwendig.

verwalter Begehrlichkeiten geweckt werden, gerade in den für die WBS-Struktur entscheidenden Sicherheitenpool zu vollstrecken und diesen zu verwerten, anstatt die zur Bedienung der im Zusammenhang mit der WBS-Transaktion emittierten Anleihe unabdingbaren Cash Flows sicherzustellen. Die Erlöshöhe ist jedoch abhängig von der Nachfrage im Verwertungsfall. Bei einem geringen Nutzwert für Dritte und erfahrungsgemäß geringem oder überhaupt nicht vorhandenem Nachfrageinteresse Dritter im Verwertungsfall, wird die Begehrlichkeit des Insolvenzverwalters zur Verwertung gering sein. Schließlich wird dann auch der Verwertungswert der Sicherheiten zu niedrig sein, um die Masse zu optimieren. Allerdings muss dies nicht unbedingt der Fall sein, denn möglicherweise ist die Fortführung des Betriebs noch aussichtsloser oder zumindest aus Sicht des Insolvenzverwalters noch risikoreicher und haftungsintensiv. Entscheidend ist somit – und davon sind auch die Beteiligten der Tenovis-Transaktion ausgegangen – die Korrelation zwischen Verwertungswert der Sicherheiten und deren Nutzungswert für das operative Geschäft als Ganzes. Sollte der Insolvenzverwalter einen einigermaßen annehmbaren Marktwert erzielen können, liegt wegen der exponierten Haftungsfrage bei der Fortführung des insolventen Unternehmens eine Liquidation nahe. An dem Primat der Liquidation hat nämlich auch die Insolvenzrechtsnovelle von 1999[796] nichts geändert. Das Insolvenzverfahren zielt weiterhin auf eine Befriedigung der Gläubiger durch die Verwertung des Schuldnervermögens und damit einer Liquidation des Unternehmens ab[797]. Daneben kommt zwar nunmehr auch ausdrücklich die Möglichkeit der Sanierung des Unternehmens durch Umstrukturierung und Fortführung oder durch Übertragung auf einen anderen Rechtsträger (übertragende Sanierung) in Betracht, doch ist die Sanierung kein eigenständiger Verfahrenszweck[798]. Sofern der Nutzwert der Sicherheiten für das operative Geschäft aber derart erheblich ist, dass er ohne diese gar nicht möglich ist, liegt doch die Wahrscheinlichkeit des Ausübens des Ermessensspielraums durch den Insolvenzverwalter zugunsten der Erfüllung der Verträge nahe. Dieser Fall tritt insbesondere dann ein, wenn dem Insolvenzverwalter ein zusätzlicher wirtschaftlicher Anreiz in Form von frei verwertbaren Vermögensgegenständen gegeben wird. Einen solchen Anreiz wurde im Hinblick auf Paket II bei der Tenovis-Transaktion gegeben.

Eine nicht hinwegdenkbare zu vernachlässigende, zusätzliche Bedingung ist die überaus wichtige flankierende Maßnahme der Einsetzung eines Nachfolgeservicers und der ihm eingeräumten Möglichkeit der Übernahme der Geschäftsanteile der Service GmbH. Hierdurch wird dem Insolvenzverwalter aufgezeigt, dass der für das operative Geschäft wichtige Kundenservice trotz Insolvenz des Originators weiter aufrecht erhalten werden kann, sofern er Erfüllung der dazugehörigen Verträge wählt. Entscheidend ist dabei, dass die an den Nachfolgeservicer zu zahlende Servicegebühr nicht höher ist als die durch die Verträge erzielten Einnahmen. Erforderlich ist somit, dass diese beiden Werte ins Verhältnis gesetzt

---

796 Bei der die auf die Liquidation des insolventen Unternehmens ausgerichtete Konkursordnung von 1877 und die Vergleichsordnung von 1935 von der InsO abgelöst wurden.

797 Picot/Aleth, Rn. 11.

798 BegrRegE, in: Kübler/Prütting, Bd. I, S. 154.

werden. Im Fall der Erwirtschaftung eines Überschusses bzw. der Aussicht darauf, wird auch hier ein unmittelbarer Anreiz geschaffen, der den Insolvenzverwalter veranlassen könnte, das Ermessen zugunsten der Weiterführung der Verträge auszuüben. Man darf dabei nicht vergessen, dass durch den Verkauf der Service GmbH-Anteile – entweder, was naheliegend ist, an den Nachfolgeservicer oder an einen Dritten – weitere Mittel der Insolvenzmasse zufließen können und somit eine zusätzliche Option besteht, die Masse für die Gläubiger zu mehren. Im Ergebnis kann die Schaffung von derartigen Anreizen es zumindest wahrscheinlicher machen, dass das Ermessen des Insolvenzverwalters derart kanalisiert wird, dass er die Erfüllung der Cash Flow-generierenden Verträge wählt. Aber im Gegensatz zur englischen Praxis kann im deutschen Recht lediglich mit Wahrscheinlichkeitsvermutungen operiert werden.

Weil man sich hier im Bereich von Ermessensspielräumen bewegt, muss man sich bewusst sein, dass die Entscheidung des Insolvenzverwalters grundsätzlich nicht vorweggenommen werden kann und somit auch sicherlich nicht von einer Vorhersehbarkeit der Insolvenzverwalterentscheidung gesprochen werden kann, denn dieser bleibt stets Herr seines eigenen Ermessens und Handelns in der jeweiligen Einzelentscheidung. Hieran ändert auch die Empirie bei der Tenovis-Transaktion nichts, bei der vorab per Rundschreiben Insolvenzverwalter nach ihrer Einschätzung der Anreizstruktur gefragt wurden und mehrheitlich ein positives Votum abgegeben hatten. Selbstverständlich muss sich derartiges aus § 103 InsO für WBS-Transaktionen ergebende Risiko in dem Informationsmemorandum bzw. Emissionsprospekt wiederfinden[799]. Auch gilt es zu sehen, dass die strukturellen Verästelungen von Fall zu Fall unterschiedlich und folglich an zukünftige Transaktion aufgrund ihrer Eigenarten anzupassen sind. Jedoch ist diese Anreizstruktur als solche, wie sie erstmalig bei der Tenovis-Transaktion geschaffen worden ist, eine durchaus intelligente und bedeutsame Strukturverstrebung für das Fundament von WBS-Transaktionen in Deutschland, welcher der Gesamtstruktur die Robustheit der Transaktion, die Kapitalmarktfähigkeit der Anleihe sowie insbesondere die Überlebensfähigkeit in der Insolvenz des Originators ermöglichen kann.

b. Weitere ergänzende Strukturverstrebungen

Bei Insolvenzszenarien im Allgemeinen, aber bei Cash Flow abhängigen Transaktionen wie WBS im Speziellen, ist der Faktor Zeit entscheidend. Aufgrund möglicher negativer Reaktionen der Marktteilnehmer wie etwa Vertrauensverlust

---

799 Bei der Tenovis-Transaktion wurde trotz der positiven Einschätzung der angeschriebenen Insolvenzverwalter das in § 103 InsO für die Transaktion inhärente Risiko im Informationsmemorandum angesprochen: „[...] As a consequence, in the event of insolvency proceedings with respect to the Borrower would be for most parts be invalid. However, the Issuer believes that a security interest in the PABX Systems Collateral upon the perfection of the relevant pledges would result in a similar economic position as if it were legally entitled to the amounts collected from the Receivables.", Tenovis Information Memorandum, S. 39.

von Kunden und Zulieferern, aber auch der verstärkte Wettbewerbsdruck der Konkurrenz, z.B. durch gezielte Werbemaßnahmen oder Rabattaktionen, die auf die Kunden des Originators zielen, sowie der Notwendigkeit, Finanzierungsspielräume aufrecht zu erhalten, ist ein schnelles und entschlossenes Handeln des vom zuständigen Gericht eingesetzten Insolvenzverwalters unumgänglich. Zeitverzögerungen aufgrund von Informationsasymmetrien zwischen dem Insolvenzverwalter und dem Originator, insbesondere in Bezug auf die WBS-spezifischen Transaktionsfaktoren oder etwa wichtigen Besonderheiten des entsprechenden Branchensektors, müssen vermieden werden. Darüber hinaus besteht das Bedürfnis, durch entsprechende Informationsweitergabe das Ermessen des Insolvenzverwalters in Bezug auf sein Wahlrecht gemäß § 103 InsO im Sinne der Anleihegläubiger zu beeinflussen, d.h. ihn insbesondere zur Fortführung der wichtigen Cash Flow-generierenden Verträge des Originators zu bewegen.

aa. Dokumentenpaket für den Insolvenzverwalter

Ein wichtiges Element für WBS-Transaktionen in diesem Kontext ist die Zusammenstellung eines umfangreichen „Notfallpakets" aus Unterlagen und Dokumenten für den Insolvenzverwalter[800]. Dieses soll ihn über die den wirtschaftlichen Sinn der Transaktion informieren und ihm die Struktur mit ihren entscheidenden Strukturverstrebungen näher bringen. Ergänzende Informationen bieten aktuelle betriebswirtschaftliche und finanzielle Daten des Originators sowie Auskünfte über seine Marktpositionierung. Deutlich sind die positiven Aussichten und die Auswirkungen der Fortführung des Unternehmens darzustellen. Gleichzeitig ist es bedeutsam, die Gefahren und Risiken entsprechender Entscheidungen des Verwalters auf die Struktur und insbesondere auf die Gläubiger, denen er gesetzlich zu einer gemeinschaftlichen Befriedigung verpflichtet ist, aufzuzeigen. Hierzu zählen insbesondere die Folgen der Ausübung der Ermessensentscheidung und der Wahl des Insolvenzverwalters, bestimmte Verträge nicht mehr erfüllen zu wollen. Allerdings sollte eine solche Darstellung stets ausgleichend formuliert sein und nur realistische Aussichten und Risiken aufzeigen, damit einer etwaigen Kritik einer überpositiven und wirtschaftlich einseitigen Darstellung im Sinne oder gar Eigeninteresse der Arrangeure der Transaktion begegnet werden kann.

bb. Außergerichtlicher Sanierungsplan als Orientierungshilfe für den Insolvenzverwalter

Doch selbst, wenn durch das angesprochene Unterlagenpaket die Unkenntnis des Insolvenzverwalters behoben und der Dialog zwischen Gläubigern, Originator und Insolvenzverwalter herbeigeführt wird, ist zur Vermeidung von Verzögerungen, die sich nachteilig auf das Schicksal und den Erfolg der WBS-Transaktion auswirken, sowie nicht vorhersehbarer Entscheidungen des Insolvenzverwalters, eine umfassendere und zeitlich früher einsetzende Strukturverstrebung als die der Bereitstellung des angesprochenen Dokumentenpakets im Insolvenzfall wün-

[800] Hengst, S. 201.

schenswert. Bereits im Vorfeld des formellen Insolvenzverfahrens können wesentliche Vorarbeiten geleistet werden, die zur Aufklärung und Konsensbildung der Beteiligten führen. Demzufolge könnte das Insolvenzverfahren entweder vermieden oder zumindest abgekürzt werden. Vielleicht könnte das Verfahren sogar in eine bestimmte Richtung beeinflusst werden, so dass die Integrität der WBS-Struktur bewahrt wird. Eine solche Strukturverstrebung kann ein vom Originator vorformulierter außergerichtlicher Sanierungsplan sein, der auf dem erwähnten Notfallpaket in Dokumentenform aufbaut und sich an die Praxis im Zusammenhang des bedeutungsvollen Prepackaged Plan des US-amerikanischen Insolvenzrechts anlehnt.

Bei dem Prepackaged Plan handelt es sich im Zusammenhang des Chapter 11-Verfahrens des US Bankruptcy Code um einen vom insolvenzbedrohten Unternehmen selbst erstellten Plan mit dem Ziel der Eigensanierung. Dieser unterstellt ein eröffnetes Verfahren und wird mit dem Antrag auf Verfahrenseröffnung eingereicht. Grundsätzlich darf vor dem rechtshängigen Insolvenzverfahren das Unternehmen auf der Grundlage dieses Plans nicht um Zustimmung bei den Gläubigern werben[801]. Zulässig ist es jedoch, bereits im Vorfeld mit den wichtigsten Gläubigergruppen über den endgültigen Plan antizipierende Konzepte und Planentwürfe zu sprechen und auch Stellungnahmen der Gläubiger, letztlich sogar deren verbindliche Zustimmung einzuholen. In Deutschland lässt § 1 Satz 1 InsO grundsätzlich als Abweichung vom Regelverfahren der Verwertung und der Erlösverteilung zur gemeinschaftlichen Befriedigung der Gläubiger auch die Möglichkeit zu, in einem Insolvenzplan alternativ eine abweichende Gestaltung, insbesondere zum Erhalt des Unternehmens, zu treffen[802]. Ein besonderer Vorteil dieses Verfahrens ist das Planeinreichungsrecht des Schuldners selbst[803] und der Gläubiger im Wege der Beauftragung des Insolvenzverwalters[804]. Die Planvorlage durch den Schuldner kann nach US-amerikanischem Vorbild auch mit dem Antrag auf Eröffnung des Insolvenzverfahrens verbunden werden[805]. Dieser kann bereits bei drohender Zahlungsunfähigkeit nach § 18 InsO gestellt werden, d.h. zu einem Zeitpunkt, zu dem der Originator für eine bestimmte Zeit noch einen ausreichenden finanziellen Handlungsspielraum hat. Durch dieses Planverfahren bekommen bei WBS der Originator selbst sowie die Gläubiger die Möglichkeit, an der Sanierung aktiv mitzugestalten, ohne dem alleinigen Ermessen des Insolvenzverwalters in Bezug auf das Schicksal der Vermögenswerte des insolventen Originators ausgesetzt zu sein. Außerdem können in einem Insolvenzplan von der Insolvenzordnung abweichende Verfahren und Abläufe in Bezug auf den Schuldner und die Befriedigung der Gläubiger geregelt werden[806]. Ein solches

---

801 Dies darf erst geschehen, wenn das sog. Disclosure Statement, d.h. die Offenlegung aller relevanten Tatsachen zum Plan, vom zuständigen Gericht nach Anhörung der Beteiligten genehmigt worden ist.

802 Das Insolvenzplanverfahren ist in §§ 217ff. InsO geregelt.

803 § 218 Abs. 1 S. 1 InsO.

804 § 218 Abs. 2 InsO.

805 § 218 Abs. 1 S. 2 InsO.

806 § 217 InsO.

Planverfahren ist grundsätzlich als gerichtliches Verfahren konzipiert und setzt bestimmte Verfahrensschritte bis zur Umsetzung des Plans voraus[807]. In der Praxis vergehen dabei wenigstens ca. sieben Wochen zwischen Stellung des Insolvenzantrags und der notwendigen Bestätigung und Annahme des Insolvenzplans durch das Gericht und die Gläubiger sowie zusätzlich ca. acht Wochen bis zur Aufhebung des Insolvenzverfahrens.

Für die Arrangeure der WBS-Transaktion ist es somit in Anlehnung an die US-amerikanischen Praxis wichtig, zur Beschleunigung aller die WBS-Struktur belastenden Verfahrensschritte einen solchen Plan vorzuformulieren, der auf dem erwähnten Dokumentenpaket aufbaut, aber darüber hinaus auch Handlungsvarianten für bestimmte Krisensituationen umfasst und demzufolge den später möglichen gerichtlichen Insolvenzplan antizipiert.

Aufgrund der langen Laufzeit der WBS-Transaktion kann es aber schwierig sein, Krisen zu prognostizieren und entsprechend konkrete Sanierungsmaßnahmen zu benennen. In Anlehnung an die von den Ratingagenturen durchgeführten Cash Flow Stress Tests im Zusammenhang mit der Bonitätseinstufung der Transaktion lassen sich jedoch Krisenszenarien identifizieren und entsprechende Sanierungsmaßnahmen formulieren[808]. Zu beachten ist, dass sich die Sanierungsmaßnahmen aufgrund fehlender Liquidität in aller Regel auf die Schuldendienstzahlungen (z.B. in Form von Stundungen der Zins- und Tilgungszahlungen) gegenüber dem darlehensgebenden SPV, welches regelmäßig der Gläubiger mit den höchsten Forderungen gegen den insolventen Originator ist, auswirken. Aufgrund des unmittelbaren Zusammenhangs der Schuldendienstzahlungsströme aus Darlehen und der vom SPV begebenen Anleihe muss dementsprechend auch mit den Anleihegläubigern Konsens über etwaige Sanierungsmaßnahmen in Bezug auf den Originator erzielt werden. Sofern sich im Ergebnis Veränderungen im Verhältnis zwischen Emittent und Anleihegläubiger ergeben, etwa in Form von veränderten Tilgungs- und Zinszahlungen, müssten entsprechend die Anleihebedingungen angepasst werden. Bei einer überschaubaren Anzahl von Anleihegläubigern, wie etwa bei einer Privatplatzierung, könnte dies hinsichtlich der Risiken und Unwägbarkeiten eines Insolvenzverfahrens für die WBS-Transaktion insgesamt möglich sein. Je mehr Anleihegläubiger jedoch in die Transaktion eingebunden sind, desto schwieriger wird die konsensuale Einigung auf eine Sanierung des Originators und Aufrechterhaltung der Cash Flows, die den Schuldendienst speisen.

Zwar ist bei einer WBS-Transaktion ein Anleihetreuhänder zur Optimierung des Willensbildungsprozesses zugunsten der Anleihegläubiger eingesetzt, doch wird diesem ein so weitreichendes Recht wie die Veränderung von wesentlichen Inhaltspunkten der Anleihebedingungen ohne Mitwirkungsmöglichkeiten des ein-

---

807 Für eine ausführliche Darstellung des formalen Ablauf sowie den inhaltlichen Anforderungen, vgl. Gottwald/*Braun*, § 67 Rn. 57 und § 68 Rn. 1ff.

808 Vgl. Erster Teil § 8 II 2.

zelnen Anleihegläubigers in der Praxis nicht eingeräumt. Selbst wenn es nicht zu einer außergerichtlichen Sanierung des Originators kommt, besteht mit dem Plan ein wichtiges Dokument mit Informationen und Handlungsanleitungen, welches bereits zum Zeitpunkt des vorläufigen Insolvenzverfahrens dem vorläufigen, im Regelfall schwachen Insolvenzverwalter vorliegt, an dem sich dieser zeitnah einen Überblick über die Transaktionsstruktur und den Originator machen kann. Im besten Fall wird er bei Eröffnung des formellen Insolvenzverfahrens zum Insolvenzverwalter bestellt und handelt gemäß der im außergerichtlichen Plan vorgeschlagenen Maßnahmen im Sinne eines optimierten Verfahrensablaufs in der gebotenen zeitlichen Kürze. Oft zeigt sich allerdings in der Praxis, dass sich Insolvenzverwalter mit vom Schuldner initiierten Plänen noch schwer tun und bestimmte Schritte, die aufgrund des enormen Zeitdrucks notwendig wären, zunächst einmal verzögern, bis sie sich selbst ein umfassendes Bild der Situation gemacht haben. Hintergrund ist, dass das professionelle Selbstverständnis des Insolvenzverwalters es häufig nicht zulässt, von anderen – zumal von Gemeinschuldnern – aufgezeigte Sanierungsmöglichkeiten aufzugreifen und etwaige Sanierungserfolge zu teilen. Dies muss nicht die Regel sein und schon gar nicht spezifisch für WBS-Transaktionen. Wenn sich das Insolvenzverfahren mit einem vorformulierten Sanierungsplan nicht vermeiden lässt und auch der Insolvenzverwalter sich nicht ausschließlich von diesem Plan bei seinen Handlungen leiten lässt, so ist dennoch zusätzlich eine Sensibilisierung des Insolvenzverwalters für die WBS-spezifische Situation zu einem sehr frühen Zeitpunkt erfolgt. Dieses Wissen wird der Insolvenzverwalter in seine Handlungen einfließen lassen mit dem Vorteil, dass Unsicherheiten wegen seiner vorherigen Unkenntnis der Situation abgebaut werden konnten. Es handelt sich jedoch in keinem Fall um eine prognostizierbare Ermessensbeeinflussung und zielorientierte Kanalisierung der Willensbildung im Sinne der Arrangeure der WBS-Transaktion.

4. Anfechtungsrechte der InsO

Während der Dauer des Insolvenzverfahrens sind dem Insolvenzverwalter weitere Rechte an die Hand gegeben. Sie sind Ausdruck des die InsO bestimmenden Grundprinzips der Gläubigergleichbehandlung, gleichzeitig aber auch inhärente Risiken für WBS-Transaktionen. Es handelt sich dabei um die im Zusammenhang mit der Risikobeschreibung des vorläufigen Insolvenzverfahrens erwähnten Anfechtungsrechte des Insolvenzverwalters. Diese sind in den §§ 130 bis 147 InsO normiert und dienen dazu, zu verhindern, dass der Schuldner noch unmittelbar vor oder aber auch nach Verfahrenseröffnung der Insolvenzmasse Vermögenswerte entzieht oder sich einzelne Gläubiger zu Lasten der Gläubigergesamtheit individuell vorteilhafte Sicherung oder Befriedigung verschaffen. Voraussetzung für sämtliche Anfechtungstatbestände ist, dass gemäß § 129 InsO eine objektive Gläubigerbenachteiligung vorliegt. Sie ist gegeben, wenn durch die anfechtbare Handlung die Insolvenzmasse verkürzt worden ist und sich ohne die Handlung die Befriedigungsmöglichkeiten der Insolvenzgläubiger bei wirtschaftlicher Betrachtungsweise günstiger gestaltet hätten[809]. Für den Zeitpunkt der Vornahme der Rechtshandlung ist gemäß § 140 InsO der Eintritt ihrer rechtlichen Wirkungen maßgeblich. Auch ist zu beachten, dass Rechtshandlungen des Schuldners nach der Insolvenzverfahrenseröffnung grundsätzlich nach den §§ 80, 81, 89 und 91 Abs. 1 InsO unwirksam sind. Unter bestimmten Umständen können so Rechtshandlungen angefochten und zu Gunsten der Insolvenzmasse rückabgewickelt werden.

Voraussetzung für eine erfolgreiche WBS-Transaktion ist demnach, dass sämtliche unverzichtbaren Bausteine und Strukturverstrebungen sowie die zugehörigen Rechtshandlungen anfechtungsfest sind. Im Fokus liegen dabei solche Maßnahmen, die für den schlimmsten anzunehmenden Fall (Worst Case-Szenario), nämlich Krise und Insolvenz, eingebaut worden sind und auch nur in diesen Zeitraum ausgeübt und zur Anwendung gelangen werden. Ein Zeitpunkt, der regelmäßig erst – sofern überhaupt – eine geraume Zeit nach dem Abschluss einer WBS-Transaktion (dem sog. Closing[810]) eintritt. Bereits bei der Auswahl geeigneter Unternehmen und Branchen für WBS-Transaktionen sind große Voraussicht und Bedachtsamkeit geboten. Nur solche Unternehmen und Industrien eignen sich, die einen bestimmten Kriterienkatalog erfüllen und im Ergebnis einen starken Cash Flow haben – sowohl vergangenheitsgerichtet und auch zukünftig prognostizierbar[811]. Für eine WBS-Transaktion kommen nur liquide und verhältnismäßig finanzstarke Unternehmen in Frage, bei denen Krise und Insolvenz zu Beginn der Laufzeit der emittierten Anleihe nach dem Closing der WBS-Transaktion unwahrscheinlich sind. In Einzelfällen kann diese Einschätzung aber auch von dieser Prämisse abweichen, insbesondere dann, wenn die vorher durchgeführte Akquisitionsfinanzierung, die es zu refinanzieren gilt, sehr aggressiv, d.h. mit einer sehr hohen Fremdkapitalschicht und damit einhergehenden starken Zinsbelastung des Cash Flows, ausgestaltet ist und sich diese exzessive Ausschöpfung des Finanzrahmens auch über die Laufzeit der WBS-Transaktion ungebrochen fortsetzt. Dies ist erfahrungsgemäß ein kritischer Ansatzpunkt für die Ratingagenturen und kann sich negativ auswirken.

a. Relevanten Anfechtungsrechte der InsO

§ 130 InsO stellt den ersten Ansatzpunkt für etwaige Anfechtungen dar. Danach kann der Insolvenzverwalter sog. kongruente Rechtshandlungen des Originators anfechten, d.h. Handlungen, wonach der Leistungsempfänger eine Sicherung (insbesondere Sicherungsübereignung, -abtretung und Pfandrechtsbestellung) oder Befriedigung (durch Zahlung der Schuld) erhalten hat, die ihm zusteht[812]. Es bedarf im Lichte von § 140 Abs. 1 InsO mindestens einer die Kongruenz begrün-

---

809 BGH NJW 2003, S. 3347 (3348); NJW 2002, S. 2568; NJW 1999, S. 2969 (2970); HK-InsO-*Kreft*, § 129 Rn. 36.

810 Vom Closing ist stets der Verfahrensschritt des sog. Signing zu unterscheiden, bei dem die entsprechenden Verträge der Transaktion unterzeichnet werden.

811 Vgl. den Kriterienkatalog in dieser Arbeit, Erster Teil § 10.

812 Näheres zur kongruenten Deckung, vgl. Gottwald/*Huber*, § 47 Rn. 20ff.

dende, hinreichend bestimmten Vereinbarung[813]. Diese so vorgenommenen Rechtshandlungen können in einem Zeitraum bis zu drei Monaten vor dem Antrag zur Insolvenzverfahrenseröffnung über das Vermögen des Originators oder eben auch nach dem Antrag selbst liegen. Voraussetzung ist, dass neben der erwähnten *objektiven Gläubigerbenachteiligung* beim Gläubiger Kenntnis über die Zahlungsunfähigkeit und den Eröffnungsantrag vorliegt oder dieser Umstände kennt, die darauf schließen lassen[814]. Nach § 131 InsO können inkongruente Handlungen, d.h. solche, auf die der Leistungsempfänger keinen Anspruch oder jedenfalls keinen konkreten Anspruch zu diesem Zeitpunkt hatte, angefochten werden. Je nach Kenntnisstand der Beteiligten kann dies bei Rechtshandlungen geschehen, die bis drei Monate vor dem Eröffnungsantrag vorgenommen worden sind, bis zu einem Monat vor dem Antrag sogar ohne geforderte Kenntnis. Inkongruenz wird nur durch einen bestimmten Sicherungsanspruch ausgeschlossen, der auf einen von vornherein individualisierten Gegenstand gerichtet ist[815]. Des Weiteren sind nach § 132 und § 133 InsO Insolvenzgläubiger benachteiligende Rechtshandlungen anfechtbar. Bei Vorsatz kann eine Anfechtung sogar Rechtshandlungen erfassen, die bereits zehn Jahre zurückliegen[816]. Letztere Tatbestände dürften aber wohl nur in exzessiven Ausnahmefällen einschlägig sein. Weitere Anfechtungsgründe der InsO spielen im Zusammenhang einer WBS-Transaktion keine Rolle.

b. Ausschluss der Anfechtung gemäß § 142 InsO

Anfechtungen sind in den Fällen nach § 142 InsO ausgeschlossen, soweit dem Vermögen des späteren Insolvenzschuldners durch die vorgenommene Rechtshandlung unmittelbar eine gleichwertige Gegenleistung zugeflossen ist. Es handelt sich dabei um ein sog. Bargeschäft. Unmittelbarkeit liegt vor, wenn der Leistungsaustausch in engem zeitlichen Zusammenhang Zug um Zug erfolgt[817]. Ein geringer zeitlicher Abstand schadet grundsätzlich aber nicht, wobei es für die genaue Abgrenzung im Einzelfall entscheidend auf die Verkehrsauffassung ankommt[818]. Es kann davon gesprochen werden, dass es bei einem Bargeschäft aufgrund der Gleichwertigkeit der Leistungen lediglich zu einer Vermögensumschichtung kommt, da kein Vermögenssaldo beim späteren Insolvenzschuldner

---

813 MüKo/*Kirchhof*, InsO Bd. 2, § 131 Rn. 20, 39.

814 §§ 130 Abs. 1 Nr. 1 und 2, 130 Abs. 2 InsO. Zu den Einzelheiten der Tatbestandsvoraussetzungen siehe Braun/*De Bra*, § 130 Rn. 4ff.

815 BGH ZIP 1999, S. 76 sowie in NJW 1999, S. 654 m.w.N.

816 Wobei dolus eventualis allerdings genügt, vgl. Kübler/Prütting/*Paulus*, § 131 InsO Rn. 7.

817 RGZ 100, S. 62 (64); Kilger/K. Schmidt, KO § 30 Anm. 8. Der Begriff Bargeschäft erfordert also nicht eine Gegenleistung in Form einer baren Zahlung. Entscheidend ist der Austausch gleichwertiger Leistungen. Unter Berücksichtigung der heutigen geschäftlichen Gewohnheiten genügt etwa auch die Überweisung des Betrags auf ein Konto nach Wareneingang , Jaeger/Henckel, § 30 Rn. 111.

818 RGZ 100, 62, 64; RGZ 136, 152, 158f; BGH LM § 30 KO Nr. 2 = NJW 1999, S. 709.

anfällt[819]. Nach dem Wortlaut des § 142 InsO sind lediglich die Fälle ausgenommen, die zu einer vorsätzlichen Gläubigerbenachteiligung führen[820]. Umstritten ist jedoch, ob bei Bargeschäften auch die Anfechtung inkongruenter Deckungsgeschäfte nach § 131 InsO ausgeschlossen werden soll. Der Wortlaut spricht eindeutig für den Ausschluss. Die höchstrichterliche Rechtsprechung zur alten KO verneint jedoch, mit bis heute unverändertem Standpunkt, das Vorliegen eines Bargeschäfts, wenn nach den gegebenen Umständen ein inkongruentes Deckungsgeschäft vorliegt, d.h. wenn eine Gegenleistung nicht den Parteivereinbarungen entspricht[821]. Diese Einschätzung wird vorherrschend auch als richtig und konsequent angesehen[822]. Die Wirkung wäre eine unerwünschte Privilegierung von inkongruenten Geschäften in der Krise[823]. Dies ist ein Umstand, der vom Normzweck des § 142 InsO nicht gedeckt sein kann: Denn der Rechtsgrund für die anfechtungsrechtliche Begünstigung von Bargeschäften liegt darin, dass wegen des ausgleichenden Vermögenswertes keine Vermögensverschiebung zulasten der Schuldnerin, sondern eine bloße Vermögensumschichtung stattfindet[824]. Ein solcher Grund ist nur gegeben, wenn Geschäfte inkongruenter Deckung nicht vom Begriff des Bargeschäfts und somit auch nicht vom § 142 InsO umfasst sind. Im Ergebnis ist die Norm in teleologischer Extension derart auszulegen, dass das Anfechtungsverbot für Bargeschäfte sich nicht nur auf vorsätzliche Benachteiligung nach § 133 Abs. 1 InsO, sondern auch auf die inkongruente Deckung gemäß § 131 InsO erstreckt[825].

c. Risiken für WBS-Transaktionen

Für die Betrachtung von WBS-Transaktionen in Deutschland und deren Strukturierung hat § 142 InsO große Bedeutung. Wie im vorherigen Kapital beschrieben, wäre folgender Idealfall wünschenswert: Sämtliche Rechtshandlungen des Originators in Krise und Insolvenznähe sind als Bargeschäfte zu qualifizieren und dementsprechend, sofern sie als kongruente Deckung i.S.v. § 130 InsO zu qualifizieren sind, der Anfechtung durch den Insolvenzverwalter entzogen. Allerdings stimmt ein solches Bild nicht mit der praktischen Realität überein, da sämtliche Handlungen in ihrer Komplexität in Krise und Insolvenz nicht vorherzusehen sind und so auch nicht passgerecht als Bargeschäft abgebildet werden können. Ansatzpunkt muss aber sein, dass die Geschäftsleitung des Originators, die Initiatoren und insbesondere die Gesellschafter des Originators auf die Risiken im Zusammenhang mit der Anfechtungsproblematik vorbereitet und sensibi-

---

819 Vgl. Schmidt WM 1983, S. 493.

820 § 142 2.HS InsO i.V.m. § 133 Abs. 1 InsO.

821 BGHZ 123, 320 = NJW 1993, S. 3267; seitdem ständige Rechtsprechung, vgl. beispielsweise BGHZ 128, S. 184, 189 = NJW 1995, S. 659.

822 Gottwald/*Huber*, § 46 Rn. 57; HK-*Kreft* § 129 Rn. 47; Uhlenbruck/*Uhlenbruck*, InsO § 142 Rn.4; a.A. Kübler/Prütting/*Paulus* § 142 Rn. 2.

823 Uhlenbruck/*Uhlenbruck*, InsO § 142 Rn.4.

824 BGHZ 123, 320, 323; vgl. auch Begründung zum Regierungsentwurf, BT-Drucks. 12/2443, S. 167 zu
§ 161.

825 Gottwald/*Huber*, § 46 Rn. 57 m.w.N.

lisiert werden, damit sie ihre Handlungen und Strukturierungsvorschläge angesichts der Geltung dieser Vorschriften hinterfragen und überprüfen. Im Zusammenhang mit der Einstufung der Kapitalmarktfähigkeit der Struktur bzw. der emittierten Anleihe ist dies aus Sicht sowohl der Investoren als auch der Ratingagenturen allein nicht ausreichend. Vielmehr bedarf es der Kontrolle von strukturellen Eckpfeilern, die jeder Transaktion inhärent sein müssen und die dementsprechend anfechtungsfest, d.h. als Bargeschäft, angelegt werden sollten. Ausdrücklich gilt dies für Rechtshandlungen, die in Krise oder bereits eingetretener Insolvenz im Zusammenhang mit der Aufrechterhaltung des Cash Flow-generierenden operativen Geschäftsbetriebs stehen.

aa. Übertragung der Geschäftsanteile des verbrieften Geschäftsbetriebs auf den Nachfolgeservicer

Von Bedeutung ist zudem die Absicherung der Übertragung der Anteile des verbrieften Geschäftsbetriebs an den Nachfolgeservicer. Sollte dies nicht gelingen, wäre ein wesentlicher Bestandteil der zuvor dargelegten Anreizstruktur hinfällig. Hier besteht grundsätzlich das Risiko, dass die in Folge der Ausübung der Call Option durchgeführte Geschäftsanteilsübertragung angefochten werden könnte[826]. Unter dem Eindruck des zuvor dargestellten Ergebnisses kommen zunächst Anfechtungen wegen inkongruenter Deckung nach § 131 InsO oder unmittelbarer Gläubigerbenachteiligungen gemäß § 132 InsO in Betracht. Letzterer Fall kann jedoch in aller Regel ausgeschlossen werden, da es gerade dem Interesse der Gläubiger des Originators, d.h. dem Darlehensgeber und den Anleihegläubigern dient, wenn der operative Geschäftsbetrieb aufrechterhalten wird. Der BGH geht mit seiner Rechtsprechung sogar so weit, dass ein Schuldner nicht mit dem Vorsatz der Gläubigerbenachteiligung handelt, wenn er zwar seine Überschuldung kennt, aber für ihn die Erfüllung seiner Vertragspflichten sein Handlungsantrieb ist und nicht die Schädigung der Gläubiger[827]. Auch liegt typischerweise keine inkongruente Deckung vor, da der Nachfolgeservicer zur Übernahme von Anteilen oder Vermögenswerten der operativen Gesellschaft mittels einer ausreichenden bestimmten vertraglichen Vereinbarung berechtigt ist. Bei der Tenovis-Transaktion handelte es sich um einen Optionsvertrag (Call Options Agreement), der u.a. zugunsten des Nachfolgeservicers eine Call Option vorsah, d.h. die Einräumung eines Rechts, aber nicht einer Pflicht zum Erwerb zu einem bestimmten Preis und Zeitpunkt[828]. Entscheidend ist somit, dass die vertragliche Vereinba-

---

[826] Allerdings trifft dies nur zu, sofern der Nachfolgeservicer bereits Geschäftsanteile oder Vermögenswerte erworben hat. Sollte dies nicht der Fall sein, kommt das Wahlrecht gemäß § 103 InsO des Insolvenzverwalters in Betracht. Voraussetzung ist allerdings, dass die ihm eingeräumte Option als gegenseitiger Vertrag qualifiziert wird. Allerdings stellt sich eine solche Option nicht als ein einheitliches Institut heraus, sondern findet eine vielfältige Ausgestaltung, deren Beurteilung und Auslegung somit vom Einzelfall abhängig sind, vgl. zu den unterschiedlichen Ausgestaltungen: PWW/*Brinkmann*, vor § 145 Rn. 35ff.

[827] BGH ZIP 1984, S. 572, 579f; BGH NJW 1991, S. 2145.

[828] "Pursuant to the Call Options Agreement between the Borrower, the Issuer, Tenovis Service, and the Trustee, the Servicing Partner will be granted options to purchase, upon the

rung zwischen den Beteiligten als Bargeschäft gestaltet und die zu erzielende Gegenleistung objektiv gleichwertig ist, so dass die entsprechende Rechtshandlung einer Anfechtung trotz kongruenter Deckung nach § 130 InsO entzogen bleibt[829]. Von daher sind Preisvereinbarungen mit dem Nachfolgeservicer absolut zu vermeiden, die sich unter Marktpreis bewegen oder auch solche, die im Übermaß erhöhte Insolvenzabschläge einpreisen, um diesen als Teilnehmer der Struktur zu gewinnen. Letzteres sollte eher durch die Servicegebühr erfolgen, die er als Incentivierung während der Laufzeit der Transaktion bzw. der emittierten Anleihe erhält. Vielmehr bedarf es einer ausdrücklichen vertraglichen Regelung zur Einsetzung eines neutralen Dritten, z.B. einer anerkannten Wirtschaftprüfungsgesellschaft, der den Wert der Geschäftsanteile objektiv bestimmt und damit auch den Kaufpreis festlegt (Arm's Length)[830].

Gleiches gilt für die zusätzliche Strukturabsicherung, welche die Übernahme der alleinigen Gesellschafterstellung durch den Nachfolgeservicer anhand der Einziehung der Geschäftsanteile des Originators vorsieht[831]. Praktischerweise wird es sich um eine Zwangseinziehung und nicht um eine Einziehung mit Zustimmung des Originators handeln[832]. Hierzu bedarf es dann aber auch eines ausdrücklich erwähnten Einziehungsgrundes im Gesellschaftsvertrag[833]. Bei einer WBS-Transaktion werden das die Insolvenz des Originators oder, bei zeitlichem Vorziehen, unheilbare Verstöße gegen bestimmte Finanzkennzahlen sein, welche in den Covenants festgelegt worden sind. Der Abfindungsanspruch beläuft sich grundsätzlich auf die Höhe des vollen Wertes des entsprechenden Geschäftanteils, wobei aber auch niedrigere Beträge, wie etwa der Buchwert, der Nennwert oder der Vermögenssteuerwert im Gesellschaftsvertrag vereinbart werden kön-

---

occurrence [...] either the Borrower's and the Issuer's shares in Tenovis Service or all or certain selected assets [...]"; Tenovis Information Memorandum, S. 117.

829 A.A. Hengst, S. 202ff. Der Autor kommt zu dem Ergebnis, dass einer Anfechtung nur dann entgangenen werden kann, wenn die Rechtshandlung vor Eintritt der Zahlungsunfähigkeit vorgenommen worden ist. Die Möglichkeit der Gestaltung als Bar-geschäft i.S.v. § 142 InsO lässt er unberücksichtigt.

830 Dies wurde z.B. bei der Tenovis-Transaktion so vereinbart. Im Fall, dass der Nachfolgeservicer nicht geneigt war, diesen so bestimmten Preis zu zahlen, sollte der Treuhänder eine Auktion durchführen, bei welcher der Nachfolgeservicer auch teilnehmen kann. Dem höchsten Gebot sollte dann der Zuschlag gebühren, vgl. Tenovis Information Memorandum, Call Options Agreement, S. 117 und 118.

831 Als Anfechtungsgrund wird die analoge Anwendung von § 130 InsO vertreten, wobei allerdings der Autor auch hier die Möglichkeit der Gestaltung eines Bargeschäfts unberücksichtigt lässt, Hengst, S. 204 ff. In der WBS Praxis wird eine solche Analogie hingegen als unangemessen angesehen, da die Geschäftsanteile nicht übertragen werden, sondern durch die Einziehung erlöschen. So soll das Risiko der Anfechtung nicht bestehen. „The issuer is the opinion that such an analogy would not be approproiate based on the analysis that the [...] share is not transferred, but rather ceases to exist by virtue of its redemption, which is an implicit consequence of any redemption and should not be qualified as constituting a transfer of shares.", Tenovis Information Memorandum, S. 41.

832 Siehe zum Unterschied, Baumbach/Hueck/*Hueck/Fastrich*, § 34, Rn. 1ff.

833 Raiser, S. 523.

nen[834]. Im Kontext des nachträglichen Anfechtungsrisikos ist aber mit der Vereinbarung niedrigerer Beträge Vorsicht geboten. Maxime muss auch hier die Gestaltung eines Bargeschäfts gemäß § 142 InsO sein. Folgerichtig sollte auch in diesem Zusammenhang vereinbart werden, dass der Wert des Geschäftsanteils objektiv durch einen neutralen Dritten bestimmt wird.

bb. Bedeutung der Darlehensbesicherung

Gleichzeitig ist bei der Struktur eines besicherten Darlehens vorauszusetzen, dass die Bestellung des Besicherungspakets selbst oder damit im Zusammenhang stehenden Handlungen nicht anfechtbar sind. Ansonsten wäre beispielsweise die Position des darlehensgebenden SPVs geschwächt, welches aufgrund der zu seinen Gunsten besicherten Vermögenswerte im Insolvenzfall des Originators als Absonderungsberechtigter nach §§ 49 bis 51 InsO zur bevorzugten Befriedigung aus der Insolvenzmasse bis zur Höhe seiner Forderungen berechtigt wäre. Auch wären die Anleihegläubiger gefährdet, da ihnen die das Darlehen absichernden Vermögenswerte in Form der Sicherungsabtretung, -übereignung oder auch Verpfändung weiter zur Sicherheit für ihre Ansprüche aus den Anleihen abgetreten wurden und von einem Treuhänder gehalten werden. Das Besagte bestärkt die Aussage, dass sich WBS nur für Unternehmen, Branchen oder Industrien eignet, die u.a. stabile und zukünftig ausreichend prognostizierbare Cash Flow-Ströme aufweisen und nicht auf kurzfristige Fremdkapitalinjektionen angewiesen sind oder sich bereits im krisenbehafteten oder insolvenznahen Bereich bewegen[835]. Deshalb liegt das Hauptaugenmerk auf Sicherheitenbestellungen kurz vor, d.h. innerhalb der anfechtungsrelevanten Dreimonatsfrist, oder aber nach der Stellung des Antrags zur Insolvenzeröffnung.

(1) Auffüllen von Sicherheiten

Besonders solche Besicherungsvorgänge sind gefährdet, die im Zusammenhang mit einer vertraglich vereinbarten Auffüllungsmöglichkeit des Sicherheitenpools – wie z.B. bei der Tenovis-Transaktion als Strukturverstrebung im Darlehensvertrag vorgesehen – stehen und zu denen der Darlehensnehmer zum Ausgleich von Forderungsausfällen und so zur Vermeidung von sog. Level 2 Trigger Events und deren Folgen berechtigt ist[836]. Da hier das anleiheemittierende SPV keinen Rechtsanspruch auf diese Sicherheiten hat, kommt eine Anfechtung für Sicherheitenauffüllungen, die innerhalb der Dreimonatsfrist vor Insolvenzeröffnungsantrag erfolgt sind, wegen inkongruenter Deckung nach § 131 InsO in Betracht. Es handelt sich dabei um einen Anfechtungstatbestand, der nach Vorgesagtem nicht unter das Verbot des § 142 InsO fällt. Eine anfechtbare inkongruente Deckung ist dann zu bejahen, wenn zwischen den Beteiligten gar keine Sicherungs-

---

834 BGHZ 116, S. 359.

835 Siehe oben Erster Teil § 10.

836 Sog. Pool I Replenishment bei der Tenovis-Transaktion: „[...] the Borrower (= Originator, Anm. des Verfassers) may effect Pool 1 Replenishment in order to avoid the occurrence of a Level 2 Trigger Event and ultimately the transfer of its shares in Tenovis Service to the Servicing Partner[...]", Tenovis Information Memorandum, S. 40.

abrede besteht oder sie so unbestimmt ist, dass ein einklagbares Recht daraus nicht hergeleitet werden kann und daher die zusätzliche insolvenznahe Besicherung nicht beansprucht werden kann[837].

Nahe liegt in diesem Zusammenhang der Vergleich zur Sicherheitenauffüllung beim Bankenkreditgeschäft. Der BGH ließ den allgemeinen Anspruch einer Bank gem. Nr. 13 AGB der Banken auf Bestellung und Verstärkung von Sicherheiten an dem Merkmal der Unbestimmtheit scheitern[838]. Als ein anfechtbares inkongruentes Geschäft wird auch das sog. Auffüllen von Sicherheiten angesehen[839]. Hierbei lässt sich ein Gläubiger, in den meisten Fällen eine Bank, kurz vor oder während der Liquiditätskrise des Schuldners eine fremde Forderung (oft die ungesicherte Forderung eines Kunden, der ebenfalls Gläubiger des Insolvenzschuldners ist) abtreten und unterstellt sie einer freien, also nicht (voll) valutierenden, Sicherheit[840].

Der Fall der Auffüllung der Darlehenssicherungen liegt im Zusammenhang einer WBS-Transaktion allerdings etwas anders. Hierbei überträgt nicht ein weiterer Gläubiger des insolventen Originators Forderungen an das darlehensgebende SPV, sondern der Originator selbst. Es kann dementsprechend auch nicht zu Benachteiligung des übertragenden Gläubigers kommen. Allerdings kann es zur Benachteiligung übriger Gläubiger kommen, weil die Insolvenzmasse verkürzt wird[841]. Die Forderungsabtretung führt zu bevorrechtigenden Absonderungsrechten nach den §§ 49 bis 51 InsO und dementsprechenden Befriedigungsrechten zugunsten des darlehengebenden SPVs bzw. der Anleihegläubiger. Entscheidend in der Beantwortung der Frage, ob eine inkongruente Deckung vorliegt oder nicht, ist der konkrete Inhalt der zugrundeliegenden Vereinbarung: der Darlehensvertrag. Wird nämlich ein Anspruch auf Sicherung in demselben Vertrag eingeräumt, durch den der gesicherte Anspruch selbst entsteht, liegt in der späteren Gewährung der Sicherheit keine inkongruente Deckung, weil von Anfang an ein Anspruch auf die Sicherung bestand[842]. Um die Besicherung anfechtungsfest zu machen, bedarf es einer hinreichend bestimmten Regelung im Darlehensvertrag, der solche Auffüllungen ermöglicht. Dieser muss hinreichend bestimmt die Fälle regeln, bei denen eine entsprechende Verstärkung der Besicherung durchgeführt werden darf oder soll. Vor allem muss dieser auch Regelungen vorsehen, welche Art und Anzahl von Sicherheiten in dem entsprechenden Fall zu übertragen sind. Sofern die Sicherheitenauffüllung als Bargeschäft nach § 142 InsO an-

837 Vgl. Braun/*De Bra*, § 131 Rn. 19. Zum Begriff der Unbestimmtheit siehe auch BGH NJW 1995, S. 2348 (2350).

838 BGH NJW 1999, S. 645; Gleiches gilt auch für Nr. 22 AGB-Sparkassen.

839 BGHZ NJW 1972, S. 2084; sowie Gottwald/*Huber*, § 46 Rn. 47.

840 Gottwald/*Huber*, § 47 Rn. 36.

841 BGH NJW 2003, S. 3347 (3348).

842 BGH, Urteil v. 4. Dezember 1997 – IX ZR 47/97, NJW 1998, S. 1561 (1563); MüKo/*Kirchhof*, InsO Bd. 2,
§ 131 Rn. 19; HK-InsO/*Kreft*, § 131 Rn. 12; Uhlenbruck/*Hirte*, InsO § 131 Rn. 15; Jaeger/Henckel, KO 9.Aufl. § 131 Rn. 12.

gelegt ist und demnach nicht das bestehende Forderungssaldo überschießen darf, kann deswegen auch nicht nach § 130 InsO wegen kongruenter Sicherung angefochten werden[843]. Eine freiwillige Möglichkeit des Originators, ohne nähere Konkretisierung die Darlehenssicherheiten aufzufüllen, ist hingegen dem Risiko der Anfechtung durch den Insolvenzverwalter ausgesetzt.

(2) Globalzession

Die Besicherung des Darlehens sowie der Anleihegläubiger wird bei WBS auch auf die in der deutschen Kreditsicherungspraxis sehr weit verbreitete Globalzession, also die Abtretung sämtlicher gegenwärtiger und zukünftiger Forderungen des operativen Geschäfts, zurückgegriffen. Die in jüngerer Vergangenheit eingeschlagene Richtung der Rechtsprechung in diesem Zusammenhang ist allerdings beachtenswert. So entschied mit einer für die Praxis unerwarteten Vehemenz das OLG Karlsruhe, dass es für die Anfechtbarkeit einer Globalzession nicht mehr auf den typischerweise weit vor der Insolvenz liegenden Zeitpunkt der Bestellung der Sicherheiten ankommt, sondern vielmehr auf denjenigen Zeitpunkt, zu dem die abgetretene einzelne Forderung entsteht[844]. Hintergrund der Entscheidung ist die Verrechnung von Zahlungseingängen auf dem Kontokorrentkonto eines insolventen Kreditnehmers durch die kreditgebende Bank nach Überschreiten des Kreditlimits und Eröffnung des Insolvenzverfahrens. Besichert wurde der Kredit mit einer vertraglich vereinbarten Globalzession. Als nach der Maßgabe des § 131 InsO anfechtbare Rechtshandlungen sind jedoch nach Urteil des Gerichts alle Forderungen anzusehen, die in den letzten drei Monaten vor dem Antrag auf Eröffnung des Insolvenzverfahrens entstanden sind und auf die wegen nicht hinreichend bestimmbarer Vereinbarung kein Anspruch besteht. Gerade die jungen Forderungen, die erfahrungsgemäß einem geringeren Ausfallrisiko unterliegen als ältere Forderungen, würden dann als Sicherheit nicht mehr zur Verfügung stehen. Die richterliche Argumentation fußt auf § 140 Abs. 1 InsO und der sich daraus ergebenden Notwendigkeit, dass erstens eine Rechtshandlung erst als zu dem Zeitpunkt als vorgenommen angesehen wird, in dem ihre rechtliche Wirkung eintritt und zweitens eine hinreichend bestimmte Vereinbarung bestehen muss, die Kongruenz zwischen Sicherheit und Anspruch herstellt. Die Richter wenden hierbei die Grundsätze der höchstrichterlichen Rechtsprechung zum bankrechtlichen AGB Pfandrecht[845] an. Danach ist eine pauschale Einigung über Pfandrechtsbestellungen an unbestimmten Gegenständen in die Zukunft hinein als inkongruentes Rechtsgeschäft nach § 131 Abs. 1 InsO anfechtbar. Ein schuldrechtlicher Anspruch der Bank konkretisiere sich, so die Richter, erst zu demjenigen Zeitpunkt auf einen bestimmten Pfandgegenstand, in dem die Sache in den

---

843 Vgl. die Rechtsprechung zur insolvenzfesten Verrechnungspraxis von Zahlungseingängen in einer offenen Kontokorrentlinie, z.B. BGH ZinsO 2001, S. 318ff; 2002, S. 1136ff.

844 OLG Karlsruhe, Urteil vom 8. April 2005 - Az. 14 U 200/03, WM 2005, S. 1762. Vgl. auch im Ergebnis OLG München, NZI 2006, S. 530f. sowie OLG Dresden ZIP 2005, S. 2167ff.

845 Nr. 14 AGB der Banken: Pfandrecht auch an den Ansprüchen, die dem Kunden gegen die Bank aus der bankmäßigen Geschäftsverbindung zustehen oder künftig zustehen werden.

Besitz der Bank gelange oder die Forderung entstehe[846]. Gleiches soll für im Voraus abgetretenen Forderungen im Wege der Globalzession gelten.

Durch diese Entscheidung würde eines der wichtigsten Instrumente der Besicherungspraxis in Deutschland geschwächt, wenn nicht gar wegbrechen. Dies wurde auch die Besicherung im Zusammenhang von WBS-Transaktionen erheblich beeinträchtigen. Die Globalzession ist nun mal ein wichtiger Pfeiler im Zusammenhang bei der Prüfung der Insolvenzrobustheit von WBS-Strukturen durch die Ratingagenturen, von deren Bewertung der Erfolg einer solchen Refinanzierungstransaktion maßgeblich abhängt. Hinzukommt, dass die gleichen Grundsätze auch für das ebenso wichtige Sicherungsinstrument der Sicherungsübereignung von Warenlagern mit wechselndem Bestand gelten müssten. Unberücksichtigt lässt das OLG Karlsruhe in seinem Urteil jedoch einige gewichtige Argumente, die nicht auf eine inkongruente, sondern eine kongruente Deckung im Zusammenhang eines Globalzessionsvertrag schließen lassen[847]. Dies hätte zur Folge, dass gemäß § 130 InsO i.V.m. § 142 InsO nur der Forderungserwerb anfechtbar wäre, der den ursprünglich vereinbarten Sicherheitswert übersteigt. Erstens umfasst eine Globalzession regelmäßig einen konkreteren Bezug zur Kreditvergabe als eine bankrechtliche AGB-Pfandrechtsabrede nach Nr. 13 AGB-Banken, die nur allgemein bei Eröffnung der Geschäftsbeziehung geschlossen wird und dementsprechend einen Anspruch auf Sicherheiten gerade nicht hinreichend konkretisiert, sondern regelmäßig nur zu einer nachträglichen Kreditbesicherung führen soll[848]. Zweitens genügt eine Globalzession aufgrund ihrer hinreichenden Bestimmtheit regelmäßig dem Bestimmtheitsgebot des § 398 BGB, da sofort dinglich über die zukünftigen Forderungen verfügt wird[849]. Infolgedessen wäre es allerdings inkonsequent und widersprüchlich anzunehmen, die Deckung sei inkongruent, weil etwa die einzelnen Forderungen hinsichtlich der Person des Drittschuldners oder ihrer Höhe im Zeitpunkt der Verfügung noch nicht

---

846 BGHZ 150, S. 122; ZIP 2002, S. 812.

847 Diese wurden insbesondere bei einem in jüngster Vergangenheit veranstalteten Symposium am Zentrum für Insolvenz und Sanierung an der Universität Mannheim mit zahlreichen Fachvertretern aus Wissenschaft und Praxis diskutiert, siehe auch weitere Informationen unter www.zis.uni-mannheim.de. Siehe auch die ablehnenden Besprechungen der Urteile des OLG Karlsruhe sowie OLG München von Himmelsbach/Achschnik, NZI 2006, S. 103ff. sowie Leithaus/Riewe, NZI 2006, S. 503ff.

848 Vgl. BGHZ 150, S. 122ff.

849 Eine Globalzession sieht typischerweise wie folgt aus:
1. Zeitpunkt des Übergangs der Forderungen: Die gegenwärtigen Forderungen gehen mit Abschluss dieses Vertrages, alle künftig entstehenden Forderungen jeweils mit ihrer Entstehung auf die Bank über.
2. Zweck der Abtretung: Diese Abtretung erfolgt zur Sicherung aller bestehenden, künftigen, auch bedingten Ansprüche, die der Bank mit ihren sämtlichen in- und ausländischen Filialen gegen den Sicherungsgeber aus der bankmäßigen Geschäft-sverbindung zustehen. Regelmäßig wird zusätzlich die Verpflichtung des Sicherungsgebers vereinbart, der Bank in bestimmten zeitlichen Abständen eine Bestandsliste über die abgetretenen noch ausstehenden Forderungen einzureichen.

feststehen[850]. Drittens hat das Zusammenspiel von Entstehung und Untergang von Forderungen im Zusammenhang mit einer Globalzession ihrem Charakter nach weitgehende Ähnlichkeiten mit einem ständigen Sicherheitenaustausch, d.h. dem zeitnahen Auswechseln von gleichwertigen wirksamen Sicherheiten, bei dem höchstrichterlich eine kongruente Sicherheitsgewährung angenommen wird[851]. Darüber hinaus ist zu berücksichtigen, dass regelmäßig die Werthaltigkeit der jüngsten Forderungen höher ist als die derjenigen Forderungen, die bereits älter als drei Monate sind. Folgerichtig bedürfte es im Falle einer Anfechtung wegen inkongruenter Deckung einer Neubewertung des Umlaufvermögens. Diese würde zwangsläufig zu einer Abwertung und zu einem bankrechtlichen Nachbesicherungsanspruch gemäß Nr. 13 der Banken-AGB führen. Sofern dieser nicht mehr erfüllt werden kann, hätte die Bank auch einen Kündigungsanspruch nach Nr. 19 der Banken-AGB. Vor dem Hintergrund der Regelungen zu Basel II, die neue Eigenkapitalvorschriften mit dem Ziel beinhalten, Risiken stärker in den Zinssatz bzw. den Preis miteinfließen zu lassen, könnten die bankrechtliche Fremdkapitalfinanzierung für manche Unternehmen unmöglich oder zumindest erheblich verteuert werden. Zwar handelt es sich bei WBS nicht um eine herkömmliche Kreditfinanzierung; dennoch müsste das Risiko der vereinfachten Anfechtung nach § 131 Abs. 1 InsO berücksichtigt werden und würde sich zwangsläufig negativ auf das Rating auswirken. In diesem Zusammenhang sind in jüngerer Vergangenheit mehrere Urteile auf Landgerichtsebene ergangen, die sich nicht der vorgenannten OLG-Rechtsprechung anschließen, sondern dieser entgegenstehen und die Globalzession in der Insolvenz als anfechtungsfest ansehen[852]. Auch wenn diese Tendenz in der Rechtsprechung sich positiv auf WBS auswirkt, bleibt letztlich abzuwarten, ob und wenn ja, in welchem Umfang sich der BGH diesem Urteil aus Karlsruhe anschließen wird.

5. Berichtstermin

In der Regel findet ca. 90 Tage nach Eröffnung des formalen Insolvenzverfahrens der Berichtstermin statt, bei dem der Insolvenzverwalter verpflichtet ist, sein Handeln zu erläutern und der Gläubigerversammlung über seine bisherige Tätigkeit sowie die derzeitige Lage als auch die wirtschaftlichen Aussichten des insolventen Schuldners zu berichten[853]. Auf Grundlage dieses Berichts entscheidet die Gläubigerversammlung als maßgebendes und oberstes Entscheidungsorgan des Insolvenzverfahrens über die Stilllegung oder Fortführung eines insol-

---

850 Piekenbrock, NZI 2006, S. 685ff.

851 Vgl. BGH ZIP 2001, S. 885ff.

852 Vgl. LG Berlin, Urteil vom 26. Januar 2007 – 23 O 32/06, WM 2007, S. 396f = ZIP 2007, S. 346f.; LG Chemnitz, Urteil vom 22. Dezember 2006 – 2 O 208/06, WM 2007, S. 397.

853 § 29 Abs. 1 Nr. 1 InsO, § 156 InsO. In aller Regel wird er auf die rechtliche Situation, die betriebliche Struktur, die Darstellung der Aktiva und Passiva, die bisher ergriffenen Maßnahmen sowie der Ursachen der derzeitigen Situation eingehen, vgl. BK-InsR-*Undritz*, § 156 Rn. 5ff.

venten Unternehmens[854]. In aller Regel erfahren die Gläubiger die tatsächlichen wirtschaftlichen Gegebenheiten des Unternehmens ausschließlich aus dem Bericht des Insolvenzverwalters, doch ist deren Versammlung bei ihrer Entscheidung nicht von seinen Empfehlungen abhängig[855]. Sie entscheidet völlig unabhängig nach § 76 Abs. 2 InsO mit einfacher Mehrheit der von den Gläubigern gehaltenen Forderungen[856]. Ein Restrisiko für die WBS-Struktur besteht in Bezug auf die Integrität des verbrieften Geschäftsbetriebs in seiner Gesamtheit. Trotz aller gezeigten Bemühungen und Anstrengungen des Insolvenzverwalters ist die Gläubigerversammlung in ihrer Entscheidung vollkommen frei, entweder das Unternehmen fortzuführen, zu zerschlagen oder doch zu liquidieren. Eine solche Entscheidung kann somit auch gegen den ausdrücklichen Wunsch oder die Empfehlung des Insolvenzverwalters getroffen werden. Dementsprechend sollte grundsätzlich die Fortführung des Unternehmens bei einer WBS-Transaktion erste Wahl sein, da die Anleihegläubiger eine überwältigende Mehrheit haben.

In der Praxis ist in der Mehrzahl der Fälle die Präsenz der Gläubiger jedoch gering[857]. Dies kann zu dramatischen Konsequenzen von Zufallsmehrheiten und irrationalen Entscheidungen führen, denn die Beschlussfähigkeit der Versammlung hängt nicht von der Anzahl der erschienen Gläubiger ab, sondern ist bereits bei Erscheinen eines einzigen Gläubigers gegeben[858].

Für die WBS-Struktur ist es deshalb besonders wichtig und zwingend, dass der die Interessen der Anleihegläubiger wahrende Treuhänder an der Gläubigerversammlung teilnimmt. Selbst bei Teilnahme anderer Gläubigergruppen wie Warenlieferanten, den Steuerbehörden, dem Arbeitsamt und dem PSV, die nach Krise und Insolvenz neu hinzutreten, wird aufgrund der den Anleihegläubigern zustehenden großen Forderungshöhe und der Abstimmung nach Forderungsmehrheiten (und nicht nach Kopfmehrheit) eine Abstimmungsniederlage für diese unwahrscheinlich sein. Es ist daran zu erinnern, dass mit dem Closing der WBS-Transaktion alle übrigen Gläubiger abgegolten worden sind und die Anleihe-

---

854 § 157 InsO. Sie wird nach § 74 Abs. 1 Satz 1 InsO vom Insolvenzgericht einberufen.

855 Der Informationsstand bei einer WBS-Transaktion mag etwas anders sein, insbesondere in Bezug auf die Anleihegläubiger. Je nachdem wie die Informationsrechte in den Covenants ausgestaltet sind, haben sie über den Treuhänder bereits eine bestimmte Basis an Informationen zur wirtschaftlichen Situation.

856 Umfasst sind auch die Wertbeträge von absonderungsberechtigten Gläubigern ohne persönliche Forderungen, § 76 Abs. 2 HS InsO. Die Forderungen müssen grundsätzlich angemeldet und unbestritten sein (§ 77 Abs. 1 Satz 1 InsO). Sofern sie bestritten sind, bedarf es einer Einigung zwischen dem Insolvenzverwalter und dem Gläubiger oder bei Nichteinigung einer Zulassungsentscheidung des Gerichts, § 77 Abs. 2 InsO.

857 BK-InsR-*Undritz*, § 156 Rn. 16-18.

858 Eine Mindestanzahl der an der Abstimmung teilnehmenden Gläubiger ist dafür gesetzlich jedoch nicht vorgesehen, vgl. Haarmeyer/Wutzke/Förster, Kap. 6 Rn. 60 und für die KO Kilger/K. Schmidt, KO § 95 Anm. 2; Kuhn/Uhlenbruck, § 94 Rn. 2. Es muss aber dennoch denkgesetzlich mindestens ein stimmberechtigter Gläubiger berechtigt an der Abstimmung teilnehmen, ansonsten liegt eine Beschlussunfähigkeit der Gläubigerversammlung vor, vgl. Ehricke, NZI 2000, S. 58ff.

gläubiger bzw. Inhaber der Schuldverschreibungen die absolut stärkste Gläubigergruppe stellen. Selbst durch in der Krise oder Insolvenz noch hinzukommende weitere Gläubigergruppen dürfte die Mehrheit der Anleihegläubiger in dieser Versammlung nicht ernsthaft in Gefahr geraten. Aus diesem Grund relativiert sich das genannte Risiko. Darüber hinaus sind einseitig bevorzugende Beschlüsse der Gläubigerversammlung vom Insolvenzgericht auf Antrag nach § 78 Abs. 1 InsO aufzuheben. Weiter abgemildert werden könnte ein solches Restrisiko durch die tatsächliche Umschichtung der verschiedenen Gläubigergruppen. Mit dem Erlös einer WBS-Transaktion sind die Banken sowie andere Kapitalgeber, die zuvor die Akquisition des Originators finanziert haben, abgelöst worden[859]. Dies hätte zur Folge, dass Gläubigergruppen, die möglicherweise den Interessen der Anleihegläubiger entgegenstehen, ausbezahlt werden und keinen Konfliktherd mehr darstellen.

Eine solche Situation könnte außerdem bereits im Vorfeld durch die Arbeit des Gläubigerausschusses entzerrt werden. Dieser wird nach Ermessen der Gläubigerversammlung eingesetzt und setzt sich aus mindestens drei Mitgliedern der verschiedenen Gläubigergruppen zusammen[860]. In der Praxis spielt er aus Effizienzgründen, insbesondere bei Insolvenzen von Großunternehmen aufgrund der Vielzahl der unterschiedlichen Gläubigergruppen und der damit verbundenen organisatorischen Schwierigkeiten des Zusammenkommens, eine überragend wichtige Rolle als Selbstverwaltungsorgan der Gläubiger und verfahrensinternes Exekutivorgan der Gläubigerversammlung[861]. Er überwacht und unterstützt den Insolvenzverwalter bei seiner Geschäftsführung und ist so unmittelbarer Ansprechpartner während des Verfahrens[862]. Dementsprechend werden oft in kleinem Kreis Vorgänge besprochen sowie Meinungen und Einschätzungen eingeholt und ausgetauscht. Aufgrund der Machtfülle der Anleihegläubiger in der Gläubigerversammlung, insbesondere nach Ablösung anderer starker Gläubiger, können sie in aller Regel die Zusammensetzung des Gläubigerausschusses mitbestimmen sowie in diesem für ihre Interessen werben und somit letztlich Ein-

---

[859] Zur grundlegenden Funktionsweise von Akquisitionsfinanzierungen siehe Dritter Teil § 22.

[860] § 67 Abs. 2 und 3 InsO enthalten Soll- und Kann-Vorschriften zur Zusammensetzung (so sollen z.B. absonderungsberechtigte Gläubiger, Gläubiger mit den höchsten Forderungen und auch Kleingläubiger vertreten sein).

[861] Es sei denn das Insolvenzgericht hat bereits einen vorläufigen Gläubigerausschuss vor der ersten Gläubigerversammlung eingesetzt, § 67 Abs. 1 InsO. Eine unmittelbare Außenwirkung für den allgemeinen Rechtsverkehr kommt ihm nicht zu, vgl. Gottwald/ *Klopp/Kuth*, § 21 Rn. 1.

[862] Die allgemeinen Aufgaben sind in § 69 Abs. 1 InsO geregelt. Darüber hinaus kommen ihm aber auch Mitwirkungskompetenzen bei Grundsatzentscheidungen zu, so z.B. bei Unternehmensstillegung vor dem Berichtstermin, § 158 Abs. 2 InsO, oder anderer bedeutsamer Rechtshandlungen des Insolvenzverwalters,
§ 160 InsO. Für weitere Einzelheiten in Bezug auf den Gläubigerausschuss vgl. Frege, NZG 1999, S. 478ff.

fluss auf die übrigen Gläubiger nehmen[863]. Auszuschließen ist hingegen jedoch nicht, dass die Anleihegläubigergruppe nicht für, sondern gegen die Fortführung des insolventen Originators votiert, um wenigstens die zu ihren Gunsten bestellten Sicherheiten zu realisieren. Dieser Fall wird kaum eintreten, wenn dadurch die gesamte WBS-Struktur zusammenbrechen würde und sie selbst aufgrund der großen Diskrepanz zwischen Realisierungswert der Sicherheiten und des insgesamt investierten Betrags entsprechend große, bzw. überproportional größere Verluste erleiden würde.

§ 18 Bilanzielle Aspekte von WBS

Das Thema Finanzierung und Refinanzierung von Akquisitionen ist stets auch unter dem Blickwinkel einer bilanziellen Betrachtung zu untersuchen. Anhand der in der Bilanz enthaltenen Informationen lässt sich der Status Quo eines Unternehmens zu einem bestimmten Zeitpunkt ablesen und dadurch auch die Möglichkeiten und Chancen für weitere Kapitalmaßnahmen austarieren. Ein bei ABS-Finanzierungen häufig hervorgehobener Vorzug ist die Bilanzentlastung (Off-Balance-Sheet-Wirkung), d.h. die Entlastung der Bilanz des Originators durch den Verkauf bestimmter Vermögenswerte an ein SPV[864]. Ob bei der Durchführung einer WBS-Transaktionen ebenfalls ein solcher bilanzentlastender Effekt eintritt, gilt es zu untersuchen.

I. Relevante Rechnungslegungsstandards

Zunächst ist zu klären, welche Rechnungslegungsstandards bei der bilanziellen Betrachtung von WBS zu beachten sind. Grundsätzlich gelten für jeden Kaufmann in Deutschland die Rechnungslegungsvorschriften des Handelsgesetzbuchs (HGB). Ausgangspunkt ist § 242 HGB, wonach jeder Kaufmann bei Aufnahme eines Handelsgewerbes eine Eröffnungsbilanz und am Schluss eines jeden Geschäftsjahres eine Bilanz sowie eine Gewinn- und Verlustrechung aufstellen muss. Hierzu gehören somit auch die für WBS-Transaktionen relevanten Unternehmen als juristische Personen in Form der GmbH & Co. KG[865], GmbH[866] oder AG[867]. Die Konzentration der internationalen Kapitalmärkte und die zunehmende Globalisierung der unternehmerischen Tätigkeit sowie der wachsenden Informationsbedarf von Investoren in den letzten Jahre haben gezeigt, dass es aus Gründen der Steigerung von Effizienz, Transparenz und Vertrauen in die sich annähernden Märkte international einheitlicher Rechnungslegungsvorschriften bedarf.

---

863 Auch wenn grundsätzlich der Gläubigerausschuss die Gesamtinteressen der Gläubigergemeinschaft zu wahren hat, vgl. Gottwald/*Klopp/Kuth*, § 21 Rn. 1.

864 Klüwer, S. 158ff.

865 § 6 Abs. 1 HGB.

866 § 13 Abs. 3 i.V.m. § 6 Abs. 1 HGB.

867 § 278 Abs. 3 i.V.m. § 6 Abs. 1 HGB.

Diese internationalen Standards sind zum einen die International Financial Reporting Standards (IFRS), die vom privatrechtlich organisierten und mit dem Zweck des Aufbaus eines einheitlichen Regelwerks weltweiter Rechnungslegungsstandards gegründeten International Accounting Standards Board (IASB) in London erlassen werden, zum anderen die US-amerikanischen Generally Accepted Accounting Principles (US-GAAP). Im Jahr 2001 erfolgte eine Umstrukturierung des International Accounting Standards Committee (IASC) und die Umbenennung in IASB. Sämtliche bis dato vom IASC verabschiedeten International Accounting Standards (IAS) behielten zunächst ihre Gültigkeit und wurden bzw. werden nach und nach modifiziert oder vom IASB durch neue Standards ersetzt. Die neuen vom IASB entwickelten Rechnungslegungsstandards heißen nunmehr IFRS und werden fortlaufend durchnummeriert. Der erste neue Standard wurde im Juni 2003 vom IASB veröffentlicht. Weitere Standards werden laufend vom IASB verabschiedet[868]. Durch das Bilanzrechtsreformgesetz (BilReG) wird u.a. die EU-Verordnung 1606 aus dem Jahre 2002 (EU-VO)[869] in deutsches Recht umgesetzt[870]. Nach Art. 4 der EU-VO i.V.m. § 315a Abs. 1 und 2 HGB sind IFRS-Regelungen für Konzernabschlüsse kapitalmarktorientierter deutscher Mutterunternehmen, d.h. solche die einen geregelten europäischen Markt zur Aufnahme von Eigen- oder Fremdkapital nutzen, zwingend für Geschäftsjahre anzuwenden, die am oder nach dem 1. Januar 2005 beginnen. Für Unternehmen, die lediglich Fremdkapital aufnehmen oder in den USA börsennotiert sind und bereits dort einen vollständigen Abschluss nach US-GAAP aufstellen (z.B. DaimlerChrysler AG), gilt eine Übergangsfrist bis zum Jahr 2007. Daneben haben nicht kapitalmarktorientierte deutsche Unternehmen nach § 315a Abs. 3 HGB ein Wahlrecht erhalten, ihre Konzernabschlüsse nach HGB oder IFRS durchzuführen. Zwar haben sämtliche Unternehmen weiterhin HGB-Jahresabschlüsse aufzustellen, große Unternehmen können aber nach § 325 Abs. 2a HGB wahlweise von einer befreienden Offenlegung ihrer Einzelabschlüsse nach IFRS im Bundesanzeiger Gebrauch machen. Damit ist der bisher durch § 292a HGB festgelegte Anwendungsbereich der IFRS für deutsche Unternehmen erheblich ausgeweitet worden[871]. Im Lichte dieser Entwicklungen ist das Verständnis für die Unterschiede der verschiedenen Rechnungslegungsvorschriften, einerseits den deutschen Regelungen nach HGB und andererseits nach IFRS-Regelungen, von großer Wichtigkeit. Der Rahmen dieser Arbeit würde gesprengt

868 Zu einiger Verwirrung hat die Umbenennung der IAS in IFRS geführt. Der neue hauptamtliche Board des IASB hat sich entschieden, die von ihm verabschiedeten Standards IFRS zu nennen. In zeitlicher Betrachtung gilt daher: IAS sind die vom IASC verabschiedeten, weiterhin gültigen Standards; IFRS sind die vom IASB verabschiedeten neuen Standards. Die aktuellen Standards sind abrufbar unter www.ifrs-portal.com

869 Verordnung (EG) Nr. 1606/2002 des Europäischen Parlaments und des Rates vom 19. Juli 2002 betreffend die Anwendung internationaler Rechnungslegungsstandards, Amtsblatt der Europäischen Gemeinschaft vom 11. September 2002, L 243/1.

870 Gesetz zur Einführung internationaler Rechungsauslegungsstandards und zur Sicherung der Qualität der Abschlussprüfung (Bilanzrechtsreformgesetz, BilReG) vom 4. Dezember 2004, BGBl. 2004, Teil I Nr. 65, S. 3166ff.

871 Vgl. Adler/Düring/Schmalz, Vorwort zur Teillieferung 4.

werden, wenn an dieser Stelle auf die entsprechenden Unterschiede näher eingegangen werden würde. Für eine solche Analyse und Synopse wird auf andere Publikationen verwiesen[872]. Gleichwohl lässt sich summarisch sagen, dass im Gegensatz zu den Regelungen des HGB, bei denen der Gläubigerschutz eine wichtige Rolle spielt, IFRS ein stärker investororientierter Standard ist. Nach den wie US-GAAP am Fallrecht orientierten Rahmengrundsätzen soll ein Abschluss nach IFRS eine möglichst breite Informationsbasis liefern, wonach ein Kapitalanleger die Unternehmenssituation einschätzen, zukünftige Erfolge prognostizieren und dementsprechend beurteilen kann, ob es sich bei dem betroffenen Unternehmen um eine attraktive Anlagemöglichkeit handelt[873].

II. Bilanzeffekte einer WBS-Transaktion

Bei der bilanziellen Betrachtung und Untersuchung eines möglichen entlastenden Effekts durch die Durchführung einer WBS-Transaktion sind primär die Auswirkungen in der Bilanz des Originators von Bedeutung. Entscheiden ist, ob illiquide Vermögenswerte unter bilanzieller Anerkennung aus der Bilanz ausgebucht und in liquide Vermögenswerte umgewandelt werden können[874]. Entsprechend wichtig ist die Betrachtung der Aktiv- sowie der Passivseite der Bilanz, in die sie grundsätzlich aufgeteilt ist[875].

1. Analyse der Aktiv- und Passivseite

Auf der Aktivseite spielen die Positionen Anlage- und Umlaufvermögen eine besondere Rolle. In diesen sind Informationen über das Vermögen des Unternehmens erfasst, welches ihm in Form von Bargeld, Wertpapieren und Sachgütern zur Verfügung steht. Die Aktivseite der Bilanz gibt Auskunft darüber, in welcher konkreten Form die Mittel angelegt sind. Man spricht von Mittelverwendung[876]. Unabhängig von den angewandten Rechnungslegungsstandards wird auf der Aktivseite zwischen langfristig gebundenem Vermögen und dem kurzfristig gebundenen Vermögen unterschieden. Für HGB-Zwecke sind dabei insbesondere die Posten Anlage- und Umlaufvermögen auszuweisen. Dabei zählen zum Anlagevermögen die Wirtschaftsgüter, die dem Betrieb mehr als eine Periode dienen sollen, d.h. die dauernd dem Geschäftsbetrieb dienen[877]. Die Wirtschaftgüter des

---

872 Z.B. KPMG, IFRS im Vergleich zu Deutscher Rechnungslegung S. 1ff.; Hayn/Waldersee, S. 1ff.

873 Weber/Weißenberger, S. 24.

874 Dies ist bei ABS durch den Verkauf und Übertragung auf das SPV der entsprechenden Vermögenswerte möglich, vgl. Klüwer, S. 158ff.

875 Für eine Bilanzgliederung nach dem HGB siehe § 266 HGB.

876 Wöhe, S. 31.

877 § 247 Ab. 2 HGB. Eine Nutzung im Unternehmen bis „in alle Ewigkeiten" ist nicht notwendig, ausreichend ist vielmehr, wenn die Nutzstiftung ununterbrochen oder zumindest

Umlaufvermögens werden gewöhnlich innerhalb einer Periode umgesetzt[878]. Nach § 266 HGB ist das Anlagevermögen in drei Hauptgruppen gegliedert: (i) immateriellen Vermögenswerte, wie gewerbliche Schutzrechte, Lizenzen oder auch der Geschäfts- oder Firmenwert, (ii) Sachanlagen, wie Immobilien oder technische bzw. andere Anlagen und (iii) Sach- und Finanzanlagen. Zum Umlaufvermögen gehören hingegen Posten, die durch Zu- und Abgänge einem ständigen Wechsel unterliegen, wie Vorräte und Forderungen. Für eine WBS-Transaktion ist demnach wichtig, mittels einer spezifischen Bilanzanalyse diejenigen Aktivaposten zu identifizieren, die zum operativen Geschäftsbetrieb gehören und somit verbrieft bzw. als Sicherheiten für die Anleihe dienen können.

Auf der Passivseite der Bilanz ist die Mittelherkunft zu erkennen. Die wichtigste Unterscheidung ist zwischen Eigen- und Fremdkapital zu treffen. Unter Eigenkapital versteht man die von Anteilseignern zur Verfügung gestellten Finanzmittel. Sofern Finanzmittel von fremden Dritten oder auf Basis von Darlehensverträgen (auch von Anteilseignern) zur Verfügung gestellt werden, spricht man von Fremdkapital. Dabei gibt es mitunter erhebliche Unterschiede zwischen den verschiedenen Rechnungslegungsstandards über die Klassifizierung in Fremd- oder Eigenkapital. Externe Anleger haben lediglich den Jahresabschluss und den Lagebericht als Basis für eine Analyse. Für die Betrachtung von Refinanzierungsmaßnahmen, wie WBS, ist besonders dieser Bereich einer Bilanz von Interesse[879]. Innerhalb der Finanzierungsanalyse ist inzwischen die vertikale Kapitalstrukturanalyse vorherrschend. Dabei ist der Verschuldungsgrad eines Unternehmens von großer Bedeutung.
Das Augenmerk richtet sich grundsätzlich auf die Frage, inwiefern zuergreifende Maßnahmen das Eigenkapital des Unternehmens stärken bzw. durch Abbau einer überhöhten Fremdkapitalausstattung die Gefahr der Überschuldung mindern. Bei herkömmlichen Verbriefungen, wie etwa ABS, ist eine der Maxime die Verbesserung der Bilanzkennzahlen, d.h. die Rückführung der Fremdkapitalposten auf der Passivseite der Bilanz[880]. Erreicht wird dies durch den Verkauf ausgewählter Forderungen an ein vom Originator unabhängiges SPV. Bilanziell hat dies beim Forderungsverkäufer zunächst die Wirkung eines Aktivatauschs[881]: Die in seiner Bilanz aktivierten Forderungen werden in eine Kassaposition umgewandelt, so dass dann die entsprechenden Passivpositionen, die aus der (Kredit-) Finanzierung der offenstehenden Forderungen begründet war, abgedeckt bzw. verrechnet werden. Im Ergebnis findet eine Verkürzung der Bilanz statt und die Eigenkapi-

---

mehrfach über eine gewisse Dauer, i.d.R. mehr als ein Jahr, gegeben ist, Baetge/Kirsch/Thiele, S. 294.

878 Hier fehlt im HGB eine präzise Definition. Der Gesetzgeber gibt nur einige Hinweise darauf, was er unter Umlaufvermögen subsumiert und zwar insbesondere bei § 266 Abs. 2 HGB; vgl. Weber/Weißenberger, S. 62.

879 Vgl. Werner, Private Placement, S. 22.

880 Vgl. beispielsweise Arntz/Schultz, Die Bank 1998, S. 694.

881 Fahrholz, S. 216.

talquote steigt[882]. Aus der Sicht des Finanzinvestors, dessen Betrachtungsweise bei dieser Arbeit im Vordergrund steht, ist eine solche Stärkung der Eigenkapitalquote bei kurzfristiger Betrachtung nicht erstrebenswert, da es seinen IRR beeinträchtigt. Allerdings muss er, um diese vorgegebene Kennzahl am Ende der Haltefrist zu erreichen auch für ein gewisses Wachstum und Wettbewerbsausbau sorgen, denn nur dann kann typischerweise eine der traditionellen Exitmöglichkeiten mit Erfolg beschritten werden. Eine komfortable Eigenkapitalausstattung erhöht nicht nur die unternehmerische Finanz- und Investitionskraft, sondern wird durch ihren Haftungscharakter auch zu einem wichtigen Kriterium bei der Entscheidung von Fremdkapitalgebern bei der Kapitalvergabe. Dies gilt insbesondere in Bezug auf das Bankenkreditgeschäft hinsichtlich der veränderten Vergaberichtlinien seit dem 1. Januar 2007 aufgrund Basel II[883]. Bei ausreichender Eigenkapitalausstattung wäre es möglich, weitere Fremdkapitalschichten aufzunehmen, um so den kurzfristig verwässerten Leverage-Effekt zu maximieren und das IRR zu steigern.

2. Bilanzeffekt Sale-and-Lease-Back-Geschäft

Wie bereits zuvor ausgeführt, werden bei einer WBS-Transaktion die für das operative Geschäft des Originators wichtigen Vermögenswerte im Wege eines Sale-and-Lease-Back-Geschäfts auf ein neuzugründendes SPV (AssetCo oder Operating Asset Holding Co) übertragen[884]. Zu beachten gilt in diesem Zusammenhang, dass grundsätzlich die bilanzielle Behandlung von Leasinggeschäften als eines der schwierigsten Einzelprobleme der Rechnungslegung gilt[885]. Eine Sale-and-Lease-Back-Transaktion umfasst – wie bereits erläutert – die Veräußerung eines Vermögenswertes und die Rückvermietung des gleichen Vermögenswertes. Dabei stehen die Leasingzahlungen und der Verkaufspreis normalerweise in einem Zusammenhang, da sie in den Verhandlungen gemeinsam festgelegt werden. Die bilanzielle Betrachtungsweise eines solchen Geschäfts richtet sich nach der Kategorisierung des Leasingverhältnisses in Finanzierungs-Leasing (Finance-Leasing) oder Operating-Leasing[886]. Erheblich sind dabei die Kriterien der einschlägigen Rechnungslegungsnormen[887]. Nach IFRS wird ein Leasingverhältnis definiert als Vereinbarung, nach der der Leasinggeber dem Leasingnehmer gegen eine Zahlung oder sich periodisch wiederholende Zahlungen das

---

882 Zu beachten gilt es, dass ein einmaliger Forderungsverkauf oft nur zu einer kurzfristigen Liquiditätsentlastung führt. Demzufolge werden in der Regel Transaktionsstrukturen gewählt, bei denen immer dann, wenn Forderungen von den Forderungs-/Drittschuldnern bezahlt werden mit der entsprechenden Liquidität vom Forderungskäufer stets neue, gleichartige Forderungen vom Originator erworben werden (Revolvierende Struktur), vgl. Fahrholz, S. 216.

883 Vgl. Werner, Private Placement, S. 25 und 26.

884 Siehe Zweiter Teil § 15 V 2; sowie die Transaktionsstruktur, Zweiter Teil § 21.

885 Lorenz, S. 691.

886 KPMG, IFRS im Vergleich zu Deutscher Rechnungslegung, S. 247.

887 Näheres zu den Rechnungslegungsvorschriften unter Zweiter Teil § 18 I.

Recht auf Nutzung eines Vermögenswertes für einen zuvor vereinbarten Zeitraum überträgt[888]. Grundsätzlich ist unbeachtlich, ob dabei dem Leasingnehmer das rechtliche Eigentum an dem Vermögenswert übertragen wird. Ein Leasingverhältnis wird als Finanzierungs-Leasing klassifiziert, wenn es im Wesentlichen alle Risiken und Chancen, die mit dem Eigentum verbunden sind, überträgt. Dabei kann letztlich sogar das Eigentumsrecht übertragen werden. Operating-Leasing-Verhältnisse sind hingegen negativ abzugrenzen. Alle Leasingverhältnisse die nicht als Finanzierungs-Leasing qualifiziert werden, gelten als Operating-Leasing[889]. Die Klassifizierung der unterschiedlichen Ausgestaltungen der Leasingverhältnisse hängt mehr von der Substanz und dem wirtschaftlichen Gehalt der Vereinbarung ab als von einer bestimmten formalen Vertragsform (Substance Over Form)[890]. Wichtiger Indikator für das Vorliegen eines Finanzierungs-Leasingverhältnisses ist insbesondere die Regelung, dass nach Ablauf der Vertragslaufzeit das rechtliche Eigentum an dem Vermögenswert auf den Leasingnehmer übertragen oder ihm zumindest eine Kaufoption gewährt wird, den Vermögenswert zu einem Preis zu erwerben, der erwartungsgemäß deutlich niedriger als der zum möglichen Optionsausübungszeitpunkt beizulegende Zeitwert des Vermögenswertes ist, so dass zu Beginn des Leasing-verhältnisses hinreichend sicher ist, dass die Option ausgeübt wird[891]. Bei einem Sale-and-Lease-Back-Geschäft im Zusammenhang mit einer WBS-Transaktion steht die Isolierung der operativ wichtigen Vermögenswerte vom Insolvenzrisiko des Originators sowie die Vermeidung eines Betriebsübergangs nach § 613a BGB und seiner Folgen während der Laufzeit der WBS-Anleihe im Vordergrund. Chancen und Risiken der Vermögenswerte soll weiterhin der Originator tragen, auch soll nach Ablauf der Grundmietzeit, die mit der Laufzeit der Anleihe korrespondiert, das Eigentum an den Vermögenswerten wieder auf den Originator als Leasingnehmer übergehen. Demzufolge ist im Zusammenhang mit einer WBS-Transaktion von einer Ausgestaltung des Leasingverhältnisses als Finanzierungs-Leasing auszugehen.

Bei einem als Finanzierungs-Leasingverhältnis kategorisierten Sale-and-Lease-Back-Geschäft geht somit das Eigentum am Vermögenswert auf den Leasingge-

---

888 IAS 17.4. Im Handelsrecht bestehen zur Abbildung von Leasingverhältnissen keine ausdrücklichen Regelungen. Nach allgemeiner Auffassung muss ein Leasinggegenstand beim Leasingnehmer (wirtschaftlicher Eigentümer) und nicht beim Leasinggeber (zivilrechtlicher Eigentümer) bilanziert werden, wenn der Leasingnehmer den Leasinggeber auf Grund vertraglicher Vereinbarungen während der gesamten wirtschaft-lichen Nutzungsdauer des Nutzungsgegenstands von der Nutzung ausschließen kann; vgl. KPMG, IFRS im Vergleich zu Deutscher Rechnungslegung, S. 247ff.

889 IAS 17.8.

890 IAS 17.10.

891 Siehe IAS 17.10, der eine beispielhafte Aufzählung von Situationen vorhält, die für sich genommen oder in Kombination normalerweise zur Klassifizierung eines Leasingverhältnisses als Finanzierungs-Leasing führen. Außerdem zu den ausführlichen Abgrenzungskriterien, siehe Lorenz, S. 695ff. sowie KPMG, IFRS im Vergleich zu Deutscher Rechnungslegung, S. 249ff.

ber über, der Vermögenswert wird jedoch weiterhin dem Leasingnehmer zugerechnet und somit auch bilanziert[892]. Der Originator hält zwar als Leasingnehmer gemäß der rechtlichen Gestaltung der Leasingvereinbarung kein Eigentumsrecht an den verleasten Vermögenswerten. Gleichwohl sind wirtschaftliche Substanz und finanzwirtschaftliche Realität im Falle des Finanzierungs- Leasingverhältnisses so, dass der Leasingnehmer den wirtschaftlichen Nutzen aus dem Gebrauch des Leasinggegenstandes für den überwiegenden Teil seiner wirtschaftlichen Nutzungsdauer erwirbt und sich im Gegenzug verpflichtet, für dieses Recht einen Betrag zu zahlen. Dieser Betrag entspricht annähernd dem zu Beginn des Leasingverhältnisses ermittelte Zeitwert des Vermögenswertes und den damit verbundenen Finanzierungskosten[893]. Würden solche Leasingtransaktionen nicht in der Bilanz des Leasingnehmers erfasst, so würden die wirtschaftlichen Ressourcen und die Höhe der Verpflichtungen eines Unternehmens zu niedrig dargestellt, wodurch finanzwirtschaftliche Kennzahlen verzerrt werden[894]. Wirtschaftlich ist der Vertrag als Darlehen des Leasinggebers an den Leasingnehmer anzusehen, die Eigentumsübergabe als Sicherheit[895]. Eine Bilanzverkürzung, wie etwa bei ABS-Transaktionen, findet beim Originator als Leasingnehmer somit nicht statt. Die Ausgliederung der Vermögenswerte erfolgt zwar durch einen Verkauf des operativen Geschäfts, hat aber bilanziell lediglich einen Tausch von Aktivposten (Asset Deal) zur Folge. Die ausgebuchten Aktivaposten aus Anlage- und Umlaufvermögen, welche für das operative Geschäft notwendigen Vermögenswerte darstellen, werden als Verkaufserlös in der Ertragsrechung und als Forderung in Form eines Geldmittelanspruchs in der Bilanz des Originators als Leasingnehmers verbucht. Zu Beginn des Leasingverhältnisses weist er den Vermögenswert und eine Leasingverbindlichkeit in korrespondierender Höhe in seiner Bilanz aus. Der Wertansatz für Vermögenswert und Schuld zu Beginn des Leasingverhältnisses errechnet sich als das Minimum aus dem Barwert der Mindestleasingraten und dem Zeitwert[896]. Ein Überschuss des Verkaufserlös über den Buchwert darf beim Leasingnehmer nicht als Ertrag verbucht werden, sondern ist über die Laufzeit des Leasingverhältnisses abzugrenzen. Der aus dem Leasingverhältnis resultierende Aufwand verringert sich entsprechend[897].

3. Bilanzeffekt durch Darlehensbegebung

Die zweite wichtige Komponente einer WBS-Transaktion ist die Darlehensbegebung an den Originator seitens des Emissions-SPV, wodurch die Refinanzierung der Akquisitionsfinanzierung sowie der Ausschüttung eines Anteils

---

[892] KPMG, IFRS im Vergleich zu Deutscher Rechnungslegung, S. 252; Lorenz, S. 729.
[893] IAS 17.21.
[894] Vgl. IAS 17.22.
[895] IAS 17.59/60.
[896] IAS 17.20.
[897] Lorenz, S. 729.

in Form eines wirtschaftlichen Teil-Exits ermöglicht wird[898]. Auch dieser Vorgang führt nicht zu in einer Verkürzung der Bilanz des Originators. Er ist in diesem Fall Darlehensnehmer und muss diese Fremdkapital-Position als Verbindlichkeit passivieren. Letztlich hat WBS somit keine bilanzentlastende Wirkung für den Originator und muss als On-Balance-Sheet-Finanzierung betrachtet werden.

§ 19 Alternative Strukturen

I. Klüwersches Modell

In der Praxis ist das Modell für WBS-Transaktionen in Fortentwicklung der Erfahrungen aus Chrysalis und Tenovis aufgrund der gestiegenen Nachfrage nach Lösungen für Refinanzierungstransaktionen als Alternative und/oder Ergänzung zu traditionellen Exit-Transaktionen wie Trade Sale oder Börsengang weiterentwickelt worden. Generell finden sich solche intellektuell-rechtlichen Weiterentwicklungen nicht zeitnah in der Literatur wieder, da dies von den meisten Anwaltskanzleien als Know-how-Verlust gegenüber Konkurrenten angesehen wird. Üblich ist eine verzögerte Veröffentlichung von ein bis zwei Jahren, sofern dies überhaupt geschieht. Eine Ausnahme bildet hier die Vorstellung eines Alternativmodells einer WBS-Struktur (nachfolgend Klüwersches Modell genannt)[899]. Aufbauend auf den Erfahrungen der Tenovis-Transaktion steht auch hier der Fortbestand des Cash Flows in der Insolvenz des Originators und dessen Kontrolle zugunsten der Investoren im Vordergrund. Klüwer entwickelte insbesondere (i) das Verfahren der Isolierung der Cash Flow-generierenden Vermögenswerte, (ii) die Anreizstruktur für den Insolvenzverwalter und (iii) die Möglichkeit der Übernahme des Operating Asset Holding SPV durch Dritte weiter. Die vorgeschlagene Struktur sieht wie folgt aus[900]:

---

898 Siehe Grundstruktur einer WBS-Transaktion; Erster Teil § 7 I.

899 Zunächst erfolgte im September 2005 eine schriftliche Publikation am Institut für Bankrecht der Johann Wolfgang Goethe-Universität zu Frankfurt, vgl. Klüwer/Marschall, Whole Business Securitisation Die Verbriefung eines Cash Flows, Nr. 123 (7/2005), abrufbar unter http://publikationen.ub.uni-frankfurt.de/ volltexte/2005/1432/. Gleichzeitig veröffentlicht in: ZBB 2005, S. 255ff. Am 19. Januar 2006 war dieses Modell Gegenstand eines Vortrags des Autors Klüwer am Institute for Law and Finance in Frankfurt, bei dem er eine Fortentwicklung – wenn auch nur in Nuancen – des zuvor veröffentlichten Strukturvorschlags vorstellte. Sofern in Verlauf dieser Arbeit auf das „Klüwersche Modell“ verwiesen wird, so handelt es sich um jenes, das durch den mündlichen Vortrag am 19. Januar 2006 fortentwickelt worden ist. Etwaige weitere Entwicklungen über dieses Datum hinaus sind selbstverständlich zu begrüßen, können hier aber keine Berücksichtigung finden. Postakquisitorische Umstrukturierungen wie etwa die Verschmelzung der Akquisitionsgesellschaft auf das Target/Originator bleiben (wie auch grundsätzlich bei dieser Arbeit) unberücksichtigt.

900 Vgl. Klüwer/Marschall, S. 15ff.

Zur Isolierung der Cash Flow-generierenden Vermögenswerte des Originators werden diese in eine Zweckgesellschaft (sog. AssetCo) übertragen, bei der es sich um eine GmbH & Co. KG handelt[901]. Dem Originator kommt dabei die Rolle des Mehrheitskommanditisten zu, die des Komplementärs einer vom Originator zu 100%gehaltenen Zweckgesellschaft (Management-GmbH). Als Minderheitskommanditist wird das Emissions-SPV oder eine weitere Zweckgesellschaft vorgeschlagen. Dies steht einerseits im Gegensatz zur Tenovis-Transaktion, bei der die GmbH als Kapitalgesellschaft gewählt wurde, andererseits aber im Einklang mit Vorgesagtem im Lichte der Steueroptimierung. Das darlehensgebende und anleiheemittierende SPV hat seinen Sitz im steuerbegünstigten Ausland und ist im Unterschied zur Tenovis-Transaktion von inländischen Anteilseignern frei[902]. Die Darlehensvergabe erfolgt hier nicht an den Originator selbst, sondern an die Zweckgesellschaft AssetCo. Diese schließt mit dem Originator einen Vertrag über das Nutzungsverhältnis der Cash Flow-generierenden Vermögenswerte. Um einen entsprechenden Anreiz für den Insolvenzverwalter zu setzen, sein Entscheidungsermessen in Richtung Erfüllung der Cash Flow-generierenden Verträge zu kanalisieren, wird das Nutzungsverhältnis der für das operative Geschäft wichtigen Vermögenswerte als Sale-and-Lease-Back-Geschäft ausgestaltet[903]. Zur Sicherung der Cash Flows in der Insolvenz des Originators bietet das Klüwersche Modell neben dem Einsatz eines Nachfolgeservicers wie bei der Tenovis-Transaktion[904] auch eine alternative Option:[905] Es wird vorgeschlagen, dass das Emissions-SPV, welches im Rahmen dieser Struktur selbst mit einem Anteil von 0,2% als Kommanditistin an AssetCo beteiligt ist, die Kommanditanteile des Originators an AssetCo und/oder aber auch die Anteile an der Komplementär-GmbH übernimmt. Gleichzeitig sind der AssetCo Eintrittsrechte in die Kundenverträge des Originators mit zu gewähren, so dass das Cash Flow-

---

901 Alternativ wurden hier der Verkauf an AssetCo sowie die Einbringung als Einlage im Austausch für Unternehmensanteile an der Objektgesellschaft genannt. Die Autoren nahmen auch die Möglichkeit des Erwerbs der Vermögenswerte als in Form der Ausgliederung eines Geschäftsteils nach § 123 UmwG in ihre Überlegungen auf. Allerdings verwarfen sie den Gedanken wieder, da hierdurch nach § 133 UmwG eine unerwünschte Nachhaftung der AssetCo für etwaige Verbindlichkeiten des Originators zum Zeitpunkt der Ausgliederung ausgelöst würde, vgl. Klüwer/Marschall, S. 21.

902 Dies ergibt sich ebenso aus dem Versuch der Steueroptimierung der Struktur; vgl. Zweiter Teil §15 VI 2c.

903 Klüwer/Marschall, S. 16. Dieses Strukturelement wurde bereits weiter oben angedeutet, vgl. oben Zweiter Teil §15 V 2. Im Ansatz findet sich diese Option auch bei Hengst, S. 202f.; obwohl der Autor nicht von einer Alternative zum Nachfolgeservicer ausgeht, sondern diesem eine Minderheitsbeteiligung am Asset Holding Co SPV einräumt, um so möglicherweise eine anfechtungsfeste Fortführung des operativen Geschäfts in der Insolvenz zu gewährleisten.

904 Der Nachfolgeservicer findet sich als Strukturverstrebung nicht in der schriftlichen Darstellung der Struktur. Die Strukturergänzung erfolgte aber bei dem mündlichen Vortrag am 19.01.2006 am ILF in Frankfurt; zwar als „aufwendige", aber dennoch notwendige Maßnahme zur zusätzlichen Absicherung und zur Zufriedenstellung der Rating Agenturen bezeichnet.

905 Vgl. Klüwer/Marschall, S. 18.

generierende operative Geschäft des Originators auch ohne seine Beteiligung fortgeführt werden kann. Etwaige post-akquisitorische Umstrukturierungen, wie etwa die Verschmelzung des Zielunternehmens (Originator) mit der Akquisitionsgesellschaft werden an dieser Stelle nicht weiter berücksichtigt, da zu diesem Zeitpunkt nicht relevant.

Abbildung 6: Alternative WBS-Struktur

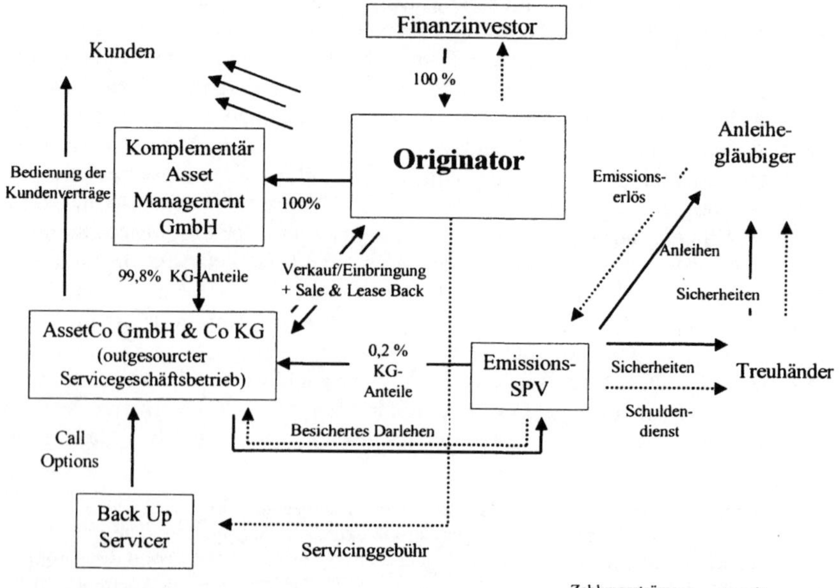

Quelle: Eigene Darstellung auf Grundlage von Klüwer/Marschall

II. Betrachtung des Modells

Das Klüwersche Modell stellt eine schlüssige Fortentwicklung des in England begründeten und vornehmlich in der Tenovis-Transaktion für Deutschland angepassten WBS-Modells einer Struktur auf der Basis eines besicherten Darlehens dar. Die Unabhängigkeit des Emissions-SPV mit Auslandssitz und auch die Ausgestaltung des Asset Holding SPV (bzw. AssetCo) als GmbH & Co. KG (anstatt als GmbH) sind logische Konsequenzen im Zuge der veränderten Steuerrechtsrahmenbedingungen insbesondere hinsichtlich der Einführung des § 8a KStG gegenüber der Tenovis-Transaktion[906]. Eine solche Sequenz von zusätzli-

[906] Vgl. auch Zweiter Teil § 15 VI.

chen Schritten ist auch unbedingt notwendig, sofern die Struktur der Maxime der Steueroptimierung unterworfen werden soll.

1. Weiterentwicklung des Anreizmodells

In Bezug auf die Erhaltung des Cash Flows aus dem operativen Geschäft des Originators in der Insolvenz wird bei diesem Modell stärker als bei der Tenovis-Struktur hinsichtlich der Schaffung des notwendigen Anreizes für den Insolvenzverwalter auf den Gedanken der gegenseitigen Abhängigkeit verschiedenerer Zahlungsströme, welche Grundlage für das operative Geschäft des Originators sind, abgestellt. Bei der Insolvenz des Originators stellt sich dem Insolvenzverwalter die Frage, ob er unter Vorwegnahme des § 103 InsO weiterhin die Mietzinsen im Rahmen des Sale-and-Lease-Back-Geschäfts zahlen möchte, damit er die für das operative Geschäft wichtigen Vermögenswerte auch künftig nutzen kann. Entscheidend ist hierbei, dass die Einnahmen durch das operative Geschäft, die aufgrund der unmittelbaren Vertragsbindung mit den Kunden beim Originator verbleiben, die Mietzinszahlungen an AssetCo übersteigen und so die Insolvenzmasse mehren (sog. Positive Net Cash Flow). Diese Konstruktion zeigt aber auch gleichzeitig ihre Achillesferse: Es besteht das Risiko, dass aufgrund der Nichterwirtschaftung solcher Cash Flow-Überschüsse der Originator geradezu in die Insolvenz getrieben wird.

2. Unmittelbare Übernahme von AssetCo durch das Emissions-SPV – eine Alternative zum Nachfolgeservicer

Das Klüwersche Modell führt bei der Gestaltung bzgl. der Aufrechterhaltung der Cash Flows in der Insolvenz des Originators und der Kontrolle der Cash Flows zugunsten der Investoren bzw. Anleihegläubiger eine wichtige Veränderung ein. Vorgeschlagen wird, als vorzugwürdigere und vorteilhaftere Variante gegenüber dem Einsatz eines Nachfolgeservicers, eine Übernahme des SPV, in welches die für das operative Geschäft notwendigen Vermögenswerte ausgegliedert wurden (AssetCo[907]), durch das Emissions-SPV selbst. Allerdings soll dabei die Funktion des Nachfolgeservicers nicht obsolet werden, sondern beide als alternierende Strukturverstrebungen nebeneinander bestehen können und auch aufgrund von Empfehlungen der Ratingagenturen weiterhin fortbestehen[908].

---

907 AssetCo entspricht des Operating Asset Holding SPV der generischen Struktur UK, siehe Erster Teil § 7 I, Abbildung 3.

908 Der Nachfolgeservicer wurde in Ergänzung der schriftlichen Darstellung des Modells von Autor Klüwer bei seinem mündlichen Vortrag am 19. Januar 2006 am ILF ausdrücklich als flankierende Maßnahme in die Struktur wieder aufgenommen.

a. Probleme und Risiken

Die Autoren Klüwer und Marschall weisen aber auch auf die Probleme und Risiken der angesprochenen Konstruktion hin[909]: Zum einen kommt es durch die Übernahme der Kommanditanteile des Originators unmittelbar durch das Emissions-SPV zur Qualifikation des zuvor begebenen Darlehens an AssetCo als eigenkapitalersetzendes Gesellschafterdarlehen, § 172a HGB i.V.m. § 32a Abs. 1 GmbHG. Dieses Darlehen ist sodann gegenüber anderen Verbindlichkeiten nachrangig[910]. Ein solches risikobehaftetes Damoklesschwert entsteht dagegen bei der Übernahme durch den Nachfolgeservicer nicht. Auch wäre eine solche Konsequenz generell vor dem Hintergrund der zwingenden Notwendigkeit der Kapitalmarktfähigkeit der Anleihe und für den wirtschaftlichen Erfolg einer WBS-Transaktion, die u.a. auf die Maxime des Investorenschutzes zielt, kaum tragbar. In der Praxis wird sich dieses Risiko wohl erst einmal relativieren, da vorrangige Verbindlichkeiten des Asset Holding SPV (im Klüwerschen Modell AssetCo) nur in geringem Umfang vorhanden sein werden. Dieses SPV nimmt im Rahmen ihres Gründungszwecks grundsätzlich nicht am allgemeinen Wirtschaftsverkehr teil. Möglich werden können allerdings etwaige Forderungen aus steuerrelevanten Vorgängen und Arbeitsverhältnissen sowie Verbindlichkeiten aus dem Bestreiten der Substanzerhaltungskosten der Vermögenswerte. Allerdings wird das benannte Risiko nicht vollkommen ausgelöscht, auch wenn etwaige ausstehende Forderungen im Vergleich zur Höhe des Darlehens, das bis zu mehreren hundert Mio. € betragen kann, eher gering ausfallen. Im Insolvenzfall erfolgt nun einmal erst eine nachrangige Bedienung mit einer Abzugsdifferenz und so letztlich mit einem Verlust für die Anleihegläubiger. Als Lösung wird der Einbau eines zusätzlichen SPVs als Reservezweckgesellschaft vorgeschlagen[911]. Verschlankt wird die Transaktionsstruktur durch ein solches zusätzliches SPV allerdings nicht.

Ein viel entscheidenderes Problem entsteht jedoch dadurch, dass aufgrund der Übernahme der Kommanditanteile des Originators durch das Emissions-SPV (oder ggf. einer Reservezweckgesellschaft) und dessen Ausscheiden aus seiner Stellung als Kommanditist ein Auseinandersetzungsanspruch zugunsten des Originators entsteht, der Vorrang gegenüber einem etwaigen kapitalersetzenden Gesellschafterdarlehen hätte und, sofern keine Reservezweckgesellschaft zwischengeschaltet wird, erhebliche zusätzliche Verbindlichkeiten begründet[912]. Die Haftung für den Abfindungsanspruch trifft die verbliebenen Gesellschafter mit dem Gesellschaftsvermögen und entsprechend dem Wortlaut von § 738 Abs. 1 Satz 2 BGB nach h.M. auch mit dem eigenen Privatvermögen und somit das Emissions-SPV sowie die Komplementär-GmbH als einzig verbliebenen Gesellschafter der

---

[909] Klüwer/Marschall, S. 18.

[910] Sofern die Kommanditistenstellung die Schwelle von 10% überschreitet. Ansonsten greift die Privilegierung gemäß § 32a Abs. 3 Satz 2 GmbHG.

[911] Klüwer/Marschall, S. 18.

[912] Klüwer/Marschall, S. 19f.

AssetCo[913]. Grundsätzlich richtet sich die Abfindung nach den §§ 161 Abs. 2, 105 Abs. 3 HGB, 738 BGB in Geld und nach dem wahren Wert des Anteils, d.h. nach dem Verkehrswert, der mittels einer Unternehmensbewertung durch einen Sachverständigen ermittelt wird[914]. Aufgrund der dispositiven Natur dieser Normen finden sich üblicherweise abweichende Regelungen zur Auseinandersetzung und Abfindung im Gesellschaftsvertrag. Grenzen werden dieser Freiheit allerdings durch die Verbote der Sittenwidrigkeit und der Gläubigerbenachteiligung gesetzt[915]. Generell unschädlich ist die Begrenzung auf den Buchwert, die den wahren Firmenwert und die stillen Reserven unberücksichtigt lässt und keine gesonderte und kostenintensive Bewertung notwendig macht[916]. Bei Klauseln, welche die Abfindung noch stärker begrenzen, ist hingegen Vorsicht geboten, da ihnen das Risiko der Unwirksamkeit inhärent ist. Wegen Gläubigerbenachteiligung wäre eine Abfindungsbeschränkung nach § 138 BGB sittenwidrig und nichtig, wenn sie ausschließlich für den Fall der Insolvenz eines Gesellschafters gelten soll[917]. Entscheidend ist somit, dass eine solche Abfindungsklausel grundsätzlich für jedwedes Gesellschafterausscheiden gilt und nicht nur im Fall der Insolvenz des Originators. Allerdings muss eine solche Abfindungsklausel auch im besonderen Lichte der Anfechtungsnormen der InsO betrachtet werden. Hier muss bei der Geschäftsanteilsübertragung dem Vermögen des Originators eine unmittelbare gleichwertige Gegenleistung i.S. eines Bargeschäfts nach § 142 InsO für die Kommanditanteile zufließen, um einer Anfechtung durch den Insolvenzverwalter nach § 130 InsO zu entgehen. Deshalb wird ein reduzierter Abfindungsanspruch unterhalb des Verkehrswerts nicht anfechtungsfest sein.

Doch selbst bei Klauselwirksamkeit bzw. Ausgestaltung als Bargeschäft stellt sich die Frage nach Abgeltung des entstandenen Abfindungsanspruchs. Wie zuvor erwähnt, kommt es dem Emissions-SPV als Anspruchsschuldner zu, den Abfindungsanspruch des Originators entweder aus dem Vermögen der Gesellschaft (d.h. des Asset Holding SPVs) oder des Privatvermögens (d.h. dem Gesellschaftsvermögen des Emissions-SPVs selbst) zu begleichen. In beiden Fällen wird jedoch kein ausreichendes Kapital für ein solches Unterfangen zur Verfügung stehen, denn die jeweiligen Zweckgesellschaften sind nur mit sehr begrenzten Kapitalmitteln ausgestattet. Etwaige Kreditlinien Dritter sind jedoch lediglich dazu da, Liquiditätsengpässe auszugleichen und somit Insolvenzrisiken einzudämmen. Auch sind bei einer WBS-Transaktion in der Regel die Cash Flow-Ströme derart abgestimmt, dass die Schuldendienste aus Darlehen und Anleihen vertragsgerecht bedient werden und sich infolgedessen während der Laufzeit

913 Palandt/*Sprau*, § 738 Rn. 2.

914 Palandt/*Sprau*, § 738 Rn. 4. Eine bestimmte Bewertungsmethode ist zwar nicht vorgesehen, jedoch im Regelfall wird dies anhand der Ertragswertmethode erfolgen. Diese Methode ist durch den BGH anerkannt, vgl. BGH, WM 1993, S. 1412 (1413).

915 Zu den Grenzen im einzelnen, vgl. MüHandB-BdII-*Pieler* § 40 Rn. 2ff. m.w.N.

916 BGH NJW 79, S. 104.

917 MüVertragsHndB Bd1-*Riegger*, S. 223; K. Schmidt, S. 1485.

amortisieren. Etwaige Cash Flow-Überschüsse verbleiben beim Originator und werden nicht an die Zweckgesellschaft weitergereicht.

b. Lösung - Übernahme der Komplementär-GmbH

Zur Ausräumung des vorgenannten Problems bieten die Autoren als Lösung an: die Beendigung der Gesellschafterstellung des Originators in der Komplementär-GmbH von AssetCo (der Management-GmbH) und dessen Kommanditistenstellung unberührt zu lassen[918]. Das Emissions-SPV erwirbt die freiveräußerlichen Anteile der Komplementär-GmbH durch Zession. Beachtenswert ist, dass sowohl der Verkauf als auch die Abtretung der Formvorschrift des notariellen Vertrages unterliegen[919]. Wichtig ist aber dabei, dass gleichzeitig die Abtretung der Geschäftsanteile nicht an weitere Voraussetzungen geknüpft werden[920]. Vorteil dieses Vorgehens ist, dass kein hoher Kapitalaufwand erforderlich ist, um die Anteile dieser reinen Zweckgesellschaft zu erwerben. Auch wenn nach dem Gesetz die Komplementäre zur Geschäftsführung und Vertretung berufen sind (§ 161 Abs. 2, §§ 114ff., §§ 125ff. HGB) und die Kommanditisten von beidem im Regelfall ausgeschlossen sind[921], bedeutet eine solche Übernahme jedoch nicht, dass dann das übernehmende Emissions-SPV über die vollständige Kontrolle der AssetCo verfügt, losgelöst von der Einflussnahme des Originators bzw. dessen Insolvenzverwalters. Dem Originator als Kommanditist verbleibt ein Widerspruchsrecht nach § 164 HGB für Handlungen, die über den gewöhnlichen Geschäftsbetrieb hinausgehen. Gleichzeitig kommt ihm auch noch die Einwirkungsmöglichkeit über die Gesellschafterbeschlussfassung zu. Per Gesetz ist das Einstimmigkeitsprinzip nach §§ 161 Abs. 2, 119 Abs. 1 HGB vorgesehen. In der Praxis ist hingegen das Mehrheitsprinzip vorherrschend, weil dadurch die Gesellschaft höhere Flexibilität erreicht. Bei Kapitalgesellschaften ist es üblich, dass die Stimmenanzahl – abweichend von der absoluten Kopfanzahl[922] – anhand der Kapitalanteile bestimmt wird. Im Ergebnis wäre der Originator, da er die überwiegende Anzahl an Kommanditanteilen an der AssetCo hält, auch weiterhin der bestimmende Gesellschafter. Die Rechtssprechung lässt es aber zu, dass der Gesellschaftsvertrag vorsieht, einzelne Gesellschafter mit erhöhtem Stimmanteil auszustatten oder auch Gesellschafter, insbesondere Kommanditisten, vom Stimmrecht auszuschließen[923]. Eine Grenze findet der zweite Teil jedoch, wenn es um Entscheidungen geht, die in den Kernbereich der Rechtsstellung des betroffenen Gesellschafters zielen[924]. Die Ausstattung des Emissions-SPVs mit einem erhöhten Stimmanteil gegenüber dem Originator ist zwar grundsätzlich

[918] Klüwer/Marschall, S. 20.

[919] §§ 15 Abs. 3 und Abs. 4 GmbHG. Formlos getroffene Vereinbarungen werden allerdings durch die Beurkundung der Abtretung geheilt, § 15 Abs. 4 Satz 2 GmbHG.

[920] § 15 Abs. 5 GmbHG.

[921] Die gesetzlichen Normen sind insoweit dispositiv, dass auch Kommanditisten mit Geschäftsführungsaufgaben betraut werden können; BGHZ 17, S. 392, 394.

[922] §§ 161 Abs. 2, 119 HGB.

[923] BGHZ 20, S. 363ff.

[924] BGHZ 20, S. 363 (370).

möglich, wohl aber aufgrund des zu überwindenden sehr großen Missverhältnisses der jeweiligen Kapitalanteile (0,2% zu 99,8%) keine gangbare Lösung darstellen[925]. Eine Liste von Ereignissen und Maßnahmen, bei denen der Originator von der Stimmrechtsausübung ausgeschlossen ist, verspricht hingegen mehr Erfolg.

c. Fortführung der Kundenbeziehungen durch AssetCo bzw. Problematik der Schuldnerersetzung

Als zusätzlicher Schritt zur Absicherung der Cash Flows zugunsten der Anleihegläubiger in der Insolvenz des Originators ist es notwendig, dass Vorkehrungen getroffen werden, die es ermöglichen, die Kundenbeziehung des Originators weiterzuführen. Einerseits ist dies wie bei der Tenovis-Struktur möglich, indem ein Dritter lediglich die Leistungen der jeweiligen vertraglichen Verpflichtung zwischen Originator und Kunden übernimmt, jedoch die ursprünglichen Vertragspartner identisch bleiben[926]. Dies wäre ein Fall der Leistungsträgerersetzung. Allerdings führt ein solcher Schritt nicht dazu, dass die Cash Flows auch tatsächlich zugunsten der Anleihegläubiger kontrolliert werden können, weil im Insolvenzfall dem Insolvenzverwalter die Kontrolle über den Originator und die ihm zufallenden Cash Flows zukommt. Eine derartige Situation ist nur infolge einer Schuldnerersetzung erreichbar. Naheliegend ist dabei, dass die Zweckgesellschaft AssetCo den Originator als Vertragspartner ersetzt und dementsprechend dessen Kundenbeziehungen fortführt[927]. Auf diese Art und Weise kann neben der Cash Flow-Kontrolle auch strukturell das Risiko einer etwaigen Weigerung des Insolvenzverwalters die entscheidenden gegenseitigen Verträge fortzuführen – trotz Anreizmodells – aufgefangen werden.

Grundsätzlich hält das BGB keine Regelung zur Übertragung eines Rechtsgeschäfts im Ganzen vor, allerdings haben Rechtsprechung und Lehre eine solche Vertragsübernahme anerkannt[928]. Es bedarf eines Vertrages zwischen ausscheidender und eintretender Vertragspartei unter Zustimmung der anderen Partei[929]. Im WBS-Kontext bedeutet dies, dass Originator und AssetCo als Zweckgesellschaft sich über die Vertragsübernahme einigen und der betroffene Kunde bzw. Vertragspartner diesem Übergang zustimmen muss. Da es sich hierbei lediglich um eine zusätzliche Strukturverstrebung zum Schutze der Anleihegläubiger handelt, ist darauf zu achten, dass eine solche Schuldnerersetzung nicht zu früh wäh-

[925] Auch eine Erhöhung des Kapitalanteils des Emissions-SPVs auf knapp unter 10% (diese Schwelle darf in Bezug auf die Thematik des kapitalersetzenden Gesellschafterdarlehens und der damit zusammenhängenden Problematik der Nachrangigkeit nicht überschritten werden) bereits zum Zeitpunkt der Strukturierung der Transaktion wird kein anderes Ergebnis erzielen, da auch in einem solchen Fall die Diskrepanz zwischen Kapitalanteil und vergebenem Stimmrecht zu deutlich wäre.

[926] Vgl. Zweiter Teil § 14 II, siehe auch die dortige Transaktionsübersicht.

[927] Vgl. Klüwer/Marschall, S. 17.

[928] BGH NJW 85, S. 2528; Larenz, § 35 III. §§ 398, 414ff. BGB finden grundsätzlich entsprechende Anwendung.

[929] Palandt/*Heinrichs*, § 398 Rn. 38a.

rend des zeitlichen Zyklus der Transaktion erfolgt, sondern nur als ultima ratio im Fall der Insolvenz verstanden werden kann und zum Einsatz kommen darf. Hierzu kann die Vertragsübernahme gemäß § 158 Abs. 1 BGB aufschiebend bedingt für den Fall der Insolvenz des Originators gestaltet werden. Wichtig ist dabei, dass das Rechtsgeschäft durch die Bedingung bereits tatbestandlich vollendet und vollständig gültig ist, jedoch die Rechtswirkungen in der Schwebe sind[930]. Wie bereits aufgezeigt, wirkt grundsätzlich auf Rechtshandlungen des insolventen Originators das Risiko der Anfechtung durch den Insolvenzverwalter. § 140 InsO Abs. 1 InsO knüpft dabei für den Zeitpunkt der Vornahme einer Rechtshandlung an deren rechtliche Wirkung an. Sofern die Rechtshandlung bedingt oder befristet ist, bleibt nach § 140 Abs. 3 InsO jedoch der Eintritt der Bedingung oder des Termins außer Betracht. Bei Vereinbarung einer solchen Vertragsübernahme zum Beginn der Transaktion kommt lediglich der Tatbestand der Vorsatzanfechtung nach § 133 InsO als Risiko in Betracht, weil damit Rechtshandlungen bis zu zehn Jahre vor Insolvenz angefochten werden können[931].

Ein viel einschneidenderes Problem in diesem Zusammenhang ist die Zustimmungserfordernis der anderen Vertragspartner, z.B. Kunden. Einerseits besteht das Problem der grundsätzlichen Praktikabilität der Einholung der Zustimmung, die mit Kosten- und Logistikaufwand verbunden sind, andererseits ist auch die psychologische Wirkung auf das Kundenverhältnis nicht zu unterschätzen, wenn eine etwaige zukünftige Insolvenzsituation thematisiert wird und für diesen Fall die Zustimmung zur Ersetzung des bekannten und vertrauten Vertragspartners eingefordert wird. Infolgedessen kann, insbesondere in Fällen, bei denen es sich um tausende oder gar zehntausende unterschiedlichster Vertragspartner handelt nicht vorausgesehen werden, wie hoch die Zustimmungsquote sein wird. Dessen ungeachtet kann bei zukünftigen Kundenbeziehungen eine solche Zustimmung bereits bei Vertragsabschluss eingeholt werden, indem der Originator dahingehend seine AGB abändert und so die erwähnten Probleme abmildert.

III. Rainy Day Fund – ein ergänzender generischer Baustein

Bereits angesprochen, ist die Maxime der Krisen- und Insolvenzvermeidung der grundlegende Baustein einer WBS-Transaktion. Im Zuge der Überlegungen zur Implementierung von Krisenfrühwarnsystemen und Schutzmaßnahmen, flankiert von auf Finanzkennzahlen gestützten Covenants, stellt die Abwehr der auf Liquiditätsschwächen des Originators beruhenden Krisen, einen ersten Schritt zur Absicherung einer WBS-Struktur dar. Gradmesser kann hierbei die Schulden-

[930] Palandt/*Heinrichs*, § 158 Rn. 8.

[931] Zu den Schwierigkeiten der Beweisführung durch den Insolvenzverwalter, den die Beweislast trifft, vgl. Gottwald/*Huber*, § 48 Rn. 13.

dienstquote des Originators aus Darlehen, bzw. korrelierenden Kupon- und Tilgungszahlungen aus der WBS-Anleihe sein[932].

Um diesem ersten Indikator einer Krise gegen zu steuern und eine Verringerung der Schuldendienstquote zu erreichen, sind interne Auffangmechanismen notwendig. Hierzu bietet sich als ein innovativer und grundlegender Baustein, der generisch für WBS-Strukturen einsetzbar ist, der sog. Rainy Day Fund an. Dieser Fonds dient als internes Auffangnetz für Zahlungsengpässe im operativen Geschäft, aber auch um etwaige Kapitalengpässe in der Krise und vor der Insolvenz zu vermeiden. Es könnten beispielsweise 10% (der Betrag ist variabel) des erhaltenen Darlehens auf ein Treuhandkonto (Escrow Account) eingezahlt und erst in den letzten drei Jahren der Laufzeit der zur Refinanzierung des Darlehens vom darlehensgebenden SPV emittierten Anleihen an den Darlehensnehmer sukzessive pro Jahr wieder ausgeschüttet werden. Der Fonds sollte so ausgestaltet sein, dass er ganz oder teilweise vorzeitig abrufbar ist, um folglich Liquiditätsengpässe des Unternehmens in der Krise punktgenau zu verhindern und letztlich die Insolvenz abzuwenden. Allerdings bedürfte es in diesem Fall der vorherigen Konsultation des Anleihetreuhänders. Möglicherweise könnte sogar ein vertraglicher Zustimmungsvorbehalts notwendig sein, so dass der Originator nicht einseitig über diesen Fonds bestimmen kann.

§ 20 Fazit zu WBS unter deutscher Rechtspraxis und -dogmatik

Es hat sich gezeigt, dass die britische Finanzinnovation WBS dem Grunde nach auch in Deutschland dogmatisch und unter Einbeziehung in einer Fülle rechtstechnischer Strukturelemente aus den verschiedensten Rechtsgebieten umsetzbar ist. Gleichzeitig ist klar geworden, dass aufgrund der hiesigen rechtlichen Regelungen Verbesserungen und Innovationen in Gestalt alternativer Strukturelemente notwendig sind. In Kongruenz zum britischen Vorbild sind bei der Betrachtung von WBS in Deutschland die entscheidenden Strukturelemente: (i) Isolierung der jeweiligen Cash Flow-generierenden Aktiva, den sog. Cash Processing Assets, und (ii) die Insolvenzfestigkeit der Struktur im Zeichen des Anleiheinvestorenschutzes, d.h. Aufrechterhaltung dieser Aktiva auch in der Insolvenz des Originators und gleichzeitige Gewährleistung der Weiterreichung der Erträge an die Investoren, d.h. Bedienung des Schuldendienstes aus Darlehen bzw. Anleihen. Aufgrund der deutschen Rechtswirklichkeit werden sie aber im Unterschied zu Großbritannien anders ausgefüllt.

Schon die WBS Grundstruktur mit ihren zentralen Komponenten eines besicherten Darlehens (Secured Loan Modell) macht es notwendig, daran zu denken, dass die Grenzen der deutschen Rechtsprechung zur Übersicherung nicht überschritten werden. Gleichzeitig dürfen auch nicht die vertraglichen Nebenabreden

---

932 Vgl. das Schutzmaßnahmencrescendo, Zweiter Teil § 16 II 3b aa.

(Covenants) des Darlehensvertrages (bzw. der Anleihebedingungen) für den Originator derart stringent ausgestaltet werden, dass ihn die Verpflichtungen erdrücken und es so zu nachteiligen Folgen für die Struktur im Ganzen kommt. Vielmehr muss eine gewisse Freiheit im operativen Grundgeschäft zugelassen werden. Auch müssen bei der Sicherungsabtretung bei Forderungen, die häufig einen großen Teil des Sicherungspakets ausmachen, stets die einschlägigen datenschutzrechtlichen Normen befolgt werden.

Zur Isolierung des operativen Geschäfts des Originators werden – wie in Großbritannien auch – die dazu benötigten Vermögenswerte auf eine eigens dafür gegründete 100%ige Tochtergesellschaft (Operating Asset Holding SPV oder AssetCo) übertragen. Zur Vermeidung der Anwendung des § 613a BGB und dessen Folgen müssen diese dem Originator aber wieder zur Verfügung gestellt werden. Ein gangbarer Weg ist dabei das Sale-and-Lease-Back-Verfahren. Zur Vermeidung hoher Steuerbelastungen, insbesondere der Folgen des § 8a KStG und der Gewerbesteuer, ist das Emissions-SPV – im Gegensatz zur Tenovis-Transaktion – als eigenständige Gesellschaft mit Sitz in einem ausländischen sog. Tax Haven anzulegen. Gleichzeitig ist im Lichte der Steueroptimierung zwecks Vermeidung der Steuerlast der Körperschaftsteuer das Operating Asset Holding-SPV als Personengesellschaft (GmbH & Co. KG) zu gründen.

Aus insolvenzrechtlicher Sicht und zur Stärkung des Anleihegläubigerschutzes sind notwendige wirtschaftliche Anreize für den Insolvenzverwalter zu setzen, damit er für die Fortführung der Cash Flow-generierenden Verträge des Originators votiert. Die sind einerseits die Kundenverträge, andererseits der Nutzungsvertrag mit dem Operating Asset Holding-SPV über die für das operative Geschäft notwendigen Vermögenswerte. Für die Ausgestaltung des letzten Punktes ist es wichtig, dass eine Kombination aus der Verbringung bestimmter Zahlungsströme in gegenseitige Abhängigkeit und der zur Verfügungsstellung von überschüssigen Sicherheiten der Anleihegläubiger zur freien Verwertung zugunsten der Insolvenzmasse möglich ist. Auch wenn keine absolute Vorhersehbarkeit bestehen kann, so sollte doch eine Annäherung von Rechtssicherheit durch kluges Eindämmen des Risikos, das sich aus § 103 InsO für WBS-Transaktionen in Deutschland ergibt, möglich sein. Schließlich gilt es, den Blick auch auf das Risiko der Anfechtung von Rechtshandlungen in Krise und Insolvenz des Originators zu lenken und zu versuchen, stets den Maßstab des Bargeschäfts zu berücksichtigen. Darüber hinaus muss besonderer Fokus auf die Isolierung der Operating Asset Holding-SPV vom Originator gelegt werden, damit auch in dessen Insolvenz das operative Geschäft fortgeführt werden kann. In diesem Fall verspricht der Vorschlag, diese nicht unmittelbar zu übernehmen, sondern mittelbar Einfluss durch eine Übernahme der Komplementär-GmbH zu erlangen, Effizienz und Kostenersparnis; gleichwohl hat die Option der Übernahme durch einen Nachfolgeservicer ebenso Bestand und wird in der Praxis durch die Ratingagenturen zusätzlich gefordert.

§ 21 Vorschlag der generischen WBS-Struktur in Deutschland

Wie bereits dargelegt, basieren WBS-Transaktionen auf maßangefertigten Strukturen, die speziell auf Wünsche und Ziele der Initiatoren und Beteiligten zugeschnitten werden, aber denen gleichzeitig aufgrund der Gegebenheiten des betroffenen Unternehmens und anderer äußerer Umstände auch gewisse Grenzen gesetzt sind. Wohl auch deshalb hat es bereits in der englischsprachigen Literatur Vorschläge für ein generisches WBS-Strukturmodell gegeben, welches die Struktur auf wenige unverzichtbare Mindestbestandteile reduziert[933]. Die Analyse des Grundmodells WBS als Struktur des besicherten Darlehens im Lichte der deutschen Rechtswirklichkeit hat deutlich gezeigt, dass das Grundkonzept WBS für die Anwendung in Deutschland verschiedener zusätzlicher Strukturverstrebungen bedarf, damit die Kapitalmarktfähigkeit der zu begebenden Schuldverschreibungen gesichert ist. Selbst wenn die konkrete Ausgestaltung der Transaktionsstruktur dem Grunde nach einzelfallabhängig ist, kann die Komplexität von WBS auch im deutschen Recht auf ein generisches Strukturmodell heruntergebrochen werden, welches die unverrückbaren und unverzichtbaren Mindestbestandteile in allgemeingültiger Form enthält. Diese kann dann durch Modifizierung an jeweilige spezifische, individuelle Situationen angepasst werden. Dieses erarbeitete Modell wird im nächsten Abschnitt beschrieben und in Abbildung 7 graphisch dargestellt.

---

[933] Vgl. Erster Teil § 7 I.

Abbildung 7: Genereische WBS-Struktur für Deutschland

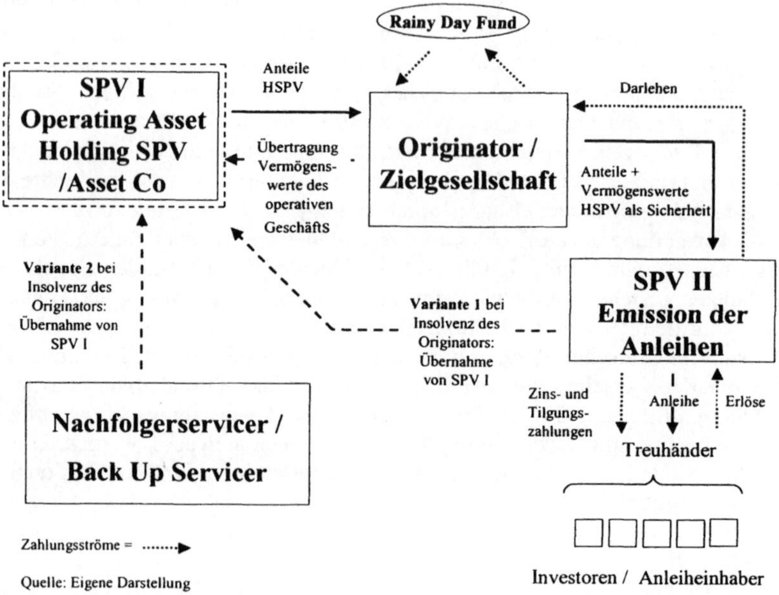

Quelle: Eigene Darstellung

Im Fall der generischen Struktur lagert der Originator als Zielgesellschaft des Finanzinvestors sämtliche Vermögenswerte, die für den operativen und Cash Flow-generierenden Geschäftsbetrieb notwendig sind, auf eine eigens gegründete Tochtergesellschaft (SPV I = Operating Asset Holding SPV/ AssetCo) aus. Diese Vermögenswerte werden dann zu Sicherungszwecken an eine weitere Zweckgesellschaft (SPV II = Emissions-SPV) geleitet. Besichert wird ein von SPV II an den Originator gewährtes Darlehen, welches durch eine Anleihenemission seitens SPV II refinanziert wird. Der Schuldendienst aus Darlehen und Anleiheemission wird aus dem generierten Cash Flow des operativen Geschäftsbetriebs bestritten. Zur Aufrechterhaltung desselbigen auch im Fall der Insolvenz des Originators muss SPV I vom Originator gelöst werden. Es bestehen zwei Optionen: die Übernahme durch SPV II oder durch einen externen Nachfolgeservicer. Inwiefern die Übernahme mittelbar über den Erwerb einer zwischengeschalteten Managementgesellschaft – sofern SPV I in der Rechtsform der GmbH & Co. KG ausgestaltet ist – durchgeführt wird, ist wiederum einzelfallabhängig. Zur Behebung von etwaigen Liquiditätsengpässen, insbesondere zur Vermeidung von insolvenzvorgelagerten Krisen, besteht ein Rainy Day Fund, der aus dem Darlehen, bzw. dem Erlös der Anleiheemission gespeist wird.

DRITTER TEIL: WBS IN ABGRENZUNG ZU ANDEREN INSTRUMENTEN ZUR REFINANZIERUNG DER URSPRÜNGLICHEN AKQUISITIONS-FINANZIERUNG

Es hat sich gezeigt, dass das aus Großbritannien stammende WBS-Konzept grundsätzlich auch in Deutschland anwendbar ist. Deshalb beschäftigt sich der dritte Teil der Arbeit mit der Frage, ob WBS als Refinanzierungsinstrument der ursprünglichen Akquisitionsfinanzierung in Konkurrenz zu anderen Maßnahmen treten und somit zusätzlich als Alternative für Finanzinvestoren dienen kann, die unter dem Druck der sofortigen Refinanzierung ihrer Portfolioakquisitionen nach Durchführung einer solchen stehen.
Zum besseren Verständnis und der Definition werden am Anfang dieses Teils grundlegende Faktoren der Akquisition eines Zielunternehmens unter Beteiligung von Finanzinvestoren und die dazugehörige Akquisitionsfinanzierung dargelegt, ohne die sich die Feinheiten der vorgenannten Themen nicht unmittelbar erschließen.

§ 22 Elemente der Akquisitionsfinanzierung

I. Begriffsbestimmungen und Motive

Der Begriff Akquisitionsfinanzierung umfasst dem Wortlaut nach grundsätzlich jede Art der Finanzierung eines Unternehmenskaufs. Bei der in dieser Arbeit geführten Diskussion von WBS-Transaktionen stehen jedoch Unternehmenskäufe im Vordergrund, die auf Initiative von Finanzinvestoren unter hohen Renditeerwägungen in einer zeitlich befristeten Halteperiode und nicht mit dem Ziel einer dauerhaften Unternehmensführung zustande kommen. Sofern der Kaufpreis mehrheitlich über Fremdkapital (mehr als 50%) finanziert wird, spricht man in Literatur und Praxis auch von einem Leveraged Buy Out (LBO)[934]. Aus wirtschaftswissenschaftlicher Sicht liegt typischerweise ein LBO vor, wenn das Verhältnis der Nettoverschuldung zu EBITDA größer ist als 3,5 bis 4 und die Zinsdeckung (Interest Coverage, definiert als das Verhältnis EBITDA zu Zinsaufwand) diesen Betrag unterschreitet[935]. Die Akquisitionsfinanzierung eines LBOs besteht typischerweise aus einer Mischung aus Eigenkapital, herkömmlicher Bankenfremdfinanzierung (Senior Debt) und einer Mischfinanzierungsform

---

934 Weitnauer/*Weitnauer*, S. 1; vgl. auch von Braunschweig, M&A, 2004, S. 253. Sofern das eigene Management der Zielgesellschaft oder aber auch ein externes Management an der Aufbringung des Eigenkapitals neben anderen Investoren beteiligt ist, wird von einem Management Buy-out (MBO) oder einem Management Buy-in (MBI) gesprochen. Der Ursprung der LBO-Entwicklung findet sich in den USA; der LBO-Markt in Deutschland rangiert – wenn auch mit großem Abstand hinter den USA und England – weltweit an dritter Stelle; vgl. hierzu, sowie zu den historischen Entwicklungen in den USA sowie Deutschland; Weitnauer/*Weitnauer*, S. 11ff; Labbé, FB 2003. S. 303ff.

935 Vgl. Mittendorfer/Fotteler, S. 236.

(Mezzanine), wobei versucht wird, die Fremdfinanzierung durch den eigenen Cash Flow des Zielunternehmens zurückzuführen[936]. Das notwendige Eigenkapital für die Finanzierung der Akquisition wird von den angesprochenen Finanzinvestoren bereitgestellt, so dass man auch von Private Equity spricht – im Gegensatz zum Public Equity, dem Kapital, das sich Unternehmen durch einen Börsengang am öffentlichen Kapitalmarkt erschließen[937]. Durch die Bereitstellung von voll haftendem Kapital trägt der Finanzinvestor das Risiko des Totalverlustes. Aus diesem Grund ist es in seinem Interesse, diese Schicht der Kapitalstruktur der Akquisitionsfinanzierung gering zu halten und weitgehende Kontroll- und Mitspracherechte zu erhalten. Als Faustregel kann generell gelten, dass der eingesetzte Eigenkapitalanteil des Finanzinvestors höchstens 1/3 des Kaufpreises betragen sollte und der freie Cash Flow wenigstens 1/4 der Bankschulden bzw. 1/5 der gesamten verzinslichen Verschuldung[938]. Bei einem LBO fokussieren sich die Finanzinvestoren typischerweise mit ihren Investitionen auf Zielgesellschaften, die ein günstiges Verhältnis von operativem und finanziellem Risiko haben. Sie streben den Verkauf der Beteiligung (Desinvestition oder Exit) nach einer Haltefrist von drei bis sieben Jahre an – bevorzugt als Börsengang oder Verkauf an einen strategischen Investor (Trade Sale); in jüngerer Vergangenheit auch in Ermangelung der beiden vorherigen Formen als Secondary oder sogar als Tertiary Buy Out, d.h. Weiterreichungen an einen zweiten oder auch dritten Finanzinvestor[939]. Die Rechtsform der Zielgesellschaft spielt als Eignungsvoraussetzung keine Rolle. Vielmehr sind neben dem angesprochenen Risikoverhältnis hohe und langfristig erzielbare Cash Flows sowie ein geringer Verschuldensgrad entscheidende Parameter[940]. Darüber hinaus existieren weitere typische, in Betracht zu ziehende Faktoren, die für einen erfolgreichen LBO idealerweise vorliegen sollten[941]:

(i) ausgereifter, stabiler und konjunkturunabhängiger Markt mit hohen Eintrittsbarrieren und wenigen Wettbewerbern;
(ii) gesteigerte LBO-Fähigkeit des Zielunternehmens, manifestiert in herausragender Marktstellung, hoher Ertragskraft, geringer operativer Leverage, d.h. geringe Auswirkungen aufgrund von Umsatzrückgängen auf das Betriebsergebnis, sowie Marktkraft, diese zu minimieren;
(iii) Wertsteigerungs- und Exit-Potential des Zielunternehmens;
(iv) erfahrenes, kompetentes und motiviertes Management;
(v) kein überhöhter Kaufpreis;
(vi) optimale Übernahmestruktur, wobei insbesondere wichtig ist, dass die Haftung für den Finanzinvestor begrenzt ist, die Zinsen für das Akquisitionsdarlehen steuerlich abzugsfähig sind, der Zinsaufwand mit den Erträgen des Targets verrechenbar ist, vorhandene Verlustvorträge der

---

936 Weitnauer/*Weitnauer*, S. 3.
937 Weitnauer/*ders*, S. 1.
938 Mittendorfer/Fotteler, S. 236.
939 Ausführlich zu den Exit-Möglichkeiten, vgl. Dritter Teil § 26.
940 Assmann/Schütze/*Otto*, § 26 Rn. 21.
941 Vgl. zu den Einzelheiten, Mittendorfer/Fotteler, S. 239ff. sowie Kessel, S. 31ff.

Zielgesellschaft genutzt werden können, die Anschaffungskosten ertragssteuerlich in wirksamen Aufwand umgesetzt werden können, die steuerliche Abzugsfähigkeit von Eigenmitteldarlehen und der Schuldenabbau optimiert werden kann, Nachteile einer strukturellen Nachrangigkeit beseitigt werden können und ein direkter Zugriff auf die Cash Flows besteht; und

(vii) eine tragfähige Finanzierungsstruktur vorhanden ist, die einen ausgewogenen Chancen-Risiken-Ausgleich zwischen Eigen- und Fremdkapital gewährleistet.

II. Funktionsweise eines LBOs

Der Finanzinvestor selbst unterliegt strikten Renditeerwartungen seitens seiner eigenen Geldgeber und Investoren (IRR), so dass er für einen erfolgreichen LBO eine ganze Reihe von Wertsteigerungsmöglichkeiten verfolgen muss, die er schließlich nach Ablauf der Haltefrist beim Exit zu realisieren hat. Die Erfahrung zeigt, dass nicht alle Investitionen zum Erfolg führen, sondern auch eine Vielzahl scheitert (sog. Write-Offs). Häufig werden auch nur zu geringe Renditen erzielt. Aus diesen Gründen bedarf es einer genauen Planung und Strategie, damit der IRR des Investors mindestens im statistischen Durchschnitt erfüllt werden kann, obwohl sich bei Weitem nicht alle Investitionen rechnen. Von besonderer Wichtigkeit ist dabei stets der Gesichtspunkt, dass dem hohen finanziellen Risiko, bedingt durch die hohe Verschuldung, ein geringes operatives Risiko gegenübersteht[942]. Im Mittelpunkt steht dabei zunächst der sog. Leverage Effekt: Es handelt sich um die multiplikative Steigerung der Eigenkapitalrendite (ROE), sofern der interne Zinssatz der Transaktion über dem Fremdkapitalzins liegt[943]. Der Finanzinvestor wird versuchen, diesen Effekt auszuschöpfen, indem er den Verschuldensgrad, d.h. den Fremdkapitaleinsatz, maximiert. Allerdings sind diesem Vorgehen Grenzen gesetzt. Erstens, durch den Faktor der Gesamtkapitalrentabilität (ROA) und zweitens, durch die Gefahr zu hoher Fremdkapitalabhängigkeit bzw. erhöhtem Schuldendienst, welche sich bei Schwierigkeiten des operativen Geschäfts zu Liquiditätsengpässen und unter Umständen sogar zu einem Insolvenzrisiko verdichten können. Gleichzeitig wird der Finanzinvestor sich um Maßnahmen bemühen, welche die Produktivität sowie Effizienz des Unternehmens erhöhen und somit den Cash Flow des operativen Geschäfts stärken. Hierdurch wird die Zielgesellschaft nicht nur entschuldet, sondern erfährt idealerweise auch eine Steigerung des eigenen Unternehmenswerts. Durch eine Überschusserwirtschaftung kann es nämlich z.B. durch Investitionen selber wachsen oder strate-

---

942 Siehe Einzelheiten zum Geschäftsmodell und zu der Vorgehensweise von Finanzinvestoren, Georgieff/Biagosch, S. 172ff.

943 Kessel, S. 85 und 217. Siehe auch die Beispiele bei Georgieff/Biagosch, S. 176ff. Auszugehen ist dabei von der Tatsache, dass die theoretischen Fremdkapitalkosten niedriger als die theoretischen Eigenkapitalkosten sind, vgl. Einzelheiten bei Copeland/ Weston/Shastri, S. 247ff.

gisch wichtige Marktnischen besetzen. In der Folge erreicht das Unternehmen aufgrund der so erlangten höheren Stabilität und Marktrobustheit gegebenenfalls ein besseres Rating (sog. Leveraged Build Up-Strategie). In Kombination mit anderen Wertsteigerungsansätzen, die an dieser Stelle jedoch nicht weiter dargestellt werden können, finden sie ihren Niederschlag in einem erhöhten Kaufpreis-Multiple, der wiederum beim Exit die Rendite zugunsten des Investors steigert. Ein realistischer, angemessener Kaufpreis ist immer eine mitentscheidende Basis für einen erfolgreichen LBO[944]: Ausgangspunkt ist der Unternehmenswert, der regelmäßig anhand der Discounted-Cash-Flow-Methode (DCF-Methode) und ergänzender Planungsberechnungen ermittelt wird. Grenze für einen unangemessen hohen Kaufpreis stellt dann ein Vielfaches des EBITDA dar. Akquisitionen, die eine Finanzierung mit dem 3,5 bis 4fachen des EBITDA mit Senior Debt (vorrangig besichertes Fremdkapital) oder eine Gesamtfremdmittelbelastung von mehr als das 5 bis 5,5fache des EBITDA benötigen, gelten grundsätzlich als risikobehaftet. Eine Akquisitionsfinanzierung sollte nicht auf Ertragsverbesserung angewiesen sein, welche möglicherweise später nicht eintritt, um nicht der Gefahr eines zu hohen Schuldendienstes ausgesetzt zu sein. Sofern ein höherer Preis gezahlt werden muss, z.B. durch die Preissteigerung in einer Auktion, wird die Finanzierung meist mit höherem Eigenmittelanteil bestritten werden müssen[945].

III. Grundmodell einer LBO-Akquisitionsfinanzierung

Bei dem Grundmodell einer LBO-Akquisitionsfinanzierung gründet oder erwirbt der Finanzinvestor ein SPV als Akquisitionsgesellschaft (NewCo), welche als reines Übernahmevehikel fungiert und kein eigenes operatives Geschäft betreibt[946]. Aus Gründen der Haftungsbeschränkung für den Investor und aus steuerrechtlichen Erwägungen wird für die NewCo regelmäßig die Rechtsform einer GmbH oder GmbH & Co. KG gewählt. Diese Akquisitionsgesellschaft wird zum einen vom Investor mit Eigenkapital ausgestattet, andererseits nimmt sie Fremdkapital in Form eines Akquisitionsdarlehens von Bankenseite auf[947]. Die Kapital-

---

944 Vgl. Mittendorfer/Fotteler, S. 243.

945 Allerdings erhöht dies natürlich den Druck auf den Finanzinvestor, seinen IRR von 25 bis 30% zum Zeitpunkt seiner Desinvestition zu erreichen.

946 Zum Grundmodell einer Akquisitionsfinanzierung siehe Labbé, FB 2003, S. 303, 310; sowie Diem, § 1 Rn. 10ff. Abzugrenzen gilt es in diesem Zusammenhang die unmittelbare Übernahme, deren Struktur einem herkömmlichen Unternehmenskauf gleicht: Hierbei wird die Zielgesellschaft unmittelbar von dem Erwerber, ohne Zwischenschaltung des Akquisitionsvehikels NewCo übernommen. Somit wird der Erwerber selber unmittelbar Kreditnehmer für der Akquisitionsfinanzierung und haftet auch für die Rückführung selbst.

947 Bei hohen Transaktionsvolumina handelt es sich dabei in der Regel um einen Konsortialkredit, bei dem zur Risikodiversifizierung mehrere Banken in einem Konsortium zusammenwirken. In der Regel wird eine Bank (Underwriter) in die Planung der Akquisitionsfinanzierung eingebunden und sich frühzeitig im Wege des sog. Market Sounding um die

struktur von NewCo kann aber auch wesentlich komplexer ausfallen, insbesondere bei größeren Transaktionen, die auch mezzanine Titel, High Yield Bonds und andere Schichten beinhalten.

Mit diesem Kapital erwirbt die NewCo die Anteile an der Zielgesellschaft[948]. Der Schuldendienst des Akquisitionsdarlehens wird über den Cash Flow des operativen Geschäfts des Zielunternehmens bestritten, der an die Akquisitionsgesellschaft hochgeleitet wird. Auch werden üblicherweise die bestehenden, von der Hausbank eingerichteten Betriebsmittelkredite der Zielgesellschaft und etwaiger weitere operativer Töchter von der das Akquisitionsdarlehen stellenden Bank, abgelöst, um etwaige Interessenskollisionen zu vermeiden[949].

Abbildung 8: Übersicht einer vereinfachten LBO-Akquisition durch einen Finanzinvestor

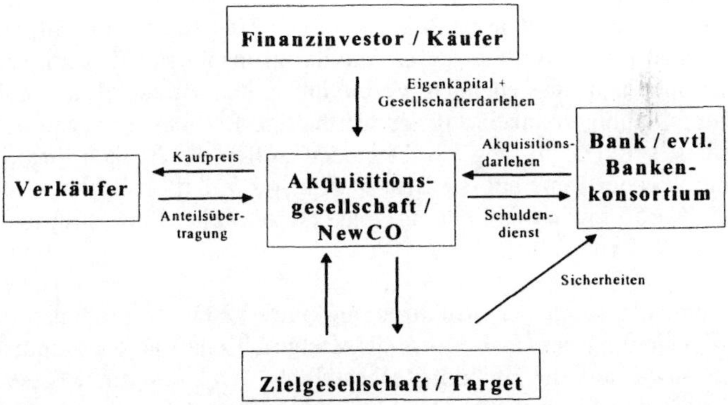

Quelle: Eigene Abbildung

Syndizierung des Kreditvertrages bemühen, d.h. um die teilweise oder vollständige Übertragung der Rechte und Pflichten aus dem Kreditvertrag und den Sicherheitenverträgen auf andere Banken. Hintergrund sind dabei u.a. die Regelvorgaben der Bankenaufsicht, die der Risikostreuung dienen. So darf ein einzelner Großkredit 25% und alle Großkredite zusammen das 8fache des haftenden Eigenkapitals eines Kreditinstituts nicht übersteigen (§ 13 Abs. 4 KWG). Unter einem Großkredit versteht man einen Kredit, der insgesamt 10% des haftenden Eigenkapitals eines Kreditinstituts umfasst (§ 13 Abs. 1 KWG); Einzelheiten siehe bei Diem, § 30 Rn.1ff. Grundlegend zum syndizierten Kreditgeschäft aus praktischer Sicht; Rhodes/Clark/ Campbell, S. 1ff.

948 Aus bilanzieller Betrachtungsweise stehen dann auf der Aktivseite von NewCo die Beteiligung an der Zielgesellschaft, auf der Passivseite werden hingegen die zur Finanzierung des Kaufpreises notwendig aufgenommenen Fremdkapitalmittel und das eingebrachte Eigenkapital verbucht.

949 Solche Betriebsmittelkredite sind in der Regel revolvierenden Charakters mit endfälliger Tilgung und gleicher Laufzeit wie die Senior Tranche der Kaufpreisfinanzierung. Vereinbart ist auch eine sog. Clean Down Period, d.h., einmal jährlich erfolgt eine vollständige Rückführung über einen bestimmten Zeitraum.

Dieses Grundmodell bietet aus Sicht des Investors den Vorteil der Haftungsbeschränkung, da nicht er, sondern die NewCo Vertragspartner des Unternehmenskaufvertrages und der notwendigen Kreditverträge ist. Gleichzeitig besteht für ihn die Möglichkeit, die Abzugsfähigkeit der an ihn gezahlten Zinsen für die Zurverfügungstellung des Eigenkapitals als Gesellschafterdarlehen zu erreichen[950]. Aus der Perspektive der das Akquisitionsdarlehen bereitstellenden Banken zeichnen sich hingegen zwei wesentliche Probleme ab[951]: Erstens besteht nur ein eingeschränktes bzw. indirektes Zins- und Tilgungspotenzial der Akquisitionsgesellschaft, da der operative Cash Flow auf der Ebene der Zielgesellschaft und nicht durch die Akquisitionsgesellschaft generiert wird, auf welche die finanzierenden Banken aufgrund ihres Vertragsverhältnisses unmittelbar zugreifen könnten. Damit sind die finanzierenden Banken in einer strukturellen Nachrangsituation gegenüber unmittelbaren Gläubigern des Targets (Zielgesellschaft)[952]. Zweitens erhalten die Banken typischerweise keine ausreichend werthaltigen Sicherheiten. NewCo kann ihnen lediglich Beteiligungsvermögen in Form der Verpfändung von Geschäftsanteilen, die sie an der Zielgesellschaft hält, zur Verfügung stellen. Die Verwertung dieser Anteile im Insolvenzfall bleibt regelmäßig deutlich hinter den ausstehenden Verbindlichkeiten zurück. Ein unmittelbarer Zugriff der Gläubigerbanken auf das werthaltige Betriebsvermögen der Zielgesellschaft ist somit nicht möglich. Demnach treffen die Banken ihre Kreditentscheidung in erster Linie auf der Basis des projektierten Cash Flows der Zielgesellschaft (Cash Flow based Lending) und erst in zweiter Linie aufgrund der verfügbaren Sicherheiten[953].

Im Zusammenhang mit der Strukturierung eines LBOs, insbesondere in Bezug auf die Hochleitung der Cash Flows der Zielgesellschaft an die Akquisitionsgesellschaft sowie auf die Sicherheitenbestellung, sind bestimmte gesellschaftsrechtliche Grenzen zu beachten. Im Vordergrund stehen dabei die gesellschaftsrechtlichen Kapitalerhaltungsvorschriften: Wenn es sich bei der Zielgesellschaft um eine AG handelt, dann ist nach §§ 57 Abs. 1, 71a Abs. 1 AktG die Sicherheitenbestellung einer Gesellschaft für die Verbindlichkeiten einer ihrer Aktionäre, auch ihres Hauptaktionärs, nicht zulässig[954]. Im Fall einer GmbH oder GmbH & Co. KG sind die Grenzen der §§ 30, 31 GmbHG und auch die Rechtsprechung zum existenzvernichtenden Eingriff zu beachten[955].

---

950 In den Grenzen des § 8a KStG, siehe hierzu von Braunschweig, S. 255f.

951 Mittendorfer/ Fotteler, S. 247.

952 Im Insolvenzfall können unmittelbare Gläubiger nach § 175 InsO ihre Forderungen zur Tabelle anmelden, Gesellschafter hingegen werden lediglich aus dem Überschuss bedient, der nach vollständiger Befriedigung aller Insolvenzgläubiger übrigbleibt, § 199 InsO. In aller Regel gehen so die zuletzt befriedigten Gesellschafter leer aus, da die Insolvenzmasse nicht ausreichend ist.

953 Diem, § 1 Rn. 11.

954 Einzelheiten dazu Diem, § 46 Rn. 1ff.; sowie auch Fleischer, AG 1996, S. 494 ff..

955 Näheres dazu Diem, § 44 Rn. 1ff. und Rn. 85ff.

IV. Rechtsgrund: post-akquisitorische Umstrukturierungen

In der Praxis wird neben einer gesellschaftsrechtlichen Maximierung, die vornehmlich dazu genutzt wird, die bestehenden Grenzen der Besicherung zu überwinden[956], auch regelmäßig eine steuerrechtliche Optimierung verfolgt. Deshalb kommt es in der Regel zu Umstrukturierungen, die sich an die Phase der Akquisition anschließen (sog. post-akquisitorische Umstrukturierungen), da erst zum Zeitpunkt des Geschäftsabschlusses (Closing) der Erwerber bzw. NewCo die Kontrolle über die Zielgesellschaft erlangt und entsprechende Schritte umsetzen kann[957]. Regelmäßig handelt es sich dabei um den Abschluss eines Beherrschungs- und Gewinnabführungsvertrages und zur Herbeiführung einer steuerrechtlichen Organschaft, um beispielsweise eine Verrechnung des Zinsaufwands der Akquisitionsgesellschaft mit den Gewinnen der Zielgesellschaft zu ermöglichen. Gleichzeitig kommt zur Überwindung der Probleme sowohl der Kapitalerhaltungsvorschriften als auch die der strukturellen Nachrangigkeit der Akquisitionsdarlehensgeber die Zusammenführung von beiden Gesellschaften in Betracht. Hierbei kann es entweder zu einer Verschmelzung der Zielgesellschaft auf die Akquisitionsgesellschaft (Triangular Upstream Merger) oder zum umgekehrten Fall (Downstream Merger oder Reverse Merger) kommen oder aber auch zur Anwachsung der Zielgesellschaft auf die Akquisitionsgesellschaft. In den beiden ersten Fällen sind die besonderen Verfahrensvorschriften des UmwG zu beachten[958]. Der einer Anwachsung vorgeschaltete Formwechsel, welcher die Zielgesellschaft in eine Personengesellschaft mit zwei Gesellschaftern überführt, ist ebenfalls nach den Vorschriften des UmwG (§ 190 UmwG) durchzuführen[959]. Die Anwachsung selbst erfolgt hingegen formlos per Gesetz nach § 738 Abs. 1 S. 1 BGB. In allen Fällen würden sodann eigene Verbindlichkeiten besichert. Das Problem der strukturellen Subordination der kreditgebenden Banken muss nicht unbedingt durch die Zusammenführung der beiden Gesellschaften erfolgen, sondern wird auch mittels eines sog. Debt Push Down ermöglicht. Hierbei wer-

---

956 So sind insbesondere im Fall einer GmbH als Zielgesellschaft die Kapitalerhaltungsvorschriften gemäß §§ 30, 31 GmbHG zu beachten. Gleichzeitig aber auch die BGH Rechtsprechung zum existenzvernichtenden Eingriff, welcher ihren Ursprung in der Entscheidung „Bremer Vulkan" vom 17.09.2001 hat und u.a. in der Entscheidung vom 24.06.2006 („KBV") präzisiert wurde.

957 Vgl. Diem, § 3 Rn. 1ff.

958 U.a. sind erforderlich: ein notariell beurkundeter Verschmelzungsvertrag (§§ 4ff. UmwG); ein von Sachverständigen geprüfter Verschmelzungsbericht (§§ 9 Abs. 1, 48, 60 Abs. 1 UmwG), sofern nicht die Akquisitionsgesellschaft alle Anteile an der Zielgesellschaft hält oder alle Gesellschafter des Targets sowie alle Gesellschafter der Akquisitionsgesellschaft durch notariell beurkundete Erklärungen auf Prüfung und Bericht verzichten (§§ 8 Abs. 3, 9 Abs. 3 UmwG); notariell beurkundete Ver-schmelzungsbeschlüsse (§ 13 UmwG) und eine Handelsregisteranmeldung unter Beifügung der Schlussbilanz der übertragenden Gesellschaft (§§ 16, 17 Abs. 2 UmwG).

959 Voraussetzung ist, dass die Zielgesellschaft als GmbH & Co. KG firmiert. Nur so kann durch das Ausscheiden der Komplementär-GmbH, sofern es nur noch einen Kommanditisten (nämlich die Akquisitionsgesellschaft) gibt, das Vermögen der Zielgesellschaft diesem Kommanditisten anwachsen.

den die von der Akquisitionsgesellschaft aufgenommenen Fremdkapitalmittel auf die Ebene der Zielgesellschaft verlagert. Dies kann beispielsweise erfolgen, indem die Zielgesellschaft ein Darlehen in Höhe des Akquisitionsdarlehen aufnimmt und diesen Betrag der Akquisitionsgesellschaft als Darlehen zur Verfügung stellt, damit sie ihre Verbindlichkeiten abtragen kann. Allerdings brach der BGH in seinem Urteil vom 24.11.2003[960] mit seiner ständigen Rechtsprechung, die stets im Zusammenhang der gesellschaftsrechtlichen Kapitalerhaltung auf eine bilanzielle Betrachtungsweise rekurrierte und somit bei der Kreditgewährung an Gesellschafter auf die Werthaltigkeit des Rückzahlungsanspruchs abstellte. Nunmehr ist eine solche Darlehensgewährung nach § 30 Abs. 1 GmbHG nur noch zulässig, wenn den ausgezahlten Mitteln auf der Passivseite der Bilanz Rücklagen, Gewinnvorträge und der Jahresüberschuss gegenüberstehen. Solche Mittel werden regelmäßig der Zielgesellschaft nicht zur Verfügung stehen. Folgerichtig hat der Debt Push Down auch stark an Praktikabilität eingebüßt[961].

V. Elemente der Akquisitionsfinanzierung und Kapitalstruktur der Akquisitionsgesellschaft

1. Grundsätzliche Einteilung und Überlegungen zur Strukturierung

Die Instrumente einer Akquisitionsfinanzierung lassen sich grundsätzlich in folgende Elemente klassifizieren[962]:

- (i) vorrangiges Fremdkapital (oder auch Senior Debt), welches im Liquidationsfall des Kreditnehmers vorrangig gegenüber allen anderen Gläubigern zu bedienen ist;
- (ii) nachrangige Finanzierungsformen (oder auch Junior Debt) oder auch Mezzanine-Kapital;
- (iii) haftendes Eigenkapital.

Für Mezzanine-Kapital[963] gibt es keine einheitliche Definition, vielmehr steht es als Oberbegriff für all jene Finanzierungsinstrumente, die sowohl rechtlich bzw. wirtschaftlich Eigen- als auch Fremdkapitalcharakter haben[964]. Das Eigenkapitalelement besteht darin, dass es als langfristiges, im Insolvenzfall gegenüber den vorrangig besicherten Gläubigern als nachrangiges, entweder vertraglich oder strukturell ausgestaltetes, Haftungskapital dient. Dies bezieht sich auch auf

---

960 BGH WM 2004, S. 325.

961 Vgl. Diem, § 49 Rn. 39. Im Fall einer AG verstößt der Debt Push Down von vornherein gegen § 57 Abs. 1 sowie § 71a Abs. 1 S. 1 AktG.

962 Vgl. Kessel, S. 94ff.

963 So stammt der Begriff Mezzanine aus dem Italienischen („Mezzanino") und beschreibt in der Architektur ein Halb- oder Zwischengeschoss eines mehrstöckigen Gebäudes. Das Mezzanine hat eine geringere Höhe als die üblichen Geschosse und befindet sich entweder als letztes Geschoss ohne Dachschräge unter dem Dach, z.B. als Dienst-botenwohnung oder als Zwischengeschoss zwischen Erdgeschoss und dem ersten Obergeschoss.

964 Vgl. Frodermann/Schäfer, S. 264.

die Zinszahlungen[965]. Zur Risikoabfederung und Erhöhung der eigenen Rendite[966] erwarten die Mezzanine-Finanzierer häufig eine Beteiligung an der zukünftigen Wertsteigerung des Unternehmens in Form eines sog. Equity Kicker, d.h. der Möglichkeit, Anteile an der Zielgesellschaft zu Sonderkonditionen zu erwerben[967]. Der Fremdkapitalcharakter rührt hingegen von der zeitlich begrenzten Zurverfügungstellung des Kapitals, der unbedingten Rückzahlungsverpflichtung, der laufenden, erfolgsunabhängigen Basisverzinsung und steuerlichen Zinsabzugsfähigkeit[968]. Folgerichtig ist das Repertoire an Instrumenten vielfältig ausgestaltet. Sie lassen sich jedoch grundsätzlich in zwei Kategorien auffächern: (i) nachrangig unbesicherte Fremdmittel (Debt Mezzanine) und (ii) nachrangige Fremdmittel mit eigenkapitalähnlichem Charakter (Equity Mezzanine). Typischerweise finden sich darunter folgende Instrumente: Mezzanine-Darlehen, Schuldscheindarlehen, Nachrangdarlehen, Stille Gesellschaft (typisch und atypisch), Partiarisches Darlehen, Verkäuferdarlehen/Seller Paper, Genussrechte, Wandelgenussrechte, Besserungsabrede und Besserungsschein, Wandelanleihen, Optionsanleihen, Going-public Optionsanleihen, Sale-Leaseback, High Yield Bonds, Debt-Equity-Swaps[969].

Bei Strukturierung und Gewichtung der Kapitalstruktur des Akquisitionsvehikels sieht sich der Finanzinvestor dementsprechend einer Vielzahl von unterschiedlichen Instrumenten gegenüber, die sich hinsichtlich der wichtigsten Parameter wie etwa Struktur, Laufzeit, Kosten, Flexibilität, Liquiditätsvolumen oder Risiko, die ein solches Produkt ausmachen, unterscheiden. Folglich stellt sich der Akquisitionsfinanzierungsprozess als schwieriger und sehr komplexer Vorgang dar, der von Transaktion zu Transaktion abweicht. Im Wesentlichen ist dieser Prozess vom zu finanzierenden Gesamtvolumen der Transaktion sowie von der Schuldendienstfähigkeit des Zielunternehmens abhängig. Die einzelnen Instrumente unterscheiden sich nach ihrem Risiko- und Ertragsprofil (Risk/ Return-Profile), d.h. nach dem Risikograd des Verlustes im Insolvenzfall für den Kapitalgeber und der Höhe des erwarteten Ertrags für die Bereitstellung des Kapitals unter entsprechendem Risiko.

---

965 Diese sind oft, um die Liquidität des Unternehmens zu schonen, aufgeteilt in einen Cash-wirksamen (EURIBOR + laufende Cash-Zinsmarge) und einen kapitalisierten Anteil, der am Ende der Laufzeit mit der Gesamttilgung der Kapitals ausgezahlt wird; vgl. Mittendorfer/Fotteler, S. 236, 255.

966 Angestrebt werden 15 bis 20%, die sich nicht selten wie folgt zusammensetzen: Laufende Verzinsung (EURIBOR + 3%) zuzüglich jährliche Zinsen in Höhe von 4 bis 5%, die mit Blick auf den Cash Flow und die übrige Tilgungslast kapitalisiert werden und regelmäßig erst am Ende der Laufzeit bzw. nach Rückzahlung der vorrangigen Kredite fällig werden; Frodermann/Schäfer, S. 266.

967 Dies geschieht durch die Gewährung von Bezugsrechten auf Geschäftsanteile, z.B. in der Form von Wandelgenussrechten (sog. Warrants).

968 Fischer, S. 225.

969 Vgl. hierzu auch Frodermann/Schäfer, S. 267ff.

Die folgende Abbildung zeigt eine vereinfachte Übersicht der herkömmlichen Finanzierungsalternativen im Zusammenhang eines LBOs:

Abbildung 9: Vereinfachte Übersicht der Finanzierungsalternativen bei einem LBO nach Risiko- und Ertragsprofil

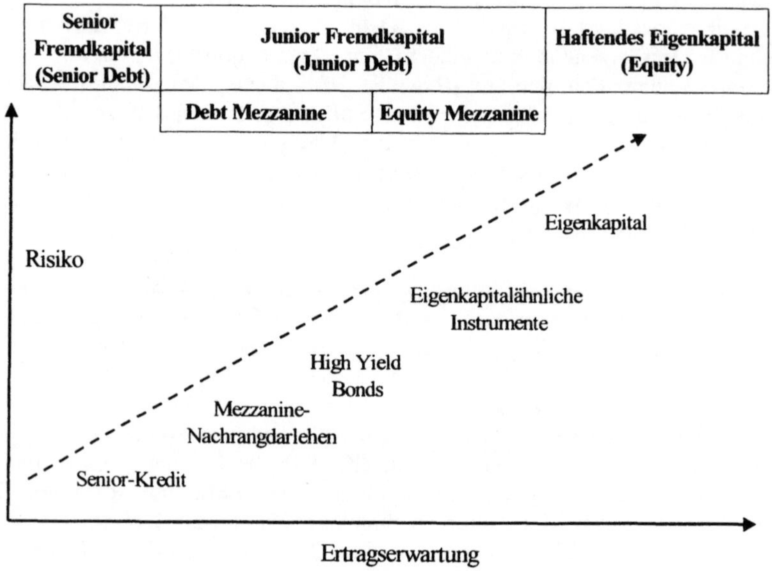

Quelle: Eigene Darstellung

Aus Sicht des Finanzinvestors kommt als besonders wichtiger Faktor hinzu, dass es sich stets um Finanzierungen handelt, die sich aus den Cash Flows der Zielgesellschaft speisen und somit selbstamortisierend sind. Folgerichtig müssen solche Zahlungsströme auch stabil und vorhersehbar sein. Ein weiterer wichtiger Aspekt in diesem Zusammenhang ist deshalb die Ausrichtung der zukünftigen Strategie und Struktur des Unternehmens. Dementsprechend muss in Zusammenarbeit mit der Geschäftsführung des Zielunternehmens austariert werden, inwiefern bestimmte Umstrukturierungsmaßnahmen zur Cash Flow Optimierung durchgeführt werden können, um das Finanzierungsziel zu erreichen. Es bedarf dabei der Analyse unterschiedlicher Szenarien, die wiederum durch die Kapitalgeber in Bezug auf die grundsätzliche Machbarkeit hin überprüft werden. Hierbei müssen die Arrangeure einer Akquisitionsfinanzierung ein Hauptaugenmerk auf die Realität und Dynamik der Kapitalmärkte legen[970]: Ebenso wie der Aktienmarkt unterliegen die Fremdkapitalmärkte, seien sie öffentlich (z.B. High Yield Bonds) oder privat (z.B. der Mezzanine-Markt), bestimmten rational oft nicht nachvollziehbaren Strömungen und befinden sich ständig in einem Fortentwicklungsprozess. Zur Zeit besteht etwa ein sehr hoher Wettbewerbsdruck unter den finanzierenden Banken, da diese einerseits an den wiedererstarkten Aktivitäten am Unternehmensübernahmemarkt finanziell teilhaben wollen. Andererseits haben die Banken gleichzeitig eine gesteigerte Motivation bestimmte Risiken zu tragen und riskante Finanzierungen zu übernehmen, weil sie selber ihr eigenes Kreditrisiko mittels Kreditderivate handelbar machen können und dadurch dieses Risiko an den Kapitalmarkt und seine Teilnehmer, wie z.B. Hedgefonds oder andere Banken, abwälzen und weitergeben können (wie z.B. Credit-Default Swap)[971]. Diese Situation ist allerdings nur eine aktuelle Momentaufnahme und kann sich jederzeit verändern. Denkbar wäre etwa der Fall, dass die Investitionswilligkeit der Teilnehmer an den Sekundärmärkten sich erschöpft und dadurch die Banken ihre Kreditrisiken, die sich aus den übernommenen Akquisitionsfinanzierungen ergeben, nicht weitergeben könnten, sondern selbst bilanzieren müssten. Im Ergebnis würde dies zu Verlusten bei den Banken führen und letztlich zu Kreditverknappungen und Schwierigkeiten der Erstfinanzierung von Akquisitionen.

Regelmäßig muss deshalb die Struktur der Akquisitionsfinanzierung in Korrelation zu den Marktrealitäten gesehen werden. Meist werden Finanzierungen hinsichtlich der Kapazität an Fremdkapital und der Struktur an vergleichbaren Transaktionen in der Vergangenheit, wie etwa des gleichen oder eines vergleichbaren Industriesektors, des Volumens oder ähnlicher Maßstäbe, gemessen. Solche vergleichbaren Transaktionen werden dann auf die wesentlichen Finanzkennzahlen hin untersucht, die für die Kreditentscheidung von Bedeutung gewesen sind und

---

970 Vgl. Georgieff/Biagosch, S. 783.

971 Die Palette an Instrumenten im Bereich der Kreditderivate ist äußerst vielfältig und komplex. Sie werden, wie im allgemeinen außerbörslichen Derivatehandel üblich, in vertraglich standardisierter Form abgeschlossen und in einen zwischen den Parteien bestehenden Rahmenvertrag einbezogen. Bei diesen sog. Credit Default Products, als eine Unterform der Kreditderivate, schuldet der Sicherungsgeber eine Ausgleichsleistung, wenn das vertraglich vereinbarte Kreditereignis (Credit Event) eingetreten ist. Vertragsgegenstand ist somit eine durch den Eintritt des Kreditereignisses bedingte Leistungsverpflichtung. Bei einem Credit Default Swap handelt es sich grundsätzlich nicht um einen Swap, sondern vielmehr um eine Option. Der Risikoverkäufer bezahlt auf den Nominalbetrag eine Prämie in Basispunkten. Sofern es während der Laufzeit des Credit Default Swaps zu einem Kreditereignis (Credit Event), wie z.B. die Zahlungsunfähigkeit, kommt, leistet der Risikokäufer an den Risikoverkäufer eine Ausgleichszahlung. Zur Bestimmung des Kreditereignisses – und damit die bestehende Vertragsbeziehung von der derivativen Transaktion nicht berührt wird – wird dieses Geschäft regelmäßig mit einem gleichartigen Referenzwert unterlegt, meist einer Anleihe, weil die Bewertung im Fall einer Zahlungsstörung deutlich einfacher ist (sog. Referenzaktivum oder Underlying); vgl. Nordhues/Benzler, WM 1999, S. 461ff. Weitere Einzelheiten siehe auch bei Flavell, S. 1ff.

als Multiplikatoren dargestellt werden[972]. Multiplikatoren, die in der Praxis besonders häufig gebraucht werden, sind Fremdkapital/ EBITDA, Fremdkapital/ (EBITDA - Capex) und Fremdkapital/ Zinsaufwendungen, wie oben im Detail dargestellt. Außerdem ist dem Spannungsverhältnis zwischen den unterschiedlichen Interessenlagen der beteiligten Parteien Rechnung zu tragen: Der Finanzinvestor strebt nach der Maximierung seiner Rendite, der Verkäufer nach dem höchstmöglichen Verkaufspreis und die finanzierende Bank nach einer möglichst umfassenden Besicherung[973]. Im Ergebnis zeigt sich, dass die Strukturierung einer Akquisitionsfinanzierung nur gelingt, wenn alle Aspekte in einer Gesamtschau betrachtet und sehr gewissenhaft und detailliert abgewogen werden. Deshalb ist es auch zutreffend, von der „Kunst" des Strukturierungsprozesses zu sprechen, welche von den Arrangeuren und ihren juristischen Beratern ein hohes Maß an Erfahrung und sehr genaue Kenntnisse der aktuellen Kapitalmärkte erfordert[974].

Grundsätzlich ist zu sagen, dass das Fremdkapitalelement immer den größten Teil der Finanzierung ausmacht und sich prozentual erhöht je großer das Transaktionsvolumen ist. Auf vorgenannte Risk/Return-Überlegungen muss ebenfalls ein besonderes Augenmerk gelegt werden[975].

Die einzelnen Schichten der Kapitalstruktur, abgeschichtet nach Umfang und Rekuperationsrisiko im Insolvenzfall, ist letztlich einzelfallabhängig, kann aber typischerweise wie folgt aussehen:

---

972 Georgieff/Biagosch, S. 783.
973 Vgl. Kessel, S. 114.
974 Georgieff/Biagosch, S. 784.
975 Bei kleinen Transaktionen (sog. Small Cap LBOs bis £ 10 Mio. [ca. € 15 Mio.]) wird der Fremdkapitalanteil regelmäßig 60% betragen, bei Übernahmen mittlerer Größe (sog. Mid Cap LBOs zwischen £ 10 bis 100 Mio. [€ 15 bis 150 Mio.]) kommt es hingegen etwa zu einem Verhältnis von 50% : 50% . Bei großvolumigen Transaktionen (sog. Large Cap LBOs in der Größenordnung von über £ 100 Mio. [€ 150 Mio.]) ist der Verschuldensgrad mittels Fremdkapital um einiges aggressiver gestaltet, um so einen höheren Leverage Effekt zu erzielen; vgl. Debt Finance Aspects of Private Equity Transactions, publiziert von der englischen Rechtsanwaltkanzlei Macfarlanes, S.1, abrufbar unter www.macfarlanes. com. Der Umrechnungskurs am 25.05.06 betrug € 1,466. Die Beträge zur Größeneinstufung der Transaktionen können nach beschriebenem Wirtschaftsmarkt oder Publikation variieren. Mittendorfer/Fotteler beispielsweise sehen einen Small Cap LBO bei € 20 Mio., einen Mid Cap LBO bei € 20 bis 250 Mio. und einen Large Cap LBO bei über € 250 Mio.; vgl. Mittendorfer/Fotteler, S. 253.

Abbildung 10: Kapitalstruktur von NewCo

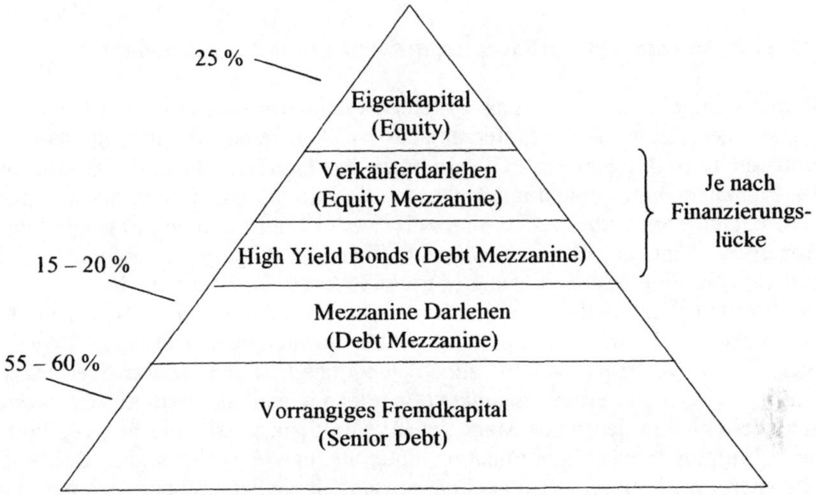

Quelle: Eigene Darstellung

2. Eigenkapital

Eigenkapital ist haftendes Kapital, so dass Investoren bei dieser Form der Beteiligung auch das höchste Risiko tragen. Im Vordergrund steht dabei das Ausfallrisiko im Insolvenzfall aufgrund der absoluten Nachrangigkeit dieser Kapitalschicht[976]. Allerdings umfasst es somit aber auch den geringsten Umfang in der Kapitalstruktur[977]. Es speist sich aus der Eigenkapitalausstattung der Akquisitionsgesellschaft durch den Finanzinvestor und setzt sich aus der Einzahlung in das Stammkapital des Übernahmevehikels[978] sowie aus Zuführungen in Form von Gesellschafterdarlehen zusammen[979]. Sofern es sich um einen Management Buy Out (MBO) oder Management Buy In (MBI) handelt, wird sich auch das

976 Weiteres Risiko sind die nicht vollständig kalkulierbaren Kapitalkosten, da es bis zum Exit des Finanzinvestors unklar bleibt, inwiefern der Leveraged-Effekt ausgenutzt werden kann.

977 Vgl. Schrell/Kichner, BKR 2003, S. 14; Kütting/Dürr, DB 2005, S. 1999.

978 Typischerweise handelt es sich hier um eine GmbH, € 25.000 Stammkapital gemäß § 5 Abs. 1 GmbHG.

979 Die Zinsen dieses nachrangigen Darlehens werden normalerweise vollständig kapitalisiert und erst nach Tilgung sämtlicher Fremdkapitalmittel mit dem Darlehen selbst ausgezahlt (sog. Payment in Kind, PIK).

Management der Zielgesellschaft, bzw. das von außen neu hinzutretende Management, finanziell beteiligen müssen[980]. Die Faustregel besagt zur Zeit, dass etwa 1/3 des Akquisitionskapitals auf diese Weise bereitgestellt wird.

3. Equity Mezzanine - Verkäuferfinanzierung (Vendor Financing)

Sollten sämtliche zur Verfügung gestellten Finanzierungsinstrumente nicht ausreichen, den Kaufpreis des Unternehmens zu finanzieren, was insbesondere bei größeren Transaktionen der Fall sein kann, insbesondere, wenn der Cash Flow des Zielunternehmens nicht ausreicht, um die Zinsen und Tilgung nachrangiger Verbindlichkeiten zu bestreiten, muss diese Lücke mit Hilfe von Finanzierungsinstrumenten mit eigenkapitalähnlichem Charakter (Equity Mezzanine) aufgefüllt werden. Eine übliche Lösung in transaktionsarmen Zeiten ist das sog. Vendor Financing[981]. Hierbei stundet der Verkäufer dem Käufer einen Teil des Kaufpreises in Form eines im Insolvenzfall nachrangigen Darlehens (Vendor Loan)[982]. Die Vertragsgestaltung ähnelt einem langfristigen nachrangigen Darlehen und wird oft in einem abstrakten Schuldanerkenntnis dokumentiert, wobei sich allerdings im deutschen Markt noch keine Standardisierung herausgebildet hat[983]. Aufgrund dieser Subordination hinter allen anderen Fremdkapitalverbindlichkeiten, wird dieser Vendor Loan (auch als Seller's paper bekannt und manchmal mit einem sog. Earn Out[984] belohnt) wirtschaftlich zu Eigenkapital[985].

---

980 Typischerweise handelt es sich dabei um das ein- oder zweifache eines Jahresgehaltes. Die Beteiligung, die das Management als Gegenleistung erhält, ist im Verhältnis zur finanziellen Beteiligung relativ hoch und wird als Sweet Equity bezeichnet.

981 Heemann, S. 705. Andere Formen des Equity Mezzanine sind z.B. das partiarische Darlehen mit geringer Verzinsung aber Beteiligung am Gewinn; Beteiligung des Investors als stiller Gesellschafter; Genussrechte; Schuldverschreibungen in Form von Options- oder Wandelanleihen; vgl. Kessel, S.107ff.

982 Häufig werden auch hier die Zinsen kapitalisiert.

983 Heemann, § 15 Rn. 129.

984 Es handelt sich dabei um eine Incentivierung des Verkäufers durch den Käufer in Form von zusätzlichen Geldzahlungen bei Erreichen bestimmter, zuvor vereinbarter Finanzkennzahlen. In der Praxis finden sich solche Earn Out-Vereinbarungen erfahrungsgemäß im Bereich des Venture Capitals, wo kleine Unternehmen im Hochtechnologie- oder Biotech-Sektor verkauft werden und der Verkäufer zu einem späteren Zeitpunkt am zukünftigen Erfolg des Unternehmens partizipieren soll.

985 Es besteht auch die Möglichkeit, die Verkäuferfinanzierung als sog. Earn Out zu gestalten. In einem solchen Fall reduziert sich der Kaufpreis, aber der Verkäufer partizipiert für eine bestimmte Zeit am Erfolg des Unternehmens nach Abschluss der Transaktion, beispielsweise um ausgewählte Umstrukturierungssynergien oder die Mitarbeit wichtiger Arbeitnehmer, die nur noch eine bestimmte Zeit im Zielunternehmen verbleiben, zu nutzen; Mittendorfer/Fotteler, S. 251 und 252.

4. Debt Mezzanine

Eine weitere Möglichkeit, etwaige Finanzierungslücken zu schließen, ist der Einsatz von nachrangigem Fremdkapital (Debt Mezzanine). In Abhängigkeit des Transaktionsvolumens sind hier häufig High Yield Bonds und der Mezzanine-Kredit zu beobachten.

a. High Yield Bonds

Bei High Yield Bonds (in den 1980er Jahren als Junk Bonds bekannt) handelt es sich um ein bekanntes und bewährtes Finanzierungsinstrument. Im Allgemeinen werden unter dem Begriff High Yield Bonds festverzinsliche börsennotierte oder privatplatzierte Anleihen von Unternehmen mit einer auf Grund des erhöhten Ausfallrisikos höheren Verzinsung verstanden, die kein oder ein Rating als Sub Investment haben[986]. Es handelt sich um eine Finanzierungsmaßnahme, die vornehmlich im Bereich der Large Cap LBOs, d.h. bei großvolumigen Transaktionen, zur Anwendung kommt, da hier die Finanzierbarkeit häufig sehr stark ausgereizt wird. Dies geschieht insbesondere durch den Zwang der Finanzinvestoren, in Auktionen überhöhte Preise zahlen und finanzieren zu müssen, um zum Ziel zu gelangen. Finanzinvestoren schätzen High Yield Bonds wegen der in Verbindung mit einer langen Laufzeit kalkulierbaren Zinskosten (Call Protection) sowie der durch die Nachrangigkeit des Instruments möglichen Erhöhung des Finanzierungspakets und damit einhergehend der weiteren Reduzierung des von ihnen eingesetzten Eigenkapitals[987].

aa. Hintergrund und Entwicklung des High Yield Bond-Marktes

Die Entwicklung des High Yield Bond-Marktes nahm ihren Anfang in den 1980er Jahren in den USA[988]. Zunächst handelte es sich bei High Yield Bonds um eine Finanzierungsmöglichkeit von Unternehmen, die ursprünglich eine Bonitätseinstufung als Investment Grade durch die entsprechende Ratingagenturen besaßen, aber wegen angespannter Geschäftslage eine Herabstufung als Sub Investment (Downgrading) erleiden mussten (sog. Fallen Angels). Eine solche Herabstufung hatte zur Folge, dass auf Grund des erhöhten Ausfallrisikos herkömmliche festzinsorientierte Investoren (Fixed Income Investors) wegen ihrer strikten internen Investitionsrichtlinien von einer derart risikobehafteten Anlageklasse ausgeschlossen waren. Neue Anlegergruppen, die bereit waren höhere Ausfallrisiken zu tragen, konnten zunächst nur am Privatplatzierungsmarkt gewonnen werden. Diese Risikobereitschaft ließen sich die Investoren mit erhöhten Zinszahlungen kompensieren. In der Folge entwickelten sich High Yield Bonds

---

[986] Harrer/Fisher, Die Bank 2004, S. 27; Coats/Rick/Kilner, PLC July 1999, S. 33. Sub Investment Grade bedeutet bei Standard & Poor's ein Rating mit BBB, Baa bei Moody's und Fitch.

[987] Georgieff/Biagosch, S. 190.

[988] Vgl. Kricheff/Strenk, S. 3ff. Siehe zur Entwicklung und den Zyklen des High Yield Bond Marktes im Zusammenhang mit dem LBO-Markt auch Chamblee/Tenholder, Commercial Lending Review November/December 2005, S. 9.

als Baustein der Wachstumsfinanzierung für kleine und mittelgroße Unternehmen, die nicht über eine ursprüngliche Bonitätseinstufung als Investment Grade verfügten. Es bildete sich ein liquider Markt für die Emission und den Handel von High Yield Bonds. Der weitaus größere Anwendungsbereich für diese Anleiheform bildet jedoch heute ihr Einsatz im Zusammenhang mit Finanzierungen von Unternehmensübernahmen in Form von MBO und LBO. Insbesondere bei einem überwiegend fremdkapitalfinanzierten LBO wurde und werden High Yield Bonds genutzt, um einerseits den Fremdkapitalanteil und andererseits die Rendite auf das eingesetzte Eigenkapital zu erhöhen. Seit Mitte der 1990er Jahre wird dieses Instrument auch in Europa verstärkt zur Finanzierung von Unternehmensakquisitionen sowie zur Wachstumsfinanzierung von finanzschwachen Unternehmen genutzt, die weder Anleihen mit Investment Grade emittieren können noch ausreichend Bankkredite erhalten[989]. Der europäische Markt war lange Jahre gegenüber dem High Yield Bond Markt in den USA unterentwickelt[990]. Mittlerweile haben sich aber die Unterschiede abgeschwächt und sind sogar ausgeglichen. Gründe für diese Marktentwicklung in Europa sind u.a. die wirtschaftliche Erholung der globalen Märkte, niedrige Zinsen für herkömmliche Anlageklassen und somit hohe Liquidität und Nachfrage im High Yield Bond Markt und geringe Ausfallquoten bei europäischen High Yield Bonds in den letzten Jahren sowie die Wiedererstarkung des LBO-Marktes[991]. Die enge Verzahnung mit dem LBO-Markt zeigt eine gewisse Zyklizität des High Yield Bond Marktes in diesem Anwendungsbereich[992]. In einem für Unternehmensübernahmen positiven Umfeld wächst allerdings das Bestreben nach größeren Übernahmevolumina auf Seiten der Käufer, insbesondere bei Finanzinvestoren. Gleichzeitig ver-

---

989 Wilkinson/Lucas, PLC December 2003, S. 16; vgl. auch in Bezug auf das deutsche Recht Kusserow/Dittrich, WM 2000, S. 745ff.

990 Im Jahre 2005 wurden von den 184 in Europa durchgeführten LBOs lediglich 9,2% mit Hilfe der Emission von High Yield Bonds finanziert. Im gleichen Zeitraum wurden in den USA nur 134 LBOs durchgeführt, dafür aber 23,3% mit High Yield Bonds als Baustein der Finanzierung, vgl. Potthof, S. 31.

991 o.V. Interview mit Axel Potthof, PIMCO Bonds – Product Focus, März 2007, S. 1. Dieser verweist auf die Angaben der Ratingagentur Moody's, wonach während der letzten 12 Monate weniger als 2% der Unternehmen in den USA sowie Europa, die einen High Yield Bond emittert haben, insolvent geworden sind. Gleichzeitig sind Unternehmensübernahmen die treibende Kraft für High Yield Bonds in Europa. Alleine 65% der emittierten Bonds sind Bausteine für Akquisitionsfinanzierungen in Form von LBOs.

992 Zu differenzieren ist die Emission von High Yield Bonds im Zusammenhang mit sog. Fallen Angels, dieser Markt steht nicht in unmittelbarer Korrelanz mit dem LBO-Markt. Auch ist die erste bedeutende Bond-Krise in den USA der Jahre 1990 und 1991 differenzierter zu betrachten und kann nicht lediglich auf einen negativen Höhepunkt eines zeitlichen Zyklus wegen der Verbindung zum LBO-Markt reduziert werden. Obschon in dieser Zeit auch Private Equity Transaktionen durchgeführt wurden, wie etwa die bahnbrechende (und lange Zeit größte) Übernahme von RJR Nabisco durch KKR mit einem Volumen von über US$ 35 Mrd., standen in dieser Zeit weniger LBOs durch Finanzinvestoren im Vordergrund. Vielmehr waren es die durch High Yield Bonds finanzierten Übernahmen durch strategische Investoren (Stratege vs. Stratege), die den Markt dominierten. Im Ergebnis konnten mit Hilfe von High Yield Bonds kleine und mittlere Unternehmen die Übernahmen von viel größeren Konkurrenten finanzieren; vgl. Kricheff/Streng, S. 3f.

stärkt sich die Notwendigkeit in Auktionen aufgrund verstärkten Bieterwettbewerbs überhöhte Preise bezahlen zu müssen und die Risikobereitschaft von Fremdkapitalgebern, aggressivere Akquisitionsfinanzierungen zu unterstützen. Dies hat zur Folge, dass die Kapitalstrukturen der Unternehmen sehr hohe Fremdkapitalanteile aufweisen und es in der Phase einer sich abkühlenden Weltwirtschaft und rückläufiger Kapitalmärkte zu erhöhten Ausfallraten infolge von Insolvenzszenarien kommt. Ein solcher Zyklus erreichte seinen negativen Höhepunkt in den Jahren 2001 und 2002 nach dem Ende des Technologie- und Internetbooms.

bb. Struktur und Dokumentation

Aufgrund der Entwicklungshistorie, aber auch weil High Yield Bonds häufig an US-Investoren verkauft werden und in vielen Fällen US-Banken als sog. Underwriter[993] auftreten, folgen Struktur und Dokumentation europäischer High Yield Bonds US-amerikanischem Präjudiz[994]. Im Ergebnis haben sich im Laufe der praktischen Anwendung einige grundsätzliche Parameter generischer Natur herauskristallisiert. Hierzu gehören insbesondere ein fester Zinssatz, eine verhältnismäßig lange Laufzeit von sieben bis zu zehn Jahren, die endfällige Tilgung sowie Subordination zu anderen Gläubigergruppen, insbesondere zu vorrangig besicherten Bankkrediten. Eine Besicherung gegen etwaige Insolvenz- und Ausfallrisiken besteht in aller Regel nicht, so dass sich High Yield Bonds aufgrund ihrer Risikostruktur wirtschaftlich dem Eigenkapital annähern[995]. Kompensiert wird dieses Risiko durch die festvereinbarte, erhöhte Verzinsung, die sich negativ, weil teuer im Vergleich zu anderen Finanzierungsinstrumenten, auf die Gesamtkapitalkosten niederschlägt[996]. Typischerweise liegen die Zinsen zwischen 1,5 und 4% über denen für erstrangiges Fremdkapital, wobei diese grundsätzlich nicht an einen Referenzzinssatz wie etwa EURIBOR oder LIBOR gekoppelt sind[997]. Gleichzeitig kann auf diese Weise die Gruppe der Fremdkapitalgeber um zusätzliche Teilnehmer am Kapitalmarkt erweitert werden, was eine höhere Flexibilität und Qualität in der Gestaltung und der Struktur der Anleihe zur Folge hat[998]. Im Hinblick auf die Strukturierung der Subordination der Anleihegläubiger bestehen allerdings Unterschiede zwischen dem US- amerikani-

---

993 Garant oder Übernehmer einer Wertpapieremission, der sich gegen eine Provisionszahlung verpflichtet, den nicht bei Investoren unterzubringenden Teil der Emission zu übernehmen.

994 Heemann, § 15 Rn. 133.

995 Georgieff/Biagotsch, S. 194.

996 Harrer/Fisher, Die Bank 11/2004, S. 22 . Die jüngere Vergangenheit zeigt aber Trends zu einer zweitrangigen Besicherung in Form der Ausgestaltung im Zusammenhang sog. Second Lien Financings; vgl. Dritter Teil § 22 II 3.

997 Heemann, § 15 Rn. 130. Zur Erklärung der Referenzzinssätze EURIBOR und LIBOR wird auf die Darstellung zum Mezzanine-Nachrangdarlehen verwiesen, Dritter Teil § 22 V 4b.

998 Je nach Verlangen kann beispielsweise die Schuldentilgung sowie die Verzinsung sehr individuell gestaltet werden.

schen und dem europäischen High Yield Bond Markt[999]. In den USA handelt es sich typischerweise um eine vertragliche Subordination, d.h. die Nachrangigkeit der Anleihegläubiger wird in den Anleihebedingungen gegenüber anderen Gläubigern der Anleiheemittentin schuldrechtlich vereinbart. In Europa wird hingegen in der Praxis eine strukturelle Subordination bevorzugt. Diese entsteht, wenn die Anleihe nicht unmittelbar von der operativ tätigen Zielgesellschaft emittiert wird, sondern von einer übergeordneten Zweckgesellschaft, welche bei einem LBO ist das die Akquisitionsgesellschaft ist. Auf diese Weise werden die Ansprüche der Anleihegläubiger erst nach denen der unmittelbaren Gläubiger der Zielgesellschaft befriedigt. Wegen der typischerweise fehlenden Besicherung bei High Yield Bonds werden als flankierende Maßnahmen zum Schutz der Anleihegläubiger Covenants in den Anleihebedingungen vereinbart. Durch diese soll der Emittent zu bonitätssicherndem Verhalten veranlasst werden. Üblicherweise handelt es sich bei den Covenants um sog. Incurrance Covenants, d.h. solche Bestimmungen, die an bestimmte Ereignisse anknüpfen, wie z.B. der Aufnahme weiteren Fremdkapitals oder Vornahme von Ausschüttungen und weniger um Maintenance Covenants, die wie etwa bei einem Bankdarlehen, während der Vertragsdauer ständig erfüllt sein müssen[1000]. Obwohl die Vereinbarung von Covenants ein überaus wichtiger Bestandteil in der Struktur von High Yield Bonds ist, hat sich in der jüngeren Vergangenheit in der Praxis aufgrund der hohen Nachfrage und somit vergleichsweise starken Position der High Yield Bonds emittierenden Unternehmen eine Abschwächung der inhaltlichen Ausgestaltung ergeben[1001].

Als eine komplexe Finanzmarkttransaktion, die erfahrungsgemäß zwischen drei und sechs Monate Zeit benötigt, beansprucht die Emission von High Yield Bonds auch eine dementsprechend umfangreiche Dokumentation. Es handelt sich um: (i) die zu dokumentierenden, bereits angesprochenen Anleihebedingungen, welche die Rechtsbeziehung zwischen dem Emittenten und den Investoren regeln[1002]; (ii) den für die Platzierung der Anleihe notwendigen umfangreichen Prospekt sofern es sich um eine öffentliche Platzierung an einer Börse handelt oder ein Informationsmemorandum bei einer nur wenige Anleger ansprechende Privatplatzierung; (iii) die entsprechenden Dokumente der Due Diligence Prüfung, die der Prospekt- und Informationsmemorandum-Erstellung vorausgehen; (iv) den Begebungsvertrag hinsichtlich der Schuldverschreibung zwischen dem Emittenten und den die Anleihe übernehmenden Banken sowie (v) der Kaufvertrag, der den Erwerb der Wertpapiere vorsieht; (vi) und letztlich die, die Dokumentation ergänzenden, gutachterlichen Stellungnahmen der die den Emit-

---

999 Wilkinson/Lucas, PLC December 2003, S. 18f.

1000 Coats/Ely/Kilner, PLC July 1999, S. 21, 25.

1001 Eine solche Entwicklung wird als "typisch" im Kontext eines starken High Yield Bond Marktes angesehen, vgl. o.V. Interview mit Axel Potthof, PIMCO Bonds – Product Focus, März 2007, S. 3.

1002 Geregelt werden insbesondere Verzinsung, Laufzeit, Zusicherungen sowie Gewährleistungen, Garantien, Covenants, Rechtswahl und Gerichtsstandsvereinbarung.

tenten prüfenden Wirtschaftsprüfer (Comfort Letter) und der die Transaktion begleitenden Rechtsanwälte (Legal Opinion bzw. Disclosure Letter)[1003].
Häufig werden in der Praxis aufgrund des größeren und liquideren Marktes die in Europa emittierten High Yield Bonds auch an US-Investoren verkauft, oft in Kombination mit einer Notierung an der Luxemburger Wertpapierbörse[1004]. Sollte dies der Fall sein, müssen auch die in den USA geltenden hohen Anforderungen für die Veräußerung von Wertpapieren beachtet werden, insbesondere die Vorschriften der Informationsoffenlegung, die sich aus der generellen Registrierungspflicht bei der SEC (Securities and Exchange Commission) gemäß der Regelungen des Securities Act 1933 ergeben[1005]. Zur Vermeidung dieser Registrierungspflicht werden die Wertpapiere regelmäßig zunächst an sog. Initial Purchasers, oft die die Emission begleitende Investmentbank, verkauft[1006], um sie dann während einer logischen Sekunde im Wege einer Privatplatzierung gemäß der Ausnahmeregelung Rule 144A Securities Act 1933 an einen bestimmten Kreis qualifizierter institutioneller Anleger (Qualified Institutional Buyers, QIBs) zu verkaufen. Allerdings werden die Wertpapiere dadurch lediglich zu sog. Restricted Securities i.S.d. Securities Act 1933, d.h. beschränkte Papiere, die nicht frei gehandelt werden können, sondern mindestens für ein Jahr gehalten werden müssen, sofern sie nicht an andere QIBs verkauft werden. Zur Erhöhung der Marktliquidität und des Wertes der Papiere, werden sie typischerweise im Wege eines sog. A/B Exchange in unbeschränkte Wertpapiere (Unrestricted Securities) umgewandelt[1007]. Danach werden die von dem Initial Purchaser erworbenen beschränkten Papiere (Series Notes A) in sog. Series B Notes umgetauscht, die bereits im Vorfeld der Transaktion registriert worden sind. Diesem Geschäft liegt ein sog. Registration Rights Agreement zu Grunde, welches zwischen dem Emittenten und dem Initial Purchaser geschlossen wird und den Erwerb der emittierten Wertpapiere unter die Bedingung des Umtauschs in unbeschränkte Series B Notes stellt. Gleichzeitig muss ein Exchange Offer Registration Statement, welches dem Informationsmemorandum der Privatplatzierung folgt, der SEC zur Prüfung vorgelegt werden.

b. Mezzanine-Nachrangdarlehen

Zusätzlich zu High Yield Bonds steht Mezzanine-Kapital im Zusammenhang von LBO-Finanzierungen als Ausgestaltung in Form eines Nachrangdarlehens zur Verfügung. Entweder ist es vollständig unbesichert oder aber gegenüber dem Senior-Kreditgeber nachrangig besichert[1008]. Die Subordination kann ebenso wie

1003 Harrer/Fisher, Die Bank 11/2004, S. 22.
1004 Harrer/Fisher, Die Bank 11/2004, S. 25.
1005 Vgl. Wilkinson/Lucas, PLC December 2003, S. 17, 18; Chamblee/Tenholder, Commercial Lending Review, November/December 2005, S. 11, 12.
1006 Section 4 (2) Securities Act 1933.
1007 Chamblee/Tenholder, Commercial Lending Review, November/December 2005, S. 12; vgl. Auch Tresnowski/Nowak, S. 49f.
1008 Zu den Besonderheiten des Mezzanine-Kreditvertrags siehe ausführlich Diem, § 38 Rn. 1ff.

bei High Yield Bonds entweder struktureller oder vertraglicher Art sein. Strukturelle Nachrangigkeit ist durch die gesellschaftsrechtliche Struktur bedingt und ergibt sich aus der Stellung des Fremdkapitalaufnehmenden im Unternehmensverbund eines Konzerns. Sie wird insbesondere dadurch erzielt, indem der Darlehensvertrag zwischen dem Mezzanine-Geber (auch Private Debt Investor) und einer Holdinggesellschaft geschlossen wird, welche dann die Mittel an die Tochtergesellschaft weiterreichen[1009]. Im Falle der Insolvenz jener Tochter hätte die Holding nur nachrangig Zugriff auf das Vermögen, nämlich nach den unmittelbaren Gläubigern. Selbst der Mezzanine-Investor darf sich nur nachrangig aus diesem Restvermögen bedienen und wäre damit schlechter gestellt als jeder unmittelbare Gläubiger der Tochtergesellschaft. Bei der vertraglichen Subordination besteht – im Gegensatz zur strukturellen Nachrangigkeit – eine unmittelbare Besicherung des Mezzanine-Gebers am Sicherungspaket des vorrangigen Senior-Kreditgebers. Mittels einer dreiseitigen Gläubigervereinbarung (Intercreditor Agreement)[1010] zwischen Schuldner, Senior- und Mezzanine-Kreditgeber wird jedoch schuldrechtlich ein Rangrücktritt vereinbart[1011]. Die Vereinbarung enthält Gewährleistungen aller Kapitalgeber dahingehend, dass sie alleinige Inhaber der Rückzahlungsansprüche sind und diese nicht mit Rechten Dritter belastet sind. Weiter ist zu regeln, unter welchen Umständen und ggf. an welche Personen Mezzanine-Forderungen abgetreten werden dürfen. Jegliche Abtretung muss unter den Vorbehalt gestellt werden, dass der jeweilige Abtretungsempfänger die Verpflichtungen des Intercreditor Agreements auch für sich selbst anerkennt. Dies gilt insbesondere, wenn der Mezzanine/ Private Debt Investor sich mittels Collateral Debt Obligations refinanzieren und seine Forderungen hierzu an ein SPV abtreten möchte. Die Kernregelung eines solchen Vertrages ist der Rangrücktritt des Mezzanine/ Private Debt Investors mit sämtlichen seiner Forderungen wie Hauptforderung, ggf. Zinsforderungen und Sicherheiten hinter sämtliche Ansprüche des Senior-Kreditgebers, d.h. ersterer verpflichtet sich, so lange still zu halten bis letzterer vollständig befriedigt ist.

Der dem Mezzanine-Nachrangdarlehen zugrundeliegende eigenständige Kreditvertrag ist dem des vorrangigen Senior Debt Kredits sehr stark angenähert, in weiten Teilen sogar identisch[1012]. Auch wenn sich der Mezzanine-Kreditvertrag durch große Flexibilität auszeichnet, insbesondere in Bezug auf Laufzeit und

---

[1009] Vgl. Schrell/Kirchner, BKR 2004, S. 213. Zum Risiko der Umqualifizierung des Mezzanine-Nachrangdarlehens in eigenkapitalersetzendes Darlehen in der Krise der Tochtergesellschaft aufgrund der Gesellschafterstellung der Holdinggesellschaft, vgl. Scholz/ *K. Schmidt*, §§ 32a, 32b Rn. 57.

[1010] Eine Gläubigervereinbarung umfasst typischerweise folgende inhaltliche Gliederungspunkte:
(1) Vertragsparteien; (2) Rangvereinbarung; (3) Auskehrungspflicht; (4) Tilgungsreihenfolge; (5) Gewährleistungen; (6) Abtretbarkeit; (7) Sicherheiten; (8) Kündigung der Kredite; (9) Insolvenz.

[1011] Es handelt sich dabei um einen Vertrag sui generis, vgl. Schrell/Kirchner, BKR 2004, S. 214, 216; Schrell/Kirchner, BKR 2003, S. 16; Peltzer, GmbHR 1995, S. 15f.; siehe zur Gläubigervereinbarung auch Diem, § 39 Rn. 11ff.

[1012] Diem, § 38 Rn.1.

Tilgung, so ist jedoch zu beachten, dass typischerweise keinerlei Tilgungen bis zur vollständigen Rückzahlung des Senior-Kredits zugelassen sind. Die Laufzeit ist mithin auch stets länger als die der letzten Tranche des Senior-Kredits. Regelmäßig beträgt somit die Laufzeit bis zu zehn Jahre. Er beinhaltet aber keinen Betriebsmittelkredit[1013]. Das gesteigerte Ausfallrisiko wird üblicherweise mit einem gegenüber dem Zinssatz des vorrangig besicherten Senior Kredits stark erhöhtem Zinssatz kompensiert. Die Verzinsung setzt sich dabei regelmäßig aus einer Sockelverzinsung aus dem jeweils anwendbaren Referenzzinssatz (EURIBOR oder LIBOR) und einer Zusatzmarge zusammen, die, je nach Ausgestaltung, entweder kapitalisiert, thesauriert oder ähnlich verrechnet wird[1014]. Im Jahr 2006 betrugen die Zinskosten für Mezzanine durchschnittlich 1000 Basispunkte[1015] über EURIBOR[1016]. Sofern es sich bei dem Mezzanine-Anbieter um die Bank handelt, die bereits den Seniorkredit begeben hat, können die Zinskosten etwas geringer sein, bei einem speziellen Mezzanine-Finanzierer liegen sie dagegen etwas höher[1017]. Hinzutritt die Beteiligung des Kreditgebers an der Wertsteigerung des Unternehmens mittels eines sog. Equity Kickers, indem er zu Sonderkonditionen Anteile am Kreditnehmer erwerben kann, beispielsweise durch Umwandlung des Darlehens in Unternehmensanteile zu einem bestimmten Verhältnis[1018]. Als letztes Unterscheidungsmerkmal wäre festzuhalten, dass häufig auch weniger strenge Financial Covenants als bei Senior Kreditverträgen gelten, um sicherzustellen, dass dem Mezzanine-Kreditnehmer keines der dem Seniorkreditgeber exklusiv eingeräumten, vorzeitigen Kündigungsrechte zusteht und er somit sein Engagement zeitiger beenden könnte als der Seniorkreditgeber[1019].

5. Vorrangiges Fremdkapital (Senior Debt)

Ein Großteil des Fremdkapitals, welches den größten Anteil der Akquisitionsfinanzierung ausmacht, ist üblicherweise als besichertes und verzinsliches Darlehen ausgestaltet (Secured Senior Debt), das gegenüber sämtlichen zuvor beschriebenen Kapitalschichten vorrangig ist und, je nach Größe der Transaktion, von einer oder mehreren zu einem Konsortium zusammengeschlossenen Banken

---

[1013] Diem, § 38, Rn. 1.

[1014] Vgl. zur Zinsausgestaltung, Werner, Mezzanine Kapital, S. 85.

[1015] Die Zinskosten werden üblicherweise in Basispunkten angegeben, wobei 100 Basispunkte 1% entsprechen.

[1016] KPMG, Leveraged Finance Study 2006, S. 13.

[1017] KPMG, Leveraged Finance Study 2006, S. 14.

[1018] Wobei diese Komponente in jüngerer Praxis an Attraktivität verloren hat, vgl. Maesch/Voß, FB 2007, S. 2.

[1019] Eine mögliche Ausgestaltung ist allerdings auch, dass die Covenants jeweils übereinstimmen, der Mezzanine-Kreditgeber jedoch aufgrund einer Stillhaltevereinbarung (Stand Still Agreement) für einen bestimmten Zeitraum seine Rechte nicht ausübt. Damit wird dem Seniorkreditgeber Zeit gegeben, selber die ihm zustehenden Rechte aus einem Covenantverstoß auszuüben, ohne Nachteile seitens des Mezzanine-Kreditgebers zu befürchten.

zur Verfügung gestellt wird[1020]. Aufgrund der erstrangigen Sicherheiten birgt es für den Kapitalgeber nur verhältnismäßig geringe Risiken. Zur Besicherung werden die Anteile an der Zielgesellschaft verpfändet, sowie Personalsicherheiten als auch Sachsicherheiten bezüglich aller nennenswerten Vermögenswerte der Zielgesellschaft selbst und etwaiger operativer Töchter gestellt. Solche Kredite zeichnen sich durch exklusive Kreditauflagen bzw. Covenants aus, die das Kreditrisiko abmildern sollen, indem sie das Ermessen des Kreditnehmers einschränken und ihn so anhand von bestimmten Finanzparametern disziplinieren[1021]: Einerseits möchten die kreditgebenden Banken nicht, dass sich die tatsächlichen Umstände, auf deren Grundlage die Kreditentscheidung basiert, wesentlich ändern. Deshalb ist es aus Sicht der Bank wichtig, dass die Liquidität, das Vermögen und die wirtschaftliche Identität des Schuldner erhalten bleiben und mögliche Gefahren, wie z.B. Dividendenausschüttungen, Neuverschuldung, Vermögensveräußerungen, Gewährung von weiteren dinglichen Sicherheiten, Verschmelzungen, Spaltungen oder ähnlichem sich nicht materialisieren. Andererseits sollen aus Überwachungsgründen Financial Covenants eingehalten werden, die banküblich auf die Sicherstellung einer angemessenen Liquidität und von Eigenkapital zielen. Dementsprechend gilt es für den Darlehensnehmer etwa bestimmte Kennzahlen beim Verschuldungsgrad, dem Schuldendeckungsgrad, dem Zinsdeckungsgrad, bei der Liquidität, der Investitionsgrenze, dem Gearing, d.h. der zulässigen Höchstgrenze für die Verschuldung des Kreditnehmers im Verhältnis zu seinem Eigenkapital (auch Debt/Equity Ratio) und in Bezug auf das Eigenkapital einzuhalten. Hinzu kommen gleichzeitig regelmäßige Informationspflichten des Kreditnehmers über seine wirtschaftlichen und finanziellen Verhältnisse sowie Planungen[1022]. Oft ist das Fremdkapital in verschiedene Tranchen unterschiedlicher Laufzeit und Zinsbelastung unterteilt[1023]. Die Kreditlinie mit der kürzesten Laufzeit, üblicherweise zwischen fünf und neun Jahren liegend, verfügt in der Regel über eine halbjährige Tilgungsfrist. Sie ist die am umfangreichsten besichert, besitzt dadurch über die geringste Ausfallwahrscheinlichkeit und ist dementsprechend mit der geringsten Zinsmarge ausgestattet[1024]. Sie wird als Senior A Tranche oder auch Amortisationstranche A bezeichnet. Die

---

[1020] In der Praxis kommen auch unbesicherte vorrangige Kredite (Unsecured Senior Debt) zur Anwendung. Allerdings wird sich aufgrund der neuen Eigenkapitalanforderungen des Baseler Ausschusses für Bankenaufsicht (Basel II) seit dem 1. Januar 2007 die Kreditvergabe aller Voraussicht ändern. Denn diese Regelungen führen dazu, dass für gewährte Darlehen nicht mehr pauschal, sondern gemäß dem jeweiligen Kreditrisiko Eigenkapital seitens der finanzierenden Bank hinterlegt werden muss. Dieses Risiko hängt wiederum von der Bonität der jeweiligen Schuldner ab, vgl. Werner, Mezzanine Kapital, S. 26.

[1021] Vgl. Diem, § 22 Rn.12ff.

[1022] Nach § 18 KWG ist eine Bank im Vorfeld der Vergabe von Krediten über € 250.000 sogar gesetzlich verpflichtet, sich über die wirtschaftlichen Verhältnisse des Kreditnehmers durch Vorlage von Dokumenten, wie etwa Jahresabschlüsse, zu informieren und auch während der Laufzeit den Kreditnehmer zu beobachten, um gegebenenfalls bei Verschlechterung der wirtschaftlichen Lage Vorkehrungen zu treffen.

[1023] Vgl. Mittendorfer/Fotteler, S. 252.

[1024] Kessel, S. 98.

weiteren Tranchen B, C, D, etc. haben jeweils um ein Jahr längere Laufzeit, sind endfällig zu tilgen und haben eine dementsprechend erhöhte Zinsmarge. Die Zinsbelastung steigt im Regelfall von Tranche zu Tranche um 50 Basispunkte an. Im vergangenen Jahr betrugen die Zinskosten für Tranche A 225 Basispunkte (BP) über EURIBOR, für Tranche B 275 BP über EURIBOR und für Tranche C 375 BP über EURIBOR[1025]. Die Kapitalkosten für Senior Debt sind in den vergangenen Jahren stabil geblieben. Lediglich die Zinsmarge der finanzierenden Bank für Tranche A ist wegen des bereits zuvor angesprochenen sich verstärkenden Wettbewerbs unter den finanzierenden Banken etwas zurückgegangen.

6. Erweitertes Modell einer Akquisitionsfinanzierung

Aus dem Vorgesagten ergibt sich als Fortentwicklung des Grundmodells einer Akquisitionsfinanzierung ein erweitertes Modell, welches die Komplexität einer Akquisitionsfinanzierung graphisch veranschaulicht.

Abbildung 11: Erweitertes Modell einer Akquisitionsfinanzierung

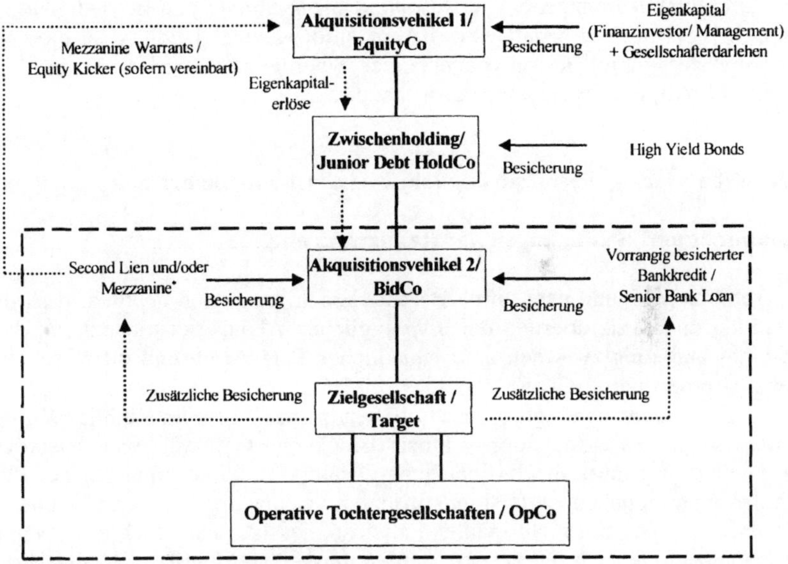

*Sofern Second Lien und Mezzanine in der gleichen Akquisitionsfinanzierung vorhanden sind, dann ist Mezzanine in der Regel vertraglich als auch strukturell nachrangig zu Second Lien und zum vorrangig besicherten Bankdarlehen (Senior Bank Debt)

Quelle: Eigene Darstellung basierend auf: Miller, Hazel, Leveraged Acquisition Finance, S. 14

[1025] KPMG, Leveraged Finance Study 2006, S. 13.

Es berücksichtigt (i) die einzelnen Finanzierungsinstrumente, (ii) die zusätzlichen gesellschaftsrechtlichen Ebenen, um die entsprechend notwendigen strukturellen Subordinationen in der Akquisitionsstruktur zu erreichen, und zeigt (iii) auf welchen Ebenen der Struktur die einzelnen Finanzierungsinstrumente anknüpfen und wirksam werden. Im Unterschied zum Grundmodell sind drei Zweckgesellschaften (Zwischenholding/Junior Debt HoldCo, Akquisitionsvehikel 2/BidCo und Akquisitionsvehikel 1/EquityCo) anstatt nur einer (NewCo) in die Struktur eingebunden. Das Akquisitionsvehikel 2/BidCo entspricht dem Grunde nach der NewCo und dient dem Zweck der Fremdkapitalaufnahme durch Bankdarlehen und Mezzanine, um die Zielgesellschaft zu erwerben, bzw. das Angebot (Bid) für den Erwerb abzugeben. Berücksichtigt ist hierbei auch das innovative Finanzierungsinstrument Second Lien, welches in seiner Form Mezzanine angenähert ist. Eine Darstellung hierzu erfolgt erst im weiteren Verlauf dieser Arbeit im Zusammenhang der Refinanzierungsmaßnahmen, da Second Lien in der deutschen Praxis noch vornehmlich in diesem Bereich angewendet wird[1026]. Die Zwischenholding ist notwendig als Emittentin für die Finanzierungsmaßnahme High Yield Bonds, um die in der europäischen High Yield Bond-Praxis übliche strukturelle Subordination der Anleihegläubiger herzustellen. Die Anleihegläubiger sind hinter Senior Bank- und Mezzanine- sowie Second Line-Fremdkapitalgebern im Insolvenzfall nachrangig zu befriedigen (Junior Debt). Schließlich bedarf es des Akquisitionsvehikel 1/EquityCo, die vom Finanzinvestor, möglicherweise auch unter Beteiligung des Managements der Zielgesellschaft, mit Eigenkapital ausgestattet wird.

§ 23 Refinanzierung der ursprünglichen Akquisitionsfinanzierung

I. Zeitpunkt und Bedingungen der Refinanzierung

Aus Abbildung 11 und dem vorab Beschriebenem zeigt sich deutlich, dass die Gestaltung und Strukturierung der ursprünglichen Akquisitionsfinanzierung als eine Gratwanderung zwischen unterschiedlichen Parametern und Interessen angesehen werden muss. Gerade aus diesem Grund muss die Finanzierung zwischen den einzelnen beteiligten Gesellschaften, insbesondere im Hinblick auf die Kapitalstruktur des Akquisitionsvehikels BidCo/NewCo, sehr wohl austariert sein. Gleichzeitig muss die Refinanzierung immer antizipiert und bei der Planung der ursprünglichen Akquisitionsfinanzierung stets mitbedacht und einbezogen werden. Es ist zwar nicht in allen Fällen so, dass ausschließlich jede Akquisitionsfinanzierung auch refinanziert werden muss. Unter Umständen besteht die Möglichkeit, dass der Käufer für die post-akquisitorische Phase bereits durch die Akquisitionsfinanzierung ausreichende Finanzkraft schöpfen kann[1027]. Typischerweise wird dies jedoch nicht der Fall sein. Es ist möglich, dass die Bedingungen des Akquisitionsdarlehens zum Zeitpunkt des Vertragsabschlusses zu op-

---

[1026] Siehe Dritter Teil § 23 II 4.

[1027] Vgl. Lajoux/Weston, S. 317, 318.

timistisch für den Darlehensnehmer gestaltet waren und er den Schuldendienst, der aus seinem Cash Flow gespeist wird, nicht bewältigen kann. Selbst bei bestem Verhalten und größtmöglichen Anstrengungen sind Ereignisse möglich, die sich unvorhergesehen negativ auf den Cash Flow auswirken. Dies können Ereignisse höherer Gewalt wie Umweltkatastrophen, politische Unruhen oder Terrorakte sein oder auch sich verändernde Marktgegebenheiten, wie z.B. der unvorhergesehene Eintritt von starken neuen Wettbewerbern, der Verlust von wichtigen Kundenbeziehungen oder der Nichteintritt von projizierten Erwartungen an das erworbene Unternehmen sowie aufgrund von Konsolidierungs- und Restrukturierungsmaßnahmen in Form von sich nicht materialisierter Unternehmenswertverbesserungen oder -positio-nierungen.
Der Druck erhöht sich umso mehr, wenn die Akquisitionsfinanzierung an die verschlechterten Gegebenheiten angepasst werden muss, die sich wegen Kaufpreisüberbezahlung aufgrund der erfolgreichen Teilnahme an einem Auktionsprozess ergeben. Dies gilt insbesondere dann, wenn etwaige Lücken zwischen Eigen- und Fremdkapital kurzfristig mit teurem Mezzanine-Kapital aufgefüllt werden müssen. Aus der Sicht des Finanzinvestors müsste im schlechtesten Fall sogar die Eigenkapitalschicht erhöht werden. Die Praxis der Akquisitionsfinanzierung im Zusammenhang eines LBO zeigt allerdings häufig, dass die kapitalsuchenden Private Equity Häuser einen ganz anderen Erwartungshorizont an das vergebende Bankinstitut und die Darlehenskonditionen haben als etwa strategische Darlehensnehmer bei ihrer Unternehmensfinanzierung[1028]. In erster Linie kommt es Private Equity Häusern (auch Private Equity Sponsoren genannt) auf Schnelligkeit bei der Fremdkapitalvergabe an, denn in der Praxis besteht häufig ein besonders großer Zeitdruck, die Finanzierung der Übernahme abzuschließen. Hintergrund ist, dass meist mehrere Monate für die Due Diligence-Prüfung und die vertraglichen Verhandlungen im Zusammenhang mit der Akquisition selbst vergehen und dementsprechend zwischen Signing und Closing für die Verhandlungen zur Akquisitionsfinanzierung nur wenig Zeit verbleibt. Finanzinvestoren erwarten somit wegen dieses Zeitdrucks auch nicht, dass ihre Akquisitionen mit einem herkömmlich strukturierten Darlehen finanziert werden, welches regelmäßig eine fünfjährige Laufzeit und restriktive Bestimmungen in Bezug auf die vorzeitige Tilgung (Prepayment Terms) umfasst. Selbst wenn es am allgemeinen Kreditmarkt üblich ist, auf bestimmte Abschlagszahlungen bei vorzeitiger Tilgung der Darlehenssumme zu bestehen, werden Finanzinvestoren versuchen, Ausnahmen zu verhandeln[1029]. Regelmäßig handelt es sich dabei um Ausnahmen für Fälle, in denen die Tilgung aus Erlösen der erfolgreichen Beschreitung eines Exits in Form eines Börsengangs oder den Verkauf des Portfoliounternehmens erfolgt oder aber die Refinanzierung über dieselben Fremdkapitalgeber gelingt.

Sofern Finanzinvestoren aber die Refinanzierung über WBS bestreiten wollten, müssten ebenso Sonderkonditionen für dieses Instrument verhandelt werden. Bei WBS erfolgt die Refinanzierung nicht über das Bankinstitut, welches das

---

[1028] Vgl. Lawler, Commercial Lending Review, Januar/Februar 2007, S. 9.
[1029] Ders., Commercial Lending Review, Januar/Februar 2007, S. 11.

ursprüngliche Akquisitionsdarlehen gestellt hat, sondern über den Kapitalmarkt anhand der Verbriefung aller oder des überwiegenden Teils der Cash Flows des Portfoliounternehmens. Zur besseren Übersichtlichkeit der Gläubigergruppen werden der ursprüngliche Darlehensgeber und sog. Trade-Gläubiger (d.h. Gläubiger aus Liferentenverträgen, etc.) vollständig abgegolten. Die Anleiheinhaber sind die neuen Gläubiger. Von Vorteil für die Verhandlungsposition des Finanzinvestors ist die Wettbewerbssituation zwischen den Banken und die verstärkte Aktivität auf dem Übernahmemarkt aufgrund hoher Liquidität seitens der Private Equity Fonds. Dies führt dazu, dass Finanzinvestoren für Banken aus zwei Gründen begehrte Kunden sind: Erstens aufgrund zusätzlichen Bedarfs an Fremdkapital für Folgegeschäfte und weitere Akquisitionsfinanzierungen und zweitens aufgrund der Chancen der Investmentabteilung der Bank, bei weiteren Übernahmen als Arrangeur beauftragt zu werden und aktiv in dem Segment der hochlukrativen Übernahmeberatung tätig zu sein. In der Regel bevorzugen Private Equity Häuser solche Banken, mit denen sie bereits zuvor bei anderen Transaktionen erfolgreich zusammengearbeitet haben[1030]. Es ist bekannt, dass die Akquisitionsfinanzierung meist nur für einen bestimmten begrenzten Zeitraum aufgenommen wird, so dass sich schon hieraus notwendigerweise die Frage nach der Refinanzierung stellt; allerdings wären Überlegungen zur Refinanzierung erst zum Ende einer Darlehenslaufzeit verfehlt, weil sie dann viel zu spät vorgenommen werden würden. Es sollte vielmehr bei einer Unternehmensübernahme und dessen Finanzierung bereits von Anfang an die Dynamik und Realität der Refinanzierbarkeit der Akquisitionsfinanzierung mitbedacht und geplant werden. Die Refinanzierung einer Verbindlichkeit erfordert weit mehr als nur die Ersetzung derselben durch kostengünstigere, bekannte Instrumente und Maßnahmen, sondern setzt Weitblick und Kreativität voraus, um auch neue Wege zu beschreiten[1031]. Hier sind Fantasie und Visionen gefragt.

Die jüngere Vergangenheit hat gezeigt, dass der Druck zur Refinanzierung sich im Bereich der LBO-Transaktionen deutlich erhöht hat. Das Jahr 2005 wurde sogar als das „Jahr der Refinanzierungen" in Deutschland bezeichnet, da 30% aller Leveraged-Finanzierungen mit einem Volumen von über € 100 Mio. auf dieses Segment entfielen[1032]. Obwohl Tendenzen der Erholung der Börse[1033] sowie eine langsam wiederkehrende Kaufbereitschaft der strategischen Investoren[1034]

1030 KPMG, Leveraged Finance Study 2006, S. 18.

1031 „The restructuring of a financial obligation is not like retreading a tire to roll down the same old roads. Rather, refinancing is like routing a river to irrigate new fields.", Lajoux/Weston, S. 318.

1032 Die weiteren Transaktionsquellen waren Verkäufe durch Unternehmen (54%), Second oder Tertiary Buy Outs (11%), Public to Private (4%) und Mittelstand (1%). Ohne das in jüngerer Vergangenheit hinzugekommene großvolumige Segment des Real Estate Buy Outs (Veräußerungen von Immobilienportfolios) wie z.B. der Verkauf der Viterra Wohnungs-bestände durch E.on an die Deutsche Annington, ein Portfoliounternehmen des Private Equity Sponsors Terra Firma, würde das Segment der Refinanzierungstransaktionen sogar auf 47% steigen; König, S. 102.

1033 Z.B. der Börsengang des KKR-Investments Wincor Nixdorf.

1034 Z.B. der Verkauf des KKR-Investments Tenovis an Avaya.

zu erkennen sind, bleibt der Weg über die traditionellen Exit-Kanäle häufig weiterhin schwierig. Somit liegt ein immens hoher Druck auf den Private Equity Investoren, wenn der durchschnittliche Investitionszeitraum abläuft und sie durch die verengten Desinvestitionsmöglichkeiten ihre Beteiligung nicht veräußern können und der Versuch fehlschlägt, ihr Eigenkapital zurückerhalten und die Renditevorgaben ihrer eigenen Investoren zu erfüllen. Druckerhöhend kommt hinzu, dass mittlerweile gewisse Investoren nicht nur eine endfällige bzw. auf den Exit ausgerichtete, sondern eine jährliche Ausschüttung im Bereich der Renditevorgaben erwarten und auch mit Vehemenz einfordern[1035]. Gleichzeitig spielt auch das Eigeninteresse der Finanzinvestor-Manager eine gewichtige Rolle, denn auch sie müssen konsequent den Exit suchen, um sich ihre eigene prozentuale Beteiligung an der Desinvestition (typischerweise 20%) zu sichern, die erst nachrangig zu den Investoren der Private Equity Fondgesellschaft ausgeschüttet wird (Deal Carry oder Carried Interest)[1036]. Aus dieser Gemengenlage heraus erhöht sich stetig der Druck während der Haltefrist einer Portfoliogesellschaft, so dass aus Sicht der Finanzinvestoren möglichst früh zur Refinanzierung der Akquisitionsfinanzierung geschritten werden sollte, selbst wenn es nicht im Interesse des erworbenen Portfoliounternehmens selbst ist und möglicherweise sogar die Fortführung des Unternehmens erheblich erschwert oder sogar gefährdet wird.

Im Folgenden konzentriert sich die Arbeit auf den Bereich der Refinanzierung der Akquisitionsfinanzierung aus Sicht von Finanzinvestoren. Hierbei stehen Finanzierungen, welche das Herausziehen von Kapital zugunsten des Private Equity Fonds zur Stärkung des IRR im Vordergrund, von denjenigen Refinanzierungen unterscheiden und abzugrenzen sind, die aus reinen Gesichtspunkten der Kostenreduzierung aus Unternehmenssicht erfolgen. Gleichzeitig wird aber auch das steigende operative und bilanzielle Risiko für Unternehmen und Finanzinvestor als Kehrseite exzessiver zusätzlicher Verschuldung berücksichtigt.

II. Ausgewählte Refinanzierungsmaßnahmen

Die Vielfältigkeit der Möglichkeiten einer Akquisitionsfinanzierung spiegelt sich auch in der Refinanzierung wider. Eine erschöpfende Darstellung jeder einzelnen gangbaren Möglichkeit für einen Private Equity Investor und ein anschließender Vergleich mit WBS würde den Rahmen dieser Arbeit sprengen. Aus diesem Grund gilt es im Folgenden eine qualifizierte Auswahl zu treffen.

[1035] Hierbei handelt es sich typischerweise um sog. Hedgefonds, die sich in jüngerer Vergangenheit auch am Private Equity Markt beteiligen, allerdings einen kurzfristigeren und somit aggressiveren Investitionshorizont haben.

[1036] Grundsätzlich erhält der Finanzinvestor, der für die Private Equity Fondsgesellschaft tätig ist, die das Kapital ihrer Investoren verwaltet, eine erfolgsunabhängige Managementvergütung, die sich prozentual an dem Kapitalvolumen des Fonds orientiert und zur Deckung der Kosten des Finanzinvestors dient, vgl. Georgieff/, Biagosch, S. 175.

1. Herkömmliche Finanzierungsmaßnahmen

Zunächst ist an eine Refinanzierung über Eigenkapital zu denken. Hierbei kann es zur Ausgabe von zusätzlichen Unternehmensanteilen kommen, wie beispielsweise Aktien oder GmbH-Anteile (Ordinary Shares)[1037] oder aber auch eine an diese angenäherte Anteilsemission (sog. Equity Linked Emission), d.h. die Ausgabe von Anleihen, die zu einem späteren Zeitpunkt dem Inhaber das Recht geben, anstelle der Tilgung der Anleihe eine bestimmte Anzahl an Unternehmensanteilen zu fordern. Es bestehen aufgrund der flexiblen Ausgestaltungsmöglichkeiten eine Vielzahl von Strukturalternativen[1038]. Im Vordergrund steht die Gestaltungsvariante der Wandelanleihen (Convertible Shares)[1039]. In diesem Fall wird dem Inhaber das Recht eingeräumt, entweder den Rückzahlungsanspruch aus der Schuldverschreibung oder unter Aufgabe der Gläubigerposition das Recht auf Umtausch der Anleihe in Unternehmensanteile des Emittenten geltend zu machen[1040]. Für Aktiengesellschaften ist die Begebung von Options- und Wandelanleihen in § 221 Abs. 1 AktG geregelt. Diese Form steht in der Praxis auch im Vordergrund. Für die GmbH und für Personengesellschaften gibt es vergleichbare gesetzliche Normen nicht. Durch schuldvertragliche Regelungen ist es jedoch möglich ein aus wirtschaftlicher Sicht gleichartiges Ergebnis zu erzielen. Grundsätzlich sind Wandelanleihen Schuldverschreibungen, d.h. festverzinslichte Wertpapiere i.S.v. § 793 BGB.

Trotz aller Diskussionen und der befürchteten Folgen von Basel II bieten sich auf der Fremdkapitalseite in erster Linie das vorrangig besicherte Bankdarlehen an (Secured Senior Bank Debt oder auch nur Senior Debt). Gleichermaßen ist aus dem weiten Portfolio an Finanzierungsmaßnahmen das Mezzanien-Kapital (Mezzanine als Refi) und hierbei besonders hervorgehoben der vertraglich nachrangige Mezzanine-Kredit zu nennen.

[1037] In der Folge wird versucht, diese Form der Refinanzierung rechtsformunabhängig darzustellen.

[1038] Das Spektrum reicht von Nullkuponwandelanleihen über herkömmliche Wandelanleihen, nachrangigen Wandelanleihen, Wandelanleihen mit unbegrenzter Laufzeit bis hin zu Pflichtwandelanleihen, vgl. Madjlessi/Leopold, S. 256.

[1039] Hier gilt es von der Optionsanleihe (Bonds with Warrants) abzugrenzen, die dem Inhaber neben dem Anspruch auf eine feste Zinsvergütung und Rückzahlung der Forderung zusätzlich das in einem Optionsschein (Warrant) verbriefte Recht einräumt, innerhalb eines bestimmten Zeitraums (Optionsfrist) oder zu einem bestimmten Zeitpunkt zu einem im voraus festgelegten Verhältnis (Optionsverhältnis) und zu einem bestimmten Bezugspreis (Optionspreis) Anteile des Emittenten zu erwerben. In der Regel kann das Optionsrecht von der Anleihe auch getrennt und separat gehandelt werden, vgl. Hartwig-Jacob, S. 43. Zu beachten ist jedoch, dass seit den 1980er Jahren diese Form zunehmend an Bedeutung verloren hat und heute in der Praxis nur noch eine geringe Rolle spielt, vgl. Madjlessi/Leopold, S. 248.

[1040] Siehe Einzelheiten mit zahlreichen weiteren Nachweisen bei Schlitt/Hemeling, S. 278ff.

2. High Yield Bonds und herkömmliche Unternehmensanleihen

Die Emission von High Yield Bonds ist nicht nur wichtiger Bestandteil der Kapitalstruktur des Akquisitionsvehikels NewCo bei der Akquisitionsfinanzierung des Portfoliounternehmens, sondern auch ein wichtiges Instrument im Kontext der Refinanzierung der ursprünglichen Akquisitionsfinanzierung. Hintergrund und Struktur von High Yield Bonds wurden bereits im Detail zuvor dargelegt[1041]. Das derzeit günstige Marktumfeld mit niedrigen Zinsen, hoher Marktliquidität und hoher Nachfrage dieser Anlageklasse, aber auch die Struktur von High Yield Bonds selbst, wie z.B. große Flexibilität der Gestaltung, insbesondere der aktuelle Trend zur Abschwächung der Covenants, niedrigere Zinsbelastungen als andere subordinierte Refinanzierungsmaßnahmen, machen diese zu einer attraktiven Refinanzierungsoption. Diese gilt es mit anderen Instrumentarien zu vergleichen. Daneben ist auch an die Emission von herkömmlichen Unternehmensanleihen mit einer bestimmten Bonitätsstufe, d.h. über Investment Grade, (Rated Bonds) zu denken sowie die Refinanzierung über Forderungsverbriefungen wie etwa ABS.

3. Leveraged Recapitalisations

Die strukturellen Möglichkeiten, sog. Leveraged Recapitalisations oder Dividend Recapitalisations[1042], kurz Recaps genannt, in der praktischen Anwendung sind vielfältiger Art: Es besteht u.a. die Möglichkeit eines sog. Full Scope Recap, bei dem die stillen Reserven eines Unternehmens aufgedeckt werden; des Weiteren sind Ausschüttungen offener Rücklagen möglich; außerdem finden Recaps häufig Anwendung bei der Refinanzierung; so z.B. bei der Ablösung von Gesellschafterdarlehen bzw. Bankkrediten, wobei die Refinanzierung eines bereits fremdfinanzierten Unternehmens mittels einer weiteren fremdfinanzierten Kapitalschicht durchgeführt wird, um so das vom Finanzinvestor in sein Portfoliounternehmen investierte Eigenkapital zurückzuführen[1043].

Die Analyse und Diskussion dieser Arbeit legen den Schwerpunkt auf die strukturellen Refinanzierungsmöglichkeiten durch Ablösung von Gesellschafterdarlehen, z.B. durch den das Portfoliounternehmen erwerbenden Finanzinvestor sowie zur Ablösung von Bankkrediten wie etwa die von Bankenseite begebenen Akquisitionsdarlehen.

[1041] Vgl. Dritter Teil § 22 V 4a.

[1042] Eine Begriffsbestimmung, die vornehmlich in den USA gebräuchlich ist, vgl. PricewaterhouseCoopers/ Pepper Hamilton, S. 1ff.

[1043] Eilers/Rödding, DB 2005, S. 1591.

Abbildung 12: Strukturelle Möglichkeiten eines Recaps

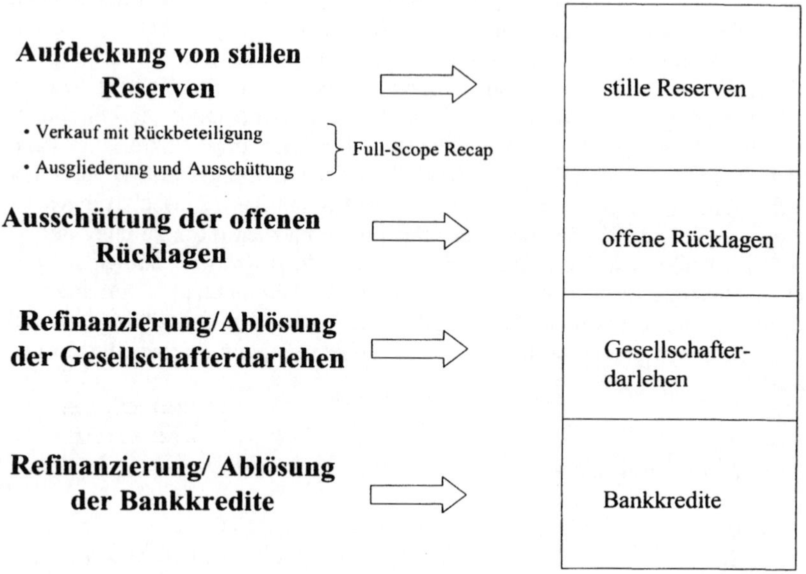

Quelle: Eigene Darstellung

a. Hintergrund der Entwicklung

Der Hintergrund der Entwicklung und die Anwendung der Recaps in der Praxis sind vergleichbar mit den Überlegungen, die als Ausgangspunkt für den Einsatz von WBS als Refinanzierungsinstrument dienen: Finanzinvestoren stellen sich regelmäßig die Frage, wie sie bei Ablauf ihres Investitionszeitraums anders als über den seit einiger Zeit stagnierenden Exit-Kanal Börsengang ihr Eigenkapital mit der avisierten IRR-Rendite zurückerhalten. Aufgrund des hohen Wettbewerbs unter den Finanzinvestoren sowie den mit Macht in den Markt drängenden finanzstarken Hedgefonds um geeignete Investitionsmöglichkeiten steigen die Kaufpreise für Unternehmen immer weiter an, da der Zuschlag oft zu überhöhten Konditionen regelmäßig nur noch im Auktionsverfahren erfolgt. Folgerichtig kommt es zu Korrekturen der ursprünglich geplanten Akquisitionsfinanzierung. Oft muss der Eigenkapitalanteil erhöht oder die Lücken der Akquisitionsfinanzierung durch kostenintensives Mezzanine-Kapital ergänzt werden. Nur eine Erhöhung des Leverage-Effekts durch Stärkung der Fremdkapitalseite kann den anfänglich anvisierten IRR des akquirierenden Private Equity Hauses gewährleisten und somit den eigenen Renditedruck verringern. Der Verkauf der Beteiligung an einen strategischen Investor (Trade Sale) oder andere Finanzinvestoren (Secondary oder auch Tertiary Buy Outs) schien lange das attraktive Ventil für den sich erhitzenden Markt zu sein. Vermehrt treten aktuell die sog. Recap-Transaktionen als weitere Alternative hinzu. Laut einer Studie in den USA, die im März 2007 veröffentlicht wurde, sahen 52% der Befragten die Durchführung eines Recap als Alternative zu einem Börsengang an, immerhin noch 16% als gangbare Option gegenüber dem Verkauf an einen strategischen Investor. Fast alle Befragten (97%) planen eine Refinanzierung mittels Recaps[1044]. Auch in Deutschland lässt sich eine ähnlich positive Einschätzung feststellen[1045].

Begünstigt wird diese Entwicklung durch niedrige Zinskosten für Fremdkapital und die erstarkte Bereitschaft des Kapitalmarktes, Unternehmen bei der Aufnahme größerer Fremdkapitalschichten zu unterstützen, bzw. die damit entstehenden Risiken zu absorbieren und dementsprechend den Eigenkapitalrückfluss an den jeweiligen Finanzinvestor zu fördern. Der finanzierenden Bank – zumindest im Fall des Recap anhand eines Darlehens – ist es beispielsweise möglich, die erhöhten Ausfallrisiken, die sich durch die zusätzliche Verschuldung des Fremdkapitalnehmers ergeben, selber durch den Einsatz von Kreditderivaten wie etwa sog. Credit Default Swaps (CDS), an den Kapitalmarkt weiterzugeben[1046]. Sobald jedoch das Vertrauen des Marktes in die Beherrschung dieser Risiken schwindet, wird auch der Einatz von Recap-Transaktionen wieder zurückgehen.

b. Strukturierung und Wirkung

Ebenso wie bei WBS gibt es auch für Recaps keine universelle und allgemeingültige Struktur. Dennoch finden sich in der Praxis Elemente, die in der Praxis immer wieder anzutreffen sind. So dienen typischerweise als Fremdfinanzierungsmittel entweder die Emission von High Yield Bonds oder aber ein unbesichertes Darlehen, bei welchem die Zinsen thesauriert und erst am Ende der Laufzeit ausgekehrt werden. Nach der bereits zuvor angesprochenen Studie wird sich auch in Zukunft – zumindest in den USA – keine eindeutige Präferenz für die eine oder andere Form herauskristallisieren: Eine Bond-Emission bevorzugen 42% der Befragten, wobei 58% für die Nutzung des Bankdarlehens sind[1047]. Dabei macht man sich die grundlegende Transaktionsstruktur eines LBOs zu Nutze[1048]. Bei der sog. Refinanzierung mit Sicherheitengewährung erfolgt die Emission der Anleihe auf der Ebene der NewCo mit der Folge, dass zwar Rückgriffsmöglichkeiten für die Anleihegläubiger gewährt werden, es aber zu einer strukturellen Nachrangigkeit gegenüber den Gläubigern der operativ tätigen Zielgesellschaft

---

[1044] Befragt wurden 75 Private Equity Häuser in den USA mit Erfahrung im Bereich der Recap-Transaktionen, die Fonds mit mehr als US$ 500 Mio. verwalten; vgl. PricewaterhouseCoopers/Pepper Hamilton, S. 4.

[1045] Vgl. KPMG, Leveraged Finance Study 2006, S. 9. Bei dieser Studie wurden über 80 Private Equity Häuser und über 50 Fremdkapitalgeber befragt.

[1046] Vgl. Dritter Teil § 22 V 1, sowie FN 981.

[1047] PricewaterhouseCoopers/Pepper Hamilton, S. 9.

[1048] Näheres zur Transaktionsstruktur eines LBO, vgl. Dritter Teil § 22 II.

kommt[1049]. Im Fall der Darlehensgewährung wird eine zusätzliche gesellschaftsrechtliche Ebene oberhalb von der NewCo eingerichtet, welche dann auch Darlehensnehmer wird. Gläubiger eines solchen Darlehens könnten im Insolvenzfall keinen Rückgriff nehmen, da sie in jedem Fall hinter den erstrangigen und den nachrangigen Gläubigern der operativen Zielgesellschaft stünden. Da sie so letztendlich ohne Sicherung sind (Non-Recourse), ist diese Form auch als Non-Recourse Refinanzierung zu bezeichnen. Voraussetzung für beide Formen der Recap-Finanzierung ist, dass post-akquisitorische Umstrukturierungen, welche die Ebene der Akquisitionsgesellschaft eliminieren, nicht durchgeführt worden sind.

Die Folge ist, dass dem Unternehmen eine zusätzliche Verschuldung aufgebürdet wird. Die Erlöse werden hingegen in erster Linie an die Gesellschafter, d.h. an den Finanzinvestor mittels einer Sonderdividende ausgeschüttet[1050]. Der Finanzinvestor kann auf diesem Weg seinen Druck der Renditeerzielung verringern, da er so sein eingesetztes Eigenkapital (oder zumindest Teile davon) bereits kurz nach der ursprünglichen Akquisition zurückerhält und gegen Fremdkapital austauscht,[1051]. Obwohl der Finanzinvestor dabei seine Beteiligung nicht vollkommen aufgibt, wie es bei den zuvor erwähnten und weiter unten genauer beschriebenen Exit-Kanälen der Fall ist, entspricht dieser Vorgang wirtschaftlich der Funktion eines vorgezogenen Teil-Exits[1052]. Die Eigenkapitalquote und das damit einhergehende Investitionsrisiko des Finanzinvestors werden reduziert. Voraussetzung für ein solches Vorgehen ist allerdings, dass das Unternehmen eine zusätzliche Fremdkapitalaufnahme verkraften kann, d.h. einer weiteren Verschuldensfähigkeit überhaupt zugänglich ist. Wesentliche Aspekte für eine solche Transaktion sind somit typischerweise– ähnlich wie bei WBS – ein zuverlässiger und hoher Cash Flow, eine starke Marktposition und ein starkes Management. Es bedarf im Ergebnis der richtigen Balance zwischen der zusätzlichen Kapitalkostenbelastung und der effizienten Optimierung des IRR. Gleichwohl haftet der Recap-Transaktion grundsätzlich der Makel an, dass auf diesem Weg ein Finanzinvestor in weitem Maße seine Eigenkapitalbeteiligungen reduzieren

---

1049 Vgl. die Ausführungen zu High Yield Bonds, Dritter Teil § 22 V 4.

1050 Häufig kann es aber auch vorteilhafter sein, eine solche Dividendenausschüttung aus steuerrechtlichen Gründen zu vermeiden. In der Praxis kommt es so regelmäßig zu Strukturen, die zur Rückführung des Eigenkapitals eine Sachkapitalerhöhung mit Kaufelementen umfassen. Dabei bringt der Finanzinvestor seine Anteile an HoldCo im Rahmen einer gemischten Sachkapitalerhöhung in NewCo ein. Dabei muss der Wert der HoldCo-Anteile den Wert der an NewCo übernommenen Anteile übersteigen. Der Differenzbetrag kann dann von NewCo an den Übernehmer ausgezahlt werden. Grenzen findet diese Struktur aber in den Kapitalerhaltungsvorschriften des GmbH-Gesetzes. Demnach ist stets auf die Werthaltigkeit und deren Feststellung sowie auf die Ange-messenheit der Betragsauszahlung zu achten. Sofern es keinen überschießenden Anteils-wert gibt, besteht die Gefahr der verbotenen verdeckten Sacheinlage.

1051 Miller, S. 9.

1052 Grundsätzlich unterscheidet sich so ein Leveraged Recap von einer normalen Refinanzierung. Trotzdem wird diese Maßnahme als Vergleich zu WBS aufgenommen, da WBS ebenfalls die Möglichkeit eines vorgezogenen Teilexits ermöglicht, vgl. zur Funktionsweise des Leveraged Recap, Georgieff/Biagosch, S. 181.

kann und zeitgleich dem Unternehmen sehr hohe Schuldendienste aufbürdet, die zukünftig entsprechend große Ertrags-steigerungen des operativen Geschäfts notwendig machen[1053]. Dies ist vor allem dann der Fall, wenn der Finanzinvestor bei den von ihm eingesetzten Instrumenten die Zins- und Tilgungsleistungen in die Zukunft verlagert oder sogar endfällig stellt. Entscheidendes Kriterium für den verantwortlichen Einsatz von Recaps ist nicht der ausgeschüttete Betrag oder etwa der Zeitpunkt der Durchführung der Transaktion, obwohl inzwischen seitens der Finanzinvestoren eine immer kürzere Zeitspannen für den Exit nach der Akquisition angestrebt werden; vielmehr ist das Verhältnis von Fremdkapitalverbindlichkeiten nach Durchführung der Recap-Maßnahme zu EBITDA im Vergleich zum Schulden/EBITDA-Verhältnis vor dem Zeitpunkt der Transaktion das entscheidende Kriterium[1054].

4. Second Lien Financing

In jüngerer Vergangenheit hat sich in der angloamerikanischen Praxis eine weitere Form der Finanzierung als sehr erfolgreich gezeigt[1055], die zwar kein völlig neues Produkt darstellt, aber doch in Europa und speziell in Deutschland[1056] noch weitgehend terra incognita ist: das sog. Second Lien Financing - eine Art nachrangig besicherte Fremdkapitalaufnahme.

[1053] Miller, S. 9.

[1054] PricewaterhouseCoopers/Pepper Hamilton, S. 19.

[1055] In den USA hat sich diese Finanzierungsform rasant entwickelt. So kletterte das Volumen 2001 von wenigen US$ 100 Mio. auf 3,2 Mrd. im Jahr 2003 und 2004 (alleine in den ersten sieben Monaten) auf US$ 7,8 Mrd.

[1056] Die erste Second Lien Transaktion in Europa wurde für den vom Henkel-Konzern abgespaltenen Spezialchemiekonzern Cognis im Mai 2004 durchgeführt. Das Fremdkapital wurde dabei in zwei Kredittranchen (US$ 125 Mio. sowie € 62 Mio.) sowie eine Anleihe in Höhe von € 235 Mio. unterteilt. Die jeweiligen Laufzeiten sind 9 Jahre, wobei eine vorzeitige Tilgung gegen Zahlung einer Vorfälligkeitsentschädigung nach 3 Jahren vereinbart wurde. Die Zinshöhe für die Kredittranche in USD beträgt 6-Monats-USD-LIBOR plus 4,75%, für das übrige Kapital 6-Monats-EURIBOR plus 4,75%, fällig halbjährlich, vgl. Anhang zum Konzernabschluss der Cognis-Gruppe aus dem Jahre 2004, S. 80/81; siehe auch o.V., Cognis-Anleihen sind hoch riskant, erschienen in der Online-Ausgabe der FAZ vom 6. April 2006. Diese Transaktion war eingebettet in eine Rekapitalisierungsmaßnahme in Höhe von € 2 Mrd., um u.a. eine Ausschüttung von € 330 Mio. an Permira, einem Private Equity Fonds und Eigentümer von Cognis durchzuführen. Siehe zur Struktur der Transaktion, Edwards, IFLR März 2005, S. 6. Des Weiteren folgte beispielsweise die Karstadt Quelle AG im Dezember des vergangenen Jahres im Zusammenhang der Optimierung der Finanzstruktur und Refinanzierung der Verbind-lichkeiten mit einer Second Lien Finanzierung von € 300 Mio.; vgl. Pressemitteilung der Karstadtquelle AG vom 23.12.2005. Ebenso erfolgte eine Re-finanzierung mittels Second Lien im Juni 2005 über € 155 Mio. bei der Schefenacker AG, einem weltweit führenden Hersteller von Autorückspiegeln, vgl. Pressemitteilung vom 3. Juni 2005.

a. Hintergrund

Hintergrund für die Entwicklung für Second Lien-Finanzierungen ist ebenso wie bei WBS und Leveraged Recaps der Drang der Finanzmärkte und deren Teilnehmer nach neuen Instrumenten und Formen der Finanzierung, mit dem Ziel das Fremdkapitalpaket bei Akquisitionsfinanzierungen zu vergrößern[1057]. Neben den zuvor genannten Gründen ist für die Entstehung Second Lien- Finanzierungen wichtig zu berücksichtigen, dass seit einiger Zeit verstärkt neue Teilnehmer als Fremdkapitalgeber bzw. -investoren am Kapitalmarkt auftreten. Diese suchen nach neuen und innovativen Produkten, die so strukturiert sind, dass z.B. trotz bestehender Subordination hinter anderen Kapitalschichten langfristig höhere Zinsmargen erzielt werden können als herkömmliche subordinierte Produkte. Aus diesem Grund haben diese Marktteilnehmer vermehrt die Absicht in ein solche neues Kapitalmarktprodukt zu investieren. Hier sind insbesondere Hedgefonds zu nennen, die vornehmlich für den Aufschwung von Second Lien Finanzierungen gesorgt haben[1058]. Sie haben grundsätzlich weniger strenge Investitionsregularien in Bezug auf nachrangiges Fremdkapital wie etwa Banken, den traditionellen Fremdkapitalfinanzierern, oder herkömmliche Fonds. Die nachgeordnete Absicherung, die Second Lien bietet, ist für sie ausreichend. Die sehr potente Hedgefonds-Branche verzeichnet seit 1990 Wachstumssteigerungen von jährlich bis zu 20%, so dass 2004 bereits ca. etwa 7000 Hedgefonds existierten und 2005 das verwaltete Gesamtvolumen 1 Billionen US-Dollar betrug[1059]. Heute sollen bis zu 9000 Hedgefonds bereits US$ 1,6 Billionen verwalten[1060]. In Deutschland sind sie seit dem 1. Januar 2004 durch das neue Investmentgesetz zugelassen[1061], so dass auch hier Wachstum bei Second Lien zu verzeichnen sein wird. Des Weiteren ist der Markt für Hochzinsprodukte wie z.B. High Yield Bonds starker Volatilität ausgesetzt und dementsprechend langfristig nur schwer vorhersehbar.

b. Konzept und Struktur

Systematischer Ansatzpunkt des Konzepts von Second Lien Financing ist die Fremdkapitalebene zwischen der letzten Tranche des typischerweise in A-, B- und C-Tranchen eingeteilten vorrangigen Kredite und der Ebene des Mezzanine-Kapitals oder High Yield Bonds. Hier werden höhere Zinsmargen erzielt als bei

---

[1057] Vgl. Sharples, S. 1ff.

[1058] Bei diesen Investoren handelt sich um nicht regulierte, hauptsächlich in Offshore-Zentren domizilierte Investment-Partnerschaften, die meist nicht nur ihre eigenen Mittel einsetzen, sondern sich auch bei Banken fremdfinanzieren. Absicherungsgeschäfte (to hedge) sind jedoch nicht der Hauptzweck dieser Konstrukte; vielmehr nehmen sie typischerweise Transaktionen vor, die anderen Fonds nicht erlaubt sind. Dazu gehören etwa Leerverkäufe, Börsengeschäfte auf Kredit und der weitreichende Einsatz von Derivaten. Hedgefonds sind geschlossene Fonds. Der Mindesteinsatz ist hoch.

[1059] Measch/Voß, FB 1/2007, S. 3.

[1060] o.V. Heuschrecken: Merkel will Hedgefonds bändigen, online-Ausgabe der Zeit vom 24.05.2007.

[1061] Vgl. Zur Zulässigkeit von Sondervermögen mit zusätzlichen Risiken (Hedegefonds), §§ 112ff. InVG.; siehe auch Kestler, Die Bank 10/2003, S. 676.

besichertem Fremdkapital, auch ist die Laufzeit in der Regel länger. Aufgrund der fehlenden Besicherung der High Yield Bonds ist es aber häufig schwierig für bestimmte Marktteilnehmer aufgrund ihrer eigenen internen Investitionsrichtlinien, solch unbesichertes Kapital zur Verfügung zu stellen bzw. in dieses zu investieren. Gerade diese Problematik wird durch Second Lien aufgefangen.

Die Besonderheit bei Second Lien Finanzierungen liegt in der Gestaltung der Nachrangigkeit der Befriedigung der finanzierenden Gläubiger im Insolvenzfall[1062]. Im Gegensatz zu einer strukturellen Nachrangigkeit, wie etwa bei Mezzanine-Nachrangdarlehen möglich, stehen der Seniorkreditgeber sowie der Second Lien-Kreditgeber strukturell gleichrangig auf einer Ebene[1063]. Die Forderungen sind mit dem identischen Sicherheitenpaket besichert. Es handelt sich somit grundsätzlich um eine mit der vertraglichen Subordination, wie sie auch bei Mezzanine-Nachrangdarlehen vorkommt, vergleichbaren Situation[1064]. In Abgrenzung zur herkömmlichen vertraglichen Subordination, bei dem der Gläubigeranspruch selbst nachrangig ist und so dessen Inhaber im Insolvenzfall vereinbarungsgemäß sämtliche Vermögenswerte, die er vom insolventen Unternehmen oder dessen Geschäftspartnern erhält, an den vorrangigen Gläubiger weiterzuleiten hat bis dieser vollständig befriedigt ist, ist bei Second Lien hingegen lediglich die Befugnis zur Befriedigung nachrangig. D.h., es werden unterschiedliche Verbindlichkeiten identisch, sprich mit einem einheitlichen Sicherungspaket, besichert, jedoch die Gläubiger in zwei unterschiedliche Klassen aufgeteilt. Die erste Klasse (First Lien Creditors) ist vorrangig gegenüber der zweiten Klasse (Second Lien Creditors) in Bezug auf eine Befriedigung aus den gemeinsamen Sicherungsgütern. Vorrang besteht für den Second Lien-Gläubiger für seine Ansprüche jedoch gegenüber den übrigen Gläubigern, insbesondere den ungesicherten Gläubigern. Dies wäre grundsätzlich bei der vertraglichen oder etwa strukturellen Subordination nicht der Fall. Erreicht wird dies, indem die Gläubigerparteien schuldrechtlich übereinkommen, dass der nachrangige Gläubiger sich bereit erklärt, trotz Inhaberschaft eines Sicherungsrechts, die sich daraus ableitbaren Rechte nicht auszuüben (sog. Silence of the Liens)[1065]. Entscheidendes Gewicht kommt somit der Gläubigervereinbarung zu, in der ausgehandelt werden muss, in welchem Umfang die Second Lien-Gläubiger bezüglich ihrer Rechte zu schweigen haben. Dies führt dazu, dass die Fremdkapitalgeber eine höhere Absicherung im Insolvenzfall erhalten bzw. eine geringere Ausfallquote ihrer Forderungen haben, als wenn keine Besicherung vorgenommen würde wie

---

[1062] Vgl. Davenport et al, LSTA Loan Market Chronicle 2005, S. 48.

[1063] Vgl. die grafische Übersicht der erweiterten Ausgestaltung einer Akquisitionsfinanzierung, Dritter Teil § 22 VI, Abbildung 11.

[1064] Obwohl in Europa traditionell die strukturelle Nachrangigkeit bei Mezzanine-Finanzierungen, insbesondere in der Form von High Yield Bonds, vorherrscht, darf die Existenz und auch Anwendung von vertraglicher Subordination nicht vernachlässigt werden. So aber Measch/Voß, FB 2007, S. 3, die lediglich auf die strukturelle Nachrangigkeit bei Mezzanine-Nachrangdarlehen abstellen und so auch einen viel größeren Unterschied zu Second Lien sehen.

[1065] Cummings/Davenport, Commercial Lending Review, September/Oktober 2004, S. 12.

z.B. bei Mezzanine. Dementsprechend ist Konformität mit den eigenen Investitionsrichtlinien hergestellt. Gleichzeitig kann das fremdkapitalaufnehmende Unternehmen seine Kapitalkosten senken, denn eine Second Lien-Finanzierung ist mit geringeren Zinszahlungen belastet, weil mit niedrigerem Risiko für den Kapitalgeber, als unbesichertes oder herkömmlich subordiniertes zur Verfügung gestelltes Kapital[1066]. In der Praxis finden sich Zinssätze von 400 bis 600 Basispunkten über EURIBOR[1067], wobei im Jahr 2006 ein Durchschnitt von 525 Basispunkten über EURIBOR festgestellt wurde[1068]. Die individuellen Ausgestaltungen von Second Lien können sehr vielfältig und komplex sein, wobei jedoch der zuvor skizzierte kürzliche Erfolg von Second Lien im Wesentlichen auf Darlehensstrukturen (Second Lien Term Loans) sowie die Emission von Anleihen (Second Lien Bond Offerings) zurückgehen[1069].

c. Subordinationsregelungen

Auch wenn keine Standardisierung auf diesem Feld besteht, haben sich doch grundsätzliche Unterschiede zwischen der Praxis in den USA und Europa herausgebildet. In Europa stehen für Gläubiger aufgrund der unvorhersehbaren

---

1066 Zu weiteren Vorteilen, insbesondere in Bezug auf eine Insolvenzsituation in den USA unter den Bedingungen des Bankruptcy Code, vgl. Cummings/Davenport, Commercial Lending Review, September/Oktober 2004, S. 12.

1067 Vgl. Maesch/ Voß, Der Finanzbetrieb 1/2007, S. 3.

1068 KPMG, Leveraged Finance Study 2006, S. 14.

1069 Davenport, New York Law Journal vom 9. Juli 2004, Volume 232, Nr. 6, S. 1. Aufgrund der strukturellen und systematischen Nähe zu Mezzanine-Kapital wäre es in Bezug auf eine Untersuchung der Kompatibilität von Second Lien mit deutschem Recht richtig und konsequent, sämtliche Mezzanine-Instrumente dogmatisch auf eine Vereinbarkeit mit der zweitrangigen Besicherungsstrategie von Second Lien zu prüfen. Aus zwingenden Gründen in der Praxis reduziert sich jedoch eine solche Untersuchung auf das Nachrangdarlehen und die Emission von High Yield Bonds. Eine ausführliche und erschöpfende Darstellung kann an dieser Stelle leider nicht erfolgen, da dies den Rahmen der Arbeit sprengen würde. Deswegen muss es anderen überlassen bleiben, diese Lücke zu schließen. Kursorisch lässt sich jedoch bereits hier Folgendes festhalten: Bei der Besicherung nach deutschem Recht ist die Unterteilung in Personal- und Sachsicherheiten zu beachten. Im ersten Fall, bei dem es sich um Bürgschaften, Garantien und andere Maßnahmen handelt, werden zur Absicherung schuldrechtliche Ansprüche gegen Dritte auf Kreditrückzahlung zuzüglich Zinsen gewährt. Bei dieser Form der Besicherung ist es durchaus möglich, durch vertragliche Vereinbarung eine Subordination im Sinne eines Second Lien zu erzielen. Bei Sachsicherheiten gilt es allerdings zu differenzieren. Grundsätzlich ist für solche Sicherheiten, dass zu den schuldrechtlichen Ansprüchen gegen den Kreditnehmer auch dingliche Ansprüche an bestimmten Sachen und Rechten hinzukommen. Zu unterscheiden gilt es jedoch zwischen Sachsicherheiten, wie Pfandrechte und Grundpfandrechte, die nur beschränkt dingliche Rechte gewähren und keine dingliche Vollrechtsübertragung umfassen wie entweder die Sicherungs-übereignung oder Sicherungsabtretung. Im ersten Fall hängt die Rangfolge nach der zeitlichen Bestellung ab und lässt somit auch eine dingliche Besicherung im Sinne von Second Lien zu. Im zweiten Fall ist hingegen für eine dingliche Rangbestimmung kein Raum. Zusätzliche Gläubiger können an einer gemeinsamen Sicherheit nur durch eine entsprechend ausgestaltete schuldrechtliche Vereinbarung partizipieren, vgl. Rösler/Makenthun/Pohl, Rudolf, S. 873, zu den Einzelheiten der verschiedenen Besicherungsformen, ders., S. 831ff.

Folgen nach den unterschiedlichen nationalen Rechtsordnungen außergerichtliche Restrukturierungsbemühungen, im Gegensatz zu gerichtlichen Verfahren des Chapter 11 in den USA, im Vordergrund. Somit enthalten Gläubigervereinbarungen bei Second Lien-Finanzierungen in Europa vertragliche Zahlungsblockaden, die im Fall von Zahlungsausfällen auf der Ebene der vorrangig besicherten Gläubiger bestimmen, dass für einen bestimmten Zeitraum, typischerweise ca. 180 Tage, keine Zahlung an Second Lien Gläubiger erfolgen dürfen (Payment Blockage Rights) sowie Stillhaltevereinbarungen, nach denen bei zuvor definierten Ereignissen wie z.B. Zahlungsausfälle oder Nichteinhaltung von Financial Covenants seitens des Schuldners, für einen Zeitraum zwischen 90 und 150 Tagen die Second Lien-Gläubiger von ihrem Vollstreckungsrecht in das gemeinsame Sicherheitenpaket ausgeschlossen sind (Standstill Periods on Enforcement Actions)[1070]. Beide Mechanismen sind aufgrund der strukturellen Nähe den Bestimmungen von Mezzanine-Finanzierungen entlehnt.

Auch wenn deutliche Unterschiede zwischen den Gläubigervereinbarungen eines Second Lien Term Loans und eines Second Lien Bonds bestehen, zeigen sich zusätzliche typische Bestimmungen die trotz fehlender Standardisierung beiderseits in Bezug auf die Nachrangigkeitsvereinbarung verwendet werden. Dem Second Lien-Gläubiger werden auf diese Weise entweder Verbote auferlegt oder es werden seine Handlungen beschränkt. Hierzu gehören beispielsweise folgende Verbote[1071]: (i) aufgrund eigener bestehender Rechte gegen das gemeinsame Sicherheitenpaket vorgehen; (ii) Ansprüche des First Lien-Gläubigers anzufechten, die sich aus dessen Rechtsstellung als vorrangiger Gläubiger ergeben; (iii) die Durchsetzbarkeit oder auch die Vorrangsstellung des Sicherungsrechts selbst anzufechten und (iv) andere bestehende Rechte eines besicherten Gläubigers vor oder während des Insolvenzverfahrens auszuüben.

5. Zusammenfassung und Übersicht der Finanzierungsmaßnahmen

Im Anschluss werden folgende Refinanzierungsmaßnahmen analysiert und miteinander verglichen: (i) die Ausgabe von neuen Unternehmensanteilen (sog. Ordinary Shares), (ii) die Emission von Wandelschuldverschreibungen, (iii) die Aufnahme von Senior-Krediten, (iv) die Emission von High Yield Bonds, (v) die Aufnahme von Mezzanine-Nachrangdarlehen, (vi) die Realisierung einer Leveraged Recap-Transaktion, (vii) die Emission einer Unternehmensanleihe mit Bonitätsrating, (viii) der Einsatz von Second Lien, (ix) die Durchführung einer ABS-Verbriefung und schließlich (x) WBS.

[1070] Vgl. Muzill/Siebens, S. 6 und 7.
[1071] Vgl. Davenport, New York Law Journal vom 9. Juli 2004, Volume 232, Nr. 6, S. 1.

III. Katalog von Vergleichsmerkmalen und Vitalitätskriterien

Für den Vergleich der verschiedenen Refinanzierungsformen ist ein aussagekräftiger und anspruchsvoller Katalog von Vergleichsmerkmalen vonnöten, der einen umfassenden, aber effizienten – dem Rahmen dieser Arbeit angemessenen – Vergleich ermöglicht. Entscheidend ist dabei, dass das Spannungsverhältnis der beteiligten Interessen, vor allem des Kapitalgebers und -nehmers, zu berücksichtigen ist und Aspekte der jeweiligen Refinanzierungsform beleuchtet werden, die wichtig sind bei der Auswahl der optimalen Refinanzierungsmaßnahme. Die Entscheidung zur Durchführung einer solchen Maßnahme ist stets eine einzelfallabhängige unternehmerische Entscheidung, die von vielfältigen Faktoren, vornehmlich ökonomischer Natur, bestimmt ist und nicht von juristischer Seite entschieden oder vorweggenommen werden kann (Business Judgement). Vorrangig soll der folgende Vergleich eine Hilfestellung sein für alle Entscheidungsträger auf Unternehmer- und/oder Investorenseite.

Erster wichtiger Vergleichsaspekt zwischen den unterschiedlichen Refinanzierungsmaßnahmen ist die Frage nach der (i) Besicherung und gleichzeitig nach der Subordination der finanzierenden Kapitalgeber. Ebenso beachtlich ist aus Sicht der kapitalgebenden Partei als auch des Kapitalaufnehmers der Umfang der (ii) Covenants, welche die jeweilige Maßnahme erfordern. Diese Nebenabreden räumen dem Unternehmer/Kapitalnehmer mehr oder weniger Handlungsspielraum im operativen Geschäft ein. Hinzukommt die Frage, insbesondere aus Sicht des Unternehmens und deren Gesellschafter, inwiefern die Maßnahme eine (iii) Veränderung der Eigenkapitalquote bewirkt und ob sich die (iv) Kapitalkosten senken lassen. Gleichzeitig spielt auch eine mögliche (v) Bilanzentlastung eine gewichtige Rolle (Off-Balance-Sheet-Refinanzierungen). Häufig erfolgt eine Refinanzierung nicht nur anhand einer einzigen Maßnahme, sondern kumulativ im Verbund mit anderen, häufig aber auch zeitlich nachgelagerten Vorgängen. Es muss jedoch immer sichergestellt sein, dass das strategische Gesamtziel, die Refinanzierung der Akquisitionsfinanzierung, weiter verfolgt wird. Aus diesem Grund stellt sich notwendigerweise die Frage, (vi) inwieweit die gewählte Maßnahme den Cash Flow zugunsten des Finanzinvestors optimal ausnutzt. Außerdem ist zu untersuchen, ob (vii) die Refinanzierungsform noch weitere Finanztransaktionen zulässt oder sie den Finanzrahmen des Unternehmens völlig ausschöpft. Von großer Bedeutung ist, den (viii) Grad der Komplexität des Instruments selbst einzuschätzen sowie auf inhärente kostentreibende Aspekte der Refinanzierungstransaktion zu achten. Darüber hinaus ist der Blick in Bezug auf (ix) die Tauglichkeit der Maßnahme im täglichen operativen Geschäft zu wahren. Für den Fall, dass die Geschäftsleitung einer zu komplizierten Struktur ausgesetzt ist, durch die sie im Tagesgeschäft beeinträchtigt wird, wäre an eine alternative und weniger belastende Refinanzierungsform zu denken. Schließlich ist (x) der Risikograd für das Unternehmen selbst bei Durchführung der jeweiligen Maßnahme abzuschätzen. Ziel ist es, die Gefahr des Ausblutens des Unternehmens durch exzessive Schuldendienste, Renditeerwartungen oder unmittelbare

Kapitalabflüsse und damit verbundene Haftungsrisiken der Geschäftsleitung zu vermeiden oder zumindest zu minimieren. Alle Punkte und Abhängigkeiten sind in den folgenden tabellarischen Abbildungen 13, 14 und 15 zusammengefasst.

Abbildung 13: Übersicht: Vergleich der unterschiedlichen Refinanzierungsinstrumente I

	Eigenkapital (Equity)	**Wandelanleihen**	**Vorrangig besichertes Fremdkapital (Senior Debt)**	**Mezzanine-Nachrangdarlehen**
Besicherung	Nein	Nein	Ja	Ja, Sicherheitenpaket wie Senior Debt (bei vertraglicher Subordination), auch unbesichert möglich
Subordination	Ja, hinter sämtlichem Fremdkapital	Ja, bis Umwandlung hinter besichertem, später hinter sämtlichem Fremdkapital	Nein	Ja, strukturell oder vertraglich subordiniert hinter Senior Debt
Covenants	Nein	Je nach Umwandlung	Ja, grundsätzlich sehr umfassend	Ja, folgen oft Senior Debt- Covenants, aber weniger strenge Financial Covenants
Veränderung des Eigenkapitals	Ja	Nein	Nein	Nein, es sei Equity Kicker wurde vereinbart
Kapitalkostensenkung	Nein, teuerste Form der Finanzierung	Ja, nach Umwandlung	Ja, abhängig von Besicherung; Zinsen: Tranche A 225 BP + EURIBOR (+ je 50 BP je weitere Tranche)	Nein, Zinsen: 1200 – 2000 BP + EURIBOR
Bilanzentlastung	Ja	Nein	Nein	Nein
Cash Flow Optimierung	Nein	Nein	Nein	Ja, zum Teil, sofern Cash Flow von Zinszahlungen befreit wird
Ausschöpfung des Finanzrahmens	Nein	Nein	Nein, Obergrenze: 3 -4 x EBITDA	Nein, Obergrenze: 1-1,5 x EBITDA
Komplexität und kostentreibende Aspekte	Sehr komplex und kostenintensiv, sofern mittels Börsengang	Relativ gering	Komplexität durch hohe Standardisierung relativ gering	Ähnlich wie Senior Debt, Verzögerungen durch Gläubigervereinbarung möglich
Praktikabilität der Maßnahme im Unternehmensalltag	Keine Auflagen	Keine nennenswerten Auflagen	Einschränkung durch entsprechende Covenants	Ähnlich wie Senior Debt, aber flexibler bzgl. Einhaltung von Finanzkennzahlen
Risikograd für das Unternehmen	Gering, es sei hohe Dividendenausschüttungen	Gering	Gering	Gering, es sei Zinsbelastung zu hoch

Abbildung 14: Übersicht: Vergleich der unterschiedlichen Refinanzierungsinstrumente II

	Leverage Recaps	**Anleihe mit Bonitätsrating**	**High Yield Bonds**
Besicherung	Je nach Ausgestaltung	Ja	Grds. nein, vermehrter Wunsch nach Besicherung
Subordination	Ja	Nein	Ja, in Europa regelmäßig strukturell subordiniert
Covenants	Ja, je nach Ausgestaltung	Ja, aufgrund der Bonitätseinstufung relativ gering	Ja, weite Covenants, aber flexibel gestaltbar
Veränderung des Eigenkapitals	Nein	Nein	Nein
Kapitalkostensenkung	Nein	Ja, moderater Zinssatz (abhängig von Rating)	Nein, Zinsen: 1000 BP+EURIBOR
Bilanzentlastung	Nein	Nein	Nein
Cash Flow Optimierung	Ja, je nach Ausgestaltung	Nein, meist festverzinst	Ja, da Zinsflexibilität
Ausschöpfung des Finanzrahmens	Nein, je nach Ausgestaltung	Nein	Grundsätzlich nein, aber meist nur hohes Volumen Garant für Marktliquidität
Komplexität und kostentreibende Aspekte	Je nach Ausgestaltung	Gering	Sehr komplex, da umfangreiche Due-Diligence Prüfung notwendig
Praktikabilität der Maßnahme im Unternehmensalltag	Je nach Ausgestaltung	Keine Beeinträchtigungen der Geschäftsführung	Weitreichende Auflagen
Risikograd für das Unternehmen	Sehr hoch, da zusätzliche hohe Verschuldung	Gering	Gefahr durch endfällige Bonds, insbesondere in Kombination mit ähnlichen Instrumenten

Abbildung 15: Übersicht: Vergleich der unterschiedlichen Refinanzierungsinstrumente III

	Second Lien	ABS	WBS
Besicherung	Ja	Ja	Ja
Subordination	Ja, zu First Lien Gläubiger	Nein	Grds. nein, evtl. zu Liquiditätskreditgebern der SPVs
Covenants	Ja, aber weniger weitreichend wie bei First Lien-Gläubiger, an Mezzanine angenähert	Ja	Ja, lassen aber der Geschäftsführung einen weiten Spielraum für das operative Geschäft
Veränderung des Eigenkapitals	Nein	Nein	Nein
Kapitalkostensenkung	Je nach Ausgestaltung (450-650 BP+ EURIBOR), aber günstiger als High Yield	Ja, Zinsbelastung ist günstig wegen höherem Rating als Originator	Ja, eines der günstigsten Instrumente, aber hohe Gesamttransaktionskosten wg. Komplexität
Bilanzentlastung	Nein	Ja	Nein
Cash Flow Optimierung	Ja, je nach Ausgestaltung	Ja, Grenze in Ausfallrate der ausgesuchten und verbrieften Assets	Ja, da Cash Flow Verbriefung (+ nicht bilanzierte IP-Rechte)
Ausschöpfung des Finanzrahmens	Nein, aber Grenze durch fehlende Besicherung sowie maximaler Verschuldungsgrad	Nein, Grenze: Vorhandensein von verbriefbaren Vermögenswerten	Ja, da sämtliche Cash Flows verbrieft werden + sehr lange Laufzeit, kann Verschuldungsgrad von bis zu 12x EBITDA bilden
Komplexität und kostentreibende Aspekte	Komplex, keine Standardisierung + zeitliche Verschiebungen wg. Verhandlungen mit First Lien Gläubigern	Hohe Standardisierung, aber komplexe und aufwendige Transaktion aufgrund zahlreicher Beteiligter und intensiver Datenanalyse	Sehr komplex, da jede Transaktion bisher maßgeschneidert
Praktikabilität der Maßnahme im Unternehmensalltag	Je nach Ausgestaltung	Keine Beeinträchtigung, da Verkauf der Forderungen an unabhängiges SPV	Hohe unternehmerische Freiheit der Geschäftsführung
Risikograd für das Unternehmen	Je nach Ausgestaltung	Gering, da durch Forderungsverkauf Bilanz entlastet und Liquidität unmittelbar erhöht wird	Gering, + wenn Transaktion mit zu hohem Schuldendienst belastet

Quellen: jeweils eigene Darstellung

1. Besicherung und Subordination

Eine der elementarsten und wichtigsten Frage für Kapitalgeber ist die Qualität der Besicherung, d.h. ob und welche Sicherheiten ihm als Gläubiger bei Zahlungsausfällen zur Verfügung stehen. Gleichfalls ist sie für die kapitalsuchende Partei wichtig, denn dieser muss das Sicherungspaket für den Kapitalgeber bereitstellen bzw. überlegen, ob ihm dieses überhaupt und in welchem Umfang zumutbar ist. In unmittelbarem Zusammenhang dazu steht die Frage nach der Subordination, d.h. dem Rangverhältnis der verschiedenen Gläubigergruppen zueinander, insbesondere im Insolvenzfall. Diese kann entweder in Form der vertraglichen oder strukturellen Subordination vorliegen. Bei der vertraglichen Subordination erhalten die Gläubiger jeweils dasselbe Sicherheitenpaket, d.h. sie stehen strukturell gleichrangig nebeneinander. Die Nachrangigkeit wird schuldrechtlich mittels einer Gläubigervereinbarung hergestellt. Strukturelle Subordination liegt bei entsprechender gesellschaftsrechtlicher Struktur vor, die verschiedene Zugriffsebenen eines Konzerns im Insolvenzfall für die Gläubiger bietet[1072]. Grundsätzlich sind Altgläubiger skeptisch gegenüber erneuten Fremdkapitalaufnahmen des Schuldners wegen des Verdachts etwaiger Beeinträchtigungen ihrer eigenen Stellung und Absicherung. Dies gilt insbesondere für die vertragliche Subordination. Sofern eine Subordination – sei es vertraglicher oder struktureller Art – vorliegt, sind stets vorrangig besicherte Gläubiger bevorzugt zu befriedigen, so dass Gläubiger, die auf der untersten Gläubigerhierarchiestufe stehen, stets mit dem Risiko des vollständigen Forderungsausfalls konfrontiert sind.

Für den Fall, dass die Refinanzierung der Akquisitionsfinanzierung über Eigenkapital, d.h. in Form der Ausgabe von neuen Unternehmensanteilen, erfolgen soll, stellt sich zwangsläufig die Frage der Besicherung nicht. Durch die Partizipation am Eigenkapital stellt der Investor dem Unternehmen unbefristet Haftungskapital zur Verfügung. Hierdurch gewinnt er zwar Einfluss auf die Geschäftsführung und nimmt am Erfolg des Unternehmens teil, da er Anspruch auf Beteiligung am Gewinn und Liquidationserlös erhält, haftet aber auch gleichzeitig für sämtliche Verbindlichkeiten des Unternehmens[1073]. Folgerichtig findet sich ein solcher Eigenkapitalgeber auf der untersten Gläubigerstufe wieder und wird im Insolvenzfall lediglich nach allen anderen, seien sie besichert oder unbesichert, befriedigt.

Bei Ausgestaltungsformen von Schuldverschreibungen, wie die Unternehmensanleihe mit Bonitätsrating, aber auch die Gestaltungsvariante der Wandelanleihe, die aufgrund ihres Zusatzrechts auf Tausch der Anleihe in Unternehmensanteile des Emittenten dem Eigenkapital angenähert ist, steht eine herkömmliche Besicherung mit Mitteln wie Real- und/oder Personalsicherheiten nicht im Vorder-

---

[1072] Vgl. Dritter Teil § 22 V 4.

[1073] Vgl. Guggelberger/König/Mayer, S. 129.

grund und es ist von einem geringen Besicherungserfordernis auszugehen[1074]. Vielmehr richtet sich bei einer solchen Refinanzierung über den Kapitalmarkt das Augenmerk auf die Bonitätseinstufung durch unabhängige Ratingagenturen[1075]. Gleichwohl bedarf es für ein günstiges Rating der Anleihe der Berücksichtigung des Ausfallrisikos. Ein solches wird durch eine Gemengenlage von Absicherungen erreicht. Je nach Ausgestaltung des Einzelfalls und Einschätzungen der Ratingagentur, erstrecken sich die Maßnahmen meist kumulativ von Personalsicherheiten, wie etwa die Garantie Dritter[1076], bis hin zu zahlreichen Zusicherungen, wie u.a. eine Negativerklärung (Negative Pledge Klausel) und/oder eine Gleichrangklausel (Pari Passu Klausel)[1077]. Im ersten Fall verpflichtet sich der Emittent während der Laufzeit der Anleihe keine anderen, der Anleihe gleich- oder nachrangige Verbindlichkeiten zu besichern; eine solche Besicherung ist nur zu dulden, wenn parallel die Anleihegläubiger in gleicher Weise und anteilig mit allen anderen besicherten Verbindlichkeiten an solchen Sicherheiten beteiligt werden. Im zweiten Fall sichert der Emittent zu, dass diese Kapitalmarktfinanzierung im gleichen Rang zu allen anderen unbesicherten Verbindlichkeiten steht und künftige Finanzierungen nicht besser besichert werden[1078]. Die Inhaber von Wandelanleihen sind folgerichtig zunächst typischerweise, jedoch abhängig von der Ausgestaltung im Einzelfall, den vorrangig besicherten Gläubigern nachgeordnet, im Fall der Wahrnehmung des Wandelrechts als Eigenkapitalgeber hingegen vollkommen nachgeordnet. Bei Anleihen mit Bonitätsrating sind die Gläubiger hingegen nicht gegenüber anderen nachrangigen Gläubigern nachgeordnet, es sei denn, es handelt sich um die Ausgestaltung einer strukturellen Subordination.

Die klassische Refinanzierung durch Fremdkapital mittels eines vorrangigen Bankkredits (Senior Bank Debt) erfordert hingegen eine umfassende Besicherung durch sämtliche schon beschriebene Besicherungsformen. Die Real- sowie Personalsicherheiten dienen dazu, das Ausfallrisiko des Kreditnehmers weitestgehend abzufedern. Folgerichtig stehen diese Gläubiger auch an erster Stelle des Gläubigerrangverhältnisses und haben vor allen anderen vorrangig Zugriff auf die bestellten Sicherheiten. Der Mezzanine-Kredit wird durch dieselben Sicherheiten wie der vorrangige Bankkredit besichert, geht aber aufgrund von Gläubigervereinbarungen im Rang nach – allerdings privilegiert gegenüber sämtlichen unbesicherten Gläubigern[1079]. Bei Leverage Recap Transaktionen hängen die Be-

---

[1074] Die seltene Bestellung von Sicherheiten zeigt sich vornehmlich bei internationalen Anleihen und da insbesondere bei Realsicherheiten aufgrund der rechtlichen und auch tatsächlichen Schwierigkeiten, die sich bei der Realisierung aufgrund des jeweils zwingend anzuwendenden nationalen Rechts (lex rei sitae) bezüglich der Realisierung ergeben, vgl. Hartwig-Jacob, S. 365. Siehe derselbe Autor zur unterschiedlichen Terminologie des Besichert- und Nichtbesichertsein einer Anleihe, S. 361.

[1075] Vgl. Hutter, S. 432.

[1076] Siehe Einzelheiten bei Hartwig-Jacob, S. 366ff.

[1077] Hochgatter/Sacher/Wallner, S. 172.

[1078] Ausführlich m.w.N. zu den einzelnen Klauseln, Hartwig-Jacob, S. 477ff.

[1079] Diem, § 38 Rn.20.

sicherung und das Rangverhältnis von der konkreten Ausgestaltungsform ab. Zum einen gibt es die Refinanzierung auf der Ebene der New HoldCo, welche typischerweise nicht besichert ist[1080]. Somit besteht auch Subordination gegenüber allen besicherten Gläubigergruppen, darüber hinaus aber auch gegenüber allen Gläubigern auf den Ebenen von HoldCo sowie der operativ tätigen Gesellschaft OpCo. Sofern die Refinanzierung auf der Ebene der HoldCo selbst durchgeführt wird, beispielsweise in Form eines Darlehens, werden hier die Sicherungsrechte gewährt. Regelmäßig handelt es sich dabei um Realsicherheiten in Form der Verpfändung der Geschäftsanteile an OpCo sowie der Verpfändung bzw. Sicherungsübereignung der Vermögensgegenstände von OpCo. Die Subordination hängt ebenfalls von der gewählten Form ab. Bei der Emission von Schuldverschreibungen besteht typischerweise Nachrangigkeit, bei Darlehen nur gegenüber den erstrangigen Gläubigern des Darlehens an OpCo.

Bei der Emission von High Yield Bonds erfolgte bis zum Jahre 2003 grundsätzlich keine Besicherung, so dass die Gläubiger mit allen anderen unbesicherten Gläubigern gegenüber besicherten Gläubigern nachrangig waren[1081]. Das änderte sich erst, als High Yield Bond-Gläubiger in einigen größeren Transaktionen im Bereich Technologie, Medien und Telekommunikation Totalausfälle zu beklagen hatten und führte zur nachdrücklichen Forderung, am Sicherungspaket der vorrangig besicherten Bank wenigstens zweitrangig beteiligt zu werden[1082]. Dies erklärt das Interesse an Second Lien seit dem Jahr 2003 und die verstärkte Entwicklung hin zu derartigen Finanzierungen. Hier wird bei der Gestaltungsform Darlehen, aber auch bei der Emission von High Yield Bonds auf eine Absicherung gegen Totalverlust der finanzierenden Gläubiger geachtet. Diese partizipieren dabei an demselben Sicherheitenpaket, dass für die sog. First Lien-Gläubiger geschnürt wurde[1083]. Eine Subordination besteht nur zu den vorrangigen Gläubigern dieses Sicherheitenpakets (First Lien-Gläubiger). In Bezug auf unbesicherte Schichten von Schuldverschreibungen oder mezzanine Titeln in der Kapitalstruktur des Akquisitionsvehikels NewCo sind sie vorrangig und privilegiert.

Bei ABS erfolgt ebenfalls eine Besicherung. Den Anleihegläubigern stehen als Haftungsgrundlage die Cash Flow-generierenden Forderungen zu, aus denen der Anleiheschuldendienst bedient wird. Gleichzeitig ist aber auch hier die Einstufung durch die Ratingagenturen maßgeblich. Aus diesem Grund treten zur grundsätzlichen Besicherung noch weitere ergänzende Absicherungsmechanismen (sog. Credit Enhancement) hinzu[1084]. WBS basiert auf der Struktur eines be-

---

[1080] Vgl. Dritter Teil § 23 II 3.

[1081] Kusserow/Dittrich, WM 2000, S. 746.

[1082] Vgl. Roome, Legalweek vom 28.09.2006, S. 1; Chamblee/Tenholder, Commercial Lending Review, November-December 2005, S. 9.

[1083] Vgl. Dritter Teil § 23 II 4.

[1084] Diese lassen sich kategorisieren in: (i) Sicherungen durch den Forderungsverkäufer, (ii) Sicherungen in der Emissionsstruktur selbst und (iii) Sicherungszusagen Dritter; siehe hierzu im einzelnen beispielsweise Waschbusch, ZBB-Report 1998, S. 412.

sicherten Darlehens als Randbaustein, so dass hier herkömmliche Besicherungsmaßnahmen zum Einsatz gelangen. Typischerweise aber dominiert die Bestellung von Realsicherheiten[1085]. Das Risiko einer Subordination der Anleihegläubiger besteht in beiden Fällen grundsätzlich nicht, da ein unmittelbarer Zugriff der Gläubiger auf die Sicherheiten eine notwendige Voraussetzung für die Kapitalmarktfähigkeit der Anleihe ist. Ausnahmen bilden allerdings bei ABS und auch WBS jene Fälle, bei denen ergänzende externe Absicherungsmaßnahmen mit in die Struktur eingewoben sind, um etwaigen Liquiditätsrisiken zu begegnen, insbesondere bei den gegründeten SPVs. Die von Bankenseite begebenen Liquiditäts- und/oder Betriebsmittelkredite sind notwendigerweise aufgrund der Marktgegebenheiten vorrangig vor den Anleihegläubigern zu besichern.

2. Absicherung durch Covenants

Bei den Covenants handelt es sich um spezifische Nebenabreden als flankierende Maßnahmen zur Besicherung, welche die durchgeführte Transaktionsstruktur im Sinne der Kapitalgeber absichern soll, indem der Kapitalnehmer zum Schutze des Kapitalgebers in bestimmter Weise diszipliniert und kontrolliert werden soll[1086]. Bestimmte Maßnahmen der Refinanzierung erfordern strengere Vereinbarungen als andere und nicht in allen Fällen werden überhaupt Covenants eingesetzt.

Die Refinanzierung über Eigenkapital in Form der Neuausgabe von Unternehmensanteilen umfasst z.B. keine derartigen Covenants. Vielmehr sind die näheren Bedingungen im jeweiligen Gesellschaftsvertrag geregelt. Ähnliches gilt für die eigenkapitalnahe Wandelschuldverschreibung. Hier bestimmen die Anleihebedingungen das Rechtsverhältnis aus der Anleihe. Im Vordergrund stehen dabei neben Zinssatz, Fälligkeit, Tilgung und Kündigungsrechte, insbesondere aber Regelungen über das genaue Wandlungsverhältnis und die Ausübung des Wandlungsrechts sowie über die Bedienung der Wandlungsansprüche[1087]. Von Wichtigkeit sind auch Regelungen wie etwa Anpassungsklauseln, sog. Verwässerungsschutzklauseln, in denen geregelt wird, dass die Werthaltigkeit der Wandlungsoption nicht durch weitere Kapitalmaßnahmen der Anleiheschuldnerin verwässert werden sollen[1088]. Covenants stehen hier dennoch nicht im Vordergrund. Bei Refinanzierungen mittels ABS sieht es ähnlich aus. Hier muss nicht der Originator zugunsten der Anleihegläubiger diszipliniert werden, sondern lediglich das anleiheemittierende SPV, welches vollkommen unabhängig ist und lediglich für diesen Zweck gegründet wurde. Tätigkeiten außerhalb des Zwecks des Haltens der Vermögenswerte, der Anleiheemission und Bedienung des

[1085] Vgl. oben Zweiter Teil § 15 I 1 b.
[1086] Vgl. Erster Teil § 7 III 1.
[1087] Frodermann/Schäfer, S. 270.
[1088] Werner, Private Placement, S. 100.

Schuldendienstes sind nicht vorgesehen, schon gar nicht etwa operative Tätigkeiten, welche die Anleihegläubiger in ihrer Stellung beeinträchtigen könnten[1089].

Bei Seniorkreditverträgen verhält es sich hingegen anders. Hier bedarf es in der Regel eines umfassenden Katalogs an Covenants zur Kontrolle und Disziplinierung des Kreditnehmers[1090]. Selbst wenn ein Kredit ausreichend mit werthaltigen Sicherheiten gedeckt ist, wird keineswegs auf Covenants verzichtet werden können, denn selbst dann bedarf der Kreditnehmer aus Sicht der Bank einer bestimmten Kontrolle im Vorfeld, damit ein Zahlungsausfall vermieden wird[1091]. Dies ist besonders akzeptiert durch die wegen Basel II seit dem 1. Januar 2007 verstärkte Risikoaversion der Banken. Folgerichtig umfasst der Seniorkredit einen umfänglichen und restriktiven sowie den Kreditnehmer kontrollierenden und disziplinierenden Covenant-Katalog. Dieser soll sicherstellen helfen, dass der Kreditnehmer jederzeit über ausreichende Liquidität verfügt, um den Schuldendienst zu bedienen. Gleichzeitig darf ihm aber durch die Covenants der vorgegebene Rahmen nicht zu eng gesteckt werden, so dass er seinem Geschäftsbetrieb nicht mehr nachgehen kann[1092]. Typischerweise besteht der Covenant-Katalog aus einer Mischung aus Financial Covenants (Maintenance Covenants) und Verhaltensauflagen (Incurrence Covenants) sowie allgemeinen Informationspflichten (Information Undertakings)[1093]. In erster Linie wird dem Kreditnehmer darin aufgegeben in ständiger Weise bestimmte wirtschaftliche Kennzahlen einzuhalten, um Zahlungsausfälle zu vermeiden. Darüber hinaus handelt es sich um Vereinbarungen, die Restriktionen und Ermessensreduzierungen für bestimmte Fälle und Ereignisse vorsehen, wie etwa die Aufnahme von zusätzlichem Fremdkapital oder Dividendenausschüttungen.
In jüngster Vergangenheit zeigen sich in der Kreditvergabepraxis – insbesondere in den USA, aber auch verstärkt in Europa – auf Grund der hohen Markliquidität und gesteigertem Wettbewerbsdruck unter den Banken, insbesondere um bei Private-Equity-Transaktionen die Akquisitionsfinanzierung darzustellen, Tendenzen der Auflösung dieser den Fremdkapitalgeber absichernden Abreden (CovLite Loans)[1094]. Gleichzeitig wird diese Entwicklung in der Praxis aber stark

---

[1089] So finden sich in detaillierten Darstellungen zu dem Thema ABS auch keine Ausführungen zu speziellen Covenantproblemen, vgl. Klüwer, S.1ff.; Gehring, S.1ff. oder Willburger, S.1ff.

[1090] Sofern ein Kredit unbesichert vergeben sein sollte und auf dem budgetierten Cash Flow und prognostizierten Zahlen aufbaut, bedarf es besonders strenger Covenants, da keine Risikoabfederung des Verlustes durch ein Sicherheitenpaket gegeben ist, auf das im Zahlungsausfall zurückgegriffen werden kann, vgl. Diem,
§ 22 Rn. 2 sowie Kessel, S. 97.

[1091] A.A., Diem, § 22 Rn. 2.

[1092] Vgl. Kusserow/Dittrich, WM 2000, S. 749.

[1093] Tresnowski/Nowak, S. 39. Im Einzelfall kann es allerdings sicherlich zu Verschiebungen in der Ausgestaltung und des Restriktionsgrads kommt.

[1094] Als einer der ersten europäischen sog. Cov-Lite Deals trennte sich die Commerzbank AG im Rahmen der Konzentration auf den deutschen Markt von ihrer Londoner Tochter Jupiter Asset Management. Bei der durch die HSBC-Bank arrangierten Transaktion wurde im kritisiert und vor der Aufweichung von bestehenden Standards in der Praxis der bankrechtlichen Kreditvergabe sowie erhöhten Risiken für die Kreditgeber selbst und die Investoren an den Kreditsekundärmärkten gewarnt[1095]. Sollten die Sekundärmärkte die Risiken der Akquisitionsfinanzierungen nicht mehr aufnehmen können oder wollen, könnte sich aufgrund der entsprechenden Zurückhaltung bei der Kreditvergabe eine Liquiditätsverknappung einstellen. Die Folge wäre einerseits ein Zurückgehen der Transaktionsaktivitäten wegen fehlender Finanzierungsmöglichkeiten; andererseits würden, im Fall einer durchgeführten Finanzierung, die Rolle der Banken wieder erstarken und es so wieder zu strengeren Covenants im Darlehensvertrag kommen. Wie bereits angesprochen, ist der nachrangige Mezzanine-Kredit inhaltlich dem Senior Debt angenähert, so auch in Bezug auf die Covenants. Allerdings sind typischerweise die Financial Covenants nicht entsprechend streng wie die des Senior Debts, da es zu keinen zeitlich vorgelagerten Kündigungen oder ähnlichen Rechtsausübungen zu Ungunsten der Gläubiger des Senior Debts kommen darf, die auf dem Verfehlen bestimmter Finanzkennzahlen basieren[1096].

Bei den ebenfalls nachrangigen High Yield Bonds ist grundsätzlich festzuhalten, dass sie ohne geeignete Covenants überhaupt nicht am Kapitalmarkt platzierbar wären. Die Covenants sind somit ein wichtiger Bestandteil der Anleihebedingungen, durch welche sie sich gerade von anderen Anleiheformen unterscheiden[1097]. Allerdings sind in jüngster Zeit Tendenzen zu beobachten, dass bestimmte Kapitalnehmer mit nur sehr eingeschränkten Covenants operieren. Sie sind allerdings viel weniger streng und weniger umfangreich als der Katalog eines Mezzanine-Kredits oder des Senior Debts[1098]. Das vordergründige Ziel ist der Erhalt der Kreditqualität bzw. der Zahlungsfähigkeit des Emittenten und der dazugehörigen Tochtergesellschaften[1099]. Die Covenants eines High Yield Bonds unterliegen einem relativ geringen Überwachungsaufwand. Sie enthalten weniger Finanzparameter, die während der Laufzeit ständig erfüllt sein müssen (Financial Maintenance Covenants) und dadurch den Kapitalnehmer zu bestimmten Unternehmensergebnissen anhalten, sondern sie sind meist an bestimmte Ereignisse oder Handlungen der Verantwortlichen geknüpft (Incurrence Covenants), wie etwa die Entscheidungen zur zusätzlichen Verschuldung oder zu Ausschüt-

---

Rahmen der Finanzierung der als MBO ausgestalteten Transaktion ein Kredit über £ 425 Mio. begeben, Mackintosch, S. 11.

1095 Tett, S. 15; Larsen/Simonian, S. 1, 16.

1096 Vgl. Dritter Teil § 22 V 4 b.

1097 Kusserow/Dittrich, WM 2000, S. 749.

1098 Vgl. Kästle, S. 43; Heemann, S. 706.

1099 Damit geht einher (i) die Bestrebung, einen unbelasteten Cash Flow zu gewährleisten, (ii) die Sicherstellung des geschäftlichen Umgangs mit Tochtergesellschaften auf einer „arm's lenght"-Basis, d.h. auf rein geschäftlicher Basis ohne Privilegien, (iii) die Bestärkung der Kontinuität der derzeitigen Eigentumslage; vgl. Coats/Ely/ Kilner, PLC July 1999, S. 37.

tungen[1100]. Somit hat sich der Emittent den Vorteil, dass keine Covenantverletzung durch bestimmtes Unterlassen oder das Nichterreichen von Finanzkennzahlen aufgrund schwacher operativer Leistung eintritt[1101]. Vielmehr ist sein eigenes aktives Handeln notwendig. Im Vergleich zu einem Seniorkreditvertrag zeigt sich allerdings wegen der weitaus längeren Laufzeit aber auch Nachteile in Bezug auf Flexibilität und Abänderbarkeit der Covenants. So können die die Covenants enthaltenen Anleihebedingungen während der Laufzeit nur mittels einer einen gemeinsamen Willen der Anleihegläubiger manifestierenden Gläubigerversammlung abgeändert werden. Die Einberufung einer solchen Versammlung ist regelmäßig nur mit entsprechend hohem finanziellen und zeitlichen Aufwand durchführbar.

Bei Anleihen mit Bonitätsrating finden sich ebenfalls Covenants in den Anleihebedingungen[1102]. Auch wenn die nationale Praxis sich immer weiter an internationale, durch den angloamerikanischen Markt geprägte Standards orientiert und typischerweise weitreichende Kataloge an Covenants umfasst, sind diese jedoch als verhältnismäßig wenig einschneidend einzustufen. Sie werden nicht als für den Gläubiger notwendige Absicherungsmaßnahmen eingesetzt. Gründe hierfür sind einerseits das vorhandene hohe Bonitätsrating und die damit verbundene Kapitalmarktfähigkeit der emittierten Anleihe; andererseits ist die praktische Rechtsdurchsetzung bei einem Covenantverstoß seitens des Emittenten für den einzelnen Gläubiger der großen anonymen Gläubigergruppe, jedenfalls bei öffentlich platzierten Anleihen, mit Schwierigkeiten verbunden[1103]. Die abgeschwächte Absicherung der Gläubiger durch Covenants gilt insbesondere im Vergleich zum vorrangigen Senior Debt. Dementsprechend fallen die Handlungs- und Unterlassungspflichten in Qualität und Umfang in der Regel weit hinter denen eines Senior Debt Kredits zurück. Gleiches gilt für Financial Covenants oder die Informationspflichten. Allerdings sind die Tatbestände, die den Anleihegläubiger zur Kündigung berechtigen, umfangreicher gefasst[1104].

Bei Leverage Recap Transaktionen sind die Covenants von der im Einzelfall gewählten Ausgestaltungsform abhängig[1105]. Da sich hier regelmäßig die Emission von High Yield Bonds oder die Begebung von besicherten bzw. unbesicherten Darlehen finden, sind auch die typischen Covenants dieser jeweiligen Finanzierungsform heranzuziehen. Ähnliches gilt bei Second Lien-Finanzierungen. Auch hier stehen die Emission von High Yield Bonds sowie die Darlehensvergabe bei

---

[1100] Tresnowski/Nowak, S. 39, Hutter, S. 442, Heemann, S. 706. Für eine Übersicht typischer Covenants siehe Tresnowski/ Nowak, S. 41 - 49 sowie Coats/Ely/Kilner, PLC Juli 1999, S. 38ff. und Hutter, S. 443ff.

[1101] Wobei das Nichtnachkommen der Bedienung des Schuldendienstes, der sich aus der Emission der Anleihen ergibt, bei diesem Gedanken ausgeschlossen bleibt.

[1102] Diese finden sich - für Anleiheemissionen typisch – in den Anleihebedingungen, die das Verhältnis zwischen dem Emittenten und den Anleihegläubigern regeln.

[1103] Emmerstorfer, S. 151.

[1104] Ders., S. 151.

[1105] Vgl. Dritter Teil § 23 II 3 b.

gleichzeitiger, nachrangiger Besicherung im Vordergrund[1106]. Grundsätzlich orientiert sich auch hier die Ausgestaltung der jeweils typischen Covenants an den Erfordernissen der jeweiligen Finanzierungsform. Allerdings ist die Besonderheit zu beachten, dass die Second Lien-Gläubiger den Inhabern von First Lien-Sicherheiten nachgeordnet sind. Vorgeschaltete Covenants sind somit weniger umfangreich aufgrund des Primats der Nachrangigkeit des Sicherungspakets im Falle der Insolvenz bei Second Lien-Finanzierungen. Es darf, ähnlich wie im Verhältnis von Mezzanine-Darlehen, welches, wie zuvor skizziert, aufgrund seiner strukturellen Nähe inhaltlich Ähnlichkeiten mit Second Lien aufweist, zu Senior Debt, nicht zu einem zeitlich vorgelagertem Verstoß gegen Covenants führen. Dieses gilt im besonderen Maß für Financial Covenants; allerdings sind auch die Second Lien-Gläubiger zu schützen. Es finden sich folglich in den Covenants typische Regelungen, die das Volumen der Aufnahme von Fremdkapital in Form von First Lien begrenzen und auch den Darlehensnehmer in der weiteren Aufnahme von Second Lien-Fremdkapital einschränken[1107].

WBS basiert vom Ansatz her auf der Struktur eines besicherten Darlehens. Folgerichtig sind die Covenants bei einer WBS-Transaktion auch grundsätzlich mit denen von Senior Debt vergleichbar. Allerdings ist zu beachten, dass es sich um ein etwas anderes Verhältnis zwischen Kreditgeber und -nehmer handelt als bei bankfinanziertem Senior Debt. Bei WBS ist der Kreditgeber ein von den Initiatoren der Transaktion gegründetes SPV und nicht ein zunächst auf eigene Interessen zielendes Bankinstitut, das wohlmöglich auf standardisierte Covenants zurückgreift. Es soll vielmehr ein optimales Verhältnis zwischen mehreren unterschiedlichen Interessen geschaffen werden: Zum einen gilt es die Anleihegläubiger zu schützen, aber gleichzeitig dem Kreditnehmer relativ weite operative Freiheiten zu belassen. Gerade Letztere sind wichtig, da nur aus dem erwirtschafteten operativen Cash Flow der Schuldendienst des Darlehens sowie gleichzeitig auch der die das Darlehen refinanzierenden Anleihe bestritten wird. In Bezug auf Krisen- und Insolvenzvermeidungsstrategien besteht eine gewisse Ähnlichkeit zwischen den auf finanzielle Kennzahlen ausgerichteten Covenants bei einer Senior Bank Debt-Tranche und bei WBS. Diese Covenants sind – im Gegensatz zu der Standardisierung bei Senior Bank Debt – bei WBS umfangreichen Verhandlungen ausgesetzt. Hauptaugenmerk liegt dabei stets auf der Zielsetzung, den Schuldendienst zu erfüllen. Bei den Ermessensreduktionen der Verantwortlichen im operativen Geschäft sind WBS-Covenants hingegen nicht so umfangreich, bzw. sollten es nicht sein, da sonst nicht sichergestellt wäre, dass ausreichende Cash Flows erwirtschaftet und dem Schuldendienst zur Verfügung gestellt werden. Gerade bei WBS benötigt das Management hohe Flexibilität und Freiheit in Bezug auf das operative Geschäft. In Bezug auf die Absicherung des Sicherheitenpakets finden sich wieder strengere Einschränkungen. Demzufolge sind die Covenants bei WBS zwar nicht so nachdrücklich wie bei einer Senior Debt-Refinanzierung ausgestaltet, aber auch nicht – obwohl in Bezug auf das

---

[1106] Vgl. Dritter Teil § 23 II 4.

[1107] Davenport et al, LSTA Loan Market Chronicle 2005, S. 51.

operative Geschäftshandeln sehr flexibel ausgestaltbar – weniger umfangreich als z.B. bei einer Anleiheemission wie High Yield Bonds, bei denen im Regelfall die an Finanzkennzahlen gekoppelten Überwachungscovenants nicht so stark ausgeprägt sind. WBS hat die längste Laufzeit von allen Refinanzierungsmaßnahmen. Folgerichtig ist auch hier die Abänderung der Covenants, ähnlich wie bei High Yield Bonds, nur aufgrund einer kosten- und zeitaufwendigen Gläubigerversammlung möglich. Doch ist anzumerken, dass der über eine Privatplatzierung erreichte Anlegerkreis wegen des fehlenden liquiden Sekundärmarktes für die emittierten Anleihen meist um einiges kleiner ist als bei einer typischen High Yield Bond Emission, so dass Änderungen durch Konsens leichter durchsetzbar erscheinen. Somit kann bei WBS eine Einigung zur Abänderung der Anleihebedingungen einfacher erreicht werden als bei öffentlich platzierten High Yield Bonds, obwohl die Laufzeit der Anleihe im Zusammenhang mit WBS erheblich länger ist.

3. Veränderung des Eigenkapitals

Bei der Entscheidung ob und welche Maßnahme zur Refinanzierung der Akquisitionsfinanzierung vorgenommen werden könnte bzw. sollte, ist stets die Frage der Veränderungswirkung auf die Eigenkapitalquote zu betrachten. Sie hat unmittelbare Folgen auf die Stellung des Finanzinvestors als Anteilsinhaber. Es ist zunächst festzuhalten, dass durch Stärkung der Eigenkapitalquote die finanzielle Flexibilität steigen kann, da hierdurch die Bilanz eines Unternehmens verbessert und sich so die Möglichkeiten der Fremdkapitalaufnahme mittels Kredit erhöhen. Als Nachteil zu bewerten, sind allerdings der Einfluss- und Machtverlust der ursprünglichen Anteilsinhaber, also der Eintritt einer Verwässerung der Eignerstruktur, sowie mögliche Ertragsrückgänge pro Anteil[1108].

Eine solche Verwässerung des Eignerstruktur wird lediglich durch die Refinanzierung mittels Eigenkapital erzeugt. Zum einen ist dies bei der unmittelbaren Ausgabe von neuen Unternehmensanteilen der Fall, andererseits gilt es in gewissem Maße aber auch für eigenkapitalangenäherte Maßnahmen aus dem Bereich des Mezzanine-Kapitals. Hier fällt sofort die Emission von Wandelanleihen ins Auge. Allerdings treten die angesprochenen Negativeffekte erst zum Zeitpunkt der tatsächlichen Umwandlung des Fremdkapitals in Form der Anleihe zu Eigenkapital auf. Ähnlich verhält es sich bei Mezzanine-Krediten, sofern ein sog. Equity Kicker vereinbart wurde, wonach der Kreditgeber am Unternehmenserfolg teilnehmen soll und ihm so das Recht zum Erwerb von Unternehmensanteilen zu besonderen Konditionen eingeräumt wird[1109]. Allerdings gilt es zu berücksichtigen, dass ohne Anreize mit Gewinnchancen durch eine zukünftige Eigenkapitalbeteiligung Investoren oftmals nicht gewillt sind, Kapital zur Verfügung zu stellen. Doch selbst, wenn der Finanzinvestor die Möglichkeit hätte, den Ein-

---

[1108] Vgl. Lajoux/Weston, S. 328.

[1109] Vgl. Dritter Teil § 22 V 4 b.

tritt neuer Anteilsinhaber zu verhindern und die neuen Unternehmensanteile selbst übernehmen zu können, liegt dies nicht in seinem Interesse. Er möchte gerade hinsichtlich der für ihn zu erzielenden Rendite und seines Anlagehorizonts seinen Eigenkapitalanteil reduzieren und nicht erhöhen.

Bei den übrigen Maßnahmen, insbesondere bei WBS, stellt sich diese Frage nach der Veränderung des Eigenkapitals hingegen nicht, weil lediglich nichthaftendes Fremdkapital zugeführt wird. Durch WBS oder auch durch Leveraged Recaps kann der Finanzinvestor es sogar gegen sein eingebrachtes Eigenkapital austauschen und so wirtschaftlich zu einem vorgezogenen Teil-Exit gelangen.

4. Kapitalkostensenkung

Der Begriff der Kapitalkosten beschreibt diejenigen Kosten, die einem Unternehmen bei der Beschaffung von Fremd- und Eigenkapital entstehen. Ziel ist es, die Kapitalkosten zu optimieren und die bestmögliche Kapitalstruktur eines Unternehmens, d.h. das Verhältnis von Fremd- zu Eigenkapital, auszuloten und darzustellen[1110]. Bei den Fremdkapitalkosten (Cost of Debt) handelt es sich typischerweise um die betrieblich aufzuwendenden Zinsen. Eigenkapital wird ebenfalls verzinst, jedoch nicht mit fester, vorhersehbarer Verzinsung. Oft wird eine am Erfolg des Unternehmens gekoppelte Prämie (Dividende) ausgeschüttet, die lediglich aus dem Residualeinkommen des Unternehmens gespeist wird, d.h. als Teil des Gewinns nach Abzug aller anderen Kosten[1111]. Die Eigenkapitalkosten (Cost of Equity Capital) beschränken sich allerdings nicht lediglich auf den Fall der konkreten Dividendenausschüttung, sondern auch auf den Fall, dass keine Ausschüttungen in bar vorgenommen werden – etwa bewusst zum Zweck der Thesaurierung zur Steigerung des Unternehmensvermögens oder weil es die wirtschaftliche Situation des Unternehmens nicht zulässt[1112]. Zur Berechnung der Eigenkapitalkosten muss somit nicht nur ein entsprechender Zinssatz einer risikolosen Kapitalanlage in Ansatz gebracht werden, die einer geringen Ausfallwahrscheinlichkeit unterliegt (sog. risikoloser Zinssatz, etwa in Form der Rendite von Bundesschatzbriefen oder Staatsanleihen der USA oder Schweiz)[1113], sondern zusätzlich die Risikofaktoren der Unternehmung selbst, z.B. in Form einer Risikoprämie[1114]. Bei anteiliger Eigen- und Fremdkapitalfinanzierung können die

[1110] Die Bestimmung des günstigsten Verschuldungsgrades wird auch als „Königsproblem der betrieblichen Finanzwirtschaft“ bezeichnet, Kruschwitz, S. 253.

[1111] Betsch/Groh/Lohmann, S. 283.

[1112] Siehe zu den Auswirkungen von Investitions- und Finanzierungsentscheidungen auf Kapitalkosten und Unternehmenswert in einem Unternehmen, Wöhe/Bilstein, S. 425ff.

[1113] Risk Free Rate.

[1114] Diese wird mit folgender Formel berechnet, wobei das Risiko über den Parameter Beta quantifiziert wird: Beta x (Marktrendite – risikoloser Zinssatz). Beta kann dabei größer als 1 sein (wenn die Unternehmnung/Finanzierung risikoreicher als marktüblich ist) oder kleiner als 1 (wenn sie risikoärmer als markücblich ist). Auch Capital Asset Pricing Model (CAPM) genannt.

Gesamtkapitalkosten in Form eines gewogenen Durchschnitts (Weighted Average Cost of Capital, WACC) zusammengefasst werden[1115]. In der theoretischen Diskussion in diesem Zusammenhang spielt das Theorem von Franco Modigliani und Merton Miller (Modigliani/Miller-Theorem) eine besondere Rolle. Diese wiesen im Jahre 1958 erstmals nach, dass der Verschuldungsgrad unter den Bedingungen eines perfekten Kapitalmarktes irrelevant für den Marktwert eines Unternehmens sowie seiner durch-schnittlichen Kapitalkosten ist[1116]. Dieses Theorem brach damals mit der gewohnten Ansicht, dass es zwischen zu niedrigem und zu hohem Verschuldungsgrad eines Unternehmens eine optimale Kapitalstruktur gibt[1117]. Einerseits wurde angenommen ein niedriger Verschuldungsgrad sei teuer, weil auf den Einsatz des billigeren Fremdkapitals, d.h. mit geringerem Ausfallrisiko und somit geringeren Risikoprämien in Form von Zinsen belastet, verzichtet wird. Andererseits galt aber auch ein zu hoher Verschuldungsgrad als kapitalkostenintensiv, da das Insolvenzrisiko des Kapitalaufnehmenden mit steigender Verschuldung wächst und somit sich die Ausfallrisiken sowohl des Fremd- als auch des Eigenkapitalgebers erhöhen. Dieser traditionelle Ansatz war allerdings von der Realität der Kapitalmärkten völlig abstrahiert[1118]. Modigliani und Miller haben indessen mittels einer Analyse auf Basis eines Gleichgewichtsmodells bewiesen, dass das traditionelle Modell in einem reibungslosen und ausbalancierten Kapitalmarkt keinen Bestand hat[1119]. Obwohl ihr Modell theoretischer Natur ist und in der praktischen Wirklichkeit sich eine Gleichverteilung der Verschuldensgrade der Unternehmen empirisch nicht feststellen lässt, liefert dieses Modell doch die methodische Sicherheit, wie ein Modell zur Kapitalstruktur auszusehen hat und wie man es konstruiert[1120]. Zur Schließung der Lücke zwischen theoretischem Modell und Realität müssen allerdings bestimmte Parameter in die Analyse miteinbezogen werden. Hierbei sind insbesondere die fehlenden Insolvenzrisiken und die Besteuerung zu nennen[1121]. Zu beachten ist allerdings, dass bei einem sich der Realität stärker annähernden Modell auch

---

[1115] Betsch/Groh/Lohmann, S. 283; vgl. auch Modigliani/Miller, S. 280. Der WACC berechnet sich wie folgt: WACC = Fremdkapital(FK)-Zins x FK-Anteil + Eigenkapital(EK)-Kosten x EK-Anteil.

[1116] Vgl. Modigliani/Miller, S. 266.

[1117] Kurschwitz, S. 253.

[1118] Ders., S. 284.

[1119] Modigliani und Millers entwickelten ihr Theorem auf der Basis eines theoretischen und ausbalancierten Kapitalmarktmodells, das aufgebaut ist auf (i) Fehlen von Transaktionskosten, (ii) beliebiger Teilbarkeit der Finanzierungstitel, (iii) neutraler Besteuerung und (iv) fehlenden Marktzugangsbeschränkungen. Des Weiteren nahmen sie an, dass (i) die Marktteilnehmer homogene Erwartungen haben, (ii) Kredite risikofrei ver-zinst werden, (iii) keine Insolvenzrisiken bestehen, (iv) Investitionspläne gegeben sind und (v) die kapitalaufnehmenden Unternehmen in bestimmte Risikoklassen auf Basis des Geschäftsrisikos eingeteilt werden. Eine Differenzierung des Unternehmenswerts von zwei Unternehmen gleicher Risikoklasse kann es dementsprechend, trotz unterschied-licher Kapitalstruktur, nicht geben; vgl. Modigliani/Miller, S. 261ff.

[1120] Kurschwitz, S. 284.

[1121] Betsch/Groh/Lohmann, S. 280.

gleichzeitig die Schwierigkeiten zunehmen, allgemeingültige Theoreme im Ergebnis festzustellen[1122].

Die Optimierung der Kapitalstruktur steht aufgrund des kapitalmarktorientierten Shareholder Value Prinzips als Maßstab für den Unternehmenserfolg unmittelbar im Zusammenhang mit dem Bestreben der Maximierung des Rückflusses aus dem eingesetzten Kapital – sei es Fremd- oder Eigenkapital. Wichtige Parameter bilden dabei unterschiedliche wertorientierte Finanzkennzahlen. Eine der wichtigsten internen Kennzahlen und Stellschrauben in diesem Zusammenhang ist die Rendite auf das eingesetzte Kapital, ROCE (Return on Equity Employed)[1123]. Der errechnete ROCE sollte aus Unternehmenssicht langfristig über den Gesamtkapitalkosten des Unternehmens (WACC) liegen[1124].

Bei Betrachtung der Frage der Kapitalkostensenkung infolge der Durchführung bestimmter Kapitalmaßnahmen sind die unterschiedlichen Perspektiven des Unternehmens selbst und die des Finanzinvestors als Gesellschafter zu differenzieren. In beiden Fällen liegt der Fokus auf der Rentabilität des eingesetzten Kapitals. Aus Unternehmenssicht überwiegt eine Finanzierungspolitik, die auf eine nachhaltige, zukunftsgerichtete, langfristige Wertsteigerung zielt. Dementsprechend ist die Unternehmensführung bedacht, die Finanzierung der verschiedenen Finanzierungsebenen kostengünstig und risikoreduziert mit dem Ziel zu gestalten, ausreichend Mittel für den Unternehmenserhalt sowie weiteres Wachstum zu erhalten. Der Finanzinvestor hat dagegen eine anders gelagerte und zum Teil entegegengesetzte Ausrichtung seiner Interessen. Er hat aufgrund der sich immer mehr verkürzenden Haltefristen an seinen Portfoliounternehmen eine sehr stark auf kurzfristige Erfolge ausgerichtete Unternehmenssteuerungs- und Finanzierungspolitik: die längerfristige Steigerung des Unternehmenswerts spielt dabei nur eine sekundäre Rolle. Für ihn ist entscheidend, inwiefern sich die durchzuführenden Maßnahmen auf die Kapitalkosten bei gleichzeitiger Verbesserung seines angestrebten IRRs auswirken. Wie bereits dargestellt, wird diese unter Ausnutzung des Leverage Effekts erzielt, indem die Hebelwirkung des Fremd-

---

1122 Siehe zu dem Versuch Kurschwitz, S. 262ff.

1123 Sie errechnet sich aus dem EBIT (Earnings Before Interests and Taxes), dividiert durch das von einem Unternehmen innerhalb einer Zeitphase eingesetzte Kapital. Der ROCE kann laufend für alle operativen Geschäftsbetriebe eines Unternehmens ermittelt werden und zeigt – in Relation zu den jeweiligen Kapitalkosten – den Beitrag zur Steigerung des Unternehmenswertes. Durch die laufende Performancemessung können jene Bereiche identifiziert werden, bei denen noch Verbesserungs- und Optimierungs-potenziale bestehen. Aus Gründen einer rentablen Unternehmenssteuerung sollten alle Bereiche langfristig mindestens ihre Kapitalkosten verdienen. Auch können anhand einer solchen Kennzahl wichtige unternehmensstrategische Entscheidungen, wie z.B. Akquisitionen oder Desinvestitionen, beurteilt werden. Denn so wird Kapital nur in jene Bereiche gelenkt, in denen langfristig die höchsten Renditen für die Anleger erwirtschaftet werden.

1124 Eine weitere wichtige Kennzahl ist EVA (Economic Value Added). Sie zeigt die Verzinsung des eingesetzten Kapitals in absoluten Beträgen. Ein positiver EVA weist den Übergewinn eines Unternehmens aus, der über die Kapitalkosten hinaus erwirtschaftet wurde.

kapitals auf das eingesetzte Eigenkapital ausgenutzt wird. Somit kann bei Reduzierung der Kapitalkosten gleichzeitig die Fremdkapitalaufnahme erhöht und dementsprechend der Leverage Effekt und letztlich das IRR verstärkt werden[1125]. Wegen des hohen Fremdkapitalbestandteils der Akquisitionsfinanzierung sind LBO-Transaktionen jedoch sehr anfällig für Veränderungen der Kapitalkosten: Bereits kleine Zinserhöhungen können katastrophale Folgen haben und die Realisierung des angestrebten IRR zunichte machen. Nach Angaben der Investment Bank Lehman Brothers verringert sich der IRR bei einer Kapitalkostenerhöhung von 50 Basispunkten um bis zu 1,5%. Bei einer einschneidenden Zinsmarktkorrektur nach oben von beispielsweise 2,5% könnte die Rendite eines Private Equity Fonds sogar um 1/3 reduziert werden[1126].

Eine stark fremdkapitalisierte Unternehmensfinanzstruktur im Zusammenhang eines LBOs erhöht allerdings zusätzlich auch das Risiko des finanziellen Scheiterns aufgrund der hohen festgelegten Zahlungsverpflichtungen.

Eine Refinanzierung mittels Eigenkapital durch Ausgabe von zusätzlichen Unternehmensanteilen erweist sich als die teuerste Finanzierungsform. Obwohl es sich, im Gegensatz zur Refinanzierung über Fremdkapital, wegen seiner bloßen Beteiligung am unternehmerischen Erfolg bilanztechnisch, im Gegensatz zu aufgewendete Fremdkapitalzinsen, die den ausgewiesenen Unternehmensgewinn mindern, nicht um einen Kostenfaktor handelt[1127]. Trotzdem erwarten die Anteilseigner aufgrund des Haftungsrisikos ihrer Einlage erhöhte Risikoprämien in Form von Gewinnausschüttungen, die typischerweise ab 20 bis 30% betragen[1128]. Allerdings kann in operativ schwachen Jahren die Ausschüttung geringer oder sogar ganz ausfallen. Auch hat sie keinen positiven Einfluss auf das IRR.

Im Vergleich dazu bietet sich als die kostengünstigste Variante der Refinanzierung ein besichertes, vorrangiges Bankdarlehen an. Aufgrund der von den Kapitalgebern geforderten umfassenden Besicherungen ist das Risiko der Darlehensvergabe im Vergleich zu anderen Refinanzierungsformen reduziert und entsprechend niedrig zu verzinsen. Denn grundsätzlich gilt, dass die Zinsspanne für die gesicherte Refinanzierung niedriger ausfällt als für eine Finanzierungsform ohne Sicherheitenbestellung[1129]. Der Zinssatz hängt vom Umfang der Besicherung sowie der Laufzeit ab und setzt sich aus dem Refinanzierungszinssatz, zu dem sich die Banken gewöhnlich refinanzieren (EURIBOR oder LIBOR), zuzüglich

---

1125 Kessel, S. 86. Zur wirtschaftswissenschaftlichen Betrachtung des Leverage-Effekts und dessen Risiko, vgl. Betsch/Groh/Lohmann, S. 280ff. Einzelheiten zum Risiko der ausgesuchten Finanzierungsmaßnahmen für das Portfoliounternehmen, siehe unten Dritter Teil § 23 III 10.

1126 Aus diesem Grund sieht der Mitbegründer von KKR, George Robertson, auch in den nächsten Jahren einen dramatischen Einschnitt bei den Renditen der Private Equity Fonds kommen; Silva, Mitteilung vom 18.07.07, www.breakingviews.com.

1127 Werner, Private Placement, S. 35.

1128 Vgl. das Risikoertragprofil der Finanzierungsalternativen bei Georgieff/Biagosch, S. 183.

1129 Platzer/Riess, S. 161.

einer Marge und gegebenenfalls bestimmter mit der Kreditvergabe verbundener Kosten zusammen: z.B. sog. Mandatory Costs/FSA-Gebühren, sofern es sich um Kredite handelt, die von einer Niederlassung eines Kreditinstituts in Großbritannien vergeben werden[1130]. Regelmäßig belaufen sich Zinsen für eine Senior Loan A-Tranche mit einer Laufzeit von sieben Jahren auf 225 Basispunkte plus den aktuellen Refinanzierungszinssatz[1131].

Unter Kapitalkostengesichtspunkten schließt sich der Zinskupon einer Anleihe mit Bonitätsrating an. Dessen Höhe hängt regelmäßig von der Einstufung durch die Ratingagenturen ab und setzt sich aus dem bereits zuvor erwähnten Referenzzinssatz und einem Zuschlag (Spread) zusammen[1132]. Da es sich bei dieser Refinanzierungsmaßnahme um eine Anleihe im Investment-Grade-Segment handelt, sind die Zinskupons auch regelmäßig niedriger als bei den hochverzinslichen High Yield Anleihen, die aufgrund erhöhter Ausfallrisiken höhere Kapitalkosten nach sich ziehen. Im letzteren Fall handelt es sich um eine festverzinsliche und endfällige Anleiheform, deren Kuponhöhe sich nach den vorherrschenden Marktgegebenheiten und der Risikoeinschätzung der Emission durch die Investoren bestimmt[1133]. In jüngerer Vergangenheit konnten bei größeren Emissionen knapp 1000 Basispunkte zuzüglich EURIBOR- Refinanzierungskosten vereinbart werden[1134]. Bei Wandelanleihen liegt der Zinskupon im Regelfall wegen des zusätzlichen Wandlungsrechts in Unternehmensanteile, welches ja eine bestimmte Werthaltigkeit hat, sogar noch unter einer herkömmlichen Anleihe[1135]. Mezzanine-Kredite orientieren sich strukturell an den vorrangig besicherten Krediten, da sie nachrangig mit demselben Sicherheitenpaket besichert sind und eine Bedienung und Rückführung erst dann erfolgt, wenn alle Senior-Darlehen bedient, bzw. getilgt wurden[1136]. Aufgrund des erhöhten Ausfallrisikos dieser vertraglichen oder strukturellen Subordination erwarten die Mezzanine- Kreditgeber in der Praxis derzeit eine Rendite zwischen 12 und 20%[1137]. Wenn eine Eigenkapitalbeteiligung in Form eines Equity Kickers vereinbart wird, kann aber die Höhe der Verzinsung im Einzelfall niedriger ausfallen. Wegen dieser sehr hohen Zinsbelastung reihen sich Mezzanine-Darlehen von der quantitativen Kos-

---

[1130] Weitere Einzelheiten, insbesondere zu EURIBOR und LIBOR, Diem, § 12 Rn. 11ff.

[1131] Sofern weitere Tranchen vereinbart werden, die häufig eine geringere oder gar keine Besicherung haben, erhöhen sich die Laufzeiten entsprechend sowie die Zinsmargen jeweils um 50 Basispunkte, vgl. Mittendorfer/Fotteler, S. 253.

[1132] Hutter, S. 424.

[1133] Georgieff/Biagosch, S. 192.

[1134] o.V., FAZ vom 01.04.2005, S. 23.

[1135] Schlitt/Hemeling, S. 281.

[1136] Vgl. oben Dritter Teil § 22 V 4 b.

[1137] Vgl. o.V., FAZ vom 01.04.2005, S. 23. Typischerweise wird eine Sockelverzinsung und eine Zusatzmarge vereinbart. Zur Schonung der Unternehmensliquidität werden die Zinszahlungen häufig aufgeteilt in einen laufend Cash-wirksamen (EURIBOR + laufende Cash-Zinsmarge) und einen kapitalisierten Anteil (= Payment in Kind, PIK), der erst am Ende der Laufzeit mit der Rückführung der gesamten Linie ausbezahlt wird, Mittendorfer/Fotteler, S. 255.

tenbelastung her betrachtet über der von High Yield Bonds ein, sie sind schlicht um einiges teurer.
Die Kosten für Leverage Recap Finanzierungen fügen sich, je nach Ausgestaltungsform, d.h. wenn entweder die Emission von High Yield Bonds oder aber auch die Aufnahme eines unbesichertes Darlehen erfolgt, bei dem die Zinsen thesauriert werden, in die bereits angeführte Kostenhierarchie ein. Ähnlich verhält sich es bei Second Lien Finanzierungen. Hier fällt allerdings auf, dass aufgrund der (wenn auch nachrangigen) Besicherung und des somit geringeren Ausfallrisikos günstigere Zinskonditionen erzielt werden als bei vergleichbaren unbesicherten Refinanzierungsmaßnahmen. So betrug hier der Zinssatz zuletzt zwischen 4,5 bis 6,5%[1138]. Die Zinsbelastung bei einer ABS-Finanzierung hängt grundsätzlich, wie bei anderen Anleiheemissionen auch, von der Bonitätsbewertung der Anleihe ab. Je höher das Rating, desto niedriger die Ausfallwahrscheinlichkeit und desto geringer der fällige Zinskupon[1139]. Aufgrund der besonderen Auswahl der zu verbriefenden Forderungen ist das Rating der Anleiheemission in der Regel höher als das des Originators selbst. Gleichzeitig werden durch den oftmals zuvor nicht bestehenden Kapitalmarktzugang die Finanzierungsquellen diversifiziert. Folgerichtig bestehen dann auch günstigere Zinskonditionen im Zusammenhang mit der Aufnahme von Bankdarlehen oder aber auch der Begebung von herkömmlichen Anleihen[1140].
Eine Refinanzierung mittels WBS verhält sich in dieser Hinsicht zwar ähnlich; es gibt aber aufgrund seiner Hybridstellung zwischen besichertem Darlehen und herkömmlicher Verbriefung einige Unterschiede. Zwar erfolgt die Kapitalaufnahme ebenfalls über den Kapitalmarkt mittels einer Anleiheemission und der Zinssatz richtet sich nach der Bonitätseinstufung seitens externer Ratingagenturen, jedoch wird bei WBS nicht nur ein besonderer Cash Flow, sondern die gesamte Struktur, d.h. möglichst alle Cash Flows, einer bonitätsrelevanten Betrachtung unterzogen. Bei WBS wird der Schuldendienst aus dem Cash Flow des gesamten operativen Geschäfts des Originators gespeist. Dieser kann möglichen Marktschwankungen, aber auch den Risiken aus fehlerhafter Geschäftsführung unterliegen. Nur durch entsprechende bonitätserhöhende Maßnahmen wird ein entsprechendes Rating erzielt, welches von einem bis zu vier Punkten über dem Rating des Originators selbst liegen kann, welches wiederum für eine anderweitige Fremdkapitalaufnahme, insbesondere in Form eines Bankkredits, maßgeblich wäre[1141]. Daraus folgt, dass durch WBS kostengünstiger und nachhaltiger/längerfristiger als durch zahlreiche herkömmliche Maßnahmen refinanziert werden kann. Insbesondere im Vergleich zu Eigenkapital oder eigenkapitalähnli-

---

[1138] Bei Einsatz von Second Lien werden jedoch die Risiken der Nachrangigkeitsdarlehen automatisch erhöht, so dass diese höher zu verzinsen sind, als wenn Second Lien nicht zum Einsatz käme, vgl. o.V., FAZ vom 01.04.2005, S. 23.

[1139] Zur Rolle der Ratingagentur,vgl. Erster Teil § 8.

[1140] Je nach Ausgestaltung der Emissionsbedingungen kann dieser knapp unter oder über dem relevanten Ein-Monats-Referenz-Interbankensatz liegen, vgl. Neumüller/Hochgatter, S. 273; siehe auch Klüwer, S. 7ff.

[1141] Ramgarhia/Muminglou/Pankratov, S. 330.

chen Maßnahmen, aber auch im Vergleich zu Senior Debt, Mezzanine und High Yield Bonds[1142].

Ein wichtiger Aspekt im Zusammenhang mit der Frage der Kapitalkostensenkung ist die Höhe der Gesamttransaktionskosten. Bei allen Maßnahmen fallen zusätzliche Kosten an, die den jeweiligen Zinskosten gegenübergestellt werden müssen und die unmittelbar mit der Strukturkomplexität der Maßnahme korrespondieren. Erst infolge einer Gesamtschau kann ermittelt werden, ob die entsprechende Maßnahme dann auch tatsächlich die Kapitalkosten senkt. Auf die kostentreibenden Aspekte, die möglicherweise den Zinsvorteil wieder aufzehren, wird weiter unten eingegangen[1143]. Bei der Frage nach der Auswirkung einer bestimmten Maßnahme auf die Kapitalkosten sind allerdings nicht nur die Zinskosten zu beachten, sondern es müssen notwendigerweise stets die Gesamtkosten der Transaktion im Auge behalten werden. Somit sind beispielsweise bereits bei der Kreditfinanzierung bestimmte Provisionen und Gebühren notwendige Kostenbestandteile, wie etwa die Bearbeitungsgebühr (Up-Front Fee), die Bereitstellungsgebühr (Commitment Fee) und auch Gebühren der Kontoführung[1144]. Bei Refinanzierungsstrategien, wie z.B. WBS, die den Kapitalmarkt zur Refinanzierung nutzen, ist es notwendig, die möglicherweise günstigeren Zinskosten den Mehrkosten zur Schaffung des Kapitalmarktzugangs gegenüberzustellen und hinzuzurechnen. Hierbei müssen einmalige Kosten und Gebühren sowie laufende, jährliche Kosten unterschieden werden[1145]. Bei Letzteren handelt es sich vornehmlich um die Zinszahlungen. Bei WBS kann es sich u.a. auch um die laufende Servicegebühr für den Nachfolgeservicer handeln. Bei einmaligen Kosten handelt es sich typischerweise um Strukturierungsgebühren, die an die arrangierende Investmentbank gehen und die sämtliche Leistungen im Zusammenhang mit der Strukturierung und Implementierung der Verbriefung umfassen. Hinzuaddiert werden die Kosten für das notwendige externe Rating sowie die Kosten der Finanz- und Rechtsberater wie Wirtschaftsprüfer, Rechtsanwälte und Banker, die bei einer solchen umfangreichen Vorprüfung im Regelfall eingeschaltet werden. Häufig bedarf es intensiver Due Diligence-Prozesse vor einer Anleiheemission, insbesondere bei risikoträchtigen Emissionen wie High Yield

---

1142 Bei der Tenovis-Transaktion wurde ein variabler Zinssatz vereinbart, der sich von 150 BP + EURIBOR nach einigen Jahren Laufzeit auf 375 BP + EURIBOR erhöhte, vgl. Tenovis Information Memorandum, S. 18.

1143 Vgl. Dritter Teil § 23 III 8.

1144 Weitere Gebühren, die insbesondere bei syndizierten Großkrediten anfallen können, sind die Utilisation Fee (ist abhängig von der Ausnützung eines Kreditrahmens), Facility Fee (Provision, die auf den gesamten Betrag sowohl auf gezogene als auch nicht in Anspruch genommene Beträge zahlbar ist), Arrangement Fee (Provision für die Bank/en, welche die Syndizierung organisieren), Underwriting Fee (Provision für die das Syndizierungsrisiko übernehmenden Banken), Agency Fee (jährliche Gebühr für die das Konsortium führende Bank) und auch die sog. Out-of-Pocket Expenses für externe Kosten, wie z.B. Rechtsanwaltkosten, Platzer/Riess, S. 163. Siehe auch zu Einzelheiten der Gebühren und Kosten bei der Kreditfinanzierung, Diem, § 26 Rn. 1ff.

1145 Vgl. Neumüller/Hochgatter, S. 273.

Bonds, die zeit- und kostenaufwendig sind. Gleichwohl zeigt sich in der Praxis der Anleiheemission – auch aufgrund einer fortlaufenden Standardisierung – eine Tendenz, diese Kosten geringer zu halten[1146]. Zu erhöhten Transaktionskosten kann es insbesondere bei den hier untersuchten, nicht standardisierten Finanzprodukten wie WBS-Transaktionen kommen. Die laufenden Kosten liegen aber regelmäßig nicht über denen einer ABS-Finanzierung, denn auch bei dieser stehen sowohl Zinszahlungen als auch die Verwaltungs- und Erhaltungskosten des anleiheemittierenden SPVs im Vordergrund. Hier sind jedoch insbesondere die Rechtsberatungskosten zu erwähnen, die bei einer derartig komplexen Struktur wie WBS entstehen und schnell ein Eigenleben entwickeln und aus dem Ruder laufen können, wodurch sie den Zinskostenvorteil neutralisieren oder im schlechtesten Fall gar umkehren können[1147].

5. Bilanzentlastung

Wie bereits zuvor beschrieben, werden Finanzierungsmaßnahmen auch stets von einem bilanziellen Standpunkt her geprüft und in bilanzentlastende (Off Balance Sheet) und bilanzwirksame (On Balance Sheet) Maßnahmen eingeteilt[1148]. Für eine solche Betrachtung einer Refinanzierungsmaßnahme ist besonders die Passivseite der Bilanz von Interesse, welche Auskunft über die Kapitalherkunft bietet[1149]. Hier wird zwischen den Quellen des zur Verfügung stehenden Kapitals unterschieden, namentlich Fremd- und Eigen- bzw. Eigenkapitalersatz in Form von Equity Mezzanine. Im Zusammenhang mit der Bilanzentlastung richtet sich das Augenmerk auf die Frage, inwiefern eine Maßnahme das Eigenkapital des Unternehmens stärkt bzw. durch Abbau einer überhöhten Fremdkapitalausstattung die Gefahr der Überschuldung mindert. Aus der Sicht des Finanzinvestors ist eine solche Stärkung der Eigenkapitalquote nicht unbedingt erstrebenswert, da es seine eigene Anteilsposition oder aber sein IRR beeinträchtigt. Allerdings muss er, um diese vorgegebene Kennzahl am Ende der Laufzeit zu erreichen, auch für ein gewisses Wachstum und für Wettbewerbsausbau sorgen, denn nur dann kann typischerweise eine der traditionellen Exitmöglichkeiten mit Erfolg beschritten werden. Eine komfortable Eigenkapitalausstattung erhöht nicht nur die unternehmerische Finanz- und Investitionskraft, sondern wird durch ihren

---

[1146] Ein Umstand, der sich unmittelbar auf den Umfang und wohl auch auf den Durchdringungsgrad der juristischen Arbeit abschattiert.

[1147] Vgl. Dritter Teil § 23 III 8.

[1148] Vgl. oben Zweiter Teil § 18. Zu beachten ist, dass eine erschöpfende Darstellung der bilanziellen Betrachtung aller angesprochenen Maßnahmen, insbesondere nach den unterschiedlichen Bilanzregeln des HGB, IAS/IFRS sowie US-GAAP, den Rahmen dieser Arbeit sprengen würde.

[1149] Im Bilanzschema gibt die Aktivseite hingegen Auskunft über die Kapitalverwendung. Hierbei spielen die Positionen Anlage- und Umlaufvermögen eine besondere Rolle, da hier Informationen über das Vermögen des Unternehmens erfasst sind, welches ihm in Form von Bargeld, Wertpapieren und Sachgütern zur Verfügung steht, vgl. Werner, Private Placement, S. 21.

Haftungscharakter auch zu einem entscheidenden Kriterium bei der Entscheidung von Fremdkapitalgeber zur Kapitalvergabe.

Die Refinanzierung mittels Eigenkapital in Form der Ausgabe von Unternehmensanteilen stellt unzweifelhaft eine Stärkung der Eigenkapitalquote dar und somit eine Bilanzentlastung. Bei hybriden Mezzanie-Instrumenten ist dies nicht so eindeutig zu beantworten. Entscheidend ist grundsätzlich die Frage, ob es sich um bilanzielles Eigenkapital handelt oder aber der fremdkapitalähnliche Charakter des jeweiligen Instruments überwiegt. Bei sog. Equity Mezzanine wie beispielsweise Genussrechten oder stillen Beteiligungen, wäre eine bilanzielle Eigenkapitalstärkung zu bejahen. Allerdings ist hier das Augenmerk auf das nachrangige Mezzanine-Darlehen zu legen. Diese Form ist als Ausgestaltung von Debt Mezzanine handelsrechtlich (und meist auch steuerrechtlich) als Fremdkapital zu passivieren und führt demnach aus rein bilanzieller Sicht nicht zu einer Verbesserung der Eigenkapitalquote[1150]. Bilanziell haben hybride Formen wie die Wandelanleihe sowohl einen Fremd- als auch einen Eigenkapitalanteil. Letzterer bezieht sich auf die Berechtigung des Anleihegläubigers zu einem bestimmten Zeitpunkt seine Anleihewertpapiere in Vollgesellschaftsanteile umzuwandeln[1151]. Nach IFRS und US-GAAP ist das Aufgeld für die Wandlungsoption (Optionsprämie) in die Kapitalrücklage einzustellen und der Anleiheteil als Verbindlichkeit auszuweisen. Ein Ausweis als bilanzentlastendes Eigenkapital ist möglich – allerdings nur, wenn der Anleihegläubiger über die Bedingungen des Wandlungsrechts entscheidet und vergleichbare Risiken eines Eigenkapitalgebers trägt. Dies ist dann der Fall, wenn bereits in den Anleihebedingungen das genaue Wandlungsverhältnis einschließlich des Wandlungspreises vereinbart ist und Wertschwankungen bei den Vollgeschäftsanteilen nicht durch Risikokompensationsklauseln aufgefangen werden[1152].

Zusammenfassend ist festzustellen, dass sämtliche Maßnahmen, die dem Unternehmen zusätzliche Fremdkapitalmittel aufbürden, wie Senior Debt, Anleihen mit Bonitätsrating, High Yield Bonds, Leverage Recap- und Second Lien Finanzierungen, nicht als bilanzentlastend angesehen werden können. Diese Maßnahmen werden als Verbindlichkeiten passiviert und belasten daher die Bilanz. Etwas anderes gilt für eine Refinanzierung mittels ABS. Hier ist wesentliches Ziel, die übertragenen Vermögenswerte aus der Bilanz des Originators zu entfernen

---

[1150] Gleichwohl wird es aufgrund der Nachrangigkeit als wirtschaftliches Eigenkapital qualifiziert und im Rahmen eines bankinternen Ratings regelmäßig zur Hälfte zum Eigenkapital gezählt, vgl. Werner, Mezzanine, S. 28.

[1151] Sollte dem Anleihegläubiger das Recht eingeräumt worden sein, seine erworbenen Wertpapiere in Bezugsrechte auf den Erwerb von Vollgesellschaftsenteilen umtauschen zu können, so wird von einer Optionsanleihe gesprochen. Einziger Unterschied zu einer Wandelanleihe ist, dass dem Anleihegläubiger kein Umtauschrecht, sondern neben dem Rückzahlungsanspruch ein Bezugsrecht auf Vollgesellschaftsanteile nach zuvor vereinbarten Modalitäten eingeräumt wird. Dieses Bezugsrecht berechtigt ihn dann gegen Barzahlung zum Erwerb der Anteile, vgl. Werner, Mezzanine, S. 104.

[1152] Werner, Mezzanine, S. 106. Zur Bilanzierung nach HGB siehe ders., Mezzanine, S.104f.

(Off-Balance-Sheet-Finanzierung)[1153]. Entscheidend ist, dass vom Originator als Verkäufer der Forderungen nicht nur die rechtliche, sondern auch die wirtschaftliche Inhaberschaft (sog. Delkredererisiko) auf den Käufer, in diesem Fall das SPV, übergeht. Sollte dies nicht der Fall sein, würden die betroffenen Vermögenswerte als Sicherheiten angesehen werden und nach § 39 II Nr. 1 AO steuerrechtlich dem Originator als Sicherungsgeber zugerechnet und von diesem zu bilanzieren sein[1154]. Sofern das Delkredererisiko auf den Käufer übergeht, ergibt sich daraus eine Entlastung der Bilanz des Originators. Infolge des Verkaufs ist die neugewonnene und eigenkapitalstärkende Liquidität auszuweisen. Wie bereits zuvor dargestellt, kommt es bei einer Refinanzierung durch WBS zu keiner Bilanzentlastung des Originators[1155]. Die Isolierung der für das operative Geschäft des Originators wichtigen Vermögenswerte erfolgt im Wege eines Sale-and-Lease-Back-Geschäfts auf ein für diesen Zweck zu gründendes SPV (Operating Asset Holding Co/AssetCo). Dieses Leasingverhältnis ist als Finanzierungs-Leasing zu kategorisieren. Dementsprechend geht zwar das Eigentum an den Vermögenswerten vom Originator auf das SPV als Leasinggeber über, der Vermögenswert wird jedoch weiterhin dem Originator als Leasingnehmer zugerechnet und muss somit auch von ihm bilanziert werden. Das vom Emissions-SPV erhaltene Darlehen, welches durch die Anleiheemission refinanziert wird, ist als Fremdkapital in die Bilanz des Originators einzustellen.

6. Cash Flow-Optimierung

Im Zusammenhang mit LBO-Finanzierungen ist typischerweise von Cash Flow-Optimierungen dann die Rede, wenn der Finanzinvestor nach der Übernahme das Unternehmen unter Cash Flow-Gesichtspunkten optimiert, d.h. unter Durchführung bestimmter Maßnahmen, meist in Kombination einer Neuorganisation bzw. Umstrukturierung sowie einer strategischen Neuausrichtung, die an wesentlichen Cash Flow-Treibern ansetzen, um den Cash Flow zu erhöhen[1156]. Aus der Betrachtungsweise des Finanzinvestors stellt sich die Frage, ob durch die angewendete Refinanzierungsmaßnahme der Cash Flow des Unternehmens optimal ausgeschöpft wird und dieser entsprechend für seine Zwecke kanalisiert und genutzt werden kann. Demnach gilt es, bei den Refinanzierungsmaßnahmen von vornherein darauf zu achten, inwiefern sie nicht nur eine zusätzliche Kapitalaufnahme ermöglichen, sondern ob sie diese auch gleichzeitig aus dem Cash Flow heraus bedienen kann, ohne ihn auf der anderen Seite über alle Maße zu strapazieren. Zugleich ist hoher Wert darauf zu legen, ob die Maßnahme nicht sogar bestimmte Vermögenswerte des Unternehmens nutzen kann, die sonst in der Regel

---

[1153] Vgl. Erster Teil § 4.

[1154] Vgl. Beckscher Bilanzkommentar, § 247 Rn. 113. Siehe für Einzelheiten, Gehring, S. 181ff. sowie Fahrholz, S. 226ff.

[1155] Vgl. Zweiter Teil § 18 II.

[1156] Maßnahmen betreffen dabei folgende Punkte: (i) Umsatz, (ii) Kosten, (iii) Working Capital, (iv) (Des-) Investitionen, vgl. Meinecke/Meinecke, S. 130 und 131.

illiquide brachliegen, um so Erlöse zu erzielen bzw. einen zusätzlichen Fremdkapitaleinschuss ermöglichen. Diese können dann an den Finanzinvestor ausgeschüttet werden und lassen einen IRR-begünstigenden vorgezogenen Teil-Exit zu. Maßnahme mit langen Laufzeiten sind Cash Flow-optimierend, da sich so die Planungssicherheit, aber auch Stabilität des Unternehmens erhöhen.

Bei der Refinanzierung mittels Eigenkapital wird der Cash Flow dahingehend geschont, dass Dividendenausschüttungen nur dann vorgenommen werden, wenn die wirtschaftliche Lage des Unternehmens dies auch zulässt. Dennoch erfährt die Eignerstruktur eine Verwässerung, die so von den Finanzinvestoren nicht gewollt ist. Hinzukommt, dass die neuen Eigner auf Ausschüttungen drängen können, sofern sie bestimmte Mehrheiten erreichen; so etwa Investoren mit kurzfristigen Haltestrategien wie Hedgefonds. Dementsprechend kann bei dieser Maßnahme nicht von einer Cash Flow-Optimierung im vorgenannten Sinn gesprochen werden. Vielmehr gilt es Maßnahmen in Betracht zu ziehen, die flexibel gestaltbar sind, insbesondere hinsichtlich der Zins- und Tilgungszahlungen, so dass der Cash Flow anfangs nicht belastet wird, die Erlöse aber an den Finanzinvestor ausgeschüttet werden können und der geschonte Cash Flow für die Wertsteigerung im Unternehmen genutzt werden kann. Durch Emission einer Wandelschuldanleihe wird eine solche Optimierung in der Regel ebenfalls nicht erreicht, da die Anleihebedingungen zumeist eine durchgehend feste oder zumindest variable Verzinsung vorsehen[1157]. Gleiches gilt grundsätzlich für herkömmliche Anleihen mit Bonitätsrating, auch wenn hier Anleihen ohne Zinskupon (Zero Bonds) anzutreffen sind[1158]. Feste Zinszahlungen sind ebenso bei vorrangig besicherten Bankdarlehen üblich. Die notwendige Zinsflexibilität zeigen jedoch lediglich der Mezzanine-Kredit und High Yield Bonds. Der Mezzanine-Kredit bietet die Möglichkeit, ein bereits hoch verschuldetes Unternehmen von weiteren Zinsbelastungen bis zum Ende der Kapitalüberlassung freizuhalten, da der Zinskupon vollkommen flexibel auch kapitalisierend bzw. endfällig ausgestaltbar ist. Die mögliche Verwässerung des Eigenkapitals durch eine Partizipation des Mezzanine-Kapitalgebers durch einen Equity Kicker fällt nicht unbedingt ins Gewicht, da zuvor dem Finanzinvestor der Erlös vollständig oder teilweise ausgeschüttet werden kann und dieser so einen vorgezogenen Teil-Exit vornehmen kann[1159]. High Yield Bonds zeigen eine ebensolche Flexibilität, obwohl dieser Vorteil jedoch mit dem Nachteil eines sog. Non Call aufgeweicht wird. Danach kann die Anleihe nur nach dem Ablauf einer bestimmten Zeit (Non Call Period) getilgt werden, üblicherweise nach der Hälfte der Laufzeit, d.h. z.B. nach fünf Jahren bei zehnjähriger Laufzeit[1160]. Beide Maßnahmen weisen aber

[1157] Schlitt/Hemeling, S. 300.

[1158] Dabei werden die Zinsen während der Laufzeit jeweils zum Kapital aufgeschlagen, bis am Ende der Laufzeit die Rückzahlung zum Nennwert erfolgt, vgl. Hartwig-Jacob, S. 39 und 40.

[1159] Vgl. Georgieff/Biagosch, S. 197 und 198.

[1160] Vgl. Barnhill/Maxwell/Shenkman, S. 204.

auch stabilisierende lange Laufzeiten von bis zu zehn Jahren auf[1161]. In Bezug auf Second Lien und Leveraged Recaps verhält es in Abhängigkeit der zugrundeliegenden Ausgestaltung im Prinzip ähnlich. Dennoch bestehen graduelle Unterschiede. Second Lien ist z.B. darauf ausgerichtet, trotz fehlender Vermögenswerte für die Besicherung weiteres Kapital aufzunehmen; dabei sind die Zinsen Cash Flow-schonend niedriger als im Fall von vollkommen unbesicherten Maßnahmen. Recaps zielen dagegen auf die vollständige Ausschüttung der neu aufgenommenen Fremdkapitalschicht.

Es ist jedoch festzustellen, dass keine der erwähnten Maßnahmen den Cash Flow des Unternehmens derart optimiert, dass brachliegende und illiquide Mittel des Unternehmens zur Schuldentilgung genutzt werden können. Ein derartiges zusätzlich optimierendes Element findet sich nur bei Refinanzierungen mittels ABS und WBS. Bei ABS können zuvor illiquide Aktiva an ein unabhängiges SPV verkauft werden, welches zur Refinanzierung Anleihen emittiert. So wird zum einen der Cash Flow des Unternehmens durch den Erlöszufluss gestärkt. Gleichzeitig erfolgt kein Cash Flow Abfluss durch einen etwaigen Schuldendienst für die emittierte Anleihe, da dieser von dem anleiheemittierenden SPV aus den zugrundeliegenden Vermögenswerten gespeist wird. Allerdings findet ABS seine natürliche Grenze bei der Verbriefung darin, dass die Vermögenswerte zur Kapitalmarktfähigkeit der Anleihe einen Cash Flow mit hoher Stabilität und möglichst geringer Ausfallquote aufweisen müssen und dieses auch Dritten, wie etwa Investoren oder auch den Rating Agenturen, glaubwürdig vermittelt wird[1162]. Bei WBS hingegen existiert eine solche Grenze nicht, da der gesamte operative Geschäftsbetrieb eines Unternehmens verbrieft wird oder doch zumindest der überwiegende Teil davon. Dieser muss lediglich vorhersehbare und stabile Cash Flows aufweisen. Einzelne schwächere Vermögenswerte, die als Sicherheit für das Darlehen dienen, wie z.B. lediglich unternehmensintern genutzte gewerbliche Schutzrechte und die somit auch keine Lizenzgebühren erwirtschaften, können zusätzlich miteinbezogen werden. Zu einer Entlastung des Cash Flows wie bei ABS kommt es aber nicht, weil eine Schuldendienstpflicht gegenüber dem SPV als Darlehensgeber besteht, da dieses seine Anleiheverpflichtungen aus diesen Zinszahlungen bestreitet. Die Transaktion kann jedoch so strukturiert werden, dass mehrere Anleihetranchen mit unterschiedlich hohen Zinszahlungen und unterschiedlichen Tilgungszielen vorliegen. Durch diese Verfahrensweise lässt sich der Schuldendienst Cash Flow-schonend strecken. Der Schuldendienst aus dem korrelierenden Darlehen müsste dann hiermit korrespondieren. WBS auf die längste Laufzeit von allen beschriebenen Maßnahmen ausgerichtet; im Regelfall auf Laufzeiten von mehr als zehn Jahren[1163], so dass hierdurch alle Beteiligten in

---

[1161] Vgl. die tabellarische Gegenüberstellung von Mezzanine und High Yield Bonds bei Mittendorfer/Fotteler, S. 256.

[1162] Beispiele regelmäßiger ABS-Verbriefung sind Hypothekarkredite, Kreditkartenforderungen, Automobilfinanzierungen, etc.

[1163] Bei der Tenovis-Transaktion betrug die Laufzeit 12 Jahre.

Bezug auf die Zins- und Tilgungszahlung bei Belastung der Cash Flows eine vorteilhafte Planungssicherheit erreichen.
Die vorgenommene Analyse zur Cash Flow-Optimierung hat klar gezeigt, dass die weitestgehende aller verglichenen Refinanzierungsmethoden ist.

7. Ausschöpfung des Finanzrahmens

In der Praxis die Refinanzierung typischerweise häufig kumulativ oder zeitlich versetzt mittels einer Kombination unterschiedlicher Maßnahmen durchgeführt. Dementsprechend stellt sich im Zusammenhang der Auswahl von Refinanzierungsmaßnahmen die Fragen, ob neben der Anwendung der entsprechenden Maßnahme auch noch weitere Finanztransaktionen zugelassen und möglich sind oder ob der Finanzrahmen des Unternehmens schon ausgeschöpft ist, weil die Grenzen des noch vertretbaren Verhältnisses zwischen Fremd- und Eigenkapital schon überschritten sind.

Bei Refinanzierungen mittels Ausgabe von Unternehmensanteilen, also durch Eigenkapital, stellt sich diese Frage nicht. Eine derartige Einlagen- bzw. Beteiligungsfinanzierung ist grundsätzlich unbeschränkt möglich und folglich auch ohne weiteres mit anderen Maßnahmen kombinierbar. Etwas anders stellt sich die Situation bei den übrigen Fällen dar. Hier wird in der Regel Fremdkapital aufgenommen. Die Kapazitätsgrenze bildet dabei die Verschuldungsfähigkeit des Unternehmens. Bei zu starker Schuldendienstbelastung kann es zu Liquiditätsengpässen kommen, die das Unternehmen in die Überschuldung und letztlich in die Insolvenz treiben. Folgerichtig sollte stets auf eine ausgewogene Bilanz geachtet und eine zu starke Kapitalbindung vermieden werden. Als horizontale Finanzierungs- und Bilanzregel hat sich die Faustformel durchgesetzt, dass das Anlagevermögen (Aktivseite) durch 2/3 Eigenkapital und 1/3 langfristiges Fremdkapital finanziert sein sollte. Bei der vertikalen Finanzierungsregel (Passiva) sollte das Eigenkapital wenigstens 1/3 des Gesamtkapitals (Bilanzsumme) betragen[1164]. In der Praxis werden diese Grenzen aber häufig, insbesondere im Zusammenhang mit LBO-Finanzierungen, ausdehnt und auch überschritten[1165]. Zur Grenzbe-

[1164] Werner, Private Placement, S. 30 und 31.

[1165] Je riskanter die Übernahmen finanziert werden, insbesondere mit immer geringer werdendem Eigenkapitalanteil des Übernehmers durch erhöhte Bereitschaft der Banken die Akquisition zu finanzieren, desto größer das Risiko des anschließenden Kredit-ausfalls. Dieses Risiko erhöht sich regelmäßig um ein Vielfaches, wenn weitere Schuldenlast dem Unternehmen zwecks Dividendenausschüttung an den Finanzinvestor aufgebürdet wird. Hinweis geben dabei die zunehmend schlechteren Noten der Ratingagenturen für Schulden von LBO-Unternehmen. In den letzten fünf Jahren ist die Zahl der schlechter als B+ benoteten Kredite von ca. 20% auf mehr als 40% gestiegen. Statistisch bedeutet dies, dass innerhalb von drei Jahren 18% der Unternehmen ihre Schulden nicht mehr bedienen können. Insbesondere verschärft sich die Lage, sofern die Leitzinsen und damit die Schuldenlasten steigen und in der jeweiligen Branche ein zyklischer Abschwung eintritt. Praktische Beispiele finden sich insbesondere in der Automobilbranche, bei der die Zulieferer TMD rechnung der einzelnen Maßnahmen werden üblicherweise vereinfachende Multiplikatoren-Verfahren benutzt, wie z.B. Mittelwertberechnungen von vergleichbaren Transaktionen, bei dem das EBITDA des Unternehmens üblicherweise als Maßstab dient[1166].

Bei besicherter Fremdkapitalaufnahme, wie etwa bei Senior Debt oder Second Lien, sind die Grenzen zusätzlich durch die fehlenden Sicherungsmöglichkeiten gesetzt. Die quantifizierbare Obergrenze für den maximalen Verschuldungsgrad liegt typischerweise für syndizierte Kredite bei zu ca. 3 bis 4fachen des EBITDA[1167]. Bei Mezzanine-Krediten ist sie mit dem ca. 1 bis 1,5fachen des EBITDA[1168] deutlich niedriger, was damit zusammenhängt, dass bereits Tranchen an vorrangigen Darlehen bestehen. Maßnahmen über den Kapitalmarkt, wie die Emission von Anleihen mit Bonitätsrating, sind abhängig von der Bewertung durch Ratingagenturen und finden demnach Zusatzbegrenzungen. Sofern die Ratingagentur ein erhöhtes Ausfallrisiko der Anleihe feststellt, z.B. durch zu hohe bestehende Schuldendienstbelastungen, dann wird, wenn überhaupt, nur ein Rating vergeben, das nicht für die Kapitalmarktfähigkeit der Anleihe ausreichend ist. Ähnlich verhält es sich im Fall von ABS, wobei sich hier die Grenzmarke jedoch mehr am Vorhandensein und dem Volumen des zu verbriefenden Vermögenswertbestands des Originators orientiert[1169]. Gleiches gilt für die Emission von High Yield Bonds, denn nur ein bestimmtes Volumen gewährleistet ein Mindestmaß an Liquidität für den freien Handel[1170]. Bei Einsatz von High Yield Bonds ist aufgrund der langen Laufzeit von bis zu zehn Jahren und der Non-Call Periode, d.h. die Zeit, während der der Emittent die Bonds nicht kündigen und vollständig tilgen kann, von mindestens der Hälfte der Gesamtlaufzeit zu beachten, dass bei entsprechendem Volumen der Transaktion die Flexibilität bei weiteren Finanztransaktionen stark eingeschränkt ist[1171]. Die Reaktionen der Finanzmarktteilnehmer auf die gegenwärtigen Marktverhältnisse zeigen viel Kreativität.

Friction und auch Kiekert, dem weltgrößten Hersteller von Türschließsystemen, die unternehmerische Kontrolle an ihre Gläubiger abgeben mussten, vgl. o.V., FAZ v. 25.10.2006, S. 25.

[1166] Vgl. Ramgarhia/Muminoglu/Pankratov, S. 337.

[1167] Georgieff/Biagotsch, S. 209.

[1168] Dies., S. 209.

[1169] Internationale Investmentbanken geben das notwendige Volumen mit € 80 bis 100 Mio. als Mindestgröße an, auf mittelständische Unternehmen spezialisierte Banken haben Multi-Seller-Conduit-Programme entwickelt, d.h. es werden die Forderungen von mehreren Originatoren zu einem Pool zusammengefasst und dann verkauft, die Transaktionen bereits ab € 20 Mio. darstellbar machen, vgl. Neumüller/Hochgatter, S. 273.

[1170] Die marktübliche Untergrenze liegt bei ca. € 100 Mio., vgl. Georgieff/Biagotsch, S. 192.

[1171] In der Praxis finden sich aber auch bereits Regelungen (sog. Call Protection Regelungen aus Sicht des Anleiheinvestors), die lediglich zwei bis drei Jahre betragen. Hintergrund sind die sich verkürzenden Haltefristen der Finanzinvestoren an ihren Portfoliounternehmen. Ein solch relativ kurzer „Bestandsschutz" der Zinszahlungen steht im Widerspruch zur angestrebten Planungssicherheit von langfristig orientierten Investoren dieser Anlageklasse. Die starke Machtposition der Emittenten aufgrund des derzeitig positiven Marktumfelds für High Yield Bonds lassen eine solche Situation aber zu.

Beispielsweise werden High Yield Bonds mittlerweile auch als sog. Payment in Kind Notes (PIK Notes) emittiert[1172]. Diese sind als völlig unbesicherte sowie allen anderen Kapitalmaßnahmen subordinierte Anleihen strukturiert; deren Zinsen werden thesauriert und erst, wie der Gesamtbetrag auch, endfällig, nachdem das übrige Fremdkapital abgelöst worden ist. Aufgrund der Schonung des Cash Flow, soll diese zusätzliche Fremdkapitalaufnahme so keinen Einfluss auf das bestehende Rating des Emittenten haben[1173]. WBS ist die Refinanzierungsmaßnahme, die den geringsten Spielraum für weitere Kapitalmaßnahmen zulässt, sogar typischerweise den Finanzrahmen eines Unternehmens für eine bestimmte Zeitspanne vollkommen ausreizt. Die Bestimmung der Verschuldensobergrenze, d.h. des maximalen Transaktionsvolumens, erfolgt auch hier mittels Multiplikatoren des EBITDA, wobei in England Transaktionen mit einem Multiplikationswert von bis ca. 12 zu beobachten waren[1174]. Entscheidend ist, dass sämtliche Vermögenswerte des operativen Geschäfts des betroffenen Unternehmens als Sicherheiten für das Darlehen herangezogen und letztlich verbrieft werden. Hinzukommt immer eine sehr lange, die übrigen Maßnahmen übertreffende Laufzeit. Für die Nutzung weiterer Finanzierungsinstrumente während der Laufzeit der WBS-Anleihe ist somit typischerweise kein Raum. Sämtliche operativ wichtigen Vermögenswerte dienen der Besicherung und mit dem größten Teil der Cash Flows, wobei ein bestimmter Teil im Unternehmen zwecks Wachstum oder zumindest Aufrechterhaltung des Status Quo verbleiben wird, muss der Schuldendienst bestritten werden.

8. Komplexitätsgrad und kostentreibende Aspekte der Refinanzierungsmaßnahmen

Bei der Frage des Komplexitätsgrads der Refinanzierungsmaßnahmen ist auf mehrere Aspekte zu achten. Hier kommt beispielsweise die Anzahl der involvierten Parteien und die notwendigerweise damit einhergehende Kanalisierung von Informationen in Betracht, um Asymmetrien zwischen den einzelnen Entscheidungsträgern zu vermeiden. Der Umfang der vorzubereitenden Dokumentationen und Verhandlungsrunden, aus rechtlicher und steuerlicher Sicht, spielen ebenfalls eine Rolle. Außerdem ist die zeitliche Komponente einer Transaktionen relevant, d.h. die Geschwindigkeit der tatsächlichen wie auch juristischen Umset-

---

[1172] Vgl. Coyle/Daragh, S. 1ff.

[1173] Coyle/Daragh, S. 3. Eines der ersten Beispiele in der deutschen Praxis für solche PIK Notes ist die Emission mit einem Volumen von € 400 Mio. im Zusammenhang des Secondary Buy Outs von Kabel Deutschland Ende 2004. Hiermit wurde eine Dividende an die Eigentümer finanziert. Diese Anleihe ist allerdings mittlerweile im Mai vom Markt zurückgekauft und durch einen sog. PIK-Kredit in Höhe von € 480 Mio. mit einem niedrigeren Zinssatz ersetzt worden; siehe zu dieser Transaktion auch FN 80.

[1174] Zu beachten ist jedoch aufgrund der Komplexität und Einzelfallabhängigkeit von WBS, dass EBITDA Multiplikatoren bestimmter Industriesparten nicht einfach übernommen werden können, sondern weitere Aspekte wie Cash Flow Analysen und ähnliches in die Berechnungen einfließen, vgl. oben Erster Teil § 8.

zung des jeweiligen Instruments, sowie die daraus resultierenden Kosten. Entscheidend ist in der Regel die Standardisierung des durchzuführenden Vorgangs. Je stärker die Abläufe und zugrundeliegenden Dokumentationen in der Praxis einem Standard unterliegen oder zumindest standardisiert werden können, desto schneller, effizienter und auch kostengünstiger sind die jeweiligen Finanzierungsmethoden umzusetzen[1175].

Bei der Ausgabe neuer Unternehmensanteile hängt die Komplexität von der jeweiligen Rechtsform und Ausgestaltung ab. Typische Rechtsformen sind AG, GmbH und GmbH & Co. KG. Bei den zwei Letztgenannten wird es auf die jeweiligen vertraglichen Regelungen des Gesellschaftsvertrages ankommen. Bei der AG kann sich die Ausgabe junger Aktien, je nach der konkreten Durchführungsart, hingegen bei weitem komplexer gestalten. Zu denken ist an einen Börsengang oder aber eine Kapitalerhöhung mit, bzw. ohne Bezugsrechtsausschluss oder aber auch sog. Doppeldeckerstrukturen, die sich aus einer Kombination zweier paralleler Kapitalerhöhungen mit und ohne Bezugsrecht zusammensetzen[1176]. Es hat sich gezeigt, dass der Börsengang die komplexeste und zeitintensivste Variante ist. Insbesondere aufgrund der negativen Erfahrungen des Börsenbooms Ende der 1990er Jahre, sind inzwischen die Anforderungen der beteiligten Banken an die Qualität der Emittentin, Quantität und Dichte des Durchdringungsgrades der Dokumentation und hier insbesondere an den Inhalt des gesetzlich notwendigen Verkaufsprospekts, sowie die Intensität der Due Diligence als sehr hoch zu qualifizieren[1177]. Folglich kann es zu Planungszeiten von mindestens vier Monaten bis zu einem halben Jahr kommen[1178]. Unwesentlich kürzer mit drei bis vier Monaten sind prospektpflichtige Kapitalerhöhungen mit Bezugsrecht, da sie typischerweise eine ebenso umfangreiche Projektarbeit erfordern[1179]. Bei der Kapitalerhöhung ohne Bezugsrecht entfallen in der Regel zeitintensive Maßnahmen wie eine Prospekterstellung, doch ist diese Form auf ein 10% des Grundkapitals beschränkt[1180]. Sofern jeweils US-Investoren angesprochen werden sollen, was eine Platzierung nach Rule 144A erforderlich macht, erhöht sich entsprechend der Umfang der nach US-Regularien erforderlichen Offenlegung (Disclosure) und damit der zeitliche Aufwand.

[1175] Trotzdem ist bei Standardisierungen stets auf das Risiko der fehlenden Gründlichkeitsprüfung zu achten, oft verursacht durch den Kostendruck des niedrigen Budgets der Auftraggeber.

[1176] Siehe Einzelheiten zu den Formen der Aktienemissionen bei Schäcker/Brehm, S. 55ff.

[1177] Hinzu kommen noch die Vorbereitung der Equity Story, Einholung der notwendigen Hauptversammlungsbeschlüsse, Maßnahmen in Bezug auf den Vermarktungsprozess und die Platzierung (Roadshows und ähnliches) sowie Unterstützung nach der Notizaufnahme (Investor Relation Arbeit), Schäcker/Brehm, S. 55.

[1178] In der Regel muss aber eine bestimmte Zeit vergehen, oft mehrere Jahre, damit das Unternehmen überhaupt börsenreif ist. Siehe hierzu die Übersicht bei Untergrabner/ Ehrenhöfer, S. 218.

[1179] Schäcker/Brehm, S. 57.

[1180] § 186 Abs. 3 AktG.

In der nationalen Bankrechtspraxis hat sich bei der Vergabe von Senior Debt eine starke Standardisierung durchgesetzt, welche sogar noch durch den Einfluss der internationalen Vertragsstandards verstärkt wird, die aufgrund der fortschreitenden internationalen Ausrichtung nationaler Banken auch auf die hiesigen Musterverträge durchschlagen[1181]. Obwohl sich durch diesen anglo-amerikanischen Einfluss die Kreditverträge durch höhere Klauseldichte auszeichnen sowie bei größeren Volumina die Kredite regelmäßig syndiziert werden müssen und somit durch den Arrangeur erst ein das Kreditrisiko gemeinsam schulterndes übernehmendes Bankenkonsortium gebildet werden muss[1182], ist doch in kurzer Zeit, typischerweise in zwei bis sechs Wochen, eine solche Kreditvergabe abgeschlossen[1183]. Bei Mezzanine-Krediten verhält es sich ähnlich, da sie inhaltlich weitgehend den Senior-Kreditverträgen entsprechen. Eine zeitliche Verzögerung kann sich durch die zusätzlichen Verhandlungen mit den vorrangigen Gläubigern ergeben, die im Abschluss einer Gläubigervereinbarung münden, welche nähere Regelungen zur Subordination der Gläubigergruppen umfasst. In beiden Fällen werden häufig zusätzlich noch meist halbjährige Berichtspflichten an die Kapitalgeber vereinbart.

Refinanzierungsmethoden, die sich die Kapitalmärkte zu Nutze machen, bedürfen wegen ihres Fremdfinanzierungscharakters stets der Einschätzung und des Ratings durch unabhängige Agenturen. Auch ist bei einer öffentlichen Platzierung ein Emissionsprospekt zu erstellen; sofern es sich um ein Private Placement handelt hingegen ein nur unwesentlich schlankeres Information Memorandum[1184]. Bei High Yield Bonds kommt es aufgrund der fehlenden Bonität des Emittenten zu wesentlich umfangreicheren Due Diligence-Prüfungen als bei solchen Anleihen mit Investment Grade Rating oder auch Wandelanleihen. Somit ist die Emission von High Yield Bonds die zeitlich komplexeste Maßnahme und kann, trotz fortschreitender Standardisierung, zwischen sechs und zwölf Wochen

---

1181 Im europäischen Raum werden häufig Kreditverträge auf Basis der von der in England ansässigen Loan Market Association (LMA) initiierten Musterverträge oder aber des sehr ähnlichen Eurokredit-Mustervertrags erstellt. Unter www.loan-market-assoc.com findet sich eine Liste der unterschiedlichen Musterverträge, die allerdings nur Mitgliedern zur Verfügung stehen. Abgedruckt findet sich ein LMA Leveraged Finance Facility Agreement (Mustervertrag, der englischem Recht unterliegt) für eine LBO-Finanzierung bei Diem, S. 329ff.

1182 Hierzu gehören die folgenden Schritte: (i) Market Sounding, d.h. testen der Syndizierbarkeit des Kredits vor der Unterzeichnung des Kredit- und Sicherheiten-vertrages; (ii) Einladungsschreiben in Form einer invitatio ad offerendum an die interessierten Banken; (iii) Versendung eines Information Memorandum mit näheren Einzelheiten; (iv) Angebot der interessierten Bank über die Übernahme eines Konsortial-anteils mit Angabe eines Höchstgebots; (v) Zuteilung der Quoten durch den Arrangeur; (vi) Übernahme der Konsortialanteile; Einzelheiten bei Diem, § 2 Rn. 42ff.

1183 Georgieff/Biagosch, S. 209. In Zukunft kann sich diese Frist allerdings auch durch die neuen Regeln zur Kreditvergabe nach Basel II verlängern, da dann verstärkt bankeninterne Ratings eine Rolle spielen.

1184 Vgl. Zweiter Teil § 15 VII.

in Anspruch nehmen[1185]. Andere Anleihenemissionen sind entsprechend kürzere Projekte[1186]. Auch bei ABS-Finanzierungstransaktionen schreitet die Standardisierung immer weiter voran. Dies gilt insbesondere bei sog. Multi-Seller-Conduit-Programmen, bei denen Forderungen unterschiedlicher Originatoren in Pools zusammengefasst werden und somit auch kleineren und mittleren Unternehmen mit kleineren Umsatzvolumina ermöglicht, diesen Weg der Refinanzierung zu beschreiten. Trotzdem handelt es sich um eine sehr komplexe und aufwendige Transaktion, bei der nicht nur die unterschiedlichen Beteiligten wie Forderungsverkäufer/ Originator, Bank bzw. Arrangeur, Ratingagenturen, Programmadministrator, Ankaufs- und Emissions-SPV sowie externe Berater zusammengeführt werden müssen, sondern auch eine intensive Datenanalyse der zugrundeliegenden Vermögenswerte, Strukturierung und Dokumentation der Transaktion sowie ein intensiver Rating-Prozess durchgeführt werden muss. Bei einer Einzelemission ist der zeitliche, aber auch finanzielle Aufwand sowie das geforderte Transaktionsvolumen höher. Die zeitliche Dauer eines solchen Prozesses ist oft schwer exakt vorherzusehen. Typischerweise kann aber von ca. zwölf Wochen ausgegangen werden[1187].

Leveraged Recap-Transaktionen orientieren sich, je nach Ausgestaltung, in Bezug auf die Komplexität an Senior Debt sowie High Yield Bonds. Bei Second Lien verhält es sich ähnlich – wenn sie auch in die Nähe von Mezzanine Notes gerückt werden –, wobei es hier allerdings sein kann, dass es zu großen zeitlichen Verschiebungen aufgrund der Verhandlungen mit den vorrangigen First Lien-Inhabern kommen kann. In diesem Bereich hat sich noch kein Standard herausgebildet und es bedarf somit einzelfallabhängiger Vereinbarungen, die wiederum intensiver Verhandlung bedürfen und dementsprechend aufwendig und kostenintensiv sind.

Bei WBS handelt es sich um die am wenigsten standardisierte Refinanzierungsmethode. Jede Transaktion ist bis jetzt weitestgehend maßgeschneidert auf den Einzelfall durchgeführt worden. Aus diesem Grund ist sie auch die komplexeste und zeitlich aufwendigste Variante. Neben den im Vergleich zu ABS noch zahlreicheren Beteiligten wie Originator, Finanzierungs- und Emissions-SPV, Sicherheitentreuhänder, Arrangeur, Ratingagenturen, Asset-Holding-SPV, Ersatzservicer, externe Berater, Vertragspartner zur Absicherung und Bonitätsverbesserung, Investmentbank, ist es insbesondere wichtig, eine wohl durchdachte und insolvenzrobuste Transaktionsstruktur zu schaffen, um ein entsprechendes Anleiherating zu erzielen. Auffällig ist insbesondere die besonders umfangreiche und aufwendige Dokumentation der Transaktion, da gleichzeitig Elemente und Verträge eines besicherten Darlehens und einer Anleiheemission verhandelt und dargestellt werden müssen. Dementsprechend erarbeiten die rechtlichen Berater

---

[1185] Georgieff/Biagosch, S. 210.

[1186] Siehe z.B. die Übersicht der wesentlichen Dokumentation der Emission aktienverwandter Instrumente, wie etwa Wandelanleihen bei Madjelssi/Leopold, S. 272.

[1187] Madjelssi/Leopold, S. 210.

der Arrangeure der Transaktion nicht nur zu Beginn eine grundsätzliche Machbarkeitsstudie (Feasibility Study) aus rechtlicher Sicht, die sie dann gemeinsam mit der die Transaktion betreuenden Investmentbank in eine endgültige Struktur umsetzten. Sie zeichnen sich darüber hinaus auch verantwortlich für alle anderen rechtlich relevanten Dokumente, wie etwa für die entsprechenden transaktionsbezogenen Rechtsgutachten (Legal Opinion)[1188], das Information Memorandum (bei einer Privatplatzierung) bzw. den Verkaufsprospekt (bei einer öffentlichen Platzierung), aber auch die Anleihebedingungen und sämtliche Dokumente, die in Bezug auf die Besicherung des Darlehens notwendig sind. Sofern auf einen Ersatzservicer zurückgegriffen wird, treten Verhandlungen und Vertragsabschlüsse mit dieser Partei hinzu. Bei den meisten anderen Refinanzierungsmethoden reduziert sich der Aufwand der juristischen Dokumentation meist auf wenige Verträge. Demnach kann die Durchführung einer WBS-Transaktion ein halbes Jahr in Anspruch nehmen und verursacht entsprechend hohe Gesamttransaktionskosten.

9. Praktikabilität der Maßnahme im unternehmerischen Alltag

In unmittelbarem Zusammenhang mit der Komplexität der einzelnen Refinanzierungsmaßnahmen steht die Frage nach der Praktikabilität im unternehmerischen Alltag. Hier gilt es primär die notwendige Arbeitskraft und die Managementressourcen sowie die Restriktionen zu betrachten, die das Management des Unternehmens erleidet, indem es etwa durch weite Informationspflichten zu hohem administrativen Aufwand gezwungen wird, wie etwa regelmäßige Zusammenstellungen von Finanzkennzahlen. Auch kommen tatsächliche Behinderungen und Einschränkungen in ihrem unternehmerischen Ermessen zum Tragen, wie etwa Zustimmungsvorbehalte oder sogar gänzlicher Ausschluss von der Entscheidungsfreiheit. Bestimmender Maßstab hierbei sind die Ausgestaltungen der entsprechenden Covenants. Aus Vorgesagtem hat sich ergeben, dass vornehmlich bei vorrangig besicherten Bankkrediten sowie WBS die weitreichendsten Auflagen zu finden sind. Die Informationspflichten und die damit zusammenhängende Notwendigkeit, periodisch – oft halb- oder sogar vierteljährig – betriebswirtschaftliche Kennzahlen zusammenzustellen, können im Einzelfall belastend wirken. Auch sollten die hohen Erwartungen der Private Equity Häuser nicht vergessen werden, die standardisierte Finanzkennzahlen monatlich und

---

[1188] Dieses wird für die Ratingagentur gefertigt und enthält verbindliche – und wegen seines Charakter als Vertrag mit Schutzwirkung zu Gunsten Dritter für den rechtlichen Berater haftungsrelevante – Aussagen zu Rechtsfragen der WBS-Struktur. In der Praxis finden sich deshalb regelmäßig auch nur Aussagen zu verhältnismäßig leicht von den Beratern überprüfbaren Umständen, wie etwa die ordnungsgemäße Errichtung der Gesellschaft – da ersichtlich aus dem Handelsregister – oder ähnliches. Zu den zahlreichen in dieser Arbeit aufgeführten Problembereichen, die einer WBS-Struktur in Deutschland anhaften, wird der Berater nur sehr zurückhaltende Aussagen machen und dann auch nur, wenn sie entsprechende Haftungseinschränkungen mitumfassen.

pünktlich erwarten. Vornehmlich kleinere und mittlere Unternehmen bzw. solche Unternehmen, die vorher nicht kennzahlengesteuert waren, sind in der Post-Akquisitionsphase eines LBO und bei der Refinanzierung häufig überfordert, da sie weder über die notwendigen innerbetrieblichen Strukturen, noch ausreichendes Fachpersonal verfügen oder aufgrund von Umstrukturierungsmaßnahmen über dieses nicht mehr verfügen. In solchen Fällen kann der jährliche Abschlussprüfer des Unternehmens unterstützend tätig werden, da er über die notwendigen Kenntnisse der Unternehmensstrukturen verfügt[1189].

Eine noch größere Erschwernis im Alltagsgeschäft können die Non Financial Covenants bilden, die unmittelbar auf die Geschäftsführung einwirken und im Einzelfall auch Verfügungsbeschränkungen vorsehen können. Der Gesetzgeber hat hier allerdings mit seinen Schutznormen, wie z.B. § 138 BGB, bestimmte Grenzen gesetzt[1190]. Diese Grenzen werden auch sicherlich nur in exzessiven Einzelfällen überschritten. Gleichwohl können Refinanzierungsmaßnahmen, wie etwa dem vorrangig besicherten Kredit oder auch WBS, die im Verhältnis zu den anderen angesprochenen Instrumenten die vergleichsweise strengsten Kreditauflagen umfassen, zu Schwierigkeiten im Alltag führen. Bei einer WBS-Transaktion wird es aber nicht primäres Ziel der finanzierenden Bank bzw. der Zweckgesellschaft umfassend die unternehmerische Führung zu beeinflussen oder gar zu übernehmen. Vielmehr zielt das Hauptinteresse in beiden Fällen darauf ab, dass das Darlehen zurückgezahlt wird; bei WBS zusätzlich noch die refinanzierende Anleihe. Hierin zeigt sich aber auch der Unterschied zwischen beiden Maßnahmen. Das Sicherungsinteresse bei einem bankfinanzierten Kredit zielt ausschließlich auf den Erhalt des Sicherheitenpakets. Bei WBS hingegen ist es zwar auch von Bedeutung, die Sicherheiten zu schützen, doch viel wichtiger ist das Aufrechterhalten des Cash Flow des operativen Geschäftsbetriebs. Auf dessen Stabilität und Voraussehbarkeit fußt der Erfolg der gesamten Transaktion und nur aus ihm wird der Schuldendienst aus Darlehen und Anleihe bedient.

In der Praxis ist eine gewachsene Risikoaversion auf Bankenseite, vornehmlich in den strengeren Eigenkapitalvorschriften von Basel II begründet, zu erkennen. Diese zeigt sich in Einflussnahmeversuchen seitens der Banken in der Krise und besonders bei drohender Insolvenz des Unternehmens, wodurch große Turbulenzen und Konflikte mit der Geschäftsführung entstehen können. Allerdings bleibt hier die zukünftige Entwicklung abzuwarten. Bei WBS kommen insbesondere bei Verstößen gegen Kreditauflagen ebenfalls mögliche Beschränkungen der

---

[1189] Allerdings stehen hier oftmals Unabhängigkeitskriterien entgegen, die sich aus dem Selbstprüfungsverbot und den rigiden Vorschriften der US-amerikanischen Securities and Exchange Commission (SEC) ergeben. Insbesondere ist hier der Sarbanes Oaxley Act von 2002 (SOX) zu nennen, welcher zur Verbesserung der Unternehmensberichter-stattung infolge der Bilanzskandale von Unternehmen wie Enron oder Worldcom erlassen wurde. So umfasst SOX u.a. Regelungen zur Unabhängigkeit und zur verschärften Haftung von Wirtschaftsprüfern.

[1190] Vgl. Zweiter Teil §16 II 4 .

operativen Freiheit zum Tragen. Eine Prämisse vereint allerdings alle WBS-Strukturen: die Notwendigkeit einer weitestgehenden unternehmerischen Freiheit Rechnung zu tragen. So können bei WBS Ausnahmeregelungen in den entsprechenden Verträgen vereinbart werden, die trotz vorliegendem Auflagenverstoß bestimmte Verfügungen weiterhin zulassen[1191].

Diese Möglichkeit bietet eine Reihe von Vorteilen, so dass auch bei Anwendung von restriktiven Maßnahmen, insbesondere von WBS-Covenants, die alltägliche Arbeit der Geschäftsführung nicht leidet oder behindert wird. Selbst bei Kreditauflagenverstößen, die typischerweise Andeutungen für Krise oder sogar Insolvenz sind, bleibt die Geschäftsführung – trotz gewisser Restriktionen – in ihren Handlungen verhältnismäßig frei. Diese Freiheit bleibt der Geschäftsführung aufgrund der langen Laufzeit der Anleihe unverändert über einen entsprechendem Zeitraum erhalten. Im Vergleich zu Instrumenten mit kürzerer Laufzeit ergeben sich hieraus als weitere Vorteile eine höhere Planungssicherheit und eine bessere Vorhersehbarkeit eventueller Krisenszenarien.

10. Risikograd für das Unternehmen

Die Betrachtungsweise des Finanzinvestors darf bei der Wahl von Refinanzierungsmaßnahmen trotz konzernrechtlicher Befugnisse wie Weisungsgebundenheit, Gewinn- und Verlustabführungsvertrag und Organschaft die Belange des Portfoliounternehmens nicht vollkommen außer Acht lassen. Die erfolgreiche Refinanzierung der Akquisitionsfinanzierung eines LBOs hängt zum wesentlichen Teil exklusiv von den zukünftig verfügbaren Cash Flows des Portfoliounternehmens ab, da diese zum größten Teil für den Schuldendienst benutzt werden. Demnach dürfen diese durch die jeweilige Maßnahme nicht derart negativ beeinflusst werden, so dass in Folge die Existenz des Unternehmens selbst gefährdet wird und damit gleichzeitig die Investition des Finanzinvestors[1192]. Ein Abschreiben (Write Off) ist aus Sicht des Finanzinvestors unter allen Umständen zu vermeiden. Durch zu aggressiven und extensiven Aufbau von Fremdkapitalschichten, weitgehende Ausschüttung der Erlöse an die Gesellschafter und gleichzeitige Auferlegung hoher Zins- und Tilgungspflichten wird das Unternehmen unmittelbar gefährdet. Ihm wird durch solche Maßnahmen wichtiges Kapital für das operative Geschäft sowie Forschung und Entwicklung entzogen und die erwirtschafteten Erträge werden von der Schuldentilgung praktisch auf-

---

[1191] Vgl. Zweiter Teil § 15 I 3.

[1192] Ein Beispiel aus der Praxis ist etwa das Schicksal des Automobilzulieferers Kiekert, der durch überhöhte Schuldendienstbelastung im Wege des Tauschs von Schulden gegen Beteiligung (sog. Debt-Equity Swap) nunmehr eine veränderte Eigentümerstruktur erhalten hat und von seinen Gläubigern beherrscht wird. Eine solche Investitionsstrategie verfolgen in der Praxis oft Hedgefonds, die von Bankenseite am Sekundärmarkt notleidende Kredite mit Abschlägen erwerben und anschließend auf einen Debt-Equity Swap zielen; siehe auch FN 981.

gezehrt. Hinzu kommt das Risiko der unerwarteten Erhöhung von Zinssätzen aufgrund von veränderten Bedingungen am Geldmarkt, welche die Belastung des Unternehmens noch verstärken[1193]. Zur Verhinderung des Ausblutens des Unternehmens, häufig verstärkt durch Parameter wie etwa nachlassende Konjunktur oder steigende Rohstoff- oder Energiekosten, sind dann Kostensenkungs- und Restrukturierungsmaßnahmen notwendig, die weit über das normale Maß der herkömmlichen Cash Flow-Optimierung durch den Finanzinvestor nach der Akquisition hinausgehen[1194].

Bei der Refinanzierung mittels Ausgabe neuer Unternehmensanteile würde sich diese Frage nicht stellen, da dem Unternehmen Eigenkapital zugeführt wird. Es ist jedoch anzuzweifeln, ob sich überhaupt neue Eigenkapitalgeber finden lassen, wenn – ohne die Regeln der Kapitalerhaltungsvorschriften zu verletzen – die Einzahlungen neuer Anteilsinhaber an die bestehenden Gesellschafter ausgeschüttet werden. Die Frage nach der Gefahr des Ausblutens stellt sich mithin lediglich bei der Aufnahme von weiterem Fremdkapital, insbesondere, wenn bereits vorhandene Schichten der Akquisitionsfinanzierung nicht abgetragen bzw. ersetzt werden. Wie bereits zuvor angesprochen, ist es notwendig vor der Anwendung einer Refinanzierungsmaßnahme eine bilanzielle Analyse vorzunehmen, um so ein Ungleichgewicht zwischen den Passivposten und letztlich die Gefahr einer Überschuldung und vielleicht sogar einer Insolvenz zu verringern[1195]. Deshalb ist stets das Augenmerk auf alle zum Zeitpunkt der Durchführung der Refinanzierung bestehenden Verbindlichkeiten des Unternehmens zu legen. Flexibel ausgestaltbare Maßnahmen, insbesondere in Bezug auf deren Schuldendienst, sind von Vorteil. Hierzu zählen der Mezzanine-Kredit sowie High Yield Bonds, aber auch Anleihen mit Bonitätsrating, sofern sie als Zerobond oder PIKs endfällig zu bedienen sind, und Second Lien-Finanzierungen. Auch Instrumente mit verhältnismäßig geringem Schuldendienst wie Senior Debt oder Wandelanleihen belasten die Bilanz nicht all zu sehr. In der Praxis werden typischerweise Maßnahmen kombiniert, so dass bei einer exzessiven Kumulation das Damoklesschwert der Überschuldung drohen kann. Hier ist gro-

---

[1193] Kessel, S. 86.

[1194] Im Extremfall kann dies dazu führen, dass sämtliche Produktionsstandorte ins Ausland (mit niedrigen Lohn- und Lohnnebenkosten) verlegt werden und so fast sämtliche Arbeitsplätze in Deutschland wegfallen. Es verbleibt nur eine Holdinggesellschaft in Deutschland. Sowie ursprüngliche von der Beratungsfirma McKinsey ausgearbeitete Kostenreduzierungskonzept für Grohe Water Technology AG & Co. KG. Hintergrund war hier allerdings ein Secondary Buy-Out, d.h. die Weiterreichung des Unternehmens von einem Finanzinvestor an einen anderen. Letztlich wurde dieser Plan in seiner Radikalität nicht ausgeführt, es kam aber trotzdem zur Streichung von einem 1/3 der Gesamtarbeitsplätze und Schließungen von Produktionsstandorten, vgl. Köhn, FAZ vom 27. Mai 2005, S. 22.

[1195] Obwohl der Überschuldungsbegriff eine Legaldefinition in § 19 Abs. 2 InsO findet, gehört die Überschuldungsprüfung mit zu den schwierigsten und umstrittensten Problemen der Insolvenzpraxis, siehe Einzelheiten sowie weitere Nachweise bei K.Schmidt/ Uhlenbruck/*Uhlenbruck*, Rn. 875ff.

ße Vorsicht geboten. Bedenkenswert ist dies weniger aus Sicht der Finanzinvestoren, insbesondere wenn die Tendenz der sich verkürzenden Haltefristen in Betracht gezogen wird, sondern aus Sicht des Unternehmens selbst und in Bezug auf die Haftung der Unternehmensleitung. Die Folge ist, dass mittlerweile die Schuldendienste vermehrt endfällig gestaltet werden. Wenn mehrere zinsflexible Instrumente miteinander kombiniert werden, steigt die Gefahr der Überschuldung des Unternehmens zwar nicht unmittelbar, der Schuldendienst wird jedoch in die Zukunft verlagert und tritt möglicherweise zu einem Zeitpunkt ein, zu dem der Finanzinvestor bereits nicht mehr am Unternehmen beteiligt ist, sondern schon eine lukrative Exit-Option genutzt hat. Lösung kann somit nur eine Fremdkapitalaufnahme mit Augenmaß sein, die u.a. darauf bedacht ist, bestehende Verbindlichkeiten abzulösen und zu ersetzen sowie langfristig niedrige Kapitalkosten zu ermöglichen.

Bei Maßnahmen, die geeignet sind oder sogar von vornherein darauf abzielen zusätzliche Fremdkapitalschichten aufzunehmen, um die Erlöse an den Finanzinvestor auszuschütten und damit einen vorgezogenen und teilweisen Exit herbeizuführen, ist jedoch erhöhte Vorsicht geboten. Besonders bei Leveraged Recap-Transaktionen besteht diese Gefahr mit den entsprechenden Folgen. Selbst wenn die Verschuldensfähigkeit des Unternehmens ausreicht bzw. dessen Cash Flow den Schuldendienst zum Zeitpunkt der Vertragsabschlüsse tragen kann, so besteht doch das Risiko, sofern die Grenzen der Fremdkapitalaufnahme stark strapaziert werden, dass bei negativen wirtschaftlichen Entwicklungen die Überschuldung und möglicherweise die Insolvenz drohen. Auch bei der Anwendung von WBS besteht grundsätzlich die Gefahr eines Ausblutens des Unternehmens. In diesem Fall ist es möglich, Strukturen mit hohen Transaktionsvolumina und mit sehr langen Laufzeiten zu gestalten und dem Unternehmen aufzuerlegen. Gleichzeitig sind sämtliche Cash Flow-generierenden Vermögenswerte des operativen Geschäfts des Unternehmens in diese Transaktion eingebunden und indirekt blockiert, so dass keine weiteren Finanztransaktionen möglich sind. Zum einen können auf diese Weise zwar auch keine weiteren, das Unternehmen gefährdende Fremdkapitalschichten aufgenommen werden, aber zum anderen besteht für lange Zeit keine Möglichkeit einer finanziellen Umschichtung, zumindest nicht ohne umfangreiche und zeitaufwendige Restrukturierungsverhandlungen mit den Anleihegläubigern. Zugleich ist es möglich, die frei gewordenen Beträge ausschließlich an den Finanzinvestor im Konzernverbund auszuschütten.

Um das Risiko der fortschreitenden Überschuldung zu vermeiden und den – auch für den Finanzinvestor – lebenswichtigen Cash Flow aufrechtzuerhalten und diesen nicht vollständig aus dem Unternehmen zu ziehen, sollten bei Leveraged Recap- und WBS-Transaktionen dieses stets miteinkalkuliert und berücksichtigt werden. Folgerichtig sind Cash Flow-Stress-Tests wichtige Hilfen im Vorfeld der Maßnahmenstrukturierung. Darüber hinaus sind weitere Parameter der Machbarkeitsstudie zu erwirken, um die Grenzen des Transaktionsvolumens zu erfassen. Zudem ist es bedeutsam, dass nicht sämtliche Erlöse an den Finanzinvestor ausgeschüttet werden, sondern auch Mittel verbleiben, um andere Fremdkapitalschichten abzutragen, sofern die Finanzierungsgrenzen des Unternehmens bereits stark strapaziert sind. Ein solcher Ansatz wird allerdings in der Praxis speziell bei den Recap-Transaktionen nicht immer berücksichtigt.

§ 24 Ergebnis

Die aktuellen Bedürfnisse der Teilnehmer am Private Equity Markt zeigen deutlich die zentrale Rolle der Refinanzierung der ursprünglichen Akquisitionsfinanzierung für Finanzinvestoren auf. Aus diesem Grund sollte sie auch bereits bei der Strukturierung der Akquisition immer schon mit in Betracht gezogen sowie die verschiedenen Ausgestaltungsmöglichkeiten analysiert werden. Es hat sich im Vergleich mit anderen Maßnahmen gezeigt, dass WBS keine Universal-Lösung für die Refinanzierungs- und Desinvestitionsanforderungen von Finanzinvestoren darstellt, die den übrigen Maßnahmen in den angeführten Kriterien überlegen wäre. Hierfür erweitert sich WBS als zu komplex und ein zu sehr auf den Einzelfall ausgerichtetes Instrument. Der Vorteil der verhältnismäßig geringen laufenden Kosten wird durch den hohen Kostenaufwand wegen fehlender Standardisierung und Komplexität einer jeden Transaktion wieder aufgeweicht oder sogar vollkommen ausgeglichen. So kann WBS auch nur mit der längsten Vorlaufzeit aller untersuchten Maßnahmen juristisch und tatsächlich umgesetzt werden. Ferner hat es keine bilanzentlastende Wirkung wie ABS – allerdings haben dies andere Fremdkapitalmaßnahmen, wie z.B. High Yield Bonds oder Second Lien ebenfalls nicht. Gleichwohl stellt sich WBS aber als eine ernstzunehmende Alternative im Wettbewerb mit den anderen Varianten dar. Covenants sind in allen Fällen zur Disziplinierung und aus Anlegerschutzgesichtspunkten unumgänglich, lassen aber bei WBS größere Freiheiten für den unternehmerischen Alltag zu, insbesondere im Vergleich zu vorrangigen Bankkrediten. Die Gefahr des Ausblutens und von Haftungsrisiken für die weisungsgebundene Unternehmensleitung ist zwar latent gegeben, – insbesondere bei exzessivem Gebrauch – doch bleibt sie geringer als etwa bei Maßnahmen wie Leveraged Recaps, die ausschließlich auf das übermäßige Ausschöpfen vorhandener Fremdfinanzierungsrahmen zugunsten des vollständigen oder teilweisen wirtschaftlichen Exits des Finanzinvestors zielen. Besonders vorteilhaft zeigt sich bei WBS die optimale Cash Flow-Ausnutzung, indem sämtliche oder zumindest der größte Teil der vorhandenen Zahlungsströme genutzt werden können. Darüber hinaus können brachliegende illiquide Vermögenswerte leichter aktiviert werden. Als Ergebnis sind folglich hohe Volumina an Fremdkapital darstellbar, obwohl der Originator zuvor im Regelfall keinen ungehinderten Zugang zu den Kapitalmärkten hatte. Auch die sehr langen Laufzeiten im Vergleich zu allen anderen Maßnahmen erweisen sich als vorteilhaft, da sie sowohl Basis für niedrige Zinssätze und Kapitalkosten sowie Planbarkeit und Stabilität der Kapitalstruktur des Unternehmens und auch des Schuldendienstes sind.

Vierter Teil: WBS als Exit-Alternative

§ 25 Exit als Ertragsquelle für Finanzinvestoren

Wie bereits zuvor aufgezeigt, ist die Wertsteigerung einer befristeten Beteiligung am Portfoliounternehmen primäre Ertragsquelle für den Finanzinvestor. Sein geschäftlicher Ansatz und Interesse ist aber nicht ein dauerhaftes Halten der Beteiligung, um so durch regelmäßige Vergütungen, wie etwa Zinszahlungen für zur Verfügung gestelltes Kapital oder etwaige Gewinnausschüttungen Überschüsse zu generieren. Vielmehr ist es eine Beteiligung auf Zeit, die erst durch die Realisierung von Wertzuwächsen durch Desinvestition am Ende der zuvor festgesetzten Haltefrist – die bis zu sieben Jahren betragen kann, aber aufgrund des Wettbewerbdrucks in der jüngsten Zeit wesentlich kürzer geworden ist – die notwendige Rendite auf das eingesetzte Kapital des Finanzinvestors erzielt[1196]. Diese Rendite ist, wie schon oben skizziert, von seinen eigenen Kapitalgebern vorgegeben. Um den entsprechenden IRR zu erzielen, der bis zu 30% p.a. betragen kann, bedarf es eines möglichst schnellen und lukrativen Ausstiegs, d.h. der vollständigen Ablösung der gewährten Fremdkapitalbelastung und der Gesellschafterdarlehen sowie das Herauslösen des eingesetzten Eigenkapitals durch Veräußerung sämtlicher Anteile am Portfoliounternehmen. Infolgedessen ist es für den Finanzinvestor zwingend notwendig, bereits bei Beginn des Engagements nicht nur die Refinanzierung der ursprünglichen Akquisitionsfinanzierung mit einzuplanen, sondern auch simultan eine klare und ernsthafte Exit-Strategie definiert und ausgearbeitet zu haben[1197]. Sollte der Finanzinvestor bei der Akquisition nicht alle Anteile am Portfoliounternehmen übernommen haben und noch sog. Altgesellschafter vorhanden sein, muss er durch eine Gesellschaftervereinbarung das Verhältnis der Gesellschafter untereinander sowie die verfolgten Exit-Strategien klären. Typischerweise finden sich dann auch im sog. Beteiligungsvertrag zwischen Altgesellschafter und Finanzinvestor u.a. Regelungen über die Dauer der Beteiligung und mögliche Exit-Szenarien[1198]. Aufgrund der Unvorhersehbarkeit der äußeren Umstände, die auf die möglichen Exit-Varianten durchschlagen können, wird der Finanzinvestor auf größtmögliche Flexibilität in Bezug auf Zeitpunkt und Form drängen[1199].

Herkömmliche Wege in diesem Zusammenhang sind der Börsengang des Unternehmens (IPO), der Verkauf an einen strategischen Investor (Trade Sale) und der Verkauf bzw. Weiterreichung an einen anderen Finanzinvestor (Secondary Buy Out); sofern Altgesellschafter vorhanden sind, auch der Rückerwerb der Anteile durch die Altgesellschafter (Share Buy Back) oder aber auch die Abschreibung

---

1196 Vgl. von Daniels, S. 44.
1197 Vgl. von Daniels, S. 44, 45.
1198 Näheres zur inhaltlichen Ausgestaltung eines Beteiligungsvertrags, Weitnauer, Teil D, V, Rn. 153ff.
1199 Fritzsche/Häußermann, S. 380.

und Liquidation (Write Off)[1200]. Im letzteren Fall kann aber typischerweise nicht von einer geplanten und gewollten Option gesprochen werden, denn die Liquidation des Unternehmens und Abschreibung der Beteiligung bedeutet für den Finanzinvestor regelmäßig einen Totalverlust bzw. zumindest einen Verlust des größten Teils seiner Investition. Auch der Share Buy Back ist wegen seiner geringen Renditeattraktivität keine ernsthaft angestrebte Strategie. Es besteht Interessenasymmetrie zwischen Altgesellschafter und Finanzinvestor – Priorität hat einerseits die Zahlung eines möglichst geringen Kaufpreises, andererseits die Erzielung eines möglichst hohen Verkauferlöses. Hinzu tritt der Aspekt, dass die Altgesellschafter meist keine Möglichkeit der Finanzierung des Kaufpreises haben. Regelmäßig handelt es sich somit um eine Verlegenheitslösung mangels Alternativen. Somit werden im Folgenden auch lediglich IPO, Trade Sale und Secondary Buy Out näher dargestellt. In der letzten Zeit sind Maßnahmen wie etwa Leveraged Recaps oder Dividend Recaps hinzugekommen, welche aber zuvor schon in den Kapiteln zu bei den Refinanzierungsmaßnahmen beschrieben wurden. Diese stellen zwar keine Ausstiegsmöglichkeit für Finanzinvestoren dar, bieten aber im wirtschaftlichen Sinn die Möglichkeit eines vorgelagerten Teil-Exits[1201]. Ob und inwiefern WBS in diesem Zusammenhang eine berechtigte Alternative darstellen kann, gilt es im Folgenden zu untersuchen. Es sollen etwaige Vorteile aufgezeigt und begründet werden sowie eine Einordnung im Vergleich zu den herkömmlichen Optionen versucht werden.

§ 26 Herkömmliche Exit-Kanäle

I. Börsengang

Der Börsengang eines Portfoliounternehmens des Finanzinvestors verspricht eine optimale Renditeverwirklichung und wird so auch zu Recht als „Königsweg" unter den Exit-Optionen angesehen[1202]. Außerdem bringt ein erfolgreich beschrittener IPO Reputationsgewinn für den Finanzinvestor selbst. Einerseits erfolgt dies in der öffentlichen Wahrnehmung, andererseits, was bei dem derzeitigen Wettbewerbsdruck noch viel wichtiger ist, in der Akzeptanz durch andere Marktteilnehmer infolge eines positiven Track Record. Dieser kann u.U. bei der Akquisition neuer Unternehmen oder aber bei der Kapitalsammlung zum Auflegen neuer Fonds hilfreich sein. Der Ausstieg über einen Börsengang ist grundsätzlich nicht ein sofortiger Komplettausstieg. Um einen erfolgreichen IPO zu sichern, verhängen Emissionsbanken regelmäßig eine Veräußerungssperre und eine gewisse Haltefrist der Aktien (Lock Up Periode), welche von sechs bis 24 Monaten reichen kann und an diese der Finanzinvestor und das Management des Unterneh-

---

[1200] Fritzsche/ Häußermann, S. 375.

[1201] Diese Form wurde ausführlicher bei der Diskussion der verschiedenen Refinanzierungsmaßnahmen vorgestellt, vgl. Dritter Teil § 23 II 3.

[1202] Vgl. Weitnauer, Teil G, Rn. 2.

mens gebunden sind[1203]. Während dieser Haltefrist sieht sich der Finanzinvestor dann jedoch der Unwägbarkeit der Entwicklung des Kapitalmarkts ausgesetzt, welcher sich im ungünstigen Fall negativ auf den Börsenkurs seiner verbliebenen Aktien durchschlagen kann[1204]. Außerdem ist der Börsengang mit erheblichem Aufwand und zusätzlichen Kosten verbunden[1205]. So ist es unumgänglich, das Portfoliounternehmen, welches regelmäßig eine GmbH oder GmbH & Co KG ist, gemäß § 190ff. UmwG in eine AG oder zumindest Kommanditgesellschaft auf Aktien (KGaA) umzuwandeln, damit die Unternehmensanteile überhaupt an der Börse handelbar sind[1206]. Hinzu kommt die Beachtung der einschlägigen Vorschriften zur Zulassung der Notierung an einer Wertpapierbörse durch die jeweilige Börsenzulassungsstelle. Hierzu gehören einerseits die Regelungen des BörsG, insbesondere die §§ 30ff. BörsG, sowie die dazu erlassene Börsenzulassungsverordnung und die Börsenordnungen der angestrebten Börse[1207]. Neben den rechtlich-formalen Voraussetzungen ist es allerdings wesentlich, im Vorfeld festzustellen, ob das Unternehmen selbst überhaupt die Börsenreife besitzt. Diese wird im Rahmen einer Due Diligence Prüfung ermittelt und in einem Qualitätsbericht niedergelegt. Zu den zu untersuchenden Aspekten gehören insbesondere die Entwicklung des Unternehmens; die Qualität der Organisation und der inneren Strukturen, wie etwa das Rechnungswesen oder das Controlling; das Geschäftsmodell; Marktanteile, Positionierung oder aber auch Vertriebsstrukturen[1208]. Hinzu kommt eine vorbereitende Börsenumfeldanalyse anhand von makroökonomischen und konjunkturellen Daten sowie die Erstellung und Durchführung eines plausiblen Emissionskonzepts, wobei hier dem Emissionsprospekt eine besondere Bedeutung zukommt, insbesondere im Hinblick auf notwendige Dokumentations- und Publizitätsvorschriften[1209]. Während der Notierung verur-

---

[1203] von Daniels, S. 47.

[1204] Obwohl der Börsenkurs des Portfoliounternehmens sich auch positiv entwickeln kann und der Finanzinvestor dementsprechend an diesem Wachstum partizipieren kann; vgl. von Daniels, S. 47, der den Aspekt des volatilen Börsenmarktes ausschließlich als positives Merkmal des IPO qualifiziert.

[1205] Eine dezidierte Darstellung der einzelnen Schritte eines Börsengangs ist aufgrund des begrenzten Rahmens dieser Arbeit nicht möglich, siehe aber beispielsweise Neuvries, S. 227ff.

[1206] So muss etwa das Vertretungsorgan einen Umwandlungsbericht erstellen, mit dem der Formwechsel erläutert und begründet wird, sofern die Gesellschafter nicht einvernehmlich Verzicht üben (§ 192 Abs. 3 UmwG); Notariell beurkundeter qualifiziert mehrheitlicher bzw. einstimmiger Beschluss der Gesellschafterversammlung (bei Kapitalgesellschaften, § 217 Abs. 1 UmwG bzw. bei Personengesellschaften, § 217 Abs. 1 UmwG); auch sind die besonderen Gründungsvorschriften zur AG und KGaA zu beachten.

[1207] Typischerweise wird dies wegen der hohen Reputation die Börse in Frankfurt sein, gleichwohl gibt es auch weitere Regionalbörsen in Berlin-Bremen, Hamburg, Hannover, Stuttgart, München, Düsseldorf. Nähere Informationen zu den Voraussetzungen einer Börsennotierung und den entsprechenden Regelungen an der Frankfurter Börse, siehe unter www.deutsche-börse.com

[1208] Vgl. ausführlich zu den Voraussetzungen der Börsenreife, Weitnauer, S. 399ff.

[1209] Welches aus zahlreichen Einzelkomponenten besteht, wie etwa Zeitplanerstellung, Platzierungsart, Wertpapierart, Bestimmung des Emissionsvolumens, Wahl des Börsensegsacht insbesondere die Pflicht zur Ad-hoc-Publizität nach § 15 Wertpapierhandelsgesetz (WpHG) aller kursbeeinflussenden Unternehmensentwicklungen hohen Aufwand; sie verpflichtet jedoch zu sorgfältig zu überprüfendem Unternehmensverhalten. Zusätzlich sind die mit der Börsennotierung zusammenhängenden hohen Kosten zu beachten[1210]. Einerseits sind dies einmalige Kosten für die Gebühren der Investmentbank, die begleitenden Anwälte, Steuerberater und Börsenzulassung sowie die Kosten für den Druck des Emissionsprospekts und gegebenenfalls neuer Aktien und deren Vermarktung. Diese Kosten können insgesamt zwischen 8 und 10% des Emissionserlöses betragen. Andererseits sind dies die laufende Kosten: Diese werden verursacht durch die höheren Publizitätspflichten eines börsennotierten Unternehmens, wie etwa die Jahresbericht- und Zwischenberichterstattung, die angesprochene Ad-hoc-Publizität, die laufende Pflege der Investorenbeziehungen durch Bilanzpressekonferenzen sowie durch Analystentreffen und Abhaltung von Aktionärshauptversammlungen (Investor Relation Costs).

Mitentscheidendes Kriterium für die erfolgreiche Durchführung einer Desinvestition mittels Börsengang ist aus der Sicht des Finanzinvestors die richtige Zeitplanung (Timing). Diese hängt von den generellen Konjunkturaussichten, den Aussichten des Unternehmens selbst und der Verfassung des Börsenmarktes ab. Es wird ein Zeitpunkt angestrebt, zu dem das Unternehmen idealerweise mit einer hohen Bewertung des Eigenkapitals, welche sich im Emissionspreis niederschlägt, und bei gleichzeitiger niedriger Volatilität an die Börse gebracht werden kann. Ein solcher Zeitpunkt zeigte sich in der Vergangenheit insbesondere Ende der 1990er Jahre auf dem Telekommunikations- und Technologiesektor. Diese Hochphase ebbte allerdings 2001 auch wieder abrupt ab, so dass der Börsengang als Exit zwischen 2001 und 2004 kaum eine gangbare Option darstellte. Ab dem Jahre 2005 hat sich die Stagnation am Börsenmarkt mit einigen namhaften Parkettdebüts etwas entspannt. Genannt seien hier die Börsengänge des Fernsehbezahlsenders Premiere AG, des Triebwerkhersteller MTU Aero Engines Holding AG und der Heimwerkerhandelskette Praktiker Holding AG und von Unternehmen der Solarenergiebranche[1211]. Auch wird die Einführung des neugeschaffenen Börsenmarktsegments Entry Standard Ende 2005 als „Fenster" innerhalb des in Open Market umbenannten privatrechtlich organisierten und weitgehend unregu-

---

ments, Planung der Publizität, Wahl des Emissionsbegleiters, Emissionspreis und -bedingungen, vgl. Ivanova/Tzvetkova, S. 165ff.

[1210] Siehe im Einzelnen dazu Achleitner, S. 257.

[1211] Vgl. Ernst & Young, IPO Barometer 2005, S. 10; siehe auch die Statistiken des Bundesverband Deutscher Kapitalbeteiligungsgesellschaften e.V.: Danach brachten 2005 Finanzinvestoren acht Unternehmen aus ihren Portfolios an die Börse, Jahresstatistik 2005 Bundesverband Deutscher Kapitalbeteiligungsgesellschaften e.V., S. 13. Im 2. Quartal 2006 waren es sogar neun Börsengänge, die vermeldet wurden, wobei auf Deutschland vier und auf das restliche Europa fünf entfielen, vgl. Statistik 2. Quartal 2006 Bundesverband Deutscher Kapitalbeteiligungsgesellschaften e.V., S. 5.

lierten Freiverkehrs[1212] an der Frankfurter Wertpapierbörse durch die Deutsche Börse AG als positives Zeichen gewertet[1213]. Dieses neue Segment schafft nach dem Vorbild des Alternative Investment Market (AIM) in Großbritannien einen kostengünstigen Zugang zum Kapitalmarkt mit niedrigen regulatorischen Anforderungen für kleine und mittlere Unternehmen[1214]. Trotz dieser Belebung kann nicht ohne weiteres von einer Renaissance des Exit-Kanals Börsengang in Deutschland gesprochen werden, da sich das gesamte Marktumfeld, insbesondere aber die Finanzinvestoren und deren eigener Investoren, von den vorgestellten wenigen, aber namhaften IPOs eine weitaus größere Akzeptanz des Marktes für Exit-Transaktionen erhofft hatten. Dies liegt vor allem an den Schwierigkeiten anderer geplanter Emissionen: Sie wurden entweder ganz abgesagt, wie die der Private Equity Beteiligungen des Autozulieferers Autoteile Unger (ATU)[1215], des Autobahngaststättenbetreibers Tank & Rast, des Armaturenherstellers Grohe[1216] und der Tochter des Reiseveranstalters TUI Hapag Lloyd; oder es müssten bedeutende Abschläge des Emissionspreises vorgenommen werden, wie z.B. bei der Fluglinie Air Berlin[1217]. Hinzukommt, dass bei einigen Börsendebütanten, wie etwa beim Bezahlfernsehsender Premiere AG, der Unternehmenserfolg ausblieb und der Börsenkurs nach der Erstnotiz stark abfiel[1218]. Ein ähnliches

[1212] Grundsätzlich gibt es in Europa zwei Zugänge zum Kapitalmarkt: (1) die von der Europäischen Union regulierten Märkte und (2) Märkte, die von den jeweiligen Börsen selbst reguliert werden. An der Frankfurter Wertpapierbörse gibt es die von der EU regulierten Marktsegmente Amtlicher Markt und Geregelter Markt. Diese bieten den Emittenten jeweils mit dem General Standard und dem Prime Standard innerhalb des von der EU vorgegebenen Rahmens unterschiedliche Transparenzanforderungen an den Emittenten an. Beim Entry Standard des von der EU unregulierten Open Market nutzt die Frankfurter Wertpapierbörse ihren Spielraum und gestaltet dieses Segment nach ihren Vorstellungen aus – so etwa, dass verhältnismäßig niedrige Publizitätsanforderungen bestehen. Allerdings ist es möglich, bei Erfüllung zusätzlicher Transparenzanforderungen in ein Segment der geregelten Märkte zu gelangen, siehe auch Schlitt/Schäfer, S. 147ff.

[1213] Vgl. BVK Studie, IPO Markt 2006, S. 4 und 13.

[1214] Die Anforderungen sind im einzelnen: (1) Veröffentlichung eines testierten Konzern-Jahresabschlusses spätestens sechs Monate nach Beendigung des Berichtszeitraums. Keine internationale Rechnungslegung wird verlangt; (2) Veröffentlichung eines Zwischenberichts spätestens drei Monate nach dem ersten Halbjahr. Keine Quartals-berichte; (3) Veröffentlichung eines aktuellen Kurzporträts und eines Finanzkalenders auf der Internetseite des Unternehmens; (4) Veröffentlichung von kursbeeinflussenden Tat-sachen auf der Internetseite des Unternehmens. Keine Ad-hoc-Publizität nach dem WpHG.

[1215] Diese wurde von Doughty Hanson an KKR, einem weiteren Finanzinvestor im Wege eines Secondary Buy-Outs weitergereicht. Gleiches gilt für Tank & Rast sowie Grohe, vgl. Karkowski/Frien, Finance, Februar 2005, S. 43.

[1216] Siehe zu diesen Transaktionen auch FN 29.

[1217] Zunächst wurde wegen mangelnder Nachfrage die Erstnotiz verschoben, anschließend die ursprüngliche Preisspanne von € 15,00 bis 17,50 auf € 11,00 bis 14,50 gesenkt. Gleichzeitig wurden weniger Papiere ausgegeben als geplant. Anstatt der geplanten € 350 Mio. wurden so nur € 235 Mio. erlöst, vgl. o.V., Air Berlin schafft die Notlandung, Online Ausgabe Süddeutsche Zeitung vom 11.05.2006.

[1218] So fiel die Aktie von ihrem Ausgabekurs von € 28,00 zwischenzeitlich auf einen Kurs von unter € 10,00. Mittlerweile hat sich der Kurs wieder erholt und ist im Begriff zu steigen.

Schicksal erlitten in jüngster Vergangenheit u.a. auch das Telekommunikationsunternehmen Versatel AG, welches mit einem Erlös von € 830 Mio. der bisher größte IPO des Jahres 2007 ist, sowie die Wohnungsbaugesellschaft Gagfah AG (Gemeinnützige Aktien-Gesellschaft für Angestellten-Heimstätten), der mit einem Volumen von € 270 Mio. zweitgrößte Börsengang des Jahres 2006. Im ersten Fall haben die Investoren, denen Versatel-Aktien am unteren Ende der Preisspanne zugeteilt worden waren, einen Kursverlust von 16% zu beklagen. Der Kurs der Gagfah-Aktie liegt mittlerweile nach anfänglicher positiver Entwicklung unter dem Ausgabepreis[1219]. Lediglich der IPO im Mai 2007 von Wacker Construction Equipment AG, einem weltweit tätigen Unternehmen der Baumaschinen und -geräteindustrie, wird von Marktteilnehmern als „erster rundum gelungener Börsengang des Jahres 2007“ bezeichnet, denn das Unternehmen konnte als einziger Börsenneuling im Prime Standard, dem Premiumsegment der Deutschen Börse, seine Preisvorstellungen durchsetzen und seine Aktien am oberen Ende der Preisspanne ausgeben[1220]. Abzuwarten bleibt, ob die Möglichkeit der Notierung am Entry Standard, welche auch als „IPO light“ kritisiert wird[1221], geeignet ist, die Zahlen der erfolgreichen Börsengänge signifikant zu erhöhen. Der vergleichende Blick auf das IPO-Geschehen anderer Markplätze zeigt jedenfalls noch Ernüchterung: von den 603 Unternehmen, die im Jahr 2005 in Europa an die Börse gingen, waren nur 7% Emissionen an der Deutschen Börse, dafür aber 11% an der Vierländerbörse EURONEXT (Amsterdam, Paris, Brüssel, Lissabon) und 58% an der AIM in London[1222]. Letztlich bleibt somit der Exit mittels Börsengang zwar grundsätzlich sehr attraktiv aus der Sicht eines Finanzinvestors, aber gleichzeitig in Deutschland im derzeitigen Börsenumfeld auch weiterhin mit Fragezeichen behaftet.

II. Verkauf an einen strategischen Investor

Eine andere weitverbreitete Exit-Strategie am Ende der Haltefrist ist der Verkauf an einen strategischen Investor. Hierbei wird das Portfoliounternehmen typischerweise von einem anderen Unternehmen aus dem gleichen oder einem sehr ähnlichen Branchensektor wie das Portfoliounternehmen selbst erworben[1223].

Der aktuelle Tageskurs vom 23.07.2007 lag bei € 19,13, abgerufen unter www.de.finance.ya-hoo.de. Hintergrund ist die (Wieder)Übernahme der exklusiven Sublizenz vom bisherigen Rechteinhaber arena der Pay-TV-Rechte für die 1. und 2. Fußballbundesliga für die Spielzeiten 2007/2008 und 2008/2009. Auch die Rechte für Bundesligaübertragungen in Sportsbars gehen exklusiv an Premiere.

1219 o.V., FAZ vom 16.05.07, S. 32.

1220 o.V., FAZ vom 16.05.07, S. 32.

1221 Syre, Entry Standard - Tabukürzel WKN in: Manager Magazin, 19.12.2005.

1222 Vgl. BVK Studie, IPO Markt 2006, S. 4.

1223 Möglich ist aber auch, dass es sich bei dem Käufer um einen Finanzinvestor handelt, der über die reine Finanzbeteiligung hinaus auch eine unternehmerische Strategie verfolgt, etwa indem er mehrere Unternehmen aus einer Branche zu einem aktiv gesteuerten Wachstumsunternehmen zusammenfasst, vgl. Fritzsche/Häußermann, S. 394.

Hintergrund ist, dass der Käufer entweder bestimmtes Know-how oder aber interessante und lukrative Produktgruppen erwerben will, um so seine eigenen Marktanteile ausbauen kann. Alternativ können aber auch durch eine solche Akquisition branchenfremde Unternehmen kurzfristig in einen bestimmten Markt eintreten. Demnach fußt die Investitionsentscheidung bei einem Trade Sale nicht auf der Absicht kurzfristiger Renditeerzielung, sondern auf unternehmerisch-strategischen Überlegungen. Strategische Investoren sind regelmäßig nur an der Akquisition des gesamten Unternehmens oder zumindest der Anteilsmehrheit interessiert, um in einem zweiten Schritt nach der Akquisition eine effiziente und schnelle Konzerneinbindung vorzunehmen. Der strategische Wert des Unternehmens für den Käufer einerseits, aber auch die Absicht zur Gesamt- bzw. Mehrheitsübernahme andererseits, schlagen sich im Kaufpreis nieder[1224]. Folgerichtig werden bei einem Trade Sale höhere Preise erzielt als der aktuelle Zeitwert des Unternehmens es indiziert. Hinzukommt, dass Trade Sales im Vergleich zum Exit Börsengang eine kürzere Transaktionszeit umfassen, weil deutlich weniger Auflagen und Fristen zu beachten sind und nur ein Käufer, und nicht eine Vielzahl von institutionellen und privaten Anlegern am Kapitalmarkt, von dem Investment überzeugt werden müssen. Typischerweise führt dies auch zu niedrigeren Transaktionskosten als bei einem Börsengang. Schließlich handelt es sich bei einem Trade Sale um einen sofortigen 100% Cash-Exit für den Finanzinvestor; denn dieser ist nicht an Lock-Up Perioden gebunden, sondern kann seine Anteile am Portfoliounternehmen sofort veräußern[1225]. Als größter Nachteil eines Verkaufs an einen strategischen Investor kann die mangelnde Interessenkongruenz zwischen dem Management des Portfoliounternehmens und dem Finanzinvestor angesehen werden. Das Management sieht häufig seine Position und Unabhängigkeit durch den Einfluss des strategischen Investors beeinflusst oder sogar gefährdet, weil dieser im Regelfall deutlichen Einfluss auf die weitere Unternehmensentwicklung nimmt oder das Management sogar komplett auswechselt[1226]. Allerdings hat sich dieser Nachteil in der jüngeren Vergangenheit aus der Perspektive des Managements des Portfoliounternehmens durch den Markteintritt von aggressiv handelnden und auf kurzfristige Renditeerlöse ausgerichtete Marktteilnehmer wie Hedgefonds oder auch die verstärkte Zunahme von Secondary Buy Outs, bei denen es regelmäßig zu viel weitreichenderen Umstrukturierungen kommt, relativiert und abgeschwächt. Der Trade Sale erweist sich revitalisiert als ein wieder häufiger gewählter Desinvestitions-weg[1227], weil sich die strategischen Investoren selbst nicht mehr in internen Umstrukturierungen und Konsolidierungsmaßnahmen befinden. Aus diesen Gründen gewinnt auch dieser Weg in jüngerer Zeit wieder an Popularität und Interesse.

[1224] Vgl. Fritzsche/Häußermann, S. 394; Ivanova /Tzvetkova, S. 188.

[1225] von Daniels, S. 49.

[1226] von Daniels, S. 49.

[1227] Im zweiten Quartal 2006 war dieser Weg mit knapp über 26% aller Abgänge sogar der wichtigste Exit-Kanal, vgl. BVK Statistik 2006, S.3.

III. Verkauf an einen anderen Finanzinvestor

Um die Komplikationen bei Börsengang oder Verkauf an einen strategischen Investor zu kompensieren, ist seit dem Jahr 2003 der Secondary Buy Out gebräuchlich geworden. Bei einem Secondary Buy Out wird das Portfoliounternehmen am Sekundärmarkt verkauft und an einen anderen Finanzinvestor weitergereicht[1228], wobei Weiterreichungen an Dritte oder sogar Vierte keine Seltenheit sind. Das Motiv des Käufers entspricht völlig dem eines Finanzinvestors beim ursprünglichen Erwerb eines Portfoliounternehmens; nämlich die möglichst lukrative Realisierung von Wertzuwächsen nach einer möglichst kurzen und produktiven Haltefrist. Folgerichtig wird auch der Zweiterwerber auf Umstrukturierungsmaßnahmen drängen und versuchen eine Optimierung der Cash Flow-Generierung zu erzielen. Die Attraktivität dieser Option für den Käufer scheint auf den ersten Blick nicht plausibel. Vielmehr vermittelt ein solcher Verkauf den Eindruck einer pessimistischen Einschätzung der zukünftigen Wertentwicklung und einer Notmaßnahme, die der Verkäufer einschlagen muss, weil sein Engagement an dem Portfoliounternehmen nicht die notwendige prognostizierte Wertsteigerung erzielt hat und deshalb die Exit-Kanäle Börsengang oder Trade Sale verschlossen bleiben. Für den Verkäufer zeigt sich diese Option auf den ersten Blick als ebensowenig attraktiv, denn er wird nicht die Rendite eines IPO oder eines Trade Sale erzielen können. Allerdings muss der Grund für einen Secondary Buy Out seitens des Verkäufers nicht unbedingt in der negativen Entwicklung des Portfoliounternehmens liegen[1229]. So kann es z.B. auch zu Störungen und unüberbrückbaren Konflikten im Verhältnis mit den Altgesellschaftern gekommen sein, so dass eine weitere Zusammenarbeit ausgeschlossen ist. Möglich ist auch, dass der Finanzinvestor einen Strategiewechsel bei der Auswahl, Betreuung und Kapitalisierung seiner Engagements vornimmt oder aber Bedarf an kurzfristiger Liquidität hat[1230]. Dem Käufer bietet sich eine Chance, ein Unternehmen zu erwerben, von dem er aufgrund seiner speziellen Branchenkenntnisse überzeugt ist, einen Mehrwert zu schaffen und seine Rendite zu erhöhen. Allerdings offenbart die jüngere Entwicklung in der Praxis, dass der Exit über den Sekundärmarkt insbesondere an Stärke und Wachstum gewonnen hat wegen der gleichzeitig anhaltenden Schwäche von Börsengang und Trade Sale. Dementsprechend entwickelte sich das Volumen der Desinvestitionen über diesen Weg von 0,9% im Jahre 2002 bis auf 36,7% im dritten Quartal 2006. Im Gegenzug erhöhte sich das Volumen beim Börsengang als Exit-Kanal minimal von 0,4% auf 1,4% und das Volumen an Trade Sale Desinvestitionen sank von 30,6% auf 13,8%[1231]. Weitere Aspekte sind die derzeitig hohe Liquidität des Be-

---

[1228] In Abgrenzung zu sog. Secondary Transactions, unter denen der vorzeitige Verkauf von Anteilen an geschlossenen Private Equity Fonds des ursprünglichen Investors an einen neuen Investor zu verstehen ist, vgl. von Daniels, S. 117ff.

[1229] Vgl. Fritzsche/Häußermann, S. 395.

[1230] Vgl. von Daniels, S. 51.

[1231] Vgl. BVK Statistik 2005 – Das Jahr 2005 in Zahlen, 14.02.2006, S. 35 und BVK Statistik 2006 – Der deutsche Beteiligungsmarkt im dritten Quartal 2006, 14.11.2006, S. 10.

teiligungsmarktes mit Fondsvolumina über mehrere Milliarden Euro, die niedrigen Zinsen und die hohe Finanzierungsbereitschaft der Banken[1232]. Somit kann es vorkommen, dass obwohl ein Börsengang möglich wäre, dennoch der Weg über den Secondary Buy Out beschritten wird. Vermehrt finden sich mittlerweile in der Praxis auch sog. Dual Track Strategien, wobei neben dem Börsengang auch mindestens eine weitere Option – wie etwa der Verkauf am Sekundärmarkt – parallel nebeneinander von den Eigentümern und der beratenden Investmentbank geprüft und verfolgt werden. Lediglich zu Ende des Prozesses wird dann für die eine oder andere Option votiert. Ein solches Verfahren führt zwar zu erhöhtem Aufwand, zeitlich wie auch im Hinblick auf die damit verbundenen Kosten; gleichzeitig erwächst für den Finanzinvestor aber die Wahrscheinlichkeit einer erfolgreichen Desinvestition. Jüngstes Beispiel aus der Praxis ist die Weiterreichung des ehemals zum Eon-Konzern gehörenden und als Viterra Energy Service firmierenden Energiekostenabrechners Ista International GmbH für € 2,4 Mrd. von dem Finanzinvestor CVC Capital Partners an Charterhouse Capital Partners, ebenfalls ein Finanzinvestor. Der gleichzeitig verfolgte Börsengang, welcher von der Geschäftsführung favorisiert wurde, wurde damit hinfällig[1233].

Hauptmotiv ist, dass Verkäufe am Sekundärmarkt aufgrund des zuvor beschriebenen Wettbewerbdrucks unter den Finanzinvestoren in der Praxis regelmäßig als Auktion mit mehreren Interessenten gestaltet sind und attraktive Verkaufspreise erzielt werden können[1234]. Bei der Gestaltung des Auktionsverfahrens gibt es zwei Alternativen[1235]: Es kann sich einerseits um eine geschlossene Auktion (Controlled Private Auction) handeln, bei der nach Erstellung einer Kandidatenliste mit bis zu 50 Namen (Short List) der Verkäufer in Kooperation mit seinen Beratern unter Ausschluss der Öffentlichkeit potenzielle Kaufinteressenten selektiert und die Liste auf wenige Namen reduziert, meist vier bis zwölf. Diese werden sodann über ein anonymes Unternehmenskurzprofil (Blind Profil oder Teaser) zur Teilnahme an der Auktion eingeladen. Höhere Wettbewerbsintensität und somit auch höhere Preise verspricht hingegen die offene Auktion (Full-Blown oder Outright Auction), bei der die Verkaufsabsicht öffentlich bekannt gemacht und hierdurch ein kompetitiver Wettbewerbsprozess in Gang gesetzt wird. Bei solchen Auktionsverfahren wird häufig zur Effizienzsteigerung und Kostenreduktion statt einer käuferseitigen Due Diligence, d.h. der eingehenden Untersuchung des Kaufobjekts im Hinblick auf dessen Chancen und Risiken, eine pro-aktive verkäuferseitige Analyse (Vendor Due Diligence) durchgeführt[1236]. Diese Untersuchung umfasst üblicherweise die finanzielle bzw. bilanzielle Situation der Zielgesellschaft[1237]. Bei einem Secondary Buy Out ist aber die Vendor Due Diligence regelmäßig auch auf das Marktumfeld und die Geschäftsfelder

[1232] Vgl. Einleitung § 1 II.
[1233] o.V., FAZ vom 24.03.2007, S. 13.
[1234] von Drygalski, S. 6.
[1235] Zur Ausgestaltung von Auktionsverfahren, siehe Weiser, FB 2003, S.595.
[1236] Vgl. von Drygalski, S. 6.
[1237] Weiser, FB 2003, S. 594.

des Unternehmens auszuweiten, da hier primär Finanzinvestoren als potentielle Käufer angesprochen werden und diese meistens – im Gegensatz zu strategischen Investoren – Informationsdefizite in Bezug auf das Geschäftsfeld des Unternehmens haben. Die Ergebnisse werde in einem sog. Vendor (Due Diligence) Report zusammengefasst und den Bietern zur Verfügung gestellt, welche auf dieser Grundlage ihr Kaufangebot abgeben. Zusätzlich kann auch ein sog. virtueller Datenraum (Virtual Data Room) eingerichtet werden, in den sich die Bieter einwählen können und wo bestimmte Daten elektronisch zur Überprüfung hinterlegt sind[1238]. Durch ein solches Auktionsverfahren können entscheidende Kosten und administrativer Aufwand eingespart und aufgrund des kompetitiven Kaufwettbewerbs oftmals höhere Preise erzielt werden als sie in dem jetzigen Umfeld an der Börse realisierbar wären. Selbst die Akquisitionsfinanzierung wird vom Verkäufer für alle Bieter zur Verfügung gestellt und homogenisiert (Stapled Finance)[1239].

Allerdings sind dies häufig überhöhte Kaufpreise, die wiederum im Gegenzug aggressive und manchmal riskant erscheinende Finanzierungsstrukturen nach sich ziehen. Diese gehen in der Regel zu Lasten des Unternehmens, welches den Schuldendienst mit seinen Cash Flows bestreiten muss. Negativbeispiel aus der Praxis ist in diesem Zusammenhang der Secondary Buy Out des Sanitärarmaturenherstellers Grohe Water Technology AG & Co. KG, welcher u.a. auch medienwirksamer Auslöser und Symbol für die sog. Heuschrecken-Debatte war[1240]. Dieser wurde 2004 von dem englischen Finanzinvestor BC Partners für € 1,8 Mrd. zuzüglich Schuldenübernahme an die Texas Pacific Group und Credit Suisse First Boston Private Equity verkauft. BC Partners hatten 1999 lediglich die Hälfte bezahlt. Die Käufer lasteten in üblicher LBO-Finanzierungsmanier den zusätzlichen Schuldendienst aus der Akquisition dem Unternehmen auf, so dass äußerst rigide Spar- und Effizienzsteigerungsmaßnahmen, wie Verlagerung von Produktionsstätten, Arbeitsplatzabbau, etc. geplant und auch schon umgesetzt worden sind[1241].
Zusammenfassend kann gesagt werden, dass im Ergebnis Sekundärmarktverkäufe hohe Preise erzielen, die sich günstig auf die Rendite des verkaufenden Finanzinvestors auswirken. Gleichzeitig bergen sie aber die Gefahr, dass der Käufer dem Unternehmen in der Folge einen sehr hohen Schuldendienst aufbürdet und möglicherweise bei etwaigen konjunkturellen Branchenschwankungen oder anderen äußeren Einflüssen Überschuldungsrisiken seines eigenen Investments heraufbeschwört. Bei anschließenden, zu massiven Restrukturierungsmaßnahmen, vor allem Dingen, wenn diese mit massiven Arbeitsplatzverlusten verbunden sind, kann es auch, wie im vorgenannten Fall Grohe geschehen, zu einem Reputationsverlust in der öffentlichen Meinung kommen.

1238 Vgl. von Drygalski, S. 6.
1239 Einzelheiten siehe bei Povel/Singh, S. 1ff.
1240 Vgl. FN 20.
1241 Vgl. FN 29.

§ 27 WBS als Teil-Exit

Aufgrund der aufgezeigten Schwierigkeiten, die bei Beendigung von Investments über herkömmlichen Exit-Kanälen zusammenhängen, sehen sich Private Equity Häuser trotz leichter Erholungstendenzen im Markt gezwungen nach Alternativen zu suchen. In jüngerer Vergangenheit konzentriert man sich deshalb in der Praxis verstärkt auf Refinanzierungstransaktionen, wobei die Refinanzierung anhand von Leveraged Recapitalisation-Transaktionen hervorzuheben ist. Diese bereits zuvor dargestellte Maßnahme unterscheidet sich von den traditionellen Exit-Kanälen insofern, weil kein Ausstieg, d.h. Verkauf des Portfoliounternehmens, durchgeführt wird, sondern dieses auch weiterhin vom Finanzinvestor gehalten wird. Gleichwohl kommt der zusätzlichen Fremdkapitalaufnahme mit anschließender Ausschüttung an den Finanzinvestor wirtschaftlich der Effekt einer Exit-Wirkung zu. Das in dem Portfoliounternehmen angelegte teure Eigenkapital der Investoren (Kapitalkosten 20 bis 25%) wird durch zinsgünstigeres Fremdkapital (Kapitalkosten 5 bis 8%) ersetzt und so der IRR optimiert. In ähnlicher Weise kann WBS eingesetzt werden[1242]. Allerdings erfolgt im Gegensatz zu den herkömmlichen Exit-Kanälen IPO, Trade Sale und Secondary Buy-Out keine vollständige Desinvestition, sondern es wird lediglich ein Teil des eingesetzten Kapitals abgetragen. Folgerichtig ist die Wirkung von WBS auch als Teil-Exit zu qualifizieren.

Aufgrund der zuvor in dieser Arbeit dargestellten Strukturverstrebungen[1243] ist es möglich, mit WBS weitaus höhere Volumina an Fremdkapital aufzunehmen als mit herkömmlichen Refinanzierungsmaßnahmen. Primäres Ziel bleibt zwar die Refinanzierung der ursprünglichen Akquisitionsfinanzierung, gleichzeitig ist es aber wegen des hohen Volumens möglich, überschießende Liquidität an den Finanzinvestor mittels einer Sonderdividende auszuschütten und ebenfalls wirtschaftlich den Effekt eines Teil-Exits herbeizuführen. Die Eigenkapitalquote und das damit einhergehende Investitionsrisiko des Finanzinvestors werden bei WBS reduziert. Um diese Facette von WBS zu erschließen, ist es wichtig, sich den zeitlichen Zyklus der Investition eines Finanzinvestors vor Augen zu führen. Grundsätzlich handelt es sich um drei Phasen[1244]: (1) die Analyse-Phase (4 bis 12 Monate), bei der das zu akquirierende Unternehmen identifiziert und untersucht wird; (2) die Halte-Phase (3 bis 7 Jahre), in welcher der Finanzinvestor versucht, durch operative und strategische Maßnahmen, den Unternehmenswert zu steigern und (3) die Exit-Phase (6 bis 18 Monate), in welche die Unternehmensbe-

[1242] Eine solche Absicht der Arrangeure liegt bei der Tenovis-Transaktion sehr nahe, da die Abrede über den Sicherungszweck bewusst weit ausgestaltet war und auch die Rückzahlung von Gesellschafterdarlehen ausdrücklich vorsehen: "The Borrower shall apply the amounts disbursed under the Loan for general purposes, including the repay-ment of certain existing Indebtedness [...], to extend intercomapny loans [...], and to repay shareholder loans."; Tenovis Information Memorandum, S. 11 sowie 78.

[1243] Siehe die Abbildung 7, Generische WBS-Struktur für Deutschland, S. 207.

[1244] Brauner, S. 139.

wertung und die Desinvestition selbst fallen. Die Halte-Phase kristallisiert sich hierbei als überaus wichtige Exit-Vorbereitung heraus. Sofern diese erfolgreich ist, d.h. eine Unternehmenswertsteigerung erzielt wird, kann grundsätzlich einer oder alternativ bei Verfolgung der Dual-Track Strategie einer von zweien der herkömmlichen Exit-Kanäle beschritten werden. Während der Halte-Phase wird gleichzeitig sukzessive das aufgenommene Fremdkapital durch den vom Portfoliounternehmen erwirtschafteten Cash Flow getilgt, so dass im Gegenzug allmählich die Eigenkapitalquote verbessert wird.

Folgendes abstraktes Beispiel illustriert die Situation anschaulich:

Abbildung 16: Entwicklung des Fremd-/Eigenkapitals des Portfoliounternehmens während der Haltephase eines Finanzinvestors

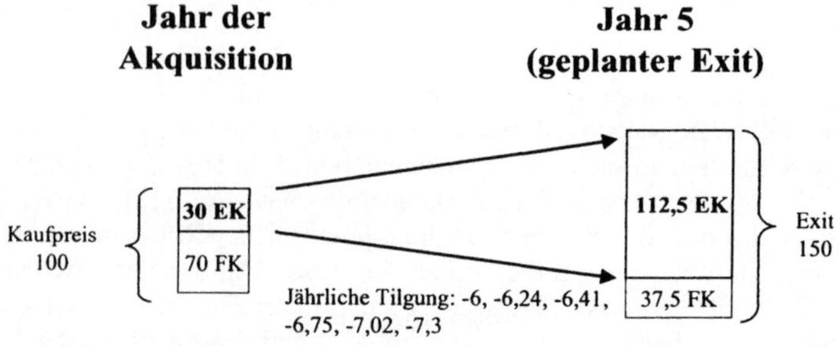

Quelle: Eigene Darstellung

Der Kaufpreis von 100 für die Zielgesellschaft wird zu 30 mit Eigenkapital und 70 Fremdkapital finanziert. Vom jährlich erwirtschafteten Cash Flow wird ein Anteil von 10 vollständig zur Tilgung und Zinszahlung verwendet. Unterstellt sind Zinsen für Fremd- und Eigenkapital in Summe in Höhe von 8% p.a.. Zur Tilgung können im ersten Jahr der Beteiligung 6, im zweiten Jahr 6,24, etc. aufgewendet werden (Cash Flow von 10 – Zinsaufwand X = Tilgung Y)[1245]. Nach dem ersten Jahr reduziert sich das Fremdkapital von 70 auf 64, im zweiten von 64 auf 57,76, usw. Gleichzeitig ist davon auszugehen, dass die vom Finanzinvestor initiierten strategischen und operativen Maßnahmen zur Steigerung des Unternehmenswerts während der Zeit, in der er die Beteiligung am Portfoliounternehmen hält (Halte-Phase) – wobei für das Beispiel von fünf Jahren ausgegangen wird –, erfolgreich sind und es so zu einer Steigerung des Unternehmenswerts von 50% kommt. Bei einem Exit nach fünf Jahren zu 150 sinkt der Fremdkapitaleinsatz von 70 auf 37,5 und der Eigenkapitaleinsatz steigt von 30 auf 112,5. Ein Überschuss von 82,5 kann bei entsprechender Desinvestition an den Finanzinvestor ausgeschüttet werden.

Aber nicht nur die herkömmlichen Exit-Kanäle bedürfen einer erfolgreichen Halte-Phase. Auch Refinanzierungstransaktionen wie Leveraged Recaps bedürfen grundsätzlich einer bestimmten positiven Entwicklung des Unternehmens, die zu einer höheren Bewertung als zum Zeitpunkt der Akquisition führen, damit sich die entsprechenden Fremdkapitalgeber bereit erklären, eine solche Refinanzierung durchzuführen[1246]. An dieser Form des Exits ist vorteilhaft, dass sie bereits vor Ablauf der Haltefrist durchgeführt werden kann. Auch bei WBS bedarf es keiner zeitlichen Nähe zum Zeitpunkt eines herkömmlichen Exit, da diese Maßnahme primär als Refinanzierung der ursprünglichen Akquisitionsfinanzierung konzipiert ist und die Exit-Dimension nur einen Nebeneffekt darstellt. Allerdings handelt sich hierbei nicht um einen zufällig entstehenden Nebeneffekt, sondern um einen der, je nach Volumen der Transaktion, strategisch vom Finanzinvestor eingeplant werden kann. So kann WBS bereits, viel früher als ein Recap, unmittelbar nach der Akquisition eingesetzt werden. Allerdings dauert es typischerweise aufgrund der Komplexität der Struktur sechs bis zwölf Monate, um dies in die Praxis umzusetzen. Allerdings muss dieser Zeitablauf an für sich kein Nachteil sein, sondern es können sich bereits in dieser kurzen Zeitspanne Unternehmenswertsteigerungen realisieren. Es ist zu beachten, dass die Effekte im Ergebnis nicht vergleichbar mit denen sind, die nach einer Haltefrist von bis zu sieben Jahren entstehen. Aufgrund der Analyse von Ratingagenturen ist der Erlös der WBS Emission relativ genau zu prognostizieren und damit auch der Anteil des Betrags, der für den vorgezogenen Exit verwendbar ist. Da es sich nicht um die vollständige Ausschüttung des neuaufgenommen Fremdkapitals handelt, ist auch von einem vorgezogenem Teil-Exit zu sprechen. Bei den herkömmlichen Exit-

---

[1245] Die Berechnung des Zinsaufwands basiert aus Gründen der Vereinfachung auf einem durchschnittlichen jährlichen Fremdkapitalbetrag. Jahr der Übernahme: ((30 + 70) : 2) x 8% = Zinsaufwand X; Jahr 1 ((30 + [70 - Tilgung_1]) : 2) x 8% = Zinsaufwand_1; Jahr 2 ((30 + [[70 - Tilgung_1] - Tilgung_2]) : 2) x 8% = Zinsaufwand_2, etc. Die Tilgung folgt aus der folgenden Formel: Cash Flow (10) - Zinsaufwand X = Tilgung Y; 10 - Zinsaufwand_1 = Tilgung_1, etc. Vgl. ähnliche Berechnung bei Georgieff/Biagosch, S. 176 und 177.

[1246] Vgl. Georgieff/Biagosch, S. 181. Dies gilt aber wohl grundsätzlich nur dann, wenn die Refinanzierung im Wege eines Darlehens durchgeführt wird. Im Falle eines High Yield Bonds muss eine solche Unternehmenswertsteigerung nicht vorliegen.

Kanälen ist der zukünftig zu erzielende Erlös regelmäßig um einiges höher, dafür aber auch nicht exakt vorherzubestimmen. Insbesondere sind äußere Parameter nicht vorauszusehen, die den Erlös nach der Haltefrist verwässern und unter Umständen vollständig zunichte machen. Bestes Beispiel in dieser Hinsicht sind die Private Equity Beteiligungen, die Mitte bzw. Ende der 1990er Jahre erworben wurden. Diese hatten am Ende ihres Haltezyklus von fünf bis sieben Jahren mit einem globalen wirtschaftlichen Abschwung und einem damit einhergehenden schwachen Börsenumfeld zu kämpfen und mussten vielfach als Write-Offs abgeschrieben werden[1247]. Trotz einer frühzeitigen Ausschüttung wird durch WBS der traditionelle Haltezyklus eines Portfolio-unternehmens nicht durchbrochen. Ein herkömmlicher Exit nach Ablauf der Halte-Phase ist weiterhin möglich. Die Halte-Phase kann jedoch durch Anwendung von WBS verlängert werden, ohne dass der Finanzinvestor seinen prognostizierten IRR beeinträchtigt.

Ein ergänzendes Beispiel zur Veranschaulichung des Vorgesagten kann wie folgt aussehen:

Abbildung 17: Entwicklung des Frem-/Eigenkapitals des Portfoliounternehmens während der Haltephase eines Finanzinvestors bei Anwendung von WBS

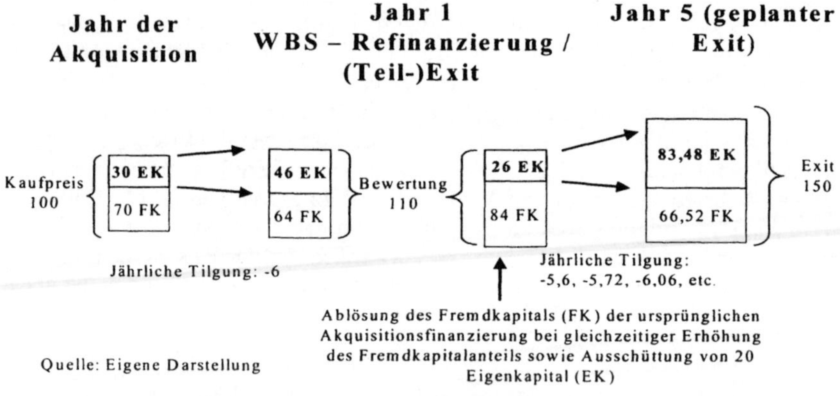

Quelle: Eigene Darstellung

[1247] 2002 waren 44,1% und 2003 noch 40,2% des Gesamtvolumens an Private Equity Beteiligungen als Totalverluste gemeldet worden, vgl. BVK Statistik 2005 – Das Jahr 2005 in Zahlen, 14.02.2006, S. 35.

Ausgehend von dem vorherigen Beispielsfall wird nun nach 12 Monaten eine WBS-Transaktion zur Refinanzierung der ursprünglichen Akquisitionsfinanzierung durchgeführt. Es wird unterstellt, dass während dieser Zeit das Unternehmen eine Wertsteigerung um 10% erfährt, so dass das Unternehmen mit 110 zu bewerten ist. Die WBS-Anleiheemission hat ein Volumen von 84, d.h. es wird im Verhältnis des zur Akquisition eingesetzten Fremdkapitals ein Überschuss von 20 (84 FK – 64 FK nach Tilgung im 1. Jahr) erzielt. So werden nicht nur die Gläubiger der ursprünglichen Fremdkapitalschichten abgelöst, sondern die zusätzliche Liquidität von 20 lässt es zu, den Eigenkapitalanteil von 46 auf 26 zu senken und 20 vorzeitig an den Finanzinvestor auszuschütten. Damit wird der Anteil an günstigerem Fremdkapitaleinsatz erhöht und gleichzeitig das höher zu verzinsende Eigenkapital reduziert.

WBS bietet so einen schnellen, zeitlich dem herkömmlichen Exit weit vorgelagerten Weg, neben der Refinanzierung der ursprünglichen Akquisitionsfinanzierung auch Liquiditätsausschüttungen vorzunehmen. Dabei wird der Fremdkapitalanteil erhöht und der Eigenkapitaleinsatz reduziert, so dass der Effekt eines wirtschaftlichen Teil-Exits entsteht. Gleichzeitig verbaut sich der Finanzinvestor nicht den Weg, in der Exit-Phase einen der herkömmlichen Kanäle zu beschreiten. Dieser kann vielmehr, da er frühzeitig den Eigenkapitalanteil reduziert hat, die Haltefrist am Portfoliounternehmen verlängern – etwa, um auf eine Verbesserung des allgemeinen Börsenumfelds zu warten. Gleichwohl ist darauf zu achten, dass bei der oftmals vertretenen Maxime des „time is money“ und „cash is king“ bei Finanzinvestoren[1248] durch Anwendung von WBS nicht zu Ausschüttungsexzessen kommt und so das Portfoliounternehmen wegen Liquiditätsengpässen durch zu hohen Schuldendienst vorzeitig ausblutet und zerbricht. Derartige Fälle sind etwa bei Leveraged Recaps vorgekommen. Ein solches Handeln würde nicht nur dem Unternehmen und deren Arbeitnehmern schaden, sondern auch dem Finanzinvestor selbst, da er sich durch sein eigenes Handeln die Chance auf den endgültigen Exit am Ende der Haltefrist verbaut, obwohl er mit diesen die eigentlich prognostizierte Rendite erzielen wollte.

§ 28 Ergebnis

Grundsätzlich überstrahlt bei WBS die Refinanzierungskomponente die Exit-Dimension. Außerdem ist festzustellen, dass die herkömmlichen Exit-Kanäle wie IPO, Trade Sale und Secondary Buy Out im Vergleich zu WBS als Exit-Szenarios häufig attraktiver sein können. Darüber hinaus ist festzuhalten, dass Leveraged Recaps, als zeitlich vorgelagerte Teil-Exit-Alternative zu den erwähnten traditionellen Exit-Varianten, immer noch die in der Praxis bevorzugtere Option gegenüber WBS ist. Dennoch erweist sich die Exit-Dimension von WBS als

[1248] Vgl. Brauner, S. 138.

interessante zusätzliche Komponente, insbesondere in Zeiten, in denen die herkömmlichen Exit-Kanäle mit Schwierigkeiten behaftet sind und Leveraged Recaps oftmals durch Maßlosigkeiten negativ auffallen, denn durch die exzessive Verwendung von Leveraged Recaps hat der Ruf der Private Equity Branche stark gelitten. Keine der erwähnten Optionen kann jedoch so zeitnah, d.h. sechs bis zwölf Monate, nach Durchführung der Portfolio-Investition und der Akquisitionsfinanzierung genutzt werden wie WBS, um Ausschüttungen zugunsten des Finanzinvestors vorzunehmen und den Fremdkapitalanteil und damit den Leverage Effekt zu erhöhen. Dabei geht es bei WBS ähnlich wie bei Leveraged Recaps um eine fremdfinanzierte Rückführung von Eigenkapital. Das in der Portfolio-Gesellschaft angelegte teure Eigenkapital der Investoren (Kapitalkosten 20 bis 25%) wird durch zinsgünstigeres Fremdkapital (Kapitalkosten 5 bis 8%) ersetzt. Auch sind die Investoren nach dem WBS weiterhin am Unternehmen beteiligt. Durch die Reduzierung der Eigenkapitalquote und Minderung des Investitionsrisikos schafft WBS wirtschaftlich betrachtet Qualität und Quantität für einen vorgezogenen und teilweisen Exit und lässt weiterhin die vorteilhafte Möglichkeit offen, zusätzlich einen der herkömmlichen Exit-Kanäle nach Ende der Halte-Phase zu beschreiten. Es ist zu erwarten, dass WBS-Transaktionen aufgrund dieser wenig genutzten Möglichkeit in Zukunft, insbesondere während Exit-schwacher Phasen des zyklischen Private Equity Geschäfts, seine Bedeutung und Anwendung steigern kann.

SCHLUSSBETRACHTUNG

Zusammenfassend lassen sich die wesentlichen Erkenntnisse der in dieser Arbeit durchgeführten Untersuchungen wie folgt darstellen:

1. WBS ist eine vornehmlich in Großbritannien entwickelte und inzwischen dort etablierte Refinanzierungsmethode sui generis, die bisher in Deutschland noch wenig Anerkennung und Anwendung findet. Sie basiert auf dem Konzept und Mechanismus der Verbriefung. Allerdings geht sie über die Grundstruktur einer Verbriefung hinaus, weil sie zusätzlich Elemente umfasst, die der klassischen Verbriefung fremd sind. Dem Grunde nach kann WBS als eine Umstrukturierung des Kreditrisikos einer langfristigen Finanzierung mit hohem Verschuldungsgrad (Leverage) eines operativ tätigen Unternehmens in verschiedene am Kapitalmarkt platzierte Wertpapiertranchen verstanden werden. Der Schuldendienst wird dabei periodisch aus den zukünftigen Zahlungsströmen des gesamten oder zumindest des größten Teils des operativen Geschäfts bedient und abgetragen. Verkürzt kann somit von der Verbriefung der gesamten oder teilweisen Cash Flows eines operativen Unternehmens gesprochen werden.

2. WBS eignet sich insbesondere zum Einsatz bei der Refinanzierung der ursprünglichen Akquisitionsfinanzierung eines Leveraged Buy Out. Es bietet dabei eine sehr langfristige Finanzierung mit hohem Volumen zu niedrigen Zinskonditionen. Gleichzeitig behält das Unternehmen seine Eigentümerstellung an seinen Vermögenswerten. Nebeneffekt ist, dass etwaige zusätzliche überschießende Liquidität an den Finanzinvestor ausgeschüttet werden kann und dieser so schon frühzeitig den wirtschaftlichen Effekt eines (Teil)Exits genießen kann.

3. Das gängigste rechtliche Grundgerüst von WBS-Transaktionen bildet die Struktur eines besicherten Darlehens, welches durch die Ausgabe von Anleihen über den Kapitalmarkt refinanziert wird. Man bezeichnet es als Secured Loan Structure. Hierbei gründet das operativ tätige Unternehmen eine Zweckgesellschaft, welche das Darlehen an das Unternehmen begibt und zu dessen Refinanzierung eine Anleihe am Kapitalmarkt emittiert. Besichert ist das Darlehen mit sämtlichen oder dem größten Teil der Vermögenswerte des Darlehensnehmers. Die Schuldendienste aus Darlehen und refinanzierenden Anleihen korrespondieren miteinander und werden aus den zukünftigen Cash Flows des operativen Geschäftsbetriebs bestritten.

4. WBS ist keine Maßnahme, die beliebig und universell auf Unternehmen einsetzbar ist. Ein Kandidatenunternehmen für eine WBS-Transaktion muss mit Sorgfalt ausgewählt werden und sollte kumulativ auf sich vereinigen: (i) stabile und vorhersehbare Cash Flows; (ii) Zugehörigkeit zu einer Branche oder einem Industriesektor, die Immunität gegenüber Markt-

schwankungen aufweisen; (iii) stabile Betriebshistorie; (iv) stabiles und vorhersehbares Cash Management; (v) keinen Zwang zur regelmäßigen Kapitalzufuhr; (vi) kein unersetzbares Management und (vii) Vorhandensein isolierbarer und zweitmarktfähiger Vermögenswerte.

5. Besondere Bedeutung kommt der Bonitätseinschätzung der am Kapitalmarkt platzierten Anleihen durch Ratingagenturen zu. Diese ist isoliert zu betrachten und sollte regelmäßig höher als die des Unternehmens selbst ausfallen, sofern dieses überhaupt eine solche besitzt. Ziel ist die Objektivierbarkeit der rechtlichen und wirtschaftlichen Risiken für die Investoren. Maßstab ist stets die Wahrscheinlichkeit des Ausfalls von Kupon-Zahlungen und Tilgung, d.h. der Nichtbedienung der emittierten Anleihen, wobei auf die Transaktionsstruktur und ihre Verstrebungen besonderes Gewicht gelegt wird.

6. Bei WBS handelt es sich um eine Cash Flow-orientierte Finanzierungsmethode. Oberste Prämisse für eine erfolgreiche WBS-Transaktion ist deshalb die Aufrechterhaltung desselbigen „come hell or high water“, also auch in Krise und Insolvenz, damit ein Ausfall der Bedienung des Schuldendienstes des Darlehens und der Anleihen vermieden wird.

7. Der Erfolg von WBS profitiert in Großbritannien in weiten Teilen von der im Vergleich zu anderen Rechtsordnungen gläubigerfreundlichen Ausgestaltung des dort gültigen Insolvenzrechts. In Großbritannien kann in Krise und Insolvenz des Cash Flow-generierenden operativen Unternehmens ein mit einem Floating Charge besicherter Gläubiger einen Zwangsverwalter, den Administrative Receiver, berufen. Dieser geht einem gerichtlich bestellten Verwalter vor und handelt im Interesse des ihn Berufenden. So kann weiterhin der für den Schuldendienst notwendige Cash Flow erwirtschaftet werden. Weitere wichtige flankierende Maßnahmen sind vertragliche Nebenbestimmungen des Darlehenvertrages sowie der Anleihebedingungen (Covenants). Diese umfassen einerseits als Frühwarnsystem bestimmte dauerhafte und kennzahlenbezogene Verhaltenspflichten (Financial Covenants) und andererseits konkrete Verhaltenspflichten des Darlehensnehmers (Non-financial Covenants). Weiterhin sind Liquiditätsrisiken durch Einräumung von Liquiditäts- und Betriebsmittelkrediten Dritter oder Zinsrisiken durch Hedging-Geschäfte abzusichern.

8. Die britische Ausgestaltung des WBS Konzepts kann aufgrund der unterschiedlichen geltenden Rechtsordnungen und dogmatischen Ausgestaltungen nicht ohne Weiteres auf deutsche WBS-Strukturen übertragen werden. Eine ähnlich privilegierte Stellung besicherter Gläubiger besteht in Deutschland nicht. Insbesondere würde das Sicherungsrecht Floating Charge gegen den Bestimmtheitsgrundsatz verstoßen und der außergerichtliche Administrative Receiver wäre weder mit dem gerichtlich bestellten Insolvenzverwalter, noch mit dem im deutschen Insolvenzrecht verankerten Gläubigergleichbehandlungsgrundsatz vereinbar. Die herkömmlichen Sicherungsinstrumente im deutschen Recht können die notwendige Isolierung und Zugriffsrechte auf die Cash Flows zugunsten der Anleihegläubiger nicht gewährleisten. Sie bieten lediglich bevorrechtigte Befriedigungsrechte innerhalb des formellen Insolvenzverfahrens, dessen Ablauf der Insolvenzverwalter bestimmt.

9. In Deutschland ist es notwendig, alternative Strukturen zu entwickeln, um eine entsprechende Insolvenzrobustheit einer WBS-Struktur zu erzielen. Erfolgsversprechend ist die Auslagerung des Cash Flow-generierenden operativen Geschäftsbetriebs in eine Tochtergesellschaft und eine Vereinbarung mit einem branchenidentischen Unternehmen, welches als hypothetischer Nachfolgeservicer bei zuvor vertraglich vereinbarten Ereignissen die Vermögenswerte des ausgelagerten Geschäftsbetriebs oder diesen selbst vollständig übernimmt, falls sich die Befürchtungen einer Insolvenz realisieren. Alternativ kann die Übernahme durch die anleiheemittierende Zweckgesellschaft erfolgen. Zusätzlicher Baustein ist ein Rainy Day Fund, der einerseits als internes Auffangnetz und Liquiditätsquelle für Zahlungsengpässe im operativen Geschäft dient und andererseits etwaige Kapitalengpässe in der Krise und vor der Insolvenz zu vermeiden hilft.

10. Vor dem Hintergrund des deutschen Rechts müssen zweifellos unabdingbare, flankierende Strukturverstrebungen zum Anlegerschutz wie Covenants an verschiedenen Normvorgaben, insbesondere sittenwidrige Knebelung, Gefährdung anderer Gläubiger und Kapitalersatzregeln gemessen werden. Sie dürfen jedoch nicht zu weit gehen. Zur Überwachung derselbigen und als effizientes Handlungsorgan zugunsten der Anleihegläubiger empfiehlt sich wegen der Schwächen des Schuldverschreibungsgesetzes ein Treuhändermodell. Bei der Besicherung des Darlehens und der Anleihe stehen Realsicherheiten in Form der Forderungszession und der Sicherungsübereignung im Vordergrund, wobei das Übersicherungsverbot Grenzen setzt. Bei Forderungsabtretungen sind die entsprechenden Datenschutzrechte zu beachten.

11. Die Ausgliederung des operativen Geschäftsbetriebs ist an den bestehenden, besonderen gesellschafts- und arbeitsrechtlichen Regelungen zu messen. Insbesondere zur Vermeidung der Implikationen eines Betriebsüber-

gangs i.S.v. § 613a BGB verspricht die Möglichkeit eines Sales-and-Lease-Back-Geschäfts Erfolg. Aus steuerrechtlichen Gesichtspunkten ist für das anleiheemittierende SPV der Sitz im steuerbegünstigen Ausland zu empfehlen, wobei zur Vermeidung von Rückgriffen auf den inländischen Originator auf weitestgehende Selbständigkeit des SPV zu achten ist. Auch ist die Gründung des ausgegliederten operativen Geschäftsbetriebs als GmbH & Co. KG anzuraten. Bei der Anleiheemission zeigt sich die Privatplatzierung vorteilhafter als eine öffentliche Anleihe.

12. Besondere Risiken für WBS birgt das deutsche Insolvenzrecht. Der Insolvenzverwalter hat nach Eröffnung des Insolvenzverfahrens das Recht, nach eigenem Ermessen bestimmte Verträge zu erfüllen oder die Erfüllung abzulehnen. Hierzu gehören auch der einer WBS-Transaktion denknotwendig zugrundeliegende Darlehensvertrag sowie typischerweise die Cash Flow-generierenden Verträge des operativen Geschäfts. Das Risiko der unüberlegten Ermessensausbildung des Insolvenzverwalters ist zunächst gesetzlich durch das Massemehrungsgebot begrenzt. Zusätzlich kann das Risiko der für WBS nachteiligen Ermessensausübung abgefedert werden, indem dem Insolvenzverwalter bestimmte wirtschaftliche Anreize zur Mehrung der Insolvenzmasse bzw. zur Unternehmensfortführung, wie etwa die zusätzliche Bereitstellung von verwertbaren Sicherungspaketen, die nicht das operative Geschäft des Originators beeinträchtigen, oder die gegenseitige Verknüpfung von Zahlungsströmen wichtiger Verträge, geschaffen werden, welche die wirtschafliche Analyse seiner Handlung beeinflusst. Allerdings kann das Ermessen nicht vollständig auf Null reduziert werden, damit es plan- und vorhersehbar wird. Des Weiteren sind dem Insolvenzverwalter Anfechtungsrechte an die Hand gegeben, um zu verhindern, dass der Schuldner noch unmittelbar vor oder aber auch nach Verfahrenseröffnung der Insolvenzmasse Vermögenswerte entzieht oder sich einzelne Gläubiger zu Lasten der Gläubigergesamtheit individuell vorteilhafte Sicherung oder Befriedigung verschaffen. Besonders anfechtungsgefährdet ist die Übernahme des ausgelagerten operativen Geschäftsbetriebs im zeitlich insolvenznahen Bereich. Risikomindernd für die Ausübung seines Ermessensspielraums zu Ungunsten einer WBS-Konstruktion wirkt die Gestaltung des Geschäfts als Bargeschäft, d.h. dem Vermögen des späteren Insolvenzschuldners muss durch die vorgenommene Rechtshandlung unmittelbar eine gleichwertige Gegenleistung zufließen. Erfolgsversprechend ist weiterhin die Option, den ausgelagerten operativen Geschäftsbetrieb nicht unmittelbar zu übernehmen, sondern – sofern als GmbH & Co. KG gegründet – lediglich mittelbar Einfluss durch eine Übernahme der Komplementär-GmbH zu erlangen.

13. Die aktuellen Lage am Private Equity Markt zeigt deutlich auf, dass eine erhöhte Nachfrage der Marktteilnehmer für Refinanzierungen der ursprünglichen Akquisitionsfinanzierung besteht. Neben WBS stehen den

Marktteilnehmern zahlreiche Instrumente zur Verfügung. Anhand von ausgewählten Merkmalen wurde im Vergleich mit anderen Finanzierungsmaßnahmen wie etwa dem Bank- und Mezzanine-Darlehen, High Yield Bonds, Second Lien Finanzierungen oder Leveraged Recaps aufgezeigt, dass WBS keine allumfassende Lösung darstellt, die den übrigen Instrumenten überlegen ist. WBS erweist sich hierfür als zu komplexes und zu sehr auf den Einzelfall ausgerichtetes Instrument. Gleichwohl ist WBS eine ernstzunehmende Alternative, der zukünftig mehr Vertrauen entgegengebracht werden sollte als in der Vergangenheit.

14. WBS besitzt neben seiner primären Refinanzierungskomponente für Finanzinvestoren auch eine interessante Exit-Dimension. Obwohl die herkömmlichen Exit-Kanäle wie IPO, Trade Sale und Secondary Buy Out weitaus höhere Rendite erzielen und einen vollständigen Ausstieg aus der Portfoliobeteiligung ermöglichen, stellt jedoch diese Facette von WBS, insbesondere in Zeiten, in denen herkömmliche Exits mit Schwierigkeiten behaftet sind, eine interessante alternative Strategie dar. WBS kann auch nur als Teilstrategie im Rahmen einer anderen Gesamtstrategie eingesetzt werden. Im Zuge der Refinanzierung der ursprünglichen Akquisitionsfinanzierung können so bereits nach sehr kurzer Haltephase, z.B. schneller als bei Leveraged Recaps, Ausschüttungen an den Finanzinvestor vorgenommen werden. Gleichzeitig besteht weiterhin zu einem späteren Zeitpunkt die Möglichkeit, einen traditionellen Exit-Kanal zu beschreiten.

LITERATURVERZEICHNIS

Achleitner, Ann-Kristin: Handbuch Investment Banking, 3. Auflage, Wiesbaden 2002

Achleitner, Ann-Kristin/Everling, Oliver (Hrsg.): Handbuch Ratingpraxis, Wiesbaden 2004

Adler, Hans/Düring, Walther/Schmaltz, Kurt: Rechnungsauslegung nach internationalen Standards, Stuttgart, Loseblattsammlung, Stand: Teillieferung 5 – Dezember 2006

Altmeppen, Holger: Der „atypische Pfandgläubiger" – ein neuer Fall des kapitalersetzenden Darlehens?, ZIP 1993, S. 1677ff.

Ampferl, Hubert: Der starke vorläufige Insolvenzverwalter in der Unternehmensinsolvenz, Köln 2002

Antin, Norman B./Haas, Jeffrey D.: The Advantages and Disadvantages of Public versus Private Issuance of High Yield Debt Securities in: Barnhill, Theodore M./Maxwell, William F./Shenkman, Mark R. (Hrsg.), High Yield Bonds, Market Structure, Portfolio Management and Credit Risk Modeling, New York, 1999, S. 507ff.

Arndt, Hans-Wolfgang: Steuerrecht, 4. Auflage, Heidelberg 2007

Arntz, Thomas/Schultz, Florian: Bilanzielle und steuerrechtliche Überlegungen zu Asset Backed Securities, Die Bank 1998, S. 694ff.

Assmann, Heinz D./Schütze, Rolf A.: Kapitalanlagerecht, 3. Auflage München 2007 (zitiert: Assmann/Schütze/ *Bearbeiter*)

Baumbach, Adolf/Hueck, Alfred: Gesetz betreffend die Gesellschaften mit beschränkter Haftung, 18. Auflage, München 2006 (zitiert: Baumbach/ Hueck/*Bearbeiter*)

Baums, Theodor: Asset-Backed Finanzierungen im deutschen Wirtschaftsrecht, WM 1993, S. 1ff.

ders.: Die Fremdkapitalfinanzierung der Aktiengesellschaft durch das Publikum, Institute for Law and Finance, Working Paper Series Nr. 48, Frankfurt 05/2006, S. 1ff.

Barbour, Iain/Hostalier, Katie: The Concept of Securitisation, in: Fabozzi, Frank J./Choudhry, Moorad (Hrsg.): The Handbook of European Structured Finance Products, Hoboken, 2004, S. 9ff.

Baetge, Jörg/Kirsch, Hans-Jürgen/Thiele, Stefan: Bilanzen, 8. Auflage, Düsseldorf 2005

Balzli, Beat/Pauly, Christoph/Rosenbach, Marcel/Tuma, Thomas: Der große Schlussverkauf, in: Spiegel Nr. 51 vom 18.12.2006, S. 64ff.

Beisel, Wilhelm/Klump, Hans-Hermann: Der Unternehmenskauf – Gesamtdarstellung der zivil- und steuerrechtlichen Vorgänge, 4. Auflage, München 2003

Betsch, Oskar/Groh, Alexander/Lohmann, Lutz: Corporate Finance – Unternehmensbewertung, M&A und innovative Kapitalmarktfinanzierung, 2. Auflage., München 2000

Bhattacharya, Anand K.: Interest-Rate Swaps, in: Fabozzi, Frank J. (Hrsg.) The Handbook of Fixed Income Securities, Chicago et al. 1997, S. 1253ff.

Bierman, Harold: The great myths of 1929 and the lessons to be learned, New York, 1991

Blumenberg, Jens/Lechner, Florian: Das neue BMF-Schreiben zur Gesellschafter-Fremdfinanzierung (§ 8 KStG), BB 2004, S. 1765ff.

Bork, Reinhard: Zur Dogmatik des § 17 KO, in: FS Albrecht Zeuner, Tübingen 1994, S. 297ff.

Braun, Eberhard: Insolvenzordnung: Kommentar, 2. Auflage, München 2004 (zitiert: Braun/ *Bearbeiter*)

Brauner, Matthias K.: Timing Strategien von Finanzinvestoren, in: Berens, Wolfgang/Brauner, Hans U./ Frodermann, Jürgen (Hrsg.), Unternehmensentwicklungen mit Finanzinvestoren – Eigenkapitalstärkung, Wertsteigerung, Unternehmensverkauf, Stuttgart 2005, S. 137ff.

Brealy, Richard A./Myers, Stewart C.: Principles of Corporate Finance, 8. Auflage, Boston et al 2006

Breutigam, Axel/Blersch, Jürgen/ Haas, Ulrich (Hrsg.): Berliner Kommentar Insolvenzrecht, Loseblattwerk, Stand: Dezember 2006, Freiburg 2006 (zitiert: BK-InsR-*Bearbeiter*)

Bundesministerium der Finanzen (Hrsg.): BMF-Schreiben zur Neuregelung der Gesellschafterfremdfinanzierung (§ 8a KStG i.d.F. des Gesetzes zur Umsetzung der Protokollerklärung der Bundesregierung zur Vermittlungsempfehlung zum Steuervergünstigungsabbaugesetz vom 22. Dezember 2003) vom 15.07.2004, IV A 2 – S2742a-20/04, BStBl. I 2004, S. 593; abgedruckt in DB 2004, S. 1692

ders.: Bürgschaftsgesicherte Fremdfinanzierung von Kapitalgesellschaften nach § 8a Abs. 1 Satz 2 KStG, BMF-Schreiben vom 22.07.2005, IV B 7 – 2742a – 31/05, BStBl. I 2005, S. 829

Cahn, Andreas: Bankgeheimnis und Forderungsverwertung, WM 2004, S. 2041ff.

Chamblee, Gary D./Tenholder, Jolie Amie: Converging Markets: Leveraged Syndicated Loans and High Yield Bonds, Commercial Lending Review, November/December 2005, S. 7ff.

Chorafas, N. Dimitris: Liabilities, Liquidity, and Cash Management: Balancing Financial Risks, New York 2002

Chrysalis Group plc (Hrsg.): Geschäftsbericht 2001 (www.chrysalis.co.uk)

Clarke, Noël: The Economist Intelligence Unit Guide to Eurobonds, New York 1993

Coats, Andrew/Ely, Rick/Kilner, Peter: High Yield Debt Finance – Fledgling Market Taking Off, PLC July 1999, S. 33ff.

Cognis (Hrsg.): Anhang zum Konzernabschluss der Cognis-Gruppe 2004 (www.cognis.com/ companys/pdfs/ GB_04_Anhang_D.pdf)

Committee on the Global Finance System: The role of ratings in structured finance: issues and implications, Januar 2005, Publikation der Bank of International Settlements (www.bis.org)

Copeland, Thomas E./Weston J./Shastri, Kuldeep: Financial Theory and Corporate Policy, 4. Auflage, Amsterdam 2005

Coyle, Roger/Daragh, Murphy: Fitch Ratings – European Leveraged Finance Report: Rating European High Yield HoldCo PIK Notes, 10. März 2005

Cummings, Neil/Davenport, A. Kirk: A Primer on Second Lien Term Loan Financings, Commercial Lending Review, September/Oktober 2004, S. 11ff.

Davenport, A. Kirk/Hanrah, Marc,/Seider, Mitchell/Mendez, John/Gilhuly, M. Peter: Second Lien Financings – Answers to Frequently Asked Questions, LSTA Loan Market Chronicle 2005, S. 48ff.

Davenport, A. Kirk: The Silence of the Liens, New York Law Journal vom 9. Juli 2004, Volume 232, Nr. 6, S. 1f.

Deacon, John: Global Securitisation and CDOs, Chichester, West Sussex 2004

Deloitte & Touch (Hrsg.): Studie Zerschlagung der Deutschland AG? – Das Große Ein- und Ausatmen der DAX-100- und anderer Konzerne, 2003 (www.deloitte.com)

Dennis, Andrew: Securitisation of UK Pubs, in: Frank J./Choudry, Moorad (Hrsg.): The Handbook of European Structured Financial Products, Hoboken 2004, S. 389ff.

Deutsche Bank AG (Hrsg.): Geschäftsbericht 2004 (www.deutschebank.de)

Diem, Andreas: Akquisitionsfinanzierungen – Kredite für Unternehmenskäufe, München 2005

Dittrich, Kurt/Kölb-Vogt, Jasmin: Whole Business Securitisation – ein neues Refinanzierungskonzept in Deutschland, in: Die Bank 3/2002, S. 180ff.

Doemens, Karl/Stratmann, Klaus: Merkel nimmt der Post das Briefmonopol, in: Online-Ausgabe Handelsblatt vom 24.04.2007 (www.handelsblatt.com)

Dreher, Meinrad: Kapitalersetzende Darlehen von mittelbar über eine AG an einer GmbH beteiligten Nichtgesellschaftern nach § 32a Abs. 3 GmbHG, ZIP 1990, S. 79ff.

Drukarczyk, Jochen: Finanzierungen, 9. Auflage, Stuttgart 2003.

Gottwald, Peter (Hrsg.): Insolvenzrechtshandbuch, 2. Auflage 2000 (zitiert: Gottwald/*Bearbeiter*)

Edwards, Bryant: Innovation fuels Europe's high-yield market, in: IFLR März 2005, S. 2ff.

Eickmann, Dieter/Flessner, Axel/ Irschlinger, Fiedrich et al.: Heidelberger Kommentar zur Insolvenzordnung, 4. Auflage, Heidelberg 2006 (zitiert: HK-InsO-*Bearbeiter*)

Eilers, Stephan/Rödding, Adalbert: Steuerliche Fragestellungen bei Leveraged re-capitalizations, DB 2005, S. 1591ff.

Ehricke, Ulrich: Beschlüsse einer Gläubigerversammlung bei mangelnder Teilnahme der Gläubiger, NZI 2000, S. 57ff.

Emmerstorfer, Herwig: Die rechtlichen Rahmenbedingungen, in: Stadler, Wilfried (Hrsg.), Die neue Unternehmensfinanzierung – Strategisch finanzieren mit bank- und kapitalmarktorientierten Instrumenten, Frankfurt 2004, S. 133ff.

Ellrott, Helmut/Förschle, Gerhart/Hoyos, Martin (Hrsg.): Beckscher Bilanzkommentar, 6. Auflage, München 2006 (zitiert: Beckscher Bilanzkommentar)

Erle, Bernd/Sauter, Thomas: Gesellschafter Fremdfinanzierung, Ergänzungsband zum Heidelberger Kommentar zum Körperschaftssteuergesetz, Heidelberg 2004 (zitiert: Erle/Sauter/ *Bearbeiter*)

Ernst & Young (Hrsg.): German Private Equity Activity, The German PE-Market: moving to the next level, Juni 2006 (www.de.ey.com)

ders., IPO Barometer 2005 vom 12.12.2005 (www.de.ey.com)

Faber, Oliver: Finanzinvestoren in Deutschland – Portraits und Investitionsbeispiele, Schriftenreihe der Hans Böckler Stiftung, September 2005 (www.boeckler.de)

Fahrholz, Bernd: Neue Formen der Unternehmensfinanzierung – Unternehmensübernahmen, Big Ticket-Leasing, Asset Backed- und Projektfinanzierungen, München, 1998

Feuerborn, Sabine: Rechtliche Probleme der Unternehmensfortführung durch den Sequester und den vorläufigen Insolvenzverwalter, KTS 1997, S. 171ff.

Fischer, Michael: Unternehmerisches Fremdkapital, in: Stadler, Wilfried (Hrsg.), Die neue Unternehmensfinanzierung – Strategisch Finanzieren mit bank- und kapitalmarktorientierten Instrumenten, Frankfurt 2004, S. 224ff.

Flavell, Richard: Swaps Training Manual, London 1991

Fleischer, Holger: Covenants und Kapitalersatz, ZIP 1998, S. 313ff.

ders.: Finanzielle Unterstützung des Aktienerwerbs und Leveraged Buyout, AG 1996, S. 494ff.

Fletcher, Ian: The Law of Insolvency, 3. Auflage, London 2002

Förster, Karsten: „Halbstarker" vorläufiger Verwalter und Masseverbindlichkeiten, ZInsO 2001, S. 790f.

Frege, Michael C.: Die Rechtsstellung des Gläubigerausschusses nach der Insolvenzordnung
(InsO), NZG 1999, S. 478ff.

Fritzsche, Michael/Häußermann, Christoph: Exit, in: Berens, Wolfgang/ Brauner, Hans U./Frodermann, Jürgen (Hrsg.), Unternehmensentwicklungen mit Finanzinvestoren – Eigenkapitalstärkung, Wertsteigerung, Unternehmensverkauf, Stuttgart 2005, S. 375ff.

Frodermann, Jürgen/Schäfer, Philipp: Gewährung des Beteiligungskapitals, in: Berens, Wolfgang/Brauner, Hans U./Frodermann, Jürgen (Hrsg.), Unternehmensentwicklung mit Finanzinvestoren – Eigenkapitalstärkung, Wertsteigerung, Unternehmensverkauf, Stuttgart 2005, S. 259ff.

Früh, Andreas: Eigenkapitalersetzende Gesellschafterkredite, GmbHR 1999, S. 842ff.

Ganguin, Blaise/Koranteng, Apea/Wilkins, Michael/Archer, Adele: Balancing Cash Flow Pre-dictability and Debt Capacity in Corporate Securitisations in: Fabozzi, Frank J./ Choudry, Moorad (Hrsg.), The Handbook of European Structured Financial Products, Hoboken 2004, S. 363ff.

Gasser, Ralp M.: European secondary markt perspectives: Whole Business Securitisation - The new corporate finance?, 8. Dezember 2000, Publikation Credit Research UBS Warburg, S. 1ff. (www.ubswarburg.com)

Geiger, Martin: Asset-Backed Securities, in: Habersack, Matthias/Mülbert, Peter O./Schlitt, Michael (Hrsg.): Unternehmensfinanzierungen am Kapitalmarkt, Köln 2005, S. 483ff.

Georgieff, Alexander/Biagosch, Alexander: Finanzierungsinstrumente von Finanzinvestoren, in: Berens, Wolfgang/Brauner, Hans U./Frodermann, Jürgen (Hrsg.), Unternehmensentwicklungen mit Finanzinvestoren – Eigenkapitalstärkung, Wertsteigerung, Unternehmensverkauf, Stuttgart 2005, S. 171ff.

Gerhardt, Walter: Vorausabtretung und § 17 KO in: FS Franz Merz, Köln 1992, S. 117ff.

Glanegger, Peter/Güroff, Georg: Gewerbesteuergesetz, 3. Auflage, München 1998

Gosch, Dietmar (Hrsg.): Körperschaftsteuergesetz, Kommentar, München 2005 (zitiert: Gosch/ *Bearbeiter*)

Gehring, Babett: Asset Backed Securities im amerikanischen und im deutschen Recht, München 1999

Goode, Roy: Legal Problems of Credit and Security, 3. Auflage, London 2005

ders.: Principles of Corporate Insolvency Law, 3. Auflage, London 2005

Griffiths, Catrin: Originators revel in volte-face of the syndicated loan market in: The Lawyer vom 27. Juni 2005 (www.thelawyer.com)

Grössler, Jan et al.: Moody's Internationale strukturierte Finanzierungen, Special Report (Europa, Naher/ Mittlerer Osten, Afrika), Rückblick auf 2006 und Ausblick für 2007 vom 10. Januar 2007 (www.moodys.com)

Guggelberger, Klaus/König, Markus/Mayer, Thomas: Finanzierungsinstrumente im Überblick, in: Stadler, Wilfried (Hrsg.), Die neue Unternehmensfinanzierung – Strategisch Finanzieren mit bank- und kapitalmarktorientierten Instrumenten, Frankfurt 2004, S. 128ff.

Haarmeyer, Hans/Wutzke, Wolfgang/Förster, Karsten: Handbuch zur Insolvenzordnung, 3. Auflage, München 2001

Hauschildt, Jürgen/Grenz, Thorsten /Gemünden, Hans Georg: Entschlüsselung von Unternehmenskrisen durch Erfolgsspaltung vor und nach dem Bilanzrichtlinien-Gesetz, in: Hauschildt, Jürgen/Leker, Jens (Hrsg.), Krisendiagnose durch Bilanzanalyse, Köln 1998, S. 41ff.

Häsemeyer, Ludwig: Anmerkung zum Urteil des BGH vom 21.11.1991 - IX ZR 290/90, JR 1992, S. 423ff.

Häuselmann, Holger/Hechler, Judith: Die Besteuerung ausländischer ABS-Vehikel in Deutschland, IstR 1999, S. 33ff.

Harrer, Herbert/Fisher, Raymond: High Yield-Anleihen im Trend, Die Bank 2004, S. 22ff.

Hartwig-Jacob, Mauricio: Die Vertragsbeziehungen und die Rechte der Anleger bei internationalen Anleiheemissionen, 2001 (Zugl. Köln, Univ., Diss., 1999)

Hayn, Sven/Waldersee, Georg Graf: IFRS/US-GAAP/HGB im Vergleich – synoptische Darstellung für den Einzel- und Konzernabschluss, 6. Auflage, Stuttgart 2006

Heemann, Manfred: Fremdfinanzierung und Besicherung, in: Semler, Johannes/Vollhard, Rüdiger, Arbeitshandbuch für Unternehmensübernahmen, Band I, München 2001, S. 659ff.

Heidenhain, Martin/Meister, W. Burkhardt (Hrsg.): Münchener Vertragshandbuch Band 1 Gesellschaftsrecht, 5. Auflage 2000, München (zitiert: MüVHndB Bd 1-*Bearbeiter*)

Heinke, Eberhard: Das Baseler 3-Säulen-Konzept und die Rolle der dezentralen Bankenaufsicht, in: Tiemeyer, Hans/Rolfes, Bernd (Hrsg.) Basel II – Das neue Aufsichtsrecht und seine Folgen, Wiesbaden, 2002 (Nachdruck 2003) S. 1ff.

Hellner, Thorwald/Steuer, Stephan (Hrsg.): Bankrecht und Bankpraxis, Band 5, Köln, Loseblattsammlung, Stand: April 2007 (zitiert: *Bearbeiter* in: BuB)

Hengst, Gregor: Whole Business Securitisation – Die Verbriefung sämtlicher Erträge eines Unternehmens, Baden-Baden 2006 (Zugl. Köln, Diss., Univ., 2005)

Henssler, Martin/Willemsen, Hans Josef/Kalb, Hans-Jürgen (Hrsg.): Arbeitsrecht Kommentar, 2. Auflage, Köln 2006 (zitiert: Henssler/*Bearbeiter*)

Hill, Ned C./Sartoris, L. William: Short-Term Financial Management, 3. Auflage, Englewood Cliffs, New Jersey 1995

Himmelsbach, Rainer/Achschnik, Jan: Anmerkung zum Urteil des OLG Karlsruhe vom 08.04.2005 zur Anfechtbarkeit von Globalzessionen, NZI 2006, S. 103ff.

Hochgatter, Rita/Sacher, Monika/Wallner, Julius: Finanzierung über Unternehmensanleihen, in: Stadler, Wilfried (Hrsg.), Die neue Unternehmensfinanzierung – Strategisch Finanzieren mit bank- und kapitalmarktorientierten Instrumenten, Frankfurt 2004, S. 169ff.

Holzapfel, Hans-Joachim/Pöllath, Reinhard: Unternehmenskauf in Recht und Praxis – Rechtliche und steuerliche Aspekte, 12. Auflage, Köln 2005

Holzborn, Timo/Israel, Alexander: Das neue Wertpapierprospektrecht, ZIP 2005, S. 1668ff.

Holzborn, Timo/Foelsch, Martin Eberhard: Schadensersatzpflichten von Aktiengesellschaften und deren Management bei Anlegerverlusten – ein Überblick, NJW 2003, S. 932ff.

Holzer, Johannes/Kleine-Cosack, Michael/Prütting, Hanns in Zusammenarbeit mit dem *Gravenbrucher Kreis*: Die Bestellung des Insolvenzverwalters – Zusammenfassung einer Stellungnahme, 16.05.2001, (www.uni-koeln.de/ jur-fak/instverf/index.htm)

Horn, Norbert: Das Recht der Internationalen Anleihen, Frankfurt am Main 1972

Hutter, Stephan: Anleihen, in: Habersack, Matthias/Mülbert, Peter O./Schlitt, Michael (Hrsg.): Unternehmensfinanzierungen am Kapitalmarkt, Köln 2005, S. 419ff.

Ivanova, Ana/Tzvetkova, Rossita: Exit-Strategien bei Private Equity Investments, in: Grünbichler, Andreas/ Graf, Steffen/ Gruber, Steffen (Hrsg.), Private Equity und Hedge Funds – Alternative Anlagekategorien im Überblick, Frankfurt 2001, S. 165ff.

Jaeger, Ernst/Henckel, Wolfram: Konkursordnung, Großkommentar, 9.Auflage, Berlin 1997

Jergitsch, Friedrich: Asset Backed Finance, in: Guserl, Richard/Pernsteiner, Helmut (Hrsg.): Handbuch Finanzmanagement in der Praxis, Wiesbaden 2004, S. 1137ff.

Kabel Deutschland GmbH (Hrsg.): Geschäftsbericht Kabel Deutschland 2005/2006 (www.kabeldeutschland.de)

Kallmeyer, Harald (Hrsg.): Umwandlungsgesetz – Verschmelzung, Spaltung und Formwechsel bei Handelsgesellschaften, 3. Auflage, Köln 2006 (zitiert: Kallmeyer/*Bearbeiter*)

Karkowski, Boris/Frien, Bastian: IPO-Wüste Deutschland, Finance, Februar 2005, S. 42ff.

Kästle, Martina: Rechtsfragen der Verwendung von Covenants in Kreditverträgen, Berlin 2003 (zugl. Frankfurt am Main, Uni,. Diss., 2002)

Keane, John et al.: Fitch Ratings – Whole Business/ Europe Criteria Report: Criteria for Whole Business Securitisation, 28. Januar 2004 (www.fitchratings.com)

Kessel, Bernd: Leveraged Buy Out der Aktiengesellschaft, Frankfurt – ein interdisziplinärer Ansatz, Frankfurt am Main 1998 (Zugl. Frankfurt am Main, Uni., Diss., 1997)

Kestler, Alexander: Neues Investmentgesetz bringt den Finanzplatz Deutschland voran, Die Bank 2003, S. 675ff.

Kirchhof, Hans-Peter/Lwowski, Hans-Jürgen/Stürner, Rolf (Hrsg.): Münchener Kommentar zur Insolvenzordnung

- Band 1, §§ 1 -102, München 2001 (zitiert: Müko/*Bearbeiter*, InsO Bd. 1)
- Band 2, §§ 103 - 269, München 2002 (zitiert: Müko/*Bearbeiter*, InsO Bd. 2)

Kilger, Joachim/Schmidt, Karsten: Insolvenzgesetze KO/VglO/GesO, 17. Auflage, München 1997

Klawitter, Nils: Wie KKR ein Unternehmen skelettiert, Spiegel-Online Ausgabe vom 14. April 2004 (www.spiegel.de)

Klawitter, Uta: Kapitalmarktrechtliche Folgepflichten eines börsennotierten Unternehmens, in: Habersack, Mathias/Mülbert, Peter O./Schlitt, Michael (Hrsg.): Unternehmensfinanzierungen am Kapitalmarkt, Köln 2005, S. 740ff.

Klein, Franz (Hrsg.): Abgabenordnung Kommentar, 9. Auflage, München 2006 (zitiert: Klein/ *Bearbeiter*)

Klüwer, Arne C.: Asset-Backed Securities – Grundlagen und ausgewählte Rechtsfragen eines Finanzierungsmodells aus der Perspektive des deutschen und des US-amerikanischen Rechts, München 2001 (Zugl. Kiel, Uni, Diss. 2001)

Klüwer, Arne/Marschall, Fabian: Whole Business Securitisation – Die Verbriefung eines Unternehmenscashflows, Arbeitspapier Nr. 123, Juli 2005, Institut für Bankrecht an der Johann Wolfgang Goethe-Universität, Frankfurt am Main, S. 1 - 25. Gleichzeitig veröffentlicht in: ZBB 2005, S. 255ff.

Köhler-Ma, Christian: Verwalterauswahl und Qualitätskriterien im internationalen Vergleich, DZWIR 2006, S. 228ff.

Köhn, Rüdiger: Der Fall Grohe liefert Zündstoff, FAZ vom 27.05.2005, S. 22

Kölbl-Vogt, Jasmin:Whole Business Securitisation – ein neues Refinanzierungskonzept in Deutschland, Die Bank, 2002, S. 180ff.

König, Jochen: Leveraged Buy Out Finanzierungen – aktuelle Trends in Deutschland in: Lucks, Kai (Hrsg.) Mergers & Acquisitions – Jahrbuch 2006, Frankfurt 2006. S. 102ff.

KPMG (Hrsg.): KPMG, Market Outlook for Leveraged Finance and Private Equity in Germany – KPMG's Leveraged Finance Study 2006 (zitiert: Leveraged Finance Study 2006)

ders. (Hrsg.): IFRS im Vergleich zu Deutscher Rechnungslegung, 2. Auflage, Berlin 2006

Küppers, Wolfhard/Brause, Christian: Asset Backed Securities Transaktionen, AG 1998, S. 413ff.

Kusserow, Berthold/Dittrich, Kurt: Rechtsprobleme bei Asset-Backed Securities Transaktionen deutscher Kreditinstitute unter besonderer Berücksichtigung datenschutzrechtlicher Aspekte, WM 1997, S. 1786ff.

dies.: Die Begebung von High Yield Anleihen unter deutschem Recht, WM 2000, S. 745ff.

Kübler, Bruno/Prütting, Hanns: InsO – Kommentar zur Insolvenzordnung, Köln et al., Loseblattsammlung, Stand: März 2007 (zitiert: Kübler/Prütting/*Bearbeiter*)

dies.: InsO-Texte, 2. Auflage, Köln et al. 2005

Kümpel, Siegfried: Bank- und Kapitalmarktrecht, 3. Auflage, Köln 2004

Kullmann, Wallburga/Sester, Peter: Das Wertpapierprospektgesetz (WpPG) – Zentrale Punkte des neuen Regimes für Wertpapieremissionen, WM 2005, S. 1068ff.

dies.: Inhalt und Format von Emissionsprospekten nach dem WpPG, ZBB 2005, S. 209ff.

Kunold, Uta/Schlitt, Michael: Die neue EU-Prospektrichtlinie, BB 2004, S. 501ff.

Kremer, Christian: Börsenzulassung in Luxemburg, in: Habersack, Mathias/Mülbert, Peter O./Schlitt, Michael (Hrsg.): Unternehmensfinanzierungen am Kapitalmarkt, Köln 2005, S. 889ff.

Kreppel, Ulf: Whole Business Securitization in Germany, International Financial Law Review Yearbook 2002, S. 77ff.

Kricheff, Bob/Strenk, Vesna: The High Yield Market, in: Barnhill, Theodore M. Jr./Maxwell, William F./Shenkman, Mark R. (Hrsg.): High Yield Bonds – Market Structure, Portfolio Management and Credit Risk Modeling, New York et al. 1999, S. 3ff.

Kruschwitz, Lutz: Finanzierung und Investition, 4. Auflage, München et al. 2004

Krystek, Ulrich: Unternehmungskrisen – Beschreibung, Vermeidung und Überwältigung überlebenskritischer Prozesse in Unternehmungen, Wiesbaden 1987

Labbé, Marcus: Leveraged Buyout in Germany – Comprehensive Overview & Statistical Interpretation, FB 2003, S. 303ff.

Lajoux, Alexandra Reed/Weston, Fred J.: The Art of M&A Financing and Refinancing – A Guide to Sources and Instruments for External Growth, New York 1999

Larenz, Karl/Canaris, Claus-Wilhelm: Methodenlehre der Rechtswissenschaften, 3. Auflage, Berlin et al. 1995

Larsen, Peter Thal/Simonian, Haig: UBS chief warns over lending boom risks, Financial Times, 20.06.2007, S. 1 und 16

Lee, Norman Jason: Whole Business Securitisation in Asia – Another Financing Option, The Singapore Law Gazette, July 2004, S. 19ff.

Leithaus, Rolf/Riewe, Anne Deike: Anmerkung zum Urteil OLG München NZI 2006, S. 503ff.

Lenz, Jürgen/von Kopp-Colombo, Wolf: Wertpapierverkaufsprospekte, Heusenstamm, 2001

Lightman, the HonourableMr. Justice/Moss, Gabriel S.(Hrsg.): The Law of Receivers and Administrators of Companies, 3. Auflage, London 2000

Loewenheim, Ulrich (Hrsg.): Handbuch des Urheberrechts, München 2003 (zit. Loewenheim/*Bearbeiter*)

Lorenz, Karsten: Leasingverhältnisse, in: Löw, Edgar (Hrsg.): Rechnungslegung für Banken nach IFRS, 2. Auflage, Wiesbaden 2005, S. 691ff.

Lutter, Marcus/Hommelhoff, Peter: GmbH-Gesetz, 16. Auflage Köln 2004

Mackintosch, James: Jupiter secures deal with "light" loan, Financial Times, 28. Mai 2007, S. 11

Madjlessi, Foruhar/Leopold, Heiko: Equity-Linked-Emissionen aus Sicht der Investmentbank, in: Habersack, Matthias/Mülbert, Peter O./Schlitt, Michael (Hrsg.): Unternehmensfinanzierungen am Kapitalmarkt, Köln 2005, S. 247ff.

Maier, Angela: Investor Blackstone legt weltgrößten Fonds auf, FTD vom 12.07.2006 (www.ftd.de)

Maus, Karl-Heinz, Umsatzsteuerrechtliche Fragen der Sicherheitenverwertung in der Insolvenz, ZIP 2000, S. 339ff.

Marks, David F./Kaye, Roger (Hrsg.): Tolley's, Insolvency Law, Loseblattsammlung, Stand: Juni 2007, London (zitiert: Tolley's)

Marotzke, Wolfgang: Anmerkung zum Urteil des BGH vom 14.12.1989 – IX ZR 283/86, JR 1990, S. 327ff.

ders.: Anmerkung zum BGH-Urteil vom 21.11.1991 – IX ZR 290/90, EwiR 1992, S. 71f.

Measch, Scott C./Voß, Andreas: Second Lien: Covenants und Eigenkapitalersatz, FB 2007, S. 1ff.

Meinecke, Reinhard/Meinecke, Philipp: Wichtige Check-List-Punkte von Finanzinvestoren, in: Berens, Wolfgang/Brauner, Hans U./Frodermann, Jürgen (Hrsg.), Unternehmensentwicklungen mit Finanzinvestoren – Eigenkapitalstärkung, Wertsteigerung, Unternehmensverkauf, Stuttgart 2005, S. 121ff.

Meyer, Andreas: Verkaufs- und Börsenzulassungsprospekt, in: Habersack, Matthias/Mülbert, Peter O./Schlitt, Michael (Hrsg.): Unternehmensfinanzierungen am Kapitalmarkt, Köln 2005, S. 705ff.

Merkel, Helmut: Die Negativklausel – Recht und Praxis einer schuldrechtlichen Sicherungsvereinbarung, Berlin, 1985 (Zugl. Darmstadt, Uni, Diss., 1984)

Mittendorfer, Roland/Fotteler, Thomas: Die Kunst der Akquisitionsfinanzierung, in: Stadler, Wilfried (Hrsg.) Die neue Unternehmensfinanzierung – Strategisch finanzieren mit bank- und kapitalmarktorientierten Instrumenten, Frankfurt 2004, S. 236ff.

Modigliani, Franco/Miller, Merton H.: The Cost of Capital , Corporation Finance and the Theory of Investment, The American Economic Review, Heft 3, 1958, S. 261ff.

Muzill, Kevin/Siebens, Tom: European Second Lien – The Maturing of a New Product, in: The Euromoney Debt Capital Markets Handbook 2006, London 2006, S. 5ff.

Nestler, Anke/Soop, Michaela: IP Securitization: Unternehmen können ihre immateriellen Rechte zur Finanzierung nutzen, in: O&R Corporate Finance Beratungsgesellschaft mbH (Hrsg.), O&R Corporate Finance Bulletin Januar 2007, S. 2ff. (www.orcf.de)

Neumüller, Matthias/Hochgatter, Rita: Verbriefungen von Unternehmensforderungen – Asset Backed Securities, in: Stadler, Wilfried (Hrsg.), Die neue Unternehmensfinanzierung – Strategisch Finanzieren mit bank- und kapitalmarktorientierten Instrumenten, Frankfurt 2004, S. 263ff.

Neuvries, Pascal: Exit-Alternative Börsengang aus der Sicht des Finanzinvestors, in: Berens, Wolfgang/ Brauner, Hans U./Frodermann, Jürgen (Hrsg.), Unternehmensentwicklungen mit Finanzinvestoren – Eigenkapitalstärkung, Wertsteigerung, Unternehmensverkauf, Stuttgart 2005, S. 227ff.

Nordhues, Hans-Günther/Balzer, Marc: Risikosteuerung durch Kreditderivate, WM 1999, S. 461ff.

Obermüller, Manfred: Ersatzsicherheiten im Kreditgeschäft, 5. Auflage, Köln 1997

ders.: Insolvenzrecht in der Bankpraxis, 6. Auflage, Köln 2002

Onusseit, Dietmar: Die steuerrechtlichen Rechte und Pflichten des Insolvenzverwalters in den verschiedenen Verfahrensarten, ZinsO 2000, S. 363ff.

o.V.:

- Wacker Construction gibt starkes Börsendebüt, FAZ vom 16.05.2007, S. 32
- CVC verkauft Ista an Charterhouse, FAZ vom 24.03.2007, S. 13
- Beteiligungsfonds hat Rekordübernahme versucht, FAZ vom 28.02.2007, S. 21
- TXU geht für 45 Milliarden Dollar an Finanzinvestoren, FAZ vom 27.02.2007, S. 12
- Nach der Übernahmewelle droht die Pleitewelle, FAZ v. 25.10.2006, S. 25
- Texas Pacific legt Milliardenfonds auf, FAZ vom 29.09.2006, S. 23
- Cognis-Anleihen sind hoch riskant vom 6. April, erschienen in der Online-Ausgabe der FAZ vom 6. April 2006 (www.faz.net)
- Bilfinger-Verkauf beschert der Dresdner Bank einen Buchgewinn, FAZ vom 09.06.2005, S. 16
- Bei der Finanzierung von Übernahmen ist Kreativität Trumpf, Interview mit Rechtsanwalt Thomas Schrell, FAZ vom 01.04.2005, S. 23
- Finanzinvestoren zahlen bei Übernahmen verrückte Preise, FAZ vom 24.12.2004, S. 14
- 1,1 Milliarden Euro für Tank & Rast, FAZ vom 19.11.2004, S. 23
- Europäische Private-Equity-Industrie schwimmt im Geld, FAZ vom 26.11.2004, S. 29
- Verkauf an Beteiligungsgesellschaften wird im Mittelstand hoffähig, FAZ vom 11.11.2004, S. 25
- Avaya übernimmt Tenovis von KKR, FAZ vom 06.10.2004, S. 15
- Geheimnisse um den Tenovis-Börsengang, FAZ vom 27.05.2004, S. 16.
- Handelsblatt-Online vom 29.1.2007 (www.handelsblatt.com)
- Mittelstand öffnet sich für Beteiligungskapital, Handelsblatt vom 9.12.2004, S. 2.
- Finanzinvestoren lieben den deutschen Markt, Handelsblatt vom 9.12.2004, S. 2.
- Standort Deutschland: Die Amerikaner kommen – US Finanzinvestoren kaufen die Filetstücke der deutschen Wirtschaft, Wirtschaftswoche-Online vom 12.11.2004 (www.wiwo.de)
- Interview mit Axel Potthof, PIMCO Bonds – Product Focus, März 2007, S. 1 - 4 (www.europe.pimco.com)
- Heuschrecken: Merkel will Hedgefonds bändigen, online-Ausgabe der Zeit vom 24.05.2007 (http://images.zeit.de/text/news/artikel/2007/05/24/103803.xml)
- Air Berlin schafft die Notlandung, Süddeutsche Zeitung vom 11.05.2006 (www.sueddeutsche.de)

- Erklärungsbedarf – Neues BMF-Schreiben zu § 8 KStG soll Erleichterung bringen. Interview mit Peter Wochinger, Ministerialrat im Finanzministerium Baden-Württemberg, in: Finance 2004, S. 76.
- Structured Finance: Scandinavia, Optimism alternates with gloom in: Euroweek, September 1998, S. 1 - 2 (www.fredellco.com)
- Whole Business Securitisation – Glamour and substance in: Structured Finance International, Juli/August 2002, S. 16 - 25 (www.sfinews.net)
- Report, Innovative Securitisation Strenghens Rome Airport Financial Structure (www.ambac.com.au)
- Review of Company and Business Reconstruction Mechanism, May 2000
- Information Memorandum, Tenovis Finance Limited, Jersey, 9. November 2001 (zitiert: Tenovis Information Memorandum)
- Whole Business Securitisation – Glamour and substance, Structured Finance International, Juli/August 2002, S. 16 - 25
- Pressemitteilung der Karstadtquelle AG vom 23.12.2005, (www.karstadtquelle.com)
- Pressemitteilung Schefenacker AG vom 3. Juni 2005 (www.zbb.info)
- Presseerklärung der Royal Bank of Scotland vom 1. März 2001 (www.rbs.com)
- Pressemitteilung vom Bundesverband Deutscher Kapitalbeteiligungsgesellschaften e.V. (BVK) zur Statistik des 3. Quartals 2006 vom 14. November 2006, (www.bvk-ev.de)
- Pressemitteilung Tenovis, abgerufen am 11.10.2004 (www.tenovis.de)
- Fitchratings Credit Policy Special Report, Global Structured Finance: 2005 Outlook and 2004 Review, 21. Januar 2005 (www.fitchratings.com)
- Standard & Poor's Structured Finance, Glossary of Securitization Terms, New York 2006
- Statistik 2. Quartal 2006 Bundesverband Deutscher Kapitalbeteiligungsgesellschaften e.V., S. 5 (www.bvk-ev.de)
- Bundesverband Deutscher Kapitalbeteiligungsgesellschaften e.V., BVK Studie, IPO Markt 2006 – Einschätzung der aktuellen Börsensituation aus Sicht der deutschen Beteiligungsgesellschaften, 23.05.2006, S. 4, 13 (www.bvk-ev.de)
- BVK Statistik 2005 – Das Jahr 2005 in Zahlen, 14.02.2006, S.35 und BVK Statistik 2006 – Der deutsche Beteiligungsmarkt im dritten Quartal 2006, 14.11.2006, S.10 (www.bvk-ev.de)
- Jahresstatistik 2005 Bundesverband Deutscher Kapitalbeteiligungsgesellschaften e.V., S. 13 (www.bvk-ev.de)
- Moody's International Structured Finance Special Report on UK and Republic of Ireland, 2002 Review and 2003 Outlook vom 21. Januar 2003 (www.moodys.com)

- Merkblatt und Antragsformular zur Bestellung eines Insolvenzverwalters, ZIP 2004, S. 2299ff.

Palandt, Otto (Begr.): Bürgerliches Gesetzbuch, 65. Auflage, München 2006 (zitiert:Palandt/ *Bearbeiter*)

Peltzer, Martin: Besicherte Darlehen von Dritten an Konzerngesellschaften und Kapitalerhaltungsvorschriften, GmbHR 1995, S. 15ff.

Perez, Robert C.: Inside Investment Banking, New York 1984

Pfister, Benedicte: Moody's International Structured Finance Special Report – Whole Business Securitisations: A Unique Opportunity for UK Assets, 19. Oktober 2000

dies.: Credit Analysis of Whole Business Securitisation in: Fabozzi, Frank J./Choudry, Moorad (Hrsg.), The Handbook of European Structured Financial Products, Hoboken, 2004, S. 373ff.

Philipp, Christoph/Weber,Thomas: Materielle Unterkapitalisierung als Durchgriffshaftung im Lichte der jüngeren BGH-Rechtsprechung zur Existenzvernichtung, DB 2006, S. 142ff.

Picot, Gerhard/Aleth, Franz: Unternehmenskrise und Insolvenz: Vorbeugung, Turnaround, Sanierung, München 1999

Piekenbrock, Andreas: Zum Wert der Globalzession in der Insolvenz, WM 2007, S. 141ff.

Platzer, Angela/Riess, Walter: Finanzierung über Kredite, in: Stadler, Wilfried (Hrsg.), Die neue Unternehmensfinanzierung – Strategisch Finanzieren mit bank- und kapitalmarktorientierten Instrumenten, Frankfurt 2004, S. 154ff.

Potthof, Axel: Building a sustainable infrastructure - Too big to ignore, in: Euroweek (Hrsg.) European High Yield Handbook, March 2006, London, S. 31f.

Povel, Paul/Singh, Rajdeep: Stapled Finance, Minnesota 2007 (www.umn.edu/~povel)

PricewaterhouseCoopers/Pepper Hamilton (Hrsg.): Private Equity Insight: Dividend Recapitalizations, März 2007 (www.pwc.com/ustransactionsservices)

Priester, Hans-Joachim: Eigenkapitalersetzende Finanzierung durch Quasigesellschafter, FS für Herbert Helmrich, München 1994, S. 721ff.

Prütting, Hanns/Wegen, Gerhard/Weinreich, Gerd: BGB Kommentar, 2. Auflage, Köln et al. 2007 (zitiert: PWW/*Bearbeiter*)

Raiser, Thomas: Recht der Kapitalgesellschaften, 3. Auflage, München 2001

Ramgarhia, Anant/Muminnoglu, Miray/Pankratov, Oleg: Whole Business Securitisation, in: Fabozzi, Frank J. /Choudry, Moorad (Hrsg.), The Handbook of European Structured Financial Products, Hoboken 2004, S. 329ff.

Rebmann, Kurt/Säcker, Jürgen/Rixecker, Roland (Hrsg.): Münchener Kommentar zum Bürgerlichen Gesetzbuch, (zitiert: MüKo/*Bearbeiter*), §§ 1 - 240, 4. Auflage, München 2001

Riegger, Bodo/Weipert, Lutz (Hrsg.): Münchener Handbuch des Gesellschaftsrechts, Band II Kommanditgesellschaft, GmbH & Co. KG, Publikums-KG und Stille Gesellschaft, 2. Auflage, München 2003 (zitiert: MüHandB BdII-*Bearbeiter*)

dies.: Münchener Kommentar zum Bürgerlichen Gesetzbuch, (zitiert: MüKo/ *Bearbeiter*, BGB Bd. 2), Band 2 §§ 241 - 432, 4. Auflage, München 2001

dies.: Münchener Kommentar zum Bürgerlichen Gesetzbuch, (zitiert: MüKo/ *Bearbeiter*, BGB Bd. 3), Band 3 §§ 607 - 704, 3. Auflage, München 1997

Rehbinder, Manfred: Urheberrecht, 13. Auflage, München 2004

Richardi, Reinhard/Wlotzke, Otfried (Hrsg.): Münchener Handbuch zum Arbeitsrecht Band 2 Individualarbeitsrecht II, 2. Auflage, München 2000 (zitiert: MüHandB Arbeitsrecht Bd 2 -*Bearbeiter*)

Rinze, Jens/Heda, Klaudius: Non Performing Loan und Verbriefungs-Transaktionen: Bankgeheimnis, Datenschutz und § 203 StGB und Abtretung, WM 2004, S. 1557ff.

Rhodes, Tony/Clark, Keith/Campbell, Mark: Syndicated Lending – Practice and Documentation, 3. Auflage London 2000

Rödder, Thomas/Schumacher, Andreas: Das BMF-Schreiben zu § 8a KStG, DStR 2004, S. 1449ff.

Rösler, Peter/Makenthun, Thomas/Pohl, Rudolf: Handbuch Kreditgeschäft, 6. Auflage, Wiesbaden 2002

Roome, James: Insolvency: A different landscape, Legalweek vom 28.09.2006, S. 1 - 4, (www.legalweek.com)

Runkel, Hans P. (Hrsg.): Anwalt-Handbuch Insolvenzrecht, Köln 2005 (zitiert: Runkel/ *Bearbeiter*)

Sandberger, Christoph: Die EU-Prospektrichtlinie – „Europäischer Pass für Emittenten“ in: EWS 2004, S. 297ff.

Savoey, Michael/Bahavani, Durga: Moody's International Structured Finance, Special Report (Europe, Middle East, Africa) – 2006 Review and 2007 Outlook vom 19. Januar 2007 (www.moodys.com)

Schackmann, Markus/Behling, Nils: Die Bedeutung von Covenants bei der Akquisitions- und Unternehmensfinanzierung, FB 2004, S. 789ff.

Schäcker, H.-Achim/Brehm, Jan: Aktienemission aus Sicht der Investmentbank, in: Habersack, Mathias/Mülbert, Peter O./Schlitt, Michael (Hrsg.), Unternehmensfinanzierungen am Kapitalmarkt, Köln 2005, S. 39ff.

Schimansky, Herbert/Bunte, Hermann-Josef/Lwowski, Hans-Jürgen: Bankrechts-Handbuch Band II, München 1997 (zitiert: Schimansky/ Bunte/Lwowski/*Bearbeiter*)

Schlitt, Michael/Hemeling, Peter: Wandelschuldverschreibungen, in: Habersack, Mathias/Mülbert, Peter O./Schlitt, Michael (Hrsg.), Unternehmensfinanzierungen am Kapitalmarkt, Köln 2005, S. 278ff.

Schlitt, Michael/Schäfer, Susanne: Auswirkungen des Prospektrichtlinienumsetzungsgesetzes auf Aktien und Equity-linked-Emissionen, AG 2005, S. 498ff.

dies: Der neue Entry Standard der Frankfurter Wertpapierbörse, AG 2006, S. 147ff.

Schmidt, Karsten/Uhlenbruck, Wilhelm (Hrsg.): Die GmbH in Krise, Sanierung und Insolvenz, 3. Auflage Köln 2003 (zitiert: K. Schmidt/Uhlenbruck/ *Bearbeiter*)

Schmidt, Karsten: Gesellschaftsrecht, 4. Auflage, Köln et al. 2002

ders.: § 32a GmbHG: ein Allheilmittel gegen unerwünschten Eigenkapitalersatz?, ZIP 1990, S. 69ff.

ders.: Das Insolvenzrisiko der Banken zwischen ökonomischer Vernunft und Rechtssicherheit – Bemerkungen zu einem Zielkonflikt in der bankrechtlichen Judikatur, WM 1983, S. 490ff.

Schneider, Thomas/Droste, Marcus: Asset Backed Securities, in: Krimphove, Dieter/Tytko, Dagmar (Hrsg.), Praktiker-Handbuch Unternehmensfinanzierung - Kapitalbeschaffung und Rating für mittelständische Unternehmen, Stuttgart 2002, S. 383ff.

Schneider, Hannes: Die Änderungen von Anleihebedingungen durch Beschluss der Gläubiger, Working Paper Series No. 25, Institute for Law and Finance, 02/2004, Frankfurt am Main, S. 1ff.; abgedruckt in: Baums, Theodor/Cahn, Andreas (Hrsg.): Die Reform des Schuldverschreibungsrechts, Berlin 2004, S. 69ff.

Schneider, Matthias/Waschk, Michael: Das Unternehmen zwischen Krise und Insolvenz, Bonn 2002

Schön, Wolfgang: Die Stille Beteiligung an dem Handelsgewerbe einer Kommanditgesellschaft, ZGR 1990, S. 220ff.

Schöne, Torsten: Die Spaltung unter Beteiligung von GmbH, Köln 1998

Scholz, Franz (Hrsg.): GmbHG, Band 1 (§§ 1 - 34), 10. Auflage, Köln 2006 (zitiert: Scholz/*Bearbeiter*)

Schulz, Bettina: Übernahmefinanzierungen werden immer riskanter, FAZ vom 28.09.2006, S. 25

Schulte, Wilfried/Behnes, Stephan: Gesellschafter-Fremdfinanzierung als verdeckte Gewinnausschüttung? - Zugleich Anmerkung zum BMF-Schreiben vom 15.07.2004, GmbHR 2004, S. 1045ff.

dies.: Verdeckte Gewinnausschüttungen bei verbundenen Unternehmen unter Berücksichtigung von § 3c EStG und § 8b Abs. KStG, DB 2004, S. 1525ff.

Schrell, Thomas K./Kirchner, Andreas: Mezzanine Finanzierungsstrategien, BKR 2003, S. 13ff.

dies.: Finanzierung von Unternehmensübernahmen, BKR 2004, S. 212ff.

Schwarcz, Steven L.: Structured Finance – A Guide to the Principles of Asset Securitization, 2. Auflage, New York 1993

Schwarz, Bernhard (Hrsg.): AO – Kommentar zur Abgabenordnung, Freiburg, Loseblattsammlung: Stand Februar 2007 (zitiert: Schwarz/*Bearbeiter*)

Seitz, Jochen: Das neue Wertpapierprospektrecht – Auswirkungen auf die Emission von Schuldverschreibungen, AG 2005, S. 678ff.

Sengera, Jürgen: Verbriefung – und Disintermediation?, Die Bank 2002, S. 238ff.

Seymour, Judit: Moody's International Structured Finance Special Report on UK and Republic of Ireland, 2004 Review and 2005 Outlook vom 20. Januar 2005 (www.moodys.com)

Sharples, Richard: United Kingdom: How Europe is streching debt packages, Supplement to the IFLR guide to Merges and Acquisitions 2005. (www.iflr.com)

Sherman & Sterling (Hrsg.): Handbook on Securitization, o.O., 2002

Siebel, Ulf R.: Rechtsfragen internationaler Anleihen, Berlin, 1997

Silva, Lauren: Robert's hex, Mitteilung vom 18.07.07,www.breakingviews.com.

Simitis, Spiros: Kommentar zum Bundesdatenschutzgesetz, 6. Auflage, Baden-Baden, 2006 (zitiert: Simitis BDSG)

SPD (Hrsg.): Programmheft I, Tradition und Fortschritt - Start der Programmdebatte, Januar 2005 (www.spd.de).

Streck, Michael (Hrsg.): Körperschaftssteuergesetz, 6. Auflage, München 2003 (zitiert: Streck/ *Bearbeiter*)

Syre, Rita: Entry Standard - Tabukürzel WKN in: Online Ausgabe Manager Magazin vom 19.12.2005 (www.manager-magazin.de)

Tett, Gillian: Use of „cov-lite" deals spirals in spite of loss-exposure warnings, Financial Times, 19.06.2007, S. 15

Tetzlaff, Christian: Prozessuale Durchsetzung der Unwirksamkeit von Sicherheitenbestellungen wegen anfänglicher Übersicherung in: DZWIR 2003, S. 453ff.

Thießen, Friedrich: Covenants in Kreditverträgen: Alternative oder Ergänzung zum Insolvenzrecht?, ZBB 1996, S. 19ff.

Tintelnot, Albrecht: Die gegenseitigen Verträge im neuen Insolvenzverfahren, ZIP 1995, S. 616ff.

Thomas, Gerald/Meissner, Boris: Die Rückgriffsfälle des § 8a KStG – eine Analyse des BMF-Schreibens vom 15.07.2004, BB 2004, S. 1988ff.

Tipke, Klaus/Lang, Joachim: Steuerrecht, 18. Auflage, Köln 2005

Tipke, Klaus/Kruse, Heinrich Wilhelm: Abgabenordnung, Finanzgerichtsordnung Band I, Köln, Loseblattkommentar, Stand: Dezember 2006

Touraine, Hervé/Grillo, Fabrice: Overview of the French securitisation market: recent innovations and market trends, in: o.V., Global Securitisation and Structured Finance 2004, S. 1 ff. (www.globalsecuritisation.com)

Tresnowski, Mark B./Nowak, Gerald T.: The High Yield Offering – An issuer's perspective, Merill Corporation, St. Paul, Minnesota 2004

Untergrabner, Gabriela/Ehrenhöfer, Robert: Strategische Finanzierung über die Börse, in: Stadler, Wilfried (Hrsg.), Die neue Unternehmensfinanzierung – Strategisch Finanzieren mit bank- und kapitalmarktorientierten Instrumenten, Frankfurt 2004Stadler, S. 211ff.

Uhlenbruck, Wilhelm: Insolvenzrecht, 12. Auflage, München 2003 (zitiert: Uhlenbruck/*Bearbeiter*) *ders.*: Das neue Insolvenzrecht als Herausforderung für die Beratungspraxis, BB 1998, S. 2009ff.

Vogel, Hans-Gert: Die Stellung des Anleihetreuhänders nach deutschem Recht, Working Paper Series No. 26, Institute for Law and Finance, 02/2004, Frankfurt am Main, S. 1ff.; abgedruckt in: Baums, Theodor/Cahn, Andreas (Hrsg.): Die Reform des Schuldverschreibungsrechts, Berlin 2004, S. 94ff.

von Bernstorff, Christoph Graf: Einführung in das englische Recht, 3. Auflage, München 2006

von Braunschweig, Philipp: Aktuelles zur LBO-Finanzierung Veränderungen der steuerrechtlichen und haftungsrechtlichen Rahmenbedingungen, M&A, 2004, S. 253ff.

von Daniels, Holger: Private Equity Secondary Transactions – Chancen und Grenzen des Aufbaus eines institutionalisierten Secondary Market, Wiesbaden 2004 (Zugl., Rostock, Univ., Diss., 2004)

von Drygalski, Andrea: Secondary, Tertiary (or Fourth) Successive Buy-Out in Germany, S. 5ff., in: The Euromoney International Equity Markets Handbook 2005/2006, 8. Auflage, London 2005

von Randow, Philipp: Rating und Regulierung, ZBB 1995, S. 141ff.

ders.: Die Inhaltskontrolle von Emissionsbedingungen, Working Paper Series No. 24, Institute for Law and Finance, 02/2004, Frankfurt am Main, S. 1ff.; abgedruckt unter: Die Inhaltskontrolle von Emissionsbedingungen: Abschied vom AGB-Recht, in: Baums, Theodor/Cahn, Andreas (Hrsg.): Die Reform des Schuldverschreibungsrechts, Berlin 2004, S. 25ff.

von Staudinger, Julius (Begr.): BGB, Buch 1: Allgemeiner Teil, 2. Auflage, Berlin 2006 (zitiert: Staudinger/*Bearbeiter*)

Waschbusch, Gerd: Asset Backed Securities – eine moderne Form der Unternehmensfinanzierung, ZBB-Report 1998, S. 408ff.

Wassermeyer, Franz: § 8a KStG n.F. und die gescheiterte Rückkehr keine Auswirkung auf Gesellschaftereben, DStR 2004, S. 749ff.

Watson, Alan: Legal transplants: An approach to comparative law, London et al 1974

Weiser, Felix M.: Vendor Due Diligence: Ein Instrument zur Verbesserung der Verhandlungsposition des Verkäufers im Rahmen von Unternehmenstransaktionen, FB 2003, S. 593ff.

Weitnauer, Wolfgang: Handbuch Venture Capital, Von der Innovation zum Börsengang, 2. Auflage, München 2002

ders. (Hrsg.): Management Buy-Out, München 2003 (zitiert: Weitnauer/ *Bearbeiter*)

Werlen, Thomas: Aspekte der US-amerikanischen Securities Laws, in: Habersack, Mathias/ Mülbert, Peter O./Schlitt, Michael (Hrsg.), Unternehmensfinanzierungen am Kapitalmarkt, Köln 2005, S. 909ff.

Werner, Horst S.: Das Private Placement zur Kapitalbeschaffung, Köln 2006 (zitiert: Werner, Private Placement)

ders.: Mezzanine Kapital, Köln 2004 (zitiert: Werner, Mezzanine)

Wienecke, Laurenz: Emissionspublizität – praktische Anforderungen und rechtliche Grenzen, NZG 2005, S. 109ff.

Willburger, Andreas: Asset Backed Securities im Zivil- und Steuerrecht, Köln 1997 (Zugl. Konstanz, Uni., Diss. 1996)

Wimmer, Klaus/Dauernheim, Jörg/Wagner, Martin: Handbuch des Fachanwalts für Insolvenzrecht, 2. Auflage, Köln et al 2006 (zitiert: Wimmer/ *Bearbeiter*)

Wittig, Arne: Financial Covenants im inländischen Kreditgeschäft, WM 1996, S. 1381ff.

Wöhe, Günter/Billstein, Jürgen: Grundzüge der Unternehmensfinanzierung, Stuttgart 2002

Wood, Philip R.: International Loans, Bonds and Securities Regulation, London 1995

Wolf, Manfred: Sachenrecht, 22. Auflage, München 2006

Peter Lang · Internationaler Verlag der Wissenschaften

Ralf Hangebrauck

Kapitalaufbringung, Kapitalerhaltung und Existenzschutz bei konzernweiten Cash-Pooling-Systemen

Frankfurt am Main, Berlin, Bern, Bruxelles, New York, Oxford, Wien, 2008.
602 S.
Europäische Hochschulschriften: Reihe 2, Rechtswissenschaft. Bd. 4696
ISBN 978-3-631-57589-5 · br. € 97.50*

Konzernweite Cash-Pooling-Systeme erfreuen sich in der Praxis großer Beliebtheit. Deren ökonomische Vorteile ließen lange Zeit die nicht unerheblichen Risiken dieses Konzernfinanzierungsinstruments in den Schatten treten. Mehrere Entscheidungen des Bundesgerichtshofes haben in letzter Zeit zu einer zunehmenden Sensibilisierung für die Problematiken des Cash Poolings geführt. Die Arbeit überprüft die Vereinbarkeit des Cash Poolings mit den Regeln der Kapitalaufbringung, der Kapitalerhaltung sowie des Existenzschutzes und macht zahlreiche Lösungsvorschläge. Eingegangen wird auch auf die Problematik, ob es gesetzlicher Sonderregelungen für das Cash Pooling bedarf, wie sie mit der anstehenden GmbH-Reform eingeführt werden sollen.

Aus dem Inhalt: Durchführung eines konzernweiten Cash Poolings · Verstöße gegen die Kapitalaufbringungsvorschriften und Rechtsfolgen · Lösungswege und Heilungsmöglichkeiten bei der Kapitalaufbringung · Kapitalerhaltung bei abhängiger AG und GmbH im faktischen und im Vertragskonzern · Bedeutung von BGHZ 157, 72 ff. für das Cash Pooling · Reichweite des Urteils · Sicherheitenbestellung · Lösungsmöglichkeiten zur Vereinbarkeit mit der Kapitalerhaltung · Reformbestrebungen durch RefE und RegE MoMiG · „Sonderrechte" für das Cash Pooling? · Aufrechnung von Ansprüchen beim Cash Pooling im Vertragskonzern · Haftungskonzept des existenzvernichtenden Eingriffs und Cash Pooling · Pflichtenprogramm zur Haftungsvermeidung

Frankfurt am Main · Berlin · Bern · Bruxelles · New York · Oxford · Wien
Auslieferung: Verlag Peter Lang AG
Moosstr. 1, CH-2542 Pieterlen
Telefax 00 41 (0) 32 / 376 17 27

*inklusive der in Deutschland gültigen Mehrwertsteuer
Preisänderungen vorbehalten

Homepage http://www.peterlang.de